Umschlagbild: Übergangsgebiet vom Westfälischen Tiefland zum sauerländischen Mittelgebirge
(Landsat–TM–Satellitendaten aus dem „Geographisch-landeskundlichen Atlas von Westfalen", Lfg. 6, Doppelblatt 1, 1991)

Schriftenreihe der
Geographischen Kommission für Westfalen

Landschaftsverband Westfalen-Lippe

Die Deutsche Bibliothek – CIP Einheitsaufnahme
Ein Titeldatensatz für diese Publikation ist bei Der Deutschen Bibliothek erhältlich.
ISBN 3-87023-164-5
Der Vertrieb über den Buchhandel erfolgt durch den Ardey-Verlag, Bohlweg 22, 48147 Münster i.W.

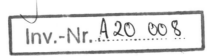

SIEDLUNG UND LANDSCHAFT IN WESTFALEN

Herausgegeben von der Geographischen Kommission für Westfalen durch
Heinz Heineberg (Vorsitzender), Klaus Temlitz (Geschäftsführer),
Alois Mayr, Hans-Hubert Walter, Julius Werner

27

Fachgutachten zur Kulturlandschaftspflege in Nordrhein-Westfalen

Im Auftrag des Ministeriums für Umwelt,
Raumordnung und Landwirtschaft
des Landes Nordrhein-Westfalen

von

Peter Burggraaff

Mit einem Beitrag zum GIS-Kulturlandschaftskataster

von

Rolf Plöger

2000

Geographische Kommission für Westfalen · Münster

Bezug: Geographische Kommission für Westfalen
Schriftleitung: Dr. Klaus Temlitz
Robert-Koch-Straße 26, 48149 Münster
Telefon: 0251/83 33929   Telefax: 0251/83 38391
E-Mail: geographischekommission@lwl.org

Druck: Ibbenbürener Vereinsdruckerei GmbH

GRUßWORT

Natur kann aufgrund ihrer Ursprünglichkeit geschützt werden. Nationalparke sind solche vom Menschen weitgehend unbeeinflussten Naturareale.

Nationalparke wie naturnahe Küsten und Gebirgsregionen gibt es in Nordrhein-Westfalen nicht. Die gesamte Landschaft ist vom Menschen und dessen Wirken überfomt. Unser Land ist wie weite Teile Europas eine Kulturlandschaft.

Der Wert der Kulturlandschaft ergibt sich aus der Tatsache, dass ihre Elemente und Strukturen Zeitzeugen unserer Geschichte sind. Die Erfassung und das Erkennen dieser Werte ist angesichts der Dynamik der Natur und ihrer ständigen Veränderungen nicht leicht.

Das nun vorliegende, von meinem Hause in Auftrag gegebene Gutachten soll einen Beitrag dazu leisten, das Wissen um die historischen landschaftsformenden Prozesse und das Verständnis für die vorhandene Kulturlandschaft zu vertiefen. Das Gutachten möchte erreichen, dass das gewachsene kulturelle Erbe besser erkannt wird. Es analysiert die Kulturlandschaftspflege für das Land Nordrhein-Westfalen und gibt – erstmals in der Bundesrepublik Deutschland – Anregungen zum werterhaltenden Umgang mit der Kulturlandschaft bzw. bietet aufgrund seines ganzheitlichen Ansatzes eine Handreichung für die landschaftsgerechte Nutzung in den Regionen Nordrhein-Westfalens.

Ich danke den Herausgebern der Schriftenreihe „Siedlung und Landschaft in Westfalen" für die Drucklegung des Gutachtens. Mein besonderer Dank gilt den Autoren für ihre sorgfältige Arbeit. Dem Buch wünsche ich viele interessierte Leser, die auch die gegebenen Anregungen engagiert aufgreifen.

Düsseldorf, im Januar 2000

Bärbel Höhn

Ministerin für Umwelt, Raumordnung und Landwirtschaft
des Landes Nordrhein-Westfalen

VORWORT

Das vorliegende Fachgutachten ist in keinem der etablierten Bereiche wie z.B. Denkmalschutz, Naturschutz, Landespflege oder Raumplanung entstanden. Es ist vielmehr in dem neuen Forschungsfeld der Angewandten Historischen Geographie erwachsen, das einen besonderen Schwerpunkt in dem von mir seit 1972 geleiteten Seminar für Historische Geographie der Universität Bonn, dem einzigen selbständigen Universitätsinstitut für dieses Fach, hat. Nachdem zunächst der Anwendungsbezug keine größere Rolle gespielt hat, gewann er im Laufe der Zeit eine immer größere Bedeutung. Entscheidende Anregungen kamen dabei aus dem Ausland, vor allem den Niederlanden und der Schweiz. Der 1974 gegründete internationale und interdisziplinäre „Arbeitskreis für genetische Siedlungsforschung in Mitteleuropa", der seit seiner Gründung vom Seminar für Historische Geographie der Universität Bonn aus geleitet wird, hat 1991 auf diese neuen Herausforderung reagiert, eine eigene Arbeitsgruppe „Angewandte Historische Geographie" gegründet und eine eigene Zeitschrift mit dem Titel 'Kulturlandschaft - Zeitschrift für Angewandte Historische Geographie' ins Leben gerufen. 1994 griff die 'Deutsche Akademie für Landeskunde' meine Anregung auf und etablierte einen eigenen Arbeitskreis „Kulturlandschaftspflege", dem eine größere Anzahl führender Hochschulgeographen angehören. Dieser Arbeitskreis stellte wiederum den Kontakt zur 'Akademie für Raumforschung und Landesplanung' her, die 1999 ebenfalls eine eigene Arbeitsgruppe gründete. Über die neuesten Aktivitäten der Angewandten Historischen Geographie in Mitteleuropa unterrichtet am besten der von Winfried Schenk, Klaus Fehn und Dietrich Denecke herausgegebene Sammelband 'Kulturlandschaftspflege - Beiträge der Geographie zur räumlichen Planung', Berlin-Stuttgart 1997, mit fast 50 Beiträgen.

Wie schon erwähnt, bildet das Seminar für Historische Geographie der Universität Bonn bereits seit den 70er Jahren eine Koordinationsstelle für die Aktivitäten der Angewandten Historischen Geographie. Daneben entstanden dort aber auch zahlreiche eigene Veröffentlichungen; außerdem wurden in zunehmendem Maße einschlägige Projekte betreut. Zwei Sammelbände ermöglichen hierüber einen guten Überblick: 1. Angewandte Historische Geographie im Rheinland: Planungsbezogene Forschungen zum Schutz, zur Pflege und zur substanzerhaltenden Weiterentwicklung von historischen Kulturlandschaften. Mit einer Spezialbibliographie zur fächerübergreifenden Kulturlandschaftspflege, hg. von Andreas Dix, Köln 1997, und 2. Perspektiven der Historischen Geographie: Siedlung-Kulturlandschaft-Umwelt in Mitteleuropa. Seminar für Historische Geographie der Universität Bonn 1972-1997, hg. von Klaus-Dieter Kleefeld und Peter Burggraaff, Bonn 1997.

Im Hinblick auf die geschilderte nur geringe Tradition der Angewandten Historischen Geographie war es eine sehr bemerkenswerte Entscheidung des Ministeriums für Umwelt, Raumordnung und Landwirtschaft des Landes Nordrhein-Westfalen im Jahre 1993, das Seminar für Historische Geographie der Universität Bonn zu beauftragen, ein Fachgutachten zur Kulturlandschaftspflege in Nordrhein-Westfalen anzufertigen. Als Bearbeiter habe ich Drs. Peter Burggraaff ausgewählt, der wegen seiner Spezialausbildung als Historischer Geograph in Amsterdam und der Mitarbeit an zahlreichen einschlägigen Projekten in den Rheinlanden hierfür vorzüglich geeignet war. Das Gutachten wurde Ende 1996 abgeschlossen. Als auf einer Sitzung des Arbeitskreises „Kulturlandschaftspflege" der 'Deutschen Akademie für Landeskunde' 1996 Herr Burggraaff die wichtigsten Ergebnisse vorstellte, machte das Mitglied des Arbeitskreises Prof. Dr. Alois Mayr (jetzt Leipzig, früher Münster) den Vorschlag, das Gutachten in das Veröffentlichungsprogramm der Geographischen Kommission für Westfalen aufzunehmen. Damit ergab sich erfreulicherweise eine vorzügliche Publikationsmöglichkeit, wofür ich hier als Hauptverantwortlicher für das Gutachten meinen herzlichen Dank aussprechen möchte. Da die Druckvorbereitungen aus verschiedenen Gründen erst Anfang 2000 abgeschlossen werden konnten, scheint es angebracht, noch kurz auf einige neuere

Entwicklungen einzugehen. In den letzten Jahren fanden zahlreiche Tagungen zum Thema „Kulturlandschaftspflege" statt, deren Vorträge meist publiziert wurden. An ihnen waren fast immer auch Historische Geographen beteiligt, was die zunehmende Wertschätzung dieses spezifischen ganzheitlichen Ansatzes unter Beweis stellt. Drei neue Felder sind hinzugekommen. Erstens ist seit der Novellierung des Bundesraumordnungsgesetzes 1998 die Erhaltung gewachsener Kulturlandschaften erstmalig ausdrücklich als ein Grundsatz der Raumordnungspolitik verankert. Zweitens enthält das Europäische Raumentwicklungskonzept die Zielsetzung, die Kulturlandschaft Europas zu erhalten und zu entwickeln. Drittens setzt das Welterbe-Komitee der UNESCO seit einigen Jahren auch Kulturlandschaften auf seine „World Heritage List". Eine wichtige aktuelle Veröffentlichung ist das vom Bundesamt für Bauwesen und Raumordnung herausgegebene Themenheft 'Erhaltung und Entwicklung gewachsener Kulturlandschaften als Auftrag der Raumordnung' (= Informationen zur Raumentwicklung 1999, Heft 5/6). Darin befindet sich der Grundsatzbeitrag der beiden Historischen Geographen Thomas Gunzelmann und Winfried Schenk zum Thema Kulturlandschaftspflege im Spannungsfeld von Denkmalpflege, Naturschutz und Raumordnung. Aus dem engeren Umfeld des Seminars für Historische Geographie der Universität Bonn stammt das Buch von Peter Burggraaff und Klaus-Dieter Kleefeld 'Historische Kulturlandschaft und Kulturlandschaftselemente, Teil I: Bundesübersicht, Teil II: Leitfaden', Bonn 1998, das aus einem F+E-Vorhaben des Bundesamts für Naturschutz erwachsen ist und von der Arbeit am Fachgutachten wesentlich beeinflußt wurde. Die Zusammenarbeit mit dem Ministerium für Umwelt, Raumordnung und Landwirtschaft des Landes Nordrhein-Westfalen wurde in vielfältiger Art fortgesetzt. Besonders zu erwähnen ist eine gemeinsame Tagung 1998 in Bonn, an der auch noch die Natur- und Umweltschutz-Akademie des Landes Nordrhein-Westfalen beteiligt war. Das Thema hieß: Kulturlandschaftspflege - Sukzession contra Erhalten. Die wichtigsten Ergebnisse dieser sehr fruchtbaren Tagung wurden als NKA-Seminarbericht, Band 3, im Druck vorgelegt.

Das vorliegende Fachgutachten hat bereits bisher im Bereich der rasch an Bedeutung gewinnenden Kulturlandschaftspflege außerordentlich anregend gewirkt. Dies wird sich ohne Zweifel noch wesentlich verstärken, wenn die gedruckte Fassung vorliegen wird. Das Land Nordrhein-Westfalen spielt mit seiner konsequenten Unterstützung des historisch-geographischen Ansatzes eine Vorreiterrolle in der interdisziplinären Kulturlandschaftspflege, was inzwischen auch in den anderen Bundesländern, aber auch über die Grenzen Deutschlands hinaus allgemein zur Kenntnis genommen wurde. Ich wünsche dem Buch eine weite Verbreitung, um möglichst viele Leser für die wichtige Aufgabe der Kulturlandschaftspflege im Sinne der Bemühungen um Schutz, Pflege und substanzerhaltender Weiterentwicklung gewachsener, „historischer" Kulturlandschaften zu gewinnen.

Bonn, im Januar 2000

Prof. Dr. Klaus Fehn

Direktor des Seminars für Historische Geographie der Universität Bonn

DANKSAGUNG

Während der Bearbeitung des Fachgutachtens habe ich viel Unterstützung empfangen. Mit Prof. Dr. Klaus Fehn wurden viele intensive und anregende Gespräche über alle Fragen und Aufgaben dieses Forschungsprojektes mit Pilotcharakter geführt. Dies gilt insbesondere für meinen Freund und Kollegen Dr. Klaus Kleefeld, mit dem ich fast tagtäglich diskutiert habe und der mir seine erarbeiteten Forschungsergebnisse für das Projekt zur Verfügung stellte. Hierfür möchte ich ihm sehr herzlich danken. Dipl. Phys. Rolf Plöger möchte ich für die tatkräftige Unterstützung und insbesondere für den Aufbau des GIS danken. Sein Beitrag wird als gesonderter Beitrag dem Gutachten beigefügt.

In den Niederlanden, einem Land mit einer ähnlichen Bevölkerungsdichte und Siedlungsstruktur wie Nordrhein-Westfalen, sind bereits fast 20 Jahre Erfahrungen im Bereich der Kulturlandschaftspflege und wie in Raumordnung und Planung mit den Belangen der historisch gewachsenen Kulturlandschaft umgegangen wird, gesammelt worden. Von den niederländischen Kollegen unter der Leitung von Prof. Drs. J.A.J. Vervloet in Wageningen (DLO-Staring Centrum, Department of Historical Geography) haben wir bezüglich der Untersuchung viele Anregungen bekommen. Deswegen möchte ich besonders Prof. Drs. J.A.J. Vervloet und Drs. Chr. de Bont herzlich danken. Frau Dr. Hildegard Ditt (Münster) und Ing. Hanns P. Jeschke (Amt der Oberösterreichischen Landesregierung, Linz) seien auch für ihre Informationen und Anregungen herzlich gedankt.

Außerdem wurden während der Bearbeitung viele Kontakte mit Fachkollegen geknüpft mit einem regen Gedanken- und Informationsaustausch. Zu nennen sind: Dr. Rudolf Bergmann (Münster), Prof. Dr. Hans Heinrich Blotevogel (Duisburg), Prof. Dr. Rainer Graafen (Koblenz), Prof. Dr. Gerhard Henkel (Essen), Prof. Dr. Heinz Günter Horn (Düsseldorf), Dr. Harald Koschik (Bonn), Reinhard Köhne (Meschede), Dr. Norbert Kühn (RVDL Köln), Prof. Dr. Alois Mayr (Leipzig), Prof. Dr. Heinz Quasten (Saarbrücken), Dipl.-Ing. Dieter Schäfer (Köln), Prof. Dr. Winfried Schenk (Tübingen), Prof. Dr. Winfried Stichmann (Dortmund), Dipl.-Ing. Wolfgang Thyßen (Viersen), Prof. Dr. Hans-Werner Wehling (Essen). Schließlich möchte ich mich bei Thomas Neiss und Dr. Hans-Joachim Dietz (MURL) sowie Dr. Rudolf Brocksieper (LÖBF) stellvertretend für den Auftraggeber für ihr Vertrauen, Verständnis, die Hilfestellungen und die gute Zusammenarbeit während der Bearbeitung herzlich bedanken. Das Fachgutachten wurde Dezember 1996 abgeschlossen und dem Ministerium übergeben.

Für die Drucklegung des Fachgutachtens zur Kulturlandschaftspflege in Nordrhein-Westfalen möchte ich mich sehr herzlich bei der Geographischen Kommission für Westfalen und insbesondere bei Prof. Dr. Alois Mayr als Initiator der Drucklegung, Dr. Klaus Temlitz als Geschäftsführer und Betreuer der Drucklegung und Prof. Dr. Heinz Heineberg als Vorsitzenden bedanken.

Bonn, im Januar 2000

Drs. Peter Burggraaff

Büro für historische Stadt- und Landschaftsforschung

INHALTSVERZEICHNIS

Peter Burggraaff:
Fachgutachten zur Kulturlandschaftspflege in Nordrhein-Westfalen

Rolf Plöger:
Konzeptionelle Überlegungen für ein GIS-Kulturlandschaftskataster NRW und Erläuterungen zu mit Atlas*GIS durchgeführten Bearbeitungen 293

XI

1. EINLEITUNG

Am 4.2.1993 wurde der Forschungsauftrag „Erstellung eines historisch-geographischen Fachgutachtens zur Kulturlandschaftspflege in Nordrhein-Westfalen" vom Ministerium für Umwelt, Raumordnung und Landwirtschaft des Landes Nordrhein-Westfalen an das Seminar für Historische Geographie der Universität Bonn vergeben. Mit der Bearbeitung wurde am 1.4.1993 begonnen. Zwei Zwischenberichte wurden am 23.12.1993 bzw. 8.3.1995 abgegeben. Der erste Zwischenbericht wurde am 9.2.1994 in Düsseldorf besprochen (Anlage 2). Der zweite Zwischenbericht ist allerdings nicht besprochen worden, so daß davon auszugehen ist, daß es keine Einwände gab.

In dem Gutachten geht es um die Erarbeitung eines Konzeptes zur Kulturlandschaftspflege. Das Ziel ist, auf die Bedeutung des kulturellen Erbes des Landes hinzuweisen und so einen bewußten und behutsamen Umgang mit dem "kulturellen Erbe" in Form von überlieferten historischen Kulturlandschaften, Kulturlandschaftseinheiten, -bereichen, -bestandteilen, -strukturen und -elementen anzuregen. Deswegen wurde während der Bearbeitung an verschiedenen einschlägigen Projekten bezüglich Kulturlandschaftspflege auf den unterschiedlichen Verwaltungs- und Planungsebenen in Nordrhein-Westfalen mitgewirkt, wie:
- dem historisch-geographischen Gutachten zum „Kulturlandschaftserlebnisgebiet Dingdener Heide" (KLEEFELD und BURGGRAAFF [Mitarb.] 1995) als Erweiterung der im Konzept des Landschaftsprogramms (LaPro-Entwurf) genannten Naturerlebnisgebiete und
- dem neuen Fachbeitrag „Naturschutz und Landschaftspflege nach § 15 des am 15.8.1994 veränderten Landschaftsgesetzes, Abschnitt Kulturlandschaftsschutz und Naturerleben" für die Kreise Kleve und Wesel (KLEEFELD und BURGGRAAFF [Mitarb.] 1995). Beide Gutachten wurden im Auftrag der LÖBF erstellt.
- "Historisch-geographische Stellungnahme zur Bewertung der Bedeutsamkeit historischer Kulturlandschaften im Regierungsbezirk Düsseldorf" im Auftrag der Planungsgruppe Ökologie und Umwelt (Hannover), die von März bis Mai 1996 bearbeitet wurde (BURGGRAAFF und KLEEFELD 1996).
- F+E-Vorhaben "Historische Kulturlandschaft und Kulturlandschaftselemente - Leitfaden, Bundesübersicht, Empfehlungen unter Berücksichtigung der Erholungsvorsorge" im Auftrag der Bundesrepublik Deutschland, Bundesamt für Naturschutz (z.Z. [1996] in Bearbeitung, KLEEFELD und BURGGRAAFF).

Wenn es im LaPro-Entwurf (S. 7) heißt: „das Landschaftsprogramm stellt damit abschließend ein langfristiges Konzept für die nachhaltige Sicherung der natürlichen Lebensgrundlagen und die Bewahrung der Vielfalt der gewachsenen Kulturlandschaften mit der ihnen eigenen Tier- und Pflanzenwelt dar", wird hiermit die Verbindung zwischen Natur (Ökologie) und Mensch (Kulturhistorie) anerkannt.

Da es in Mitteleuropa keine Naturlandschaften, sondern nur mehr oder weniger naturnahe Kulturlandschaften gibt, ist es notwendig, integrierte kulturhistorische und ökologische Konzepte für eine landesweite sowie eine regionale Kulturlandschaftspflege unter Beachtung der verschiedenen Raumordnungs- und Planungsebenen zu entwickeln.

Während der Bearbeitung wurde ein Geographisches Informationssystem (Atlas GIS von Geospace, Bonn) aufgebaut. Die zeitintensive technische Anpassung des genutzten GIS für spezifische historisch-geographische Fragestellungen wurde dankenswerterweise größtenteils von Dipl.-Phys. Rolf Plöger durchgeführt. Mit diesem GIS wurden bereits zahlreiche Karten erarbeitet. Drei Karten wurden in der Bearbeitungsphase bereits in digitaler Form dem Umweltministerium und der Landesanstalt für Ökologie, Bodenordnung und Forsten (LÖBF) zur Verfügung gestellt; sie wurden in den Entwurf des Landschaftsprogramms (LaPro) aufgenommen (Abb. 24, 26, 27).

Von November 1994 bis März 1995 wurde am LaPro-Entwurf mitgearbeitet. Erarbeitete Ergebnisse des Gutachtens wurden in den Entwurf aufgenommen. Seit dem 15.1.1996 ist der Bearbeiter dieser Untersuchung als Vertreter des Rheinischen Vereins für Denkmalpflege und Landschaftsschutz e.V. (RVDL) an der nichtöffentlichen bzw. der öffentlichen Erörterung und Diskussion des LaPro-Entwurfs beteiligt. In dieser Tätigkeit wurden Stellungnahmen und Kommentare erarbeitet.

Weiterhin wurden während der Bearbeitung erstellte Kulturlandschaftswandelkarten im Maßstab 1:100.000 verschiedenen Mitarbeitern der LÖBF zur Verfügung gestellt.

1.1 Der Untersuchungsraum Nordrhein-Westfalen

Das Landesgebiet hat eine Gesamtfläche von 34.039 qkm und bei 17,7 Mio. Einwohnern eine durchschnittliche Bevölkerungsdichte von 520 Einwohner pro qkm; es stellt hiermit eine der dichtest besiedelten Räume Europas dar. Dies bedeutet, daß die heutige Kulturlandschaft einem sehr hohen und noch zunehmenden Nutzungsdruck unterliegt.

Nordrhein-Westfalen gliedert sich in 5 Regierungsbezirke, 31 Kreise, 23 kreisfreie Städte und 396 Kommunen (Abb. 1).

Nach der naturräumlichen Gliederung gehört das Landesgebiet, abgesehen von kleinen Randgebieten, zu folgenden Haupteinheiten (Abb. 2):
- Anteil Norddeutsches Tiefland
- Westfälisches Tiefland
- Unteres Weserbergland
- Oberes Weser- und Leinebergland
- Bergisch-Sauerländisches Gebirge
- Eifel und Vennvorland
- Kölner und Niederrheinische Bucht
- Niederrheinisches Tiefland.

Für die Darstellung der geologischen, bodenkundlichen sowie hydrologischen Verhältnisse wird auf den LaPro-Entwurf (1995, S. 10-17) verwiesen. Unterschiedliche potentielle natürliche Landschaften entwickelten sich in den naturräumlichen Haupteinheiten (Abb. 3).

In den Mittelgebirgsräumen dominierte die Hainsimsen-Buchenwaldlandschaft. In bodenkundlich begünstigten Mittelgebirgsräumen herrschte die Kalkbuchenwald-Landschaft vor. In den Börden gab es vorwiegend die Flattergras-Buchenwald-Landschaft, die ebenfalls in den Teilen des Weserberglandes und in den höheren Lagen des Kernmünsterlandes vorkam. Im Tiefland dominierte mit Ausnahme südlicher Teile des niederrheinischen Tieflandes und des gesamten Kernmünsterlandes die Birken-Eichenwald- und die Buchen-Eichenwald-Landschaft. Im Kernmünsterland dominierte die Stieleichen-Hainbuchenwald-Landschaft. Die Flußtäler, die in allen Haupteinheiten vorkommen, wurden als Stromtal-Landschaften bezeichnet (Abb. 3).

Die naturräumlichen Rahmenbedingungen haben die Kulturlandschaftsentwicklung nicht einseitig geprägt, sondern sie bildeten die Rahmenbedingungen für die Entwicklung der Kulturlandschaft.

Die Lagerstätten für Steinkohle, Braunkohle, Erze, Salze und Minerale (Abb. 4) sowie für Steine und Erden (Abb. 5) stehen ebenfalls in enger Verbindung mit der naturräumlichen Beschaffenheit. Sie waren und sind aufgrund ihres Abbaus und ihrer Nutzung ebenfalls bevorzugte Standorte für den Bergbau und die damit verbundenen gewerblichen und industriellen Aktivitäten, wie z.B. im Ruhrgebiet und im Aachener Revier. Der Braunkohlenabbau in der Rheinischen Börde sowie die Sand- und Kiesgewinnung in vielen Flußauen und besonders in der Rheinaue führten zu Zerstörungen der Kulturlandschaft (s. Abschnitt 3.3).

Abb. 1: Verwaltungsgliederung (1996)

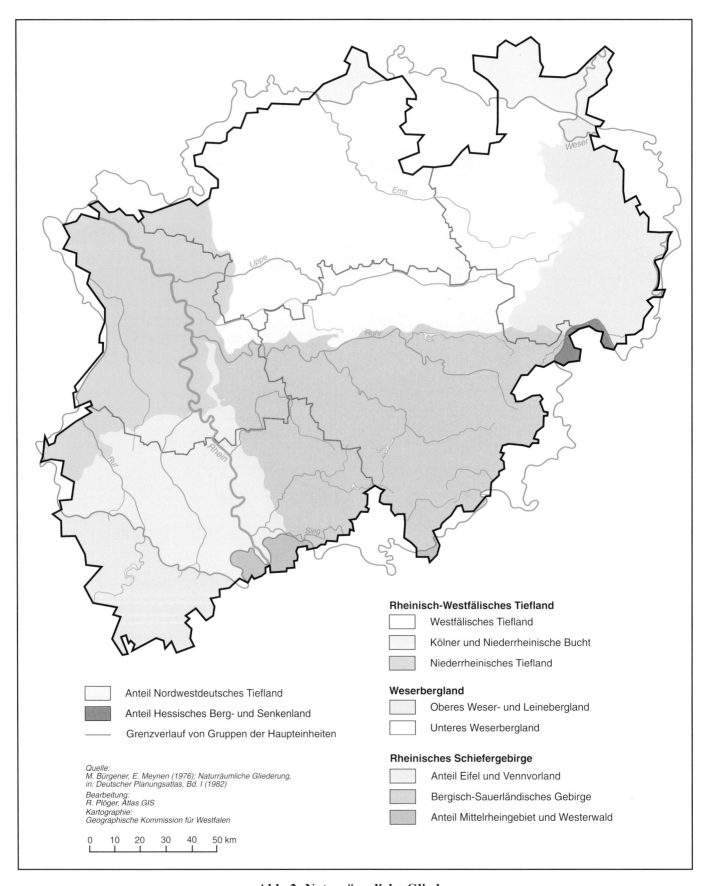

Rheinisch-Westfälisches Tiefland
Westfälisches Tiefland
Kölner und Niederrheinische Bucht
Niederrheinisches Tiefland

Weserbergland
Oberes Weser- und Leinebergland
Unteres Weserbergland

Rheinisches Schiefergebirge
Anteil Eifel und Vennvorland
Bergisch-Sauerländisches Gebirge
Anteil Mittelrheingebiet und Westerwald

Anteil Nordwestdeutsches Tiefland
Anteil Hessisches Berg- und Senkenland
Grenzverlauf von Gruppen der Haupteinheiten

Quelle:
M. Bürgener, E. Meynen (1976): Naturräumliche Gliederung,
in: Deutscher Planungsatlas, Bd. I (1982)
Bearbeitung:
R. Plöger, Atlas GIS
Kartographie:
Geographische Kommission für Westfalen

0   10   20   30   40   50 km

Abb. 2: Naturräumliche Gliederung

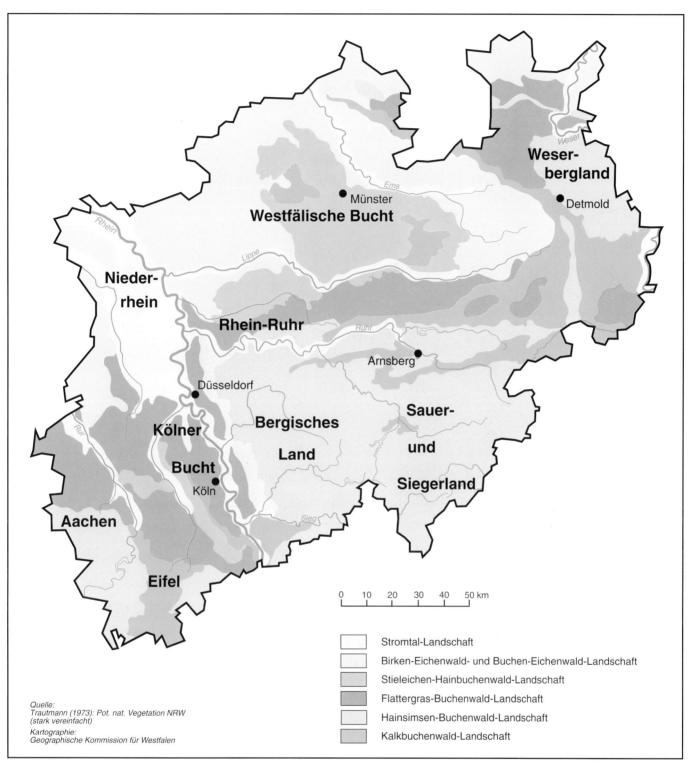

Abb. 3: Potentielle Natürliche Waldlandschaften

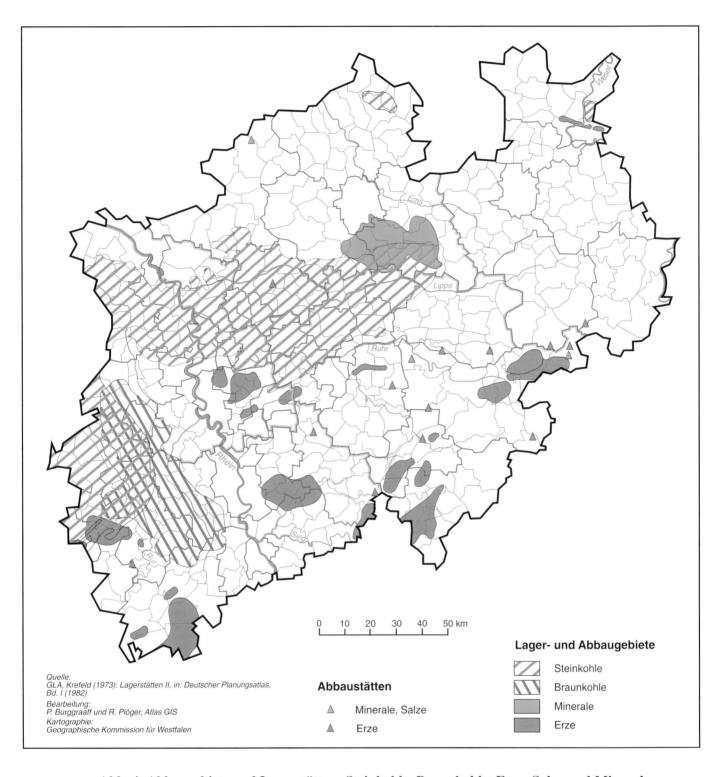

Abb. 4: Abbaugebiete und Lagerstätten: Steinkohle, Braunkohle, Erze, Salze und Minerale

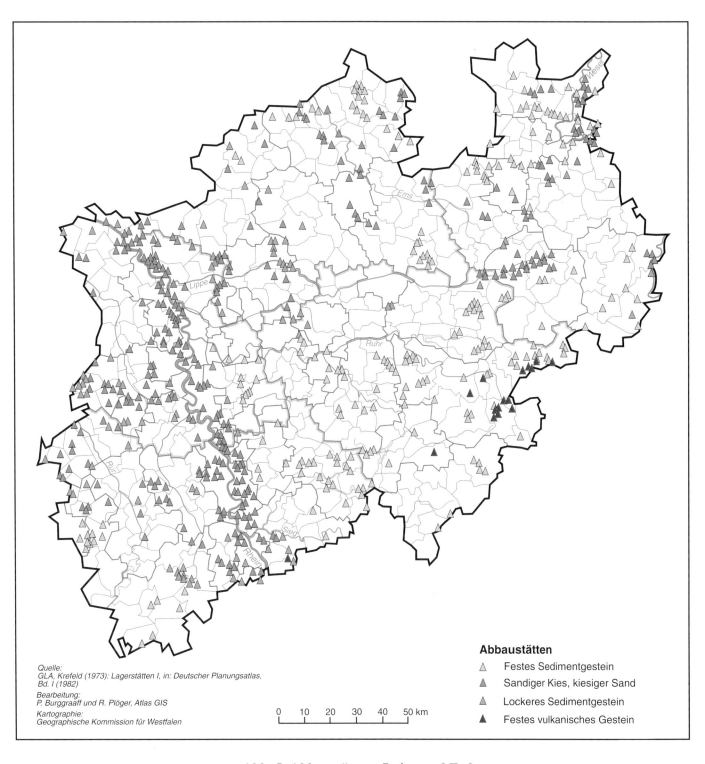

Quelle:
GLA, Krefeld (1973): Lagerstätten I, in: Deutscher Planungsatlas,
Bd. I (1982)
Bearbeitung:
P. Burggraaff und R. Plöger, Atlas GIS
Kartographie:
Geographische Kommission für Westfalen

Abbaustätten

△ Festes Sedimentgestein

▲ Sandiger Kies, kiesiger Sand

△ Lockeres Sedimentgestein

▲ Festes vulkanisches Gestein

0 10 20 30 40 50 km

Abb. 5: Abbaustätten: Steine und Erden

1.2 Glossar der im Gutachten verwendeten Begriffe

Die in diesem Glossar erwähnten Begriffe sind - trotz der Tatsache, daß sie ebenfalls von anderen Fachdisziplinen genutzt werden - vorwiegend aus der Sicht der Angewandten Historischen Geographie erläutert worden.

Agglomeration: Räumliche Ballung und/oder Verdichtung von Bevölkerung, Wirtschaft, Bebauung und insbesondere Industrie, im regionalen oder lokalen Maßstab. Bezeichnung für den Prozeß der Anhäufung und Verdichtung von Siedlungen und Wirtschaftsbetrieben.

Ballungsraum: Größeres Gebiet, das durch räumliche Ballung von Menschen, Gebäuden, Arbeitsstätten und wirtschaftlicher Tätigkeit gekennzeichnet ist. Definiert als ein Raum, in dem mindestens 500.000 Einwohner bei einer Bevölkerungsdichte von mindestens 1.000 Einwohner pro qkm leben.

Baudenkmal: Baudenkmäler sind Denkmäler, die aus baulichen Anlagen oder Teilen baulicher Anlagen bestehen. Ebenso zu behandeln sind Garten-, Friedhofs- und Parkanlagen sowie andere von Menschen gestaltete Landschaftsteile, wenn sie die Voraussetzungen des Abs. 1 des Denkmalschutzgesetzes Nordrhein-Westfalen erfüllen. Historische Ausstattungsstücke sind wie Baudenkmäler zu behandeln, sofern sie mit dem Baudenkmal eine Einheit mit Denkmalwert bilden (DSchG §2, Abs. 2).

Bewertung: Bezieht sich auf einen räumlich abgegrenzten Bereich und auf die darin befindlichen historischen Elemente, Strukturen und Komplexe in der heutigen Kulturlandschaft. Die Bewertung beinhaltet ein Abwägen aufgrund kulturhistorischer Informationen und Daten nach ihrer Erfassung und Kartierung sowie ihrer Zuordnung mit dem Ziel der Erhaltung der Ablesbarkeit der Struktur, der behutsamen Weiterentwicklung oder zumindest der dokumentierten Zerstörung.

Biotop: Lebensstätte von pflanzlichen und/oder tierischen Organismen mit einheitlichen Lebensbedingungen. Sie können sich auch auf Kulturlandschaftselemente (Heide, Weiden, Wiesen) beziehen.

Biotop- und Artenschutz: Festlegung von Schutz-, Pflege- und Entwicklungszielen für die als ökologisch bedeutsam bewerteten Populationen, Lebensgemeinschaften der wildlebenden Tier- und Pflanzengesellschaften

Bewegliche Denkmäler: Alle nicht ortsfesten Denkmäler (DSchG §2, Abs. 4)

Bewirtschaftung: Sie bezieht sich im Sinne eines kulturlandschaftspflegerischen Verständnisses auf angepaßtes bzw. behutsames Nutzen (nicht Pflege) von wertvollen kulturhistorischen Strukturen und Substanzen. Damit wird zugleich eine Beibehaltung oder Reaktivierung verbunden mit einer wirtschaftlichen Inwertsetzung erreicht.

Bodendenkmäler: Sind bewegliche oder unbewegliche Denkmäler, die sich im Boden befinden oder befanden. Als Bodendenkmäler gelten auch Zeugnisse tierischen und pflanzlichen Lebens aus erdgeschichtlicher Zeit, ferner Veränderungen und Verfärbungen in der natürlichen Bodenbeschaffenheit, die durch nicht mehr selbständig erkennbare Bodendenkmäler hervorgerufen worden sind, sofern sie die Voraussetzungen des Abs. 1 des Denkmalschutzgesetzes erfüllen (DSchG §2, Abs. 5).

Denkmalbereiche: Mehrheiten von baulichen Anlagen, und zwar auch dann, wenn nicht jede dazugehörige einzelne bauliche Anlage die Voraussetzungen des Abs. 1 des Denkmalschutzgesetzes erfüllt. Denkmalbereiche können Stadtgrundrisse, Stadt-, Ortsbilder und -silhouetten, Stadtteile und -viertel, Siedlungen, Gehöftgruppen, Straßenzüge, bauliche Gesamtanlagen und Einzelbauten sein sowie deren engere Umgebung, sofern sie für deren Erscheinungsbild bedeutend ist. Hierzu gehören auch handwerkliche und industrielle Produktionsstätten, sofern sie die Voraussetzungen des Abs. 1 erfüllen (DSchG §2, Abs. 3).

Denkmäler: Sachen, Mehrheiten von Sachen und Teile von Sachen, an deren Erhaltung und Nutzung ein öffentliches Interesse besteht. Ein öffentliches Interesse besteht, wenn die Sachen bedeutend für die Geschichte des Menschen, für Städte und Siedlungen oder für die Entwicklung der Arbeits- und Produktionsverhältnisse sind und für die Erhaltung und Nutzung künstlerische, wissenschaftliche, volkskundliche oder städtebauliche Gründe vorliegen. Die Vorschriften des Landschaftsgesetzes bleiben unberührt (DSchG §2, Abs. 1).

Denkmalpflege: Die Aufgabe der Denkmalpflege liegt in der Ausweisung, im Schutz, in der Pflege, in sinnvoller Nutzung und in wissenschaftlicher Erforschung von Denkmälern und Denkmalbereichen. Die Erhaltung (Konservierung) steht hierbei im Vordergrund (DSchG §1, Abs. 1).

Dynamik: Sie gehört, zeitlich und räumlich unterschiedlich ausgeprägt, zum grundlegenden Wesen der Kulturlandschaftsentwicklung (Genese), die allerdings nach 1945 vor allem in Aktivräumen rasante Züge angenommen hat. Dies gilt ebenfalls für intensiv genutzte Landwirtschaftsgebiete (Flurbereinigungen) und für Ressourcengewinnung (Braunkohlen und Kies). Hierdurch ist die ursprünglich ergänzende und strukturbelebende Dynamik in der Kulturlandschaft seitdem ersetzend, zerstörend und nivellierend geworden.

Eigenart: Dieser Begriff ist zur Abgrenzung einer von Ästhetik geprägten Schönheit und quantitativ operierender Vielfalt abgehobenen Kulturlandschaftspflege, die allen Kulturlandschaftstypen gerecht wird, zu betrachten. Eigenart ist die Summe von Struktur, Substanz, Tradition und Erlebbarkeit in einer dadurch geprägten und hierdurch abgrenzbaren Region. Landschaftliche Eigenart ist die Grundlage für die Wahrnehmung und das Empfinden des Menschen für die Herbeiführung regionaler Identität.

Erholung: Die Erholungsfunktion in historisch gewachsenen, erlebbaren Kulturlandschaften dient der Verbesserung der sensitiven Wahrnehmung des Menschen, die in der heutigen Zeit zunehmend durch Entfremdung, Nivellierung und Verlust von Identitätsmerkmalen (lebenswerte Umwelt und Landschaft) nachläßt.

Erlebbarkeit: Sie bezieht sich in der Landschaftswahrnehmung sehr stark unbewußt auf historische Kulturlandschaftselemente (Substanz) und -strukturen sowie die Traditionen, die eine Region prägen. Innerhalb von Kulturlandschaftspflegekonzepten muß die Erlebbarkeit zunächst für die regionale Bevölkerung und Erholungssuchende gewährleistet sein, in einem weiteren Schritt für Fachwissenschaftler.

Fremdenverkehr (Tourismus, längerfristiger Reiseverkehr): Zusammenfassender Ausdruck für alle Erscheinungen und Wirkungen, die mit der Reise von Personen an einen Ort verbunden sind, der nicht ihr Wohn-, Arbeits-, Versorgungs- oder Naherholungsort ist.

Funktionsbereiche: Übergeordnete Gruppen von Funktionen und Aktivitäten unabhängig von der Raumkonstellation, die für die Gestaltung der Kulturlandschaft räumlich und zeitlich von unterschiedlicher Bedeutung sind.

Genese: Entwicklung der Kulturlandschaft bzw. von Teilbereichen wie z.B. Stadt- und Ortskernen in aufeinander aufbauenden Prozessen, die häufig noch heute ablesbar sind.

Gefährdung: Historisch gewachsene Kulturlandschaften sind momentan bedroht, wenn die bisherige Entwicklung mit der Zunahme von Einzelelementen und Strukturen unterbrochen wird durch großflächig zerstörende Neugestaltungen (Ressourcengewinnung, Flurbereinigungen, Neubaugebiete, Versiegelungen), die die Geschichtlichkeit (Landschaftsbild) auslöschen bzw. beeinträchtigen. Dies bezieht sich sowohl auf die Substanz als auch auf die Struktur. Die Dynamik in der Kulturlandschaftsentwicklung wird dann gefährdet, wenn eine Zeitstellung wie das 20. Jahrhundert dominiert und ältere nicht mehr erkennbar sind.

Geographisches Informationssystem: EDV-gestützte geographische Informationsverarbeitung, die in Zukunft für die Kulturlandschaftspflege einen schnellen kartographisch unterstützten Datenzugriff ermöglicht und ablaufende Prozesse auf unterschiedlichen Maßstabsebenen und für verschiedene Räume darstellen kann.

Großlandschaft: Mit Hilfe zusammenfaßbarer geographischer, biologischer, ökologischer, geologischer, geomorphologischer und kulturhistorischer Merkmale abgrenzbare Großeinheit (Natur 2000 und LaPro-Entwurf)

Heimat: Emotionale und traditionelle Verbindung mit dem Ort bzw. der Region (Kulturlandschaft), worin man geboren ist bzw. länger wohnt. Hierdurch wird Heimat identitätsstiftend und ist gleichzeitig eine Akzeptanzkategorie für die Belange einer modernen Kulturlandschaftspflege (s. regionale Identität).

Heimatpflege: Schutz, Erhalt und Wiederbelebung von Regions- und ortsspezifischen Traditionen und Bräuchen

Heimatschutz: Eine auf die lokale und regionale Bevölkerung hin ausgerichtete Kulturlandschaftspflege unter Bewahrung des kulturlandschaftsgeschichtlichen Erbes, bei der auch nicht sichtbare Traditionen, Bräuche, Raumvorstellungen und Mundarten Eingang finden. Heimatschutz war ursprünglich wie Naturschutz und Denkmalpflege vor 1945 eine anerkannte Schutzkategorie. Dies gibt es heute nur noch in Bayern, wo noch immer Bezirksheimatpfleger tätig sind. Ansonsten wird der Heimatschutz von Geschichtsvereinen und deren übergeordneten Verbänden gefördert.

Historische Geographie (Angewandte): Die Angewandte Historische Geographie inventarisiert, analysiert und bewertet historische Strukturen und historische Substanz in der heutigen Kulturlandschaft. Darüber hinaus entwickelt sie Konzepte und konkrete Aussagen zum Schutz, der Pflege und der möglichst behutsamen Weiterentwicklung historischer Kulturlandschaftsbestandteile für die Planung, den Naturschutz, die Denkmalpflege und für die wirtschaftliche Inwertsetzung.

Historische Kulturlandschaft: Landschaften der Vergangenheit, wie z.B. die mittelalterliche Kulturlandschaft. Der Begriff wird sowohl im Bundesnaturschutz- (§ 2, Abs. 1, Nr. 13) als auch Landschaftsgesetz von Nordrhein-Westfalen (§2, Nr. 13) mit einem Auftrag zum Erhalt erwähnt.

Industriegassen: Lineare gewerbliche und industrielle sowohl physiognomisch als auch funktional verbundene Strukturen und bauliche Anlagen in Flußtallagen insbesondere in Mittelgebirgsräumen

Infrastruktur: Die Einrichtung eines Raumes mit materiellen bzw. semimateriellen Einrichtungen und Strukturen, die das Funktionieren der anthropogenen Aktivitäten und die Befriedigung der menschlichen und gesellschaftlichen Bedürfnisse optimal ermöglichen.

Ist-Zustand: Bezieht sich auf die Erfassung und Kartierung von historisch gewachsenen Kulturlandschaftselementen und -strukturen in der heutigen Kulturlandschaft, wie sie sich sowohl in aktuellen topographischen Karten und im Bildmaterial als auch im Gelände vorfinden lassen.

Kartierung: Erfassung und Darstellung von geographischen Sachverhalten auf Karten

Kontinuität: Ununterbrochene Beibehaltung von ursprünglichen Funktionen und damit verbundenen Aktivitäten, für die Kulturlandschaftsobjekte errichtet wurden (Verbindung Kulturlandschaftselemente und ursprüngliche Funktion z.B. Hof - Landwirtschaft). Die Kontinuität kann auch unabhängig von historischer Originalsubstanz auf den Standort eines Elementes in der Kulturlandschaft bezogen sein.

Kultur: Im Gegensatz zur Reduzierung des Kulturbegriffs auf Landbau Erweiterung des Kulturbegriffes zunächst auf alle Äußerungen und Schöpfungen des Menschen inkl. des Wirtschaftens. Kultur im landschaftlichen und neutralen Sinn darf sich nicht ausschließlich auf positiv empfundenes Handeln des Menschen reduzieren.

Kulturgut (= Kulturelles Erbe): Kulturgüter im Sinne des Umweltverträglichkeitsgesetzes sind Zeugnisse menschlichen Handelns ideeller, geistiger und materieller Art, die als solche für die Geschichte des Menschen bedeutsam sind und die sich als Sachen, Raumdispositionen oder als Orte in der Kulturlandschaft beschreiben und lokalisieren lassen. Der Begriff Kulturgut umfaßt damit sowohl Einzelobjekte oder Mehrheiten von Objekten, einschließlich ihres notwendigen Umgebungsbezuges, als auch flächendeckende Ausprägungen sowie räumliche Beziehungen bis hin zu kulturhistorisch bedeutsamen Landschafsteilen und Landschaften. Ebenfalls sind Phänomene, die von volks-, landes-, sowie von heimatkundlichem Interesse sind und Raumbezug haben, z.B. Pilgerwege, Schlachtfelder, Richtstätten, Tanzplätze etc. zu berücksichtigen.

Kulturhistorisch: Diese Bestimmung bezieht sich erläuternd auf alle anthropogenen Aktivitäten, die sich in der Landschaft in Form von Elementen und Strukturen niedergeschlagen haben bzw. die Landschaft umgestaltet sowie beeinflußt haben.

Kulturlandschaft: Im geographischen Sinne der von Menschen nach ihren existentiellen, gesellschaftlichen, wirtschaftlichen und ästhetischen Bedürfnissen eingerichtete und angepaßte Naturraum, der im Laufe der Zeit mit einer zunehmenden Dynamik entstanden ist und ständig verändert bzw. umgestaltet wurde und noch wird. Die Kulturlandschaft stellt heute einen funktionalen und prozeßorientierten Systemzusammenhang dar, dessen optisch wahrnehmbarer strukturierter Niederschlag aus Punktelementen, verbindenden Linienelementen und zusammenfassenden sowie zusammengehörigen Flächenelementen besteht.

Kulturlandschaften (Pluralform): Voneinander abgrenzbare, durch zusammengehörige Merkmale aufgrund des Landschaftsbildes, der Landschaftsstrukturen und -substanz zusammenfaßbare Raumeinheiten

Kulturlandschaftsbereiche: Komplexe von zusammenhängenden nach Nutzung und Funktionsbereichen miteinander räumlich verbundenen Kulturlandschaftsbestandteilen, die als solche kleinregionale Strukturen bilden

Kulturlandschaftsbestandteile: Komplexe und zusammenhängende Kulturlandschaftselemente und -strukturen auf einer kleinräumigen Betrachtungs- und Maßstabsebene

Kulturlandschaftseinheiten (-räume): Landschaften, in denen eine oder mehrere meist miteinander zusammenhängende Nutzungen und funktionale Aktivitäten verbunden mit der naturräumlichen Beschaffenheit dominieren und dadurch einen Raum prägen.

Kulturlandschaftselemente: Historische Elemente der Kulturlandschaft sind die Einzelobjekte anthropogener Herkunft.

Kulturlandschaftsentwicklung: Prozeß des Werdegangs der Kulturlandschaft seit ihrer Entstehung im Neolithikum

Kulturlandschaftserlebnisgebiet: Im Gegensatz zu Naturerlebnisgebieten steht hier insbesondere der anthropogene Aspekt der Landschaftsentwicklung in der strukturellen Darstellung der verschiedenen Entwicklungsstadien im Vordergrund, der allerdings auch ökologisch interpretiert werden soll. Im Zuge einer Besucherlenkung werden historische Kulturlandschaftsbestandteile, -strukturen und -elemente didaktisch aufbereitet und präsentiert. Außerdem werden innerhalb bestehender Land/Forstwirtschafts- und Naturschutzprogramme kulturlandschaftsverträgliche Nutzungen und Bewirtschaftungen gefördert und angepaßte Bewirtschaftungsverträge angeboten.

Kulturlandschaftsgenese = Kulturlandschaftsentwicklung: Prozeß des Werdegangs der Kulturlandschaft seit ihrer Entstehung im Neolithikum

Kulturlandschaftsgestaltung: Optischer Niederschlag des menschlichen Handelns innerhalb der ursprünglichen Naturlandschaft bzw. naturnahen Landschaft

Kulturlandschaftsgeschichte: Historisch-geographische Beschreibung und Erklärung sowie Interpretation des Werdegangs einer abgegrenzten Raumeinheit

Kulturlandschaftsgliederung: Einteilung der Kulturlandschaft in untergeordnete Teilbereiche oder die begründete Ausweisung von unterschiedlichen großräumigen Kulturlandschaften

Kulturlandschaftsmanagement: Deutsche Übersetzung des englischen *cultural landscape management* (UNESCO). In Abgrenzung zum Begriff Kulturlandschaftspflege, der fälschlich mit Konservierung, Stillstand und Nichtwirtschaftlichkeit (Kosten) identifiziert wird, beinhaltet Management die Inwertsetzung, Nutzung und Maximierung des volkswirtschaftlichen Kapitals Kulturlandschaft.

Kulturlandschaftsobjekte: Konkret ausweisbare Kulturlandschaftselemente

Kulturlandschaftspflege: Lenkende Weiterentwicklung von Kulturlandschaften und von als ästhetisch ansprechend bewerteten Landschaftsbildern, die als Dokumente und Merkzeichen für die Fähigkeit des Menschen seine Umwelt zu gestalten, zu betrachten sind.
Für die Zukunft ist es von entscheidender Bedeutung, die in den unterschiedlichen Kulturlandschaften (von den Passivräumen bis zu den Aktivräumen) enthaltenen Werte zu bewahren, ohne die nötige Dynamik in den Räumen zu behindern. Das Ziel ist eine sinnvolle Weiterentwicklung der Kulturlandschaft, wobei je nach Charakterisierung und Bewertung abgestufte Lösungen möglich sind, die von der Konservierung bis zur Neugestaltung reichen können. Einzelne Schritte sind:
Schützen bedeutet, Gebiete durch die Ausweisung als Naturschutzgebiet aber auch als Kulturlandschaftsschutzgebiet aus der heutigen Nutzung herauszunehmen und faktisch als Museum zu konservieren.
Pflegen bedeutet, Verbindungen zu heutigen Erfordernissen herzustellen (z.B. durch adäquate Bewirtschaftung und Nutzung), wobei das Erhalten der überkommenen Substanz im Vordergrund steht.

Behutsames Weiterentwickeln bedeutet, daß die Weiterentwicklung in Einklang mit den auf den Gesamtraum bezogenen zu erhaltenden Zentralwerten stattfindet. Es müssen Konzepte entwickelt werden, in denen eine intensive kontinuierliche Berücksichtigung des natürlichen Potentials, des regionsspezifischen Landschaftsbildes und der kulturhistorischen Entwicklung erfolgt.

Kulturlandschaftsprogramm: Im bisherigen Verständnis eine Programmbündelung von landwirtschaftlichen Extensivierungs- und Sonderprogrammen für die Belange des Natur- und Umweltschutzes in Nordrhein-Westfalen

Kulturlandschaftsqualitätsziel: Minimaler Anforderungskatalog für die zukünftige Kulturlandschaftsgestaltung und Formulierung von Zielvorstellungen nach vorausgehender Bewertung

Kulturlandschaftsschutz: Neben Naturschutz und Denkmalpflege dezidiert als gesetzlicher Auftrag nach BNatSchG, §1, Abs. 2, Nr. 13 zu formulieren. Der Schutz bezieht sich hierbei auf die unter *Kulturlandschaftspflege* genannten Maßnahmen und Vorgaben für die Weiterentwicklung.

Kulturlandschaftsschutzgebiete: Gleichberechtigt zu Naturschutzgebieten aufgrund kulturhistorischer Begründung auszuweisende Reservate. Hierbei werden sowohl bebaute als auch gebaute Flächen, Elemente und Strukturen in Zusammenhang mit der anthropogen gestalteten bzw. beeinflußten Natur zusammenhängend geschützt.

Kulturlandschaftssituationen: Bestimmte Entwicklungsphasen (Kulturlandschaftsstadien) innerhalb der Kulturlandschaftsgeschichte oder Beschreibung von heute erkennbaren persistenten Strukturen oder Substanzverdichtungen

Kulturlandschaftsstrukturen: Unabhängig von der Substanz das Gebilde, das Gefüge, das Muster, die Beziehungen und die Zusammenhänge innerhalb der Kulturlandschaft

Kulturlandschaftsteile (BNatSchG): Bestimmte die Kulturlandschaft prägende, vom Menschen geschaffene (belebte und unbelebte) Bestandteile. Nicht zu verstehen als geschlossene Gebiete innerhalb einer Gesamtlandschaft.

Kulturlandschaftstypen: Durch bestimmte charakteristische Merkmale gekennzeichnete Kategorien innerhalb der gesamten Kulturlandschaft, die nicht ausschließlich gegenständliche wie die Struktur und visuell wahrnehmbare Elemente beinhalten, sondern auch die dahinterstehenden gesellschaftlichen, politischen und wirtschaftlichen Kriterien und Motivationen hinzuziehen.

Kulturlandschaftsverträglichkeit: Aus dem UVP-Gesetz (Umweltverträglichkeit) entlehnte Bestimmung der Empfindlichkeit von Kulturlandschaften und -bestandteilen für Veränderungen bei Planverfahren

Kulturlandschaftswandel: Veränderung der Kulturlandschaft in ihrer Struktur und Substanz in einem fortlaufenden Prozeß

Kulturlandschaftswandelkartierung: Vom Bearbeiter entwickelte Kartierungsmethode, die die Entwicklung der Kulturlandschaft in den aktuellen topographischen Karten unter Eintragung von vorausgehenden Altkartenbefunden mit unterschiedlicher Farbgebung chronologisch darstellt und Aussagen zur Charakteristik, Dynamik und zum Erhaltungszustand historischer Kulturlandschaftsbestandteile in einer Karte ermöglicht.

Kulturlandschaftswert: Bestimmung der Bedeutung von historischen Kulturlandschaften, Bestandteilen, Struktur oder Substanz für Träger öffentlicher Belange oder die Volkswirtschaft (Tourismus, Land- und Forstwirtschaft, regionales Image usw.)

Landeskunde: Allgemeine Landesbeschreibungen innerhalb der Regionalgeographie unter Hervorhebung der naturräumlichen Faktoren, administrativ-politischer, siedlungsgeschichtlicher und wirtschaftlicher Prozesse

Landnutzung: Art und Weise der Bewirtschaftung (Gebrauch) des Landes durch den Menschen, intensiv wie Ackerland, Pflanzen- und Obstgärten oder extensiv wie Grasland, Dauerweiden, Gehölze und Wälder

Landnutzungssystem: Räumliche oder funktional zusammenhängende Landnutzungen in einer bestimmten Region

Landespflege: Bestandteil der Landeskultur mit den Teilbereichen Landschaftspflege, Grünordnung und Naturschutz und dem primären Ziel, das Naturraumpotential zu schützen, zu pflegen und weiterzuentwickeln. Die Landespflege ist ein Bestandteil der Raumplanung. Bei den landespflegerischen Maßnahmen stehen die Ansprüche der Gesellschaft im Vordergrund, die nicht zur Belastung des Naturraumpotentials werden sollen.

Landschaft: Die Begriffsdefinition ist sehr komplex. Landschaft bedeutet hier das erlebte Landschaftsbild, das Äußerliche eines Erdraumes (Physiognomie) in seiner dinglichen Erfüllung (zunächst allgemein definiert als „Totalcharakter einer Erdgegend"), einen Ausschnitt aus der Geosphäre und hinsichtlich des äußeren Erscheinungsbildes in bestimmter Weise geprägten Bereich der Erdoberfläche.

Landschaftsbau: Bauliche Maßnahmen zur Gestaltung der freien Landschaft (Terrassierungen, Böschungsbefestigungen, künstliche Reliefgestaltung im Rahmen der Landschaftspflege)

Landschaftsbild: Visuelle Erscheinung der Landschaft mit den darin befindlichen Anordnungsmustern von einzelnen Punkt-, Linien und Flächenelementen in ihrer Vergesellschaftung und ganzheitlichen Wahrnehmung

Landschaftsschutz: Teilbereich des Naturschutzes, der sich trotz hauptsächlich naturwissenschaftlicher Bedingungen vorwiegend auf die äußerlichen - vor allem auch kulturhistorischen - Merkmale der Landschaft bezieht.

Landschaftspflege: Maßnahmen zum Erhalt und Schutz der Landschaft außerhalb der bebauten Gebiete. Ziel der Landschaftspflege ist der Schutz, die pflegende Bewirtschaftung und die geplante Weiterentwicklung der Landschaft vor allem aus Sicht der Bedürfnisse des Menschen unter Wertschätzung des Eigenwertes funktionierender Geoökosysteme.

Leitbild: Im kulturlandschaftspflegerischen Sinne bzw. im Verständnis eines „Managements" ist das Leitbild ausgerichtet auf die Erhaltung der Ablesbarkeit kulturlandschaftsgeschichtlicher Entwicklung mit Erhalt von Eigenart und Vielfalt in einem die Weiterentwicklung zulassenden Verständnis.

Leitziel: Nach bestimmenden Grundsätzen verlaufende Entwicklung der Kulturlandschaft und Handlungsempfehlungen für eine Kulturlandschaftspflege (konkretere Ausarbeitung des Leitbildes)

Mobilität: Bewegung, Beweglichkeit bzw. Wanderungen und Verlagerungen von Funktionsstandorten sowie innerhalb der Verkehrsgeographie der Verkehr an sich als Bewegung und Transport zwischen Funktionsstandorten

Nachhaltigkeit: Aktueller Begriff innerhalb des Natur- und Umweltschutzes zur Hervorhebung der für längere Zeit prognostisch dauerhaften Wirkung von Einzelmaßnahmen bzw. Entwicklungsvorgaben

Natur: Totalbegriff für die „Gesamtheit der Dinge, aus denen die Welt besteht." Auch bei einer Betrachtung, die den Menschen als Teil von Natur begreift, ist die Trennung in Kultur und Natur eine notwendige Gedankenkonstruktion. So dient diese Zweigliederung innerhalb der Kulturlandschaftspflege dem Verständnis anthropogener Beeinflussungen und Veränderungen der ehemaligen anthropogen unbeeinflußten Naturlandschaft und heutiger dem menschlichen Einfluß entzogener natürlicher Prozesse.

Naturschutz: Ordnende, sichernde, regenerierende und entwickelnde Maßnahmen im Bereich des Naturhaushaltes mit dem Ziel, den natürlichen Lebensraum mit seinen Geoökofaktoren vor schädlichen Eingriffen und übermäßiger wirtschaftlicher Nutzung (Ausbeutung) zu schützen und ihn in seiner Leistungsfähigkeit, Vielfalt, Eigenart und Schönheit als eine der Lebensgrundlagen von Mensch, Tier und Pflanze zu erhalten. Naturschutzgebiete können auch aufgrund landeskundlicher Gründe ausgewiesen werden.

Nutzung: Inwertsetzung von Landschaftsbestandteilen für den Menschen zur Nahrungsmittelgewinnung, Wohnbebauung, Verkehrserschließung und aller sonstigen Daseinsfunktionen sowie übergeordneter Interessen

Ökologie: Wissenschaft der Wechselbeziehungen zwischen den Organismen zu- bzw. untereinander, zu ihrer Umwelt und zu deren Geoökofaktoren

Ordnungsprinzip: Innerhalb der anthropogenen Kulturlandschaftsgestaltung nach bestimmten Vorstellungen durchgeführte Maßnahmen, die wiederholt nach einem Muster verlaufen, oder durch Determinanten zwangsläufig sich ergebende Verteilungsmuster, die erst durch eine Analyse und Abstrahierung erkennbar werden.

Persistenz: Das Erbe vergangener Generationen und Jahrhunderte, die das aktuelle Handeln beeinflussen. Hierzu gehören in der Kulturlandschaft die noch in Funktion befindlichen historischen Kulturlandschaftselemente, die funktionslos gewordenen Relikte, die aktuelle Planungsentscheidungen beeinflussen, das historisch gewachsene Strukturgefüge aber auch immaterielle Werte, wie historische Identitäten. Persistente Elemente und Strukturen sind in historischen Epochen gebildete, heute noch in verschiedenen Stadien erhaltene und damit auch weiter zu pflegende und zu gestaltende Teile der heutigen Kulturlandschaft.

Pflege: Erhaltung der überkommenen Substanz mit Verbindungen zu heutigen Anforderungen durch adäquate Bewirtschaftung und Nutzung in Anknüpfung an tradierte oder historische Gestaltungen und Funktionen

Physiognomie: Äußerliches Bild einer geowissenschaftlichen Erscheinung in der Kombination mehrerer Geoökofaktoren mit der anthropogenen Gestaltung. In der Kulturlandschaftsanalyse die neutrale Beschreibung der Bauausführung oder Beschreibung gewachsener Kulturlandschaftselemente.

Planung: Entwurf, somit gedankliche Vorwegnahme beabsichtigten Handelns und Vorbereitung von Entscheidungen im Rahmen der Raumordnung und Raumplanung mit Erstellung und Operationalisierung von Konzepten zur Ordnung, Nutzung und Entwicklung eines Raumes für die Zukunft (lang- und kurzfristig)

Prozeß: Umgestaltung und Wandel von Kulturlandschaftsstrukturen und deren Einzelelemente in fortlaufender Dynamik mit einem bestimmbaren Beginn

Raum: Dreidimensionales Gebilde im Bereich der Geosphäre mit unterschiedlich großen Ausdehnungen in der Vertikalen und Horizontalen

Raumordnung: Eine in einem Staatsgebiet bzw. seinen Teilgebieten angestrebte Ordnung von Wohnstätten, Wirtschaftseinrichtungen, der Infrastruktur und Berücksichtigung übergeordneter Belange. Planmäßige Gestaltung des Raumes seitens der politischen Behörden in Form der Raumordnungspolitik

Region: Konkreter dreidimensionaler Ausschnitt aus der Erdoberfläche, häufig eine größere geographische Raumeinheit, die mehrere Landschaften umfassen kann. Geographisch-räumliche Einheit mittlerer Größe, die sich funktional oder strukturell nach außen hin abgrenzen läßt, stark beeinflußt vom kulturlandschaftlichen Erbe z.B. in Form eines historisch-administrativ bedingten Territoriums, häufig naturräumlich begrenzt.

Regionale Identität: Zusammengehörigkeitsgefühl der Bevölkerung als Einwohner einer Region oder eines innerstaatlichen Teilraums mit dem Bewußtsein einer gemeinsamen, von anderen Staatsteilen unterschiedlichen Geschichte, mit gemeinsamen Sitten, Gebräuchen, Dialekten und regionaltypischen Kulturlandschaftselementen sowie Kulturlandschaftsstruktur. Terminus technicus mit starker Annäherung bzw. Gleichsetzung mit dem Begriff Heimat.

Regression: Innerhalb der Kulturlandschaftsgeschichte verlaufender rückläufiger (reduzierender) Prozeß mit Verlusten von Einzelelementen; Reduzierung komplexer Strukturen z.B. innerhalb von Wüstungserscheinungen mit Aufgabe von Siedlungsplätzen. Durch Geofaktoren und anthropogene Prozesse verursachte Siedlungsrückgänge sind in der Kulturlandschaft häufiger vorgekommen, oft einhergehend mit politischen und wirtschaftlichen Einbrüchen.

Relikte: Ein Relikt ist ein überliefertes Kulturlandschaftselement, das seine Funktion zum Teil oder gänzlich verloren hat oder das den heutigen (land)wirtschaftlichen Anforderungen nicht mehr oder nicht mehr genügend entspricht.

Reliktkarte: Innerhalb der historisch-geographischen Kulturlandschaftsanalyse Kartierung aller in der heutigen Landschaft vorhandenen historischen Kulturlandschaftselemente sowohl noch in Funktion befindlich als auch mit Funktionsverlust, untergliedert nach der kartographischen Darstellungsweise und Landschaftswirkung in Punkt-, Linien- und Flächenelemente.

Schönheit: Begriff als Zielsetzung planerischer und landespflegerischer Maßnahmen zur Hervorhebung von Landschaftsbestandteilen und Landschaften an sich in ihrer ästhetischen Wahrnehmung für den Menschen; somit eine ausschließlich anthropozentrische Ausrichtung mit einer nicht operationalisierbaren bzw. lediglich ermittelbaren Gesamtaussage.

Siedlungsstruktur: Aufbau und Gefüge einer Siedlung oder der Siedlungen insgesamt in einem Siedlungsraum. Meist das Ergebnis einer längeren historischen Entwicklung, beeinflußt von mehreren Faktoren und Prozessen, die zu verschiedenen Siedlungsformen oder zu vorherrschenden Siedlungstypen - zunächst unabhängig von der Substanz der Baulichkeiten - geführt haben.

Siedlungswesen: In Planung und Verwaltung ein Sachgebiet, das sich mit der Entwicklung der Siedlungen im städtischen und ländlichen Bereich beschäftigt. Das Siedlungswesen wird im planerischen Bereich durch die Raumordnung und in der Bauverwaltung durch Baunutzungsverordnungen beeinflußt. Eine weitere Bedeutung bezieht sich auf die Besiedlung des ländlichen Raumes aufgrund des Reichssiedlungs- (1919) und Reichsheimstättengesetzes (1920) durch sogenannte regionale Siedlungsgesellschaften.

Struktur: Aufbau und innere Ordnung (Gefüge) eines Ganzen. Muster von Phänomenen auf der Erdoberfläche und Formen, die aufeinanderbezogen ein Muster erkennen lassen zunächst unabhängig von der Substanz. Der Strukturbegriff innerhalb der Kulturlandschaftspflege ist sehr entscheidend, da sich hiermit die Dynamik in der Kulturlandschaft analysieren und weiterentwickeln läßt, um die in der Vergangenheit entstandene historische Struktur als Träger landschaftlicher Eigenart zu bewahren.

Substanz: Baumaterial oder Konsistenz ausschließlich anthropogener oder anthropogen beeinflußter ehemals natürlicher Schöpfungen in der Kulturlandschaft wie z.B. Baumaterialien. Neben der Struktur ein Kriterium zur Bestimmung regionaler Eigenarten in der Kulturlandschaft.

Tradition: Überlieferung, Übernahme und Weitergabe von Brauchtum, Sitten, Mundarten, Erfahrungen, Nutzungstechniken, Konventionen, Institutionen und regionaltypischen Kulturlandschaftsgestaltungen. Übernahme und Erhaltung bestimmter regionalspezifischer Baustile und Siedlungsmuster sowie Landnutzungsformen.

Umwelt: Der Umweltbegriff umfaßt sowohl die natürlichen (biotischen und abiotischen) als auch anthropogenen Elemente und Faktoren im Daseinsbereich von Flora, Fauna und des Menschen. Damit ist das umgebende Milieu als Ganzes gemeint und geht über das Geosystem hinaus in das gesamte Wechselgefüge der Aktivitätsbereiche von Populationen.

Umweltqualitätsziele: Umweltqualitätsziele werden von den zuständigen Planungsträgern innerhalb von Flächennutzungs-, Landschafts-, Flurbereinigungs-, Landschafrahmenplänen, Denkmallisten und Denkmalpflegeplänen formuliert und dienen dem Erhalt oder der Verbesserung von Umweltbedingungen.

Umweltverträglichkeit: Auswirkungen eines Vorhabens auf die Umwelt, Natur, Landschaft, Kultur- und sonstigen Sachgüter mit Bestimmung der Empfindlichkeit und prognostischen Aussagen innerhalb der konkreten Entscheidungsfindung

Vernetzung: Verbindung von Funktionen oder bestimmten Kulturlandschaftselementen (z.B. Verkehrswegen) häufig in einem landschaftlichen Strukturgefüge

Verbreitungsmuster: Innerhalb der Diffusion kulturlandschaftsgeschichtlicher Phänomene erkennbares Schema der Übertragung und Verbreitung. Nach Abschluß der Ausbreitung entsteht ein Verteilungsmuster.

Vielfalt: Zentraler Begriff der Zielvorstellungen in Naturschutz und Landespflege für die Bewahrung der Vielzahl von Einzelelementen und Strukturen in einem Landschaftsausschnitt. Innerhalb der Kulturlandschaft bedeutet dies das quantitative Nebeneinander von Kulturgütern, Kulturland-

17

schaftselementen und Kulturlandschaftsstrukturen.

Wertvorstellungen: Qualitätsbestimmung von Bevölkerungsgruppen hinsichtlich der Kulturland-schaft als Ganzes und ihrer Einzelelemente sowohl in volkswirtschaftlicher als auch in ideeller (ästhetischer) Hinsicht

Weiterentwicklung: In der erhaltenden Kulturlandschaftspflege muß die weitere Entwicklung im Einklang mit den auf den Gesamtraum bezogenen zu erhaltenden Zentralwerten stattfinden. Hierbei sind Konzepte zu formulieren, in denen eine intensive Berücksichtigung des natürlichen Potentials, des regionsspezifischen Landschaftsbildes und der kulturhistorischen Entwicklung erfolgt. Eine bewußte räumliche Weiterentwicklung entspricht dem dynamischen Wesen der Kulturlandschaft.

Zerstörung: Historisch gewachsene Kulturlandschaften werden in dem Augenblick zerstört, wenn die bisherige Entwicklung mit der Zunahme von Einzelelementen und Strukturen unterbrochen wird durch großflächig zerstörende Neugestaltungen (Ressourcengewinnung, Flurbereinigungen, Neu-baugebiete, Versiegelungen, Zerschneidungen), die die Geschichtlichkeit auslöschen bzw. beein-trächtigen. Dies bezieht sich sowohl auf die Substanz als auch auf die Struktur. Die Dynamik in der Kulturlandschaftsentwicklung wird dann zerstört, wenn eine Zeitstellung wie das 20. Jahrhundert dominiert und ältere nicht mehr erkennbar sind.

1.3 Kulturlandschaft, Kulturlandschaftspflege und Historische Geographie

Vor ca. 7.000 Jahren setzte in Mitteleuropa ein anthropogener landschaftsbestimmender Prozeß mit gruppenweiser Seßhaftigkeit, ackerbaulicher Selbstversorgung und ersten gewerblich orientier-ten Differenzierungen ein. Seitdem veränderte sich das ausschließlich vom Naturpotential (Flora und Fauna) abhängige Verhalten des Menschen (Sammeln und Jagen) mehr und mehr in ein aktives Verändern und Gestalten seiner physischen Umwelt aufgrund jeweils zeitspezifischer ökonomischer, gesellschaftlicher, politischer, religiös-kultischer, kultureller und künstlerischer Vorstellungen mit einer im Laufe der Zeit zunehmenden Dynamik. Dieses Verhalten führte zu Wandlungen beim natür-lichen Potential der Landschaft, vor allem bei Flora und Fauna. Trotzdem entwickelte sich bis ca. 1880 eine zunehmend artenreiche Kulturlandschaft.

Im Laufe des 20. Jahrhunderts führten die expandierende Industrialisierung, die Mobilisierung, die Vernetzung der Infrastrukturen, die Ausweitung der Verkehrswege, die Emissionsbelastungen, die Intensivierung der Land- und Forstwirtschaft, die Versiegelung der Böden und der großflächige Bergbau jedoch zu einer gravierenden Artenverarmung (vgl. die Roten Listen der Tier- und Pflan-zenarten), die bezeichnenderweise von einer parallel verlaufenden Reduzierung traditioneller Kul-turlandschaftselemente und einer ästhetischen Verarmung der Kulturlandschaft begleitet wurde.

Das Problem der heutigen Kulturlandschaftsentwicklung liegt vor allem in der Intensität des Ver-änderungs- und Umformungsprozesses, wobei, hauptsächlich bedingt durch das Wirtschaftswachs-tum und den damit zusammenhängenden Wohlstand, zunehmend moderne Elemente die älteren ersetzen und nicht mehr wie in früheren Zeiten ergänzen bzw. erweitern. Durch vollständige Zerstö-rung an Stelle weitgehender Berücksichtigung der vorhandenen Bausubstanz, durch Vereinheitli-chung anstatt Beibehaltung regionaler bzw. örtlicher Bauformen und Baumaterialien tritt ein Verlust von erlebbaren Identitätswerten ein. Die erkennbaren Zeugen der kulturlandschaftlichen Entwik-klungsstadien in der Landschaft werden weiter reduziert, was sich auch auf die Flora und Fauna aus-wirkt. Durch die zunehmende Aufgabe von traditionell geprägten Bewirtschaftungs- und Nutzungs-formen wird es immer schwieriger, naturnahe Kulturlandschaften wie Niederwälder und Weidege-biete zu erhalten.

Der Begriffsinhalt von Kulturlandschaft ist leider nicht eindeutig. Naturschützer verstehen hier-unter etwas anderes als Geographen oder Kunsthistoriker. Deswegen ist es unbedingt nötig sich über den jeweiligen Inhalt zu verständigen:

Unter Kulturlandschaft im geographischen Sinne *ist der von Menschen nach ihren existentiellen, gesellschaftlichen, wirtschaftlichen und ästhetischen Bedürfnissen eingerichtete und angepaßte Naturraum, der im Laufe der Zeit mit einer zunehmenden Dynamik entstanden ist und ständig verändert bzw. umgestaltet wurde und noch wird* zu verstehen. *Sie stellt heute einen funktionalen und prozeßorientierten Systemzusammenhang dar, dessen optisch wahrnehmbarer, strukturierter Niederschlag aus Punktelementen, verbindenden Linienelementen und zusammenfassenden sowie zusammengehörigen Flächenelementen besteht.*

Es geht um die gesamte heutige Landschaft. Dies bedeutet, daß Industrie- und Ballungsräume sowie in der Neuzeit gestaltete Agrar- und Forsträume ebenfalls als Kulturlandschaften zu betrachten sind. Nach Funktion (Nutzung) und Erscheinungsbild können unter Berücksichtigung des natürlichen Potentials und der natürlichen Beschaffenheit unterschiedliche Kulturlandschaftstypen unterschieden werden. So können aufgrund der Morphologie Mittelgebirgs-, Hügelland- und Flachlandkulturlandschaften und aufgrund der Böden Sand- und Kleilandschaften herausgestellt werden. Nach Funktion und Nutzung sind landwirtschaftlich, forstwirtschaftlich, gewerblich, bergbaulich usw. geprägte Kulturlandschaften zu unterscheiden.

Außerdem müssen nicht konkret faßbare Phänomene wie religiöse, politische, gesellschaftliche, wirtschaftliche und ästhetische Wertsysteme, Prozesse, Nutzungs- und Bewirtschaftungsformen, Traditionen, Bräuche usw. berücksichtigt werden, die zu bestimmten Kulturlandschaftstypen geführt haben. Weiterhin muß das heute nicht mehr oder kaum mehr sichtbare archäologische kulturelle Erbe zur Kulturlandschaft gerechnet werden.

Der Begriff Kulturlandschaft ist für die Angewandte Historische Geographie an sich wertneutral. Die Bewertung in Hinblick auf Schutz, Pflege und behutsame Weiterentwicklung erfolgt erst dann, wenn die Kulturlandschaftsbereiche, -bestandteile und -elemente erfaßt, kartiert, charakterisiert und zugeordnet worden sind. In den Bewertungsvorgang müssen alle Teile der heutigen Kulturlandschaft (vom Ökotop bis zum Förderturm) unter Berücksichtigung der regionalen Besonderheiten einbezogen werden. Das Ziel ist eine sinnvolle Weiterentwicklung der Kulturlandschaft, wobei je nach Charakterisierung und Bewertung abgestufte Lösungen möglich sind, die von der Konservierung bis zur Neugestaltung reichen können:

1. *Schützen* bedeutet, Gebiete durch die Ausweisung als Naturschutzgebiet aber auch als Kulturlandschaftsschutzgebiet aus der heutigen Nutzung herauszunehmen und faktisch als Museum zu konservieren.

2. *Pflegen* bedeutet, Verbindungen zu heutigen Erfordernissen herzustellen (z.B. durch adäquate Bewirtschaftung und Nutzung), wobei das Erhalten der überkommenen Substanz im Vordergrund steht.

3. *Behutsames Weiterentwickeln* bedeutet, daß die Weiterentwicklung im Einklang mit den auf den Gesamtraum bezogenen zu erhaltenden Zentralwerten stattfindet. Es müssen Konzepte entwickelt werden, in denen eine intensive kontinuierliche Berücksichtigung des natürlichen Potentials, des regionsspezifischen Landschaftsbildes und der kulturhistorischen Entwicklung erfolgt.

In der Kulturlandschaftspflege geht es um den Schutz, die Pflege und die behutsame Weiterentwicklung von traditionellen, naturnah gebliebenen Landschaften und von als ästhetisch ansprechend bewerteten Landschaftsbildern, aber auch von historisch überkommenen Kulturlandschaften als Dokumenten und Merkzeichen für die Fähigkeit des Menschen seine Umwelt zu gestalten.

Für die Zukunft ist es von entscheidender Bedeutung, die in den unterschiedlichen Kulturlandschaften (von den Passivräumen bis zu den Aktivräumen) enthaltenen Werte zu bewahren, ohne die nötige Dynamik in den Räumen zu behindern. Dies wird nur möglich sein, wenn konsequent regionale Entwicklungsleitbilder geschaffen werden, die an einem ganzheitlichen, natürliche Gegebenheiten und menschliche Werke gleichmäßig berücksichtigenden Kulturlandschaftsbegriff orientiert sind sowie ökologische, ästhetische und kulturhistorische Werte erhalten wollen.

Für die **Kulturlandschaftsgliederung in Nordrhein-Westfalen** ist eine pragmatische Vorgehensweise gewählt worden, die sich an den vorhandenen Verwaltungs- und den dazugehörigen Planungs- und Schutzmaßnahmen orientiert (Abb. 6):

1. **Großräumige Kulturlandschaften** (vgl. Großlandschaften in „Natur 2000"). Sie gehören übergeordneten Kulturlandschaften über die Landesgrenze hinweg an (z.B. die Eifel)
   - Der Bearbeitungsmaßstab: 1:500.000 und kleiner
   - Planungsebene: Landesentwicklungsplan (LEP) und das Landschaftsprogramm
   - Allgemeine, den Gesamtraum betreffende, bewertende Aussagen
   - Auf diese Betrachtungsebene bezogene Leitbilder

2. **Kulturlandschaftseinheiten** (vgl. Untereinteilung der Großlandschaften in „Natur 2000"). Dies sind überregionale Landschaften der mittleren Ebene, in denen eine oder wenige - meistens miteinander zusammenhängende - Nutzungen und funktionelle Aktivitäten verbunden mit der naturräumlichen Beschaffenheit dominieren und dadurch einen Raum prägen.
   - Der Bearbeitungsmaßstab: 1:50.000 bis 1:100.000
   - Planungsebene: Gebietsentwicklungsplan (GEP), Landschaftsrahmenplan
   - Schutzebene: Naturparke
   - Allgemeine, flächenbezogene Bewertungen
   - Auf diese Betrachtungsebene bezogene Leitbilder

3. **Kulturlandschaftsbereiche** (zusammengehörige und zusammenhängende Bestandteile und Elemente)
   - Der Bearbeitungsmaßstab: 1:10.000 (alte Landschaftspläne), 1:25.000 (neue Landschaftspläne, vgl. § 15, Abs. a LG NW)
   - Planungsebene: Landschaftsplan
   - Schutzebene: Landschafts- und größere Naturschutzgebiete
   - Flächen- und strukturbezogene Bewertungen
   - Entwicklungsziele (Modellgebietsebene)

4. **Kulturlandschaftsbestandteile** (nach Nutzung und Funktionsbereichen zusammengehörige Kulturlandschaftselemente und als solche Strukturen bildend)
   - Der Bearbeitungsmaßstab variiert zwischen 1:10.000 und 1:25.000.
   - Planungsebene: der alte Landschafts-, Flächennutzungs- und Bebauungsplan
   - Schutzebene: Naturschutzgebiete, größere Denkmalbereiche (Kulturlandschaftsschutz)
   - Bearbeitung für die Modellgebiete
   - Konkrete Bewertungen
   - Konkrete Entwicklungsvorschläge

5. **Kulturlandschaftselemente:**
   - Sie werden erfaßt als Punkte, Linien und Flächen
   - Sie werden unterschieden nach persistenten Elementen und Relikten (überlieferte Kulturlandschaftselemente, die ihre Funktionen ganz oder teilweise verloren haben sowie den heutigen modernen Anforderungen nicht mehr oder nicht mehr ausreichend entsprechen. Bei denjenigen, die ihre Funktionen ganz verloren haben, handelt es sich um fossile Relikte).
   - Bearbeitungsmaßstab: 1:10.000 und größer
   - Planungsebene: der alte Landschafts-, Flächennutzungs- und Bebauungsplan
   - Schutzebene: Denkmäler, Denkmalensembles und kleine Denkmalbereiche, „Gestaltete Land-

Ebene I: Großräumige Kulturlandschaft

Arbeitsschritte: Ausgliederung, Charakterisierung und Erstellung von Leitbildern

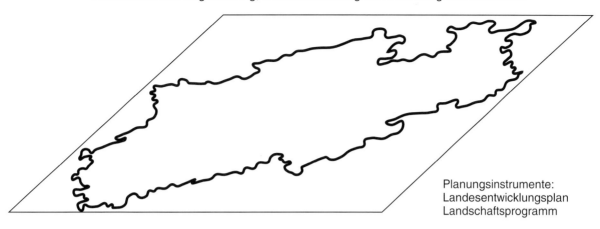

Planungsinstrumente:
Landesentwicklungsplan
Landschaftsprogramm

Bearbeitungsmaßstab 1:500.000
bis 1:1.500.000

Ebene II: Kulturlandschaftseinheiten

Arbeitsschritte: Kulturlandschaftswandelkartierung, Erstellung von konkreteren Leitbildern

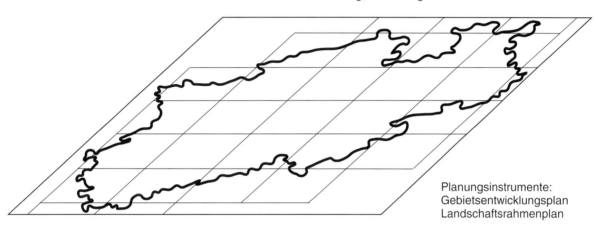

Planungsinstrumente:
Gebietsentwicklungsplan
Landschaftsrahmenplan

Bearbeitungsmaßstab 1:100.000

Ebene III/IV: Kulturlandschaftsbereiche und -bestandteile

Arbeitsschritte: Erarbeitung in ausgewählten Modellgebieten, Erstellung von Entwicklungszielen

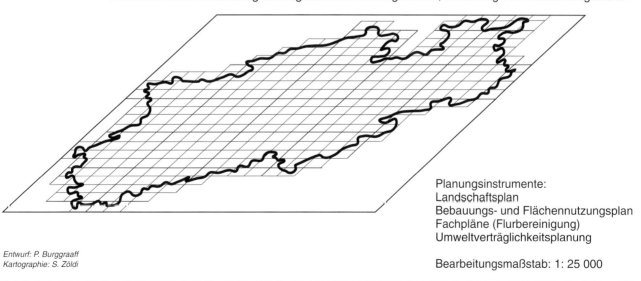

Planungsinstrumente:
Landschaftsplan
Bebauungs- und Flächennutzungsplan
Fachpläne (Flurbereinigung)
Umweltverträglichkeitsplanung

Bearbeitungsmaßstab: 1: 25 000

Entwurf: P. Burggraaff
Kartographie: S. Zöldi

Abb. 6: Projektaufbau nach Planungsebenen

21

schaftsteile" (Garten-, Friedhofs- und Parkanlagen) als Bestandteil eines Denkmals oder eigenständige „Denkmalwerte Anlage" (§ 2, Abs. 2 DSchG), Naturdenkmäler und geschützte Landschaftsbestandteile (aufgrund ihrer kulturhistorischen Bedeutung), Naturwaldzellen
- Bewertungen der Punkt-, Linien- und Flächenelemente
- konkrete Entwicklungs-, Bewirtschaftungs-, Pflege- und Nutzungsvorschläge.

Die historisch gewachsene Kulturlandschaft ist das Untersuchungsobjekt der Historischen Geographie, die eine räumliche (geographische) und eine zeitliche (historische) Komponente hat. Die räumliche Komponente bezieht sich auf die Verbreitung der Kulturlandschaft und die zeitliche Komponente auf die Genese und die verschiedenen Entwicklungsstadien der Kulturlandschaft. Hauptaufgabe der Historischen Geographie ist es, die Kulturlandschaft bzw. ihre Teile sowie ihre Elemente und Strukturen zusammenhängend und räumlich unter Berücksichtigung ihrer Genese zu erforschen.

Der Tätigkeitsbereich der *Angewandten Historischen Geographie* befindet sich im Vorfeld aller Raumordnungs- und Planungsmaßnahmen. Sie betrachtet die heutige Kulturlandschaft als ein historisch gewachsenes Gesamtsystem, das sich ständig weiterentwickelt. Dementsprechend untersucht sie flächendeckend die historischen Elemente, Strukturen und Teile früher Entwicklungsstadien sowie ihre raumzeitlichen Zusammenhänge und Prozesse, um die Bedeutung der persistenten Elemente und Strukturen zusammenhängend beurteilen und bewerten zu können. Darüber hinaus leistet die Angewandte Historische Geographie ebenfalls einen wichtigen Beitrag bezüglich einer auf Flächen hin orientierten Denkmalpflege, in der Schutz, Erhaltung, Bewirtschaftung (Nutzung) und Pflege berücksichtigt werden. Außerdem liefert sie einen wichtigen Beitrag zum kulturhistorischen Aspekt im Naturschutz, der in der nicht bebauten Kulturlandschaft stattfindet. Hierbei dürfen Kulturlandschaften allerdings nicht nur als Umgebung eines Denkmals und nicht nur nach ihrer Naturnähe und ihrem ökologischen Wert und Potential beurteilt werden. Daher ist es zu begrüßen, daß im Rahmen dieses Projektes die Belange der historisch gewachsenen Kulturlandschaft auf Landesebene im Mittelpunkt stehen und diese Belange auf allen Planungsebenen Berücksichtigung finden sollen.

Wenn im Bereich der Ökologie von vernetzten Systemen die Rede ist, so trifft dies in gewissem Sinne auch auf die Kulturlandschaft zu. Die Angewandte Historische Geographie bildet in diesem Sinne eine Brücke zwischen einer kulturhistorisch-objektorientierten Denkmalpflege und einer naturwissenschaftlich-ökologischen Landschaftspflege.

Schließlich ist die (Angewandte) Historische Geographie aufgrund ihrer räumlichen und historischen Ausrichtung sowie ihres komplexen Untersuchungsobjektes "Kulturlandschaft" auf die Zusammenarbeit mit anderen Disziplinen, die sich ebenfalls mit der Landschaft bzw. mit „dem Wirken und den Aktivitäten des Menschen" beschäftigen, angewiesen. Dies betrifft sowohl die naturwissenschaftlich orientierten Erdwissenschaften (Geologie, Geomorphologie, Bodenkunde, Ökologie) als auch die Geisteswissenschaften wie Archäologie, Geschichte, Bau- und Kunstgeschichte, Namen- und Volkskunde, Technikgeschichte.

1.4 Aufbau der Untersuchung

Sie korrespondiert mit den dargestellten Betrachtungsebenen der Kulturlandschaft, die sich an den Verwaltungsebenen mit den nachgeordneten Raumordnungs-, Planungs- und Schutzebenen (Land, Regierungsbezirk und Kommunen) in Nordrhein-Westfalen orientieren.
1. Die Landesebene: oberste Landschafts- und Denkmalbehörde, Landesentwicklungsplan (LEP), Landesentwicklungsprogramm und Landschaftsprogramm (LaPro)
2. Die Regierungsbezirksebene: höhere Landschafts- und Denkmalbehörden, Gebietsentwicklungspläne (GEP), seit 1980 mit der Funktion von Landschaftsrahmenplänen verbunden
3. Die Kommunalebene (Kreise): untere Landschaftsbehörden, Landschaftspläne, Städte und Gemeinden als untere Denkmalbehörden (Die Modellgebiete beziehen sich auf diese Ebene).

1.5 Karten, Daten und Literatur

Die Landesbehörden, die nachgeordneten Landesämter (Fachämter) sowie die kommunalen Behörden, die für die verschiedenen Verwaltungsebenen spezifische Aufgaben wahrnehmen, verfügen über einen großen Datenbestand.

Das Landesvermessungsamt in Bonn-Bad Godesberg ist für die Herstellung und Fortschreibung der amtlichen topographischen Karten (1:25.000 bis 1:200.000) zuständig[1], die eine Doppelfunktion als Darstellungsmedium und als Quelle haben. Außerdem sind die historischen Landesaufnahmen und ältere Ausgaben der topographischen Karten dort erhältlich[2]. Seit 1986 werden neben der Luftbildkarte im Maßstab 1:5.000 ebenfalls Luftbildaufnahmen im Meßtischformat 1:25.000 herausgegeben. Für Vergleichszwecke können ältere topographische Luftbilder (1:25.000) aus den 1930er Jahren von Hansaflug G.m.b.H. im Meßtischformat erworben werden. Außerdem sind Luftbilder aus den 1950er Jahren (1:12.500) vorhanden. Die Luftbilder ergänzen durch ihre bildliche Darstellung die topographischen Karten, die eine generalisierte zweidimensionale Darstellung einer dreidimensionalen Wirklichkeit sind. Die Katasterkarten und die Deutsche Grundkarten werden von den Katasterämtern der Kreise und kreisfreien Städte erstellt und fortgeführt.

Seit den 80er Jahren gibt es Satellitenbilder meistens in kleinem Maßstab (1:100.000 bis 1:1.000.000), die wichtige Informationen über die Siedlungs-, Waldflächen- und Agrarflächenverbreitung (Landnutzungssysteme) enthalten.

Das Geologische Landesamt (GLA) in Krefeld ist für die unterschiedlichen Boden- und die geologischen sowie hydrologischen Kartierungen zuständig. Weiterhin wird dort das GeoSchob-Kataster, die Kartierung der Lagerstätten und ein Kataster (EDV) über alle Abgrabungen und Bergbauaktivitäten geführt.

Die Landesanstalt für Ökologie, Bodenordnung und Forsten (Recklinghausen), die 1994 aus der Zusammenlegung der Landesanstalt für Ökologie, Landschaftsentwicklung und Forstplanung und dem Amt für Agrarordnung (Münster) hervorgegangen ist, ist die übergeordnete und koordinierende Behörde für den Natur- und Landschaftsschutz und der Landschaftspflege. Sie verfügt im Rahmen der ihr übertragenen Tätigkeit über wichtige Informationen, Kartierungen und biologisch-ökologische (biotische) Daten im Bereich der Landschaftspflege, des Natur- und Landschaftsschutzes (Arten- und Biotopschutz) und des Forstwesens. Außerdem wird bei der LÖBF das landesweit mit EDV erfaßte Biotopkataster (Linfos) fortgeführt. Weiterhin verfügt das mit der LÖBF verbundene Naturschutzzentrum - seit 1997 Natur- und Umweltschutzakademie Nordrhein-Westfalen (NUA) - über umfangreiches Informationsmaterial.

Bei den Landschaftsbehörden liegen Planungsgrundlagen (LEP, GEP und LP), Fachbeiträge und Daten über eingetragene Naturdenkmäler und geschützte Bestandteile vor. Obwohl diese nicht direkt kulturhistorisch relevant erscheinen, enthalten die Daten, die primär unter ökologischen sowie land- und forstwirtschaftlichen Gesichtspunkten erfaßt worden sind, auch Hinweise zum kulturhistorischen Hintergrund.

Daneben gibt es weitere Institutionen, die über relevante Informationen und Daten verfügen, wie das Landesamt für Datenverarbeitung und Statistik in Düsseldorf, das Landesoberbergamt in Dort-

---

[1] Teile der Grenzregionen werden von den benachbarten Vermessungsämtern der angrenzenden Bundesländer Hessen (Wiesbaden), Niedersachsen (Hannover) und Rheinland-Pfalz (Koblenz) bearbeitet und fortgeführt.

[2] Die Originale der historischen Kartenwerke (historische Kartenquellen) seit ca. 1800 befinden sich in der Stiftung Preußischer Kulturbesitz in Berlin. Die Sichtung des Archivs des Landesvermessungsamtes ergab, daß die Duplikate der benötigten älteren Landesaufnahmen und Fortschreibungen seit ca. 1890 dort ebenfalls aufbewahrt werden. Außerdem sind die ältesten Kartenwerke (Le Coq-Karte 1797-1813, Preußische Generalstabskarte 1816-1847 und die Karte von Rheinland und Westfalen 1837-1855) als Faksimileausgaben herausgegeben worden und die übrigen Karten als Reproausgaben dort zu erhalten (s. Kartenverzeichnis).

mund sowie das Landesamt für Wasser und Abfall in Düsseldorf.

Die Daten der Kulturabteilungen der beiden Landschaftsverbände sind ebenfalls einschlägig. Für die örtlichen unteren Denkmalbehörden fungieren die Ämter für Bodendenkmalpflege und Denkmalpflege der beiden Landschaftsverbände[3] als Fachbehörden. Sie verwalten die Daten der Denkmalpflege, wichtige Informationen über ehemalige und vorhandene (historische) Kulturlandschaftselemente (Bau- und Bodendenkmäler, erhaltungswürdige Objekte, Funde und Befunde)[4]. Das Westfälische Amt für Landes- und Baupflege und das Rheinische Umweltamt sowie die Freilicht- und Industriemuseen verfügen ebenfalls über einschlägige Informationen.

Weitere wichtige Informationsquellen bilden die Aktivitäten und die Veröffentlichungen des Rheinischen Vereins für Denkmalpflege und Landschaftsschutz, des Westfälischen und Lippischen Heimatbundes, des Bundes für Umwelt- und Naturschutz Deutschland (BUND) und des Naturschutzbundes Deutschland (NABU) sowie der regional geprägten Heimatverbände (z.B. Rheinischer Verein für Denkmalpflege und Landschaftsschutz, Westfälischer und Lippischer Heimatbund). Weitere Daten finden sich bei den Landwirtschaftskammern und höheren Forstbehörden für das Rheinland in Bonn und für Westfalen in Münster.

Schließlich bilden die erstellten Planungen und Planungsgrundlagen in Form von Fachbeiträgen (Gutachten), Landschaftsplänen, Gebietsentwicklungs- und Landschaftsrahmenplänen sowie andere Fachplanungen wichtige Grundlagen für die Bearbeitung der Modellgebiete.

Da die Kulturlandschaft an sich als wichtige Quelle zu betrachten ist, waren *Arbeiten im Gelände* von wesentlicher Bedeutung. Sie gliedern sich nach Maßstabsebene und Intensität in drei Typen:

1. *Geländefahrten:* Sie wurden für das Erarbeiten der großräumigen Kulturlandschaften und Kulturlandschaftseinheiten (M. 1:100.000 bis 1:500.000) durchgeführt. Hiermit wurden einerseits eine visuelle Vorstellung bzw. ein Bezug zum Untersuchungsraum herbeigeführt und andererseits konkrete Problembereiche vor Ort geklärt.

2. *Problemorientierte Geländebegehungen:* Diese intensiveren Befahrungen bezogen sich auf das dreidimensionale Landschaftsbild der Modellgebiete (M. 1:25.000) und auf ergänzende Informationen über den Zustand der historischen Kulturlandschaftselemente und -strukturen für die Erstellung der Reliktkarten, für ihre Bewertung sowie für die Feststellung ihrer Gefährdung.

3. *Systematische Geländebegehungen (Kartierungen):* Diese intensivste Form beinhaltete eine systematische Kartierung des Gebietes, die wegen ihres Zeitaufwands in diesem Projekt kaum möglich war.

Die Geländefahrten wurden für die Kulturlandschaftswandelkartierung und die Kulturlandschaftsgliederung vor allem in Kombination mit Fachtagungen, Spezialexkursionen oder in Begleitung von ortskundigen Experten in den unterschiedlichen Räumen durchgeführt. So konnten die Besonderheiten der besuchten Räume erfaßt werden. Hierbei sind ebenfalls unsere Erfahrungen und die von unseren Kollegen eingebracht worden.

Für den Untersuchungsraum gibt es seit der Mitte des 19. Jahrhunderts eine sehr breite Palette an Literatur. Für die Zeit ab 1982 werden alle über Nordrhein-Westfalen erscheinenden Beiträge (nach Einzeltiteln sortiert) aller Fachgebiete in der Nordrhein-Westfalen-Bibliographie regional sowie thematisch geordnet und erfaßt. Schließlich wurde für die Untersuchungen in den Modellgebieten die Heimatliteratur berücksichtigt. Diese Literatur ist besonders für die Datierung, Beschreibung und Entwicklung der einzelnen Relikte (historische Kulturlandschaftselemente) bzw. der historischen Kulturlandschaftseinheiten von Bedeutung.

---

[3] Eine Sonderstellung nimmt die Stadt Köln ein, die für die in ihrem Gebiet befindlichen Bau- und Bodendenkmäler zuständig ist.

[4] Hierzu muß bemerkt werden, daß nur die Daten des Rheinischen Amtes für Bodendenkmalpflege (Bonn) und des Rheinischen Amtes für Denkmalpflege (Brauweiler) in EDV-Form teilweise vorliegen.

Besonders wichtig sind die Atlanten, in denen bereits viele kleinmaßstäbliche thematische Karten veröffentlicht und erläutert worden sind. Hier sind besonders die Karten des Deutschen Planungsatlasses Bd. I: Nordrhein-Westfalen, die des Geschichtlichen Atlasses der Rheinlande und die der historischen sowie landeskundlichen Atlanten von Westfalen zu erwähnen (s. Kartenverzeichnis).

Kontakte und Zusammenarbeit mit Fachkollegen und Kollegen aus den Landschafts- und Denkmalbehörden sowie den Fachämtern waren wichtig. Hierbei ging es um die Fragen, wie die gesetzlichen Vorgaben in der Raumordnung, in der Planungsphase, in der Beschlußbildung und in der Umsetzung auf den verschiedenen Ebenen berücksichtigt und angewandt werden, wie mit historischen Kulturlandschaftselementen und vor allem -strukturen umgegangen wird, wie in der heutigen Gesetzgebung und in den Rechtsvorschriften sowie in den Raumordnungs- und Planungsinstrumenten „wertvolle historische Kulturlandschaftselemente" Berücksichtigung finden und welche Probleme dabei auftreten können.

Berichte, Veröffentlichungen und Erfahrungen vergleichbarer Projekte im übrigen Bundesgebiet (besonders im Saarland) und im benachbarten Ausland (Belgien, den Niederlanden, der Schweiz und Österreich) wurden berücksichtigt. Kurzinformationen hierzu gab es im Begleitsymposium vom 26.-27.11.1993 in Bonn, von dem eine Veröffentlichung vorliegt (FEHN u.a. 1995). Eine besonders intensive Zusammenarbeit gab es mit den niederländischen Kollegen.

Das schriftliche Quellenmaterial spielte in dieser Untersuchung eine untergeordnete Rolle. Da das Land erst seit 1947 existiert, müßte für die Periode 1800-1947 auf die Quellen der Rheinprovinz und der Provinz Westfalen sowie diejenigen des Fürstentums Lippe zurückgegriffen werden. Archivforschung war kaum möglich. Nur flächendeckende kartographische Quellen vor 1800, die territorialen Übersichtskarten des 16, 17. und 18. Jahrhunderts wurden eingesehen. Die großmaßstäbigen thematisch orientierten Manuskriptkarten (Deichschaukarten, Grenzkarten, Flußkarten, Stadtgrundrisse, Befestigungspläne usw.) wurden in Auswahl für die Modellgebiete genutzt.

1.6 Gesetzliche Grundlagen

Die Ausgangsposition zum Schutz der historischen Kulturlandschaften und deren Bestandteilen sind die gesetzlichen Bestimmungen im Bundesnaturschutzgesetz (Schutz historischer Kulturlandschaften), in EU-Richtlinen, in UVP-Richtlinien (Kulturgüter), im Landschaftsgesetz (LG NW, zuletzt geändert 15.8.1994) sowie im Denkmalschutzgesetz (DschGNW, zuletzt geändert 6.11.1984), im Forstgesetz und im Landesentwicklungsplan (LEP, 11.5.1995), im Gesetz zur Landesentwicklung (5.10.1989) und im Landesplanungsgesetz (LPlG, Bekanntmachung vom 29.6.1994). In diesem Gutachten werden vor allem das Landschafts-, Denkmalschutz- und UVP-Gesetz sowie der LEP berücksichtigt.

Im Bundesnaturschutzgesetz (BNatSchG) findet sich eine Vorschrift zum Schutz der historischen Kulturlandschaften, der auch im LG NW Eingang gefunden hat. Der Grundsatz § 2, Abs. 1, Nr. 13 im Bundesnaturschutzgesetz lautet: „*Historische Kulturlandschaften und -landschaftteile von besonders charakteristischer Eigenart sind zu erhalten. Dies gilt auch für die Umgebung geschützter oder schützenswerter Kultur-, Bau- und Bodendenkmäler, sofern dies für die Erhaltung der Eigenart oder Schönheit des Denkmals erforderlich ist.*" Im Novellierungsentwurf des BNatSchG (Stand: 8.5.1996) ist dieser Grundsatz - etwas verändert - beibehalten worden. Dort heißt es: "*Historische Kulturlandschaften und -landschaftteile von besonders charakteristischer Eigenart, einschließlich solcher von besonderer Bedeutung für die Eigenart oder Schönheit geschützter oder schützenswerter Kultur-, Bau- und Bodendenkmäler, sind zu erhalten.*"

"Kulturlandschaftsteile" sind nach den Kommentaren nicht als geschlossene Gebiete innerhalb einer Gesamtlandschaft zu verstehen, sondern als die eine bestimmte Kulturlandschaft prägenden, vom Menschen geschaffenen Bestandteile unabhängig davon, ob es sich um naturnahe (biotische) oder bebaute (materiell geprägte) Landschaftsteile handelt, die sowohl der Zuständigkeit des Naturschutzes als auch der der Denkmalpflege zugewiesen werden müssen.

Im BNatSchG werden die Behörden zum Vollzug der bundesweit gültigen Vorschrift nicht benannt. Da es sich um Naturschutzrecht handelt, ist die Beauftragung der Naturschutzbehörden naheliegend. Wie aber HÖNES bereits 1982 (S. 207-211) treffend hervorhob, haben sowohl Natur- als auch Denkmalschutz eine gemeinsame Verantwortung und Zuständigkeit bei der Umsetzung, da diese Vorschrift ausdrücklich wegen der denkmalpflegerischen Belange aufgenommen wurde. Hierbei wäre die übergeordnete Positionierung der Kulturlandschaftspflege in dieser gemeinsamen Aufgabe von Denkmalpflege und Naturschutz sehr schlüssig.

Diese Ausgangsposition erklärt die bisherige mangelnde Umsetzung bzw. den zunächst geringen Bekanntheitsgrad dieser Vorschrift. Vor diesem zu konstatierenden Hintergrund sind beide Bereiche (Naturschutz und Denkmalpflege) für den Erhalt der historischen Kulturlandschaften verantwortlich. Defizite in der Umsetzung des § 2, Abs. 1, Nr. 13 des BNatSchG durch die unteren Landschaftsbehörden werden durch die 1989 veröffentlichte Untersuchung von Antje BRINK und Hans-Herrmann WÖBSE belegt (s. Abb. 7). In den letzten Jahren ist diesbezüglich eine Verbesserung wahrzunehmen. Dies läßt sich durch eine Zahl von durchgeführten Projekten konkretisieren:

- verschiedene Pilotprojekte: Historisch-geographische Gutachten für die Ausweisung Naturschutzgebiet "Bockerter Heide" aufgrund landeskundlicher Gründe, für das Kulturlandschaftserlebnisgebiet "Dingdener Heide", zum neuen Fachbeitrag Landschaftsplanung nach § 15a des LG für die Kreise Kleve und Wesel, bezüglich der Kulturgüter in der UVP (Garzweiler und Oeding) (KLEEFELD und WEISER 1994; KLEEFELD und BURGGRAAFF 1992; 1995),
- Erhaltung von historischer Kulturlandschaft als Aufgabe von Naturschutz und Landschaftspflege, Konzeptentwurf für eine Wanderausstellung (KLEEFELD 1995),
- konsequentere Anwendung von Naturschutzgebietsausweisung mit landeskundlicher Begründung (BURGGRAAFF und KLEEFELD 1993).

Im Denkmalschutzgesetz, in dem der Begriff Kulturlandschaft nicht vorkommt, enthält § 2 folgende Begriffsbestimmungen:

1. Denkmäler sind Sachen, Mehrheiten von Sachen und Teile von Sachen, an deren Erhaltung und Nutzung ein öffentliches Interesse besteht. Ein öffentliches Interesse besteht, wenn die Sachen bedeutend für die Geschichte des Menschen, für Städte und Siedlungen oder für die Entwicklung der Arbeits- und Produktionsverhältnisse sind und für die Erhaltung und Nutzung künstlerische, wissenschaftliche, volkskundliche oder städtebauliche Gründe vorliegen. Die Vorschriften des Landschaftsgesetzes bleiben unberührt.

2. Baudenkmäler sind Denkmäler, die aus baulichen Anlagen oder Teilen baulicher Anlagen bestehen. Ebenso zu behandeln sind Garten-, Friedhofs- und Parkanlagen sowie andere von Menschen gestaltete Landschaftsteile, wenn sie die Voraussetzungen des Abs. 1 erfüllen. Historische Ausstattungsstücke sind wie Baudenkmäler zu behandeln, sofern sie mit dem Baudenkmal eine Einheit von Denkmalwert bilden.

3. Denkmalbereiche sind Mehrheiten von baulichen Anlagen, und zwar auch dann, wenn nicht jede dazugehörige einzelne bauliche Anlage die Voraussetzungen des Abs. 1 erfüllt. Denkmalbereiche können Stadtgrundrisse, Stadt-, Ortsbilder und -silhouetten, Stadtteile und -viertel, Siedlungen, Gehöftgruppen, Straßenzüge, bauliche Gesamtanlagen und Einzelbauten sein sowie deren engere Umgebung, sofern sie für deren Erscheinungsbild bedeutend ist. Hierzu gehören auch handwerkliche und industrielle Produktionsstätten, sofern sie die Voraussetzungen des Abs. 1 erfüllen.

4. Bewegliche Denkmäler sind alle nicht ortsfesten Denkmäler.

5. Bodendenkmäler sind bewegliche oder unbewegliche Denkmäler, die sich im Boden befinden oder befanden. Als Bodendenkmäler gelten auch Zeugnisse tierischen und pflanzlichen Lebens aus erdgeschichtlicher Zeit, ferner Veränderungen und Verfärbungen in der natürlichen Bodenbeschaffenheit, die durch nicht mehr selbständig erkennbare Bodendenkmäler hervorgerufen worden sind, sofern sie die Voraussetzungen des Abs. 1 erfüllen.

6. Auf Archivgut finden die Vorschriften dieses Gesetzes keine Anwendung.

In der Bodendenkmalpflege gibt es allerdings keinen Flächenschutz. Es können lediglich nur auf 3 Jahre befristete Grabungsschutzgebiete ausgewiesen werden.

Der heutige Beitrag der Denkmalpflege zur Kulturlandschaftspflege bezieht sich auf unbewegliche Denkmäler (Kulturlandschaftsobjekte) sowie auf Denkmalbereiche (Kulturlandschaftsbestandteile). So werden neben Einzelobjekten nur flächige Stadt- und Ortskerne, sowie Silhouetten, Straßen-, Platz- oder Ortsbilder, Stadtteile und -viertel, Siedlungen, Gehöftgruppen, Burgen, Schlösser, Klöster einschließlich der mit ihnen verbundenen Grün-, Frei- und Wasserflächen sowie historische Park- und Gartenanlagen geschützt. Denkmalbereiche können zudem Objekte umfassen, die keine Kulturdenkmäler darstellen, jedoch für das Erscheinungsbild der Gesamtheit von Bedeutung sind. Bei den Garten- und Parkanlagen sind sowohl Interessen des Denkmal- als auch des Naturschutzes vertreten.

Dies bedeutet, daß zusammenhängende Strukturen wie z.B. alte Flursysteme (Dorf und Flur), Acker- und Weidekomplexe, Wege- und Straßengefüge, Meliorations- und Siedlungssysteme sowie Bergbau-, Gewerbe- und Industriekomplexe mit der zugehörigen Infrastruktur nicht großräumig erfaßt werden können. Für größere nutzungsbezogene Denkmalbereiche oder „Kulturlandschaftsschutzgebiete" gibt es lediglich Ansätze wie z.B. im Siebengebirge (SCHYMA 1992). Hier ist z.B. die flächenhafte Unterschutzstellung von Weinbergterrassen im Ahrtal im benachbarten Rheinland-Pfalz zu nennen (Erhaltung historischer Weinbergterrassen an der Ahr 1993).

Zusammenfassend sind dies die wichtigsten Merkmale der Denkmalpflege:
- Sie bezieht sich weitgehend auf die Bausubstanz, unter Berücksichtigung der Gärten und Parks sowie naturnaher Elemente in den Denkmalbereichen.
- Sie bezieht sich auf das archäologische Erbe (Bodenarchiv).
- Sie hat keine zeitliche Begrenzung und bezieht sich auf alle Zeitepochen.
- Sie ist auf Objekte und kleinräumige Flächen (Ensembles und Bereiche) bezogen und erfaßt keine über die Denkmalbereiche hinausgehenden zusammenhängenden Gefüge.

Aus dem Denkmalbestand vom 1.1.1995 (nachstehende Auflistung) und den Abbildungen 8-11 wird insbesondere die Dominanz des Objektschutzes deutlich. Lediglich 0,2 % der eingetragenen Denkmäler bezieht sich als Denkmalbereich auf kleinere Flächen.

Baudenkmale	67.111	(93,0 %)
Bodendenkmale	4.020	(5,6 %)
Bewegliche Denkmale	884	(1,2 %)
Denkmalbereiche	143	(0,2 %)
Gesamt	72.158	(100,0 %)

(Quelle: Ministerium für Verkehr und Städtebau)

Die Daten der Denkmalpflege lassen sich ebenfalls kartographisch darstellen. In den folgenden vier Abbildungen wurden diese Daten - der gesamte Denkmalbestand (Abb. 8), die Bau- (Abb. 9), die Bodendenkmäler (Abb. 10) und die Denkmalbereiche (Abb. 11), mit Hilfe des Atlas-GIS nur flächig nach Gemeinden und Städten geordnet - dargestellt. Eine exakte topographische Darstellung war wegen des Fehlens der Rechts- und Hochwerte der Denkmäler und Denkmalbereiche nicht möglich.

Aus Abbildung 8 (gesamter Denkmalbestand) und Abbildung 9 (Baudenkmäler) geht eindeutig hervor, daß die dichtbevölkerten und dichtbebauten Großstädte und größeren Städte die meisten Denkmäler aufweisen. Die Bodendenkmäler (Abb. 10) sind - mit Ausnahme von u.a. Köln, Aachen,

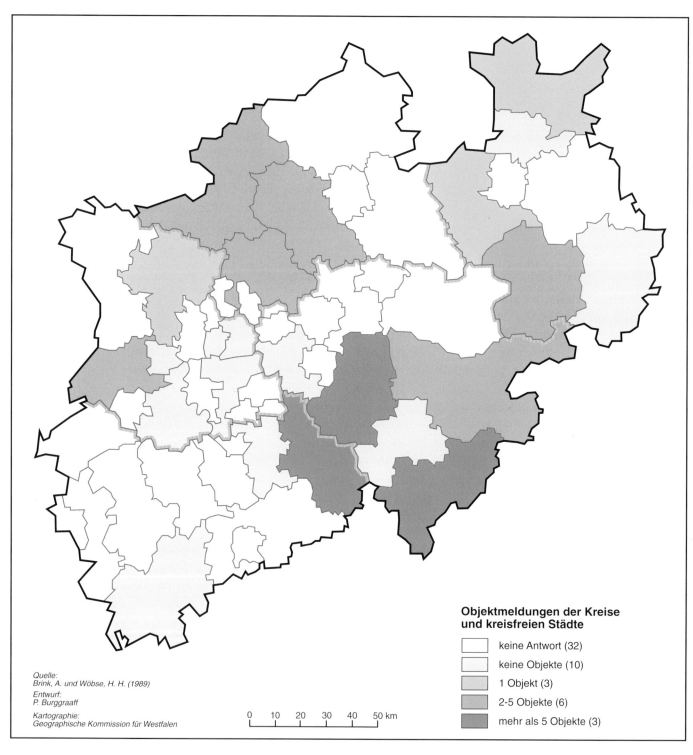

Objektmeldungen der Kreise
und kreisfreien Städte

keine Antwort (32)

keine Objekte (10)

1 Objekt (3)

2-5 Objekte (6)

mehr als 5 Objekte (3)

Quelle:
Brink, A. und Wöbse, H. H. (1989)
Entwurf:
P. Burggraaff
Kartographie:
Geographische Kommission für Westfalen

0   10   20   30   40   50 km

**Abb. 7: Ergebnisse der Befragung der Unteren Landschaftsbehörden nach historischen Kulturland-
schaften und -landschaftsteilen**

Bielefeld, Paderborn - relativ gleichmäßig über das Land verteilt, weil die Bodendenkmäler nicht nur in dicht besiedelten, sondern auch in dünn besiedelten ländlichen Regionen vorkommen. Die Verbreitung der Bodendenkmäler ist ebenfalls von dem Forschungs- und Prospektionsstand abhängig.

Aus der Verteilung der Denkmalbereiche (Abb. 11) wird sehr deutlich, daß sich 100 von den 167 Denkmalbereichen in den rheinischen Regierungsbezirken Düsseldorf und Köln befinden. Die übrigen Denkmalbereiche (43) verteilen sich auf die drei westfälischen Regierungsbezirke (Arnsberg 21, Detmold 5 und Münster 18). Auffallend ist ebenfalls, daß in vielen Großstädten wie Köln, Aachen, Bonn, Mönchengladbach, Dortmund, Paderborn, Münster, Bielefeld überhaupt keine Denkmalbereiche ausgewiesen worden sind.

Außerdem gibt es neben der gesetzlichen Denkmalpflege zusätzliche Sonderprogramme, wie das Programm der historischen Stadt- (seit 1985) und Ortskerne (seit 1992) und das Weserprogramm.

Das im LG NW in § 1 unter Punkt 4 genannte Ziel, das darauf abzielt, daß *„die Vielfalt, Eigenart und Schönheit von Natur und Landschaft (eigentlich Kulturlandschaft) als Lebensgrundlagen des Menschen und als Voraussetzung für seine Erholung in Natur und Landschaft nachhaltig gesichert sind“*, beinhaltet faktisch einen Auftrag zur Kulturlandschaftspflege und nach § 2, Grundsatz Nr. 13 des LG NW zum Kulturlandschaftsschutz. Im saarländischen Landschaftsgesetz ist der Begriff „Landschaft“ bereits durch „Kulturlandschaft“ (§1, Nr. 4) ersetzt worden. In Abs. 3 wird der ordnungsgemäßen Land- und Forstwirtschaft als größter Raumbenutzer für die Erhaltung der Kultur- und Erholungslandschaft eine zentrale Bedeutung beigemessen.

Von den im Landschaftsgesetz behandelten Schutzformen können nur Naturschutzgebiete (§ 20 LG) und Naturdenkmale (§ 22) aus landeskundlichen (kulturhistorischen) Gründen ausgewiesen werden. So wurde das Naturschutzgebiet „Bockerter Heide“ (Stadt Viersen) als erstes aufgrund landeskundlicher Begründung mit geeigneten Bewirtschaftungs-, Nutzungs- und Pflegemaßnahmen rechtskräftig ausgewiesen (BURGGRAAFF und KLEEFELD 1994). Dies bedeutet, daß im ländlichen Raum flächig wertvolle historische Kulturlandschaftsbereiche unter Schutz gestellt werden können.

Außerdem werden in den hauptsächlich ökologisch ausgewiesenen Naturschutzgebieten kulturlandschaftliche Elemente und Strukturen faktisch mitgeschützt.

Bei den geschützten Landschaftsbestandteilen (§ 23) wird die Belebung, Pflege und Gliederung des Orts- und Landschaftsbildes angesprochen. Bei den Landschaftsschutzgebieten (§ 20) bezieht sich die Begründung *„zur Erhaltung oder Wiederherstellung der Vielfalt, Eigenart oder Schönheit des Landschaftsbildes“* auf die Kulturlandschaft. Dies gilt auch für die Naturparks (§ 44) im ländlichen Raum. Die Nationalparks dagegen beziehen sich mehr auf ökologische Gründe (Artenreichtum und Vielfalt des heimischen Pflanzen- und Tierbestands, Voraussetzungen für ein Naturschutzgebiet).

Die wichtigsten Merkmale des Naturschutzes sind:
- Er sieht einen abgestuften großflächigen Schutz in Form von Naturschutz- und Landschaftsschutzgebieten sowie Naturparks vor.
- Er ist bisher hauptsächlich ökologisch und auf den Naturhaushalt bezogen.
- Er bezieht sich auf „lebende“ biotische Elemente.
- Er ist besonders im ländlichen Raum anwendbar (naturnahe Kulturlandschaften) und deswegen ist in Industrie- und Ballungsgebieten nur punktueller und kleinflächiger Naturschutz möglich.

Aufgrund des jahrtausendelangen Wirkens des Menschen einerseits als „Teil der Natur“ und andererseits vor allem als „Gestalter der Natur“ ist die heutige Kulturlandschaft entstanden. So bieten z.B. anthropogene Wallhecken, Obstwiesen, Gräben, Trockenmauern, Ruinen usw. vielen Pflanzen- und Tierarten einen Unterschlupf. Bei der Zerstörung solcher Elemente würden auch die dort angesiedelte Flora und Fauna erheblich beeinträchtigt.

Trotz der unterschiedlichen gesetzlichen Ansätze und Akzente bilden die von Menschen gebau-

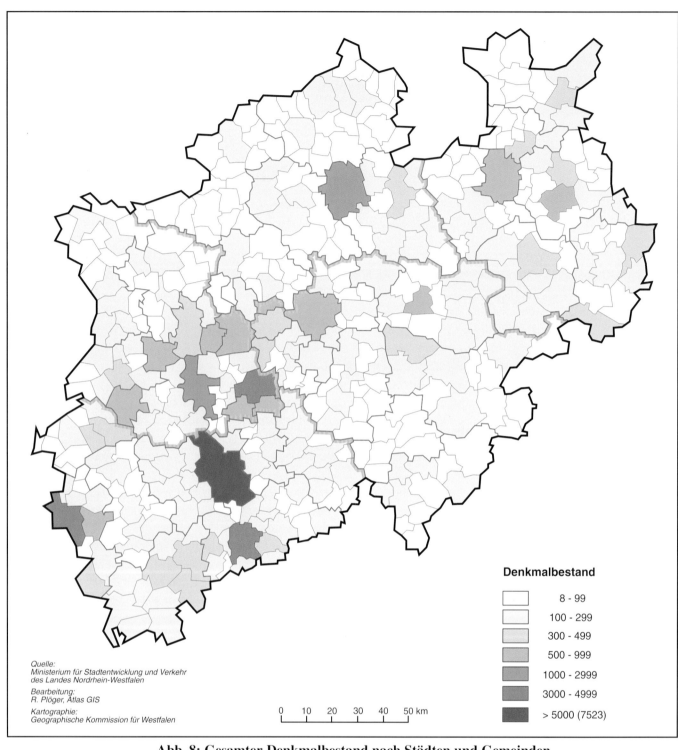

Quelle:
Ministerium für Stadtentwicklung und Verkehr
des Landes Nordrhein-Westfalen

Bearbeitung:
R. Plöger, Atlas GIS

Kartographie:
Geographische Kommission für Westfalen

Denkmalbestand

	8 - 99
	100 - 299
	300 - 499
	500 - 999
	1000 - 2999
	3000 - 4999
	> 5000 (7523)

0   10   20   30   40   50 km

Abb. 8: Gesamter Denkmalbestand nach Städten und Gemeinden

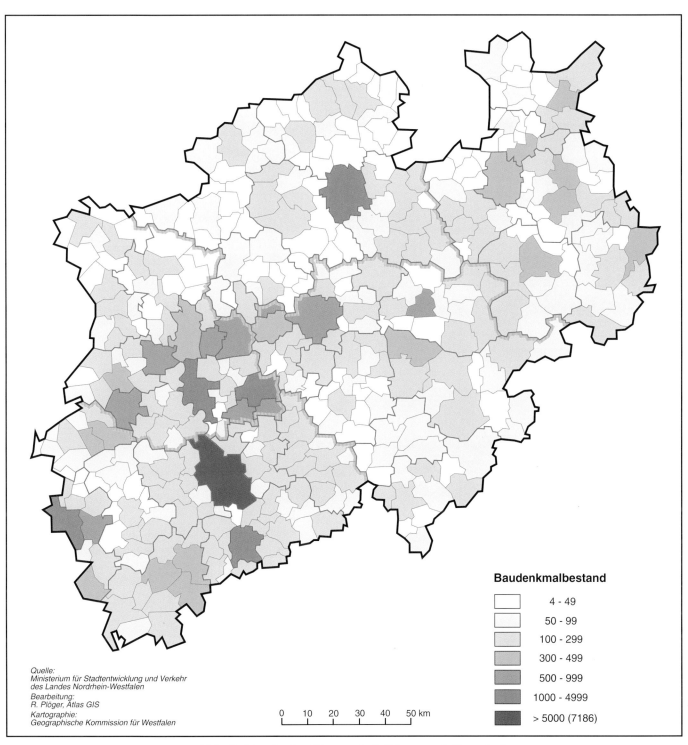

Quelle:
Ministerium für Stadtentwicklung und Verkehr
des Landes Nordrhein-Westfalen
Bearbeitung:
R. Plöger, Atlas GIS
Kartographie:
Geographische Kommission für Westfalen

Baudenkmalbestand

	4 - 49
	50 - 99
	100 - 299
	300 - 499
	500 - 999
	1000 - 4999
	> 5000 (7186)

0 10 20 30 40 50 km

Abb. 9: Baudenkmäler nach Städten und Gemeinden

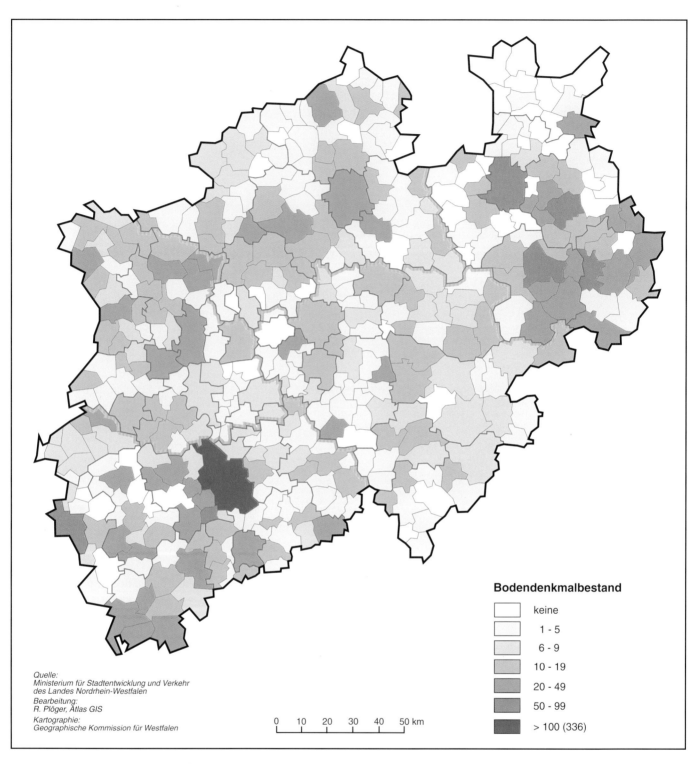

Quelle:
Ministerium für Stadtentwicklung und Verkehr
des Landes Nordrhein-Westfalen
Bearbeitung:
R. Plöger, Atlas GIS
Kartographie:
Geographische Kommission für Westfalen

Bodendenkmalbestand

	keine
	1 - 5
	6 - 9
	10 - 19
	20 - 49
	50 - 99
	> 100 (336)

0   10   20   30   40   50 km

Abb. 10: Bodendenkmäler nach Städten und Gemeinden

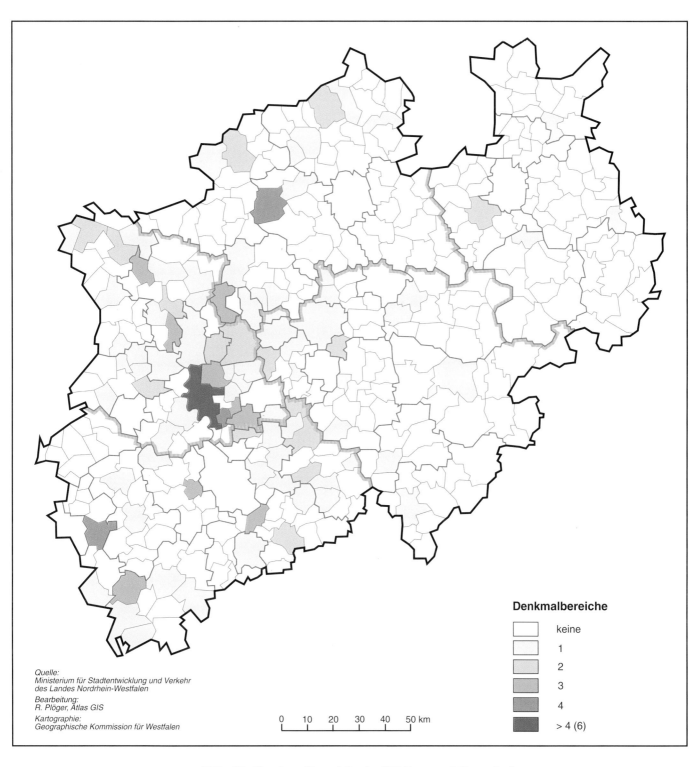

Denkmalbereiche

	keine
	1
	2
	3
	4
	> 4 (6)

0   10   20   30   40   50 km

Abb. 11: Denkmalbereiche in Städten und Gemeinden

ten und die naturnahen Objekte oftmals eine unzertrennliche Einheit, weil sie die engen Beziehungen zwischen *Natur* und *Kultur* dokumentieren. Außerdem sind viele als natürlich betrachtete Elemente durch anthropogene Nutzungs- und Bewirtschaftungsformen (z.B. Nieder-, Mittel-, Lohwald und Heide usw.) so verändert worden, daß sie faktisch als Kulturlandschaftselemente zu betrachten sind.

Heute gibt es in Nordrhein-Westfalen folgende, gesetzlich hauptsächlich ökologisch begründete Schutzgebiete und Gebiete, in denen die Entwicklung für die nächsten Jahre festgeschrieben worden ist. Daneben gibt es aufgrund des Landschaftsgesetzes eine Reihe von schutzwürdigen Gebieten:

Anzahl	Gebietskategorien	Umfang in qkm	Anteil Landesfläche in %
1.245	Naturschutzgebiete	880	2,6
1.200	Landschaftsschutzgebiete	15.000	44,0
14	Naturparke	9.971	29,3
64	Naturwaldzellen	10	-
84	Rechtsverbindliche Landschaftspläne	12.199	35,8
25.000	Schutzwürdige Flächen nach dem Biotopkataster	3.500	10,3
600	Gebiete zum Schutz der Natur (LEP)	3.739	10,9
14	Wertvolle Kulturlandschaften (LEP, LaPro)	1.700	5,0

(Quelle: T. NEISS 1994, S. 13)

Von den im Landschaftsgesetz vorgesehenen Schutzgebieten erreichen die rechtskräftigen Landschaftsschutzgebiete mit 44 % fast die Hälfte der Landesfläche. Die rechtskräftigen Naturschutzgebiete mit ihren weitergehenden Schutz- und Nutzungsverordnungen weisen lediglich nur 2,6 % der Landesfläche auf. Viele Natur- und Landschaftsschutzgebiete befinden sich außerdem in den rechtskräftig ausgewiesenen Naturparks. In diesen vorwiegend aufgrund ökologischer Kriterien ausgewiesenen Gebieten sind je nach Schutzstatus Eingriffe nur bedingt oder gar nicht möglich. Diese Gebiete haben als Teil der Kulturlandschaft ebenfalls eine wichtige kulturhistorische Bedeutung.

Die Karten der mit einem Schutzstatus versehenen Gebiete sind von Bedeutung, weil hiermit alle aus ökologischer Sicht als wertvoll betrachteten Gebiete erfaßt worden sind. Diese Daten (Biotopkataster, Karte der Naturschutzgebiete und Naturparks) liegen in digitaler Form bei der LÖBF vor.

Durch das zunehmende Interesse für die historisch gewachsene (Kultur)Landschaft werden ansatzweise kulturhistorische Aspekte in Spezialprogrammen (Abb. 12) berücksichtigt. Hierbei geht es bisher vor allem um die ökologischen und naturnahen Aspekte in der Kulturlandschaft:
"NATUR 2000"
- Berücksichtigung von Kulturlandschaftsaspekten
- Landesweite Biotopvernetzung
- wertvolle Kulturlandschaften

SCHUTZPROGRAMM FÜR DIE BÄUERLICHE KULTURLANDSCHAFT
- MITTELGEBIRGSPROGRAMM   1993   35,0 qkm
- FEUCHTWIESENPROGRAMM   1993   274,2 qkm
- Regionale und fachliche Sonderprogramme wie Ackerrandstreifen- und Streuobstwiesenprogramm

SCHUTZPROGRAMM FÜR DIE GEWÄSSERAUEN
- Quellen- und Flußauenschutz, Fließgewässerprogramme

SCHUTZPROGRAMM FÜR DIE WÄLDER

- Wald 2000: Buchenwaldkonzept
- Erhaltung historischer Wirtschaftsformen, Naturwaldzellen

NATURSCHUTZPROGRAMME FÜR DIE BALLUNGSRÄUME

- NATURSCHUTZPROGRAMM AACHENER REVIER (alte Industriestandorte)
- NATURSCHUTZPROGRAMM RUHRGEBIET
- NATURSCHUTZPROGRAMM RHEINSCHIENE
- INTERNATIONALE BAUAUSSTELLUNG EMSCHER PARK

KULTURLANDSCHAFTSPROGRAMM

- Extensivierung der Land- und Forstwirtschaft, Förderung des ökologischen Landbaues, gezielte Flächenförderung der bisherigen Naturschutzprogramme und ökologische Sanierungsprogramme für die alten Industriegebiete

Gemäß § 6 des Umweltverträglichkeitsprüfungsgesetzes (UVPG) und § 8 des BNatSchG ist der Träger eines Vorhabens verpflichtet, dessen Auswirkungen auf die Umwelt bzw. auf Natur und Landschaft zu ermitteln, zu beschreiben und zu bewerten. Hierzu gehören auch Auswirkungen auf *Kulturgüter* (§ 2 UVPG). Die Umweltverträglichkeitsprüfung (UVP) ist ein Instrument der Umweltvorsorge, das die negativen Neben- und Folgeeffekte planerischer Tätigkeit erfaßt und bewertet, um sie frühzeitig in den jeweiligen Entscheidungsprozeß einzubeziehen. Mit Hilfe der UVP werden die Umweltauswirkungen umfassend und nachvollziehbar dargestellt und in die Abwägung eingebracht. Die UVP stellt einen Verfahrensschritt dar, der als Vorbereitung für die Entscheidung dient; sie ist ein unselbständiger Teil verwaltungstechnischer Verfahren und somit integriert in bestehende Fachgesetze.

Der Bereich der historischen Kulturlandschaftselemente bzw. Kulturlandschaften als historisch gewachsenes Raumgefüge ist in der EG-Richtlinie zur UVP im Artikel 3 als Schutzgut „Kulturelles Erbe" im UVPG Artikel 1, § 2 als Schutzgut „Kulturgüter" enthalten.

Zu diesem Themenkomplex findet sowohl in Fachkreisen als auch bei den zuständigen Referenten für die Formulierung der Durchführungsbestimmungen eine intensive Diskussion statt, so daß als konstruktiver Vorschlag die Definition des Begriffs Kulturgut des Arbeitskreises „Kulturelles Erbe in der UVP" wiedergegeben werden soll (Kulturgüter in der UVP 1994):

„*Kulturgüter im Sinne des UVPG sind Zeugnisse menschlichen Handelns ideeller, geistiger und materieller Art, die als solche für die Geschichte des Menschen bedeutsam sind und die sich als Sachen, als Raumdispositionen oder als Orte in der Kulturlandschaft beschreiben und lokalisieren lassen.*"

Weitere Bestimmungen finden sich im Raumordnungsgesetz (ROG) § 2, Absatz 1, Nr. 11:

„*Die landsmannschaftliche Verbundenheit sowie die geschichtlichen und kulturellen Zusammenhänge sollen berücksichtigt werden. Auf die Erhaltung von Kultur- und Naturdenkmälern ist zu achten.*"

1.7 Raumordnungs- und Planungsinstrumente

In dem rechtsverbindlichen Landesentwicklungsplan sowie in den Gebietsentwicklungs-, Landschafts- und Bebauungsplänen wird auch die zukünftige Entwicklung von Natur und Landschaft festgelegt. Hierin nimmt der Schutz und die Sicherung von Natur und Landschaft aufgrund der im Rahmen der Landschaftsplanung ermöglichten Festlegung von Natur- und Landschaftsschutzgebieten eine wichtige Stellung ein. Die Bau- und Bodendenkmäler müssen in der Landschaftsplanung berücksichtigt werden.

Auch außerhalb der Schutzgebiete müssen die Belange von Natur und Kulturlandschaft in der Planung Beachtung finden. So müssen insbesondere die Auswirkungen von Eingriffen auf Natur-, Kultur- und sonstige Sachgüter in UVP-Studien untersucht werden. In den bisherigen UVP-Verfahren wurden die Effekte auf Kulturgüter, abgesehen von einigen Ausnahmen (KLEEFELD und WEISER

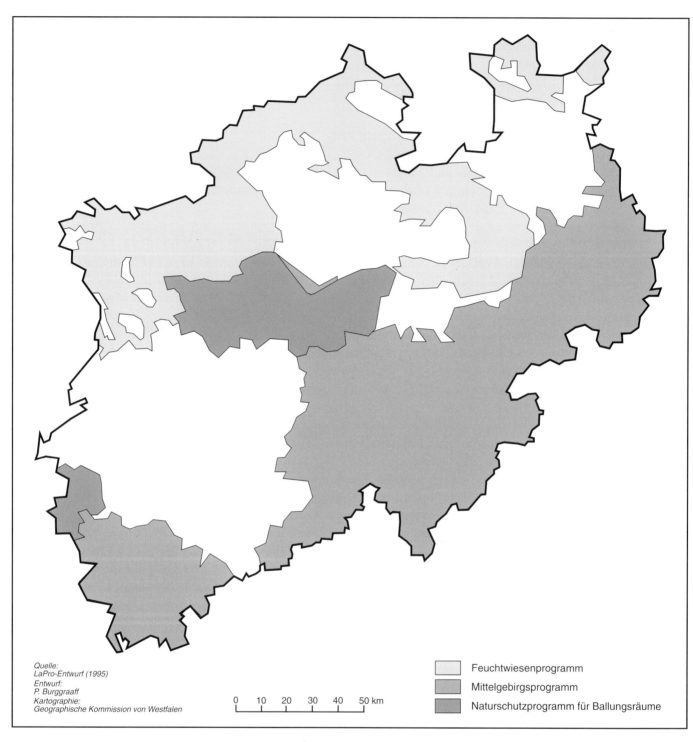

0   10   20   30   40   50 km

☐ Feuchtwiesenprogramm

▨ Mittelgebirgsprogramm

▨ Naturschutzprogramm für Ballungsräume

Abb. 12: Flächige Landesprogramme

1994; BOESLER 1995), kaum berücksichtigt.

Nach dem Landesplanungs- und Landschaftsgesetz sind folgende Schutzinstrumente zu unterscheiden:

- einheitlicher, fächerübergreifender und integrativer Landesentwicklungsplan von 1995 (Landesentwicklungsprogramm LEPro) auf Landesebene,
- Regionalplanung Gebietsentwicklungspläne (Landschaftsrahmenpläne) auf Regierungsbezirksebene,
- Bauleitplanung auf Gemeindeebene (Bebauungs- und Flächennutzungspläne),
- Umweltverträglichkeitsprüfung und
- Fachplanung der öffentlichen Planungsträger.

Die Fachplanung besteht aus raumbedeutsamen Planungen für die Fachbereiche Natur- und Landschaftsschutz, Wasserwirtschaft, Ver- und Entsorgung usw.:

- Landschaftsplanung der unteren Landschaftsbehörden mit Ausweisung von Natur- und Landschaftsschutzgebieten, Naturdenkmälern und geschützten Landschaftsbestandteilen,
- Naturparkplanung,
- Denkmalpflege der unteren Denkmalbehörden,
- Flurbereinigungsplanung (rechtsverbindlich), Amt für Agrarordnung,
- Forstliche Planungen der Forstbehörden,
- Fachplanungen nach dem Bergbaurecht (Braunkohlenpläne, Kiesabbau) und
- Umweltverträglichkeitsprüfung (UVP)[5].

1.8 Kartierungsmethoden

Die vorgesehenen Bearbeitungsebenen wurden mit unterschiedlichen Kartierungsmethoden bearbeitet. Es wurden drei Kartierungsebenen angewandt: eine obere landesweite (für die Einteilung in Kulturlandschaften im Maßstab 1:500.000 und kleiner), eine mittlere (für die generalisierte flächige Kulturlandschaftswandelkartierung im Maßstab 1:50.000 bis 1:100.000 und die Einteilung in Kulturlandschaftseinheiten) sowie eine untere (für die ausgewählten Modellgebiete im Maßstab 1:25.000). Zusätzlich wurden Hilfs- und Erläuterungskartierungen erarbeitet.

1.9 Durchgeführte und laufende Projekte im Bereich der Kulturlandschaftspflege

Seit einigen Jahren beschäftigen sich Angewandte Historische Geographen intensiv mit den Belangen der historisch gewachsenen Kulturlandschaften - auf unterschiedlichen Maßstabsebenen - im Bereich der Landschaftspflege, der Landschaftsplanung, des Naturschutzes, der Denkmalpflege, der Kulturgüter in der UVP und der Erstellung von Kulturlandschaftspflegekonzepten bzw. Kulturlandschaftsmanagementplänen. Vor geplanten Eingriffen werden zunehmend Informationen und Analysen über die historisch gewachsene Kulturlandschaft angefordert. So sind in den letzten 5 Jahren mehrere historisch-geographische Fachgutachten im Auftrag von Fachämtern, Behörden und Bürgerinitiativen erstellt worden (s. Literatur, 8.3: Übersicht der erstellten Gutachten). Hierfür wurden verständliche Kartierungs- und Erfassungsmethoden entwickelt, die in diesem Fachgutachten angewandt wurden.

---

[5] 1992 wurden im Rahmen der UVP für die Anlage einer Pipeline in Wesseling erstmals die Kulturgüter in den vom Fachamt (Rheinisches Amt für Bodendenkmalpflege) geforderten Prospektionsmaßnahmen berücksichtigt. Weiterhin sind im Rahmen von Umweltverträglichkeitsstudien die Kulturgüter bezüglich der Auswirkung der geplanten Umgehungsstraße Oeding (Gemeinde Südlohn, Münsterland) historisch-geographisch inventarisiert und aufgearbeitet worden (KLEEFELD und WEISER 1994).

2. Ausgliederung der verschiedenen Kulturlandschaften in Nordrhein-Westfalen auf Karten im Maßstab 1:500.000 und Kulturlandschaftswandelkarierung in 1:100.000

2.1 Einleitung

Aufgrund der natürlichen Beschaffenheit können für die Zeit um 1840 Gunsträume (Standortvorteile) und Ungunsträume unterschieden werden, die sich auf das unterschiedliche Vorkommen von Rohstoffen (Bergbau und Gewerbe), die Lage an Flüssen (Handel, Verkehr, Gewerbe, Fischerei), die unterschiedliche Bodenbeschaffenheit (Land- und Forstwirtschaft), die Morphologie, die Höhenlagen und die unterschiedlichen Klimaverhältnisse beziehen und bestimmte Raumnutzungen herbeigeführt haben. Es entstanden in den unterschiedlich ausgestatteten Naturräumen mit ihren jeweiligen Formen und ökologischen Rahmenbedingungen unterschiedliche Kulturlandschaftstypen und Landnutzungssysteme. So gibt es im Mittelgebirgsraum andere Strukturen als im Hügel- oder im Flachland. Andererseits sind in naturräumlich vergleichbaren Regionen wiederum durch anthropogene Prozesse unterschiedlich strukturierte Landnutzungs- und Siedlungsstrukturen entstanden: z.B. dominiert in der Eifel eine geschlossene Dorfsiedlung und das Bergische Land weist dagegen mehr Einzel- und Streusiedlung auf.

Der Kulturlandschaftswandel weist vor allem seit 1955 einen Bruch mit den vergangenen Entwicklungen auf; die mehr durch ein "Ergänzen" und "Hinzufügen" gekennzeichnet waren. Nun wurden zunehmend ältere Elemente zerstört und durch neue Elemente ersetzt. Hierdurch verlief die Kulturlandschaftsentwicklung zunehmend weniger in Einklang mit den natürlichen Potentialen und kulturhistorischen und ökologischen Rahmenbedingungen. Dies hat zu neuen unterschiedlichen Verteilungsmustern (Siedlungs- und Bevölkerungsdichte), Landnutzungsformen und damit verbundenen Landnutzungssystemen sowie Transport- und Kommunikationssystemen ("Verbindungssystemen") geführt.

Die Aktivitäten des Menschen als Individuum und insbesondere als Teil von politisch geführten und kollektiv geprägten gesellschaftlichen Gruppen (Interessengruppen) werden neben seinen natürlichen Bedürfnissen (Mensch als Teil des Naturkreislaufs) vor allem von der Optimierung seiner wirtschaftlichen, sozialen und kulturellen Bedürfnisse (Mensch als Gestalter der Natur) geprägt. Innerhalb von Gruppen und Gemeinschaften entwickeln sich neben den auf die Existenz orientierten Aktivitäten auch Wertvorstellungen gesellschaftlicher, politischer, kultischer und kultureller Art, die sich in von Fortschritt geprägten Gestaltungs- und Nutzungsformen aber auch in Schutz- und Erhaltungsbestrebungen (Natur- und Denkmalschutz) auf die Landschaft ausgewirkt haben. Im Zusammenhang mit der Entwicklung der Kulturlandschaft der letzten 40 Jahre, die oft zu Zerstörungen von historischen Kulturlandschaftsstrukturen und -elementen führte, entwickelten sich als Gegenreaktion zunehmend neue Vorstellungen, die es als Wert ansahen, umsichtiger mit der Umwelt und diesbezüglich auch mit der Kulturlandschaft umzugehen.

Die Art, die Intensität und der Umfang der Kulturlandschaftsentwicklung beruhen auf unterschiedlichen Aktivitäten verschiedener Funktionsbereiche, die sich sowohl zeitlich als auch räumlich unterschiedlich auswirken und sich in punktuellen, linienförmigen und flächenhaften Elementen im Raum niedergeschlagen haben (s. Abschnitt 3.2). Hierzu sind folgende kulturlandschaftsprägenden Funktionsbereiche und Aktivitäten unterschieden worden:

1. Gesellschaftlich, politisch und religionsbezogene Funktionsbereiche:
- Religion/Kirche,
- Militär/Verteidigung,
- Herrschaft/Verwaltung/Recht,
- Raumordnung/Planung/Landschafts-/Natur-/Denkmalschutz
2. Wirtschaftlich geprägte Funktionsbereiche:
- Landwirtschaft,

- Forstwirtschaft,
- Bergbau,
- Gewerbe/Industrie,
- Dienstleistung
3. Sozial und kulturell geprägte Funktionsbereiche:
- Soziales (Ausbildung und Gesundheitswesen),
- Wohnen/Siedlungswesen,
- Kultur/Erholung/Fremdenverkehr
4. Infrastrukturelle Funktionsbereiche:
- Wasserbau/Wasserwesen,
- Verkehr/Transport/Infrastruktur

Die Infrastruktur ist die Einrichtung eines Raumes mit materiellen bzw. semimateriellen Einrichtungen und Strukturen, die das Funktionieren der unter 1-3 genannten Funktionsbereiche ermöglichen. Sie umfaßt Schutz-, Verbindungs- (Transport-, Verkehrs-), Versorgungs- und Entsorgungseinrichtungen sowie Kommunikationssysteme. Sie stellen aufgrund ihrer meist linearen Formen optisch das verbindende strukturbildende Element in der Kulturlandschaft dar.

Die *prozeßorientierten Funktionsbereiche* sowie ihre Auswirkungen müssen bezüglich der Kulturlandschaftsentwicklung nicht nur an sich, sondern auch nach ihren gegenseitigen Zusammenhängen und Beeinflussungen betrachtet werden. So:
1. Ihre historische Tiefe und Ihr Entwicklungsgang
• Land- und Forstwirtschaft, Wohnen, Religion, Schutz (Verteidigung), Gewerbe und Bergbau, Handel und Verkehr, Herrschaft und Verwaltung haben eine lange Tradition. Dagegen sind Industrie, moderne Dienstleistungen, Schnelltransport, Wasser- und Energieversorgung, großräumige staatliche Raumordnung und Planung noch relativ jung (19. und 20. Jahrhundert).
2. Ihre heutigen Anteile an der Raumnutzung (Landesgebiet NRW)
• Landwirtschaft (Tendenz abnehmend) mit 1992 46,2 % (70 % bzw. 32,6 % Acker- und 30 % bzw. 13,6 % Dauergrünland)
• Forstwirtschaft (Tendenz zunehmend) mit 1992 25,8 % (55 % bzw. 14,2 % Nadel- und 45 % bzw. 11,6 % Laubwald). Land- und Forstwirtschaft zusammen (72 %) prägen in weiten Teilen das Landschaftsbild und die Kulturlandschaft.
• Bebaute und versiegelte Flächen mit 20, 5% (Tendenz zunehmend), hiervon 14,2 % für Wohnen, Industrie, Gewerbe, Bergbau, Dienstleistung, Handel und 6,3 % für Verkehr und Transport.
• Erholung und Fremdenverkehr beziehen sich besonders auf die Landwirtschafts- und Waldflächen sowie auf Teile der bebauten Flächen (Stadt- und Ortskerne).
• Schutzgebiete (NSG 2,6 %, LSG 44 %, Naturparks 29,3 %) vor allem in land- und forstwirtschaftlich geprägten Regionen
3. Ihre Gestaltungsformen (Punkte, Linien und Flächen, Zusammenhänge) in der Landschaft (s. Abschnitt 3.2)
• Die durch die Landwirtschaft geprägten Kulturlandschaftsstrukturen und -elemente bestehen aus: Parzellierungssystemen (Streifen, Blöcken, modernen und Mischformen inklusive der sichtbaren Abgrenzungen), vielen und vielfältigen kleinen Kulturlandschaftselementen sowie dominierenden Agrarnutzungsformen (Verhältnis Acker- und Grünland, Mischformen und Sonderkulturen), Hofformen und der Hoflage bezüglich Landbindung bzw. Ortsanbindung.
• Forstwirtschaft wird besonders durch die unterschiedlich großen Wälder, die nach ihrer Zusammensetzung in Laub-, Misch- und Nadelwälder und nach ihren Wirtschaftsformen (Nieder-, Mittel- und Hochwald) zu unterscheiden sind, vertreten. Außerdem sind in diesem Rahmen ebenfalls die Waldverbreitung und die Größe der einzelnen Waldflächen zu berücksichtigen. Das Verhältnis zwischen Nadel- und Laubwald lautet 14,2 % zu 11,6 % auf Landesebene. Die Fichte ist mit 41 % die meist verbreitete Baumart gefolgt von der Buche mit 18 %.

39

- Der Bergbau, das Gewerbe und die Industrie werden durch eine Vielzahl von älteren und jüngeren Elementen und Strukturen geprägt. Bei der Betrachtung auf Landesebene sind besonders die Konzentrationen und Ballungen dieser Aktivitäten zu berücksichtigen.
- Beim Siedlungswesen geht es besonders um die Formen, Strukturen und Konzentrationen von Siedlungen (Einzel-, Streu-, Dorfsiedlung und Städtewesen), die die unterschiedlichen Räume prägen. Dabei müssen auch die genutzten Baumaterialien berücksichtigt werden, die besonders vor 1950 noch sehr regionsgebunden waren.
- Eine Sondergruppe bilden die Bauwerke, die keinen wirtschaftlichen und sozialen Funktionen zuzuordnen sind. Hier handelt es sich besonders um kirchliche, militärische und administrative Einrichtungen, die in die Gesamtbetrachtung der Siedlungsstrukturen und -konzentrationen miteinbezogen werden müssen.
- Verkehr und Transport betonen das verbindende Element in der Kulturlandschaft und bestimmen die Standortbedingungen für die anderen Funktionsbereiche.
4. Ihre Auswirkungen auf Kulturlandschaftsentwicklung und -gestaltung (Gefährdung, Schutzziele)
- Die Kulturlandschaft (Landnutzungsverhältnisse und -systeme, Nutzungsveränderungen, Eingriffe) hat sich im Laufe der Zeit und besonders seit 1810/1840 ständig und nachhaltig verändert. So nahmen z.B. die Landwirtschaftsflächen durch Rodungen und Kultivierungen von Moor-, Heide- und Waldflächen im 19. und 20. Jahrhundert stark zu. Hierdurch sind extensiv genutzte Heide- und Moorflächen - mit Ausnahme der Senne und der Wahner Heide - bis auf einige Restflächen verschwunden.
- Nach 1840 haben sich durch die ständig aufeinanderfolgenden technischen Innovationen, die sich vor allem auf die Mobilität, Kommunikation und Transport ausgewirkt haben, die Standortbedingungen der Wirtschafts- und Dienstleistungsformen und staatlich gelenkte Planung verändert und auf die Kulturlandschaftsgestaltung ausgewirkt.
- Die naturräumlich vorgegebene Verteilung in Land- und Wasserflächen wurde durch die moderne Technik besonders im Mittelgebirgsraum seit der Jahrhundertwende mit der Entstehung von 73 Talsperren verändert, Kanäle wurden für die Schiffahrt gegraben und die Flußauen durch die Sand- und Kiesgewinnungen zunehmend durch Baggerseen, umgestaltet.

2.2 Kulturlandschaftswandelkartierung 1:100.000
(vgl. Abbildungen 35 a–k)

Unter Kulturlandschaftswandel werden jene Veränderungen verstanden, die sich durch das menschliche Verhalten und Wirken direkt durch Neugestalten, Ergänzen, Umformen, Zerstören, Ersetzen und indirekt durch Schützen, Erhalten und Pflegen auf die Landschaft ausgewirkt haben.

Das Ziel dieser Kartierungsmethode ist die chronologische Darstellung des Entwicklungsgangs der Kulturlandschaft seit 1810/1840 aufgrund von Kartenvergleichen.

Für diese Kartierung sind Perioden gewählt worden, die eng mit den vorhandenen Kartenquellen zusammenhängen. Die ersten beiden Perioden beziehen sich auf die flächendeckend vorhandenen historischen Kartenwerke um 1810/1840 (mit Ausnahme des ehemaligen Fürstentums Lippe) und um 1900 für das ganze Landesgebiet. Für beide sind später neue Landesaufnahmen durchgeführt worden: die Generalstabskarte von 1837-1855 (Generalisierung der Uraufnahme) und die Karte des Deutschen Reiches (Generalisierung der Neuaufnahme, s. Kartenverzeichnis).

Die Kartierung ist chronologisch aufgebaut. Dies bedeutet, daß die Entwicklung der Kulturlandschaft, immer bezogen auf die jüngste Situation, chronologisch dargestellt wird. Dies beinhaltet, daß alle Elemente und Strukturen, die zwischen 1810/1840 und heute überlagert wurden oder verschwunden sind, nicht mehr dargestellt worden sind. Sie sind nur auf den älteren Ausgaben der topographischen Karten seit ca. 1810/1840 verzeichnet. Die Legenden der heutigen topographischen Karten wurden mit einem chronologischen Zusatz für die 4 Zeitstufen (um 1840, 1840-1900, 1900-1950[6] und 1950-1990) ergänzt (s. Abbildungen 35 a–k im Anschluß an Kapitel 3, S. 128f.).

Die Darstellung des Kulturlandschaftswandels richtet sich einerseits nach den Elementen der als Darstellungsgrundlage genutzten heutigen Ausgabe der topographischen Karte und andererseits nach den benutzten Kartenquellen seit ca. 1840. Aufgrund des Kartierungsmaßstabs von 1:100.000 wurde mit bereits generalisierten Kartengrundlagen gearbeitet. Hierdurch sind nicht alle kleineren Kulturlandschaftselemente wie Straßen, Wege und Gebäude dargestellt. Außerdem fehlen detaillierte Darstellungen der Parzellierung, die nur teilweise aus dem Straßen- und Wegegefüge zu entnehmen ist. Die Waldarten sind im Gegensatz zu den früheren Ausgaben der TK 100 nicht mehr als Laub-, Nadel- und Mischwald differenziert, sondern nur als Wald generalisiert. Hierdurch können die Waldartenveränderungen nicht mehr erfaßt werden. Sie werden in den Modellgebieten jedoch berücksichtigt. Interpretierungsprobleme gibt es ebenfalls bezüglich der Walddarstellung um 1840, weil es nicht immer deutlich ist, ob es sich um Wald oder devastierte Waldflächen handelt.

Die Veränderungen innerhalb der agrarischen Landnutzung wurden ebenfalls nicht erfaßt, weil Acker- und Grünland im Rahmen der Generalisierung lediglich als Kulturland dargestellt werden. Hinzuweisen sei auf die Tatsache, daß Umstellungen von Acker- in Grünland oder andersherum aufgrund der EU-Agrarpolitik sehr häufig vorkommen können

Aufgrund des benutzten Maßstabs 1:100.000 sind im Vergleich zum Maßstab 1:25.000 Generalisierungen unumgänglich. Die topographische Darstellung der Kulturlandschaft gliedert sich in Punkt- (Einzelbebauung, Kirchen, Schlösser, Fabriken usw.), verbindende Linien- (Straßen, Eisenbahnlinien, Deiche, Landwehren, Flüsse, Kanäle usw.) und zusammenfassende Flächenelemente (Wälder, Agrarflächen, Stadt- und Ortskerne, Gewerbe- und Industrieflächen, Wohngebiete usw.). Die Abgrenzung von Punkt- zu Flächenelementen richtet sich nach dem gewählten Bearbeitungsmaßstab.

Bei der chronologischen Darstellung der Bebauung im ländlichen Raum, die trotz Generalisierung auch auf der TK 100 noch als Punkte kartographisch dargestellt sind, wurde generalisiert. Dies gilt auch für die dörflichen und städtischen Erweiterungen, die nur flächig erfaßt wurden. Wichtig ist, daß die für die Einteilung in Kulturlandschaften wichtigen traditionellen Strukturen auf der Kulturlandschaftswandelkarte zum Ausdruck kommen. Dies gilt ebenfalls für die Veränderungen, die zu einer Strukturveränderung geführt haben.

Bei der Erfassung der linienförmigen Elemente wurde an die Darstellungen der TK 100 angeknüpft. So wurden nur die doppellinig dargestellten Straßen berücksichtigt. Hierdurch waren allerdings die Veränderungen des Wegenetzes als Folge von Flurbereinigungen nicht exakt darstellbar. Die Verbreitung und Periodisierung der Flurbereinigungen ist für Nordrhein-Westfalen bereits kartiert und erläutert (WEIß 1981; 1989; 1992). Für die Gewässer (Flüsse, Bäche, Kanäle und Gräben) gilt das gleiche.

Bei den flächenhaften Landnutzungsveränderungen (Heidekultivierungen, Waldrodungen, Aufforstungen) wurden nur größere bzw. diejenigen erfaßt, die zu Strukturveränderungen geführt haben.

---

[6] Hierfür wird auf die erste Ausgabe der TK 100 des Landesvermessungsamtes Nordrhein-Westfalen zurückgegriffen, von der die Neubearbeitung in den Jahren 1953-1956 durchgeführt wurde. Die meisten fortgeführten Blätter der Karte des Deutschen Reiches kommen nicht in Frage, da ihre letzten Berichtigungen im Zeitraum 1926-1934 durchgeführt wurden und für die Zeit danach bis 1942/43 nur einzelne Nachträge vorgenommen worden sind. Bei der Fortführung der topographischen Karten wird mit den Begriffen: einzelne bzw. letzte Nachträge, Berichtigung und umfassende Bearbeitung bzw. Aktualisierung gearbeitet, die einen unterschiedlichen Bearbeitungsvorgang beinhalten. Bei den Nachträgen werden nur einige wichtige Elemente auf der Karte ergänzt, bei den Berichtigungen wird die Karte bereits umfassender ergänzt und bei den Bearbeitungen bzw. umfassenden Aktualisierungen wird die Karte komplett überarbeitet. Die Überarbeitung ist identisch mit einer neuen Ausgabe des Kartenblattes (z.B. von der 2. zur 3. Ausgabe). Die Anpassungen in Form von Berichtigungen und Nachträgen spielen sich in einem Ausgabezeitraum ab (z.B. innerhalb der 2. Ausgabe).

Die Kulturlandschaftswandelkartierung ist nicht nur Mittel zum Zweck für die Gliederung in Kulturlandschaften und die Wahl der Modellgebiete, sondern sie hat durch die chronologische Darstellung der Kulturlandschaftsentwicklung seit 1840 einen eigenen Stellenwert.

Im Rahmen der Kulturlandschaftswandelkartierung im Maßstab 1:100.000 sind folgende Blätter bearbeitet worden (s. Abb. 35a-k, S. 128f.): C3906 Gronau, C3910 Rheine, C4302 Bocholt, C4314 Paderborn, C4702 Krefeld, C4706 Düsseldorf-Essen, C4714 Arnsberg, C5102 Mönchengladbach, C5106 Köln, C5502 Aachen, C5506 Bonn. Durch die Teilung der Periode 1895-1990, die die meisten Entwicklungen aufweist, in zwei Perioden, wurde die Bearbeitung erheblich intensiviert. Daher konnten nicht alle Blätter, sondern nur 11, wie mit Herrn Brocksieper vereinbart, erarbeitet werden. Dagegen wurde als Kompensation die Karte "Veränderungen in der Kulturlandschaft seit 1810/1840" (Abb. 31) als zusammenfassende Kulturlandschaftswandelkarte in 1:500.000 erarbeitet und auf 1:1500.000 verkleinert.

2.3 Erläuterung der erarbeiteten Karten

Im Rahmen des Fachgutachtens sind viele Karten erarbeitet worden, von denen eine größere Zahl mit dem Geographischen Informationssystem Atlas-GIS erarbeitet und erstellt wurde. Aus praktischen Überlegungen wurde 1:1.500.000 als Darstellungsmaßstab gewählt, weil die Karten im LaPro-Entwurf ebenfalls in diesem Maßstab dargestellt wurden. Sie können im Rahmen des GIS jederzeit in kleineren bzw. größeren Maßstäben ausgedruckt werden. Dies gilt auch für die herkömmlich im Maßstab 1:500.000 erarbeiteten Karten, die ebenfalls im Maßstab 1:1.500.000 dargestellt werden.

Es folgt eine Kurzübersicht der Karten, die für die Erarbeitung der Kulturlandschaftsentwicklung (Abschnitt 2.4 und 3.1) und für Ausgliederung großräumiger Kulturlandschaften von Bedeutung sind.

Die *Territorialentwicklung* bis 1789 ist für die Ausgliederung in großräumige Kulturlandschaften ebenfalls wichtig (Abb. 13). In den unterschiedlichen Herrschaftsgebieten haben die Landesherren durch ihre landschaftsgestaltenden Maßnahmen wie z.B. Kultivierungen von Heide-, Wald- und Bruchgebieten, Entwässerungsmaßnahmen, ihrer Städte-, Kolonisationspolitik und künstlerischen Landschaftsgestaltungen (kunstvolle Residenzlandschaften mit großen Park- und Gartenanlagen) unterschiedliche Akzente in der Kulturlandschaftsentwicklung vor 1800 gesetzt. Auch die Religionszugehörigkeit der Landesherren im 16. und 17. Jahrhundert wirkt sich bis heute noch in Form von katholisch bzw. evangelisch geprägten Regionen aus.

1815 wurde das Rheinland und Westfalen preußisch. Lippe blieb als eigene Herrschaft noch bis 1947 als Land selbständig. Mit der Kommunalreform von 1969 und 1975 wurden Großgemeinden gebildet und zahlreiche Kreise zusammengefügt. Mit Unterstützung des Geographischen Informationssystems konnte ein Vergleich zwischen den alten Grenzen von 1789 und zwischen den heutigen Landes-, Regierungsbezirks- und Kommunalgrenzen durchgeführt werden. Hierbei hat sich herausgestellt, daß es noch viele persistente Grenzabschnitte gibt. Viele heutige Grenzabschnitte der Landesgrenze sowie der Regierungsbezirks- und Kommunalgrenzen sind heute noch identisch mit den Grenzverläufen der ehemaligen Territorien.

Die *Stadtentwicklung* wurde in verschiedenen Karten in digitaler Form in Atlas GIS erarbeitet. Die Städte waren für die Entwicklung der Kulturlandschaft von Bedeutung, da sie sich nach ihrer Verfassung (Rechtsstatus), Morphologie (Befestigung und optische Hervorhebung von dem Umland), wirtschaftlichen Bedeutung (Gewerbe und Handel), Entwicklung sowie nach ihrer Dominanz auf das Umland von ihrer Umgebung unterscheiden. In verschiedenen Karten wurden alle Siedlungen, die Stadtrechte haben bzw. in der Vergangenheit hatten, erfaßt (HAASE 1976; KEYSER 1956a,

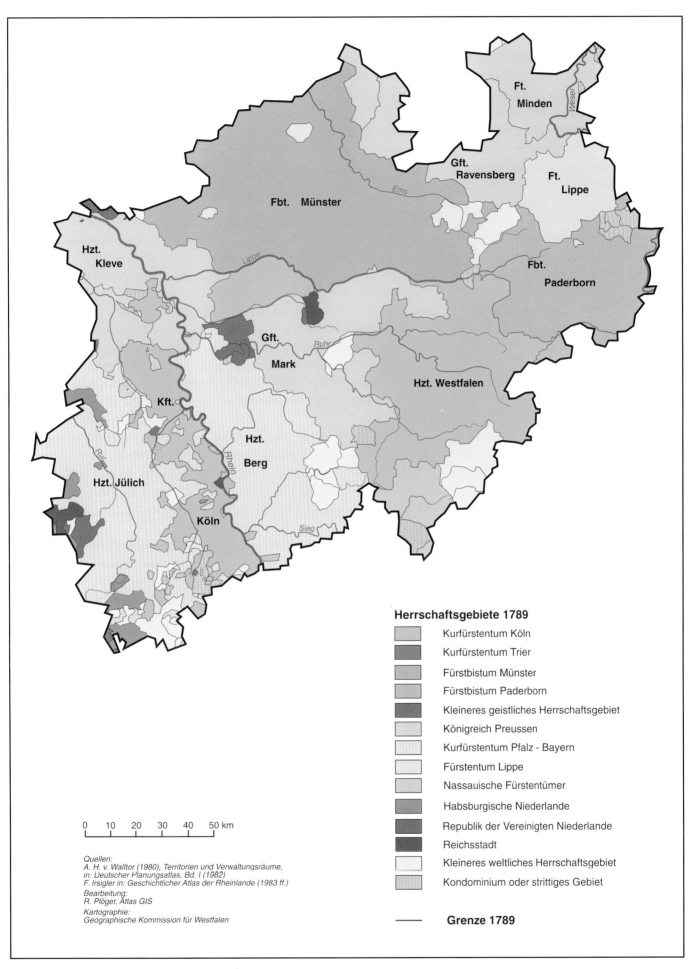

Herrschaftsgebiete 1789

Kurfürstentum Köln

Kurfürstentum Trier

Fürstbistum Münster

Fürstbistum Paderborn

Kleineres geistliches Herrschaftsgebiet

Königreich Preussen

Kurfürstentum Pfalz - Bayern

Fürstentum Lippe

Nassauische Fürstentümer

Habsburgische Niederlande

Republik der Vereinigten Niederlande

Reichsstadt

Kleineres weltliches Herrschaftsgebiet

Kondominium oder strittiges Gebiet

Grenze 1789

Quellen:
A. H. v. Walltor (1980), Territorien und Verwaltungsräume,
in: Deutscher Planungsatlas, Bd. I (1982)
F. Irsigler in: Geschichtlicher Atlas der Rheinlande (1983 ff.)
Bearbeitung:
R. Plöger, Atlas GIS
Kartographie:
Geographische Kommission für Westfalen

Abb. 13: Territorien 1789

43

1956b; Rheinischer und Westfälischer Städteatlas). Sie enthalten Informationen über die Zeit der Stadterhebung, die Stadttypen - Stadt oder Minderstadt (Wigbold, Flecken oder Freiheit)-, die Aufhebungen der Stadtrechte, die Zusammenfügungen von Städten und die Eingemeindungen von selbständigen Städten.

Aus der Karte mit den ältesten Städten und den stadtähnlichen Siedlungen bis 1180 sind die Konturen der heutigen intensiv genutzten Börden und dicht bevölkerten Ballungsräume bereits zu erkennen. Außerdem markierten diese Städte bereits die damaligen und auch noch heute wichtigsten Hauptverkehrsverbindungen des Landes: der Hellweg und der Rhein (Abb. 14).

Aus der Karte „Um 1800 bestehende Städte und Minderstädte innerhalb der Territorien von 1789" sind die Zeitepochen ihrer Entstehung zu entnehmen (Abb. 15). Ungunsträume sind schon zu erkennen. Dies gilt vor allem für größere Teile des südlichen Sauer- und Siegerlandes, des südlichen Bergischen Landes und der Eifel, die eine relativ geringe Städtedichtheit aufweisen. Dagegen weisen insbesondere die Bördenflächen, der Niederrhein, die Soester Börde, das Münsterland und das Weserbergland um 1800 eine erheblich höhere Städtedichte auf.

Die Stadtentwicklung nach 1810/1840 wird vor allem von der wirtschaftlichen Entwicklung, der Zunahme der Mobilität und dem Bevölkerungswachstum geprägt. Die meisten nach 1800 entstandenen Städte befinden sich in dicht bevölkerten und industrialisierten Regionen an Rhein und Ruhr und um Aachen. Die jüngsten Städte (ab 1955) befinden sich vor allem in den Übergangs- bzw. Randzonen der Ballungsräume (Abb. 16). Abbildung 17 gibt eine zusammenfassende Übersicht über die Entstehung der heutigen Städte in vier Perioden, von denen die letzten drei mit denen der Kulturlandschaftswandelkarten korrespondieren.

Von vielen Städten mit günstigen Standorten und Verkehrsanbindungen gingen wichtige Impulse für die Entwicklung der sie umgebenden Kulturlandschaft aus, wie z.B. das Ruhrgebiet, die Rheinschiene und das Aachener Revier. Sie übten bzw. üben eine große Anziehungskraft auf das Umland aus. Außerdem haben viele Städte sich auf Kosten des Umlandes erweitert und die Infrastruktur des Umlandes geprägt, wodurch diese Flächen tiefgreifend umgestaltet wurden.

Im Rahmen der *Entwicklung des Verkehrsnetzes* wurden drei Karten erarbeitet. In die erste Karte wurden die wichtigsten Landstraßen und Chausseen der ersten Hälfte des 19. Jahrhunderts auf der Grundlage der preußischen Generalstabskarte (1816-1847) und der Karte von Rheinland und Westfalen (1837-1855) aufgenommen. Darüber hinaus wurden die Gebiete, die neben den Dorf-, Weiler- und Drubbelsiedlungen Einzelbesiedlung aufweisen und Gebiete mit hauptsächlich geschlossener Besiedlung (Dorf und Weiler) erfaßt (Abb. 18).

Mit der enormen Zunahme der Mobilität seit 1840 gab es für wirtschaftliche Aktivitäten nun ganz andere Standortwahlmöglichkeiten und es wurden vor allem Gebiete bevorzugt, die über gute Verbindungen verfügten. Für diesen sogenannten „Schnellverkehr" wurden angepaßte Verkehrsverbindungen in Form von Eisenbahnen (seit 1840) und Autobahnen (seit 1932) gebaut. Die Kartierungen des Eisenbahn- und des Autobahnnetzes zeigten, daß sowohl die ältesten Eisenbahn- als auch die Autobahntrassen in ihrer Anfangsphase einen fast identischen Verlauf hatten.

Die wichtigsten Gewässer (u.a. Wasserwege, Talsperren) sind auf viele im GIS erstellten Karten ebenfalls dargestellt. Von den Talsperren liegt bereits eine Karte vor (100 Jahre Talsperren in Nordrhein-Westfalen, 1992, S. 32-33).

Die *Waldentwicklung* ist aus den Abbildungen 23, 24, 26 und 27 im Abschnitt 2.4 zu entnehmen. Die Waldartenveränderung wurde auf der Grundlage der heutigen TK 50 erarbeitet (Abb. 19) und ist als Ergänzung der Karte über die Veränderungen in der Kulturlandschaft (Abb. 30) zu betrachten. Hierin sind die Veränderungen der Waldarten und besonders die Zunahme der Nadelbaumanteile (vor allem immergrüne Kiefern und Fichten) seit ca. 1850 erfaßt worden. Die Waldartenveränderungen und die moderne Forstwirtschaft mit ihren deutlichen Nutzungsgrenzen haben sich vor allem auf das Landschaftsbild ausgewirkt. Diese Karte ist wegen der Auswirkungen auf das Landschaftsbild für die Aufgliederung in großräumige Kulturlandschaften von Bedeutung. Die Haupt-

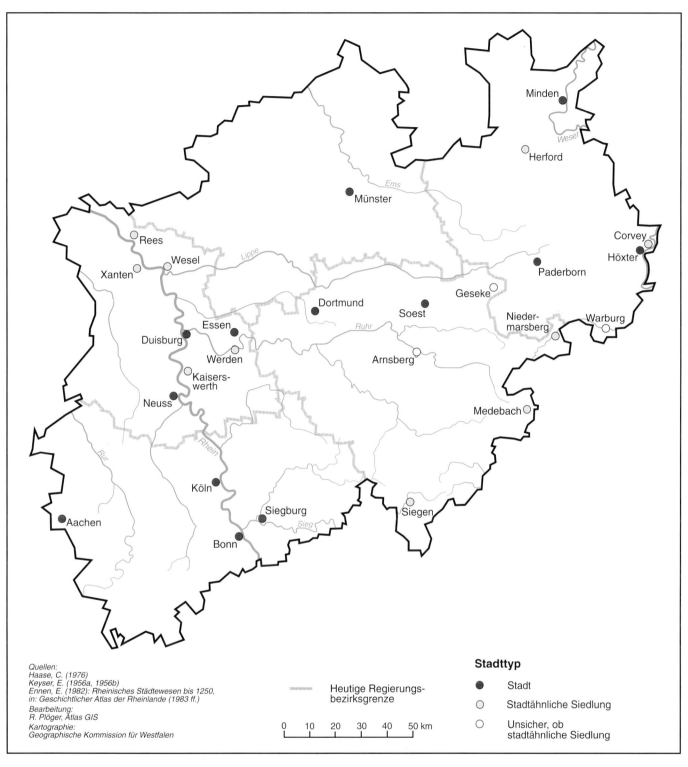

Quellen:
Haase, C. (1976)
Keyser, E. (1956a, 1956b)
Ennen, E. (1982): Rheinisches Städtewesen bis 1250,
in: Geschichtlicher Atlas der Rheinlande (1983 ff.)
Bearbeitung:
R. Plöger, Ätlas GIS
Kartographie:
Geographische Kommission für Westfalen

Heutige Regierungs-
bezirksgrenze

0   10   20   30   40   50 km

Stadttyp

●   Stadt

○   Stadtähnliche Siedlung

○   Unsicher, ob
     stadtähnliche Siedlung

Abb. 14: Städte und stadtähnliche Siedlungen bis 1180

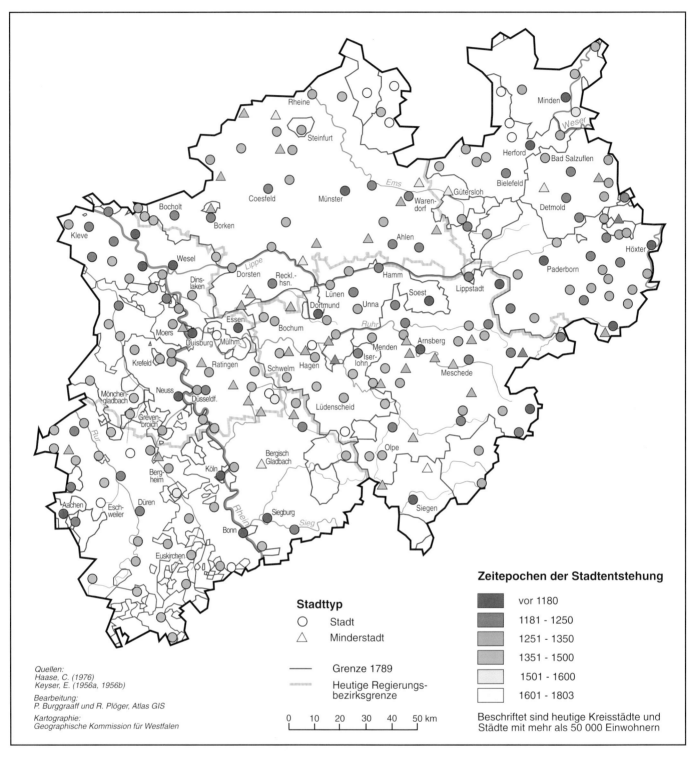

Zeitepochen der Stadtentstehung

■	vor 1180
■	1181 - 1250
■	1251 - 1350
■	1351 - 1500
■	1501 - 1600
□	1601 - 1803

Stadttyp

○ Stadt
△ Minderstadt

—— Grenze 1789
⋯⋯ Heutige Regierungs-
bezirksgrenze

0 10 20 30 40 50 km

Beschriftet sind heutige Kreisstädte und
Städte mit mehr als 50 000 Einwohnern

Quellen:
Haase, C. (1976)
Keyser, E. (1956a, 1956b)

Bearbeitung:
P. Burggraaff und R. Plöger, Atlas GIS

Kartographie:
Geographische Kommission für Westfalen

Abb. 15: Um 1800 bestehende Städte und Minderstädte innerhalb der Territorien von 1789

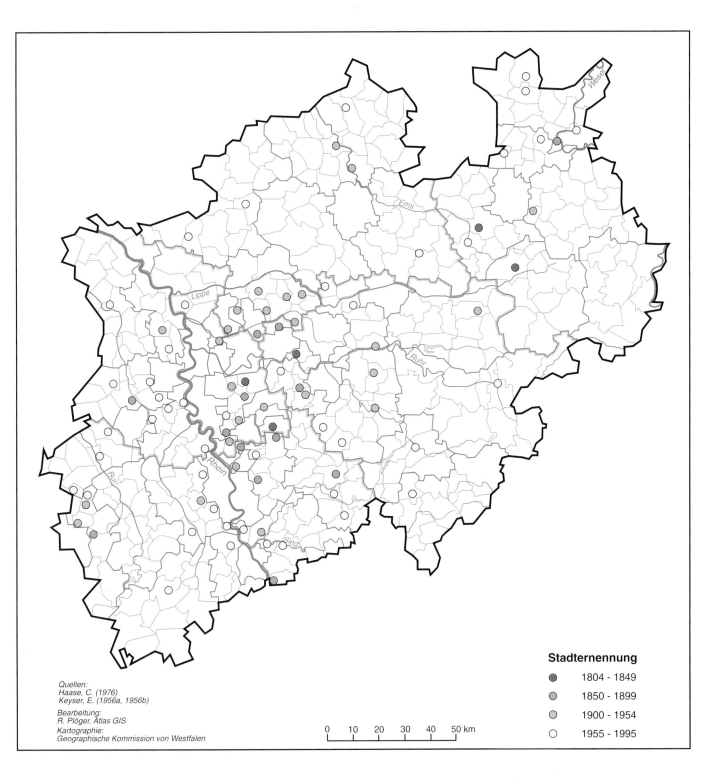

Quellen:
Haase, C. (1976)
Keyser, E. (1956a, 1956b)

Bearbeitung:
R. Plöger, Ätlas GIS

Kartographie:
Geographische Kommission von Westfalen

Stadternennung

- 1804 - 1849
- 1850 - 1899
- 1900 - 1954
- 1955 - 1995

0   10   20   30   40   50 km

Abb. 16: Nach 1800 ernannte und bis heute bestehende Städte

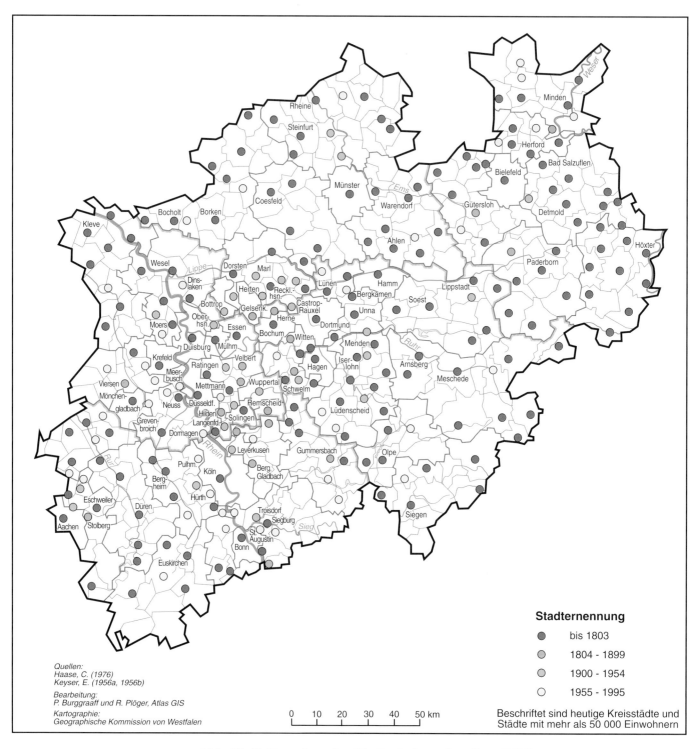

Stadternennung

- ● bis 1803
- ◕ 1804 - 1899
- ◔ 1900 - 1954
- ○ 1955 - 1995

Beschriftet sind heutige Kreisstädte und
Städte mit mehr als 50 000 Einwohnern

Quellen:
Haase, C. (1976)
Keyser, E. (1956a, 1956b)

Bearbeitung:
P. Burggraaff und R. Plöger, Atlas GIS

Kartographie:
Geographische Kommission von Westfalen

0 10 20 30 40 50 km

Abb. 17: Zeitepochen der Stadterhebung heutiger Städte

waldarten wurden nach ihrer Dominanz generalisiert in 4 Stufen (vorwiegend Laubwald, Mischwald mit mehr als 50 % Laubwald- bzw. mit mehr als 50 % Nadelwaldanteil und vorwiegend Nadelwald) aufgenommen. Zusätzlich wurden die neuen Kultivierungswälder auf ehemaligen Heideflächen kartiert.

Die digitalisierten Daten der heutigen Waldflächen wurden uns vom Agrikulturchemischen Institut der Universität Bonn freundlicher Weise zur Verfügung gestellt und wurden in Atlas GIS übernommen, so daß die Waldverbreitung kartographisch in unterschiedlichen Maßstäben darstellbar ist. In Abbildung 20 wurden die Waldflächen mit den heutigen Kommunalgrenzen und in Abbildung 21 mit den Territorialgrenzen von 1789 verbunden. Aus letzterer Abbildung ist ebenfalls zu entnehmen, daß viele Territorialgrenzen sich vor allem in den Mittelgebirgsräumen im Wald befinden.

Die Waldbesitzarten wurden von der LÖBF bearbeitet (Deutscher Planungsatlas, Bd. 1: NRW, Karte 6.15, 1982).

Die Karte der *nicht flurbereinigten Gebiete* (Abb. 22) wurde auf der Grundlage der Karten von WEIß (Deutscher Planungsatlas, Bd. I: NRW, Karte 6.13, 1981; 1992 im Geschichtlichen Atlas der Rheinlande, Karte VII.4) erarbeitet. Sie ist vorwiegend für die Feststellung von kleineren meistens naturnahen Elementen und Strukturen in den von der Landwirtschaft geprägten Räumen wichtig. Diese Elemente und Strukturen bestehen aus überlieferten Flur- und Parzellierungssystemen und Wegestrukturen sowie Hecken, Wallhecken, Baumreihen, Lesesteinhaufen, Wällen, Ackerrainen und Terrassenrändern.

Weitere wichtige Karten, die für die Ausgliederung der großräumigen Kulturlandschaften benutzt wurden und nicht dem Gutachten beigefügt sind, sind:

Die Agrargliederung von H. DITT (1966) und die Kartierung der Eignung der Böden mit der Verbreitung von Ackerland (Börden) und Grünland (Deutscher Planungsatlas, Bd. 1. NRW: Landwirtschaftliche Bodennutzungssysteme, 1971 und Betriebsysteme, 1978) sind aufgrund der Tatsache, daß die Landwirtschaft noch immer der größte Landnutzer ist und in weiten Teilen des Landes das Landschaftsbild prägt, für die Ausgliederung der Kulturlandschaften wichtig.

Die Karte der Siedlungsformen (GLÄßER u.a. 1989 im Geschichtlichen Atlas der Rheinlande, Karte IV.6) im ländlichen Raum bezieht sich auf die Zeit vor den vorwiegend flächigen Erweiterungen der ländlichen Siedlungen ab 1950, so daß die ursprünglichen Siedlungsformen noch deutlich erkennbar waren. Diese Karte liegt allerdings nur für das Rheinland und die angrenzenden Teile von Westfalen vor (GLÄßER u.a. 1989). Sie stellt die Verbreitung der verschiedenen Siedlungsformen dar. Hierbei wird unterschieden zwischen linearförmigen Siedlungen (ein- und mehrzeilige Straßendörfer, Reihensiedlungen), Weilern, lockeren und geschlossenen Haufendörfern, Drubbeln, Agrarsowie Industriekolonien und Werksiedlungen. Außerdem werden auf dieser Karte die Grenze zwischen den Gebieten mit vorwiegend Einzelbesiedlung und geschlossener Besiedlung und die Grenze der städtischen Ballungszonen dargestellt.

Mit den Daten und Karten der *alten Gewerbestandorte inkl. der Bergbaustandorte vor 1850* (historische Wirtschaftskarte des Rheinlandes 1973 und landeskundliche Kreisbeschreibungen), in denen die gewerbliche Situation der vorindustriellen Periode dargestellt wird, konnte ein Vergleich zwischen alten traditionellen Gewerbe- und Bergbaugebieten gemacht werden. Hierbei stellte sich deutlich heraus, daß der tradierte Bergbau- und das Gewerbe in peripheren Mittelgebirgslagen sich im Laufe des 19. und frühen 20. Jahrhunderts zunehmend in die aufkommenden Ballungsräume verlagerten. Beim Vergleich mit der industriellen Entwicklung nach 1850 können vorhandene bzw. fehlende Verbindungslinien mit der Vergangenheit sichtbar gemacht werden.

Schließlich wurden bei der Ausgliederung von Kulturlandschaften weitere Karten und landeskundliche Übersichtswerke, Regions- und Kreisbeschreibungen, Satelliten- und Luftbilder berücksichtigt (s. Abschnitt 1.5, Literatur- und Kartenverzeichnis).

49

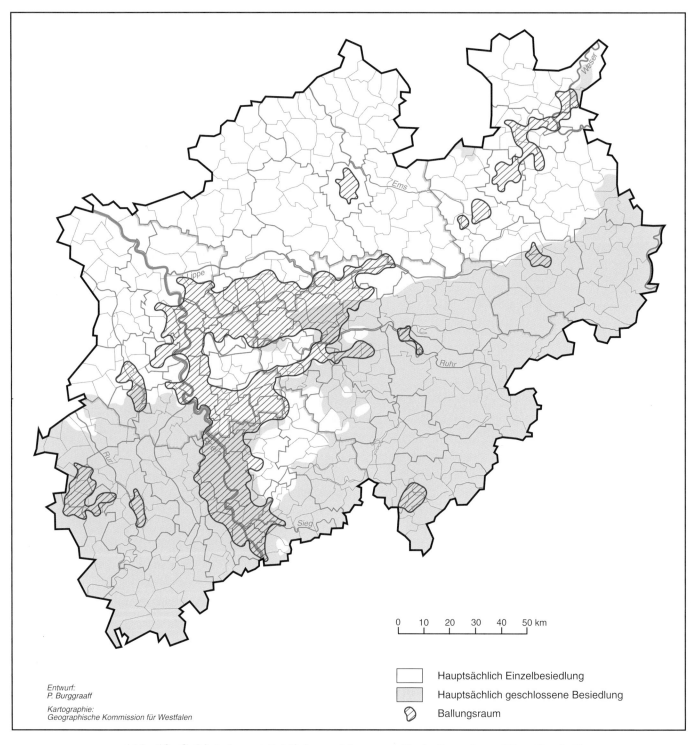

Abb. 18: Gebiete hauptsächlich geschlossener Besiedlung bzw. Einzelbesiedlung

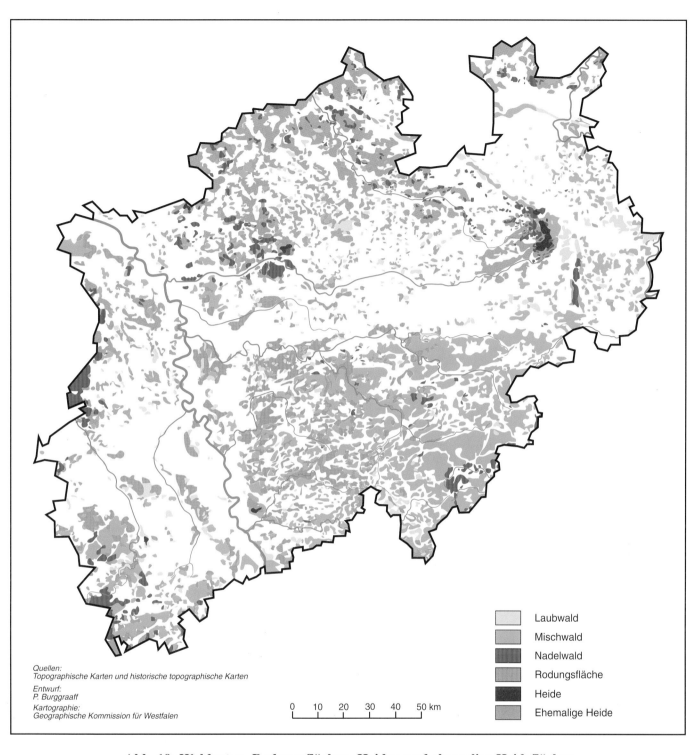

Laubwald

Mischwald

Nadelwald

Rodungsfläche

Heide

Ehemalige Heide

0 10 20 30 40 50 km

Abb. 19: Waldarten, Rodungsflächen, Heiden und ehemalige Heideflächen

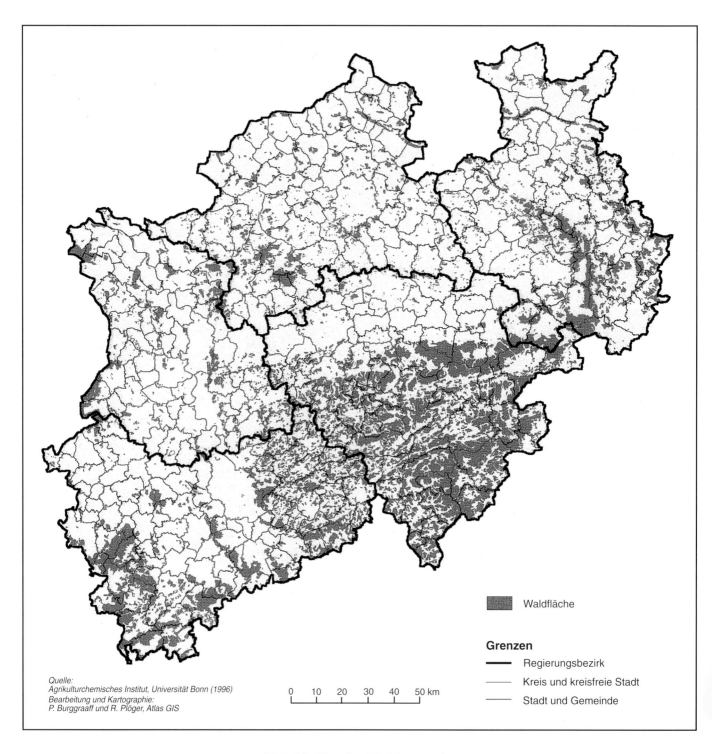

Waldfläche

Grenzen

Regierungsbezirk

Kreis und kreisfreie Stadt

Stadt und Gemeinde

0   10   20   30   40   50 km

Abb. 20: Heutige Waldverbreitung

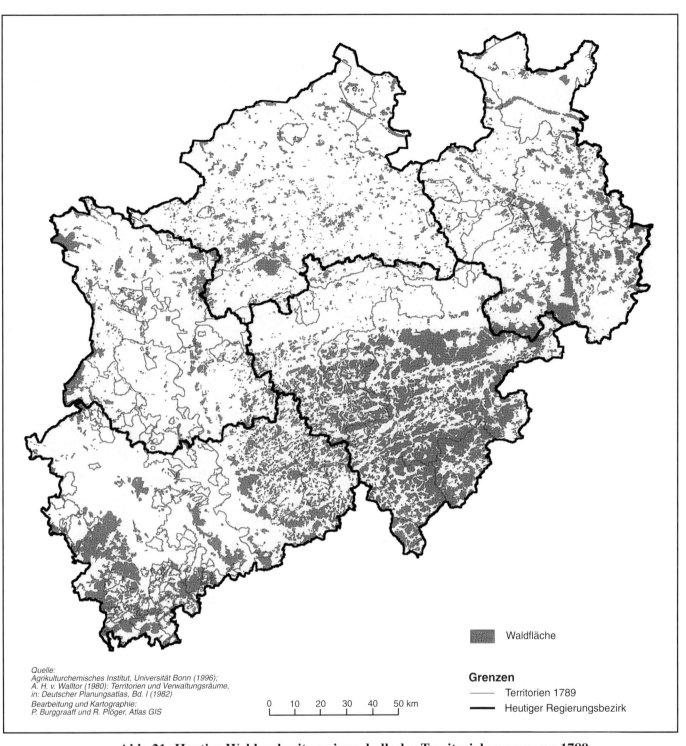

Waldfläche

Quelle:
Agrikulturchemisches Institut, Universität Bonn (1996);
A. H. v. Walltor (1980): Territorien und Verwaltungsräume,
in: Deutscher Planungsatlas, Bd. I (1982)
Bearbeitung und Kartographie:
P. Burggraaff und R. Plöger, Atlas GIS

Grenzen

Territorien 1789

Heutiger Regierungsbezirk

0   10   20   30   40   50 km

Abb. 21: Heutige Waldverbreitung innerhalb der Territorialgrenzen von 1789

53

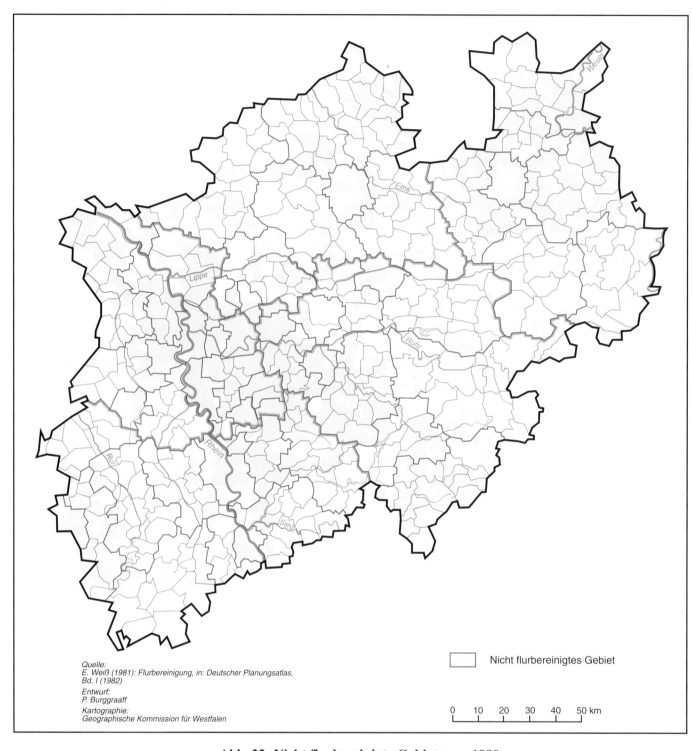

Quelle:
E. Weiß (1981): Flurbereinigung, in: Deutscher Planungsatlas,
Bd. I (1982)
Entwurf:
P. Burggraaff
Kartographie:
Geographische Kommission für Westfalen

Nicht flurbereinigtes Gebiet

0   10   20   30   40   50 km

Abb. 22: Nicht flurbereinigte Gebiete um 1990

2.4 Allgemeine Tendenzen in der Kulturlandschaftsentwicklung seit 1810/1840
(Abb. 23-30)

Die anthropogenen Prozesse haben sich, bedingt durch die naturräumlichen und ökologischen Rahmenbedingungen, räumlich unterschiedlich und mit einer im Laufe der Zeit zunehmenden Dynamik auf die Kulturlandschaft ausgewirkt. Sie hängen eng mit dem Stand der Wissenschaft und der Technik, mit dem gesellschaftlichen Wertesystem sowie mit den politischen Verhältnissen zusammen.

Eine frühe Phase der Kulturlandschaftsentwicklung von Nordrhein-Westfalen stellt die Karte der vorterritorialen, grundherrschaftlich geprägten bäuerlichen *Kulturlandschaft um 900* dar (Abb. 23). Diese Karte wurde auf der Grundlage der Karte von O. SCHLÜTER (Neubearbeitung 1951) erarbeitet und digitalisiert. Um die Waldflächen um 900 darstellen zu können, wurden die Waldflächen um 1900 und die zwischen ca. 900 und 1900 gerodeten Waldflächen zusammengefügt. Die Siedlungsflächen der frühgeschichtlichen Zeit und die gerodeten Waldflächen vor ca. 900 wurden als Ackerbau- und Siedlungsflächen zusammengefaßt. Schließlich wurden die Sumpf- (sumpfig-moorige Gebiete oder Brüche) und ehemaligen Sumpfflächen als Moor-, Sumpf-, Bruch- und natürliche Überschwemmungsflächen dargestellt. Bei den Wald-Heidegebieten gab es Interpretierungsprobleme, weil es um 900 kaum Heideflächen gab. Sie entstanden vorwiegend seit dem 11./12. Jahrhundert allmählich durch Abholzung ohne Aufforstung, Intensivierung der Waldbeweidung, Wald-Ackerwirtschaft sowie Streu- und Plaggengewinnung. Sie befinden sich nur im nördlichen Bereich des Landes und werden weitgehend als Wald dargestellt. Wiesen und Weiden in den Flußauen sowie in Fluß- und Bachtälern waren um 900 noch nicht sehr verbreitet.

Aus dieser Karte wird bereits deutlich, daß sich die heute am intensivst genutzten und Teile der dichtbevölkerten Räume bereits um 900 in Form von gerodeten Ackerbau- und Siedlungsflächen herausgebildet haben.

Für diesen Abschnitt wurden drei Karten erarbeitet:
1. Die Karten der *vorindustriellen Kulturlandschaft um 1810/1840* (Abb. 24 u. 25) wurden auf der Grundlage der generalisierten Landesaufnahmen von TRANCHOT/VON MÜFFLING (1801-1828), der Karte von Rheinland und Westfalen (1837-1855) sowie der erstellten Kulturlandschaftswandelkarten erarbeitet und im Atlas GIS digitalisiert.
2. Die Karte der *hochindustriellen Kulturlandschaft um 1950* (Abb. 26) wurde aufgrund der erstellten Kulturlandschaftswandelkarten und auf der 1. Ausgabe des heutigen Ausschnittes der Topographischen Karten im Maßstab 1:100.000 (1950/55) erarbeitet und digitalisiert. Sie stellt den Zustand der Kulturlandschaft in der Aufbauphase kurz nach dem Zweiten Weltkrieg dar.
3. Die Karten der *heutigen postindustriellen Kulturlandschaft* (Abb. 27 u. 28) wurden auf der Grundlage der heutigen topographischen Karten und Satellitenbilder erstellt. Hier geht es vor allem um die Darstellung der heutigen Landnutzungsformen und Entwicklungstendenzen der heutigen Kulturlandschaft, bei der auch die durch Ressourcengewinnung zerstörten Kulturlandschaften berücksichtigt wurden.

Den ältesten *Zeitschnitt 1810/1840* stellt die Kulturlandschaft vor den großflächigen und tiefgreifenden Veränderungen des industriellen und postindustriellen Zeitalters dar. In der französischen Periode wurde der Grundstein für eine sehr dynamische Kulturlandschaftsentwicklung gelegt, die das heutige Landschaftsbild prägt. Nur die Ackerflächen waren Besitz- oder Eigentumsflächen, die mehr oder weniger individuell bewirtschaftet wurden. Hier ist auf den Flurzwang in den Gebieten mit Realteilungserbrecht hinzuweisen, bei dem im Rahmen der Dreifelderwirtschaft für die einzelnen Gewanne die gleiche Fruchtfolge (Säh- und Erntezeiten) eingehalten werden mußte.
Viele Strukturen, die sich im feudalen Zeitalter bis ca. 1800 herausgebildet haben, waren noch erkennbar. Die Aufhebung des Feudalsystems, die damit zusammenhängende Bauernbefreiung, die

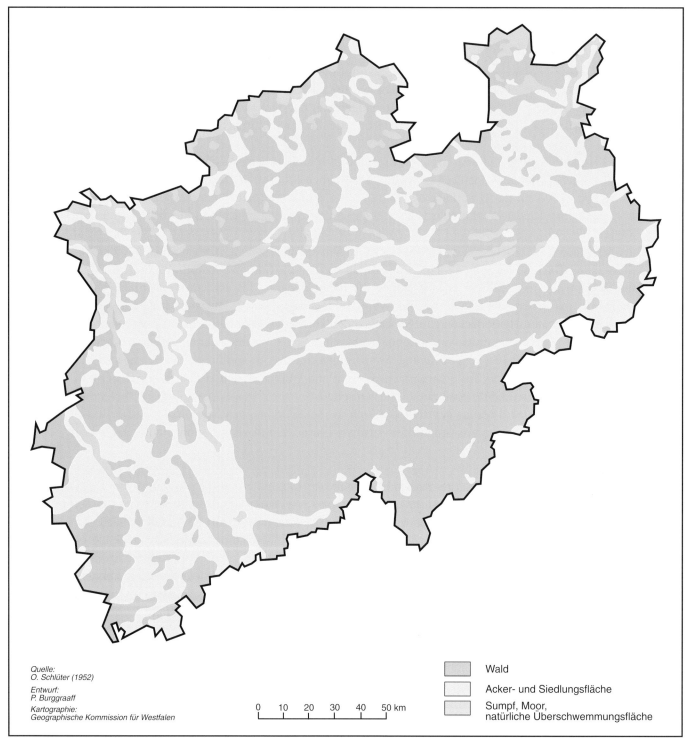

0   10   20   30   40   50 km

Wald

Acker- und Siedlungsfläche

Sumpf, Moor,
natürliche Überschwemmungsfläche

Abb. 23: Die Kulturlandschaft um 900

Verwaltungs- und Rechtsreform, die Auflösung der Zünfte, die Gewerbefreiheit, die Aufhebung vieler Herrschaften und Territorien sowie die Säkularisation der Klöster in der französischen Periode mit der nachfolgenden Eingliederung Westfalens und des Rheinlandes in den preußischen Staat haben sich in der Landschaft kaum sichtbar ausgewirkt (Abb. 25). Dies gilt auch für die Nutzungsgrenzen, die durch die Einführung des heute noch gültigen Katasters und die auf Landnutzung orientierte Grundsteuer kartographisch fixiert wurden. Dies gilt insbesondere für die Wald-Offenlandgrenze, wo per Edikt Wald- und Weideland voneinander getrennt wurden (KÜSTER 1995, S. 12).

In diesem Zeitraum war die Landschaft als Folge der Übernutzung der Wälder ohne die erforderlichen Aufforstungen waldarm. Hierdurch fehlten die deutlich markierten Übergänge zwischen Wald- und Offenland, so wie wir sie heute kennen, weitgehend (KÜSTER 1995). In den Sandgebieten des Münsterlandes und des Niederrheins sowie in den Mittelgebirgsräumen waren größere Teile verheidet und verödet. Als Reste der ehemaligen Naturlandschaft gab es trotz Torfgewinnung noch verschiedene Nieder- und Hochmoore.

Der *Zeitraum 1810/1840-1900* wurde durch die Auswirkungen der preußischen Politik und durch die aus den 1821 gesetzlich ermöglichten Gemeinheitsteilungen hervorgegangenen Kultivierungen und Aufforstungen geprägt. Mit den Gemeinheitsteilungen setzte eine Individualisierung anstatt der kollektiv geprägten Allmende- und Weidenutzungen und eine Modernisierung der Landwirtschaft ein, bei der vor allem die seit 1885 gesetzlich ermöglichten Zusammenlegungen Auswirkungen auf die Kulturlandschaft hatten. Bei den Zusammenlegungen wurden die alten Flure, um Flurzwang zu vermeiden, neu eingeteilt und die Parzellen zwecks individuell gestalteter Bewirtschaftung mit Wirtschaftswegen erschlossen. Die Dreifelderwirtschaft, die eigentlich eine Feld-Gras-Wirtschaftsform darstellt, wurde aufgrund zunehmender Verwendung von Düngungsmitteln seit 1860 in eine Fruchtfolgewirtschaft umgewandelt, weil nun auf Brache und Plaggendüngung verzichtet werden konnte. Außerdem wurde die Kultivierung von Heideflächen möglich. Die zunehmende Intensivierung der Landwirtschaft hing ebenfalls mit der damaligen politisch angestrebten Autarkie (ca. 1870 bis 1945) zusammen. Aufgrund der genossenschaftlichen Organisationsform wurden seit ca. 1880 die ersten Produktionsstätten (Molkereien), Kreditanstalten und Warenlager (Raiffeisen) gegründet.

In den Mittelgebirgsregionen mit teilweise stark heruntergekommenen Waldflächen und erodierten Böden erfolgte nach der Übernahme der Verwaltung in den Provinzen Rheinland und Westfalen durch Preußen aus Sorge vor Holzmangel eine intensive Verjüngungstätigkeit in den öffentlichen Wäldern und größeren Privatwäldern. Nach mißlungenen Aufforstungsversuchen der verheideten Flächen mit herkömmlichen Eichen und Buchen als Nutz- und Brennholz wurden diese Flächen mit Kiefern und Fichten aufgeforstet. Es zeigte sich, daß vor allem die Fichte am besten auf den verödeten Böden wuchs. Diese Aufforstungen hingen mit einer von dem preußischen Staat geförderten und auf Produktion orientierten modernen Forstwirtschaft und -verwaltung zusammen. Mit dem Rückgang der Bedeutung der verheideten Flächen für die Landwirtschaft und mit dem gleichzeitigen Aufkommen des modernen Bergbaus gewann das Nadelholz als Bau- und Grubenholz stark an Bedeutung. Mit dem Zusammenbruch des Buchenbrennholzmarktes um die Jahrhundertwende wurde bis in die 60er und teilweise in die 70er Jahre unseres Jahrhunderts Laubholz- in Nadelholzflächen umgewandelt. Eine Gegenbewegung stellte die Aufforstung von günstigen Lagen wie wärmebegünstigten Hängen mit Eichen zur Gewinnung der Lohrinde dar, die vorwiegend im Niederwaldbetrieb bewirtschaftet wurden und bereits um 1920 wieder wegen fehlender Wirtschaftlichkeit eingestellt wurde. Nur im Siegerland und in Teilen des Bergischen Landes veränderte sich der Zustand des Waldes aufgrund der straff organisierten Haubergwirtschaft nicht. Durch diesen Umgang mit dem Wald entstanden die deutlich sichtbaren Übergänge zwischen Wald- und Offenland.

Seit 1820 führten erste Mechanisierungsansätze der Produktion zu einer Verlagerung von traditionellen kleinen gewerblichen (Hausgewerbe) Produktionsstätten zur massenhaften Produktion in Fabriken. Besonders die sich dynamisch entwickelnden technologischen Innovationen wie die maschinellen, industriellen Produktionsverfahren in Fabriken, die durch die modernen Verkehrstech-

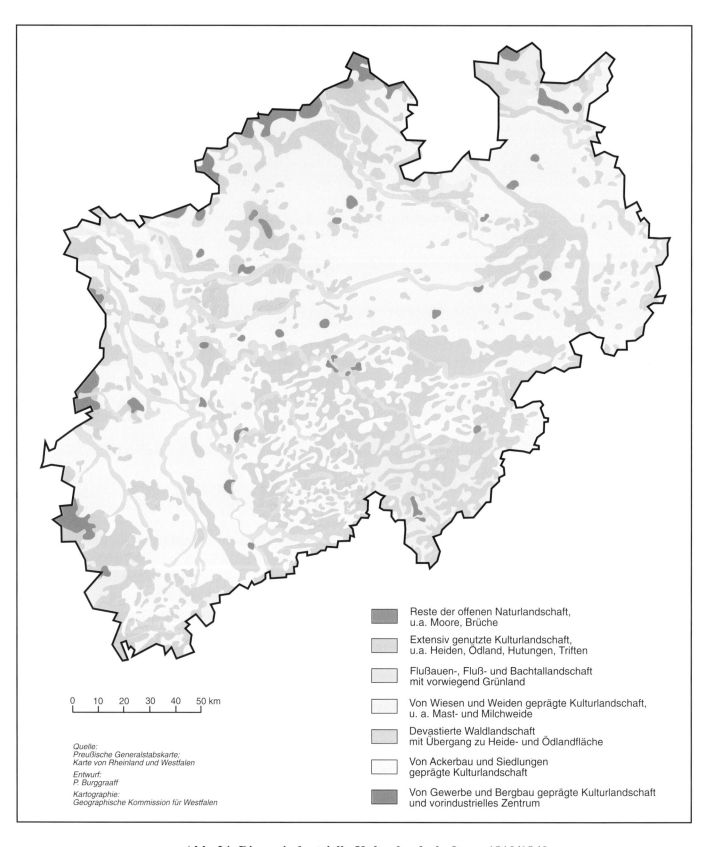

Legende:

- Reste der offenen Naturlandschaft, u.a. Moore, Brüche
- Extensiv genutzte Kulturlandschaft, u.a. Heiden, Ödland, Hutungen, Triften
- Flußauen-, Fluß- und Bachtallandschaft mit vorwiegend Grünland
- Von Wiesen und Weiden geprägte Kulturlandschaft, u. a. Mast- und Milchweide
- Devastierte Waldlandschaft mit Übergang zu Heide- und Ödlandfläche
- Von Ackerbau und Siedlungen geprägte Kulturlandschaft
- Von Gewerbe und Bergbau geprägte Kulturlandschaft und vorindustrielles Zentrum

0 10 20 30 40 50 km

Quelle:
Preußische Generalstabskarte;
Karte von Rheinland und Westfalen

Entwurf:
P. Burggraaff

Kartographie:
Geographische Kommission für Westfalen

Abb. 24: Die vorindustrielle Kulturlandschaft um 1810/1840

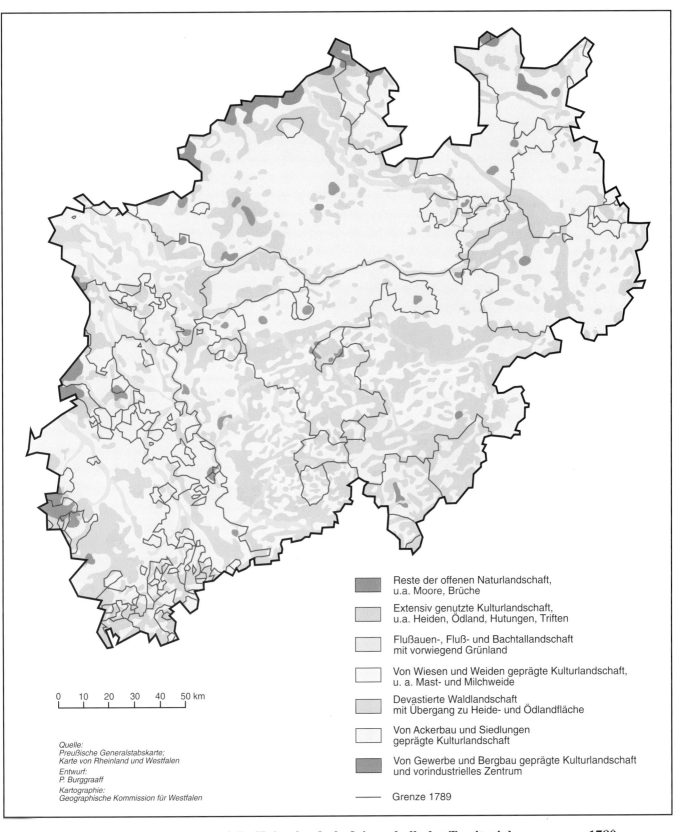

Quelle:
Preußische Generalstabskarte;
Karte von Rheinland und Westfalen
Entwurf:
P. Burggraaff
Kartographie:
Geographische Kommission für Westfalen

Legende:

- Reste der offenen Naturlandschaft, u.a. Moore, Brüche
- Extensiv genutzte Kulturlandschaft, u.a. Heiden, Ödland, Hutungen, Triften
- Flußauen-, Fluß- und Bachtallandschaft mit vorwiegend Grünland
- Von Wiesen und Weiden geprägte Kulturlandschaft, u. a. Mast- und Milchweide
- Devastierte Waldlandschaft mit Übergang zu Heide- und Ödlandfläche
- Von Ackerbau und Siedlungen geprägte Kulturlandschaft
- Von Gewerbe und Bergbau geprägte Kulturlandschaft und vorindustrielles Zentrum
- Grenze 1789

0   10   20   30   40   50 km

Abb. 25: Die vorindustrielle Kulturlandschaft innerhalb der Territorialgrenzen von 1789

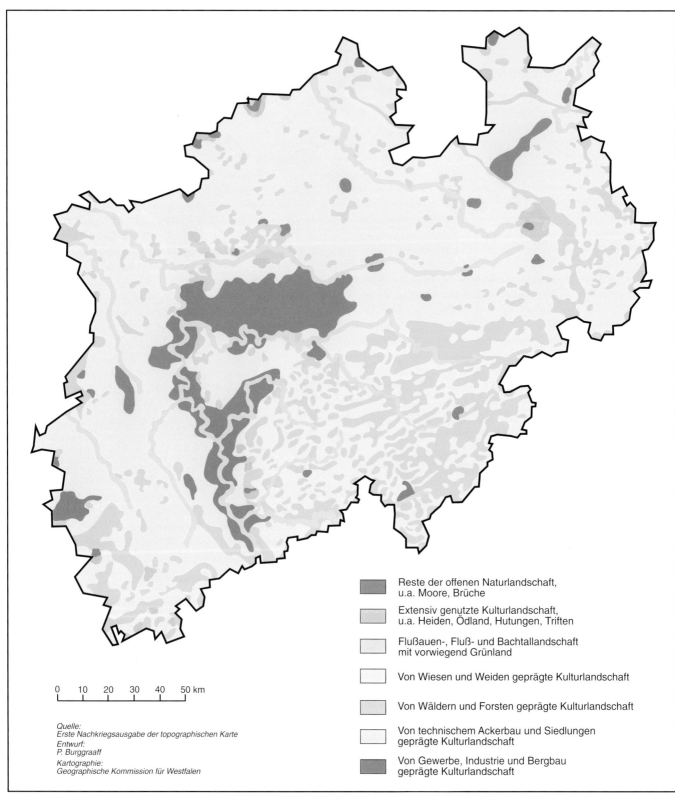

Reste der offenen Naturlandschaft,
u.a. Moore, Brüche

Extensiv genutzte Kulturlandschaft,
u.a. Heiden, Ödland, Hutungen, Triften

Flußauen-, Fluß- und Bachtallandschaft
mit vorwiegend Grünland

Von Wiesen und Weiden geprägte Kulturlandschaft

Von Wäldern und Forsten geprägte Kulturlandschaft

Von technischem Ackerbau und Siedlungen
geprägte Kulturlandschaft

Von Gewerbe, Industrie und Bergbau
geprägte Kulturlandschaft

0   10   20   30   40   50 km

Quelle:
Erste Nachkriegsausgabe der topographischen Karte
Entwurf:
P. Burggraaff
Kartographie:
Geographische Kommission für Westfalen

Abb. 26: Die hochindustrielle Kulturlandschaft um 1950

nologien bedingte zunehmende Mobilität und die dazugehörige Energieumstellung von Holz auf Kohle und später auf Gas, Öl und Elektrizität, haben zu tiefgreifenden Veränderungen und Erweiterungen in allen Wirtschaftsbereichen (Bergbau, Industrie, Dienstleistung und Landwirtschaft) geführt. Durch die stark verbesserten Transportmöglichkeiten von Gütern und die zunehmende Mobilität der Arbeitskräfte richtete sich die Standortwahl nicht nur nach Rohstoffvorkommen und Energiequellen, sondern mehr nach der Anbindung ans Verkehrsnetz. In den gut erschlossenen Regionen an Rhein und Ruhr setzte um 1880 eine dynamische Industrialisierung ein, die allerdings zu Industrieverlagerungen aus dem Mittelgebirgsraum führte.

Die Städte wuchsen aufgrund der Eisenbahnerschließung, der Industrialisierung und der damit verbundenen Unterbringung von Industriearbeitern über ihre befestigten Altstadtbereiche hinaus, zunächst entlang den Ausfallwegen; später kamen die größeren flächigen Neubauviertel (Arbeitersiedlungen) hinzu. Außerdem entstanden um die Städte Gürtel von Landwirtschaftsbetrieben, die sich auf den intensiven Gemüseanbau und die Milchproduktion spezialisierten.

In diesem Zeitraum wurde der Grundstein für das Ordnungsprinzip der heutigen Kulturlandschaft gelegt.

Der *Zeitraum 1900-1950* wird von der weiteren industriellen Expansion und von dem Infrastrukturausbau mit einem steigenden Energie- und Rohstoffbedarf sowie von zunehmenden Umweltproblemen geprägt. Die Industrialisierung griff zunehmend auf die benachbarten ländlich geprägten Regionen mit guten Anschlüssen ans Verkehrsnetz über. Danach folgten wirtschaftlich bedingte Umstrukturierungen in den alten Industriegebieten. Die Industrialisierung sowie die Expansion und die Verlagerung des Bergbaus waren mit der Erweiterung der Städte (Werks- und Bergbausiedlungen), Neustädten und neuen Siedlungen im angrenzenden ländlichen Raum verbunden. Die Konturen der Ballungsräume an Rhein und Ruhr, um Aachen und des Städtebandes Bielefeld-Minden wurden deutlich sichtbar.

Im ländlichen Raum machten sich insbesondere die Auswirkungen der strukturverbessernden Maßnahmen wie Flurbereinigungen, Fluß- und Bachbegradigungen, Meliorationen, Entwässerungsmaßnahmen, Erschließungsmaßnahmen sowie großflächigen Kultivierungen und Aufforstungen bemerkbar. Um 1950 sind bereits die meisten Heide- und Moorflächen hierdurch verschwunden.

Auch in der Landwirtschaft wurde zunehmend technisches Gerät eingesetzt, wodurch im Rahmen vieler Zusammenlegungen die Parzellen an die damals gültigen technischen Standards angepaßt wurden. Außerdem wurden zahlreiche genossenschaftliche Einrichtungen wie Molkereien, Warenlager und Vermarktungszentren errichtet.

Bei den Aufforstungen lag der Akzent weiter auf Nadelhölzern, so daß der Anteil der Nadelwälder an der gesamten Waldfläche bis über 55 % anstieg.

Die Auswirkungen des aufkommenden Autoverkehrs führten zu autogerechten Verkehrsstraßen und den ersten Autobahnen in den 30er Jahren. Für den jungen Luftverkehr wurden die ersten Flughäfen und -plätze gebaut.

Der regulierende Staatseinfluß in Form von Raumordnung, Planung, Landesverteidigung und der auf Erhaltung und Schutz orientierte Natur- und Denkmalschutz bestimmen zunehmend die Kulturlandschaftsentwicklung. Hier sei auf die Auswirkungen der entsprechenden Gesetze in der Landschaft hinzuweisen. Durch die Siedlungsgesetzgebung mit dem Reichssiedlungs- (1919) und Reichsheimstättengesetz (1920) entstanden ebenfalls im ländlichen Raum neue Landarbeitersiedlungen (Kolonien) und auf Eigenversorgung orientierte Siedlerstellen bei den Städten und größeren Ortschaften.

Die politischen Ereignisse (Weimarer Republik, NS-Diktatur) sowie die zwei verlorenen Weltkriege und die Wirtschaftskrise wirkten sich ebenfalls auf die Kulturlandschaft aus. Im Bereich der Raumordnung wurde die Politik der Weimarer Republik im Dritten Reich eigentlich fortgesetzt (z.B. weitere Meliorationsmaßnahmen, Begradigungen von Fließgewässern durch den Reichsarbeitsdienst und Umwandlung der Niedermoore in Grünland). Spezifische Kulturlandschaftselemente der NS-

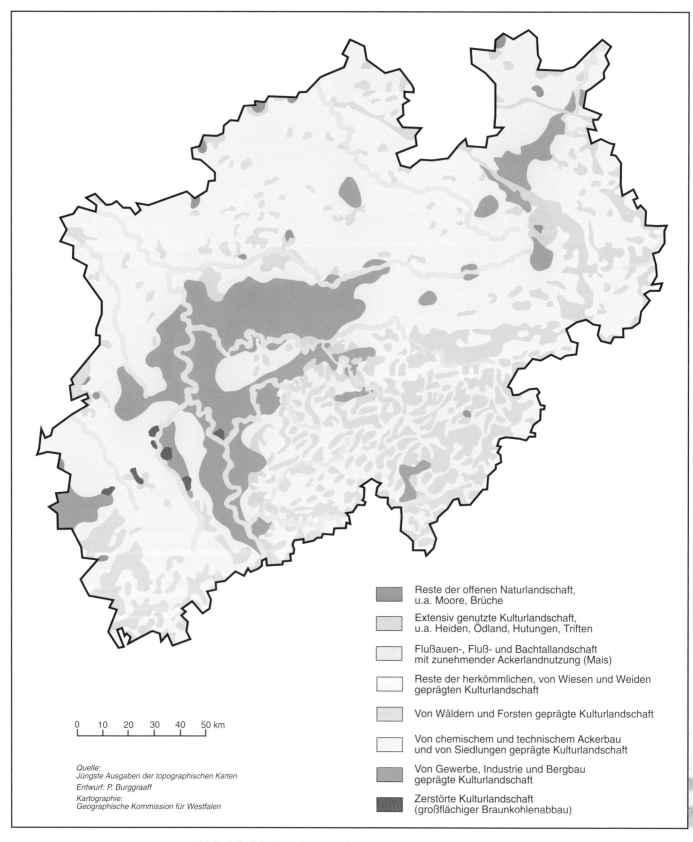

Reste der offenen Naturlandschaft,
u.a. Moore, Brüche

Extensiv genutzte Kulturlandschaft,
u.a. Heiden, Ödland, Hutungen, Triften

Flußauen-, Fluß- und Bachtallandschaft
mit zunehmender Ackerlandnutzung (Mais)

Reste der herkömmlichen, von Wiesen und Weiden
geprägten Kulturlandschaft

Von Wäldern und Forsten geprägte Kulturlandschaft

Von chemischem und technischem Ackerbau
und von Siedlungen geprägte Kulturlandschaft

Von Gewerbe, Industrie und Bergbau
geprägte Kulturlandschaft

Zerstörte Kulturlandschaft
(großflächiger Braunkohlenabbau)

0   10   20   30   40   50 km

Quelle:
Jüngste Ausgaben der topographischen Karten
Entwurf: P. Burggraaff
Kartographie:
Geographische Kommission für Westfalen

Abb. 27: Die heutige postindustrielle Kulturlandschaft

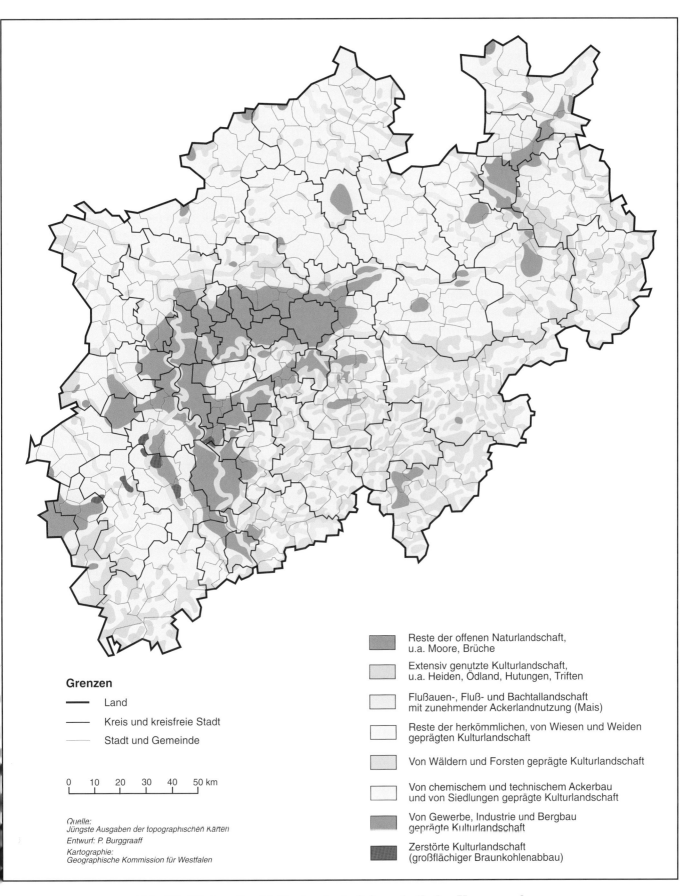

Grenzen

—— Land

—— Kreis und kreisfreie Stadt

—— Stadt und Gemeinde

0   10   20   30   40   50 km

Quelle:
Jüngste Ausgaben der topographischen Karten

Entwurf: P. Burggraaff

Kartographie:
Geographische Kommission für Westfalen

Reste der offenen Naturlandschaft,
u.a. Moore, Brüche

Extensiv genutzte Kulturlandschaft,
u.a. Heiden, Ödland, Hutungen, Triften

Flußauen-, Fluß- und Bachtallandschaft
mit zunehmender Ackerlandnutzung (Mais)

Reste der herkömmlichen, von Wiesen und Weiden
geprägten Kulturlandschaft

Von Wäldern und Forsten geprägte Kulturlandschaft

Von chemischem und technischem Ackerbau
und von Siedlungen geprägte Kulturlandschaft

Von Gewerbe, Industrie und Bergbau
geprägte Kulturlandschaft

Zerstörte Kulturlandschaft
(großflächiger Braunkohlenabbau)

Abb. 28: Die heutige Kulturlandschaft innerhalb der Kommunalgrenzen

63

Zeit und des Zweiten Weltkrieges sind der Westwall, Kasernen, Truppenübungsplätze, KZ-Lager und Lager des Reichsarbeitsdienstes sowie Soldatenfriedhöfe. Besonders die Ereignisse in den letzten Kriegsjahren 1944-1945 (Luftangriffe und der Bodenkrieg) haben zu enormen Zerstörungen in den Ballungsgebieten und großen Städten sowie bei der Infrastruktur geführt. Die Nachkriegsjahre waren von dem Wiederaufbau geprägt.

Deutliche Ansätze zu Fremdenverkehr und Erholung gibt es besonders in den Mittelgebirgsräumen und bei den Badeorten. In dieser Epochen expandiert das Gesundheitswesen.

Seit ca. 1950 (Abb. 27 und 28) entwickelte Nordrhein-Westfalen sich zu einem der produktivsten und größten Industrie- und Energiezentren der Bundesrepublik Deutschland und Europa, was zu einem tiefgreifenden Wandel in der Sozialstruktur und zunehmendem Wohlstand führte.

Die Auswirkungen des Wirtschaftswunders, die steigenden Anforderungen und Bedürfnisse der modernen Industrie- und Wohlstandsgesellschaft (Infrastruktur, Mobilisierung, Technisierung und Automatisierung, Fremdenverkehr, Erholung und Kultur), die Unterbringung von Millionen von Flüchtlingen aus den Ostgebieten und der ehemaligen DDR, die europäische Integration und die Öffnung der Grenzen, haben sich dynamisch auf die Kulturlandschaft ausgewirkt. Sie wird von der Expansion der Industrie, der starken flächenmäßigen Erweiterung der zunehmend uniform gestalteten Besiedlung (Urbanisierung des Landes), der Versiegelung, der stark expandierenden Ressourcengewinnung (Braunkohle, Kies, Kalk, Steine usw.), der Erschließung von Fremdenverkehrs- und Erholungsregionen sowie der Erweiterung des Transport- und Verkehrsnetzes geprägt.

Die Modernisierung der Häuser mit modernen Materialien und der zunehmende uniforme Hausbau in den Ortskernen und den Neubaugebieten hat die regionsspezifischen und charakteristischen Ortsbilder vielerorts beeinträchtigt und vereinheitlicht.

Im Zuge dieser Veränderungen wurden weiterhin zahlreiche Gewässer begradigt und in besiedelten Bereichen verrohrt und von ihren natürlichen Überschwemmungsflächen abgeschnitten.

Die weitere Modernisierung der Landwirtschaft als größten Landschaftsbenutzer, die von einer starken Rationalisierung (Personalabbau) begleitet wurde, schritt weiter voran und führte zu weiteren tiefgreifenden Flächenzusammenlegungen mit für Großmaschinen geeigneten Flächeneinheiten. Hierdurch wurden viele „störende" kleine Kulturlandschaftselemente (Wälle, Heckenreihen, Terrassenränder, Baumgruppen usw.) mit ihrer gliedernden Wirkung entfernt (WEIß 1981, Abb. 28).

Infolge dieser enormen Veränderungen erlangt die Erhaltung der Natur und der historischen Bausubstanz, des archäologischen und kulturellen Erbes sowie des Landschaftsbildes eine zunehmende Bedeutung. In den letzten Jahren nimmt die Erhaltung von historischen Kulturlandschaften und historischen Landnutzungssystemen als gesellschaftliches Anliegen sowie ihre Berücksichtigung in der Raumordnung und Planung zunehmend zu.

Zusammenfassend werden in Abbildung 29 die *vier Momentaufnahmen der Kulturlandschaftsentwicklung (um 900–heute)* dargestellt. Beim Vergleich dieser vier Karten wird sehr deutlich, daß bereits um 900 die ersten Konturen der heutigen Kulturlandschaft gut erkennbar sind. Die raumbezogenen Auswirkungen aufgrund der Entwicklungen der Periode von ca. 1810/1840 bis heute sind ebenfalls sehr deutlich zu erkennen.

Die Effekte der Entwicklungen der letzten 150 Jahre sind in der Karte *"Veränderungen in der Kulturlandschaft seit 1810/1840"* unter Beachtung der Persistenz und der Veränderungsdynamik in drei Stufen (wenig - mäßig - stark) seit ca. 1810/1840 zusammengefaßt (Abb. 30). Diese Karte stellt außerdem aufgrund des Altkartenvergleichs die generalisierte Zusammenfassung des Kulturlandschaftswandels landesweit dar. Die Bearbeitung erfolgte im Maßstab 1:500.000.

In den wenig veränderten Flächen (grün) sind die Intensität und die Auswirkungen der Veränderungen am geringsten. Hier sind noch viele Strukturen und Landnutzungsformen von 1840 deutlich erkennbar. Diese Flächen befinden sich hauptsächlich im ländlichen Raum und bestehen aus

1840 vorhandenen Waldgebieten (auch devastierte Waldflächen), Acker- und Grünlandflächen. Bei den Waldflächen wurde nur die Kontinuität der Waldnutzung und wurden aufgrund der Generalisierung nicht die Wald- bzw. Baumartenveränderungen (Aufforstungen mit Nadelgehölzen mit Anteilen von über 55 %) im Mittelgebirgsraum berücksichtigt. Hierzu muß allerdings bemerkt werden, daß die Waldartenveränderungen eine erhebliche Auswirkung auf das Landschaftsbild gehabt haben (Abb. 19). Diese Waldartenveränderungen hatten ebenfalls große ökologische Auswirkungen.

Bei den besiedelten Flächen sind nur die größeren Stadt- und Ortskerne ebenfalls als wenig verändert (grün) dargestellt, da trotz erheblicher Veränderungen in der Bausubstanz viele Strukturen (Stadtgrundriß) aus der Zeit um 1840 noch erkennbar sind (s. Programm historische Stadt- und Ortskerne in Nordrhein-Westfalen). Viele kleinere Veränderungen wie Siedlungsverdichtungen auf dem Land, die Auswirkungen von Zusammenlegungen, kleinere Kultivierungen, Rodungen und Aufforstungen, Siedlungsflächenerweiterungen usw. sind wegen der Generalisierung nicht dargestellt und als geringe Veränderungen eingestuft worden.

Die mäßig veränderten Flächen (rot) beziehen sich auf Gebiete, in denen die überlieferten Strukturen noch teilweise erkennbar sind. Die Veränderungen bestehen vor allem aus einer erheblichen Siedlungsverdichtung vor allem in Regionen mit Einzelbesiedlung, Stadtrandbesiedlung sowie besonders der agraren Besiedlung zwischen Ortschaften in Regionen mit geschlossener Besiedlung (z.B. Aussiedlerhöfe, Industrie- und Gewerbeansiedlungen).

Die stark veränderten Gebiete (gelb) sind Kulturlandschaften, in denen die überlieferten Strukturen einmal bzw. mehrere Male von neuen Nutzungsformen mit den zugehörigen Strukturen und Elementen weitgehend überlagert wurden, wobei die herkömmlichen Nutzungsformen von anderen ersetzt wurden. Dies hat zur Folge, daß ältere Strukturen nur bruchstückartig und großmaßstäbig zu erkennen sind. Hier handelt es sich um großflächige Neuaufforstungen und Kultivierungen von Heide- und Moorflächen, Waldrodungen, großflächige Siedlungserweiterungen, Anlage von größeren Gewerbe- und Industriegebieten, Transportanlagen, für militärische Zwecke entsiedelte Gebiete (z.B. Sennelager und Vogelsang), infrastrukturelle Einrichtungen (Flughäfen), neue Verkehrswege usw. So sind die linearen Strukturen in den Industrietälern der Mittelgebirge durch den Bau von neuen Straßen und Eisenbahntrassen, Ansiedlung von Gewerbe und Industrie sowie Siedlungsverdichtung entstanden.

Die Braunkohlenabbaugebiete sind aufgenommen worden, weil es sich um relativ große Flächen handelt, bei denen die überlieferte Kulturlandschaft gänzlich verschwunden ist und durch Rekultivierungsmaßnahmen neue Landschaften entstanden sind bzw. entstehen werden. Die Auswirkungen des Kies- und Sandabbaus sind Abb. 5 zu entnehmen. Eine Karte der Talsperren befindet sich in der Broschüre "100 Jahre Talsperren in Nordrhein-Westfalen" (1992, S. 32-33).

Zusammenfassend ist festzuhalten, daß in weiten Teilen der nordrhein-westfälischen Kulturlandschaften viele überlieferte Kulturlandschaftsstrukturen (Siedlungs- und Flurformen, Wegegefüge, Orts- und Stadtkerne usw.) und -elemente (Burgen, Höfe, Mühlen, Relikte des Bergbaus und Gewerbes usw.) sowie Nutzungsformen vorhanden sind.

Auch in den Gebieten mit mäßigen Veränderungen sind immer noch viele überlieferte Kulturlandschaftselemente vorhanden, obwohl die Strukturen teilweise verschwunden sind. Die stark veränderten Gebiete sind als Kulturlandschaften der jüngeren Entwicklungsepochen zu betrachten, bei denen die überlieferten großflächigen Strukturen weitgehend verschwunden bzw. überlagert worden sind. Kleinräumig sind allerdings noch zahlreiche überlieferte Kulturlandschaftselemente und Relikte alter Strukturen vorhanden.

2.5 Ausgliederung der großräumigen Kulturlandschaften

Die vorliegende naturräumliche Gliederung (Abb. 2), die geologischen, bodenkundlichen, mineralogischen, geomorphologischen und klimatologischen Karten und die Karte der ursprünglichen Waldvegetation (Abb. 3 nach LaPro-Entwurf) enthalten wichtige Voraussetzungen für die Entwick-

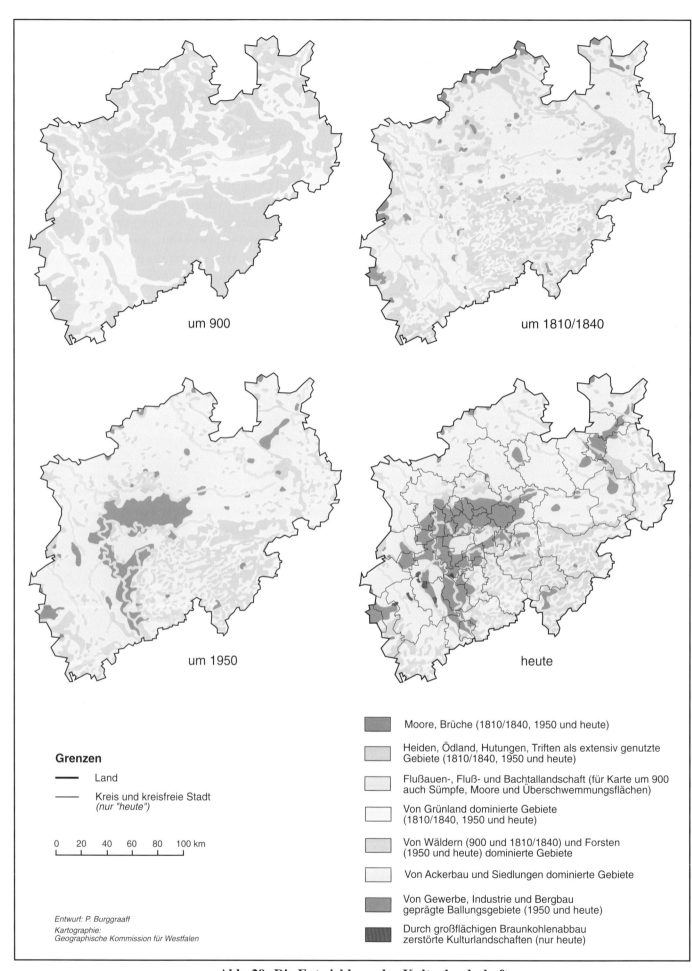

um 900

um 1810/1840

um 1950

heute

Grenzen

— Land

— Kreis und kreisfreie Stadt
(nur "heute")

0   20   40   60   80   100 km

Moore, Brüche (1810/1840, 1950 und heute)

Heiden, Ödland, Hutungen, Triften als extensiv genutzte
Gebiete (1810/1840, 1950 und heute)

Flußauen-, Fluß- und Bachtallandschaft (für Karte um 900
auch Sümpfe, Moore und Überschwemmungsflächen)

Von Grünland dominierte Gebiete
(1810/1840, 1950 und heute)

Von Wäldern (900 und 1810/1840) und Forsten
(1950 und heute) dominierte Gebiete

Von Ackerbau und Siedlungen dominierte Gebiete

Von Gewerbe, Industrie und Bergbau
geprägte Ballungsgebiete (1950 und heute)

Durch großflächigen Braunkohlenabbau
zerstörte Kulturlandschaften (nur heute)

Entwurf: P. Burggraaff

Kartographie:
Geographische Kommission für Westfalen

Abb. 29: Die Entwicklung der Kulturlandschaft

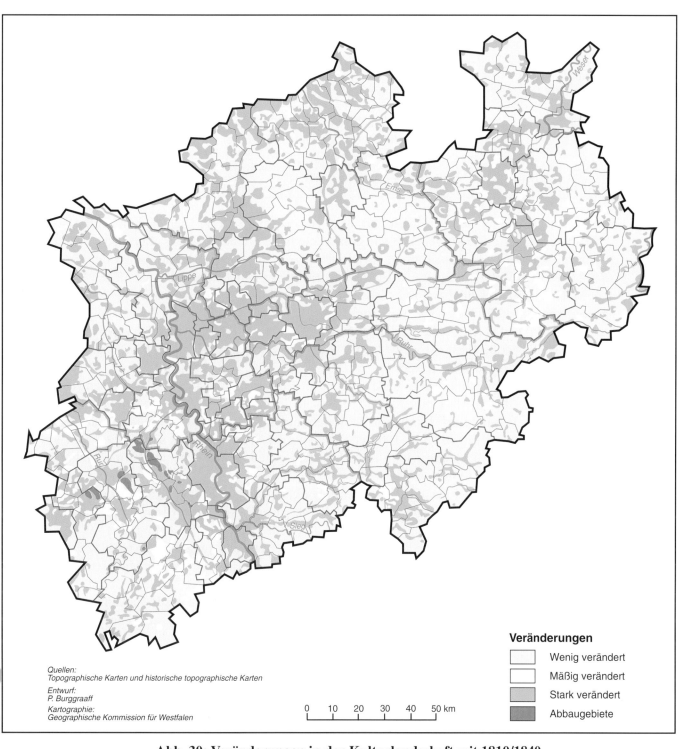

Veränderungen

Wenig verändert

Mäßig verändert

Stark verändert

Abbaugebiete

0   10   20   30   40   50 km

Abb. 30: Veränderungen in der Kulturlandschaft seit 1810/1840

lung der Kulturlandschaft sowie ihrer Gestaltung und müssen bei der Ausgliederung berücksichtigt werden. Wichtig sind folgende Aspekte:

Geländeformen	Mittelgebirge-Hügelland-Tiefland (Reliefformen), Wasserstand, Grundwasserstand (Sümpfe, Moore)
Qualitätsaspekte	Unterschiedliche Bodengüte und Eignung für Ackerbau (Börden usw.), Gebiete mit bzw. ohne Lagerstätten (Ressourcen), Klimaverhältnisse (Temperatur, Niederschlagsmenge)
Vegetationsaspekte	Natürliches Potential, Artenreichtum

Der Ausgliederung der verschiedenen Kulturlandschaften liegen neben dem Kulturlandschaftswandel zahlreiche vorliegende und erarbeitete thematische Karten (s. Kartenverzeichnis) zugrunde. Weiterhin sind diese Karten, die teilweise ebenfalls das Ausmaß der Gefährdungen seit 1840 beinhalten, wichtig für die Einarbeitung und die Darstellung der Folgen der heutigen Gefährdungen. Hiermit hängen die Bewertung von Kulturlandschaften sowie die Formulierung von Leitbildern eng zusammen. Sie bilden wichtige Grundlagen für die Erarbeitung der landesweiten (LEP und LaPro-Entwurf) und überregionalen Schutzziele (Gebietsentwicklungsplan) und -konzepte sowie die Harmonisierung der heutigen unterschiedlichen Schutzkonzepte des Natur- und des Denkmalschutzes sowie der Kulturlandschaftspflege.

Aufgrund des Kulturlandschaftswandels seit ca. 1840, der verschiedenen thematischen Karten und der landschaftlichen Auswirkungen und Merkmale der einzelnen Funktionen wurden großräumige Kulturlandschaften in Nordrhein-Westfalen unterschieden. Hierbei wurden auch die Kulturlandschaftsstadien von 1840, 1900 und 1955 berücksichtigt, weil es sowohl tiefgreifende Umgestaltungen bzw. Veränderungen als auch Persistenz gegeben hat, die bei der Formulierung der Leitbilder berücksichtigt werden.

Ohne die Dynamik der Kulturlandschaftsentwicklung vor 1840 zu bagatellisieren, haben besonders die Intensität der Entwicklungen und der Veränderungsgrad nach 1840 zu den heutigen unterschiedlich geprägten Kulturlandschaftstypen in Nordrhein-Westfalen geführt, die mit unterschiedlicher Intensität von verschiedenen Entwicklungen erfaßt und geprägt worden sind:
- Industriell geprägte Kulturlandschaften wie das Ruhrgebiet, die ursprünglich land- bzw. forstwirtschaftlicher Natur waren,
- vom Bergbau geprägte Kulturlandschaften (Ruhr- und Aachener Revier, das Braunkohlengebiet),
- dicht besiedelte (städtisch geprägte) Kulturlandschaften (Ballungsräume an Rhein und Ruhr, Aachener Revier und Städteband Bielefeld-Minden),
- von Wald dominierte Kulturlandschaften in den Mittelgebirgen (nach 1850 zunehmend Misch- bzw. Nadelwald) und
- agrarisch geprägte Kulturlandschaften (rheinische und westfälische Börden).

Bei der Auswahl der historisch gewachsenen Kulturlandschaften und Kulturlandschaftseinheiten sowie -bereiche sind die Umgestaltungen und damit verbundenen Auswirkungen auf das Landschaftsbild berücksichtigt worden. Sie wurden insbesondere durch die Veränderungen innerhalb der vorhandenen dominanten Funktionen (z.B. Landwirtschaft) oder durch einen Funktionswandel (z.B. von der Landwirtschaft zur Industrie) verursacht.

Für die großräumige Erfassung der Dynamik bzw. der Persistenz wurde eine Unterscheidung in primäre, sekundäre und tertiäre Kulturlandschaften erarbeitet.

Primäre Landschaften haben trotz Veränderungen, Modernisierung der Bausubstanz und der Infrastruktur ihre Funktionen, ihre Landnutzungsformen, ihr Erscheinungsbild und ihre Identität weitgehend beibehalten. Hier geht es hauptsächlich um den ländlichen Raum, in dem auch heute die

Land- und Forstwirtschaft dominieren, die 1840 nach den topographischen Landesaufnahmen vorhanden waren (Abb. 31).

Sekundäre Landschaften sind nach 1840 durch Funktionswandel und damit zusammenhängende Umgestaltungen und begleitende Landnutzungsveränderungen tiefgreifend umgewandelt worden. Beispiele sind:

- der Wandel des Ruhrgebietes von einem Agrar- und Waldgebiet in einen von Bergbau, Industrie, Verkehr, Dienstleistung und Wohnen geprägten Ballungsraum,
- die großflächigen Ödlandkultivierungen und -aufforstungen der extensiv genutzten Heide- und Moorflächen und
- die großflächigen neuen, hauptsächlich von Fichten dominierten Aufforstungen der degradierten Waldflächen in den Mittelgebirgsregionen (Abb. 19).

Tertiäre Landschaften sind nach einer intensiven Umgestaltungsphase wiederum tiefgreifend verändert worden (Umstrukturierungen, überbaute und versiegelte ehemalige Agrarflächen). Als Beispiele sind wiederum Teile des Ruhrgebietes zu erwähnen, die in der Nachkriegsperiode durch Umstrukturierungen (Abbau) in der Schwerindustrie, Industriebrache, die Nordwanderung des Bergbaus, Konzentration mit Zechenstillegungen stark verändert wurden.

Diese Einteilung ist auf alle Betrachtungsebenen des Projektes anwendbar. Die Details dieser Einteilung und des Veränderungsgrades werden bei zunehmendem Maßstab größer.

Weitere Einteilungen beziehen sich auf die Auswirkungen des unterschiedlichen Erschließungsgrades mit Bahnlinien, Hauptstraßen und Autobahnen seit 1840 und das Vorkommen von Ressourcen (Standortbedingungen). Hiermit können dynamische Aktivräume (Wirtschaftsräume) und mehr oder weniger persistente Passivräume (Agrarregionen) ausgewiesen werden.

Zusammenfassend liegen für die Ausgliederung der Kulturlandschaften folgende Kriterien zu Grunde:

A) Die visuelle und erlebbare Dimension (Landschaftsbild)
Hierbei geht es um das großräumige Landschaftsbild mit folgenden visuellen Merkmalen, die eine Landschaft als offen, halboffen oder geschlossen aber auch als vielseitig, gekammert, abwechslungsreich bzw. abwechslungsarm charakterisieren:
- Unterschiedliche Geomorphologie (Mittelgebirge - Hügelland (Übergangsbereiche) - Flachland)
- Unterschiedliche hydrologische Verhältnisse (Land - Wasser, Grundwasser)
- Klima- und Wetterbedingungen (Schutzvorrichtung an Bebauung und Auswirkungen auf das Landschaftsbild)
- Auswirkungen der Jahreszeiten auf das Landschaftsbild
- Vegetationsformen, Landnutzung
- Verhältnis Wald-Offenland, Kammerung der Kulturlandschaft, Siedlungsstruktur
- Bauformen und Baumaterialien
- Historische bzw. zeitgenössische Wirkung

B) Die historische Dimension (Kulturlandschaftsentwicklung)
- Unterschiedliche Entwicklungsstadien nebeneinander
- Eine dominante Entwicklungsepoche
- Entwicklungsdynamik

C) Die funktionale Dimension
Hierbei werden die Kulturlandschaften aufgrund ihrer Funktionen inkl. Landschaftsnutzung bzw. -verbrauch betrachtet.
- verschiedene Funktionen mit den dazugehörigen Nutzungsformen
- dominante Funktion mit der Landnutzung
- Fossile Funktionen

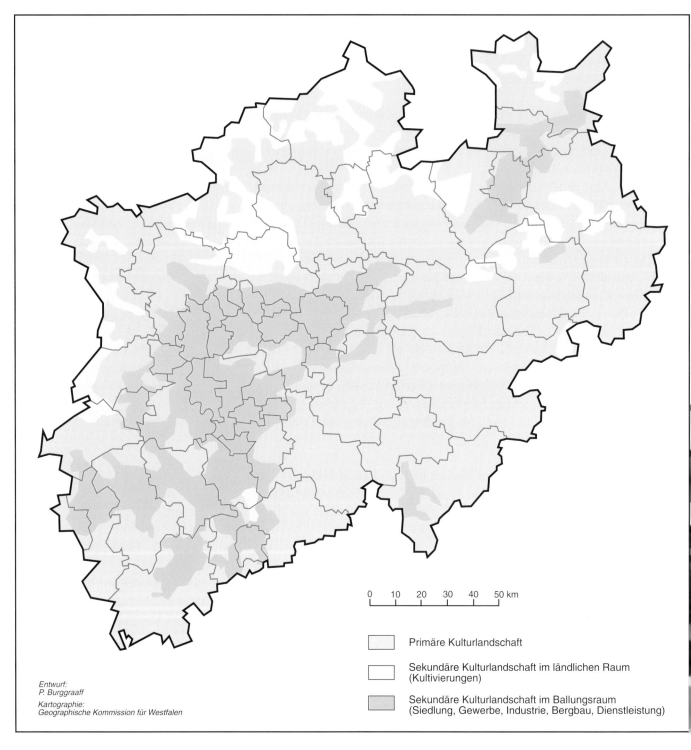

0   10   20   30   40   50 km

Primäre Kulturlandschaft

Sekundäre Kulturlandschaft im ländlichen Raum
(Kultivierungen)

Sekundäre Kulturlandschaft im Ballungsraum
(Siedlung, Gewerbe, Industrie, Bergbau, Dienstleistung)

Abb. 31: Primäre und sekundäre Kulturlandschaften

D) Die verbindende und trennende Dimension
- Erschließungsgrad (Gunst- und Ungunsträume)
- Ausstattung mit natürlichen Ressourcen
- Standortbedingungen (Zentrum-Peripherie, Hinterland)
- Zerschneidung

E) Die emotionale (ästhetische) Dimension (identitätsbildend)
- Unterschiedliche Vorstellungen zum Aussehen der Landschaft

Die ästhetische Dimension, die aus den genannten Dimensionen hervorgeht, ist eng mit dem subjektiven Begriff „Schönheit" (§1, Nr. 1, Punkt 4 des LG NW) verbunden. Vorsicht ist hierbei geboten, da dieser Begriff subjektiv belastet ist. In der heutigen Gesellschaft ist dieser Begriff noch sehr eng mit der Romantik des 19. Jahrhunderts verbunden, die sehr naturnah orientiert ist. Dies impliziert, daß stark überformte Siedlungs- und ältere Industrielandschaften, die auch als Ausdruck und Dokumentation des menschlichen Handelns zu betrachten sind, oft als nicht schön empfunden werden. Hier lauert die Gefahr, daß für solche Landschaften die historischen Elemente in der Raumordnung und in der Kulturlandschaftspflege keine Berücksichtigung finden.

2.6 Die großräumigen Kulturlandschaften (Abb. 32)

Folgende großräumige Kulturlandschaften wurden ausgegliedert:
1. Minden-Lübbecker Tiefland
2. Kernmünsterland und Soester Börde
3. Sandmünsterland
4. Weserbergland
5. Sauer- und Siegerland
6. Bergisches Land
7. Rheinische Börde
8. Eifel
9. Niederrhein
10. Rheinschiene, Ruhrgebiet, Aachener Revier und Städteband Bielefeld-Minden
(Beim Vergleich mit den "Großlandschaften" von „Natur 2000" gibt es Abweichungen, die vor allem auf das Maß der Generalisierung zurückzuführen sind.)

3. BESCHREIBUNG UND BEWERTUNG DER GROSSRÄUMIGEN KULTURLANDSCHAFTEN

Die Bewertung der großräumigen Kulturlandschaften unterscheidet sich grundlegend von derjenigen der Kulturlandschaftseinheiten, -bereiche und -bestandteile. Sie muß auf den Gesamtraum bezogen sein. Hier werden insbesondere der Entwicklungsgang, die Persistenz bzw. die Veränderung der Landnutzung, das Landschaftsbild und die Bewahrung der Identität betrachtet und bewertet.

3.1 Beschreibung des Ist-Zustandes und dessen Genese über den Vergleich mit den historischen Kulturlandschaften (vgl. Abb. 23–32 u. 35 a–k)

In diesem Abschnitt wird der heutige Zustand der im Kapitel 2 erarbeiteten großräumigen Kulturlandschaften aufgrund ihrer Entwicklung seit 1840 kurz beschrieben. Hierbei werden insbesondere spezifische Entwicklungen berücksichtigt, weil im Abschnitt 2.4 die allgemeinen Tendenzen bereits erörtert worden sind. Außerdem ist auf die Abbildungen 13 bis 31 zu verweisen.

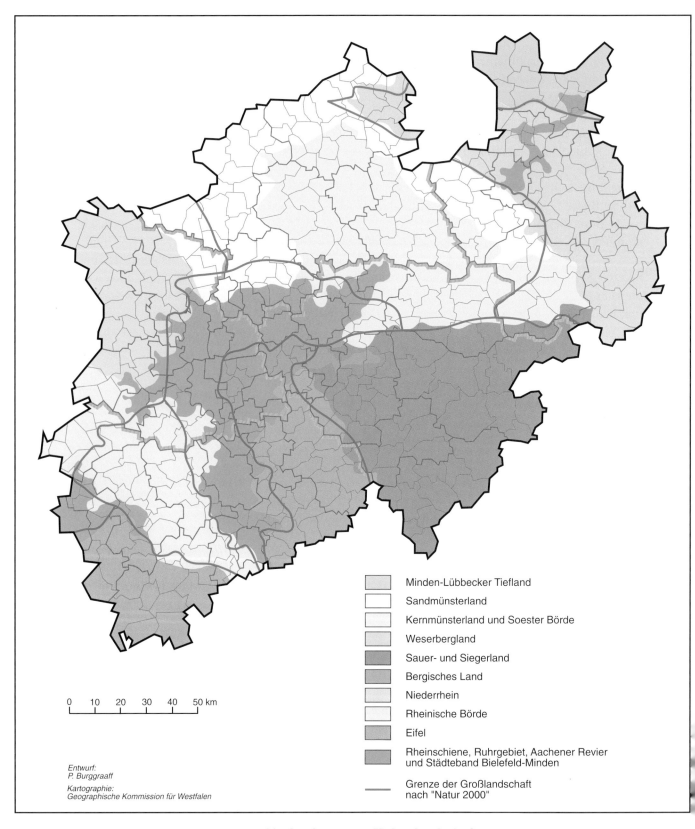

Minden-Lübbecker Tiefland

Sandmünsterland

Kernmünsterland und Soester Börde

Weserbergland

Sauer- und Siegerland

Bergisches Land

Niederrhein

Rheinische Börde

Eifel

Rheinschiene, Ruhrgebiet, Aachener Revier
und Städteband Bielefeld-Minden

Grenze der Großlandschaft
nach "Natur 2000"

0 10 20 30 40 50 km

Entwurf:
P. Burggraaff

Kartographie:
Geographische Kommission für Westfalen

Abb. 32: Großräumige Kulturlandschaften

72

Im Gegensatz zu „Natur 2000" ist die westfälische Bucht und das westfälische Tiefland in drei großräumige Kulturlandschaften unterteilt worden. Die gesonderte Ausweisung des Raumes Minden-Lübbecke basiert neben der historischen Entwicklung auch auf der naturräumlichen Grenze (Wiehengebirge). Aufgrund seiner naturräumlichen Beschaffenheit und seiner historischen Entwicklung schließt sich dieser Raum mehr dem angrenzenden niedersächsischen Gebiet an. Die Landesgrenze bildet die westliche, nördliche und östliche Begrenzung.

Die Situation um 1810/1840

Vor 1840 war die hauptsächlich streuende Besiedlung in Form von Einzelhöfen, Drubbeln und wenigen Kirchdörfern mit Wehrkirchen auf der Geest konzentriert. Nur im Bereich der Weser hatte die vom Fachwerkbau geprägte Besiedlung einen mehr geschlossenen Charakter mit Haufendörfern. Die Kulturlandschaft war durch die von der Markenverfassung geprägten Landwirtschaft mit intensiv genutzten Ackerflächen und den gemeinschaftlich und extensiv genutzten Heiden und Mooren in den Niederungen stark bäuerlich geprägt. Außer der Handelsstadt Lübbecke gab es zwei weitere mittelalterliche Städtegründungen. Der Torf stellte eine wichtige Energiequelle dar und wurde seit dem 17. Jahrhundert systematisch gewonnen. Abgesehen von wenigen größeren Waldflächen spielte die Waldwirtschaft eine untergeordnete Rolle.

Die Periode 1810/1840-1900

Markenteilungen aufgrund der Gemeinheitsteilungsverordnung für die preußischen Provinzen von 1821, Individualisierung und erste Modernisierungen in der Landwirtschaft prägen die Entwicklung im ländlichen Raum. Nach Aufgabe der Markenverfassung und Aufteilung der Markenflächen wurden die Heiden allmählich in Grünland umgewandelt und kleine Bereiche vor allem mit Kiefern aufgeforstet. Der Torfabbau mit nachfolgender Entwässerung und Grünlandkultivierung blieb von Bedeutung. Erste bescheidene Siedlungsverdichtungen bei den Städten setzten ein. Insbesondere durch die Erschließung mit Eisenbahnlinien wurde der Grundstein für die gewerbliche Entwicklung gelegt. Der Fachwerkbaustil wurde einerseits trotz der Verwendung von Ziegelsteinen für die Höfe weitgehend beibehalten, andererseits wurden aber Neubauten zunehmend nur mit Ziegeln gebaut.

Die Periode 1900-1955

Großflächige Kultivierungen, weiterer Torfabbau, zunehmende Siedlungsverdichtung mit der Errichtung der Flüchtlingssiedlung Espelkamp (1949) sind die prägenden Merkmale. Trotz der Modernisierung der Landwirtschaft mit Zusammenlegungen, Mechanisierung und der zunehmenden Anwendung von Kunstdünger blieb die Grünlandwirtschaft von Bedeutung. Der Mittellandkanal wurde als Bindeglied zwischen der Weser und dem Dortmund-Emskanal errichtet und war für die industrielle Entwicklung wichtig.

Die Periode 1955 bis heute

Trotz der dynamischen Entwicklungen dieses Zeitraumes in der Landwirtschaft mit Stadt- und Dorferweiterungen, Errichtung von Gewerbe- und Industriegebieten, Modernisierung der Versorgungsinfrastruktur usw. blieb die Identität dieser Kulturlandschaft weitgehend erhalten. Das natürliche und kulturhistorische Potential - besonders die zahlreichen Windmühlen - war die Grundlage für die Entwicklung des Fremdenverkehrs und der Naherholung. Innerhalb der Landwirtschaft wurden die Grünlandflächen (Weiden- und Wiesenlandschaften) weiter zurückgedrängt. Durch den Abbau von Kies in der Weseraue wird dieser ökologisch und kulturhistorisch wertvolle Auenbereich erheblich beeinträchtigt. Außerdem werden die artenarmen intensiven Mähweiden für den Maisanbau in Ackerland überführt.

Zusammenfassend haben diese Entwicklungen zu erheblichen Veränderungen geführt, wodurch die ursprünglichen (primären) Heide- und Moorgebiete in sekundäre Agrarlandschaften umgewandelt wurden.

3.1.2 *Kernmünsterland und Soester Börde*

Diese zweite großräumige Kulturlandschaft der Großlandschaft "Westfälische Bucht und Westfälisches Tiefland" von "Natur 2000" hebt sich vor allem durch die intensive ackerbauliche Nutzung aufgrund der besseren Böden und die Abwesenheit von größeren Heide- und Moorflächen von den beiden anderen Teillandschaften ab. Das Kernmünsterland wird von der Grenzlinie zwischen Einzel- und geschlossener Besiedlung durchschnitten, die die weitgehend offene waldarme Soester Börde mit geschlossenen Dorfsiedlungen von dem durch Streusiedlung und parklandschaftliche Vegetation (Baumgruppen, Baumreihen, Wallhecken usw.) gekammerten übrigen Gebiet trennt. Im Süden wird diese großräumige Kulturlandschaft durch das seit 1880 expandierende Ruhrgebiet begrenzt.

Die Situation um 1810/1840

Die Siedlungsstruktur wird im Kernmünsterland von Einzelhöfen, Drubbeln, Platz- und Angerdörfern sowie Kirchdörfern geprägt. Im Vergleich zum Sandmünsterland gab es kleinere extensiv genutzte von Markengenossenschaften verwaltete Heide- und Moorflächen. Mergel wurde für die Düngung der Ackerflächen bis zum Beginn des 19. Jahrhunderts gewonnen. Hiervon zeugen noch zahlreiche Mergelkuhlen. Die dörflichen Siedlungen (Kirchdörfer), Einzelhöfe, Bauernschaften und Kleinstädte, die Gräftenhöfe der Schulzen und Wasserburgen und Schlösser der Lokalherren, Eigentums- und Verwaltungsgrenzen markierende Heckenreihen, Plaggeneschwälle und Wallsysteme (Landwehre), Wegemarkierungen (Alleen) und die Restwälder (Bauernwälder) auf den Höhenrücken lassen das Kernmünsterland als eine reich strukturierte vielseitige Kulturlandschaft mit einem parkähnlichen Charakter erscheinen. Zusammenhängend mit der Eigenverwaltung der Marken hatte sich eine bäuerliche Ständegesellschaft mit Vollerben, Köttern, Heuerlingen und Brinksitzern gebildet, die sich auch in Umfang und Form der Behausungen niedergeschlagen hatte. Die Vorsteher der Marken oder Schulzen residierten auf sog. Gräftenhöfen.

Das Siedlungs- und Agrargefüge im südlichen Teil - die Hellwegbörde mit fruchtbaren Böden - hatte dagegen einen offenen Charakter und wurde von vor allem geschlossenen Haufendörfern mit Höfen von Freibauern mit einem bereits für diese Zeit großflächigen, intensiven und traditionellen Ackerbau geprägt. In den Ackerflächen befanden sich Feldgehölze und Ackerraine. Die schlechteren Böden wurden als Grünlandflächen (Schledden) genutzt. Der Wald war bis auf wenige Restflächen zurückgedrängt worden. Die Lippeaue wurde von Grünland geprägt.

Die Städte, unter denen sich viele Klein- oder Minderstädte (Wigbolde) befanden, sind mit Ausnahme von Münster und Soest seit dem Spätmittelalter entstanden. In der Hellwegbörde entstanden in der Nähe des Hellweges, der zwischen der oberen und unteren Börde verlief, größere Städte wie Ahlen, Beckum, Erwitte und Lippstadt. Münster entwickelte sich zum Sitz des gleichnamigen Bistums und zum dominierenden Verwaltungszentrum für diesen Raum und für die angrenzenden Gebiete.

Die Periode 1810/1840-1900

Gemeinheitsteilungen mit und ohne Zusammenlegung und Individualisierung der Landwirtschaft, mit kleinräumigen Kiefernaufforstungen auf den Heiden und kleineren Kultivierungen (Weiden und Wiesen) sind charakteristisch für diese Epoche. Der Grundstein für eine leistungsorientierte Landwirtschaft wurde gelegt. Im Zusammenhang mit der Eisenbahnerschließung setzten die ersten Stadterweiterungen (Münster) ein. Die erste Eisenbahnverbindung (Köln-Mindener Eisenbahn) orientierte sich am Hellweg. Die Bevorzugung von Stein als Baumaterial wurde durch die zunehmende Nutzung von Ziegeln in Verbindung mit Fachwerk, Sand- und Kalkstein herbeigeführt. Die Kalkgewinnung in der Hellwegbörde bildete die Grundlage für die Zementindustrie in Beckum und Erwitte.

Die Periode 1900-1955

Flächige Stadterweiterungen mit Ansiedlung von Gewerbe und Industrie bei den größeren Städten (Münster, Soest, Lippstadt, Erwitte usw.) und das Vorrücken des Ruhrgebietes führten in der Hellwegbörde zu Verdichtungsräumen. Diese hingen eng mit dem weiteren Ausbau der modernen Versorgungs- und Infrastruktur zusammen. Durch den Kanalbau zwischen Rhein und Weser wurde Münster ans Schiffahrtsnetz angeschlossen. Die Lippe wurde wegen ihres relativ hohen Salzgehalts nur für die Versorgung des Ruhrgebiets mit Industriewasser genutzt.

Die Leistungsorientierung der Landwirtschaft intensivierte sich im Kernmünsterland und in der Hellwegbörde. Zusammenlegungen mit Aussiedlerhöfen beeinträchtigten allmählich das traditionelle geschlossene Siedlungsbild der Hellwegbörde. Der einsetzende Fremdenverkehr und die Nutzung der Kulturlandschaft als Erholungsraum für die benachbarten Ballungsräume waren weitere Merkmale.

Die Periode 1955 bis heute

Durch starke Siedlungsverdichtung mit neuen Wohn-, Gewerbe- und Industriegebieten (Versiegelung) nicht nur bei den städtischen Zentren sondern auch im ländlichen Raum und die Verkehrserschließung mit Autobahnen und Schnellstraßen sowie Umgehungsstraßen wurde die großräumige Kulturlandschaft auf Kosten der Natur und Landschaft zunehmend zersiedelt und zergliedert.

Eine starke technische und chemische Leistungsorientierung der Landwirtschaft (moderne Gebäude, Anwendung von Pestiziden, Intensivdüngung, Maisanbau) mit tiefgreifenden Flurbereinigungen, der Entfernung von Baumreihen und Hecken für den Zuschnitt maschinengerechter Parzellen und die Aussiedlung von Höfen besonders in der Börde sowie Entwässerungsmaßnahmen waren die prägenden Veränderungen. Dadurch sind viele Zeugen der Vergangenheit bereits überformt oder sogar verschwunden und das Ergebnis ist eine sowohl in kulturhistorischer als auch in ökologischer Hinsicht nivellierte Kulturlandschaft. Außerdem ist im ländlichen Raum das traditionelle, von Wechselwirkung geprägte Verhältnis zwischen Mensch und Natur hierdurch zunehmend in den Hintergrund geraten.

Verstärkter Abbau von Mergel ließ ein bedeutendes Zementrevier bei Beckum und Erwitte entstehen. Durch die große Bautätigkeit stieg der Bedarf nach Sand und Kies stark an, die in der Weser- und Lippeaue gewonnen wurden.

Trotz der Landschaftsveränderungen hat diese Kulturlandschaft ihre prägenden Strukturen beibehalten und ist aufgrund der dominanten Funktionen und der Landnutzung abgesehen von dem Umland von Münster und dem Gebiet nördlich von Warendorf als primäre Kulturlandschaft zu betrachten.

3.1.3 *Sandmünsterland*

Das westliche Sandmünsterland hebt sich besonders im Westen durch die typisch westfälische Hofform mit Hallenhäusern vom Rheinland ab, obwohl nach der naturräumlichen Gliederung der westliche Teil noch zum Niederrhein gerechnet wird. Die Abgrenzung zum Kernmünsterland wird vor allem durch den Umfang der Heide- und Moorflächen bestimmt, die diese Kulturlandschaft bis ca. 1810/1840 geprägt haben. Im Süden wird die Grenze durch den seit 1900 vorrückenden Ballungsraum Ruhrgebiet markiert. Im Osten stimmt die Grenze weitgehend mit der naturräumlichen Grenze des Teutoburgerwaldes überein.

Die Situation um 1810/1840

Vor 1840 bestand diese durch Plaggenstich und Überweidung waldarme offene Kulturlandschaft aus intensiv genutzten Ackerfluren (Plaggeneschen) und Kampen (kleinen von Wällen umgebenen Heidekultivierungen des 18. und frühen 19. Jahrhunderts) um die locker gruppierten Einzelhöfe, Drubbel und die Platz- und Angerdörfer sowie Kleinstädte, die von Grünland in den Bachtälern und von ausgestreckten gemeinschaftlich genutzten Heide- und Moorflächen umgeben waren. Die im Mittelalter entstandene straff organisierte Markenorganisation mit Schulzenhöfen (Gräftenhöfen) und die Bauernschaften ließen wenig Raum für gleichberechtigte Neusiedlung. Neusiedler bekamen nicht die Rechte der Erben, sondern sie mußten eine untergeordnete Position einnehmen. Hierdurch entstand eine bäuerliche Ständegesellschaft von markenberechtigten Vollerben, von Köttern, Brinksitzern und Heuerlingen. Die letzten drei genannten Gruppen haben bereits vor 1840 kleinere Bereiche der Heide in Form von Kampen kultiviert. Die meisten Wälder waren durch Rodung sowie durch die jahrhundertelange extensive Weidenutzung allmählich zu Heide degeneriert. Die einzigen Bauten auf der Heide waren Schafställe, die im Zusammenhang mit der Schafhaltung errichtet wurden.

Seit 1200 gab es viele Städtegründungen, von denen aufgrund ihrer Entwicklung Minderstädte blieben.

Die Torfgewinnung für Energiezwecke gewann in der Frühneuzeit zunehmend an Bedeutung. Ein wichtiges Gewerbe bildete die häusliche Herstellung von Textilien in der Umgebung von Ahaus und Gronau.

Die Periode 1810/1840-1900

Aufgrund der gesetzlichen (1821) Gemeinheitsteilungen mit bzw. ohne Zusammenlegungen und die damit zusammenhängende Individualisierung der Landwirtschaft entstanden großflächige Heide- und Mooraufforstungen (Kiefern) sowie Grünlandkultivierungen. Als Folge der Torfgewinnung entstanden durch Entwässerung der Moore weitere Grünlandflächen. Verbunden mit der Eisenbahnerschließung setzte bei den größeren Städten eine allmähliche Siedlungsverdichtung und Gewerbeansiedlung ein. In der Umgebung von Ahaus und Gronau bildete sich auf Grundlage des häuslichen Textilgewerbes eine Textilindustrie mit Fabrikproduktion. Durch die teilweise Umstellung von der Fachwerk- zur Ziegelsteinbauweise entstanden Ziegeleien.

Die Periode 1900-1955

Großflächige Heidekultivierungen (Acker- und vor allem Grünland) bis auf wenige Restflächen mit der teilweisen Rodung von Kiefernwäldern sowie Meliorationsmaßnahmen führten zu ausgedehnten sogenannten jungen Kultivierungslandschaften mit hauptsächlich Weide- und Wiesennutzung. Hier wurden seit ca. 1900 Weideställe und Viehunterstände teilweise in Kombination mit Lagerraum für Heu errichtet. Neue systematisch errichtete Einzelhofsiedlungen entstanden in den Kultivierungsgebieten. Die Mechanisierung und die Modernisierung führten zu einer Steigerung der landwirtschaftlichen Produktion. Eine Ausnahme bildete das Sennegebiet, das seit ca. 1880 als Truppenübungsplatz (Sennelager) genutzt wurde. Teile des Sennegebietes wurden nach dem Zweiten Weltkrieg für die Militärnutzung entsiedelt (Haustenbeck).

Auf den ehemaligen Heide- und Ödlandflächen dominierte die Grünlandnutzung mit Wiesen und

Weiden.

Ein weiterer Ausbau der Versorgungs- (Wasser, Elektrizität usw.) und infrastrukturellen Einrichtungen (neue Straßen und Eisenbahntrassen, Kanäle, Entwässerung usw.) waren die Folgen des Modernisierungsprozesses und der aufkommenden Industrie, die sich in der Umgebung von Gronau, Ahaus und Rheine konzentrierte. Am südlichen Rand wurde der Einfluß und die Expansion des Ruhrgebietes immer stärker.

Die Periode 1955 bis heute

Die eingesetzten Entwicklungen aus der letzten Periode setzten sich verstärkt fort und führten zu umfangreichen Siedlungsverdichtungen (Sennestadt, Emsdetten) - in Form von flächigen Wohngebieten sowie Industrie- und Gewerbegebieten mit den erforderlichen Erschließungsmaßnahmen in städtischen und ländlichen Bereichen. Im Süden erreichte der Kohlenbergbau mit neuen Siedlungen (Wulfen) das Münsterland. Hiermit nahm auch der Sand-, Kies-, Ton- und Lehmabbau stark an Bedeutung zu. Durch diese Entwicklung wurde die Erweiterung der landwirtschaftlich genutzten Flächen gestoppt und als Folge der steigenden Landnutzung setzte eine Reduzierung ein, die sich durch die Flächenstillegungen der letzten Jahre verstärkt hat. Innerhalb der Landwirtschaft wurde die Intensivierung durch Zusammenlegungen, Anwendung moderner Techniken, Pestizide, Gülle und Kunstdünger vorangetrieben. Durch die Verwendung von Mais als Viehfutter werden die Wiesen- und Weidelandschaften auf den ehemaligen Heideflächen (Sandgebiete) wegen der zunehmenden Maisanbauflächen zurückgedrängt. Die intensive Militärnutzung im Sennegebiet hat trotz Veränderungen zum Erhalt der Heideflächen beigetragen.

Im Fremdenverkehrsbereich ist in den letzten Jahren eine deutliche Zunahme zu verzeichnen. Für das benachbarte Ruhrgebiet hat das westliche Sandmünsterland eine wichtige Erholungs- (Naturpark Hohe Mark) und Wohnfunktion.

Durch die systematische Kultivierung und Aufforstung der Heide und des Moores hat das Gesamtbild dieser Landschaft sich seit 1840 so verändert, daß sie als eine sekundäre Kulturlandschaft zu typisieren ist.

3.1.4 *Weserbergland*

Diese Kulturlandschaft wird durch das Städteband Bielefeld-Minden und die Landesgrenze in drei Teile unterteilt. Außerdem verläuft hier die Trennungslinie zwischen geschlossener und Einzelbesiedlung, die das ehemalige Fürstentum Lippe durchschneidet. Im Osten reicht diese Kulturlandschaft bis zur Landesgrenze. Im Norden bildet das bewaldete Wiehengebirge die Grenze. Das Bergland des Tecklenburger Landes jenseits der Landesgrenze bildet die Grenze mit dem westlichen Sandmünsterland. Im Westen verläuft die Grenze weitgehend parallel mit der naturräumlichen Gliederung am Fuße des Teutoburger Waldes (Egge- und Wiehengebirge).

Die Situation um 1810/1840

Die Siedlungsstruktur wurde im nördlichen Teil (Ravensberger Land und lippisches Bergland) von Einzelhöfen und Drubbeln und in der südlichen Hälfte (Oberwälder Bergland und Warburger Börde) von Haufendörfern geprägt. Ebenfalls existierten seit dem Spätmittelalter bereits zahlreiche Kleinstädte. Durch Handel und Verkehr haben Lemgo, Detmold, Bielefeld und Höxter sich zu bedeutenden Hansestädten entwickelt, die von der Weserrenaissance geprägt waren. Die ehemalige Kaiserpfalz und der Bischofssitz Paderborn und das Kloster Corvey haben sich zu bedeutenden christlichen Zentren entwickelt. In der Ravensberger Börde gab es traditionellen Ackerbau mit großen Gehöften. Grünland und Wald mit den typischen Sieks nahmen vergleichsweise wenig Raum in Anspruch. Die Steinheimer und Warburger Börden wurden von Gutshöfen und die Paderborner

Hochfläche von Klostergütern geprägt. Bedingt durch die guten Böden gab es hier relativ wenige Heideflächen.

Im Lipper Bergland und in der Egge gab es Bergheiden und erste Heidekultivierungen setzten bereits seit der Frühneuzeit mit sogenannten kleinräumigen Kampkultivierungen und seit ca. 1700 mit großräumigen Heidekultivierungen auf Initiative der lippischen Fürsten am Ostrand des Sennegebietes ein.

Prägend ist der langgestreckte 3 bis 4 km breite Teutoburgerwald und die Egge, die eine natürliche Grenze mit vereinzelten Durchlässen in den Quertälern ("Dören") bilden und als Rohstofflieferanten (Holz, Ton, Sand- und Mergelstein) fungierten. Bei den Durchlässen in den Quertälern ("Dören") sind bedeutende Städte wie Bielefeld und Detmold entstanden.

Die Periode 1810/1840-1900

Die Modernisierungen in der Landwirtschaft in Form des Übergangs von der Dreifelder- zur Fruchtfolgewirtschaft, der Mechanisierung und der Anwendung von Kunstdünger setzten bereits früh ein. Gegen Ende des 19. Jahrhunderts erweiterten sich die größeren Städte über ihre mittelalterlichen Befestigungsringe hinaus. Diese Erweiterungen hingen eng mit dem Anschluß ans Eisenbahnnetz zusammen. Die älteste durchgehende Eisenbahntrasse - die Köln-Mindener Eisenbahn - schließt sich am Verlauf des Hellweges an. Außerdem wurde hiermit ebenfalls das Aufkommen der gewerblich orientierten Industrie (Textil in Bielefeld) stimuliert. In diesem mit ursprünglichen Fachwerkbauten ausgestatteten Gebiet wurde zunehmend Stein als Baumaterial verwendet. Hierdurch gewann der Steinabbau eine größere Bedeutung. In den lippischen Tälern entstanden auch Ziegeleien. Bedingt durch viele Quellen entstanden in verschiedenen Orten (Bad Lippspringe und Bad Salzuflen) Bade- und Kurbetriebe.

Die Periode 1900-1955

Dieser Zeitraum wird vor allem von zunehmenden flächigen Stadterweiterungen bei den größeren Städten (Paderborn, Detmold, Lemgo usw.), von weiterem Ausbau der Versorgungs- und Infrastruktur (Ausbau der Wege), von zunehmender Verdichtung des Gewerbes und der Industrie (Maschinen, Tabak, Holz, Möbel usw.) sowie von Fremdenverkehrs-, Erholungseinrichtungen und Bädern geprägt. Hierdurch entwickelte sich zwischen Bielefeld und Minden ein Verdichtungsraum mit neuen Wohngebieten und gewerblichen Industrien neben dem traditionellen Ackerbau. Im Bereich der Landwirtschaft wurden tiefgreifende Zusammenlegungen durchgeführt, bei denen in den Börden die traditionell geschlossene Besiedlung durch erste Aussiedlungen der Bauernhöfe beeinträchtigt wurde. Die Rohstoffgewinnung nahm ebenfalls ständig an Bedeutung zu.

Die Periode 1955 bis heute

Starke Siedlungsverdichtung bei den Städten und ländlichen Orten, infrastruktureller Ausbau, Verdichtung und Ausweitung der Industrieflächen prägten diesen Zeitraum, so daß zwischen Bielefeld und Minden ein weiterer Ballungsraum entstand. Der Abbau von Ton-, Sand- und Mergelstein im Teutoburgerwald und in der Egge sowie der Kiesabbau in der Weseraue haben wegen der großen Bautätigkeit stark zugenommen. Bei Ibbenbüren befindet sich das kleinste Kohlenrevier mit 2 % der Gesamtproduktion. Diese vielseitige und abwechslungsreiche Kulturlandschaft bietet für Fremdenverkehrs- und Naherholung gute Voraussetzungen. Hierbei spielt der Badebetrieb aufgrund der vielen Quellen in einer erholsamen Umgebung eine wichtige Rolle. Im Bereich der Landwirtschaft haben tiefgreifende Flurbereinigungen mit Aussiedlung von Höfen vor allem in der Steinheimer und Warburger Börde das Siedlungsbild beeinträchtigt.

Zusammenfassend weist das Weserbergland trotz Veränderungen noch viele primäre Züge der Kulturlandschaft von ca. 1840 auf.

3.1.5 *Sauer- und Siegerland*

Im Süden und Osten wird diese Kulturlandschaft durch die Landesgrenze begrenzt. Im Norden folgt die Grenze weitgehend der deutlich sichtbar hervorgehobenen, markanten, naturräumlichen Grenze zur Hellwegbörde und Paderborner Hochfläche, die sich auch auf die Gestaltung und Entwicklung der Kulturlandschaft ausgewirkt hat. Im Westen ist die Abgrenzung zum Bergischen Land sehr schwierig, weil die Übergänge fließend sind. Ausschlaggebend ist, daß die weitgehend geschlossene Siedlungsstruktur des Sauer- und Siegerlandes allmählich in eine differenzierte Siedlungsstruktur mit Dorfsiedlung, Kleinweilern und Einzelhöfen übergeht. Das gleiche gilt für Waldbedeckungsgrad und -verbreitung, den traditionellen Erzbergbau und das verarbeitende Gewerbe. Im Sauer- und Siegerland dominieren größere geschlossene Waldbereiche. Im Nordwesten werden heute Teile des Märkischen Sauerlandes (das Gebiet um Iserlohn) wegen der Siedlungsdichte und der dominanten gewerblichen und industriellen Funktion zu der Kulturlandschaft Ballungsgebiete gerechnet.

Die Situation um 1810/1840

Diese ursprünglich dünnbesiedelte und dichtbewaldete Kulturlandschaft wurde insbesondere von der Anpassungsfähigkeit des Menschen an die Natur und die geschickte Nutzung der natürlichen Potentiale geprägt. Durch die vorhandenen Erze gab es bereits früh gewerbliche Aktivitäten wie Erzbergbau mit spätmittelalterlichen Stollenanlagen und Erzverarbeitung mit Holz und Wasser als Energiequellen (Rennfeueröfen, Hämmer, Wassermühlen) in den Tälern. Die weitgehend geschlossene Siedlungsstruktur mit Weilern und Haufendörfern und nur wenigen Einzelhöfen geht auf das Spätmittelalter zurück. Die meisten Städte entstanden in den traditionell vom Gewerbe geprägten Tälern des Märkischen Sauerlandes. Die Wälder degenerierten vor allem durch die ständige Holzgewinnung besonders für Energiezwecke (Holzkohle für Eisenverhüttung) ohne ausreichende Anpflanzungen und Überweidung zu Heide- und Hudeflächen. Die Landwirtschaft spielte wegen des rauhen Klimas und der kurzen Vegetationsperiode eine untergeordnete und auf Selbstversorgung hin orientierte Rolle. In den höheren Lagen dominierte die Grünlandnutzung. Neben der extensiven Bergwiesen- und Driesch- oder Feld-Graswirtschaft gab es auch durch die Lage bedingte intensivere Formen mit Ackerbau. Eine spezifische Form war die Anlage von Bewässerungswiesen in Hanglagen (Wiesenbau).

Im Siegerland entstanden auf Grundlage herrschaftlicher Verordnung die 1423 erstmalig erwähnten Hauberge. Sie stellten eine aus der Not geborene seit 1533 von den Grafen von Nassau straff organisierte auf die schnelle und geregelte Holzproduktion orientierte Landnutzungsabfolge im Wald dar. 1718 gab es Haubergsgenossenschaftsgründungen. Die Niederwaldform war hierfür die geeignete Bewirtschaftstungsform. Andere Nutzungsformen wie Acker-, Streu- und Weidenutzung waren für 1-2, 4-5 und 6-20 Jahre zugelassen. Außerdem waren die Hauberge auch für die Lohegewinnung von Bedeutung.

Die Periode 1810/1840-1900

Gemeinheitsteilungen und Individualisierung der Landwirtschaft setzten im Vergleich zu anderen Regionen relativ spät ein. Die von der preußischen Regierung geförderten Nadelholzaufforstungen und die modernisierte Forstwirtschaft führten zu Aufforstungen hauptsächlich mit Fichten in den degenerierten Wäldern und Aufforstungen von Heide und Ödland (für Grubenholz). Für diesen bedeutenden Wirtschaftszweig wurden zahlreiche Forsthäuser gebaut und sogar einige Waldarbeiterkolonien (Lattenberg, Breitenbuch, Neuhaus) errichtet. Dagegen spielten Heidekultivierungen für die Landwirtschaft eine untergeordnete Rolle. Im Bereich der Landwirtschaft wurden für die Grünlandwirtschaft neben Meliorationen (Wiesenentwässerung) die Wiesenbewässerungsmaßnahmen (Wiesenbau) durchgeführt. Die Siedlungsentwicklung spielte sich hauptsächlich in den Tälern, Siedlungserweiterungen und bei den wenigen größeren Städten ab, die vergleichsweise spät mit Trassierungen in den Tälern ans Eisenbahnnetz angeschlossen wurden. Durch den Aufstieg des modernen Kohlebergbaus und neuer Verhüttungsmethoden, die nicht mehr auf Holzkohle sondern auf Kohle basierten, verlagerte sich die Eisenverhütung zunehmend ins Ruhrgebiet. Nur im Siegerland konnte sich das Eisengewerbe durch die Haubergwirtschaft halten, ebenso das verarbeitende Gewerbe. Der Bergbau blieb ein wichtiger Erwerbszweig. Die Gewinnung von Naturstein und Schiefer nahm wegen der Bevorzugung der Steinbauweise und Schutzmaßnahmen für die Fachwerkbauten zu. Der Wasserreichtum (Quellen und Bäche) bildete die Grundlage für die seit 1896 errichteten Talsperren, die Wasserversorgung des Ruhrgebietes sowie für den Kur- und Badebetrieb.

Die Periode 1900-1955

Die Entwicklungen des späten 19. Jahrhunderts setzen sich in dieser Epoche verstärkt durch. Durch weitere Nadelbaumaufforstungen in Form von Monokulturen erreichte der Nadelwald einen Anteil von über 60 %. Mit Zusammenlegungen, Bachbegradigungen, Meliorationen und Bewässerungsmaßnahmen wurde die Agrarstruktur, die weitgehend auf Viehzucht (Grünland und Feldfutteranbau) ausgerichtet war, verbessert. Im Märkischen und im nördlichen Sauerland (Meschede und Warstein) entstand eine mittelständische Industrie. In den alten Industrietälern vor allem im Siegerland bleibt die Eisenindustrie trotz des allmählichen Rückgangs des Erzbergbaus wichtig. Die Verkehrs- und Versorgungsstruktur wurde erheblich verbessert. Durch den Wasserreichtum wurden viele teilweise sehr große Talsperren errichtet. Bevorzugt durch das natürliche Potential entstehen viele Erholungs- und Fremdenverkehrseinrichtungen sowie Bade- und Kurorte (Bad Berleburg) bei Heilquellen.

Die Periode 1955 bis heute

Bedingt durch die natürliche Beschaffenheit konzentrieren sich die Siedlungs- und Industrieverdichtungen auf die Täler im Siegerland und Märkischen Sauerland (Industriegassen), wo sich auch die wichtigsten Verbindungsachsen befinden. Im Niedersauerland (Meschede, Arnsberg, Warstein) breitet sich die mittelständisch geprägte Industrie weiter aus. Wegen der Aufgabe der Erzgewinnung und Verhüttung als Folge moderner Energiequellen aber auch durch den zunehmenden Wohlstand wurden die Haubergenossenschaften im Siegerland überflüssig. Die meisten ehemaligen Hauberge wurden nicht mehr dementsprechend bewirtschaftet und überaltern. In den 60er Jahren waren etwa 60 % der Hauberge bereits in Hochwald überführt worden. Diese für das Siegerland typische Bewirtschaftungsform wird teilweise durch Landesprogramme in Form von vertraglich abgeschlossenen Vereinbarungen mit den Waldgenossenschaften erhalten; so werden noch zusammenhängende Haubergflächen gesichert (Bilder aus dem Hauberg [1995]).

Im Bereich der Landwirtschaft sind auf der Briloner Hochfläche Zusammenlegungen mit Aussiedlungen durchgeführt worden. In den letzten Jahren werden zunehmend Flächen durch Brache aus der Nutzung genommen. Teile dieser Flächen werden heute für lukrative Weihnachtsbaumkulturen und Aufforstungen genutzt.

Der Fremdenverkehr (Wintersport) und die Naherholung haben sich aufgrund des Landschaftspotentials zu einem bedeutenden Wirtschaftszweig entwickelt, bei dem die 20 Talsperren eine wichtige Rolle spielen. In diesem Zusammenhang ist die Einrichtung von drei Naturparks (Arnsberger Wald, Homert, und Rothaargebirge) zu sehen, die diese großräumige Kulturlandschaft mit Ausnahme des Siegerlandes, des Raums Brilon-Meschede-Arnsberg und Iserlohn bedeckt.

Zusammenfassend ist diese Kulturlandschaft als eine primäre Landschaft zu betrachten.

3.1.6 *Bergisches Land*

Im Westen und Norden wird diese Kulturlandschaft aufgrund der Siedlungs- und Industriedichte von den Ballungsräumen an Rhein und Ruhr begrenzt. Hier weicht die Abgrenzung dieser Kulturlandschaft besonders im Westen und Norden erheblich von der in „Natur 2000" ab, weil hier die Siedlungsdichte das entscheidende Kriterium ist. Die kleineren Abweichungen im Osten erklären sich von der Besiedlungsstruktur und dem Waldbedeckungsgrad her. Trotz der Tatsache, daß viele typische Merkmale des Bergischen Landes im Bereich Ratingen, Velbert und Sprockhövel vorhanden sind, wird dieser Raum aufgrund der Siedlungsdichte, Gewerbe- und Industriestruktur sowie Infrastruktur zu den Ballungsräumen gerechnet.

Die Situation um 1810/1840

Ähnlich wie im Sauer- und Siegerland gab es tradierten Bergbau (Blei, Zink und Erz) und Verhüttung auf der Grundlage von Holzkohlen und Verarbeitung mit Wasserkraft (Hämmer, Schmiede, Wassermühlen) in den Fluß- und Bachtälern. Die auf Selbstversorgung hin orientierte Landwirtschaft war durch die Klimaverhältnisse extensiv und wurde von Waldweiden und von der kleinflächigen bäuerlichen Tal- und Waldwirtschaft (Waldweide) geprägt. Auf einigen kleineren Lößinseln entwickelte sich Ackerbau.

Die differenzierte Siedlungsstruktur bestand aus locker gestalteten Kleinweilern (Rodungsinseln) mit Obstwiesengürteln, Einzelhöfen mit Gärten, prägenden Obstwiesen und Nutzwäldchen besonders auf den mehr flächigen Hängen und in den Hochlagen. Die Dörfer und im Vergleich zu anderen Regionen vergleichsweise wenigen Kleinstädte befanden sich meistens in den Tälern.

Durch Abholzung und Ausbeutung (Überweidung) der Wälder entstanden vor allem im südöstlichen Teil Heide- und Ödlandflächen. Hierdurch bekam der Wald weitgehend eine kleinräumige Struktur (abwechselnd Wald, Heide und Grünland) mit größeren Waldflächen im Osten. Hauberge kommen bei Nutscheid vor.

Im südlichen Bereich gibt es einen Anschluß an die wärmere mittelrheinische Landschaft (Siebengebirge) mit traditionellem Wein- und Obstanbau.

Die herrschaftliche Vergangenheit des Herzogtums Berg und die genossenschaftliche Dorf- und Bauernschaftsverfassung führten zu rechtsmarkierenden Wallsystemen und Landwehren.

Die Periode 1810/1840-1900

Gemeinheitsteilungen und Individualisierung der Landwirtschaft setzen auch hier später ein. Nach 1840 begann allmählich ein tiefgreifender Waldartenwandel mit Nadelaufforstungen (Fichte) für Grubenholz. Durch die Aufforstungen von Heideflächen nahm der Waldanteil zu.

Die ersten industriellen Entwicklungen orientierten sich im Norden an dem heutigen Ruhrgebiet und im Zusammenhang mit dem Eisenbahnbau in den Tälern an den traditionellen gewerblichen Standorten. Erste Siedlungserweiterungen waren hauptsächlich bei den größeren Städten und bei gewerblichen Standorten zu konstatieren. Im Norden setzte eine industrielle Entwicklung ein. Hier sind die Weberei und die chemische Industrie bei Wuppertal (Bayer) und vor allem die metallverarbeitende Industrie auf der Grundlage des alten Eisengewerbes zu nennen, die später zu einer Gewerbe- und Siedlungsverdichtung bei Solingen und Wuppertal führte.

Stein und Schiefer gewannen in Kombination mit Fachwerk und später das Fachwerk ersetzend zunehmend an Bedeutung, so daß der Abbau von Naturstein und Schiefer expandierte. Die Höfe wurden aus Fachwerk auf Steinsockeln und wegen des nassen Klimas mit Schieferschutz errichtet.

Fast jeder Weiler und jede Hofgruppe hatte einen eigenen Steinbruch. Wegen des Wasserreichtums entstand bei Remscheid 1893 die erste Talsperre.

Die Periode 1900-1955

Weitere Aufforstungen hauptsächlich mit Fichten (Monokulturen) folgten; als Folge der durch die Realerbteilung verursachten Parzellenzersplitterung wurden aufgrund preußischer Hilfsprogramme Zusammenlegungen, Bachbegradigungen und Meliorationen durchgeführt. Der Ausbau des Eisenbahnnetzes und die Erweiterung der Siedlungs-, Gewerbe- und Industrieflächen blieb auf die Täler beschränkt. Der Erzbergbau wurde allmählich eingestellt.

Der Wasserreichtum macht das Bergische Land zum wichtigsten Wasserspeicher Nordrhein-Westfalens und mit der bewährten bergischen Stautechnik entstand hier die größte Talsperrendichte.

Die Erholungsfunktion für die benachbarten Ballungszentren wurde erkannt und führte besonders im vom Vulkanismus geprägten Siebengebirge zur Errichtung von Erholungs- und Fremdenverkehrsanlagen.

Die Periode 1955 bis heute

Durch die Expansion der Ballungsgebiete an Rhein und Ruhr sind die nördlichen (Solingen, Remscheid und Wuppertal) und westlichen Bereiche (Bergisch-Gladbach/Bensberg, Troisdorf, Sankt Augustin und Siegburg) sehr stark zersiedelt und industrialisiert worden, so daß sie aufgrund der heutigen Gliederungskriterien zu den Ballungsräumen gerechnet werden. Im zentralen Teil findet eine starke Expansion von gereihten Gewerbegebieten in Autobahnnähe (A4) und an Zufahrtsstraßen statt, die das Landschaftsbild stark beeinträchtigen.

Das Landschaftsbild des Bergischen Landes hat aufgrund seiner Entwicklung, die von Verflechtungen zwischen den kulturhistorischen Elementen und dem anthropogen beeinflußten natürlichen Potential geprägt wurde, seine heutige Vielfalt und Eigenart erhalten. Hierzu werden ebenfalls die Talsperren gerechnet. Diese Region spielt eine wichtige Rolle als Wohn- und Naherholungsgebiet für das rechtsrheinische Ballungs- und das Ruhrgebiet. Dies ist auch der wichtigste Grund, daß fast die ganze großräumige Kulturlandschaft als Naturpark ausgewiesen wurde. Das Siebengebirge mit dem Drachenfels als ältestem geschütztem Relikt von 1836 wurde 1922 bzw. 1965 als Naturschutzgebiet ausgewiesen und ist ebenfalls Naturpark. Hier gibt es bereits Ansätze für größere Denkmalbereiche und zum Kulturlandschaftsschutz.

Zusammenfassend stellt das Bergische Land aufgrund seiner Landnutzung und Nutzungsverteilung noch weitgehend eine primäre Kulturlandschaft dar.

3.1.7 *Rheinische Börde*

Die Begrenzung ist wie folgt zu begründen. Im Westen bildet die Staatsgrenze von 1816 die Grenze. Im Norden weicht die Grenze im Vergleich zu „Natur 2000" erheblich ab, weil hier die Grenze zwischen Einzel- und geschlossener Besiedlung sehr markant ist und die geschlossene Besiedlungsform mit größeren „viereckigen" (fränkischen) Höfen aus dunklem Ziegel die rheinische Börde prägt. Im Osten und Südwesten bilden die Siedlungsdichte, die Konzentration von Bergbau, Gewerbe und Industrie die wichtigsten Kriterien für die Begrenzung. Die Grenze zur Eifel wird besonders durch die naturräumlichen Gegebenheiten (Morphologie und Bödenverhältnisse) und den Vegetationswandel (Waldbedeckungsgrad) geprägt. Weiter im Süden bildet die Landesgrenze im Rheintal die Grenze.

Die Situation um 1810/1840

Bedingt durch die fruchtbaren Böden spielte der Ackerbau bereits im Neolithikum eine Rolle. Die heutige ackerbauliche Nutzung weicht kaum von der vor 1840 ab. Besonders in der Römerzeit war dieser Raum dicht besiedelt (Römervillen) und intensiv bewirtschaftet. Zahlreiche wichtige Straßen (Handelswege) durchzogen die damals bereits weitgehend entwaldeten und ackerbaulich genutzten Börden. Nach einer zeitweiligen Regressionsphase nach dem Fall des Römischen Reiches wurden seit der karolingischen Periode die meisten neu entstandenen Waldflächen gerodet und wiederum als Ackerland genutzt. Seit dem Spätmittelalter wurden im Vergleich zu anderen Regionen bereits früh die restlichen Gemeinheitsflächen, die sich in den Auenbereichen befanden, aufgeteilt und kultiviert. An den Fließgewässern (Erft, Niers) wurden zahlreiche gewerbliche Wassermühlen errichtet.

Im nordwestlichen Bereich zwischen Wassenberg und Venlo gab es noch ausgedehnte Heideflächen. Abgesehen von den wenigen inselartigen Bürgewäldern gab es nur die zusammenhängenden Wälder der Ville-Erhebung (Kottenforst).

In den offenen Fluren gab es Feldwege, teilweise auch Hohlwege, Raine, Landwehren, Feldgehölze, Kreuze und Bildstöcke, die von Einzelbäumen markiert waren. Bedingt durch die fruchtbaren Böden gab es im Vergleich zu anderen Regionen relativ früh eine Tradition von verschiedenen Sonderkulturen (Wein- und Obstanbau, Flachs, Waid, Gemüseanbau), die bis ins Hochmittelalter zurückreicht. Durch den Flachsanbau entstand seit dem Spätmittelalter die häusliche Leinenweberei im nördlichen Bereich bei Heinsberg, Erkelenz, Viersen und Mönchengladbach. Hiervon zeugen u.a. noch viele Flachskuhlen.

Traditionelle Gewerbezweige existierten bereits in der Römerzeit bei den Tonvorkommen von Frechen, Badorf und Pingsdorf, wo Töpfereizentren entstanden. Dort wurden ebenfalls Ziegel hergestellt.

In der Ville wurde seit der Frühneuzeit Braunkohle im Tagebau in kleinen Gruben gewonnen.

Die Siedlungsstruktur hat einen geschlossenen Charakter mit relativ vielen Städten, Straßen- und Haufendörfern, Weilern und nur wenigen einzelnen Gutshöfen. Die meisten Städte, die vor allem an Wegekreuzungen entstanden, datieren aus dem Spätmittelalter.

Die Periode 1810/1840-1900

Die restlichen Waldflächen wurden bis auf die Wälder der Ville gerodet. Die ausgedehnten Heide- und Moorgebiete im nordwestlichen Grenzbereich wurden weitgehend mit Kiefern aufgeforstet.

Das heutige Eisenbahnnetz hatte bereits um 1890 seine größte Erweiterung erreicht. Hiermit wurde eine wichtige Voraussetzung für die Industrialisierung und die Siedlungserweiterung in den Städten geschaffen, weil Wasserwege weitgehend fehlen. Im Raum Mönchengladbach-Viersen entwickelte sich aus der häuslichen Leinenweberei eine bedeutende Textilindustrie. Als Baumaterial wurden zunehmend die heute für dieses Gebiet typischen dunkelbraunen Ziegelsteine verwendet, die die Bördendörfer mit den kleineren Fachwerkhäusern bis heute prägen.

Der Braunkohletagebau nahm allmählich aufgrund verbesserter Verwendungsmöglichkeiten in der südlichen Ville zu. Seit 1877 wurden Brikettfabriken errichtet und die Braunkohle mit der Steinkohle konkurrenzfähig.

Die Periode 1900-1955

Mit großflächigen Zusammenlegungen, die vor allem an neuen rechtwinkligen Wirtschaftswegenetzen erkennbar sind, verschwand das alte Wegenetz. Hierdurch blieb nur das überörtliche Hauptstraßengefüge erhalten. Mit den Flurbereinigungen wurde die landwirtschaftliche Infrastruktur tiefgreifend verbessert. Neue Sonderkulturen entstanden in Form von Obstanbauplantagen, Baumschulen und Gärtnereien mit Spargelanbau bei Meckenheim und Rheinbach sowie im Bonner Raum.

Der Braunkohleabbau expandierte aufgrund der Stromherstellung mit Braunkohlen, der Energiepolitik des Dritten Reiches und der Wiederaufbauphase. 1907 wurde der erste mechanische Bagger eingesetzt und die Tagebaue zunehmend erweitert. Veredelungsbetriebe für die Herstellung von Briketts und Kraftwerke für die Verfeuerung der Braunkohle, die mit Kohlenbahnen mit den Gruben verbunden waren, prägen seitdem den östlichen Bördenhorizont (einschl. Hochspannungsleitungen). Außerdem entstanden bei den Gruben verschiedene Arbeitersiedlungen. In der Ville wurden die alten Abbaugebiete rekultiviert und aufgeforstet, wobei auch künstliche Seen entstanden sind. Seit den 30er Jahren wurden auch Ortschaften umgesiedelt.

Die ursprünglich kleinräumige Sand- und Kiesgewinnung nahm ebenfalls an Bedeutung zu. Siedlungserweiterungen sowie gewerbliche und industrielle Ansiedlungen waren vor allem im Mönchengladbacher, Kölner und Bonner Raum konzentriert. Die Versorgungs- und Infrastruktur, Verdichtung des Verkehrsnetzes (erste Autobahnen) wurden weiter ausgebaut. Daneben gab es bereits erste Stillegungen von Eisenbahnstrecken.

Die Periode 1955 bis heute

In der Ville (Hauptterrasse) ist zwischen Brühl und Grevenbroich die vorhandene Kulturlandschaft als Folge des großflächigen Braunkohleabbaus weitgehend zerstört worden. Hier entstanden neue künstliche Landschaften mit Acker- und Waldflächen, neuen Wohnsiedlungen, Seen, Gebieten mit „errichteter" Natur, künstlichen „Bergen" (Halden). Der Braunkohletagebau wanderte mit zunehmend größeren und tieferen Tagebauen (Inden bei Weisweiler, Hambach bei Elsdorf und Garzweiler) auf die Börde. Die Sophienhöhe bei Jülich hat das ursprüngliche flache Landschaftspanorama (Blickfeld) erheblich beeinträchtigt und sich auf das Mikroklima ausgewirkt. Der genehmigte Tagebau Inden II und der noch nicht genehmigte geplante Tagebau Garzweiler II dehnen sich über mehrere Gemeinden aus. Die Grundwassersenkung wird sich negativ auf das natürliche Potential der Landschaft und insbesondere auf den Naturpark Schwalm-Nette auswirken. Im südlichen Teil der Ville blieben die alten Herrschaftswälder (Kottenforst) trotz Waldartenveränderungen weitgehend erhalten.

Flächenmäßige Siedlungserweiterungen erfolgten in Form von Neubaugebieten auf dem Land, Erschließung von Gewerbe- und Industriegebieten, infrastrukturellen Maßnahmen (Kraftwerken mit Hochspannungsleitungen, Straßenbau, Autobahnen). Durch die große Bautätigkeit expandierte der Kies- und Sandabbau.

Teile der rekultivierten Ville und die Kiefernwälder auf den ehemaligen Heideflächen im Nordwesten haben sich heute zu bedeutsamen Naherholungsräumen entwickelt und sind als Naturparke Kottenforst-Ville und Schwalm-Nette ausgewiesen worden. Aufgrund der intensiven Ackernutzung und wegen des weitgehenden Fehlens von gliedernden Kulturlandschaftselementen (Kammerung) und -strukturen wird das Landschaftsbild der Börde als eintönig und abwechslungsarm empfunden. Hierdurch hat der Fremdenverkehr mit Übernachtungen keine große Bedeutung. Abgesehen von einigen wenigen naturnahen Elementen und „gebauter Natur" in Verbindung mit künstlichen Seen in der Ville bilden die kulturhistorischen und vor allem die kunsthistorischen Sehenswürdigkeiten (Kirchen, Burgen, Residenzen, Parks, Klöster) wichtige Grundlagen für die Naherholung. Gerade durch den offenen Charakter der Börde haben solche Elemente einen stärkeren Ausstrahlungseffekt.

Zusammenfassend sind große Teile dieser großräumigen Kulturlandschaft unter dem Gesichtspunkt der jahrtausendelang tradierten ackerbaulichen Funktion mit der zugehörigen dominanten Landnutzung als eine primäre Kulturlandschaft zu betrachten.

3.1.8 *Eifel*

Die Begrenzung folgt weitgehend den Grenzen der naturräumlichen Gliederung und den Abgrenzungen der Großlandschaft Eifel von „Natur 2000". Im Norden grenzt das Gebiet an das Aachener Revier und die Rheinische Börde. Die übrigen Grenzen sind durch die Staats- bzw. Landesgrenze vorgegeben. Die Eifel setzt sich in den angrenzenden belgischen und rheinland-pfälzischen Gebieten fort. Die wichtigsten Abgrenzungskriterien sind: der Waldbedeckungsgrad, die natürliche Beschaffenheit, die Siedlungsdichte und der Erschließungsgrad.

Die Situation um 1810/1840

Um 1810/1840 ist die Zweiteilung der nordrhein-westfälischen Eifel deutlich zu erkennen: im Westen die stark reliefierte dicht bewaldete Rureifel mit dem Hohen Venn und im Osten die mit relativ viel Kulturland ausgestattete und bereits von den Römern erschlossene flächigere und von Kuppen geprägte Kalkeifel. Der Zustand der Wälder war durch die jahrhundertelange Überweidung, Waldackerbau und vor allem Abholzung bezüglich der Holzkohlenproduktion für das eisenverhüttende und -verarbeitende Gewerbe ohne ausreichende Anpflanzungen sehr schlecht und hierdurch gab es sehr hohe Heide- und Ödlandanteile. Teile dieser Ödlandflächen wurden im Rahmen der Schiffelwirtschaft als temporäres Ackerland genutzt. Hierzu wurde die Vegetation für Düngungszwecke abgebrannt. Es erfolgte eine 2-3jährige Ackernutzung, die von einer 15 bis 50 Jahre dauernden Brachephase abgelöst wurde. Die extensiv geprägte und auf Selbstversorgung orientierte Landwirtschaft, die vom rauhen niederschlagsreichen Klima und weitgehend mageren Böden tangiert war, konnte oft nur in Nebenerwerb (Handwerk, Gewerbe wie z.B. Köhlerei) betrieben werden.

Die Siedlungsgeschichte reicht bis vor die Römerzeit zurück. Seit dem Hochmittelalter entstand durch Rodungen eine geschlossene Besiedlungsstruktur (Dörfer, Weiler, Kleinstädte).

Die relativ frühe Christianisierung führte zu zahlreichen Klöstern (Kornelimünster und Steinfeld bei Kall), von denen einige sehr einflußreich waren und großen Grundbesitz hatten.

Die Eifel war eine gewerbliche Region. Die gewerblichen Aktivitäten waren in Tälern mit Wasser als Energiequelle für die Wassermühlen konzentriert, die bei den Eisenvorkommen lagen (Kronenburg, Schleiden, Gemünd und Kall). In Mechernich wurde Blei gewonnen. Durch den Wasserreichtum (Quellen), der in dem Namen Eifel (Wasserland), zum Ausdruck kommt, war die Eifel schon in der Römerzeit ein bedeutender Wasserlieferant für städtische Siedlungen, was durch die römische Wasserleitung von Nettersheim nach Köln belegt wird.

Die Periode 1810/1840-1900

Zersplitterung als Folge des vorherrschenden Realteilungserbrechtes, schlechte Böden und wetterbedingte Mißernten führten - insbesondere in den 1880er Jahren - zu einer Notstandssituation mit zunehmenden Auswanderungen, die nach 1890 allmählich aufgrund preußischer Hilfsprogramme (Eifelfond) mit strukturverbessernden Maßnahmen (Zusammenlegungen, Aufforstungen, Meliorationen usw.) allmählich verringert werden konnten. Im Hohen Venn entstand aufgrund der niederschlagsreichen Klimaverhältnisse die typische Monschauer Heckenlandschaft, bei der die Höfe auf der Hochebene gegen die feuchten Westwinde geschützt wurden. Die Aufforstungen mit hauptsächlich Nadelgehölzen (die Fichte wurde als Preußenbaum bezeichnet) wurden ebenfalls durch die Hilfsprogramme begünstigt. Sie führten zu einem tiefgreifenden Waldartenwandel und einer damit zusammenhängenden Veränderung des Waldbildes.

Da die Eifel als ein militärisches Aufmarschgebiet betrachtet wurde, ist diese Region deswegen relativ spät mit Bahntrassen und Neustraßen überwiegend aus militärischen Gesichtspunkten erschlossen worden.

Die industrielle Entwicklung beschränkte sich auf den Monschauer Raum, wo sich ein bedeutendes Textilgewerbe entwickelte. Das alte Eisengewerbe wanderte zum größten Teil aufgrund des neuen, auf der Anwendung von Kohlen basierenden Verhüttungsverfahrens ins Ruhrgebiet ab.

Die ursprüngliche Fachwerkbauweise wurde durch die zunehmende Anwendung von Naturstein, Basalt und Schiefer (als Schutzmaterial für das Mauerwerk) zurückgedrängt.

Am Ende des 19. Jahrhunderts gab es die ersten Fremdenverkehrseinrichtungen sowie Kur- und Badeorte (Bad Münstereifel) für gehobene Einkommensschichten.

Die Periode 1900-1955

Aufforstungen und Heidekultivierungen, Intensivierung von Notstandsprogrammen (Grenzhilfe-programmen) mit Meliorationen und Zusammenlegungen, die von Erschließung mit Landwirt-schaftswegen und Parzellenvergrößerung mit vereinzelten Aussiedlungen begleitet wurden, verän-derten die ursprüngliche Agrarstruktur. Besonders die Viehzucht mit Grünlandwirtschaft und Feld-futterbau verbesserten die Situation der Landwirtschaft, bei der die Heide- und Ödlandflächen als Extensivweiden noch lange genutzt wurden. Viele Dörfer verfügten noch über Gemeinheitsweiden und noch funktionierende Weidegenossenschaften. Versorgungs- und infrastrukturelle Einrichtungen (Wasser und Elektrizität) wurden angelegt bzw. modernisiert. Die traditionelle Wasserversorgungs-funktion der Eifel für die Ballungsräume wurde mit der Anlage von Talsperren (Urfttalsperre von 1905 und Rurtalsperre von 1938) wieder aufgenommen.

Die Grenzlandsituation führte zur Errichtung von Truppenübungsplätzen (bei der ehemaligen NS-Ordensburg Vogelsang) und Befestigungen (Westwall). Als Folge der beiden Weltkriege gab es Besatzungen und Reparationsabholzungen insbesondere nach dem Zweiten Weltkrieg sowie kriegs-bedingte Zerstörungen.

Die noch bescheidenen Ansätze zu Siedlungsverdichtung und Industrieansiedlung konzentrierten sich meistens bei den größeren Orten und bei den älteren Gewerbezentren. Nach dem Krieg entstan-den einige landwirtschaftlich geprägte Flüchtlingssiedlungen (Billiger Wald).

Der Fremdenverkehr, der Bade- und Kurbetrieb und die Naherholung nahmen mit Einbeziehung der Talsperren an Bedeutung zu.

Die Periode 1955 bis heute

Aufgrund des EG-Bergbauernprogramms und der relativ hohen Milchpreise setzte sich die durch die Milchviehhaltung bedingte Vergrünlandung durch, bei der der Ackerbau (Feldfutterbau) an Bedeu-tung abnahm. Seit den 80er Jahren nehmen Brache und Flächenstillegungen zu. In den 60er und 70er Jahren wurden zahlreiche kleinere Haupterwerbsbetriebe in Nebenerwerbsbetriebe (Familienbetriebe) umgestellt. Seit einigen Jahren nimmt die Betriebszahl mangels Nachfolger, Landabgaberenten und Flächenstillegungen rapide ab. Durch eine Förderungspolitik nahmen die privaten Aufforstungen von zunächst entfernten und weniger geeigneten Agrarflächen schnell zu. Siedlungserweiterungen (flächi-ge Neubaugebiete und Modernisierung der Bausubstanz mit nicht regionsgebundenen (städtischen) Baumaterialien und Hausformen haben die traditionellen Ortsbilder und Ortsstrukturen erheblich ver-ändert und zu einer Vereinheitlichung der Bausubstanz geführt. Nicht nur bei den Städten und größe-ren Orten entstanden neue Wohn-, Gewerbe- und Industriegebiete. Im Urft- und Oleftal entwickelte sich eine relativ dichte gewerblich geprägte Siedlungsgasse (Schleiden, Gemünd und Kall).

Besonders der Fremdenverkehr verzeichnet durch eine zunehmende Vermarktung der Eifeler Kultur-landschaft und Natur eine relativ große Zunahme und hat zu einem starken Ausbau von Fremdenverkehrs- und Erholungseinrichtungen (Feriendörfer und -parks, Zeltplätze, Wintersporteinrichtungen und Erho-lungsparks) geführt. Die Bedeutung des natürlichen Potentials wurde durch die Errichtung des grenzüber-schreitenden Naturparks Nordeifel/Hohes Venn mit einem Naturparkzentrum in Nettersheim gesichert.

Zusammenfassend könnte die Eifel trotz des Wandels des Landschaftsbildes als Folge der Wald-artenveränderung, der jüngsten Veränderungen in der Landwirtschaft und der Modernisierung der alten Bausubstanz mit modernen Baumaterialien noch weitgehend als eine primäre Kulturlandschaft betrachtet werden.

3.1.9 *Niederrhein*

Die Abgrenzung dieser großräumigen Kulturlandschaft, die sich im benachbarten niederländi-schen Raum fortsetzt, wird wesentlich durch den auch herrschaftlich bedingten Übergang vom

Rheinland zum westlichen Sandmünsterland im Bereich der Haus- und Hofformen bestimmt, die auch mit dem Einfluß und Auswirkungen des Rheins zusammenhängen (Rheinaue und Niederterrasse). Im Westen und Norden wird diese Landschaft von den weitgehend ähnlichen niederländischen Gebieten durch die neu festgelegte Staatsgrenze von 1816 getrennt. Weiter östlich grenzt das Gebiet an die Ballungsgebiete von Rhein und Ruhr. Die Abgrenzung zur rheinischen Börde wird durch den Übergang von lockerer gegenüber geschlossener Besiedlung bestimmt. Die Begrenzung weicht hier erheblich von den Großlandschaften in „Natur 2000" ab, weil hier außer natürlichen und ökologischen Kriterien anthropogene Abgrenzungskriterien (Siedlungsformen, Industrialisierung, Siedlungsdichte usw.) stärker gewichtet wurden.

Die Situation um 1810/1840

In dieser geologisch gesehen jungen quartären Landschaft hat sich seit der Eisen- und Römerzeit eine abwechslungsreiche und reichhaltige Kulturlandschaft entwickelt.

Die älteste Besiedlung entstand auf den Sanderflächen, auf der Nieder- und Hauptterrasse. Sie geht auf die römische und frühmittelalterliche Periode zurück.

Von Duisburg bis zur Grenze wurde die holozäne Aue zunehmend breiter. Sie war von der mäandrierenden Wirkung des Rheins geprägt worden, wovon die höheren Uferwälle, die tiefer gelegenen Mulden mit Grünland, die Trockenrinnen, die alten Flußläufe und -rinnen zeugen. Die Landnutzung orientierte sich nach Böden und Höhenlage bezüglich des Rheins. Die Siedlungen, Einzelhöfe auf den Wurten und zugehörige Ackerflächen befanden sich auf den höher gelegenen Uferwällen und die Grünlandflächen in den tiefer gelegenen Mulden und verlandeten Altrinnen. Die sogenannten Rheininseln waren von sommerhochwasserabwehrenden Sommerdeichen umgeben. Die Einzelhöfe und Höfe der Dörfer hatten hochwasserfreie Standorte auf Wurten. Die höheren spätmittelalterlichen Banndeiche schützten die besiedelten Bereiche der Aue. Viele Kolke und Deichkurven zeugen von zahlreichen Hochwasserkatastrophen. Der Fluß war Spender von Wohlstand in den Handelsstädten (Emmerich, Rees, Wesel und Duisburg) und von Zerstörung durch verheerende Hochwasserkatastrophen und Landverluste in der Aue. Als Folge der Mäandrierung mußten einerseits ständig Gebiete aufgegeben und konnten andererseits Neuländereien besiedelt werden.

Mit dem Bau von sogenannten Durchstichen (Kanälen) wurde seit dem 17. Jahrhundert die Lage der Städte am Fluß gesichert. Mit weiteren wasserbaulichen Maßnahmen wie Deichverstärkungen an den Mäanderbögen und Buhnenbau auf Initiative der preußischen Regierung wurde der Rheinlauf bereits weitgehend stabilisiert. Außerdem wurde der Zustand der Deiche erheblich verbessert, so daß die Zahl der Hochwasserkatastrophen reduziert wurde.

In den pleistozänen Gebieten (Endmoräne, Sanderflächen, Nieder- und Hauptterrassen) gab es eine gemischte Siedlungsstruktur mit Städten, Kirchdörfern, Bauerschaften und Einzelhöfen. Gereihte Siedlungsformen (Hochmittelalter) liegen am Rande der Aldekerkener Platte, bei Kempen und bei Uedem (Waldhufen). Die im Spätmittelalter kultivierten Bruchgebiete (Düffel und Hetter) weisen ebenfalls eine gereihte Siedlungsform mit Streifenparzellierung auf. Sie werden für Entwässerungszwecke heute noch von zahlreichen Wassergräben durchzogen.

Zahlreiche Wasserburgen und verstärkte Häuser zeugen von der Anwesenheit von Territorialherren und Adel. Die alten Herrschaftsgrenzen werden heute noch von Landwehren und Landwehrgräben markiert.

Die Heideflächen waren im Vergleich zum Sandmünsterland kleiner, größere Flächen befanden sich entlang der heutigen Staatsgrenze bei Geldern und im Gebiet nördlich von Wesel. Nichtkultivierte Bruchgebiete befanden sich im Raum Kerken, Krefeld (Hülser-, Eyllerbruch usw.) und Kevelaer (Schwarzes Bruch). Die Auen der Niers und Nette waren sehr sumpfig und wurden als Allmende genutzt.

Die Städte sind im Spätmittelalter entstanden und vor allem die Rheinstädte entwickelten sich zu bedeutenden Handels- und Hansestädten.

Herausragend ist die frühneuzeitliche Residenzlandschaft, die von dem brandenburgischen Statthalter Johann Moritz von Nassau seit 1650 um Kleve geschaffen wurde. Sie hatte nicht nur Ausstrahlungseffekte auf die unmittelbare Umgebung, sondern weit darüber hinaus bis nach Berlin. Außerdem entwickelte sich in Kleve aufgrund der Entdeckung einer Heilquelle 1742 ein beachtlicher Badebetrieb. Durch die frühe preußische Herrschaft seit 1609 wurde die „militärisch" orientierte brandenburgisch/preußische Siedlungspolitik mit der Anwerbung von Kolonisten im Laufe des 18. Jahrhunderts kulturlandschaftswirksam. Heideflächen wie die Gocher Heide wurden mit planmäßigen Siedlungs- und Flurstrukturen im 18. und frühen 19. Jahrhundert kolonisiert.

Die Periode 1810/1840-1900

Die Heideflächen wurden größtenteils mit Nadelgehölzen (Kiefern) aufgeforstet und kultiviert. Die vorhandenen größeren Wälder wurden den neuen forstwirtschaftlichen Gesichtspunkten mit systematischen Jageneinteilungen (Reichs- und Hochwald) angepaßt. Die Individualisierung der Landwirtschaft führte zu einem bis heute anhaltenden Modernisierungsprozeß. Infolge der vorhandenen Grünlandflächen in der Rheinaue nahm die Milchviehhaltung zu. Die Milch wurde in den seit 1880 gegründeten und genossenschaftlich organisierten Molkereien verarbeitet.

Aufgrund der Lage am Rhein und durch die Eisenbahnerschließung sowie durch die Grenzlage entstand in den Städten Emmerich, Kleve und Goch eine Margarine- und Tabakindustrie. In Krefeld entwickelte sich im Anschluß an Viersen und Mönchengladbach die Textilindustrie. Die Industrialisierungsphase konzentrierte sich in den Städten (außerhalb der Altstadtbereiche) mit Eisenbahnanschluß und war mit Stadterweiterungen verbunden. In der Rheinaue zwischen Emmerich-Kleve-Rees-Wesel entstanden zahlreiche moderne Ziegeleien mit hohen Schornsteinen, die die Aue lange Jahre geprägt haben. Deswegen dominiert der Ziegelstein in der Bausubstanz. Fachwerk ist im Vergleich zu den anderen Regionen geringer vertreten.

Der Rheinlauf wurde mit weiteren Wasserbaumaßnahmen durch den Bau von zahlreichen Buhnen und Uferverstärkungen fixiert.

Die Periode 1900-1955

Die Entwicklung im ländlichen Raum wird nun zunehmend von weiterer Modernisierung und Intensivierung der Landwirtschaft geprägt. Durch weitgehende Zusammenlegungen entstanden neue Landwirtschaftswegegefüge. Die Feuchtgebiete wurden durch Meliorationen und Entwässerungsmaßnahmen der modernen Landwirtschaft angepaßt, Fluß- und Bachbegradigungen (Niers) verbesserten die Entwässerung.

Die Stadtkerne der niederrheinischen Städte wurden durch Luftangriffe in der letzten Kriegsphase (1944/45) sehr stark zerstört. Die alliierte Schlußoffensive brachte vor allem im ländlichen Raum große Zerstörungen. Im durch die Kriegsauswirkungen heruntergekommenen Reichswald wurden landwirtschaftliche Flüchtlingssiedlungen (Reichs- und Nierswalde) errichtet. Die industrielle Entwicklung setzte sich bei den Städten verstärkt fort. Trotz vereinzelter Bahnstillegungen wird das Verkehrsnetz insgesamt modernisiert. Der Tonabbau und die Ziegelherstellung in der Aue expandierten. In der Rheinaue kam die Kiesgewinnung auf, bei der erste kleinere Baggerseen entstanden.

Die Periode 1955 bis heute

Eine starke Siedlungs- und Industrieerweiterung bei den Städten und die Einrichtung von kompakten Neubau- und Gewerbegebieten nicht nur in den Städten sondern auch in den Dörfern prägte die Entwicklung in den besiedelten Bereichen.

Der Hochwasserschutz wurde 1967 im Rahmen einer großflächigen Zusammenlegung am Süd-ufer zwischen Grieth und Griethausen durch einen neuen breiten hochwassersichernden Rheindeich verbessert. Allerdings wurde hierbei die Überschwemmungsfläche am linken Ufer erheblich verringert und planiert. Die Landwirtschaft bekommt fast industrielle Züge. In der Aue und den entwäs-serten Niederungen mit ursprünglicher Grünlandnutzung nehmen die Ackerflächen als Folge des Maisanbaus zu. Die Versorgungs- und Infrastruktur paßt sich der rasanten technischen und gesell-schaftlichen Entwicklung an.

Das Straßennetz wurde autogerecht ausgebaut und modernisiert sowie mit Neustraßen und Auto-bahnen ergänzt. Durch die großen Bauaktivitäten nahm der Bedarf an Sand und Kies stark zu, so daß heute bereits große Teile der Aue (insbesondere zwischen Rees und Wesel) verschwunden sind und in den nächsten Jahren noch verschwinden werden. Die Ziegelproduktion wurde auf wenige Standorte wie zwischen Emmerich und Vrasselt konzentriert, wobei viele alte Ziegeleien stillgelegt wurden. Der Fremdenverkehr und die Naherholung wurden durch Erschließungs- und Vermark-tungsmaßnahmen stark gefördert.

Zusammenfassend ist diese großräumige Kulturlandschaft weitgehend als eine primäre Kultur-landschaft zu betrachten.

3.1.10 *Rheinschiene, Ruhrgebiet, Aachener Revier und Städteband Bielefeld-Minden*

Diese Kulturlandschaft nimmt aufgrund ihrer seit 1850 gewachsenen Siedlungs-, Bergbau-, Gewerbe-, Industrie- und Dienstleistungsstruktur sowie ihrer Erschließung eine besondere Stellung ein. In dieser Landschaft finden sich Teilräume wieder, die historisch gesehen eigentlich zu den angrenzenden ausgegliederten Kulturlandschaften gerechnet werden müssen. So war das Ruhrgebiet bis ca. 1850 kein räumlicher Begriff. Das maßgebende Ausgliederungskriterium dieser Kulturland-schaft sind die Entwicklungen mit ihren Nutzungsansprüchen im bergbaulichen, industriellen und im Siedlungs- und Transportbereich seit ca. 1850, die sich auf Kosten der land- und forstwirtschaft-lichen Flächen erweitert haben und zu einem Funktionswandel vom Agrarraum zum Gewerbe-, Industrie-, Bergbau- und Verkehrsraum geführt haben. Diese großräumige Kulturlandschaft ist im Gegensatz zu „Natur 2000" auf drei Räume verteilt:
1. Das Aachener Revier (Kohle- und Erzbergbau (Kupfer und Zink) und Messinggewerbe in Römerzeit, Mittelalter, Frühneuzeit sowie Industrialisierung (Nadelfabriken) nach 1820
2. Das Ruhrgebiet (Kohlebergbau und Eisengewerbe seit dem Mittelalter und eine flächenmäßig starke Erweiterung seit ca. 1850) und die Rheinschiene (Siedlungsverdichtung und Industrialisie-rung seit ca. 1880)
3. Der Bielefeld-Mindener Raum (Industrialisierung und Siedlungsverdichtung seit ca. 1930).

Die Situation um 1810/1840

Für die Entwicklung vor 1840 ist weitgehend auf die benachbarten großräumigen Kulturland-schaften zu verweisen. Im Vergleich zum Münster-, Rhein- und Sauerland war das Gebiet relativ arm an Städten, die sich insbesondere an dem Hellweg orientierten. Essen und Werden waren kleine aber sehr wichtige klösterliche Herrschaften. Die freie Reichsstadt Dortmund entwickelte sich zu einem bedeutenden Handelszentrum am Hellweg.

Im Aachener Revier (Wurmtal) hat der Kohlenbergbau eine alte Tradition, die bis in die Römer-zeit zurückreicht. Durch die Gewinnung von Kupfer, Zinn und Blei entstand seit dem Spätmittelalter ein Kupfergewerbe. Dieses Gebiet wurde vor allem vom alten römischen Kurort Aqua Grani und von der frühmittelalterlichen Kaiserpfalz Aachen als Zentrum dominiert. Seit der Frühneuzeit war Aachen ein bedeutender Badeort.

Minden war neben Münster, Köln und Paderborn der Sitz des kleinsten Bistums und entwickelte sich zu einer bedeutenden Handelsstadt an der Weser.

Die Periode 1810/1840-1900

Im Ruhrgebiet hing die Industrialisierung mit dem modernen, produktiven Kohlebergbau, der sich im südlichen Bereich bereits etabliert hatte, zusammen. Diese Energiequelle ermöglichte ein neues Verhüttungsverfahren, mit dem Eisen und Stahl in Hochöfen hergestellt wurden. Hiermit wurde die Grundlage der für das Ruhrgebiet typischen Verbindung zwischen Kohlebergbau und Schwerindustrie gelegt, mit der vor allem die Namen Thyssen und Krupp verbunden sind. Hierdurch wanderte das Eisengewerbe des Sauer- und Bergischen Landes ins Ruhrgebiet ab. Wichtige Impulse gingen vom Eisenbahnbau aus, von dem die älteste Trasse weitgehend dem Hellweg folgt. Nach 1880 wurden weitere Neutrassen vor allem auf die Bergwerk- und Industriestandorte orientiert. Außerdem entstanden neue Straßen und Häfen in Ruhrort und Duisburg. Die industrielle Expansion führte zur Konzentration von Arbeitskräften und zu neuen Bergbau- und Werksiedlungen bei den Industriestandorten. Einige Orte wuchsen so stark, daß sie zur Stadt erhoben wurden. Trotz der starken Industrialisierung blieb die Landwirtschaft besonders im östlichen Teil in der Börde wichtig. Im südlichen Bereich entstand im alten Textilzentrum Elberfeld die erste chemische Industrie (Bayer). Um 1880 setzte die Industrialisierung des Kölner Raumes ein.

Im Aachener Revier gab es trotz der frühen Industrialisierung nach dem Fabriksystem eine andere Entwicklung. Bereits 1830 stand Aachen an der Spitze dieser Entwicklung. Hier kam es nicht zu der typischen Verbindung von Kohlebergbau mit der Schwerindustrie.

Im Bielefeld-Mindener Raum war die Kulturlandschaft noch weitgehend agrarisch geprägt.

Die Periode 1900-1955

Aufgrund neuer technischer Entwicklungen und dem Bedarf an Rüstungsprodukten für die beiden Weltkriege gab es eine Expansion und Intensivierung des Bergbaus und der Schwerindustrie, die von einem durch Einwanderungen aus dem Mittelgebirgsraum und Polen bedingten starken Bevölkerungswachstum und einer dadurch verursachten Siedlungsverdichtung begleitet wurde. Neusiedlungen wurden gegründet und zahlreiche Neustädte entstanden. Der Bergbau verlagerte sich allmählich in nördliche und nordwestliche Richtung. Hierbei wurden im südlichen Bereich alte Bergwerke stillgelegt. Im Zweiten Weltkrieg wurde das Ruhrgebiet stark zerstört.

Das Ruhrgebiet erweiterte sich ständig in alle angrenzenden Regionen. Der Ausbau und die Anpassung des Verkehrssystems (erste Autobahnen), Ausbau der Versorgungs- (Wasserversorgungsanlagen an der Ruhr usw.), Erholungs- und Infrastruktur hingen sehr eng mit der Erweiterung und Intensivierung der industriellen Produktion zusammen.

Die drei wichtigsten Flüsse wurden sehr stark verändert. Die Ruhr wurde für die Trinkwasserversorgung mit zahlreichen Wasserbecken ausgestattet. Das Lippewasser konnte wegen seines Salzgehaltes nur für Industriezwecke verwendet werden. Die Emscher wurde kanalisiert und entwickelte sich zur Hauptabflußrinne des Schmutzwassers.

Durch Eingemeindungen und das Zusammenfügen von Städten entstanden Großstädte wie Essen, Gelsenkirchen, Dortmund und Wuppertal. Um die planerischen Aktivitäten im Ruhrgebiet zu koordinieren, wurde 1920 der Siedlungsverband Ruhrkohlenbezirk mit Sitz in Essen gegründet, der 1979 in den Kommunalverband Ruhrgebiet umgewandelt wurde. Um die Städte entstanden für Erholungszwecke und Freizeitgestaltung Schrebergartengürtel und Sporteinrichtungen (u.a. mit Trabrennbahnen).

Auf der Rheinschiene haben sich viele Dienstleistungsunternehmen und Verwaltungseinrichtungen angesiedelt. Im Köln-Bonner Raum nahm die verarbeitende Industrie schnell zu. In den 20er Jahren verlagerte sich die chemische Industrie aus Wuppertal an den Rhein (Bayer-Leverkusen), in Köln wurden die Fordwerke gegründet. Im Zusammenhang mit der Herstellung von Benzin aus Braunkohlen entstand 1937 die Ölindustrie bei Wesseling. Die Städte um Köln, wie Kalk und Deutz, wurden eingemeindet. Der erste Autobahnabschnitt wurde bereits vor der NS-Zeit 1932 zwischen Bonn und Köln gebaut.

Abgesehen von der Abwesenheit der Schwerindustrie verlief die Entwicklung im Aachener Revier ähnlich. Der Kohlebergbau wanderte in nordöstliche Richtung.

Im Bielefeld-Mindener Raum setzte eine Industrialisierung ein, die vor allem von mittelständischen Betrieben getragen wurde und zu einer starken Verdichtung führte, so daß sich ein bandförmiger Ballungsraum herausbildete.

Die Periode 1955 bis heute

Diese Epoche wurde besonders von Umstrukturierungen, Personalabbau und Betriebsschließungen in der Schwerindustrie, einer zunehmenden Orientierung auf High-Tech-Industrie und Rationalisierung des Bergbaus geprägt. Hierdurch gibt es viele stillgelegte Industrieflächen und Bergwerke des späten 19. und frühen 20. Jahrhunderts. Die letzten Jahrzehnte wurden von einem zunehmenden Rückgang des Kohlebergbaus geprägt. Nach der Stillegung des Kohlebergbaus im Aachener Wurmtal (Südrevier) wird die Kohleförderung im Aachener Nordrevier voraussichtlich in Kürze eingestellt werden. Für einige der stillgelegten Bergwerke sind bereits andere Nutzungen gefunden worden (Industrie- und Gewerbeparks, kulturelle Einrichtungen, Industriemuseen). Auf den Industrie- und Bergbaubrachen haben sich Sekundärbiotope entwickelt. Nach Jahren der Stagnation und Umstrukturierung wurde mit Spezialprogrammen auf die Vorzüge des Reviers hingewiesen und eine aktive Wirtschaftsförderungspolitik mit modernen Industrien betrieben. Hierdurch setzte sich ein Prozeß in Gang, wodurch der vom Kohlebergbau und der Schwerindustrie geprägte Charakter sich allmählich wandelt.

Zusammenfassend haben durch die dynamischen Entwicklungen und zahlreichen Umstrukturierungen, die seit ca. 1850 die ursprünglichen Teile des Sand- und Kernmünsterlandes, des Weserberglandes, des Sauerlandes, des Bergischen Landes, der Rheinischen Börde und des Niederrheins erfaßten, diese ihre primäre Natur verloren und sind in sekundäre und teilweise in tertiäre Kulturlandschaften umgewandelt worden.

In diesem Zeitraum expandierte der Ballungsraum zwischen Bielefeld und Minden durch die Ansiedlung von mittelständischen Industrien. Hier wurden in den 70er Jahren drei neue Städte (Lohne, Porta Westfalica und Spenge) gegründet.

3.2 Halbquantitative Aussagen zu den vorhandenen Kulturlandschaftselementen, -bestandteilen und -bereichen und deren Bewertung

3.2.1 Einleitung

Insbesondere in den Ballungs- aber auch in den ländlichen Gebieten hat die dynamische Entwicklung der Kulturlandschaft in den letzten 40 Jahren zur Zerstörung und Beeinträchtigung zahlreicher historisch gewachsener Kulturlandschaftselemente, -strukturen und -zusammenhänge geführt. Hierdurch sind bereits zahlreiche Elemente, Strukturen und Flächen zerstört bzw. fast nicht mehr erkennbar umgewandelt worden. Diese Entwicklung führte auch dazu, daß in Regionen mit einer dynamischen Landschaftsentwicklung das Umfeld von heute noch überlieferten Elementen, die meistens als Denkmäler geschützt werden, verändert wurde, so daß sie nun als letzte Überlieferungen (Relikte) und Dokumentationen vergangener Epochen ("hidden landscapes" - verborgene Landschaften) in einer weitgehend modern gestalteten Landschaft zu betrachten sind.

Um eine präzise quantitative Übersicht bekommen zu können, wäre eine flächendeckende Bestandsaufnahme der Kulturlandschaftselemente erforderlich. Flächendeckende Datenbestände liegen nur aufgrund der Unterschutzstellungen der Denkmalpflege (Denkmäler sowie Denkmalbereiche) und des Naturschutzes (Naturdenkmäler, geschützte Landschaftsbestandteile, Naturschutzgebiete und Biotopkataster) vor. Diese Bestände sind unter anderen Voraussetzungen entstanden und sie beziehen auch - sei es auch meistens unter anderen Gesichtspunkten - Kulturlandschaftselemente, -bestandteile und -bereiche ein.

Für eine quantitative Erfassung ist als erster Arbeitsschritt eine nach Funktionsbereichen geordnete Zusammenstellung der Kulturlandschaftselemente erforderlich. Eine solche Zusammenstellung wurde erarbeitet (s. Abschnitt 3.2.2). Hierbei wurden auch die unter anderen Gesichtspunkten erfaßten Elemente berücksichtigt. Sie bildet die Grundlage für ein Kulturlandschaftskataster. Die Elemente sind nach ihrer Form in Punkt-, Linien- und Flächenelemente sowie in zusammengehörige Kulturlandschaftsbestandteile gegliedert. Die quantitativen und qualitativen Aspekte variieren je nach den großräumigen Kulturlandschaften, die eine unterschiedliche natürliche Ausstattung haben und eine unterschiedliche dynamische und funktionsorientierte Entwicklung durchlaufen haben. Außerdem werden die Unterschiede durch die jeweiligen Ressourcen wie regionsspezifische Baumaterialien (Fachwerk, Naturstein, Ziegel usw.) und kulturhistorische Aspekte (Haus- und Hofformen, Siedlungs- und Flurformen usw.) bestimmt. Hierdurch haben die Elemente ihre regionsprägenden Merkmale erhalten.

Abgesehen von den bereits vorliegenden Bestandsaufnahmen gibt es nur vereinzelte historisch-geographische Bestandsaufnahmen, die im Rahmen von Dissertationen (KLEEFELD 1994) und historisch-geographischen Gutachten (s. Literaturliste und die Modellgebiete) entstanden sind.

Die Unterschutzstellungen der Denkmalpflege (Bau-, Boden-, bewegliche Denkmäler und Denkmalbereiche), sind nach Gemeinden und Städten in Denkmallisten erfaßt (Abb. 8-11). Exakte Aussagen über die Zahl der erhaltungswürdigen Elemente, die von den Fachämtern erfaßt wurden, sind nicht flächendeckend möglich, weil die Denkmalämter die EDV-Umstellung und die EDV-Inventarisation nicht abgeschlossen haben und außerdem bereits viele nichtgeschützte aber erhaltungswürdige Elemente verschwunden sind.

3.2.2 Halbquantitative Aussagen

Aufgrund obenstehender Ausführungen können nur tendenzielle Aussagen gemacht werden, die eng mit dem Veränderungsgrad der ausgegliederten großräumigen Kulturlandschaften und den Veränderungen und Entwicklungen innerhalb der verschiedenen Funktionsbereiche bezüglich ihrer Raumansprüche zusammenhängen. Außerdem sind flächendeckende Aussagen zu den vorhandenen Kulturlandschaftselementen/Ensembles nur aufgrund der Entwicklungen in den letzten, kartographisch erfaßbaren 150 Jahren und aufgrund der heutigen Gefährdungen möglich. Detailliertere Aussagen können bei den Modellgebieten gemacht werden. Im Folgenden werden Aussagen zu den unterschiedlichen Funktionsbereichen gemacht.

Religion: Hier geht es vor allem um aus religiösen und kultischen Gründen entstandene Objekte. Die vor- und frühgeschichtlichen (römischen) Tempel, Friedhöfe und Quellheiligtümer (im Rheinland) sind als Fundstellen und Bodendenkmäler erfaßt bzw. geschützt. Die meisten, seit der karolingischen Periode entstandenen christlichen Objekte wie Kirchen, Kapellen, Stifte und Klöster bzw. ihre Nachfolgebauten, Wallfahrtsorte und -routen usw. stehen unter Denkmalschutz. Hierbei muß ein Unterschied zwischen hauptsächlich traditionell katholischen und evangelischen Räumen gemacht werden. In den evangelisch geprägten Regionen fehlen weitgehend kleine Objekte der Volksfrömmigkeit wie Bildstöcke, Heiligenhäuschen und Kreuze, die als Ausdruck der Volksfrömmigkeit an wichtige, aber auch sehr persönliche Ereignisse und Schicksale erinnern. Die meisten letztgenannten Objekte sind unter Denkmalschutz gestellt bzw. sind erfaßt worden.

Punktelemente:
- Protestantische Kirchen
- Römisch-katholische Pfarr-, Stifts- und Klosterkirchen, Kapellen, Heiligenhäuschen
- Klöster, Stifte und Konvente
- Stifts-, Klosterhöfe, Einsiedeleien
- Kultplätze (Matronenheiligtümer, Altar-Weihesteine)
- Weg- und Ereigniskreuze (Hagel-, Pestkreuze), Bildstöcke

- Kalvarienberge
- Markante Einzelbäume mit religiöser Bedeutung
- Kleine Kirch- und Friedhöfe (jüdische Friedhöfe)
- Synagogen, Moscheen, Tempel
- Prähistorische Gräber (Grabhügel, Brand- und Urnengräber, Hünengräber, Brandschüttgräber, Brandgrubengräber)
- Grabgärten
- Grabsteine

Linienelemente:
- Kirch-, Pilger-, Prozessions- und Kreuzwege
- Bistums-, Dekanats-, Pfarreigrenzen, Immunitätsgrenzen

Flächenelemente:
- Größere Friedhöfe

Kulturlandschaftsbestandteile:
- Stiftsimmunitäten
- Stifts- und Klosteranlagen
- Friedhofskomplexe

Militär/Verteidigung: Bis ca. 1900 waren solche Elemente hauptsächlich von großmaßstäblichen Schutz- und Verteidigungsmaßnahmen (Fliehburgen, Motten, Burgen, Festungen, Stadtbefestigungen) geprägt. Erst nach 1900 entstanden großflächige Verteidigungslinien wie der Westwall. Die meisten Stadtmauern bzw. frühneuzeitlichen Befestigungsanlagen sind im Rahmen der Stadterweiterungen beseitigt worden, so daß heute obertägig nur noch vereinzelt solche Anlagen vorhanden sind. Die heute erhaltenen Burgen und Festungsanlagen, die sich in einem unterschiedlichen Erhaltungszustand befinden, stehen weitgehend unter Denkmalschutz. Dies gilt auch für die überlieferten Reste (Bunker, Höckerlinien) des Westwalls. Weiterhin sind die Truppenübungsplätze (Kasernen, Barackenlager, Schießstände usw.) des späten 19. Jahrhunderts und die großflächigen Truppenübungsplätze (Senne und Wahner Heide) des 20. Jahrhunderts zu erwähnen.

Punktelemente:
- Lager, Forts, Festungen, Zitadellen, Schanzen, Einzelstellungen
- Alte Ringwälle (Viereckschanzen)
- Fliehburgen
- Wehrburgen und -türme, befestigte Häuser, Motten (Donjons), Bergfriede
- Tore
- Bunker
- Abschußanlagen (Flakstellungen), Raketenstellungen (V1-Stellungen)
- Luftschutz- und Atomschutzbunker
- Kasernen, Exerzierplätze, Schießstände
- Kleinere Soldatenfriedhöfe (Kriegsgräberstätten)
- Kriegerdenkmale, Siegessäulen
- Kriegsgefangenenlager

Linienelemente:
- Mauer- und Wallsysteme
- Festungsgräben
- Schützengräben
- Verteidigungsstellungen, Bunkerketten (z.B. Westwall)
- Militärwege und Panzerbahnen
- Panzergräben, Panzersperren (Höckerreihen)

Flächenelemente:
- Festungsanlagen (befestigte Städte und Dörfer)
- Schlachtfelder
- Flutungsflächen („Innundatie")
- Für militärische Zwecke geräumte Siedlungsflächen
- Truppenübungsplätze
- Militärflughäfen (Fliegerhorste)

- Marinehäfen, -stützpunkte
- Kriegsgräberkomplexe und Massengräber

Kulturlandschaftsbestandteile:
- Befestigungs- und Verteidigungssysteme

Herrschaft/Verwaltung/Recht: Die Regulierung des politischen und gesellschaftlichen Lebens hat sich in einer Vielzahl von Elementen niedergeschlagen, wie z.B. Residenzen, Amts- und Verwaltungssitzen, Gerichtsstätten, Schulzen- und Gräftenhöfen. Hierzu gehören ebenfalls Grenzen, die sich an naturräumlichen Merkmalen wie Flüssen und Bächen orientierten, oder künstlich in Form von Landwehren bzw. mit Grenzsteinen markiert wurden. Stadtgerichtsbarkeitsflächen wurden optisch durch die Stadtmauer, die städtischen Befestigungsanlagen und die Stadtgemarkung manchmal von Landwehren markiert. Die meisten heute noch überlieferten Elemente stehen unter Denkmalschutz.

Punktelemente:
- Burgen, Schlösser, Residenzen
- Burg- und Schloßgärten
- Orangerien, Pavillons und Tempel
- Schulzenhäuser und Schulzenhöfe (Gräftenhöfe)
- Verwaltungs- und Gerichtsgebäude, Waagen, Münzen
- Gefängnisse, (KZ-)Lager
- Gerichtsstätten, Gerichtsbäume
- Hinrichtungsplätze (Galgen und Galgenhügel)
- Grenzmarkierungen (Steine, Pfähle, Bäume)
- Grenzübergänge, Schlagbäume
- Zölle, Zollhäuser
- Denkmale (Ehren- und Kriegsdenkmale), Standbilder
- Gedenkbäume (Friedens- oder Kaisereichen)
- Vermessungspunkte (trigonometrische Punkte, Steine)
- Sternberge (als Aussichtspunkte und Ausgangspunkte von Points de Vue)

Linienelemente:
- Territorialgrenzen auf verschiedenen Ebenen
- Stadtfeldmarkgrenzen, Stadtmeile
- Landwehre
- Landgräben
- Territoriallandwehre
- Alleen und Laubengänge
- Grenzwälle, Grenzsperranlagen

Flächenelemente:
- Verwaltungszentren
- Städte (als historisches Rechtssystem)
- Landschafts- und Tiergärten
- Markenflächen
- Gemeinnützige kommunale Flächen (Gemeinde)

Kulturlandschaftsbestandteile:
- Residenzanlagen (inkl. Wald-, Park- und Gartenanlagen)
- Domänen, Großgüter

Land- und Forstwirtschaft haben als größte Raumnutzer in der Vergangenheit mit zahlreichen punktuellen, linienförmigen und flächenhaften Elementen die Kulturlandschaftsentwicklung stark geprägt. Durch Flurbereinigungen wurden bereits viele seit dem Mittelalter entstandene Flur- und Wegesysteme, Raine und Terrassen, bäuerliche Nutzwälder, Wallhecken usw., die nicht von der Denkmalpflege und bisher meistens ausschließlich unter ökologischen Gesichtspunkten vom Naturschutz erfaßt wurden, beseitigt. Dies gilt auch für Neuaufforstungen von alten Laubwaldstandorten. Da die meisten Naturschutzgebiete vor allem ökologisch begründet sind, werden nur z.T. kulturhistorische, land- und forstwirtschaftlich geprägte Kulturlandschaftselemente und -strukturen geschützt.

Von der agrarischen Bausubstanz, die insbesondere nach 1955 sehr stark verändert wurde, steht nur ein relativ geringer Teil unter Denkmalschutz. Einige herausragende denkmalpflegerische Höfe werden allerdings - nicht mehr standortgerecht - in Freilichtmuseen erhalten.

Punktelemente:
- Villen
- Gutshöfe, Wirtschaftshöfe, Höfe, Katen, Kötter- und Brinksitzerbehausungen, Landarbeiterhäuser (mit Nebengebäuden, Scheunen, Ställe, Spieker, Backöfen)
- Dungplätze
- Freistehende Ställe (Schafställe, Feldställe, Feldscheunen)
- Tabakscheunen
- Forsthäuser, Waldwärterhäuser und Waldschuppen
- Meilerplätze
- Jagdhäuser
- Futterplätze
- Hochsitze
- Taubenhäuser bzw. -türme, Bienenhäuschen
- Vorratslager (Spieker, Höhlen, Keller, Heuscheunen)
- Viehtränken, Viehbrunnen (Anger, Driesche und Brinken)
- Flachsrösten (Flachsteiche)
- Mergelkuhlen
- Einzeläcker (Kampen), Wölbäcker, "celtic fields"
- Lesesteinhaufen
- Waldweiden (Kampen)
- Obstweiden und Obstwiesen
- Obstgärten
- Gemüsegärten
- Botanische Gärten
- Wein- oder Rebgärten (Weinbergparzellen mit oder ohne Terrassen)
- Weinkeller
- Hopfengärten
- Gewächshäuser
- Freistehende kleinere Schlagholzwäldchen oder bäuerliche Nutzwäldchen
- Gebüsche
- Forstgärten (Baumschulen, Kulturgärten)
- Markante Stock-, Kopf- und Hochstammbäume (Überhälter)
- Fischweiher

Linienelemente:
- Land- und Forstwirtschaftswege (Fuhr-, Flur- und Triftwege)
- Parzellierungsgrenzen in Form von Gräben, Trockengräben, Wällen, Hecken, Terrassenstufen, Trockenmauern
- Windschutzbaumreihen
- Terrassenränderstreifen (Acker- und Stufenraine)
- Einfriedungen, Lesesteinwälle
- Grenzen (Wälle und Wallhecken) von alten Ackerkomplexen (Plaggenesche, Felder) und von Marken bzw. Allmenden
- Waldbahnen, Jagen, Jagenwege und Schneisen (Gestelle), Brandgänge, Brandschneisen
- Flößereigewässer
- Bewässerungsgräben

Flächenelemente:
- Ältere Ackerkomplexe (Plaggeneschen, Felder, Wölbäckerkomplexe)
- Flächen mit Streifen-, Block-, gemischter sowie moderner Parzellierung des 19. und 20. Jh.
- Heide- (Wald- und Wachholderheiden), Moor- und Ödlandflächen
- Nasse und trockene Wiesen
- Wässerungswiesen
- Weideflächen (Pferche)
- Extensive Weideflächen (Hutungen)

- Heide- und Bruchkultivierungen
- Waldrodungen
- Obstplantagen, Streuobstwiesenflächen
- Plantagen mit Sonderkulturen
- Bäuerliche Nutzwälder, Markwälder, Wälder in Großgrundbesitz (Domänen- und kirchliche Wälder), Wirtschaftswälder (Bauholz, Holzkohlenversorgung), Fichten- und Kiefernmonokulturen
- Nieder-, Mittel- und Hochwälder
- Hauberge, Lohewälder
- Schiffellandkulturen
- Laub-, Misch- und Nadelwälder
- Waldplantagen
- Schilfkulturen, (Korb-)Weidenkulturen
- Weinberge
- Heide, Moore
- Bauerndörfer, Weiler, Landwirtschaftskolonien

Kulturlandschaftsbestandteile:
- Bäuerlich geprägte Kulturlandschaften, landwirtschaftliche Großgüter

Bergbau, Gewerbe, Industrie und Dienstleistung: Die beiden erstgenannten haben ebenfalls eine lange Tradition, die bis in die vorgeschichtliche Zeit hineinreicht. Gewerbestandorte waren bis zur industriellen Revolution an Ressourcen- und Energiestandorte gebunden. Zahlreiche Elemente (Stollen, Pingen, Halden, Rennfeueröfen, Mühlen, Hämmer usw.) sind seit 1850 verschwunden bzw. sehr tiefgreifend umgestaltet worden. Die unterschiedlich überlieferten Elemente und Strukturen stehen unter Denkmalschutz. Dies gilt zunehmend auch für die Elemente der neuzeitlichen Industrialisierung (Industriedenkmäler), die bis zur Mitte der 70er Jahre kaum als wertvolles kulturelles Erbe eingestuft wurden. Die 7 westfälischen und 6 rheinischen Industriemuseen sind in alten Bergwerken und Fabriken untergebracht, in denen die Produktionsverfahren des 19. und frühen 20. Jahrhunderts wiederbelebt werden.

Punktelemente:
- Wind- und Wassermühlen (Gewerbezwecke)
- Mühlenteiche
- Erhöhte Windmühlenstandorte
- Stauwehre
- Hammerwerke
- Rennfeueröfen
- Bergwerke, Schachtanlagen, Förder- und Kühltürme
- Salinen
- Eisenverhüttungsplätze (kleine Hochöfen)
- Schornsteine
- Kalk-, Gips-, Teeröfen, Glasöfen
- Fabriken (Werkshallen)
- Fabrikantenvillen
- Menagerien
- Ziegeleien
- Töpfereien
- Spinnereien und Webereien
- Bleichen
- Lehmkuhlen
- Sand- und Kiesgruben
- Torfstiche
- Steinbrüche
- Mergelgruben
- Eisenkuhlen
- Molkereien
- Sägewerke
- Meilerplätze (Köhlereien)

- Flößereien
- Pingen
- Schlacken- und Bergbauhalden

Linienelemente:
- Industrie- und Bergbaubahnen, Seilbahnen
- Industriestraßen
- Industriekanäle
- Torfkanäle
- Leitungen
- Mühlengassen
- Mühlengräben

Flächenelemente:
- Gewerbe- und Industrieflächen
- Rekultivierte, stillgelegte und betriebene Tagebauflächen
- Großflächige Kiesgruben (Baggerseen)
- Abgeziegelte Flächen (Ziegeleien)
- Abgebaute Moorflächen (Torfgewinnung)
- Moorkolonien
- Bergbau- und Industriesiedlungen

Kulturlandschaftsbestandteile:
- Industrie- und Gewerbegebiete
- Bergwerkskomplexe
- Industriell geprägte Kulturlandschaften

Wasserbau/Wasserwesen: Seit dem Spätmittelalter wurden bereits größere Bruchgebiete über Gräben, Kanäle und Vorfluter zwecks Kultivierung und Kolonisation entwässert. Solche Kolonisationsgebiete sind nicht aufgrund ihres kulturhistorischen Wertes, sondern aus ökologischen Gründen als feuchte Grünlandgebiete geschützt (z.B. Hetter und Düffel). Dies gilt auch für die älteren Meliorationen, Fluß- und Bachbegradigungen und Wiesenbewässerungsmaßnahmen. Einen weiteren wichtigen Bereich stellen die Elemente des Hochwasserschutzes dar. Hier handelt es sich vor allem um Deiche und Wurten sowie Überschwemmungsflächen in den Flußauen. Außer einigen Deichabschnitten, die unter Denkmalschutz stehen, werden solche Elemente nur in Naturschutzgebieten berücksichtigt. Das gleiche gilt auch für Kanäle mit zugehörigen Schleusen, Brücken usw.

Punktelemente:
- Wasserwindmühlen (zur Entwässerung), Pumpwerke
- Entwässerungs- und Bewässerungsschleusen
- Alte Deichdurchbrüche (Kolke)
- Deichscheunen (Deichmagazine)
- Fliehburgen, Wurten, Warften
- Kribben und Buhnen
- Wehre
- Pegel- und Hochwassersteine
- Wasserquellen und Brunnen
- Wasserwerke
- Wassertürme und Wasserbehälter
- Pumpstationen
- Windkraftanlagen (Windräder) für die Bewässerung
- Schleusen und Siele
- Häfen, Schiffsländen, Kais
- Schiffshebewerke

Linienelemente:
- Deiche (Bann-, Polder(Sommer)-, Ring-, Quer- und Sekundärdeiche) mit und ohne Wege
- „Overlaten" (Abfuhrrinnen)
- Dämme (Knüppeldämme)
- Entwässerungsgräben und -kanäle, Vorfluter

- Bewässerungsgräben
- Schiffahrtskanäle
- Flüsse und Bäche, Altflußläufe und -rinnen
- Wasserleitungen, Abflußkanäle
- Staudämme, Talsperren

Flächenelemente:
- Großflächige Vorfluter, Seen
- Polder und Flußinseln (Warden)
- Meliorationsflächen
- Ent- und Bewässerungsflächen
- Überschwemmungsflächen
- Wassergewinnungsgebiete
- Stauseen (Talsperren)

Verkehr/Transport/Infrastruktur: Die prägenden Elemente waren bis ca. 1840 überregionale Landstraßen, Chausseen, Handels- (Hellweg) und Postrouten sowie die damaligen schiffbaren Flüsse (Rhein, Lippe, Ruhr, Ems und Weser). Im linksrheinischen Rheinland gab es bereits ein abgestuftes römisches Straßennetz, von dem nur wenige Teilstücke als Bodendenkmal geschützt sind. Beim Vergleich der Karten hat sich herausgestellt, daß viele heutige, autogerecht gestaltete durchgehende Straßen - abgesehen von Begradigungen und Umgehungen - weitgehend den alten Trassen folgen. Hier gibt es eine Kontinuität der Nutzung, die sich im Landschaftsbild nicht bemerkbar macht. Nur überlieferte, straßenbegleitende Objekte in Form von Meilensteinen, Straßenstationen usw. sind geschützt. Überlieferte Flurwegesysteme werden nicht von der Denkmalpflege berücksichtigt. Hohlwegeabschnitte sind aufgrund ihrer wertvollen Biotope als Naturdenkmale bzw. als geschützte Landschaftsbestandteile unter Schutz gestellt. Im Bereich des Eisenbahnwesens wurden viele Trassen stillgelegt, abgetragen und als Fahrradwege umfunktioniert. Allerdings werden heute öfters nicht rentable, stillgelegte Trassen auf Privatinitiative hin wiederbelebt. Bahnhofsgebäude und andere Bahnobjekte stehen unter Denkmalschutz und werden teilweise publikumswirksam genutzt.

Ältere Elemente der infrastrukturellen Versorgung sind oft im Rahmen der Modernisierung entfernt worden. Die heute noch überlieferten Elemente werden zunehmend von den Denkmalpflegebehörden erfaßt.

Punktelemente:
- Bahnhöfe und Haltestellen
- Bahnhäuser und Bahnwärtergebäude
- Fährhäuser und Fährstellen
- Post- und Pferdestationen, Raststätten, Tankstellen
- Chausseehäuser
- Meilen- bzw. Kilometer- und Stundensteine
- wegebegleitende Elemente (Wegweiser, Ruhebänke usw.)
- Flughafengebäude
- Speicherhäuser
- Furten
- Brücken, Viadukte
- Tunnel
- Kraft- und Gaswerke
- Telefonzentralen, Telefonhäuschen
- Umspannungshäuschen
- Funk- und Fernsehtürme
- Leuchttürme
- Kläranlagen

Linienelemente:
- Straßen, Wege und Pfade
- Hohlwege
- Chausseen
- Wegebegleitende Bepflanzungen (Alleen, Heckenreihen)

- Straßen- und Eisenbahndämme
- Moordämme (befestigte Moorwege)
- Bohlenwege
- Eisen- und Straßenbahnen (Bahndämme)
- Seilbahnen
- Treidel- und Leinpfade
- Postrouten
- Tunnel (längere)
- Brücken (längere)
- hochwasserfreie Brücken
- Hochspannungs-, Elektrizitäts-, Telegraph- und Telephonleitungen
- Start- und Landebahnen

Flächenelemente:
- Rangier- und Güterumschlagplätze
- Flughäfen
- Rieselfelder
- Mülldeponien
- Hafenanlagen

Soziales (Ausbildung und Gesundheitswesen): Die auf diesem Funktionsbereich basierenden Elemente wie Hospitäler, Kurhäuser, Bäder, Waisen- und Gästehäuser, Schulen, Gymnasien, Bibliotheken sowie Universitäten waren meistens in den Städten konzentriert. Pest- und Melatenhäuser hatten eine periphere und isolierte Lage außerhalb der Stadt. Die überlieferten Elemente oder ihre nachgewiesenen Standorte sind von der Denkmalpflege erfaßt worden. Besonders nach 1870 sind viele solche Elemente in neuen Formen hinzugekommen.

Punktelemente:
- Schulen, Gymnasien, Universitäten
- Bibliotheken und Archive
- Technikinstitute und Laboratorien
- Krankenhäuser, Hospitäler
- Kurhäuser, Heilbäder, Heilquellen, Thermen
- Beginenhöfe
- Altenheime, Waisenhäuser usw.
- Melaten(Lepra)- und Pesthäuser
- Pestwäldchen
- Sternwarten (Radioteleskope)

Linienelemente:
- Pestwege

Flächenelemente:
- Kurparks
- Versuchsflächen

Kulturlandschaftsbestandteile
- Psychiatrische Komplexe mit größeren Freiflächen (z.B. Bedburg-Hau)
- Kurorte, Sanatorien
- Universitäts- (Campus) und Forschungskomplexe

Siedlungswesen und Wohnen: Dieser Funktionsbereich hat die meisten Überlappungen mit anderen Funktionsbereichen wie Landwirtschaft (Höfe und Landarbeiterbehausungen), Bergbau und Industrie. Die Dörfer (Historische Ortskerne 1992) wurden bis ca. 1950 vor allem durch die Landwirtschaft oder damit verbundenem Handwerk geprägt. Außerdem gab es im ländlichen Raum aufgrund unterschiedlicher Siedlungsgesetze eine Neubesiedlung, die von den Siedlungsgesellschaften (z.B. Rheinisches Heim) durchgeführt wurden. Seit der Industrialisierung und dem Beginn des modernen Bergbaus sind zahlreiche auf diese Wirtschaftszweige hin orientierte Siedlungen (Werks-

und Bergbausiedlungen) entstanden.

Neben den historischen Stadtkernen (Historische Stadtkerne 1989) sind aufgrund der städtebaulichen Entwicklung nach ca. 1810/1840 unterschiedliche Phasen (wie z.B. gründerzeitlicher Ausbau, Gartenstädte, Schrebergartenkolonien, Neu- und Satellitenstädte, städtische Neubaugebiete) mit ihren eigenen Strukturen und Bauformen zu unterscheiden. Prägende Areale sind als Denkmalbereiche, bei denen die 70er Jahre schon berücksichtigt werden, ausgewiesen.

Punktelemente:
- Einzelhäuser, Hochhäuser, Villen
- Sommersitze
- Wohntürme
- Dorfplätze
- Anger, Driesche und Brinken
- Dorf- und Hausteiche
- Eisgruben, Eiskeller, Eishäuser

Linienelemente:
- Linien- oder Reihenbebauung (Reihensiedlungen)

Flächenelemente:
- Historische Stadt- und Orts-(Siedlungs)kerne
- Stadterweiterungen (Stadtviertel)
- Wohngebiete
- Werks-, Arbeiter- und Bergbausiedlungen
- Kolonien
- Villenparks, Garten- und Satellitenstädte, Waldsiedlungen
- Orts- und Stadtwüstungen
- Landgüter

Kultur, Erholung und Fremdenverkehr: Diese Funktionsbereiche beziehen sich besonders auf das kulturhistorische und das natürliche Potential der Landschaft. Ein wichtiger Aspekt ist die Entwicklung von Bädern bei Quellen, die bereits in der Römerzeit eine große Bedeutung hatte. Besonders seit der Frühneuzeit erlangte das Bade- und Kurwesen bis heute eine große Bedeutung, die sich in den Kurorten mit Badehäusern, Kurbauten und Parkanlagen niedergeschlagen hatte. Der eigentliche Fremdenverkehr und die Naherholung setzen um die Jahrhundertwende zunächst für Wohlhabende ein. Ältere Hotels, Aussichtstürme und Erholungsparks sind ebenfalls unter Denkmalschutz gestellt worden.

Punktelemente:
- Hotels, Gaststätten
- Land- und Sommersitze
- Kureinrichtungen
- Kleinere Parks
- Botanische Gärten
- Schrebergärten
- Tierparks (Zoo)
- Museen
- Gedenkstätten
- Stadien
- Sportplätze
- Spielplätze
- Pferderennbahnen (Trabrennbahnen)
- Freibäder, Badeplätze
- Schützenhäuser und -stände
- Aussichtstürme
- Gartenlauben, Musikpavillons, Berceaus, Bosquets
- Grillhütten

Linienelemente:
- Speziell angelegte Wander-, Fahrrad- und Reiterwege

- Touristisch genutzte Eisenbahnstrecken
- Rennstrecken, Rennbahnen
- Fluß- und Meeresstrände
- Sichtachsen

Flächenelemente:
- Park- und Gartenanlagen (Bürger- und Volksparks)
- Schrebergartenanlagen
- Ausstellungs- und Schauanlagen
- Kuranlagen
- Bade- und Kurorte
- Freiluftmuseen
- Städtische Grünanlagen
- Erholungswälder
- Ferienparks
- Freiwildgehege
- Vergnügungsparks
- größere Sportkomplexe
- Fern- und Aussichten

Raumordnung und Planung mit Landschaftsschutz, Naturschutz und Denkmalpflege: Abgesehen von den raumplanerischen Maßnahmen der Territorialherren vor ca. 1800 wird die räumliche Entwicklung seit 1800 zunehmend seitens des Staates beeinflußt. Die staatlichen Schutzmaßnahmen für die Kultur und Natur gehen auf die Kabinettsordre vom 1.7.1843 und die Instruktion für die Konservatoren der Provinzen Rheinland und Westfalen von 1844 zurück. So wurden seitdem zahlreiche Natur- und Landschaftsschutzgebiete, Naturparks, Wasserschutzgebiete, Natur-, Bau- und Bodendenkmäler und geschützte Landschaftsbestandteile ausgewiesen, die bezüglich der weiteren Entwicklungen je nach Schutzstatus unterschiedlich restriktive Auswirkungen haben.

Punktelemente:
- Bau-, Boden-, Naturdenkmale, Biotope
- Ausgrabungen
- Fundstellen
- erhaltungswerte Bausubstanzen
- Naturwaldzellen

Linienelemente:
- Unter Denkmalschutz bzw. Naturschutz gestellte Linienelemente
- Lehrpfade
- Kulturhistorische Routen, Wander- und Fahrradwege

Flächenelemente:
- Denkmalensembles und -bereiche
- Geschützte Landschaftsbestandteile
- Naturschutzgebiete
- Landschaftsschutzgebiete
- Natur- und Nationalparks
- Wasserschutzgebiete
- Flurbereinigungsgebiete

3.3 Ableitung der Gefährdung aus der Entwicklungstendenz der letzten 150 Jahre

3.3.1   Einleitung

Die heutigen historisch gewachsenen Kulturlandschaften werden durch eine große Zahl von Entwicklungen und Prozessen gefährdet. Dies galt prinzipiell auch für die Vergangenheit. Die Auswirkungen der damaligen Eingriffe werden aus heutiger Sicht nicht selten positiv beurteilt und als wertvolle Stadien der Kulturlandschaftsentwicklung betrachtet und für erhaltungswürdig befunden. So muß man z.B. auch aus dieser Sicht das Ruhrgebiet betrachten, in dem seit 1850 große Teile der damaligen bäuerlichen Kulturlandschaft von einer dynamischen, bergbaulichen und industriellen, Entwicklung überlagert wurden. Kleinräumige landschaftszerstörende Steinbrüche und Gruben werden als Kulturlandschaftselemente des Bergbaus und darüber hinaus als wertvolle Sekundärbiotope geschützt. Bei den Gefährdungen geht es insbesondere um den Umfang, den Zerstörungsgrad und die Auswirkungen auf die benachbarten Räume. Für die heutigen Gefährdungen ist ein Abwägen von Interessen vonnöten, weil die heute noch sichtbaren und erlebbaren Entwicklungsstadien der Kulturlandschaft in den letzten Jahrzehnten zunehmend rarer geworden sind. Es geht letztendlich um die Frage, inwieweit Veränderungen und Eingriffe kulturlandschaftsverträglich (das kulturelle Erbe in der UVP) vorgenommen werden können und, wenn dies nicht möglich ist, solche Eingriffe zu unterlassen oder in weniger empfindliche Gebiete zu verlegen.

Bei den Auswirkungen der Gefährdungen spielen der Betrachtungsmaßstab und der Umfang sowie die Tiefe eine wesentliche Rolle. Sie wirken sich direkt in Zerstörung, Überformung, und Umgestaltung bis zu strukturellen Beeinträchtigungen der Kulturlandschaft und des Landschaftsbildes aus. Indirekte Effekte werden durch Emmissionsbelastungen, die durch die Luft und durch das Wasser transportiert werden, verursacht.

Die Ableitung der Gefährdung aus der Entwicklungstendenz der letzten 150 Jahre wurde anhand von Kartenvergleichen und der Bearbeitung der Modellgebiete erarbeitet. Es folgt anhand der Entwicklungstendenzen die Darstellung der Gefährdungen in den verschiedenen Funktionsbereichen mit ihren Auswirkungen auf die Kulturlandschaft.

Innerhalb der *Landwirtschaft* führten die Allmend- und Markenteilungen mit nachfolgenden Aufforstungen, Heide- und Moorkultivierungen zum fast vollständigen Verschwinden der natürlichen Moore und Heiden bis auf wenige Restflächen. Die ständige Intensivierung und Modernisierung der Landwirtschaft wurden von zunehmend tiefgreifenden Zusammenlegungen begleitet, bei der großflächige bäuerlich geprägte Kulturlandschaftsbereiche infrastrukturell umgestaltet und ausgeräumt wurden und in modern ausgestattete und systematisch eingerichtete agrarische Produktionslandschaften ohne landschaftsgliedernde Elemente wie Hecken, Baumreihen, Einzelbäume, Ackerraine, Terrassen und Wälle usw. umgewandelt. Zusätzlich wird in den traditionellen Grünlandgebieten (Flußauen und Bachtälern) zunehmend Weiden- und Wiesenland für ackerbauliche Zwecke (besonders Maisanbau) umgebrochen. Die zunehmende Nutzung von Pestiziden, Kunstdünger und Gülle wirkt sich durch Eutrophierung nachteilig auf das ökologische Potential aus. Die Nutzungsaufgabe von Grenzertragsflächen, Flächenstillegungen, Extensivierungen und ökologische Anbauformen bieten allerdings neue Entwicklungschancen für Natur und Kulturlandschaft.

Alte Ackerbaukomplexe wie die kulturhistorisch bedeutsamen anthropogenen Plaggenesche werden zunehmend im Rahmen von Siedlungserweiterungen überbaut.

Das Aussehen der Wälder hat sich als Folge der preußischen Politik mit einer produktiven *Forstwirtschaft* und den wirtschaftlichen Entwicklungen seit 1810/1840 stark verändert. Vor allem die Nadelholzaufforstungen der Ödlandflächen in den Mittelgebirgen, die Kiefernaufforstungen der Heideflächen im Sandmünsterland und am Niederrhein und die Umwandlung von Laubwald- in Nadelwaldbestände haben das Landschaftsbild, die Bewirtschaftungsformen und die ökologischen Rahmenbedingungen in den Wäldern (kein Unterwuchs und verschiedene Vegetationsschichten) verändert. Durch langjährige Emmissionsbelastungen und insbesondere die durch Nadelgehölze verstärkte Versauerung der Böden verschlechterte sich der Zustand der Wälder (neuartige Waldschäden). Schließlich bilden die modernen maschinellen Forstarbeiten ein Gefährdungspotential für die Kulturlandschaftselemente innerhalb der Wälder (LULEY u. WEGENER 1995).

Die *Flüsse* wurden fixiert und begradigt. Viele kleinere Fließgewässer wurden ebenfalls begradigt bzw. eingefaßt. Hierdurch sind sie von ihren natürlichen Auenflächen abgeschnitten, die auch als natürliche Hochwasserbecken fungierten. Die Stromgeschwindigkeit wurde durch die Begradigungen und Einfassungen erhöht und führte häufiger zu schädlichen Überschwemmungen. Die Fähigkeit Schadstoffe natürlich abzubauen wurde stark geschwächt. Durch diese Begradigungen verloren viele Gewässer ihre als "malerisch" empfundene Schönheit. Außerdem wurden hierbei ebenfalls kulturhistorisch bedeutende Elemente wie Mühlenteiche, -gräben, Stauwehre, Wassermühlen und Fischteiche beseitigt. Die Renaturierung von älteren begradigten Fließgewässern bedrohen solche Elemente wiederum. Im Rahmen rigoroser Entwässerungsmaßnahmen sind traditionelle Feuchtgebiete wie Moore und Feuchtwiesen trockengelegt worden. Nach solchen grundwassersenkenden Maßnahmen wird die ursprüngliche Flora und Fauna wegen der Anpassung an die neuen Bedingungen sich verändern.

Die Anlage von Talsperren in den Mittelgebirgsräumen hat durch die Stauung von Gewässern in den Tälern zum Teil ganze Kulturlandschaftsbereiche (Tallandschaften) in Seen umgewandelt. Die älteren Talsperren haben heute wiederum einen technischen Denkmalwert und einen ökologisch bereichernden Effekt. Heute sind die Talsperren außerdem für den Fremdenverkehr und für die Naherholung von Bedeutung.

Ein weiteres tiefgreifendes Gefährdungspotential stellt die *Ressourcengewinnung* dar. Größere Teile der Ville und der rheinischen Börde sind bereits der *Braunkohlegewinnung* geopfert worden. Im Zuge der zunehmend großflächigen Rekultivierungen sind neue Landschaften ohne jeglichen geschichtlichen Bezug „gebaut" worden. Durch die Aufschüttung und Aufforstung von Halden (Sophienhöhe) wurde das charakteristische Landschaftsbild, aber auch das Mikroklima verändert. Indirekte Auswirkungen des Braunkohlenabbaus sind die Grundwassersenkungen, die sich bei zunehmender Abbautiefe immer gravierender auswirken. Hierdurch werden traditionelle Feuchtgebiete (Schwalm-Nette-Niers) beeinträchtigt.

Der *Kohlebergbau* im Ruhrgebiet, im Aachener Revier und bei Ibbenbüren bewirkte für die Bausubstanz nachteilige Bergsenkungen, die sich auch negativ auf natürliches Abflußverhalten ausgewirkt haben. Hierdurch wurden zusätzliche Kanalisations- und Ausbaumaßnahmen erforderlich.

Die *Kiesgewinnung* führt zunehmend zu größeren und tieferen Baggerseen, die als Fremdkörper in den dortigen Kulturlandschaften zu betrachten sind. Hiervon sind besonders die historisch-geographisch und historisch-ökologisch wertvollen Flußauen der Gewässer betroffen (Burggraaff und Kleefeld 1996). Als besonderes Beispiel ist der untere Niederrhein zu erwähnen, wo die Rheinaue zwischen Rees und Duisburg fast vollständig zu verschwinden droht (Abb. 5). Der Abbau von Kies hat bereits den Braunkohlenabbau flächenmäßig übertroffen.

Im Mittelgebirgsraum werden teilweise ganze Berge durch Steinbrüche und andere Tagebauformen (Kalk-, Mergel und Bleiabbau) bedroht.

In den Ballungsgebieten, städtischen und dörflichen Randzonen fallen die Veränderungen durch die enorme *Verdichtung der Bebauung* in Form von neuen Industrie-, Infrastruktur- und Siedlungsflächen unmittelbar ins Auge. Besonders die Zunahme der *versiegelten Flächen* führte zur Reduzierung der Freiräume in den Ballungsgebieten. Durch den zunehmenden Straßen- und Leitungsbau werden die historische Kulturlandschaft und ihre Bestandteile weiter zerschnitten und in immer kleinere Teilräume zerlegt. Hierdurch werden historische Strukturen beeinträchtigt.

Seit den 60er Jahren führte die Benutzung von modernen nicht mehr regionsgebundenen Baumaterialien bei Renovierung, Umbau und Neubau und die Übernahme von ortsfremden Baustilen eine *Vereinheitlichung der Bausubstanz* (Bebauungsformen) und somit eine Beeinträchtigung des Landschaftsbildes herbei. Hierdurch wird die traditionelle Verbindung zwischen Region und Baumaterial sowie Baustil, der nur noch an der älteren Bausubstanz zu erkennen ist, verwischt. Außerdem wird alte Bausubstanz eher ersetzt als ergänzt bzw. angepaßt. Hierdurch tritt ein Verlust von regionsprägenden Merkmalen und Identitätswerten auf.

Freizeit, Erholung und Fremdenverkehr haben insbesondere durch ihren Umfang und zunehmende Flächenansprüche mit Feriendörfern und großflächigen Campingplätzen in landschaftlich reizvollen Lagen (z.B. Auen, Waldrandgebiete und exponierte Hanglagen) eine negative Auswirkung auf das Landschaftsbild und die Natur.

Schließlich beinhalten *natürliche Sukzessionsmaßnahmen* in Gebieten, die sich selbst überlassen werden, und Landschaftsentwicklungsprojekte ebenfalls Gefährdungen für die historisch gewachsene Kulturlandschaft.

Als Übersicht folgen Bereiche, die weitgehend noch ihre kulturhistorischen Merkmale besitzen (primäre und sekundäre Landschaften) und nun durch Ressourcengewinnung, Intensivierung sowie auch Aufgabe der Landwirtschaft, Versiegelung usw. gefährdet sind:

1. Hauptsächlich landwirtschaftlich genutzte Gebiete, wo noch keine Zusammenlegungen durchgeführt wurden (Abb. 22). Hier müßten in vorgesehenen Planungen (Landschafts- und Fachplanungen) die kulturhistorischen Belange berücksichtigt werden, weil es sich hier faktisch um die letzten Gebiete handelt, wo ältere großräumig überlieferte Flursysteme, Flurwege, Terrassen, Raine, Wälle usw. noch erhalten sind. Dies gilt ebenfalls für die wenigen, noch überlieferten alten Ackerkomplexe, also anthropogen veränderten Böden (Plaggenesche als Kulturdenkmal), die aufgrund ihrer Siedlungsnähe als Erweiterungsflächen vorgesehen sind. Durch Dränierungen und Tiefpflügen wird insbesondere das untertägige Bodenarchiv beeinträchtigt bzw. zerstört.

2. Die Flußauen (Rhein, Ems, Weser) werden durch die expandierende Auskiesung zunehmend gefährdet (Abb. 5). Sie werden ebenfalls durch die Umsetzung von Grünland in Ackerland (Maisanbau) und die damit zusammenhängende Eutrophierung als Folge der Intensivierung der Nutzung bedroht.

3. Die älteren Laubwälder sind umsichtig zu bewirtschaften, weil sich dort viele, manchmal auch unauffällige, Kulturlandschaftselemente wie Wälle, Gräben, Forstgärten, Altwege, Grabhügel, Hohlwege, Relikte des alten Bergbaus (Schächte, Pingen, Halden) befinden. Sie werden besonders durch die maschinellen Waldarbeiten mit Großgeräten bedroht. Außerdem stellen die unterschiedlich bewirtschafteten Laubwälder an sich die überlieferten Reste des Laubwaldbestandes vor 1810/1840 dar. Es gilt auch die tradierten Formen der Waldbewirtschaftung mit ihren spezifischen Techniken und Erscheinungsformen wie Hoch-, Nieder-, Mittel-, Plenter- und Hudewald zu schützen. Dies ist in „Wald 2000" für die Staatswälder bereits vorgeschlagen und umgesetzt worden und für 80.000 ha der entsprechenden Bestände der Kommunal-, Genossenschafts- und Privatlaubwälder vorgesehen. Die Entwicklung der Nadelforsten müßte trotz ihrer ökologischen Nachteile (Bodenversauerung und Artenverarmung) als eine wichtige forsthistorische und wirtschaftlich bedeutende Entwicklungsphase betrachtet werden. Die schnell wachsende Fichte war um 1810/1840 der einzige Baum, der vor allem im Mittelgebirgsraum auf den erodierten Böden wachsen konnte. Insgesamt stellen diese Nadelwälder die Entwicklung einer modernen, auf Profit hin orientierten Forstwirtschaft dar und sind außerdem eng mit der bergbaulichen und industriellen Entwicklung des Landes verbunden. Nach den schweren Windbruchschäden seit den 80er Jahren werden die Fichtenmonokulturen zunehmend kritisch bewertet.

4. Das direkte Umland der Städte in den gut erschlossenen Gebieten ist bereits seit der Jahrhundertwende zunehmend umgestaltet worden. Der markante und deutlich sichtbare Übergang zwischen Stadt und Land aber auch zwischen Dorf und Flur ist bis auf wenige Ausnahmen verschwunden. Andererseits trifft man vor allem bei den größeren Städten eine kunsthistorische und baukundliche Reihenfolge von nachvollziehbaren städtebaulichen Erweiterungsflächen (Viertel) an, die erkennbar bleiben sollen. Für die Dörfer haben sich die Erweiterungen zunächst in bandartigen Formen und erst seit den 50er Jahren mit flächigen geschlossenen Wohn- und Gewerbegebieten abgespielt.

5. In den besiedelten Bereichen wie vor allem den Stadt- und Ortskernen sind überlieferte ober- und untertägige bauliche Strukturen am meisten gefährdet. Diese Eingriffe reichen von Tiefgaragen

und neuen Hochbauten bis zum Ersetzen von alten Industrieanlagen in den Randgebieten.

6. Durch den Bau von Autobahnen, Neustraßen und Eisenbahnlinien (ICE-Trasse) in den Passivräumen werden neben der Zerstörung von Kulturlandschaftselementen sowie -bestandteilen auch dort die Kulturlandschaften zunehmend zergliedert.

3.3.2   Die Gefährdungen in den großräumigen Kulturlandschaften

Hier werden vor allem die aus der Kulturlandschaftsentwicklung (s. Kapitel 3.1) hervorgegangenen Gefährdungen angesprochen, die sich auf die Identität und die kulturhistorischen Potentiale der ausgegliederten Kulturlandschaften auswirken.

Minden-Lübbecke

Die Gefährdungen konzentrieren sich auf die Ortsränder wegen der Siedlungserweiterungen, die auf die alten Ackerkomplexe (Plaggenesche) übergreifen. Die Intensivierung der Landwirtschaft führt zur weiteren Umwandlung von Grünland in Ackerland. Hierdurch werden die traditionellen Weiden- und Wiesengebiete weiter reduziert. In der Weseraue verwandelt man die traditionell als Grünland genutzte Aue ebenfalls zunehmend in Ackerflächen. Außerdem verschwinden durch die zunehmende Kiesgewinnung weitere Auenflächen. Hierdurch werden prägende Merkmale, die stark zur Identität dieser Landschaft beigetragen haben, verschwinden.

Kernmünsterland

Die weitere Modernisierung und Intensivierung der Landwirtschaft führt zu zunehmender Zurückdrängung der herkömmlichen Grünlandlandschaften durch die Umwandlung in Ackerflächen. Dies gilt auch für die Auen der oberen Lippe und der Ems. Das durch den Intensivierungsdrang der Landwirtschaft zunehmende Bedürfnis nach rationellen maschinengerechten Ackerflächen führte zur Beseitigung von Wällen, Wallhecken, Heckenreihen, Baum- und Strauchgruppen, Ackerrainen usw. Hiermit werden wesentliche Teile der typischen parklandschaftlichen Struktur bedroht. In der traditionell offenen Hellwegbörde wird durch die weitere Beseitigung dieser landschaftsprägenden Elemente und die Beeinträchtigung der wenigen Auen- und Grünlandflächen das Landschaftsbild weiter beeinträchtigt.

Sandmünsterland

Hier ist die Situation ähnlich wie im Kernmünsterland. Die seit ca. 1900 auf Grünland orientierte Landwirtschaft auf den ehemaligen Heide- und Moorflächen (arme Sandböden) stellt sich zunehmend auf Ackerbewirtschaftung (Maisanbau) um, so daß diese Weiden- und Wiesenlandschaften zu verschwinden drohen. Durch die konzentrierte Vieh- und Schweinehaltung gibt es eine Überdüngungsgefahr. Hierdurch wurden viele Weidenställe und Feldscheunen funktionslos und sind bereits vielfach verschwunden. Die Tongewinnung für die Ziegelherstellung und Kiesabgrabung beeinträchtigt weitere Flächen.

Weserbergland

Die Ressourcengewinnung bildet im Bergland (feste und lockere Sedimentgesteine, Abb. 5) und in der Weseraue (Kies) eine Bedrohung. Die größte Gefahr geht allerdings von weiteren Siedlungs- und Industrieerweiterungen aus, wodurch die restlichen agrarisch genutzten Freiräume in den dicht besiedelten nördlichen Teilen weiter reduziert werden und der dortige Ballungsraum weiter expandiert. Außerdem wird der Obstwiesengürtel der Dörfer durch die Bauerweiterungen weiter reduziert. Durch diese Entwicklungen wird die traditionelle Durchmischung von Gewerbe und Landwirtschaft zunehmend angetastet. Die Intensivierung und Rationalisierung der Landwirtschaft gefährdet mit Aussiedlungen, Einsatz von schwerem Gerät und entsprechend angepaßten Parzellenformen und mit zunehmendem Gebrauch von chemischen Mitteln traditionelle Strukturen und ökologische Potentiale. Schließlich sei auf die Gefährdung durch den Massentourismus mit großräumigen Erholungseinrichtungen (z.B. Ferienparks) hingewiesen, die sich negativ auf die kulturhistorischen und ökologischen Potentiale auswirken, die gerade für die Erholung des Menschen wichtig sind.

Sauer- und Siegerland

Der Rückzug der Landwirtschaft durch Betriebsauflösungen und Flächenstillegungen ohne Nutzungskonzepte für die freiwerdenden Flächen bildet in den ländlichen Arealen die größte Gefahr. Die geförderten privaten Aufforstungen, meistens mit Nadelgehölzen, und die fortschreitende Erweiterung von Weihnachtsbaumkulturen auf den randlich gelegenen Agrarflächen und in den Bachtälern, aber auch in den offenen Gemarkungsfluren beeinträchtigen die traditionellen Freiflächen und somit das Landschaftsbild erheblich. Ohne entsprechende Bewirtschaftung werden die Niederwälder und Hauberge allmählich verschwinden.

Durch die fortschreitende Konzentration der wirtschaftlichen und Siedlungsaktivitäten in den Tälern haben sie ihren ursprünglichen Charakter bereits weitgehend verloren. Wegen der Konzentration des Fremdenverkehrs in Ferienzentren (Wintersport und Skipisten) und der Naherholung entstehen zunehmend negative Auswirkungen auf Natur und Landschaft.

Bergisches Land

Hier bildet die Zersiedlung der Landschaft durch Wohnbesiedlung und Gewerbegebiete in Bereichen mit guten Verkehrsanbindungen eine weitere Bedrohung für die typisch kleinräumig gegliederte Bergische Kulturlandschaft. Ein weiteres Problem entsteht durch Flächenstillegungen und landwirtschaftliche Betriebsauflösungen freiwerdender Landwirtschaftsflächen, für die alternative und landschaftsgerechte Nutzungsformen gefunden werden müssen. Wenn dies nicht geschieht, wird das traditionelle, auf die Tierhaltung ausgerichtete, Landnutzungsgefüge der ländlichen Areale beeinträchtigt. Auch hier führt die konzentrierte Naherholung und der Fremdenverkehr zu Problemen.

Rheinische Börde

Beim Fortgang der heutigen Entwicklungen werden noch einige größere Teile dieser Landschaft durch die Ressourcengewinnung (Braunkohle und Kies) und den modernen Ackerbau ihre Identität und Eigenart verlieren und zu einer Produktions- und Ausbeutungslandschaft reduziert werden. Durch das Tiefpflügen wird das reichhaltige archäologische Bodenarchiv stark in Mitleidenschaft gezogen. Diese Veränderungen haben bereits zu einem einseitig und negativ geprägten Image für intensiv ackerbaulich genutzte Teile dieser Landschaft geführt. Durch weitere Siedlungs- und Industrieverdichtungen sowie -erweiterungen werden die durch die Offenheit geprägten restlichen Wäldchen, Weiden und Wiesen in den wenigen Bachtälern, Alleen, Landwehren, Wallhecken, Obstwiesen, Weiden und Baumgruppen, die sich noch in Nähe der Siedlungen befinden, weiter zurückgedrängt.

Eifel

Die größte Gefährdung der Eifel besteht in dem starken Rückzug der Landwirtschaft. Die durch Betriebs- und Flächenstillegungen entstandene Brache und die damit zusammenhängenden geförderten Aufforstungen von dorfnahen Fluren und Bachtälern bzw. -auen werden das Landschaftsbild ohne Gegenmaßnahmen erheblich verändern. Hiervon sind vor allem die Obstwiesen, alte Gemeinheitsflächen, Heckenreihen usw. betroffen. Außerdem wirken sich die Ressourcengewinnung, der Massentourismus und die Anlage von zahlreichen Neubaugebieten negativ aus.

Niederrhein

Die Rhein- und die nördliche Niersaue sind bereits durch Auskiesung von zunehmend größeren Flächen beeinträchtigt. Ein weiterer Abbau ist vorgesehen. Außerdem werden die traditionellen Weiden- und Wiesenlandschaften in den Auen, in den kultivierten Bruchgebieten und auf den ehemaligen Heideflächen ständig zurückgedrängt. Besonders ist die sowohl ökologisch als auch kulturhistorisch wertvolle Rheinaue durch die Umstellung von Grünlandbewirtschaftung auf Ackerbau (Mais-anbau) bedroht. Vor allem in den Grenzbereichen zu den Ballungsräumen müssen die tradierten ländlichen Landnutzungssysteme den Nutzungsansprüchen anderer weichen. Als Folge des Kiesab-baus verschwinden - insbesondere in den Flußauen - wertvolle Flächen. Als positives Beispiel ist die Vergabe eines historisch-geographischen Gutachtens bezüglich des Kiesabbaus im Regierungsbezirk Düsseldorf zu betrachten, in dem sehr hoch und hoch bedeutsame Gebiete ausgewiesen wurden, in denen Kiesabbau nicht bzw. nur eingeschränkt und unter Auflagen genehmigt wird (BURGGRAAFF und KLEEFELD 1996).

Rheinschiene, Ruhrgebiet, Aachener Revier und Städteband Bielefeld-Minden

Die Gefährdungen sind ebenso wie die Vielfalt und Dynamik dieser Kulturlandschaften komplex. Die traditionellen landwirtschaftlich geprägten Landschaften sind durch Industrialisierung, Bergbau, Siedlungs- sowie Straßenbau und ihre begleitenden Auswirkungen bis auf kleine Restflächen überla-gert worden. Die Hauptgefährdung besteht heute vor allem in den Umstrukturierungsmaßnahmen und der Frage der Sukzession der nicht mehr genutzten gewerblichen, industriellen und bergbau-lichen Einrichtungen. Hierdurch werden insbesondere die restlichen überlieferten Kulturlandschafts-elemente und -bestandteile existentiell bedroht.

3.4 Formulierung landesweiter und überregionaler Schutzziele, Erarbeitung von Leitbildern für die Großlandschaften Nordrhein-Westfalens nach "Natur 2000" und Landschaftsprogramm

3.4.1 Einleitung

Aufgrund der Übernahme der Großlandschaften ins Landschaftsprogramm (LaPro) wurden hier-auf bezogene Schutzziele und Leitbilder entwickelt. Hierfür wurde die Kulturlandschaftsentwick-lung seit ca. 1810/1840 herangezogen. Außerdem werden die Gliederungen der visuellen, funktiona-len und historischen Merkmale, die das Aussehen der Kulturlandschaft (Landschaftsbild) weitge-hend prägen, berücksichtigt.

3.4.2 Landesweite und überregionale Schutzziele

Die Schutzziele hängen mit dem Gefährdungsgrad zusammen. Aufgrund der Übernahme der 8 Großlandschaften in den LaPro-Entwurf ist die Formulierung von landesweiten und überregionalen historisch-geographischen Schutzzielen ein notwendiger Schritt. Hierzu können überregionale Flä-chen auf der Ebene der Kulturlandschaftseinheiten etwa nach der Größenordnung von Naturparks eingerichtet werden, in denen vor allem kulturhistorische Aspekte berücksichtigt werden. Auch in den vorhandenen Naturparks sollte das kulturelle Erbe (kulturlandschaftliche Aspekte) noch mehr als bis-her herangezogen werden. Die überregionalen Schutzziele orientieren sich nach den 13 wertvollen Kulturlandschaften (Natur 2000, LEP und LaPro-Entwurf), die aus unserer Sicht zu sehr nach ökolo-gischen Kriterien ausgewiesen worden sind (BURGGRAAFF 1995, S. 87), und der zwei Freiraumzonen im besiedelten Bereich, bei denen vor allem die Verstärkung des Naturaspekts im Vordergrund steht.

Für die schwierig zu erfassenden dicht besiedelten Bereiche sollten die Dynamik der Entwick-lung und die aufeinander folgenden Entwicklungsphasen (auch Regression) ebenfalls als Kultur-landschaftswert betrachtet werden. Die Schutzziele sollten in den Leitbildern der Großlandschaften zum Ausdruck kommen. In den bereits formulierten Leitbildern und den Schutzzielen der 13 wert-vollen Kulturlandschaften und zwei Freiraumzonen, werden die Belange der historisch gewachsenen Kulturlandschaft gleichberechtigt eingearbeitet und bei Gegensätzen Harmonisierungsvorschläge erarbeitet. Sie müssen selbstverständlich für nachgeordnete Pläne (GEP und LP) entsprechend detaillierter ausgearbeitet werden.

Als landesweites Hauptziel ist der behutsamere Umgang mit historisch gewachsenen Kulturlandschaften zu sehen. Es sollen das Landschaftsbild und die damit verbundene Identität sowie die wesentlichen prägenden Merkmale (Vielfalt, Eigenart und Schönheit) der Großlandschaften im Rahmen des zukünftigen Entwicklungsprozesses erkennbar bleiben und im LEP, LaPro-Entwurf und GEP festgeschrieben werden. Dies beinhaltet die Berücksichtigung und Abwägung der Eigenart, der Vielfalt und der Schönheit von Kulturlandschaften (Landschaftsbild) aus der Sicht ihrer Entwicklung in zukünftigen Planungen.

Dies bedeutet für die historisch gewachsene Kulturlandschaft verträgliche Entwicklungs- und Nutzungskonzepte und die konsequente Anwendung des Paragraphen 2, Abs. 1, Nr. 13 LG NW und des Kulturgüter-Paragraphen des UVP-Gesetzes. Allgemeine Schutzziele sind:

1. Erhaltung der Erkennbarkeit und der regionalen Identität der historischen Entwicklung in Ballungs-, Übergangs- und ländlichen Räumen. Dies bedeutet vor allem Vermeidung einer weiteren Vereinheitlichung der Kulturlandschaften in Nordrhein-Westfalen mit kulturlandschaftsverträglichen Entwicklungs- und Gestaltungskonzepten (z.B. mit Gebäuden unter Berücksichtigung der regionsspezifischen Baumaterialien und Hausformen), die durchaus innovativ sein dürfen.

2. Berücksichtigung der gewachsenen regionalen Identität der Kulturlandschaften.

3. Berücksichtigung der tradierten und regionspezifischen Funktionen, die vor allem mit dem Erhalt von Landnutzungs- und Bewirtschaftungsformen in Naturschutzgebieten zusammenhängen, und Entwicklung von alternativen Formen, die den gleichen Effekt haben (z.B. in Mittelgebirgsräumen mit starken Rückzugstendenzen der Landwirtschaft, eine wirtschaftlich auf extensive Mastviehhaltung basierende Landwirtschaft zu entwickeln).

4. Rechtzeitige Berücksichtigung von zukünftigen Entwicklungen mit geeigneten Konzepten und Alternativen wie z.B. für den Rückzug der Landwirtschaft, Flächenstillegungen und Brache, Aufforstungen, Konversionsprogramme, Industriebrache und Sanierung von alten Industrie-, Gewerbe- und Bergbauflächen.

5. Erhaltung der Vielfalt von Kulturlandschaften aus der Sicht ihrer Entwicklung in der zukünftigen Raumordnungspolitik und in Planungen.

6. Wertvolle (einmalige) historische und weitgehend intakte Kulturlandschaftsbereiche müssen erhalten und aus der Nutzung genommen werden (Anwendung von § 2, Nr. 13 LG NW).

7. Berücksichtigung des historisch gewachsenen Landschaftsbildes in zukünftigen Planungen.

8. Erhalt von historischen Flursystemen, die noch nicht nach 1950 zusammengelegt worden sind.

9. Erhaltung von tradierten Waldbewirtschaftungssystemen (Nieder- und Mittelwald, Hauberge, Lohwald, Hudewald).

10. Ein objektiver Umgang mit den unterschiedlichen Kulturlandschaftstypen, so daß nicht nur die ästhetisch schönen, bäuerlich geprägten ländlichen Räume, sondern auch industriell geprägte und Ballungsräume in Wert gesetzt werden.

Wesentliche Beiträge zur Realisierung dieser Schutzziele können von einem mehr kulturhistorisch orientierten Naturschutz und einer flächigen Denkmalpflege ausgehen:

1. Effektive Vernetzungen der kulturhistorischen Belange mit den Belangen des Arten- und Biotopschutzes sowie des Natur- und Landschaftsschutzes.

2. Zusammenführung der kulturhistorischen Belange mit den Belangen der Bau- und Bodendenkmalpflege bezüglich der Erweiterung des Flächenschutzes (geschützte Kulturlandschaftsbestandteile, -schutzgebiete und geschützte archäologische Reservate) und Berücksichtigung des flächigen und zusammenhängenden Ansatzes in der bau- und kunsthistorisch orientierten Bau- und archäologisch orientierten Bodendenkmalpflege über die Denkmalbereiche hinaus (Durchführung des § 2, Nr. 13 des LG NW).

Zusammenfassend sollten diese Schutzziele dazu beitragen, daß die Belange der Kulturlandschaft in der zukünftigen Entwicklung mehr Beachtung finden und gleichberechtigt mit anderen Belangen in den Abwägungs- und Entscheidungsprozeß Eingang finden werden, damit trotz notwendiger Weiterentwicklung, zurückliegende Entwicklungsdimensionen erkennbar bleiben. Ein Verbieten jeglicher Veränderungen ist außer bei einmaligen, intakten, historisch gewachsenen Kulturlandschaftsbereichen nicht angebracht, sondern lediglich die Forderung rücksichtsvoll mit der historisch gewachsenen Kulturlandschaft umzugehen.

Schließlich sollte überlegt werden, ob für jede ausgegliederte großräumige Kulturlandschaft einige qualitativ gut überlieferte repräsentative Kulturlandschaftsbereiche ähnlich wie die „wertvollen Kulturlandschaften" des LEP und LaPro-Entwurfs unter „Kulturlandschaftsschutz" mit eingeschränkter Weiterentwicklung gestellt werden könnten.

3.4.3 Leitbilder für die Großlandschaften (vgl. Abb. 33 und 34)

Die auf die historisch gewachsene Kulturlandschaft hin orientierten Leitbilder sind für das Landschaftsprogramm und den Landesentwicklungsplan gedacht. Sie ergänzen die weitgehend ökologisch orientierten Leitbilder von „Natur 2000". Hierbei sollte zum Ausdruck gebracht werden, daß die als ökologisch wertvoll betrachteten Flächen und Strukturen (Biotopvernetzung) ebenfalls einen kulturhistorischen Hintergrund haben. Deswegen ist es wichtig, die Verbindungen zwischen ökologischen und kulturhistorischen Zielen herzustellen.

In den Leitbildern werden die Großlandschaften aufgrund ihrer Entwicklung charakterisiert. Sie beziehen sich auf Landschaftsbild, Veränderungsgrad, Dynamik, Entwicklungstendenzen, Landnutzung, Gefährdungen und Schutzziele (Vielfalt, Artenreichtum und Eigenart). Die raumbezogenen Leitbilder enthalten eine historische (was war), gegenwärtige (was ist) und eine zukünftige Komponente (was wird). Sie müssen für die nachgeordneten Planungsebenen in Form von konkreteren Leitbildern für den GEP und in Form von Kulturlandschaftsqualitätszielen für die Landschaftsplanung detaillierter ausgearbeitet werden.

Entwicklungsziele

In der Raumplanung existieren in den unterschiedlichen Gesetzen verbindliche Ziele und Grundsätze zur Berücksichtigung der Natur und (Kultur)Landschaft, der Denkmäler und Denkmalbereiche. Die hierunter beispielhaft aufgeführten Entwicklungsziele können durch allgemeine Zielvorgaben aus weiteren Gesetzen, Programmen oder Plänen ergänzt werden. Sie sehen in allgemeiner Form den behutsamen Umgang mit den unterschiedlichen Kulturlandschaftsräumen (Erhaltung charakteristischer Kulturgüter) vor. Aus diesen Leitlinien können konkrete Kulturlandschaftsqualitätsziele abgeleitet werden.

Kulturlandschaftsqualitätsziele

Zur Bewertung der Kulturlandschaftseinheiten und -bereiche sind raumbezogene (örtliche oder überörtliche) Kulturlandschaftsqualitätsziele (Schützen, Pflegen, behutsamer Umgang) zu formulieren. Hierfür eignen sich die Modellgebiete. Diese Ziele müßten eigentlich in die entsprechenden Raumordnungspläne (Landschaftsplan, Denkmalliste, Denkmalpflegeplan, kommunaler Bauleit-, Bebauungs- und Flächennutzungsplan) aufgenommen werden. Falls diese nicht in ausreichendem Maße vorliegen, sind sie durch fachliche Beiträge bzw. Stellungnahmen zu ergänzen.

Kleinere Flächen	Qualitätsstandards (Schutzstatus)
Kulturlandschaftselemente	Bau-, Boden- und Naturdenkmäler
Kulturlandschaftsbereiche und -bestandteile	Denkmalbereiche, Natur- und Kulturlandschaftsschutzgebiete, Landschaftsschutzgebiete (Entwicklungsziele und Kulturlandschaftsqualitätsziele)

Großflächen und größere Flächen	Qualitätsstandards (Schutzstatus)
Kulturlandschaftseinheiten	Konkretere Leitbilder für die zukünftige Entwicklung mit Einschränkungen für empfindliche Bereiche (kulturhistorisch orientierte Naturparks, Kulturlandschaftsparks)
Großräumige Kulturlandschaften	Berücksichtigung des gewachsenen Landschaftsbildes und der gewachsenen Identität (Leitbilder)

Die gebauten und archäologischen Objekte gehören zum Tätigkeitsfeld der Denkmalpflege. Im folgenden werden die Leitbilder vor allem aus der Sicht der Kulturlandschaftspflege, bezogen auf die Großlandschaften, als Entwurf formuliert. Für Teilräume haben diese Leitbilder eine Rahmenfunktion, die entsprechend als konkretere Leitziele, Entwicklungs- bzw. Kulturlandschaftsqualitätsziele (Erhaltung bzw. behutsamer Umgang) formuliert werden.

3.4.3.1 *Westfälische Bucht und westfälisches Tiefland*

Mit Ausnahme der Weseraue wurde die Lippe außer der Hellwegbörde und Ems von extensiv genutzten sandigen Heideflächen mit Hutungen und Triften begleitet. Die Grünlandflächen sind aus den Kultivierungen seit ca. 1900 hervorgegangen. In den letzten Jahrzehnten ist der Umfang dieser Flächen durch intensive Ackernutzung (Maisanbau) zurückgegangen. Das Grünland ist ebenfalls einer intensiven Nutzung mit entsprechender Düngung unterlegen. Die von der Weser geprägte Landschaft hebt sich aufgrund der vorhandenen Kleiböden mit als Ackerland genutzten Terrassen und als Weiden und Wiesen genutzten Auen hervor.

Die *Münsterländischen und Minden-Lübbecker Sandlandschaften* markieren einen Begegnungsraum zwischen traditionell besiedelten Flächen mit kleinräumigen, gestreuten Siedlungs- (Einzelhöfe, Drubbel und Kirchdörfer) und Nutzungsflächen (Plaggenesche um die Dörfer und Drubbel und Kämpe bei Einzelhöfen) und den jungen seit ca. 1840 teilweise mit Kiefern aufgeforsteten und vor allem als Grünland kultivierten und ausgedehnten, extensiv genutzten Moor- und Heideflächen. Aufgrund dieser Entwicklung haben sich diese dünnbesiedelten Räume, die um 1840 durch das Vorkommen von großen extensiv genutzten Heide- und Moorflächen durch eine große Offenheit geprägt waren, infolge der Aufforstungen und Kultivierungen zur kleinräumig gekammerten und intensiv landwirtschaftlich genutzten Kulturlandschaft umgewandelt. Die höher gelegenen alten Siedlungs- und Agrarflächen (Plaggenesche), unterscheiden sich aufgrund ihrer gewachsenen Gefüge deutlich von den neuen tiefer gelegenen und systematisch kultivierten und aufgeforsteten Flächen. Die Kammerung wird insbesondere durch die Zusammenführung und Abwechslung von altbesiedelten und jungen Kultivierungs- und Aufforstungsgebieten hervorgerufen.

Das dominierende Baumaterial der Häuser und Höfe mit Nebengebäuden (Hallen- oder Langhäuser) besteht seit ca. 1850 aus rotbraunem Backstein und Dachziegeln, manchmal in Kombination mit Fachwerk. Das Siedlungsgefüge mit Einzelhöfen (Gräften- und Schulzenhöfen) und Kleindörfern, Kirchen, Windmühlen, Schlössern und Gütern mit ihrer umgebenden Vegetation, mit den verbindenden Straßen, die von Baumreihen bzw. Hecken markiert werden, verstärken diese Kammerung. In der Besiedlung spiegelte sich die bäuerliche Ständegesellschaft mit Voll-, Halberben, Erbköttern, Köttern, Brinksitzern und Heuerlingen wider. Trotz der späteren Siedlungserweiterungen und Industrieansiedlungen sowie infrastrukturellen Bauten (Textilgewerbe bei Ahaus und Gronau und das vorrückende Ruhrgebiet mit Bergbau) hat der ländliche Raum des Münsterlandes und des Minden-Lübbecker Raumes seine ländliche Natur weitgehend beibehalten, die insbesondere durch die Entwicklung der Landwirtschaft als größten Landnutzer seit 1840 stark geprägt worden ist.

Abgesehen von den altbesiedelten (vor 1840) Bereichen, die noch als primär zu charakterisieren sind, sind dagegen die kultivierten und teilweise aufgeforsteten Heide- und Moorgebiete (nach 1810/1840) als sekundär zu betrachten.

Erhaltung bzw. behutsamer Umgang mit folgenden Strukturen und Elementen:
- Die restlichen kleinen Heide- und Moorflächen als Überbleibsel der ehemaligen Markenflächen und des frühneuzeitlichen Landwirtschaftssystems,
- die Weiden und Wiesen der Heidekultivierungen,
- die kleinräumig gewachsene gegliederte Besiedlungsstruktur mit Kirchdörfern, Drubbeln und Einzelhöfen mit den zugehörigen Obstgärten und Obstwiesen, Hausweiden und Tümpeln (Tränken),
- die traditionell als Grünland genutzte Weseraue,
- die wenigen alten bäuerlichen Ackerfluren (Plaggenesche und Kampen) der Drubbel als anthropogen entstandene Bodentypen,
- die Gräften(Schulzen)höfe und Wasserschlösser mit ihren Garten- und Parkanlagen aber auch Landwehre als Elemente der ländlichen Herrschaft und Verwaltung,
- die Kerne der typisch westfälischen Kleinstädte (Wigbolde),
- die Kerne der Platz- und Angerdörfer,
- die Feldscheunen und Feldställe in der offenen Flur,
- die Bachauen und -täler als überlieferte Wiesengebiete,
- die aufgeforsteten Kiefernwäldchen der trockenen sandigen Heiden und Dünen mit ihren Wällen und Wallhecken,
- die kleinräumig das Landschaftsbild und die Identität bestimmenden Punkt- und Linienelemente: Wallhecken, Hecken, Baumreihen, und Alleen und
- die alten Mergel- und Tongruben im Süden und Sandsteinbrüche im Nordwesten (Ahaus, Gronau, Rheine).

Entwicklungsziele:
- Eine ausgewogene bodenständige Landwirtschaft, in der für die Viehhaltung genügend Grünlandflächen insbesondere in den für Düngung empfindlichen Flächen als extensiv genutztes Weide- und Heuland zur Verfügung stehen,
- die Beschränkung der Ausweitung der Ackerflächen auf traditionellen Grünlandflächen in den Bach- und Flußauen sowie in den kultivierten Heide- und Moorflächen mit teilweiser Rückführung zu Grünland,
- eine mehr auf die Raumidentität, auf die historisch gewachsenen Strukturen und auf die traditionell genutzten Baumaterialien und Bauformen orientierte Planung und Umsetzung (nicht im Sinne von Zurückgreifen auf alte Baustile, sondern Berücksichtigung der vorhandenen Bausubstanz mit einer harmonischen Neubaugestaltung (Landschaftsbild) mit regionalen Baumaterialien) sowie
- einige gut erhaltene und repräsentative Teile dieser Kulturlandschaft als Kulturlandschaftsschutzgebiete oder Kulturlandschaftserlebnisgebiete (Dingdener Heide) ausweisen.

Das vom Ackerbau geprägte, kleinräumig gegliederte *Kernmünsterland* mit der gestreuten Einzelhof- und Drubbelstruktur, die Kirchdörfer, die Kleinstädte mit kleineren Wäldern auf den Erhebungen, die Bauernwäldchen, die punktuellen Wasserschlösser, Mühlen usw. und die Eigentums-, Nutzungs-, und Verwaltungsgrenzen markierenden Heckenreihen und Wallsysteme (Landwehre) und wegebegleitenden Baumreihen (Alleen), gaben dem Kernmünsterland bereits vor 1840 einen parkähnlichen Charakter, der trotz des dynamischen Veränderungsprozesses seit 1840 beibehalten wurde.

Die Stadt Münster ist seit altersher das herausragende Zentrum (Bistum- und Verwaltungssitz). Die Gräftenhöfe und Wasserschlösser waren die Verwaltungssitze der Schulzen bzw. adligen Grund-

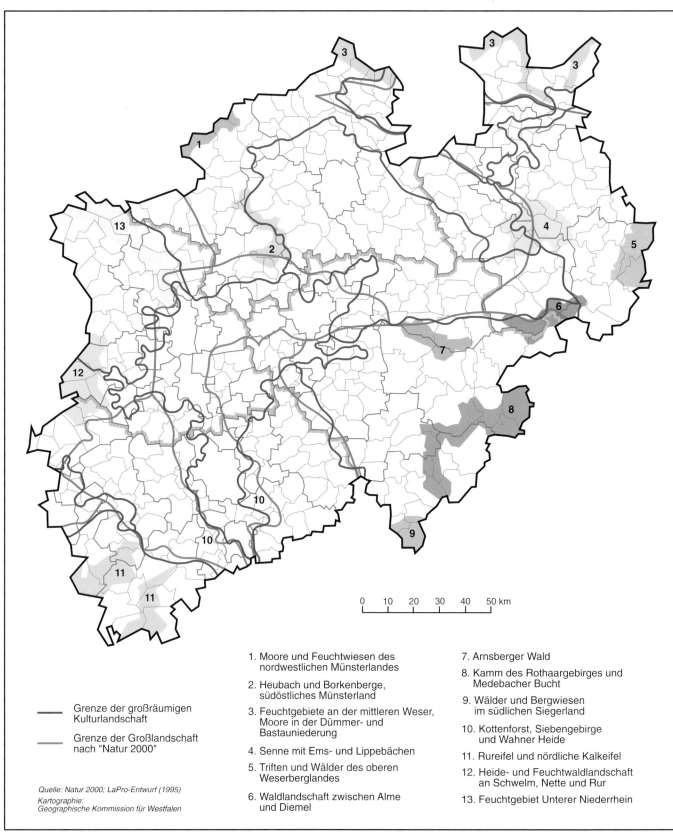

Grenze der großräumigen
Kulturlandschaft

Grenze der Großlandschaft
nach "Natur 2000"

Quelle: Natur 2000; LaPro-Entwurf (1995)
Kartographie:
Geographische Kommission für Westfalen

1. Moore und Feuchtwiesen des
   nordwestlichen Münsterlandes

2. Heubach und Borkenberge,
   südöstliches Münsterland

3. Feuchtgebiete an der mittleren Weser,
   Moore in der Dümmer- und
   Bastauniederung

4. Senne mit Ems- und Lippebächen

5. Triften und Wälder des oberen
   Weserberglandes

6. Waldlandschaft zwischen Alme
   und Diemel

7. Arnsberger Wald

8. Kamm des Rothaargebirges und
   Medebacher Bucht

9. Wälder und Bergwiesen
   im südlichen Siegerland

10. Kottenforst, Siebengebirge
    und Wahner Heide

11. Rureifel und nördliche Kalkeifel

12. Heide- und Feuchtwaldlandschaft
    an Schwelm, Nette und Rur

13. Feuchtgebiet Unterer Niederrhein

Abb. 33: Wertvolle Kulturlandschaften

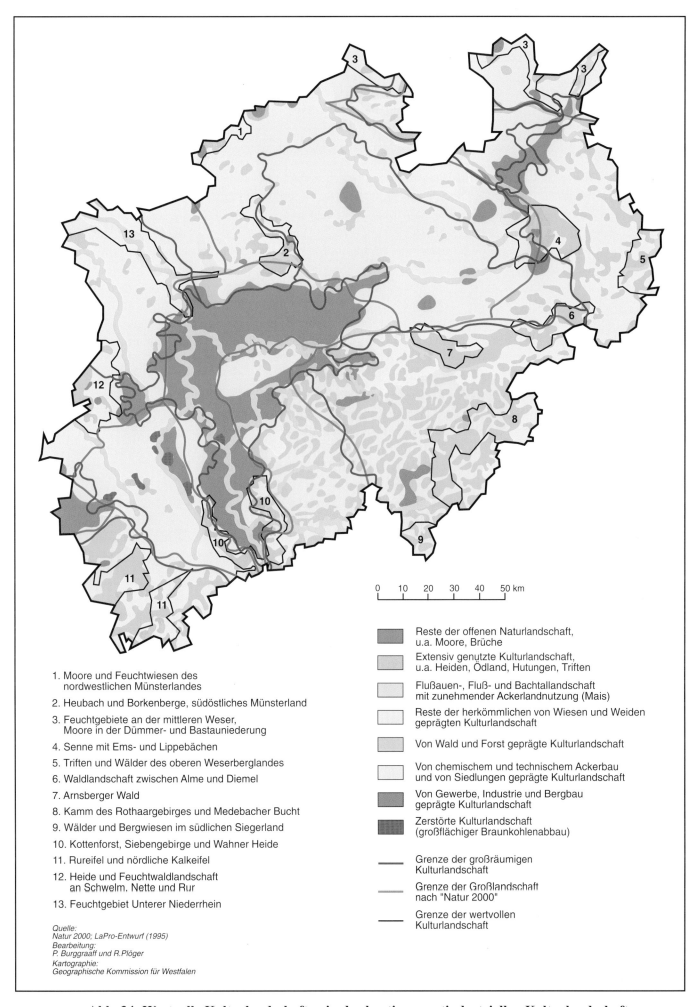

1. Moore und Feuchtwiesen des
   nordwestlichen Münsterlandes

2. Heubach und Borkenberge, südöstliches Münsterland

3. Feuchtgebiete an der mittleren Weser,
   Moore in der Dümmer- und Bastauniederung

4. Senne mit Ems- und Lippebächen

5. Triften und Wälder des oberen Weserberglandes

6. Waldlandschaft zwischen Alme und Diemel

7. Arnsberger Wald

8. Kamm des Rothaargebirges und Medebacher Bucht

9. Wälder und Bergwiesen im südlichen Siegerland

10. Kottenforst, Siebengebirge und Wahner Heide

11. Rureifel und nördliche Kalkeifel

12. Heide und Feuchtwaldlandschaft
    an Schwelm, Nette und Rur

13. Feuchtgebiet Unterer Niederrhein

Quelle:
Natur 2000; LaPro-Entwurf (1995)
Bearbeitung:
P. Burggraaff und R.Plöger
Kartographie:
Geographische Kommission für Westfalen

Reste der offenen Naturlandschaft,
u.a. Moore, Brüche

Extensiv genutzte Kulturlandschaft,
u.a. Heiden, Ödland, Hutungen, Triften

Flußauen-, Fluß- und Bachtallandschaft
mit zunehmender Ackerlandnutzung (Mais)

Reste der herkömmlichen von Wiesen und Weiden
geprägten Kulturlandschaft

Von Wald und Forst geprägte Kulturlandschaft

Von chemischem und technischem Ackerbau
und von Siedlungen geprägte Kulturlandschaft

Von Gewerbe, Industrie und Bergbau
geprägte Kulturlandschaft

Zerstörte Kulturlandschaft
(großflächiger Braunkohlenabbau)

Grenze der großräumigen
Kulturlandschaft

Grenze der Großlandschaft
nach "Natur 2000"

Grenze der wertvollen
Kulturlandschaft

Abb. 34: Wertvolle Kulturlandschaften in der heutigen postindustriellen Kulturlandschaft

113

herren. In dem überlieferten Siedlungsgefüge ist die bäuerliche Ständegesellschaft der frühen Neuzeit noch erkennbar. Bedeutende landwirtschaftlich geprägte Elemente sind die Plaggenesche und die ehemaligen Mergelkuhlen für die Ackerdüngung. Durch die tiefgreifenden Zusammenlegungen sind bereits sehr viele kleine landschaftsgliedernde Elemente ausgeräumt worden.

Die vor 900 bereits kultivierte und relativ dicht bäuerlich besiedelte, fruchtbare Soester Börde/ Hellwegbörde mit hauptsächlich geschlossener Hofbesiedlung in den Dörfern, die den Wohlstand der Vergangenheit ausstrahlt, und großräumigen Ackerfluren sowie relativ geringen Waldflächen wird von Offenheit geprägt.

Die Bördenstädte orientierten sich an dem auf der Grenze zwischen der oberen und unteren Börde verlaufenden wichtigen Handelsweg: dem Hellweg. Die nachfolgenden Eisenbahnlinien (Köln-Mindener-Eisenbahn), Neustraßen und Autobahnen orientierten sich ebenfalls hieran. Die Bebauung in den Dorfkernen wird noch immer von graugrünem und weißgrauem Kalkstein geprägt.

Die Hellwegbörde ist im Gegensatz zur Rheinischen Börde wasserreich. Die anwesenden Süßwasser- und Solquellen (Salz) waren wichtige Voraussetzungen für frühe Besiedlung und Handel. Die Salinen (Soester Sälzerei, 973 erwähnt) und der damit verbundene Salzhandel gaben dem Hellweg eine wichtige Handelsbedeutung.

Der durch die fruchtbaren Böden bevorzugte Ackerbau hat eine traditionelle Dominanz, so daß Wald und Grünland (Schledden) eine relativ geringe Verbreitung hatten. Insbesondere durch die zerstörende Wirkung der Flurbereinigungen sind viele die Ackerfluren strukturierende Elemente wie Heckenreihen, Feldraine und Feld- und Ufergehölze, die in einer solchen offenen Landschaft eine besonders prägende Wirkung auf das Landschaftsbild haben, verschwunden und Höfe ausgesiedelt worden.

Die gut erschlossenen Städte und größeren Ortschaften haben sich zunehmend auf das direkte Umland mit kompakten Neubau-, Industrie- und Gewerbegebieten erweitert. Durch die Anwesenheit von Mergel entwickelte sich bei Beckum und Erwitte eine sehr bedeutende Zementindustrie. Andererseits gibt es abseitsgelegene Kleinstädte, die sich kaum über eine dörfliche Struktur hinaus entwickelt haben.

Erhaltung bzw. behutsamer Umgang mit folgenden Strukturen und Elementen:
- Die restlichen raumteilenden Linienelemente (Alleen, Baumreihen, Hecken, Wallhecken, Baum- und Strauchgruppen, Hofbepflanzungen, Kleinwäldchen), die besonders durch Zusammenlegungen und den modernen Ackerbau bedroht werden,
- das traditionelle Siedlungsgefüge (Drubbel, Einzelhofstreuungen im Kernmünsterland und geschlossene Bauerndörfer der Börde) mit zugehörigen Ackerfluren (Plaggenesche und Kämpe),
- der geschlossene Besiedlungscharakter der Bauerndörfer der Börde und die Vermeidung weiterer Hofaussiedlungen,
- der Niederschlag der bäuerlichen Sozialgliederung mit Höfen der Vollerben, mit Kleinhöfen der Kötter und Kotten der Brinksitzer,
- die historischen Stadt- und Ortskerne und
- die älteren Laubwälder in Niederungen (Auen) und auf den Erhebungen sowie ihre traditionellen Bewirtschaftungsformen (Hude-, Nieder- und Mittelwald usw.).

Entwicklungsziele:
- Bei zukünftigen Entwicklungen und Veränderungen sollte das diesen Raum prägende und Identität bestimmende historische Kulturlandschaftspotential besser berücksichtigt und in der Planung eingebracht werden. Hiermit kann vermieden werden, daß bei Veränderungen und Eingriffen die zusammenhängenden Kulturlandschaftsstrukturen sowie das Landschaftsbild zerstückelt werden.
- Rückführung von stillgelegten Ackerflächen zu tradierten früheren Nutzungen (extensives Grün-

land, Schledden). Korrektur des ausgeräumten Landschaftsbildes der Börde mit Anpflanzung von Feldgehölzen, Hecken-, Baumreihen, Feldrainen an tradierten Standorten.

Handlungsbedarf für nachhaltige Nutzungen:
- Bei zusätzlichen Aufforstungen soll insbesondere an historischen Waldstandorten angeknüpft werden.
- Überlieferte Waldbewirtschaftungsformen wie Nieder-, Mittel- und Hudewald können nur durch die zugehörigen Bewirtschaftungsformen erhalten werden.
- In den tradierten Grünlandgebieten und in den seit ca. 1900 in Grünland umgewandelten Heidegebieten sollte die Grünlandnutzung beibehalten werden.
- Bei Renaturierungsmaßnahmen sollten alte kulturhistorische Wassermühlenstandorte, Teichanlagen, Furten usw. berücksichtigt werden.
- Im Bereich der Kies- und Sandgewinnung in der Aue und auf der Niederterrasse sollten wertvolle Kulturlandschaftsbereiche und -bestandteile geschont bzw. unter rücksichtsnehmenden Auflagen genutzt werden.
- Neben den Naturerlebnis- sollten auch Kulturlandschaftserlebnisgebiete oder Kombinationen von beiden Typen eingerichtet werden, wie dies z.B. für die Dingdener Heide vorgesehen ist. Dies gilt ebenfalls für die übrigen Großlandschaften.

Wertvolle Kulturlandschaft: Moore und Feuchtwiesen des nordwestlichen Münsterlandes (1)
Aus kulturhistorischer Sicht könnte die Auswahl dieser „wertvollen Kulturlandschaft" mit dem großen Umfang der Heide- (extensiv genutzte Kulturlandschaften) und der Moorgebiete (Reste der offenen Naturlandschaft) und siedlungsnahen Ackerflächen (Kampen und Plaggenesche) der mittelalterlichen und frühneuzeitlichen Landwirtschaft begründet werden. Durch die durchaus dynamische Entwicklung der Landwirtschaft im 20. Jahrhundert hat sich der Umfang der Heide- und Moorflächen stark reduziert.

Die früheren Entwicklungsphasen sind in diesem Raum nur noch durch die vorhandenen Restmoore, -heiden und Feuchtwiesen sowie die Siedlungsstruktur (Kirchdörfer, Drubbel sowie Einzelhöfe) nachzuvollziehen. Diese alten Flächen wurden von extensiv genutzten Flächen, den sogenannten Markenflächen, umgeben. Das Wegegefüge ist durch Flurbereinigungen vor allem auf der Ebene der Wirtschaftswege verändert worden. Auch die Parzellierung wurde umgewandelt.

Wertvolle Kulturlandschaft: Heubach und Borkenberge, südliches Münsterland (2)
Von der Landnutzungsentwicklung her weist dieser Raum eine ähnliche Entwicklung auf. Allerdings war die Waldnutzung (Die Haardt) südlich der Lippe bereits vorhanden. Dieser Wald wurde durch eine Umwandlung in Nadelgehölze geprägt. Erkennbar sind ebenfalls forstwirtschaftliche Aspekte des späten 19. Jahrhunderts mit Jageneinteilungen und Nadelaufforstungen (Kiefer und später Fichte). In der Umgebung von Meerfeld ist der Gutswald von Lembeck hervorzuheben, der heute nach modernen Maßstäben bewirtschaftet wird. Restheiden (Westtruper Heide) und -moore weisen noch auf die vergangene extensiv geprägte Ergänzungsfunktion dieser Flächen für die Landwirtschaft hin.

Wertvolle Kulturlandschaft: Feuchtgebiete an der mittleren Weser, Moore am Dümmer und in der Bastauniederung (altes Storchenland an der Weser) (3)
Hier bilden kleinere Restmoorflächen und die bereits abgegrabenen und kultivierten Moore den Übergang zu den großflächigen Mooren im norddeutschen Tiefland. Die Moore spiegeln die Bewirtschaftung - von Torfgewinnung, Entwässerung und Umwandlung in Grünland, und Restmoore - wider.

Die Weseraue funktionierte als Überschwemmungsfläche. Im Gegensatz zu den direkt benachbarten Räumen mit Einzelbesiedlung werden die angrenzenden Niederterrassen mehr von geschlossener Besiedlung in Dörfern geprägt.

Wertvolle Kulturlandschaft: Senne mit Ems- und Lippebächen (4)

Das Gelände des Truppenübungsplatzes Sennelager mit den angrenzenden Bereichen besteht weitgehend aus überlieferten Heide- und Moorflächen, die als Relikte (ehemalige extensiv genutzte Markenflächen) des spätmittelalterlichen bzw. frühneuzeitlichen Agrarsystems zu betrachten sind.

Für den Truppenübungsplatz Sennelager ist das Dorf Haustenbeck nach dem Krieg entsiedelt worden und es sind bereits kultivierte Agrarflächen aus der Nutzung genommen worden. Außerdem wirkt die militärische Nutzung sich auf bestimmte Vegetationstypen wie Heide aus. Als Militärgebiet ist dieser Raum der Planung völlig entzogen worden.

3.4.3.2 *Weserbergland*

Die Grenze zwischen gestreuter und geschlossener Besiedlung zwischen Extertal über Detmold, Bad Lippspringe und Paderborn wirkt sich auf das Landschaftsbild südlich mit geschlossenen Dorfsiedlungen und nördlich mit gestreuten Siedlungen (Einzelhöfen) aus (Abb. 18). Der relativ schmale, nicht besiedelte und bewaldete Gebirgskamm war und ist traditioneller Lieferant von Wasser (Quellen und Sieke), Holz, Ton-, Sand- und Mergelstein und Holz.

Nördlich dieser Linie liegt das Ravensberger Land mit einer traditionellen Vermischung von Landwirtschaft und traditionellem Gewerbe und das waldreiche Lipper Bergland. Sie bilden heute einen stark von mittelständischer Industrie durchsetzten - vom Ackerbau dominierten - Agrarraum mit traditioneller Einzelhof- (Sattelmannshöfe der freien Bauern) und Drubbelstruktur. Badeorte bei den Sole-, Schwefel- und Mineralquellen haben sich seit ca. 1880 entwickelt. Die lippischen Dörfer werden von Wiesenkränzen geprägt. Südlich dieser Linie stellen die Steinheimer und Warburger Börde, das Oberwälder Bergland (mit sich abwechselnden Guts- und Kleinbauerndörfern) und die Paderborner Hochfläche (mit Klostergütern) von Ackerbau in geschlossenen Siedlungsformen geprägte Räume dar, in denen das ursprüngliche Siedlungsbild insbesondere nach 1950 durch neue Aussiedlerhöfe durchsetzt ist. Entlang der Weser und den Bächen befinden sich die restlichen Auen mit Weiden und Wiesen.

In diesem relativ städtedichten Raum haben viele Städte eine kaufmännische und gewerbliche Tradition (Lemgo, Höxter). Die Kirchen der Städte sind vor allem durch die Weserrenaissance geprägt. Das Städteband Bielefeld-Minden entlang der Köln-Mindener Eisenbahn ist der jüngste Ballungsraum, trotz der Tatsache, daß das Gebiet zum größten traditionellen Industriegebiet des Landes gehört. Dieser Raum wurde vor allem von einer ländlich-bäuerlichen Industrie geprägt, die heute von der verarbeitenden Industrie dominiert wird.

Erhaltung bzw. behutsamer Umgang mit folgenden Strukturen und Elementen:
- Prägende Fachwerkbausubstanz im Ravensberger und Lipper Bergland,
- Dorfränder mit den Obstweiden und Flurübergängen,
- lippische Heidesiedlungen des 18. Jahrhunderts am östlichen Rand der Senne (Augustdorf),
- das abwechslungsreiche Landschaftsbild,
- Laubwälder aufgrund ihrer traditionellen Bewirtschaftungsformen, wie Buchenniederwälder im Wiehengebirge, Warburger Land, Oberwälder Bergland,
- überlieferte Reste der Hang- und Hochmoore als ehemalige landwirtschaftliche Ergänzungsflächen,
- traditionelle Grünlandflächen in Bachtälern und Bachauen (Sieks),
- restliche kleine Landschaftselemente (Hecken, Baum- und Strauchgruppen, Feld- und Ufergehölze, Terrassen) in den Ackerlandbereichen und
- Relikte der Kalksteingewinnung.

Entwicklungsziele:
- Die Identität dieser bereits in der Vergangenheit intensiv genutzten und abwechslungsreichen

Kulturlandschaft soll bei zukünftigen Entwicklungen berücksichtigt werden,
* Aufforstungsvorhaben, die an traditionelle Waldarten, -strukturen und Waldstandorte anschließen,
* Förderung traditioneller Bewirtschaftung für die Niederwälder sowie
* identitätswahrende Baumaßnahmen mit z.B. regionstypischen Baumaterialien.

Handlungsbedarf für nachhaltige Nutzungen:
* Aufforstungen sollten auf historisch belegten Standorten von 1810/1840 vorgenommen werden. Traditionell offene Flächen (z.B. Heide, Grünland, Bachtäler und -auen) sollten offenbleiben.
* Im Bereich der Landwirtschaft sollte der Ackerbau als tradierte Nutzung der fruchtbaren Bördenflächen aus kulturhistorischer Sicht nicht nur negativ bewertet werden. Die momentan intensive Bewirtschaftung (intensive Düngung und chemische Bekämpfungsmittel) sollte durch eine ökologisch orientierte Bewirtschaftung in den sensiblen Bereichen (Bachnähe, Grundwasser) gefördert werden. Beispiele sind biologische Bekämpfungsmittel, Reduzierung großflächiger Monokulturen und ein konsequenteres Zurückgreifen auf bodenverträgliche Fruchtfolgen.
* Bei Renaturierungsmaßnahmen von Gewässern sollten die kulturhistorischen Relikte berücksichtigt werden.
* Behutsame Kalkstein-, Sand- und Kiesgewinnung, wobei die kulturlandschaftlichen Belange und die Auswirkungen hierauf beachtet werden. Dies gilt ebenfalls für die übrigen Großlandschaften.

Wertvolle Kulturlandschaft: Triften und Wälder des oberen Weserberglandes (5)
Zu dieser Kulturlandschaft, die traditionell gegliedert aus Wald- und Ackerflächen (Börde) sowie streifenförmigen Auenflächen entlang der Weser und den Bächen bestand, müssen auch die Städte (Höxter und Beverungen) und die Dörfer (geschlossene Siedlungsstruktur) gerechnet werden. Seit 1840 hat sich der Waldbestand reduziert und Laubwälder sind in Mischwälder umgewandelt worden. Durch die Besiedlungszunahme haben die Täler der Nethe und der Bever, die als Verkehrsachsen mit Hauptstraßen und Eisenbahnlinien fungieren, sich verändert. Von der Weseraue sind bereits einige Abschnitte (zwischen Godelheim und Höxter sowie bei Beverungen) von der Kiesgewinnung stark beeinträchtigt worden. Das Landschaftsbild dieses Berglandes wird von der geschlossenen Siedlungsstruktur und dem Wechsel von dörflichen Ackerfluren und Wäldern geprägt, die von Fluß- und Bachtälern mit Verbindungsstraßen durchschnitten werden.

Wertvolle Kulturlandschaft: Waldlandschaften zwischen Alme und Diemel (6)
Diese Kulturlandschaft wird von größeren Waldkomplexen auf der Paderborner Hochfläche (Sintfeld) geprägt, die außerdem die Grenze mit der Briloner Hochfläche bilden. Die ursprünglichen Laubwälder sind mit Nadelholzaufforstungen durchsetzt. Die Heideflächen sind aufgeforstet bzw. kultiviert worden. Die größeren Ackerflächen (teilweise Rodungsinseln) sind durch Flurbereinigungen umstrukturiert worden. Die ursprünglich geschlossene Siedlungsstruktur ist durch die Ansiedlung von Aussiedlerhöfen im Rahmen der Flurbereinigung bei Wunnenberg, Fürstenberg, Bleiwäsche und Madberg tiefgreifend verändert worden. Hierdurch hat sich das traditionelle Landschaftsbild mit weitgehend offenen Ackerflächen geändert.

Die traditionellen Landnutzungsformen Wald und Ackerland herrschen heute noch vor. Erhaltungswürdig sind die Stadt- und Ortskerne. Dies gilt auch für die Relikte alter Waldbewirtschaftungsformen.

3.4.3.3 *Sauer- und Siegerland*

Dieser Raum wird heute noch immer durch die Entwicklung von einem armen Rohstoff- und Holzlieferant mit tradiertem Bergbau und Verarbeitungsgewerbe in den Tälern sowie einer selbstversorgenden Landwirtschaft unter vergleichsweise schwierigen Lebens- und Arbeitsbedingungen einer beliebten, komfortablen und naturnah empfundenen waldreichen Wohn-, Urlaubs- und Erholungsregion geprägt.

Größere Teile der durch Übernutzung devastierten Laubwälder haben sich aufgrund politischer Maßnahmen (preußische Aufforstungspolitik) und wirtschaftlicher Bedürfnisse seit ca. 1850 in ökologisch arme, von Fichten dominierte Mischwälder umgewandelt. Großräumige dicht bewaldete Hänge, Flächen und Mulden mit Dörfern und Weilern mit ihren wenig ertragreichen Ackerfluren (mit Ausnahme der Briloner Hochfläche) und zugehörigen extensiv geprägten Wirtschaftsformen wie Bergwiesenwirtschaft, Feld-Graswirtschaft und den intensiveren Wiesenbewässerungsflächen (Wiesenbau) prägen das Hochsauerland (Arnsberger Wald, Homert, Rothaar und Ebbe). Sie sind eng mit Bergbau und Kleinstbauerntum verbunden. Diese Bereiche heben sich deutlich von den dichter besiedelten Industrie- und Gewerbetälern ab.

Diese vom Mittelgebirgsrelief geprägte und dicht bewaldete Kulturlandschaft wirkt mit Ausnahme der weitgehend waldfreien Hochflächen sehr geschlossen. Der Rückzug der Landwirtschaft wird insbesondere von den nachfolgenden Weihnachtsbaumkulturen markiert. Die ursprünglichen Kleinblockfluren und Langstreifenfluren im Wittgensteiner Land sind teilweise als Folge von Zusammenlegungen erheblich verändert worden.

Das enge Miteinander zwischen Mensch und Natur und das geschickte Nutzen des natürlichen Potentials läßt sich durch viele Relikte in der heutigen Kulturlandschaft noch sehr gut verfolgen. Die Spuren der prägenden bergbaulichen, gewerblichen und waldwirtschaftlichen Tradition auf der Grundlage von Holz und Wasser als Energiequellen bestimmen heute vor allem im Märkischen Sauerland und Siegerland noch immer die Identität. Die auf die keltische Zeit zurückgehende Eisenverhüttung mit Rennfeueröfen im Siegerland führte zu der Entstehung von Haubergen am Ende des Mittelalters als Ausdruck früher landesherrlicher Wirtschaftspolitik. Die größeren Birken-Eichenwälder stellen heute reliktartig die nicht mehr bewirtschafteten Hauberge dar und die restlichen Flächen drohen durch die Aufgabe dieser Bewirtschaftsform allmählich zu verschwinden. Mehr als die Hälfte ist bereits durch Fichtenaufforstungen verschwunden.

Den hier gewonnenen Schiefer, die Grauwacke und der Kalkstein sowie das Holz findet man in den Städten und Dörfern, Gutshöfen, Klöstern, Burgen und Schlössern vorrangig als verwertetes Baumaterial wieder. Der Schiefer schützte die Fachwerkbauten gegen das niederschlagsreiche Klima. Die hauptsächlich geschlossene Besiedlung mit Weilern und Haufendörfern beschränkt sich weitgehend auf die Täler, Mulden und auf die waldleeren Hochflächen (Brilon, Winterberg).

Der Wasserreichtum mit vielen Quellen führte seit 1896 zum Bau von 20 Talsperren, die für die Naherholung und den Fremdenverkehr bedeutend sind.

Erhaltung bzw. behutsamer Umgang mit folgenden Strukturen und Elementen:
- Ehemalige bergbauliche und gewerbliche Arbeitsstätten: aufgelassene Gruben, Erz- und Wasserstollen, Halden, Pingen, Rennfeueröfen, Gerbereien, Hämmer usw.,
- Industrie- und Gewerbetäler,
- Bergbau- (Steigerhäuser, Bergbausiedlungen wie Silsbach) und Gewerbe/Industriesiedlungen
- nicht mehr bewirtschaftete Hauberge, Lohewälder,
- Relikte im Wald wie Köhlereien und Köhlerplätze, ältere Forsthäuser, Waldarbeiterkolonien usw.
- Bewässerungswiesen, Flößwiesen, Waldweiden und -wiesen, Wacholderheiden als ehemalige Gemeinheitsflächen,
- Ackerterrassen in Hanglagen,
- ältere historische Einrichtungen des Fremdenverkehrs sowie des Bade- und Kurbetriebes,
- traditionelle Bausubstanz sowie
- historische Stadt- und Ortskerne (z.B. Freudenberg).

Entwicklungsziele:
- Erhaltung der vom alten Bergbau und Gewerbe geprägten Identität,

- umsichtige Aufforstungspolitik, die an traditionellen Waldarten, -strukturen und -standorten anschließt,
- die Offenhaltung der dörflichen Gemarkungen (Fluren) und der Bachauen und -täler (extensive Beweidung),
- Erhaltung der Landwirtschaft mit alternativen landschaftsgerechten Landnutzungsformen für die freiwerdenden Agrarflächen (extensive Mast- und Milchviehhaltung, extensive Heuwirtschaft, Schäfereien) und
- Förderung der traditionellen regionalspezifischen Baumaterialien (Schiefer, Grauwacke, Kalkstein und Holz).

Im Leitbild müßten die kulturhistorischen Aspekte stärker berücksichtigt werden, wie die jahrhundertelange Verbindung zwischen Landwirtschaft und den verschiedenen Wald-Acker-Heide-Weide-Kulturen, Haubergwirtschaft usw.

Hinzuweisen sei auf das Projekt „Historischer Hauberg" in Kreuztal-Fellinghausen, das eventuell auch als Kulturlandschaftserlebnisgebiet ausgewiesen werden könnte.

Handlungsbedarf für nachhaltige Nutzung:
- Berücksichtigung der für diese Großlandschaft wichtigen Niederwaldbewirtschaftungsform, die ohne diese Nutzung allmählich vollständig zu verschwinden droht.
- Die Weihnachtsbaumkulturen können nicht als Wald angesehen werden, weil sie im Gegensatz zum Wald prinzipiell zeitlich befristete Kulturen darstellen.

Wertvolle Kulturlandschaft: Arnsberger Wald (7)
Dieser von den dicht besiedelten Tälern der Möhne und der Ruhr begrenzte Waldkomplex stellt das größte geschlossene Waldgebiet Nordrhein-Westfalens dar. Das Aussehen hat sich aber nach 1850 stark gewandelt. Der ehemalige Laubwaldbestand, der durch die vorherige Übernutzung um 1840 stark devastiert war, wurde insbesondere nach 1870 im Zusammenhang mit dem Aufkommen des modernen Bergbaus und der Industrialisierung im Ruhrgebiet in einen Mischwald mit einem hohen Anteil an Nadelgehölzen umgewandelt. Es finden sich relativ wenige Siedlungsinseln in diesem Wald (z.B. Stadt Hirschberg und Umland). Die Möhnetalsperre stellt am Nordrand eine tiefgreifende Veränderung dar, aber repräsentiert mittlerweile ebenfalls eine kulturlandschaftsgeschichtliche Phase im Raum von prägendem Aussehen.

Wertvolle Kulturlandschaft: Kamm des Rothaargebirges und Medebacher Bucht (8)
Dieser Raum mit Ausnahme der Medebacher Bucht wird von einer sehr hohen Walddichte geprägt. Der Wald weist als Folge der Aufforstungspolitik seit 1850 einen hohen Anteil an Nadelgehölzen auf. In den Wäldern finden sich außerdem zahlreiche Relikte des Bergbaus (Halden, Pingen, Stollen, Wüstungen und Silsbach als bergbauliche Freiheit). Die landwirtschaftlichen Flächen befinden sich in den Bachauen (Grünland) und Tälern (Acker- und Grünland). Vor allem sind die Ackerflächen als Rodungsinseln erkennbar (vor allem „hausen"-Orte wie Wemlinghausen, Girkhausen, Siedlungshausen usw.). In der Medebacher Bucht herrschen aufgrund der günstigeren Boden- und morphologischen Verhältnisse vor allem Acker- und Grünland vor. Die Wälder bilden hier „Inseln". Das geschlossene Siedlungsbild ist durch die Aussiedlung von Höfen im Rahmen der Flurbereinigungen verändert worden.

Wertvolle Kulturlandschaft: Wälder und Bergwiesen im südlichen Siegerland (9)
Die heute überlieferten Laubwaldanteile stellen noch die Relikte der alten Hauberge dar, die seit dem Beginn der 50er Jahren nicht mehr entsprechend bewirtschaftet wurden. Hauberge stellen eine jahrhundertealte - aus der Not geborene -, straff organisierte, gemischte ca. 20 Jahre dauernde Waldbewirtschaftungsform mit temporärem Ackerbau, Streunutzung und Viehbeweidung dar. Hiermit

wurde für die damalige Bevölkerung eine Existenzgrundlage geschaffen und die notwendige Holz-kohlenproduktion für das traditionelle Eisengewerbe gesichert, das in der Nähe der Eisenerzvorkom-men in den Tälern angesiedelt war. Die Bewirtschaftung des (seit 1718 genossenschaftlich zusammengelegten) Haubergs verhinderte fast 500 Jahre die Walddevastierung. Eine gemischte und straff organisierte Waldwirtschaft (Holzkohle und Lohegewinnung), Bergbau- und Eisengewerbe und eine selbstversorgende Landwirtschaft haben die Identität des Siegerlandes geprägt. Die Heide-flächen an der Grenze zu Rheinland-Pfalz und Hessen sind als Acker- (heute Grünland) und als Grünland kultiviert worden. Dieses Gebiet wird von einigen stark besiedelten Industrietälern mit Verkehrsachsen sowie weiteren infrastrukturellen Einrichtungen (z.B. Flughafen) durchschnitten.

3.4.3.4 *Bergisches Land*

Das Bergische Land ist in mancher Hinsicht mit der Entwicklung des Sauer- und Siegerlandes (Bergbau, Eisengewerbe und Hauberge) vergleichbar. Die Hauptunterschiede bestehen in der gerin-geren Waldbedeckung mit kleinflächigen Waldarealen in Gemengelage vor allem mit Grünlandflä-chen sowie in der Siedlungsstruktur. Das Aussehen der Wälder hat sich aufgrund der Aufgabe der Niederwaldbewirtschaftung und der Aufforstungspolitik mit zunehmenden Nadelbaumanteilen ver-ändert. Die Siedlungsstruktur besteht aus Dörfern, Kleinweilern (Rodungsinseln) und Einzelhöfen mit zugehörigen Gärten, Obstwiesen und Hauswäldchen. Die wenigen Städte befinden sich in den Tälern. Die Entwicklung vom Erz-, Holz- und Wasserlieferanten sowie einer tradierten Verhüttungs-und Eisenverarbeitungsregion zum Naherholungs- und bevorzugten Wohngebiet der angrenzenden Ballungsgebiete bestimmt die Identität dieses Raumes. Die gewerbliche und bergbauliche Tradition wird durch zahlreiche Relikte und überlieferte Strukturen in den stark veränderten Tälern repräsen-tiert. Insbesondere der nördliche Teil (Solingen), der heute zu den Ballungsräumen gerechnet wird, hat ein altes und heute noch geschätztes Eisengewerbe. Aufgrund des Wasserreichtums und herr-schaftlicher Förderung entwickelte sich ein bedeutendes Textilgewerbe.

Die gewonnenen Ressourcen (Holz, Schiefer, Grauwacke, Ton- und Sandstein) spiegeln sich in der Bausubstanz wider. Wegen des niederschlagsreichen Klimas trifft man zahlreiche mit Schiefer verkleidete Höfe und Häuser an.

Der Wasserreichtum hat seit ca. 1880 mit der bewährten „bergischen" Stautechnik zu zahlreichen Talsperren geführt, die wichtige Anziehungspunkte für die Nacherholung und den Fremdenverkehr bilden. Außerdem war dies für die Industrialisierung des nördlichen Teils von großer Bedeutung und markiert eine kulturlandschaftsgeschichtliche Entwicklungsphase, die das Image des Bergischen Landes heute prägt.

Trotz der Veränderungen hat das Bergische Land seine prägende kleinräumige Siedlungsstruktur mit Kleinweilern und Einzelhöfen in den höheren und mittleren Bereichen mit zugehörigen Gärten, Obstwiesen und bäuerlichen Nutzwäldchen beibehalten. In den Tälern sind die modernen Transport-verbindungen (Eisenbahn und Hauptstraßen) und die auf die tradierten Gewerbestandorte hin orien-tierte Industrie konzentriert.

Erhaltung bzw. behutsamer Umgang mit folgenden Strukturen und Elementen:
* Weiler und Einzelhofgruppen als Gesamtkomplexe mit den zugehörigen Dorfangern, Gärten, Obstwiesen, Hausbäumen, Baumgruppen, Streuobstwiesen, Agrarfluren, Nutzwäldchen, Hauber-gen,
* Ortsrandeingrünungen,
* linienförmige Kulturlandschaftselemente wie Landwehr, Wälle, Hecken, Baumreihen, Acker-terrassen und -raine,
* aufgelassene Bergwerke (Stollen, Halden und Pingen), Gruben und Steinbrüche,
* offene Bachlandschaften (Auen und Täler) mit Weiden- und Wiesenwirtschaft, gewerbliche Wassermühlen (Hämmer) mit Stauwehren, Mühlenteiche und -gräben,

- Kulturwechselstufen im Landschaftsbild als belebende Strukturen und
- Sichtbezüge mit offener Bergischer Landschaftsgliederung

Entwicklungsziele:
- Die für das Bergische Land typische kleinräumige Besiedlungsstruktur und das Landnutzungsgefüge müssen in der Planung stärker berücksichtigt werden,
- bei Neuaufforstungen müssen traditionelle waldfreie Flächen (Auen, Gemarkungsflächen) freigehalten werden,
- landschaftsgerechte Landnutzungsformen für die freiwerdenden Agrarflächen (extensive Mast- und Milchviehhaltung, extensive Heuwirtschaft, Schäfereien) sowie
- Förderprogramm für Hausbäume und typische Ortsrandeingrünungen.

Handlungsbedarf für nachhaltige Nutzung:
- In Bereich der Forstwirtschaft sollten die tradierten Waldbewirtschaftungsformen nicht völlig außer Acht gelassen werden, damit die prägenden Niederwälder und Hauberge des Nutscheids nicht ganz verschwinden. Außerdem sollten bei der Waldbewirtschaftung die vorhandenen - vor allem bergbaulichen - Relikte beachtet werden.
- Die Ackerflächen sollten in tradierten Grünlandbereichen (Bachtäler) wiederum in Grünland überführt werden.
- In der Planung bezüglich der Siedlungserweiterung und der Gewerbegebiete sollte mehr Rücksicht auf das Bergische Landschaftsbild (im Bereich der A4) genommen werden (z.B. Anpassung der Gewerbegebiete in die Landschaftsstruktur unter Freihaltung der Hangsituationen).

Wertvolle Kulturlandschaft: Kottenforst, Siebengebirge, Wahner Heide (10)
Der Kottenforst ist ein alter kurkölnischer Herrschaftswald, der 1802 säkularisiert wurde und 1815 in preußischen Besitz und nach dem Zweiten Weltkrieg in nordrhein-westfälischen Staatsbesitz gelangte. Herrschaftliche Elemente dieses ehemaligen Jagdgebietes der Kölner Bischöfe sind in Form eines Alleensystems erhalten. Weitere Relikte sind das alte Forsthaus Schönau in Phillprott, die alte heute mit Wald bestandene Autobahntrasse der frühen 30er Jahre, die Hudewälder, Wall- und Grabensysteme. Obwohl dieser Wald und sein floristisches Erscheinungsbild sich durch die Aufforstung von Nadelbäumen (vor allem Fichte) wesentlich verändert hat, ist die ehemalige herrschaftliche Funktion noch deutlich ablesbar überliefert.

Das *Siebengebirge* bildet bereits den Übergang zum wärmeren Mittelrheintal mit Wein- und Obstanbau. Dieser Raum entwickelte sich ebenfalls zum bevorzugten Wohn- und Residenzgebiet (Gästehäuser) von Unternehmern und Rentiers sowie einem Naherholungs- und Fremdenverkehrsraum. Seit ca. 1880 hat der Fremdenverkehr sich in Zusammenhang mit der vorher einsetzenden Rheinromantik entwickelt. In Steinbrüchen wurden seit der Römerzeit wertvolle Baumaterialien gewonnen. Kulturgeschichtlich herausragend ist die mittelalterliche Kolonisationstätigkeit des Klosters Heisterbach mit Auswirkungen bis heute (z.B. Wasserbau).

Die *Wahner Heide* (Moor- und Heide), ein seit ca. 1880 genutzter Truppenübungsplatz auf einem älteren preußischen Schießplatz, verzeichnet eine Entsiedlung und Rückführung von Kulturflächen in Heide und Waldgebiete. Die Militärnutzung mit Kasernenanlagen (Wahnheide), der seit den 20er Jahren militärisch genutzte Flughafen und die heutige Nutzung als Truppenübungsplatz haben dieses Gebiet stark geprägt.

3.4.3.5 *Kölner Bucht (Niederrheinische Börde)*

Diese seit dem Neolithikum und vor allem seit der Römerzeit traditionell von Ackerbau dominierte Kulturlandschaft mit ihrer geschlossenen Besiedlungsstruktur hat sich zu einer modernen, intensiv genutzten bzw. strukturierten agrarischen Produktionslandschaft entwickelt. Im Gegensatz zu den quellenreichen westfälischen Börden sind die rheinischen Börden wasserarm, was zur Anlage von Brunnen zwang. Die Fruchtbarkeit der Lößböden spiegelt sich in den vielen großen geschlossenen viereckigen Höfen mit Innenplätzen und Gutshöfen wider, die seit der Mitte des 19. Jahrhunderts mit dunkelbraunen Ziegeln anstatt Fachwerk gebaut wurden und in den Dörfern dominierten. Einige Landarbeiter- und Handwerkerhäuser in den Dörfern blieben dagegen noch in Fachwerk erhalten.

Auf den ersten Blick macht diese intensiv genutzte aber immer noch mit archäologischen Kulturgütern (vom Neolithikum bis heute) reich ausgestattete, sehr offene Kulturlandschaft mit weiten Fernsichten einen fast monotonen Eindruck, der jedoch bei näherer Betrachtung täuscht. Vereinzelte Baumreihen, Wäldchen, Dorfsilhouetten (mit Streuobstwiesen und Hausweiden), Kreuze oft mit Einzelbäumen, Bildstöcke usw. haben durch die Offenheit eine besonders prägende optische Wirkung. Die intensiv genutzten Ackerböden stellen heute noch die naturräumliche Voraussetzung für den Wert dieses fruchtbaren und geschichtsträchtigen Raumes dar.

Die Waldflächen befinden sich hauptsächlich an den Rändern. Im Osten um Köln und Bonn waren dies die herrschaftlichen Wälder (Kottenforst) und die Bürgewälder. Die Herrschaftswälder auf der Ville hatten für die damaligen Kölner Kurfürsten eine wichtige Erholungsfunktion, die heute von der Bevölkerung wahrgenommen werden kann. Hiervon zeugen noch sehr viele Wasserburgen und Residenzanlagen (Schloß Augustusburg in Brühl). Durch die Braunkohlengewinnung sind in der Ville seit ca. 1900 rekultivierte Gebiete und Seen entstanden, die ebenfalls eine kulturlandschaftsgeschichtliche Zäsur darstellen.

Viele flächig auf das Doppelte angewachsene Siedlungen und Städte vermitteln in den Zentren einen modernen Eindruck. In optischer Hinsicht prägen die Halden des Braunkohlenabbaus (z.B. die künstliche Sophienhöhe) und die qualmenden Braunkohlenkraftwerke mit ihren Hochspannungsnetzen den Horizont.

Beim Fortgang der bisherigen Entwicklungen werden größere Teile dieser Landschaft durch den Braunkohlenabbau aber auch durch die Sand- und Kiesgewinnung und durch die weitere Intensivierung der Landwirtschaft ihre ursprüngliche Identität und Eigenart verlieren und zu einer Produktionslandschaft reduziert.

Erhaltung bzw. behutsamer Umgang mit folgenden Strukturen und Elementen:
* Kleine, die offene Bördelandschaft prägende Kulturlandschaftselemente wie Kreuze, Bildstöcke (meistens im Zusammenhang mit Einzelbäumen), Landwehren, Hecken und Baumreihen, Hofanpflanzungen, Feldgehölze, Waldstreifen,
* Reste der Obstgärten und -wiesen, Gärten und Weiden um die Dörfer, die den Übergang zur offenen Feldflur bilden,
* traditionelle Sichtbezüge der Dörfer, Weiler und wenige Einzelhöfe (Gutshöfe) zueinander,
* Pappelkulturen in den wenigen Flußauen (Niers, Rur, Erft),
* Flachskuhlen, Mergel- und Lößkuhlen (Erkelenzer und Heinsberger Land),
* historische Stadt- und Ortskerne und die Arbeitersiedlungen der Braunkohle,
* Beibehaltung der die Börde prägenden Ackerbautradition,
* Erkennbarkeit der geschlossenen Siedlungsstruktur mit Dörfern, Weilern und wenigen Einzelhöfen (Gutshöfen),
* Weiden und Wiesen in den Bach- und Flußauen (Niers, Rur und Erft) unter Berücksichtigung ihrer Altläufe,
* Residenzlandschaft (Residenz, Jagdschlösser, Parks, radiale Alleensysteme, Jagdwald) in der Umgebung von Brühl.

Entwicklungsziele:
* Rückführung von Acker- in extensiv genutztes Grünland in den Auen und an den Dorf- und Weilerrändern im Zusammenhang mit Flächenstillegungen,
* Nutzung von herkömmlichen Baumaterialien (dunkelbraune Ziegel) auch für Neubauten,

- Berücksichtigung der Dorf-/Flurbeziehungen,
- keine weiteren Zusammenlegungen und
- Pflanzprogramme für Feldgehölze, Alleen, Solitärbaume an historisch belegten Orten zur landschaftlichen Belebung.

Wertvolle Kulturlandschaften: Siehe Kottenforst unter Großlandschaft Bergisches Land

3.4.3.6 *Eifel*

Dieser Raum wird charakterisiert durch die Entwicklung vom einstigen hochmittelalterlichen kulturellen Zentralraum Europas (Klöster und Burgen) zum „Armenhaus" des Deutschen Reiches und nach 1945 zu einer heute als naturnah empfundenen Wohn- und Erholungs- sowie Urlaubslandschaft. Die Eifel weist einerseits große kulturhistorische und ökologische Potentiale auf, die andererseits vor allem in den Ortskernen von deutlichen „städtischen" Modernisierungserscheinungen überlagert werden.

Der Eifeler Laubwald, von dem um 1800 durch die jahrhundertelange Übernutzung große Teile zu Heide bzw. Ödland verkommen waren, hat sich seitdem weitgehend in einen nach modernen Gesichtspunkten bewirtschafteten und von Fichten dominierten Mischwald gewandelt. Diese Umwandlung hatte allerdings zu einer ökologischen Verarmung geführt. Die großen Mischwaldareale der Rureifel werden nach Osten hin (Kalkeifel) zunehmend von seit der Römerzeit tradierten Ackerfluren abgewechselt.

Die Reaktion der Bewohner auf das rauhe Klima z.B. mit Schutzhecken auf der Hochfläche bei Monschau, angepaßten Landwirtschaftsformen (Rott- und Schiffelwirtschaft, Feldfutterbau) und der Nutzung des natürlichen Potentials (Bergbau und auf Wasserkraft basierendes Gewerbe in den Tälern sowie traditionelle Nutzung des Wasserreichtums in Form von Talsperren und Heilbädern) prägen die Eifel heute noch. Die hauptsächlich geschlossene Besiedlung in schützender Nähe von Burgen befindet sich in Tallagen und auf den Hochflächen des Monschauer Landes und der Kalkeifel. Die Abgelegenheit bildete eine wichtige Voraussetzung für die Klöster. Zahlreiche Relikte im Wald deuten auf den ehemaligen Erzbergbau und auf ehemalige Verarbeitungsplätze (Meilerplätze, Lohegewinnung, gewerbliche Wassermühlen, Verhüttungsplätze, Pingen, Halden, Stollen usw.) hin.

Die besiedelten Bereiche sind durch die baulichen Veränderungen und Erweiterungen nach 1955 erheblich verändert worden.

Erhaltung bzw. behutsamer Umgang mit folgenden Strukturen und Elementen:
- Wacholderheiden und Gemeinschaftsweiden als Relikte der extensiv genutzten Gemeinheitsflächen,
- Wiesen und kleinere Auenwäldchen in den Bach- und Flußauen,
- ehemalige Niederwaldflächen (Lohwälder),
- Standorte des traditionellen Gewerbes und des Bergbaus (Rennfeueröfen, Kalköfen, Wassermühlen, Köhlereien, Gruben, Stollen, Halden),
- die Relikte des Textilgewerbes und die zugehörigen Bleichflächen bei Monschau,
- die Monschauer Haushecken- und Heckenlandschaft,
- die wenigen nicht zusammengelegten Realteilungsfluren (Monschau, Simmerath und Dreiborn),
- Dorf-Gemarkungsbeziehungen mit den dorfnahen Obstweiden und -wiesen,
- die Ackerterrassen, -raine,
- Relikte der Verteidigung (Burgen, Westwall) und
- ältere Fremdenverkehrseinrichtungen, die mit dem damaligen Eisenbahnnetz zusammenhingen.

Entwicklungsziele:
- Landschaftsgerechte Landnutzungsformen für die freiwerdenden Agrarflächen (extensive Mast-

und Milchviehhaltung, extensive Heuwirtschaft, Schäfereien),
- Freihaltung der traditionell waldfreien Flächen (Gemarkungen und Auen),
- Förderung der Anwendung von regionalspezifischen Bau- und Putzmaterialien (auch für Neubauten),
- eine landschaftsgerechte Erschließung für die Erholung und den kulturorientierten Fremdenverkehr sowie
- Beibehaltung der vorhandenen Waldstandorte, weiter Bevorzugung der Kuppenwälder.

Handlungsbedarf für nachhaltige Nutzung:
- Die stehengebliebenen Bäume der Weihnachtsbaumkulturen sollten nicht automatisch in Wald überführt werden. Weitere Aufforstungen sind in dorffernen Teilen der Gemarkungen zu konzentrieren, weil diese Flächen alte in Heide- und Ödland verwandelte traditionelle Waldstandorte markieren.

Wertvolle Kulturlandschaft: Rureifel und nördliche Kalkeifel (11)

Beide stellen unterschiedliche Landschaften dar. Die dichtbewaldete Rureifel mit dem Monschauer Heckenland und Simmerath auf der Hochebene sind abwechslungsreich ausgestattete Landschaften, heute mit einer dominanten Grünlandnutzung und mit langgestreckten Straßendörfern, die im Westen ins Venn übergehen. Durch das Wasser und die Energie der Rur konnte sich in Monschau ein für Europa bedeutendes Textilgewerbe entwickeln, das durch die schlechten Verkehrsverbindungen zum Erliegen kam. Hiervon zeugen noch die alten Fabrikgebäude und Bleichwiesen. Im Rurtal hat sich Monschau mit seinem historischen Ortskern (Perle der Eifel) zu einem bedeutenden touristischen Ort entwickelt. Das geschichtsträchtige Umland von Monschau wird teilweise noch von hohen Schutzhecken für die Gehöfte (Roetgen, Kaltherherberg, Höfen) geprägt. In der Feldflur gibt es ebenfalls noch zahlreiche Hecken, die in Belgien als sogenannte „Bocage" Landschaften bezeichnet werden.

Die ausgedehnten Waldflächen (Hürtgenwald) haben heute über 50 % Nadelbaumanteile. Die Talsperren (u.a. die Rur-, und Urfttalsperre) befinden sich hauptsächlich im Wald und haben für die Naherholung und den Fremdenverkehr eine große Bedeutung.

Die Kalkeifel ist dagegen dünner bewaldet und hier wechselt sich die Landwirtschaft mit von Fichten dominierten Waldflächen ab. Neben den Tälern gibt es Hochflächen und Kuppen. Die Siedlungsstruktur wird vor allem durch Haufendörfer und ehemalige Städtchen (Dollendorf, Blankenheim, Reifferscheid) sowie die Stadt Bad Münstereifel mit ihrer erhaltenen Stadtmauer und dem historischen Stadtkern geprägt. Bei Mechernich wird seit 2000 Jahren Blei gewonnen.

3.4.3.7 *Niederrhein*

Diese traditionell reich gekammerte Kulturlandschaft ist wie keine andere Landschaft vom Rhein geprägt worden. Erst um 1850 wurde dieser Strom in einen festen Lauf gezwungen und hatte in der zum Nordwesten hin breiter werdenden Aue zahlreiche Spuren in Form von Altläufen, Rinnen, Uferwällen und Mulden hinterlassen. Außerdem hat der Rhein das Siedlungsgefüge mit tradierten Einzelhöfen und Dörfern auf den Uferwällen geprägt. Die Vielfältigkeit wird vor allem durch die unterschiedlich gestalteten Siedlungs- und Kultivierungsformen aus allen historischen Epochen seit der Römerzeit geprägt. Trotz vieler Veränderungen im einzelnen zeigt sie sich besonders im ländlichen Raum als eine Landschaft mit zahlreichen Flächen, Strukturen und Elementen, die von vergangenen Epochen und Entwicklungen sowie Prozessen zeugen. Zu nennen sind: fragmentarisch erhaltene traditionelle Weide- und Wiesenlandschaften in den Niederungen und Auen, Hochwasserschutzvorkehrungen (Deiche, Wurten, Überschwemmungsflächen), die einmalige frühneuzeitliche Residenzlandschaft um Kleve, die Modell stand für die Residenzanlagen in Potsdam und Berlin, und ihre Ausstrahlung auf benachbarte Schlösser (Moyland, Gnadental), die auf die französische Zeit zurückgehenden Pappelalleen und -kulturen in der Rhein- und Niersaue (Salmorth und Hetter), die unterschiedlichen Kolonisierungsphasen mit ihren spezifischen Siedlungs- und Flurformen, grenzmarkierenden territorialen Landwehren, Wallsystemen usw.

Die Bedeutung des Niederrheins als traditionelles Grenzland und insbesondere die niederländischen Einflüsse sind heute noch an den zahlreichen spätmittelalterlichen, systematischen Streifenkultivierungen der Brüche (Düffel und Hetter), den Innenstädten (Emmerich, Rees, Wesel, Krefeld, Moers) und der Ansiedlung niederländischen Gewerbes und Industrie (Margarine) als Folge der deutschen Zollpolitik im preußischen Grenzgebiet des späten 19. Jahrhunderts sichtbar.

Die Entwicklung dieser hauptsächlich landwirtschaftlich genutzten Kulturlandschaft ist trotz vieler landschaftszerstörender Eingriffe im heutigen Landschaftsbild noch sehr gut nachvollziehbar.

Erhaltung bzw. behutsamer Umgang mit folgenden Strukturen und Elementen:
- Die Vielfalt der ländlichen Siedlungsformen und ihre Ablesbarkeit seit der merowingischen Periode inkl. Industrie- und Bergarbeitersiedlungen,
- Relikte des Hochwasserschutzes (Wurten, Reste der Sommerdeiche, Altrinnen, Entwässerungsschleusen),
- die spätmittelalterlichen planmäßig kultivierten und entwässerten Bruchgebiete,
- die einmalige Residenzlandschaft um Kleve mit ihren Sichtachsen sowie ihren Ausstrahlungseffekten,
- ehemalige Ziegeleien und ihre Tonabbauflächen als Relikte eines bedeutenden, den Niederrhein prägenden Gewerbes,
- Landwehren, Alleen, Wallhecken, Hecken, Pappelalleen als spezifisch gliedernde Landschaftselemente,
- tradierte Weideflächen besonders in der Rhein- und Niersaue sowie den Auen der übrigen Gewässer, Bruchkultivierungen,
- die historischen Stadt- und Ortskerne,
- die Reste des alten Reichswaldes (heutiger Reichswald und Hochwald) mit zahlreichen archäologischen Relikten (Grabhügel)
- der Tannenbusch als einer der ältesten Nadelwälder und
- die seit ca. 1850 systematisch mit Jagen ausgelegten Kiefernaufforstungen und Restheiden (Wegberg, Brüggen, Nettetal) des späten 19. Jahrhunderts.

Entwicklungsziele:
- Reduzierung der bzw. eine kulturlandschaftsverträgliche Ausweisung von Flächen für die Kiesgewinnung vor allem in der Rhein- und Niersaue (s. BURGGRAAFF und KLEEFELD 1996),
- dem Landschaftsbild angepaßte Gestaltung der zukünftigen Kiesgruben, die bei den Auenrinnen und Altflußläufen anschließen sollten, um das Landschaftsbild der Aue zu erhalten,
- Berücksichtigung des Landschaftsbildes und der Strukturen in den unterschiedlichen Landschaftsräumen in zukünftigen Planungen (Auen-, Terrassen-, Bruchkultivierungs-, jüngere Kultivierungs-, Endmoränen- und Sanderlandschaften),
- Zurückdrängung des intensiven Ackerbaus in den Auen zugunsten des traditionellen Grünlandes,
- Berücksichtigung der traditionellen Baumaterialien (Ziegel) und Bauformen in den Planungen,
- Reaktivierung historischer Überflutungsbereiche innerhalb der wasserbaulichen Sicherungsmaßnahmen.

Handlungsbedarf für nachhaltige Nutzung:
- Die traditionelle Verteilung zwischen Ackernutzung auf den Uferwällen und Sanderflächen sowie Donken und Grünlandnutzung in den Mulden, Trockenrinnen, Rhein-, Altrheinarmen und Bachauen sollte beachtet werden.

Wertvolle Kulturlandschaft: Heide- und Feuchtwaldlandschaften an Schwalm und Nette (12)

Diese Flächen präsentieren sich auch heute noch als Randflächen in Grenzlage, die sehr extensiv genutzt wurden. Die größten Flächen sind im ausgehenden 19. Jahrhundert vor allem mit Kiefern aufgeforstet worden. Die Heidekultivierungen sind hier im Vergleich zum Sandmünsterland relativ gering ausgefallen. Diese Wälder sind mit einem rechtwinkeligen Wegenetz erschlossen worden. Es sind nur kleinflächige Heidegebiete mit Viehtriften erhalten geblieben.

Wertvolle Kulturlandschaft: Feuchtgebiete unterer Niederrhein (13)

Diese beziehen sich auf die Auenlandschaft an beiden Seiten des Rheins und der Lippe, die sowohl in kulturhistorischer als auch in natürlicher/ökologischer Hinsicht als sehr wertvolle Landschaften zu betrachten sind. Neben den beschriebenen natürlichen Elementen, die auch kulturhistorische Bedeutungen hatten, sind Reste von Deichen, Spuren von Deichdurchbrüchen mit Kolken, Flußwurten, Kultivierungsformen mit Streifenparzellierung, Entwässerungskanäle mit Schleusen, viele Altrinnen und Stromläufe erhalten, die sowohl auf die natürlichen als auch auf die anthropogenen Verlagerungen des Rheins zurückgehen.

3.4.3.8 *Rheinschiene und Ruhrgebiet sowie Aachener Revier*

Intensive Umgestaltungen haben eine ursprünglich bäuerlich geprägte Kulturlandschaft in einen sehr dicht besiedelten intensiv genutzten Wirtschaftsraum umgewandelt. Hier begegneten sich um 1840 alle Großlandschaften. Trotz des insbesondere durch die Mobilität und die technische Entwicklung bedingten hohen Veränderungsgrades sind alle Entwicklungsstufen des Kohlenbergbaus und der Industrialisierung (Schwerindustrie) mit der erforderlichen Infrastruktur vertreten. Diese ursprünglich städtearmen Regionen haben nun die höchste Städte-, Siedlungs-, Bevölkerungs- und Industrie- sowie Verkehrsdichte in Europa. Das durchschnittliche Städtealter ist vergleichsweise jung. Die herkömmliche agrare Siedlungsstruktur ist weitgehend von den stark zunehmenden räumlichen Ansprüchen des Bergbaus, der Schwerindustrie, den Siedlungs- und Stadterweiterungen sowie der Infrastruktur (Autobahnen, Wege, Wasserstraßen, Hafenanlagen, Flughäfen usw.) überlagert worden. Der Ballungsraum an Rhein und Ruhr weist die höchste Autobahndichte auf.

Trotz ihres dominierenden zeitgenössischen Erscheinungsbildes trifft man allerdings noch Nischen an, in denen Reste der vorindustriellen Agrar- und Waldlandschaften hervortreten. Das Reizvolle dieser nur auf den ersten Blick ausschließlich zeitgenössisch erscheinenden Ballungsgebiete ist das Nebeneinander von verschiedenartigen Elementen, Strukturen und Kulturlandschaftsbereichen besonders aus allen Epochen des industriellen Zeitalters, aber auch aus vorgeschichtlichen und historischen Epochen. Die Dynamik dieses schnellen technisch bedingten Umwandlungsprozesses ist in der Kulturlandschaft deutlich ablesbar, wobei die Industrialisierung ebenfalls eine wichtige raumprägende Phase der Kulturlandschaftsentwicklung darstellt, die diesem Raum seine regionale Identität verleiht und in seiner Ablesbarkeit auch im strukturellen Wandel erhalten werden muß.

Bereits der historisch nachgewiesene Kohlenbergbau war im Aachener Revier im Wurmtal konzentriert und hatte sich in nördlicher Richtung erweitert. Im Stollberger Raum war die Kupfer- und Zinkgewinnung für die dortige Messingherstellung prägend. Aachen hatte als Kaiserpfalz eine zentrale Bedeutung und war bereits in der Frühneuzeit ein bedeutender Badeort. Im Aachener Revier fehlt die Schwerindustrie und es wird der Bergbau in wenigen Jahren Vergangenheit sein.

Erhaltung bzw. behutsamer Umgang mit folgenden Strukturen und Elementen:
- Elemente, Strukturen und Komplexe aus allen Phasen der industriellen Entwicklung,
- zusammenhängende Industrie- (Werk, Siedlung und Infrastruktur), Bergwerkkomplexe (Schachtanlagen, Halden, Pingen, Transportanlagen, Bergbausiedlungen) der verschiedenen Phasen,
- Erhalt der Silhouetten beherrschender Industriedenkmale und -objekte,
- Stadt- und Ortskerne mit ihren durch den Bergbau und die Industrie bedingten Erweiterungen

(Altstadt und die Neubauquartiere seit den unterschiedlichen Industrialisierungsphasen,
- Fabrikantenvillen und -häuser, Kupferhöfe, Werks- und Bergbausiedlungen mit ihren Gärten,
- landwirtschaftlich geprägte Freiflächen,
- Stadtparks, Schloßparks und Friedhöfe,
- restliche Auen-, Mittelgebirgs- und Stadtwälder,
- restliche freie Auenbereiche und Heiden,
- Elemente der historischen Freizeitgestaltung (Sportanlagen, Pferde- und Trabrennbahnen, Schrebergärtensiedlungen usw.).

Entwicklungsziele:
- Alternative Nutzungen für Industriebrachen, Industrie- und Bergwerkkomplexe,
- weitgehende Offenhaltung der noch vorhandenen Freiflächen,
- Berücksichtigung der historischen, dynamischen, industriellen Entwicklung in der Planung,
- Förderung einer regionalen Identität für das Ruhrgebiet, das aufgrund der Entwicklung seit der industriellen Revolution zum Revier gewachsen ist und
- Renaturierung industriell genutzter Gewässer unter Beachtung begleitender industrieller Strukturen.

Zu den Kapiteln 2 u. 3:
Der Kulturlandschaftswandel im Kartenbild 1:100.000 (verkleinert auf 1:200.000): siehe Abb. 35 a–k, S. 128–149. Berücksichtigt sind Punkt- und Linienelemente sowie Flächen.

4. DIFFERENZIERUNG DER IN KAPITEL 3 ERARBEITETEN ERGEBNISSE IN MODELLGEBIETEN, DIE DIE GROSSLANDSCHAFTEN (NACH „NATUR 2000") EXEMPLARISCH REPRÄSENTIEREN

4.1 Einleitung und Auswahl der Modellgebiete

Im Zuge der Bearbeitung der Modellgebiete wurden neben der Erfassung und der Kartierung der historisch-geographischen Daten ebenfalls die Daten des Biotopkatasters, die Naturdenkmäler, die geschützten Landschaftsbestandteile und Naturschutzgebiete der Kreise und der kreisfreien Städte sowie die eingetragenen Bau- und Bodendenkmäler (Denkmalbereiche) der Städte und Gemeinden für eine integrative Betrachtung berücksichtigt. Hierbei ging es insbesondere um die Zusammenhänge zwischen den naturnahen und den kulturhistorischen Bereichen und Bestandteilen der Kulturlandschaft. Das Hauptziel ist, die bestehenden oder empfundenen Gegensätze zwischen den Zielen der Kulturlandschaftspflege (Denkmalpflege) und des Naturschutzes miteinander in einen Einklang zu bringen und eine integrative Kulturlandschaftspflege auf dieser Betrachtungsebene möglichst aufgrund der heutigen Gesetzgebung herzustellen. Hierbei müßten insbesondere kulturhistorische Elemente und Strukturen, die seitens des Naturschutzes und der Denkmalpflege nicht erfaßt werden, Berücksichtigung finden. Dies betrifft z.B. persistente Flursysteme, Ackerkomplexe (Plaggenesche), Wiesenbewässerungs- und -entwässerungssysteme (Entwässerungsgräben), Wege- und Bahntrassen, Bebauungsstandorte, Ortsformen und Siedlungsstrukturen, Bewirtschaftungs- sowie Nutzungsformen usw., die das Landschaftsbild auf dieser Betrachtungsebene prägen.
    Außerdem wurden die bereits geschützten Bau-, Boden- und Naturdenkmäler, Biotope, geschützte Landschaftsbestandteile, flächige Denkmalbereiche und kleinere Naturschutzgebiete als Teile von größeren zusammenhängenden Systemen und Komplexen ebenfalls aus der Sicht der Kulturlandschaftspflege bewertet und in den flächigen Schutzkonzepten berücksichtigt. Dies war wichtig für die Erarbeitung von:
- Entwicklung von zusammenhängenden kulturlandschaftlichen Schutzkonzeptionen,
- Benennen von Prioritäten für den Schutz der verschiedenen Kulturlandschaftselemente,

Abb. 35 a: Kulturlandschaftswandelkarte:

Gronau

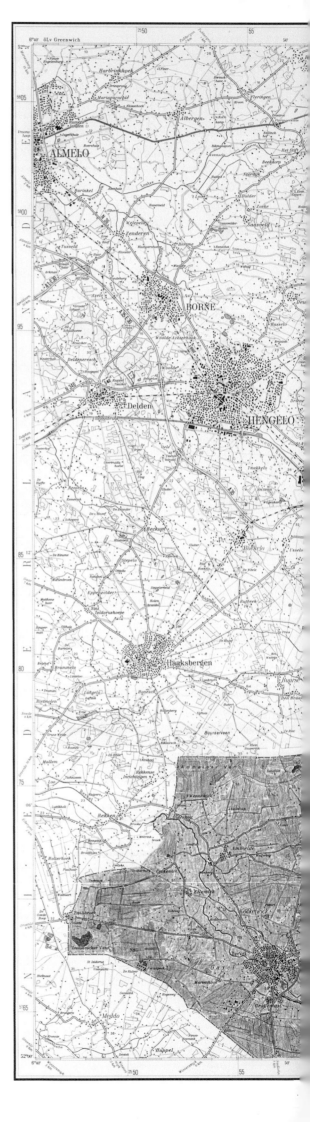

Abb. 35 a–k:
Darstellung auf der Grundlage der amtlichen topographischen Karten des Landes NRW mit Genehmigung des Landesvermessungsamtes NRW vom 14.03.2000, Az.: S985/2000

Periode

ca. 1837/45
1842/45 - 1892/96
1892/96 - 1950/55
1950/55 - 1991/95
Gewässer nach 1837/45 unverändert
Gewässer nach 1837/45 verändert

Aufgrund unterschiedlicher Herstellungstechniken stimmen die Farben in der Legende nur annähernd mit denen in der Karte überein.

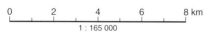

0   2   4   6   8 km

1 : 165 000

Kartengrundlage:
Topographische Karte 1:100 000 (verkleinert),
Blatt-Nr.: C 3906 Gronau

Quellen:
Preußische Generalstabskarte,
Karte von Rheinland und Westfalen,
Karte des Deutschen Reiches,
1. Ausgabe der Topographischen Karte nach heutigem Blattschnitt

Entwurf und Kartographie:
P. Burggraaff

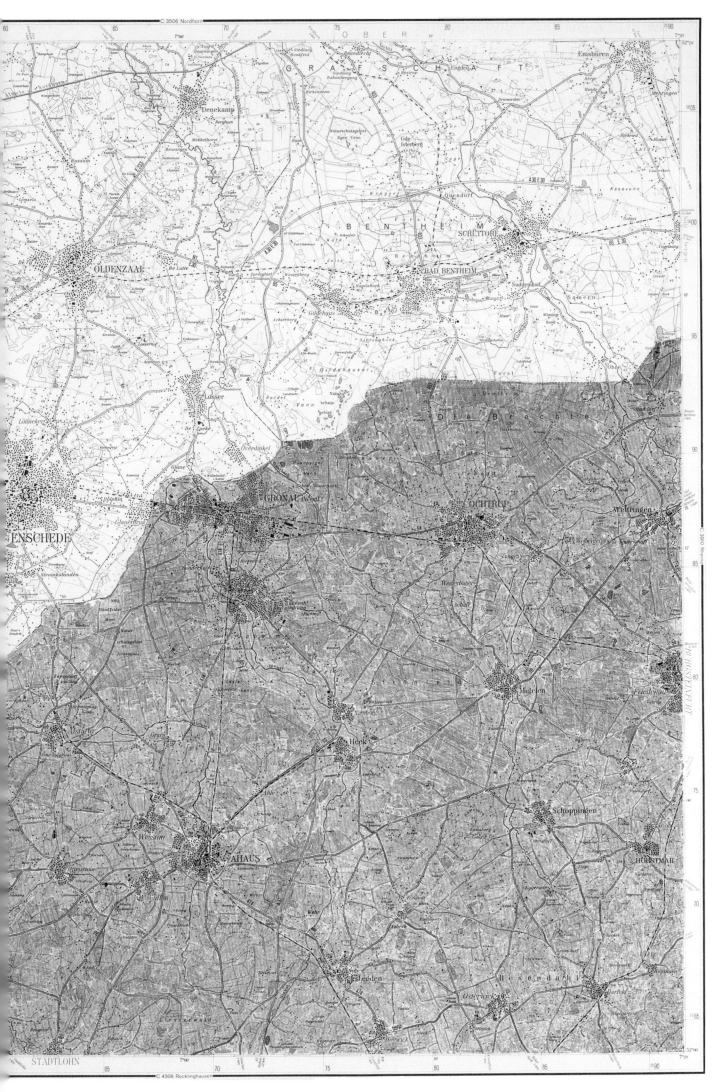

Abb. 35 b: Kulturlandschaftswandelkarte:
Rheine

Periode

 ca. 1837/45

1842/45 - 1892/96

1892/96 - 1950/55

1950/55 - 1991/95

Gewässer nach 1837/45 unverändert

Gewässer nach 1837/45 verändert

*Aufgrund unterschiedlicher Herstellungstechniken
stimmen die Farben in der Legende nur annähernd
mit denen in der Karte überein.*

```
0        2        4        6        8 km
               1 : 165 000
```

Kartengrundlage:
Topographische Karte 1:100 000 (verkleinert),
Blatt-Nr.: C 3910 Rheine

Quellen:
Preußische Generalstabskarte,
Karte von Rheinland und Westfalen,
Karte des Deutschen Reiches,
1. Ausgabe der Topographischen Karte nach heutigem Blattschnitt

Entwurf und Kartographie:
P. Burggraaff

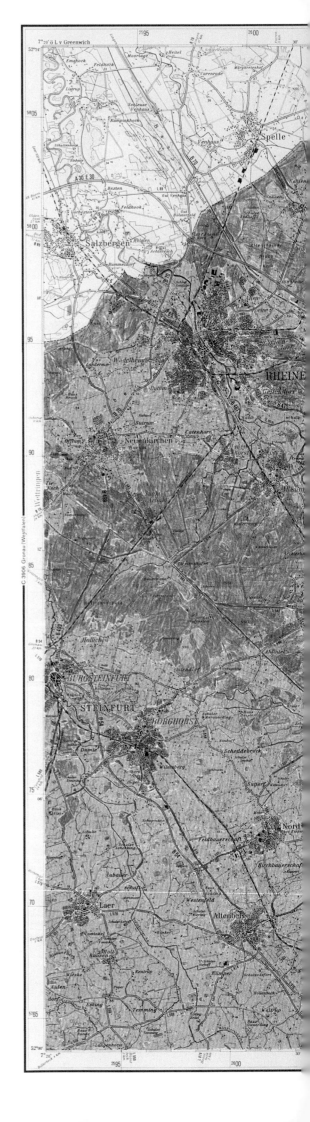

Abb. 35 c: Kulturlandschaftswandelkarte:

Bocholt

Periode

ca. 1837/45

1842/45 - 1892/96

1892/96 - 1950/55

1950/55 - 1991/95

Gewässer nach 1837/45 unverändert

Gewässer nach 1837/45 verändert

Aufgrund unterschiedlicher Herstellungstechniken
stimmen die Farben in der Legende nur annähernd
mit denen in der Karte überein.

0   2   4   6   8 km

1 : 165 000

Kartengrundlage:
Topographische Karte 1:100 000 (verkleinert),
Blatt-Nr.: C 4302 Bocholt

Quellen:
Preußische Generalstabskarte,
Karte von Rheinland und Westfalen,
Karte des Deutschen Reiches,
1. Ausgabe der Topographischen Karte nach heutigem Blattschnitt

Entwurf und Kartographie:
P. Burggraaff

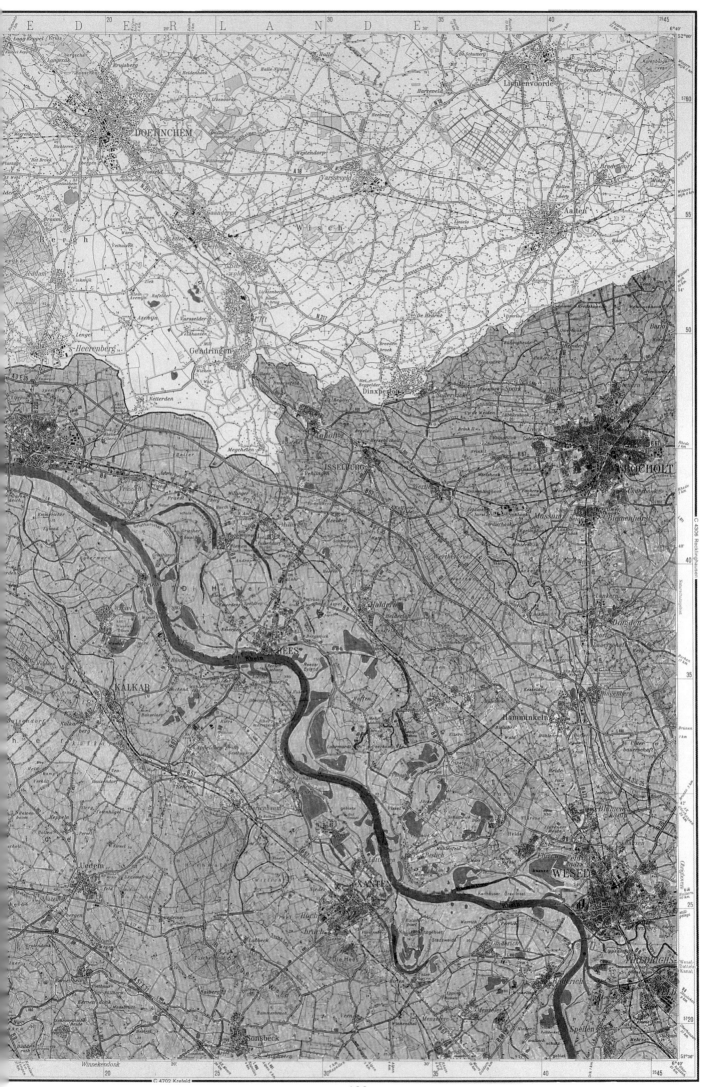

Abb. 35 d: Kulturlandschaftswandelkarte:

Paderborn

Periode

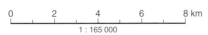	ca. 1837/45
	1842/45 - 1892/96
	1892/96 - 1950/55
	1950/55 - 1991/95
	Gewässer nach 1837/45 unverändert
	Gewässer nach 1837/45 verändert

*Aufgrund unterschiedlicher Herstellungstechniken
stimmen die Farben in der Legende nur annähernd
mit denen in der Karte überein.*

```
0     2     4     6     8 km
```
1 : 165 000

Kartengrundlage:
Topographische Karte 1:100 000 (verkleinert),
Blatt-Nr.: C 4314 Paderborn

Quellen:
Preußische Generalstabskarte,
Karte von Rheinland und Westfalen,
Karte des Deutschen Reiches,
1. Ausgabe der Topographischen Karte nach heutigem Blattschnitt

Entwurf und Kartographie:
P. Burggraaff

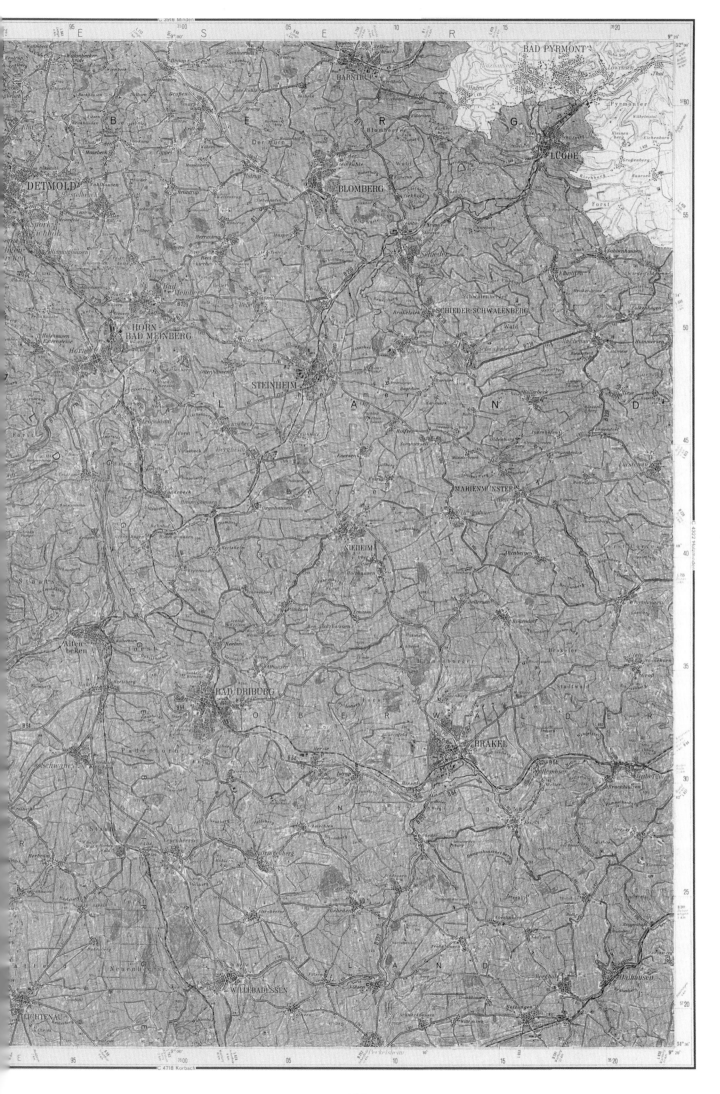

Abb. 35 e: Kulturlandschaftswandelkarte:
Krefeld

Periode

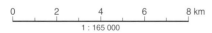

ca. 1837/45

1842/45 - 1892/96

1892/96 - 1950/55

1950/55 - 1991/95

Gewässer nach 1837/45 unverändert

Gewässer nach 1837/45 verändert

Aufgrund unterschiedlicher Herstellungstechniken stimmen die Farben in der Legende nur annähernd mit denen in der Karte überein.

0 2 4 6 8 km

1 : 165 000

Kartengrundlage:
Topographische Karte 1:100 000 (verkleinert),
Blatt-Nr.: C 4702 Krefeld

Quellen:
Preußische Generalstabskarte,
Karte von Rheinland und Westfalen,
Karte des Deutschen Reiches,
1. Ausgabe der Topographischen Karte nach heutigem Blattschnitt

Entwurf und Kartographie:
P. Burggraaff

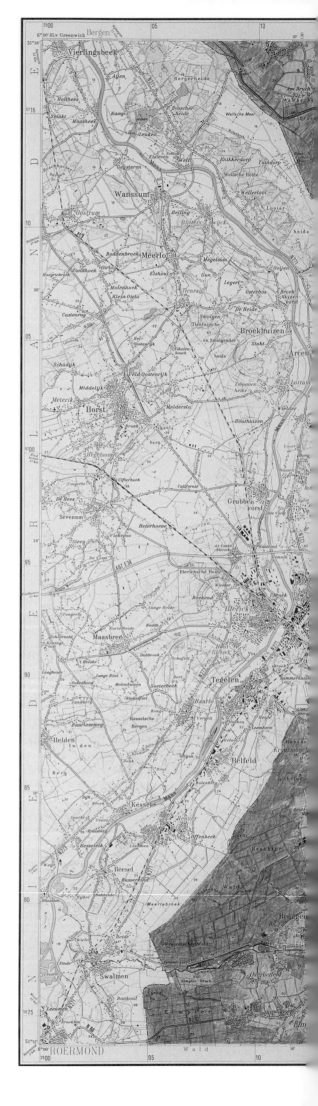

Abb. 35 f: Kulturlandschaftswandelkarte:
Düsseldorf

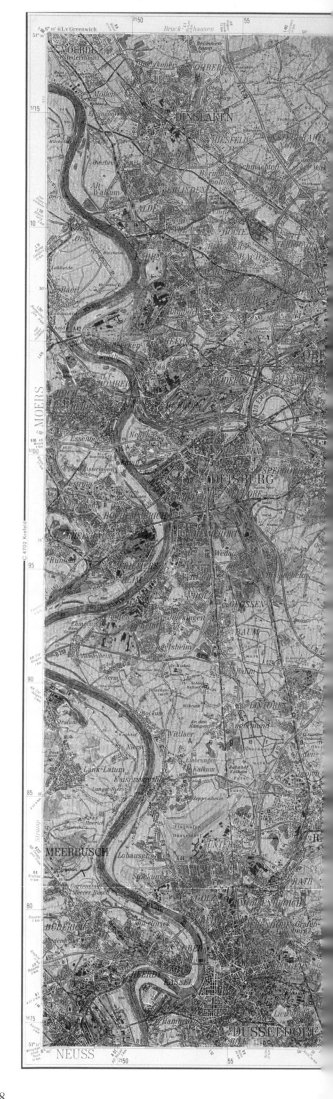

Periode

▨	ca. 1837/45
▨	1842/45 - 1892/96
▨	1892/96 - 1950/55
▨	1950/55 - 1991/95
▨	Gewässer nach 1837/45 unverändert
▨	Gewässer nach 1837/45 verändert

*Aufgrund unterschiedlicher Herstellungstechniken
stimmen die Farben in der Legende nur annähernd
mit denen in der Karte überein.*

0   2   4   6   8 km

1 : 165 000

Kartengrundlage:
Topographische Karte 1:100 000 (verkleinert),
Blatt-Nr.: C 4706 Düsseldorf-Essen

Quellen:
Preußische Generalstabskarte,
Karte von Rheinland und Westfalen,
Karte des Deutschen Reiches,
1. Ausgabe der Topographischen Karte nach heutigem Blattschnitt

Entwurf und Kartographie:
P. Burggraaff

Abb. 35 g: Kulturlandschaftswandelkarte:

Arnsberg

Periode

ca. 1837/45

1842/45 - 1892/96

1892/96 - 1950/55

1950/55 - 1991/95

Gewässer nach 1837/45 unverändert

Gewässer nach 1837/45 verändert

*Aufgrund unterschiedlicher Herstellungstechniken
stimmen die Farben in der Legende nur annähernd
mit denen in der Karte überein.*

0   2   4   6   8 km

1 : 165 000

Kartengrundlage:
*Topographische Karte 1:100 000 (verkleinert),
Blatt-Nr.: C 4714 Arnsberg*

Quellen:
*Preußische Generalstabskarte,
Karte von Rheinland und Westfalen,
Karte des Deutschen Reiches,
1. Ausgabe der Topographischen Karte nach heutigem Blattschnitt*

Entwurf und Kartographie:
P. Burggraaff

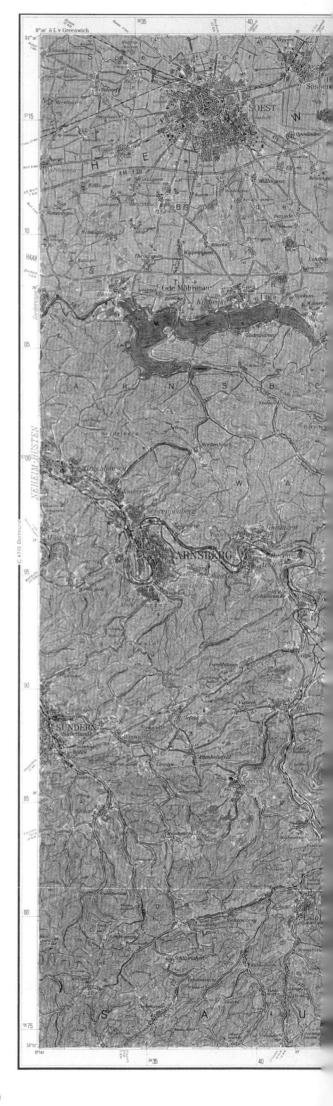

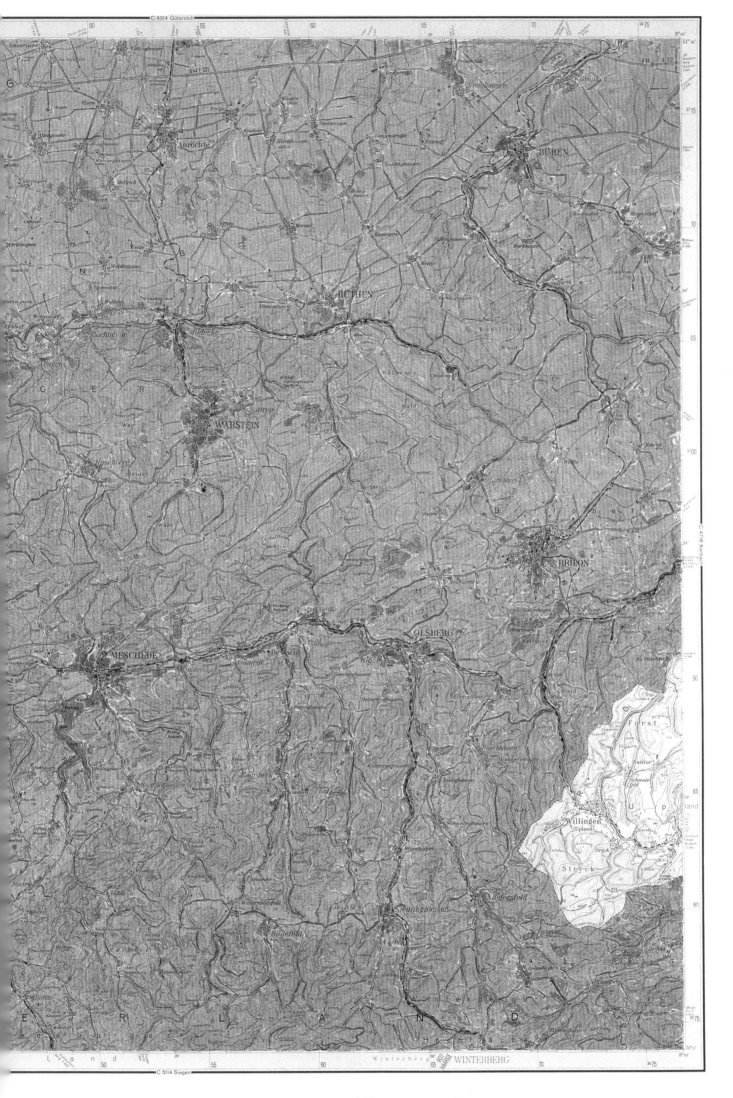

Abb. 35 h: Kulturlandschaftswandelkarte:
Mönchengladbach

Periode

ca. 1837/45
1842/45 - 1892/96
1892/96 - 1950/55
1950/55 - 1991/95

Gewässer nach 1837/45 unverändert

Gewässer nach 1837/45 verändert

*Aufgrund unterschiedlicher Herstellungstechniken
stimmen die Farben in der Legende nur annähernd
mit denen in der Karte überein.*

0   2   4   6   8 km

1 : 165 000

Kartengrundlage:
*Topographische Karte 1:100 000 (verkleinert),
Blatt-Nr.: C 5102 Mönchengladbach*

Quellen:
*Preußische Generalstabskarte,
Karte von Rheinland und Westfalen,
Karte des Deutschen Reiches,
1. Ausgabe der Topographischen Karte nach heutigem Blattschnitt*

*Entwurf und Kartographie:
P. Burggraaff*

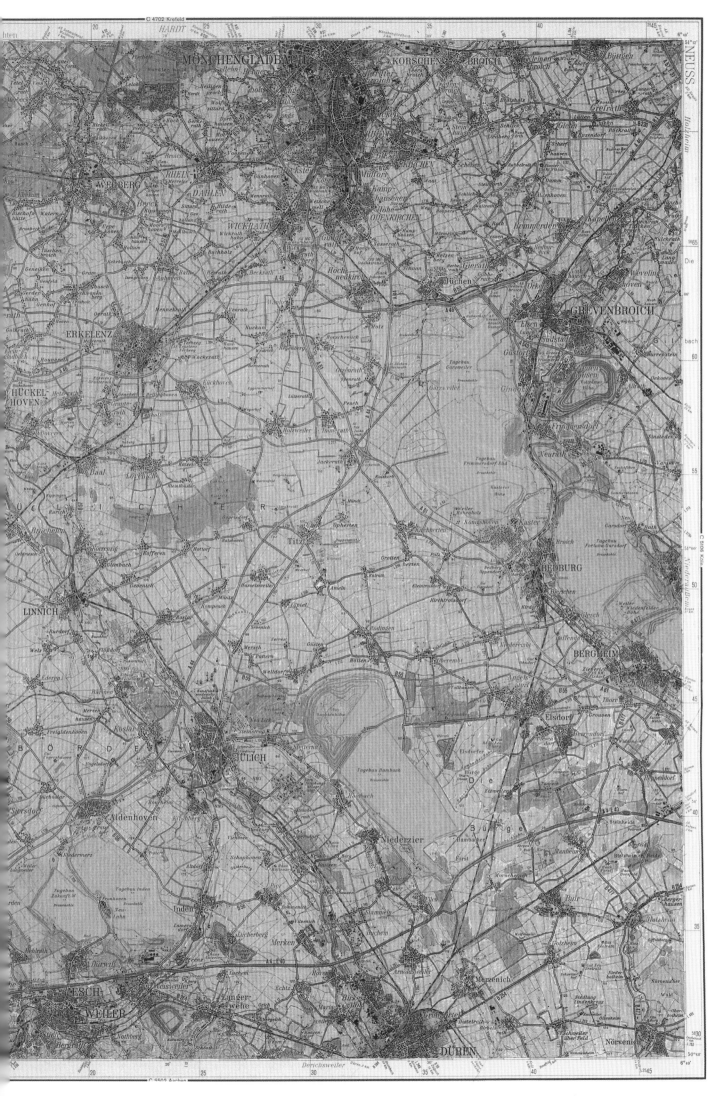

Abb. 35 i: Kulturlandschaftswandelkarte:

Köln

Periode

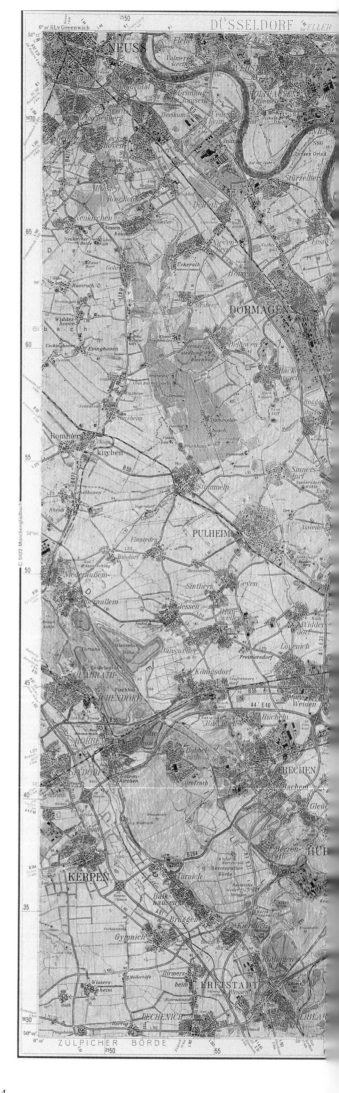

ca. 1837/45

1842/45 - 1892/96

1892/96 - 1950/55

1950/55 - 1991/95

Gewässer nach 1837/45 unverändert

Gewässer nach 1837/45 verändert

Aufgrund unterschiedlicher Herstellungstechniken
stimmen die Farben in der Legende nur annähernd
mit denen in der Karte überein.

0   2   4   6   8 km

1 : 165 000

Kartengrundlage:
Topographische Karte 1:100 000 (verkleinert),
Blatt-Nr.: C 5106 Köln

Quellen:
Preußische Generalstabskarte,
Karte von Rheinland und Westfalen,
Karte des Deutschen Reiches,
1. Ausgabe der Topographischen Karte nach heutigem Blattschnitt

Entwurf und Kartographie:
P. Burggraaff

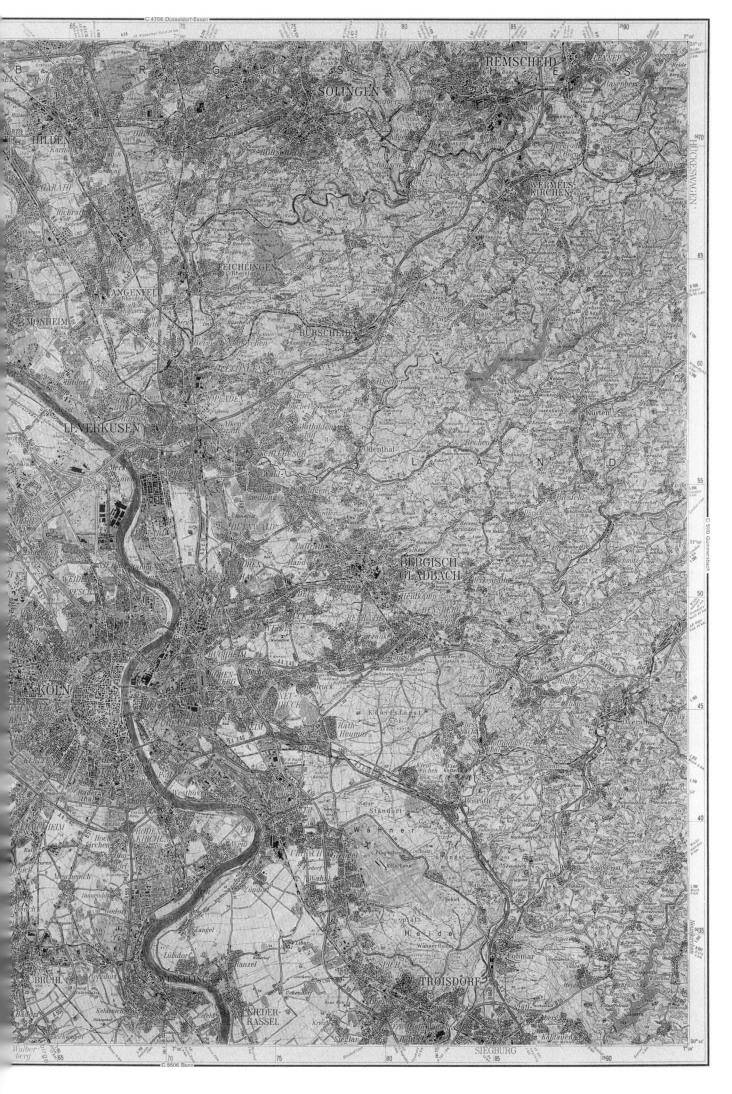

Abb. 35 j: Kulturlandschaftswandelkarte:

Aachen

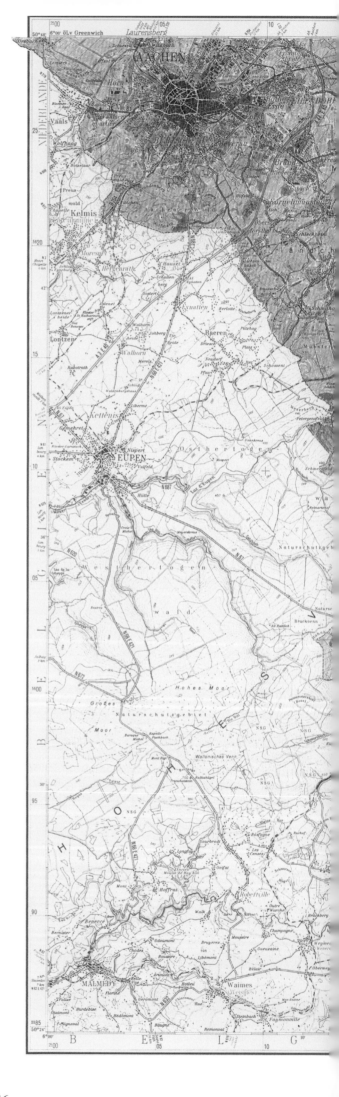

Periode

ca. 1837/45

1842/45 - 1892/96

1892/96 - 1950/55

1950/55 - 1991/95

Gewässer nach 1837/45 unverändert

Gewässer nach 1837/45 verändert

*Aufgrund unterschiedlicher Herstellungstechniken
stimmen die Farben in der Legende nur annähernd
mit denen in der Karte überein.*

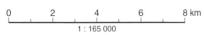

0   2   4   6   8 km

1 : 165 000

*Kartengrundlage:
Topographische Karte 1:100 000 (verkleinert),
Blatt-Nr.: C 5502 Aachen*

*Quellen:
Preußische Generalstabskarte,
Karte von Rheinland und Westfalen,
Karte des Deutschen Reiches,
1. Ausgabe der Topographischen Karte nach heutigem Blattschnitt*

*Entwurf und Kartographie:
P. Burggraaff*

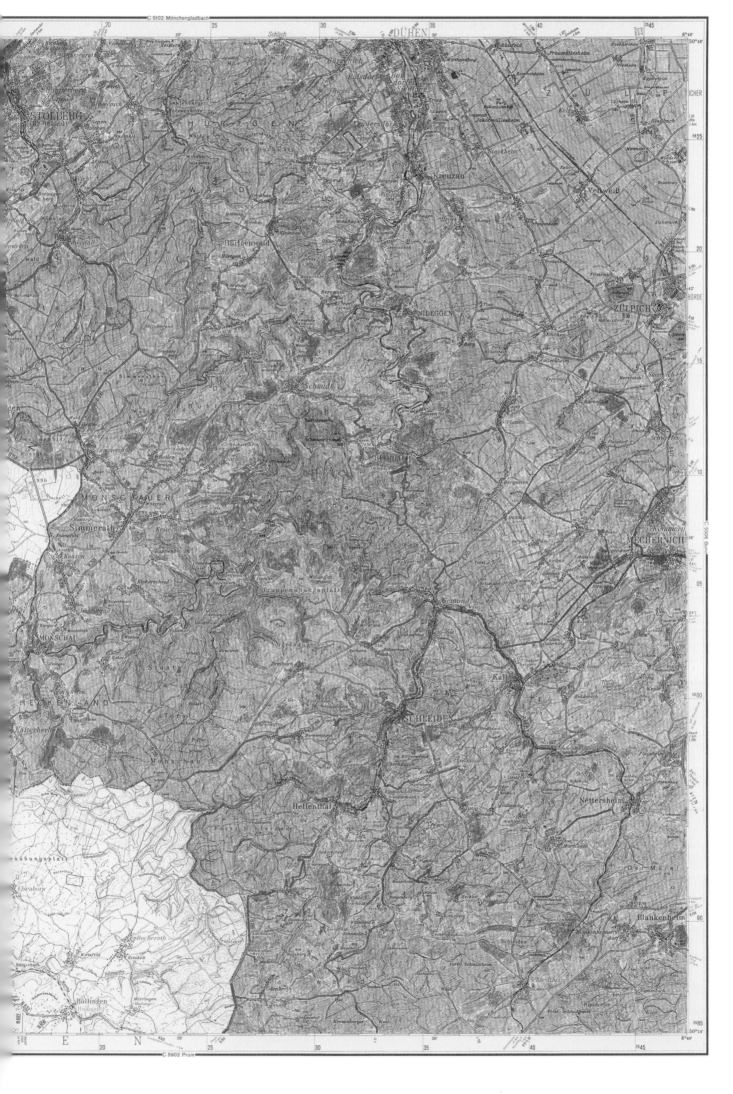

Abb. 35 k: Kulturlandschaftswandelkarte:
Bonn

Periode

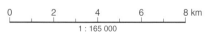 ca. 1837/45

1842/45 - 1892/96

1892/96 - 1950/55

1950/55 - 1991/95

Gewässer nach 1837/45 unverändert

Gewässer nach 1837/45 verändert

*Aufgrund unterschiedlicher Herstellungstechniken
stimmen die Farben in der Legende nur annähernd
mit denen in der Karte überein.*

0   2   4   6   8 km

1 : 165 000

Kartengrundlage:
*Topographische Karte 1:100 000 (verkleinert),
Blatt-Nr.: C 5506 Bonn*

Quellen:
*Preußische Generalstabskarte,
Karte von Rheinland und Westfalen,
Karte des Deutschen Reiches,
1. Ausgabe der Topographischen Karte nach heutigem Blattschnitt*

Entwurf und Kartographie:
P. Burggraaff

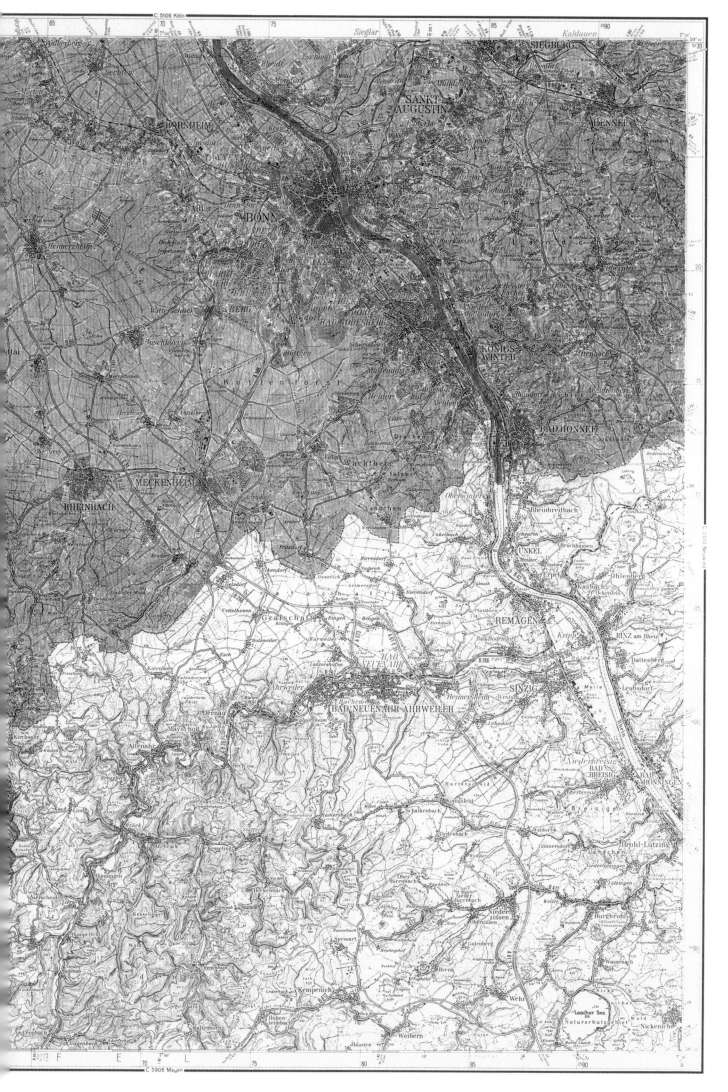

- Schutzgebietsvorschlägen,
- Feststellung von Harmonie bzw. Disharmonie zwischen einerseits den Zielen des Kulturland-schaftsschutzes (beinhaltet auch Denkmalpflege) und andererseits den Zielen des Biotop- und Artenschutzes (Naturschutz),
- Lösungsvorschläge für die Harmonisierung beider Schutzebenen,
- beispielhafte Pflege-, Schutz- und Nutzungsmaßnahmen einzelner Kulturlandschaftselemente.

Neun Modellgebiete (Abb. 36) repräsentieren die ausgegliederten großräumigen Kulturlandschaf-ten und Großlandschaften des LaPro-Entwurfs und von „Natur 2000". Hierfür wurden Gebiete gewählt, für die bereits wichtige Vorarbeiten vorliegen:
- Westfälisches Tiefland/Weserbergland: Wiehengebirge (s. Abb. 37 a–d),
- Westfälisches Tiefland/Westfälische Bucht: Oeding und Burlo,
- Weserbergland: Lemgo und Umgebung,
- Sauer- und Siegerland: Netphen und Umgebung (s. Abb. 38 a–d),
- Das Bergische Land: Hückeswagen und Umgebung,
- Kölner (Niederrheinische) Bucht: Holzweiler und Umgebung (s. Abb. 39 a–d),
- Niederrhein/Ballungsräume an Rhein und Ruhr: Viersen und Umgebung,
- Die Eifel: Monschau und Umgebung und
- Niederrhein: Emmerich und Umgebung (s. Abb. 40 a–d).

4.1.1 Aufbau der historisch-geographischen Forschung in den Modellgebieten

Folgende Arbeitsschritte wurden durchgeführt:
1. Skizzierung der naturräumlichen Rahmenbedingungen,
2. Skizzierung der Kulturlandschaftsentwicklung,
3. Darstellung der historischen (persistenten) Kulturlandschaftselemente (Relikte) und -strukturen,
4. Berücksichtigung der eingetragenen Denkmäler, der Daten des Naturschutzes und der des Bio-topkatasters,
5. Bewertung und Gliederung in Kulturlandschaftsbestandteile und -bereiche (Karte),
6. Vorschläge zu Schutzgebieten: Erhaltung, Bewirtschaftung und Nutzung sowie Leitlinien für die zukünftige Entwicklung.

Kulturlandschaftswandelkartierung:
Die Kartierung wurde bezüglich der chronologischen Entwicklung ihrer jeweiligen Kulturland-schaft für alle Modellgebiete seit ca. 1810/1840 erstellt. Diese Methode ist im Abschnitt 2.2 be-schrieben worden. Abschnitt 4.4 beinhaltet die Wiedergabe der Kartierungsergebnisse exemplarisch für vier ausgewählte Modellgebiete (s. Abb. 37–40).

Erfassung und Kartierung der historischen Kulturlandschaftselemente (Relikte), -bestandteile und -bereiche:
In dieser Kartierung (1:25.000) werden vor allem die Persistenz von Landnutzungsformen und Kulturlandschaftsstrukturen berücksichtigt. Seit der Novellierung des Landschaftsgesetzes vom 15.8.1994 wird der Maßstab 1:25.000 grundsätzlich in der Landschaftsplanung genutzt.
Nach dem niederländischen Erfassungsmodell von RENES (1992), das durch den Bereich Raum-ordnung/Planung/Natur- und Denkmalschutz erweitert wurde, sind die punktuellen, linienförmigen und flächenhaften Kulturlandschaftselemente nach ihren wichtigsten Funktionsbereichen geordnet (s. Abschnitt 3.2.2).
Für die Erfassung der Kulturlandschaftselemente ist weiterhin auf die historisch-geographische Untersuchung von GUNZELMANN (1987) hinzuweisen. Der von ihm vorgeschlagene Inventarisations-ansatz ist sowohl sachlich als auch zeitlich eingeschränkt, da alle vor- und frühgeschichtlichen Ele-

Abb. 36: Die Modellgebiete der Großlandschaften nach „Natur 2000"

151

mente und die Bausubstanz städtischer und ländlicher Siedlungen (Denkmalpflege) ausgeschlossen werden. Ziel dieses Ansatzes ist, eine spezifisch historisch-geographische Objektgruppe herauszustellen, für die die Boden- und Baudenkmalpflege nicht zuständig ist. Im Hinblick auf eine ganzheitliche Betrachtung ist dieser Ansatz nicht überzeugend. Außerdem sind einerseits in der Bau- und Bodendenkmalpflege bei weitem nicht alle in Frage kommenden Kulturlandschaftselemente erfaßt und andererseits findet in der Denkmalerfassung eine intensive Diskussion zur inhaltlichen und zeitlichen Erweiterung bis zu Objekten der 70er Jahre statt. Nach unserer Einschätzung ist somit der Ansatz von GUNZELMANN, eine eigene Gruppe von historisch-geographischen Kulturlandschaftselementen von den Bau- und Bodendenkmälern sowie Biotopen zu separieren, in den großräumigen Kulturlandschaften nicht sinnvoll. Eine ganzheitliche Inventarisation ist aus pragmatischen Gründen wesentlich sinnvoller als eine fortlaufende Abgrenzung der kartierten Elemente, denn nach der Hervorhebung als historische Kulturlandschaftselemente werden diese meistens als denkmalwürdig erachtet, damit bleiben nur sehr wenige nicht denkmalwürdige Elemente übrig. Interessanterweise sind es meistens Linienelemente und große Flächenelemente, ein Hinweis auf die denkmalpflegerische Problematik im Umgang mit Kulturlandschaften.

Die Relikte oder historischen Kulturlandschaftselemente, müssen nach ihrem Aussehen (d.h. gebaut (abiotisch) oder naturnah (biotisch), nach ihrer Funktion, nach ihrer Form (Punkt-, verbindende Linien- und zusammenfassende Flächenelemente) und ihrer Sichtbarkeit (ober- oder untertägig) eingeordnet werden. Für die Einteilung in Punkte, Linien und Flächen ist die Maßstabsebene maßgebend; je nach Kartierungsmaßstab verschiebt sich die Grenze zwischen Punkt- und Flächenelementen.

Die Punktelemente beziehen sich neben den unterschiedlichen Bauten, den archäologischen Fundorten, Boden-, Bau-, und Naturdenkmälern auch auf Elemente wie persistente Siedlungsstandorte, die nicht von der Denkmalpflege erfaßt werden. Hierbei muß ebenfalls beachtet werden, daß zahlreiche erfaßte Biotope wie Flachsrösten, Restheiden, Nieder-, Loh- und Hudewälder, Obstgärten und -wiesen usw. von anthropogenen Nutzungs- und Bewirtschaftungsformen geprägt sind.

Die Punkte und Flächen verbindenden Linienelemente bilden Strukturen und sie markieren Grenzen in der Landschaft. Dies sind u.a.: Viehtrifte, Wege, Straßen, Alleen, Bahnlinien, Gräben, Kanäle, Wälle und Grenzen sowie markierte (Schutz)-Elemente wie Grenzlinien, Landwehren und Deiche. Abgesehen von Feld- und Waldwegen sind die meisten Straßen modern gestaltet, aber ihre Geschichtlichkeit wird durch den historischen Trassenverlauf (nachweisbar seit 1810/1840) markiert.

Bei den flächenhaften Elementen handelt es sich einerseits um größere Nutzungsareale wie Heiden-, Wälder-, Acker- und Grünlandflächen usw. Zusammengehörige Elemente bilden Bestandteile, die aus funktional verbundenen Punkt-, Linien- und Flächenelementen bestehen, wie Stadt- und Ortskerne mit Einzelbauten und Straßen, oder Gebiete mit alten Flurstrukturen, Residenzanlagen mit dem Schloß, Nebengebäuden, Alleen und Park- und Gartenanlagen oder industriell geprägte Kulturlandschaftseinheiten (Fabrik, Fabrikssiedlung, Transportanlagen).

Die Erfassung der historischen Kulturlandschaftselemente (Landesaufnahme) ist für den Aufbau eines Datenbestandes erforderlich (vgl. Biotopkataster). Um Aussagen über Wert, Schutzwürdigkeit, Schutzkonzeptionen und -prioritäten, Übereinstimmungen und Gegensätze zwischen den Zielen der Kulturlandschaftspflege und den Zielen des Arten- und Biotopschutzes sowie Harmonisierungs- und Lösungsvorschläge in den Modellgebieten treffen zu können, ist die Erarbeitung von Grundlagen in Form einer Kartierung notwendig.

4.1.2 Bewertung des Zustandes und der Schutzwürdigkeit der einzelnen Kulturlandschaftselemente bzw. der verschiedenen Typen von Kulturlandschaftselementen, -bestandteilen und -bereichen

Ohne Bewertung ist die Begründung der Schutzwürdigkeit von Kulturlandschaftsbereichen und ihren Bestandteilen und Elementen nicht möglich. Dies bedeutet allerdings, daß für die Nachvollziehbarkeit ein hohes Maß an Vergleichs- und Meßmöglichkeiten sowie Objektivität erforderlich ist. Eine größtmögliche Nachvollziehbarkeit kann nur durch die stringente Trennung von beschreibenden und wertenden Aussagen (Sach- und Wertebene) sowie durch die Klarheit über die wertbestimmenden Kriterien erreicht werden. Hier sind einerseits das Alter, das heutige Aussehen (Unversehrtheit), die Anzahl, die Regionsgebundenheit (spezifische Formen), die Verknüpfung und der Funktionswandel zu nennen. Andererseits dürfen auch die Wertvorstellungen der Gesellschaft und das subjektive ästhetische Empfinden des Menschen nicht außer acht gelassen werden. In diesem Zusammenhang sind regionale Identität, emotionale Wirksamkeit zusammengefaßt in Schönheit, Vielfalt und Eigenart, sowie Mahnungen und Erinnerungen zu erwähnen.

Der historische Wert - Zeugniswert

Er orientiert sich am Alter des Elementes und seiner Aussagekraft während der Entstehungszeit. Hierbei müssen ebenfalls wichtige Umgestaltungen berücksichtigt werden, die als Teil des Entwicklungsprozesses zu betrachten sind. Mit dem Alterswert sollte umsichtig argumentiert werden. Ein Element ist nicht um so wertvoller, je älter es ist. Wenn nur Teile oder Bruchstücke mit archäologischen Methoden geborgen werden, so können sie doch von hohem Zeugniswert sein, wenn keine Überlieferung vorhanden ist. Dieser Wert kann sich erhöhen, wenn weitere Erkenntnisse hinzukommen bzw. wenn die Anzahl der Funde (bewegliche Bodendenkmäler) zunimmt.

Der künstlerische Wert

Dieses Kriterium dient dazu, den Wert einer kunstgeschichtlichen (architektonischen) und/oder kunsthandwerklichen Qualität bei der Lösung einer bestimmten Aufgabe, so z.B. einer Bauaufgabe oder bei der Anlage eines Parks, zu bestimmen.

Der Erhaltungswert

Dieser Wert wird durch den Grad seines formalen äußeren Erhaltungszustandes (ursprünglicher, veränderter, erweiterter, umgestalteter und sogar verfremdeter sowie verfälschter Zustand) und nach dem Grad seiner Funktionalität (Funktionswandel oder -verlust) bestimmt. Hierbei muß jedoch berücksichtigt werden, daß Veränderungen, Erweiterungen und Umgestaltungen ebenfalls einen historischen Zeugniswert haben können.

Der Seltenheitswert

Bei der Bestimmung der Seltenheit eines Elementes oder einer Struktur muß sowohl die quantitativ faßbare Zahl als auch die qualitative Bedeutung berücksichtigt werden. Außerdem sind folgende Aspekte zu beachten:
- landesweite oder nur regionale bzw. lokale Verbreitung,
- konzentriertes oder vereinzeltes Vorkommen,
- verschiedene Formen (Variationen) oder nur ein Typ,
- einziges Quellenzeugnis.

Der regionaltypische Wert (Identität)

Hierbei geht es um die Frage, ob das Element typisch für eine Region ist und einen identitätsstiftenden Wert besitzt. Dies gilt auch für bestimmte naturräumlich bedingte Formen mit einer regionalen Verbreitung.

Der Wert der räumlichen Zusammenhänge und Beziehungen (landschaftliche und städtebauliche Bezüge)

Außerdem muß überprüft werden, ob ein Element einen Teil eines größeren Emsembles oder Bereiches bildet oder für sich steht. Durch die intensiven Veränderungen in der Kulturlandschaft haben viele Elemente ihre Beziehungen zu anderen verloren und sind als Reste solcher Ensembles oder Bereiche zu betrachten. Bei dieser Bewertung müssen die untertägig im Bodenarchiv erhaltenen Objekte und Strukturen ebenfalls berücksichtigt werden.

Der Wert der sensoriellen Dimensionen

Dies bezieht sich auf die sensorielle und visuell faßbare *Eigenart, Vielfalt und Schönheit von Natur und Landschaft* (BNatSchG §1, Abs. 1, Satz 4), die in vielen Regionen maßgeblich durch die historischen Kulturlandschaftselemente und -strukturen geprägt wird. Von Bedeutung sind historische Elemente und Strukturen, die im optischen und/oder funktionalen Bezugssystem miteinander in Verbindung stehen. Weiterhin müssen die gliedernde Wirkung, die Eingebundenheit in visuelle Landschaftszusammenhänge und die Maßstäblichkeit berücksichtigt werden.

Ausstrahlungswert oder -effekt

Kulturlandschaftselemente haben in offenen, halboffenen (gekammerten) und geschlossenen Landschaften eine unterschiedliche Ausstrahlung und Wirkung. Ein kleines Objekt wie ein Kreuz mit einem begleitenden Baum erzielt z.B. in der offenen Börde eine größere Wirkung als in einer kleinräumig gegliederten (gekammerten) Parklandschaft wie das Kernmünsterland, wo die Struktur an sich mehr prägend ist.

Der Nutzungswert

Dieser Wert bestimmt einerseits die Bedeutung der historischen Kulturlandschaftselemente, -strukturen und -komplexe für Ökologie, Wissenschaft, Fremdenverkehr, Erholung und andererseits für neue Funktionen und Nutzungen. Dieser Wert hat ebenfalls eine Wirkung im Hinblick auf Erziehung (Mahnung) und Bildung.

Schutzstatus

Kulturlandschaftselemente können faktisch durch Denkmal-, Landschafts- und Baugesetze geschützt werden. Das nordrhein-westfälische Denkmalschutzgesetz sieht einen abgestuften Schutzstatus von Denkmälern (Bau- und Bodendenkmälern etc.), flächigen Denkmalbereichen sowie zeitlich befristeten Grabungsschutzgebieten vor. Darüber hinaus gibt es weitere erhaltungswerte Bausubstanz. Diese Objekte werden entweder durch die Eintragung in die Denkmalliste oder durch kommunale Satzungen geschützt. Im LG NW sind für einzelne Objekte die Schutzkategorien „Naturdenkmal" oder „geschützter Landschaftsbestandteil" vorgesehen. Gebiete können als „Natur- oder Landschaftsschutzgebiete" festgesetzt werden.

Historisch-geographischer Wert

Dieser Wert bezieht sich nicht auf Einzelelemente, sondern insbesondere auf flächige Kulturlandschaftsbereiche und -bestandteile. Er setzt sich aus den obenstehenden Werten zusammen, die sich auf Strukturen, Zusammenhängen und Flächen beziehen. Er bezieht sich auf die „historischen Kulturlandschaften" nach § 2, Nr. 13 LG NW.

Für die Bewertung wurden aufgrund der Geländearbeit Vergleiche mit der Kulturlandschaftswandelkarte, der Reliktkarte, dem Biotopkataster und mit den Daten der Denkmalpflege (eingetragene Denkmäler) und des Naturschutzes (eingetragene Naturdenkmäler und geschützte Landschaftsbestandteile) vorgenommen. Hierzu wurde das Modellgebiet in flächige Kulturlandschaftsbereiche bzw. -bestandteile eingeteilt wie z.B. Reste der offenen Naturlandschaft, bäuerliche und junge Kultivierungslandschaft, aufgeforstete Räume, dynamische und stark veränderte Räume usw. Hierbei spielten das Straßen-, Siedlungsgefüge, Gewerbe, Landnutzung, erlebbares Landschaftsbild (die unterschiedliche Ausstattung der Kulturlandschaft mit Punkt-, Linien- und Flächenelementen, wodurch das Landschaftsbild einen geschlossenen, offenen oder gekammerten Charakter hat) und „historische Tiefe" eine wichtige Rolle.

Aufgrund des bisherigen Naturschutzes sind in den bestehenden Naturschutzgebieten ebenfalls - hauptsächlich aufgrund der ökologischen Betrachtungsweise des Arten- und Biotopschutzes - kulturhistorische Elemente und Strukturen faktisch mit geschützt worden. Bei der Entwicklung von Schutzgebietskonzepten muß der kulturlandschaftliche Aspekt gleichwertig berücksichtigt werden.

Bei der *Entwicklung von Schutzkonzepten* wurde von den momentanen gesetzlichen Möglichkeiten ausgegangen. In den Gesetzen finden sich Passagen, die sich eindeutig auf die historisch gewachsene Kulturlandschaft beziehen, aber in der Praxis kaum angewandt werden. Welche Möglichkeiten bieten die auszuweisenden Schutzgebiete und Objekte nach dem LG NW und DSchG NW für die kulturlandschaftsbezogenen Schutzkonzepte? Möglich sind:

- Ausweisung von NSG's mit landeskundlicher Begründung oder mit gleichberechtigten landeskundlichen und ökologischen Begründungen (§20 LG NW). Die "Bockerter Heide" ist als erstes NSG auf der Grundlage eines historisch-geographischen Gutachtens (BURGGRAAFF und KLEEFELD 1993) am 3.3.1995 rechtskräftig mit landeskundlicher Begründung ausgewiesen worden,
- Ausweisung von flächenmäßig erweiterten Denkmalbereichen als Kulturlandschaftsschutzgebiete, z.B. Kirchdorf mit Bauernschaften und zugehörigen Fluren, Bergwerk mit zugehörigen Transportanlagen, Halden und Bergarbeitersiedlung),
- Berücksichtigung kulturhistorischer und landeskundlicher Aspekte bei der Ausweisung von Landschaftsschutzgebieten aufgrund des Landschafts- und Ortsbildes (§21 LG NW),
- Anwendung der kulturhistorischen Aspekte in den verschiedenen Landesprogrammen (z.B. Mittelgebirgs- und Wiesenprogramm),
- Förderung des kulturhistorischen Erlebens in Naturschutzgebieten wie z.B. das "Kulturlandschaftserlebnisgebiet Dingdener Heide" (KLEEFELD und BURGGRAAFF 1995),
- Konzepte für einen kombinierten Natur- und Denkmalschutz außerhalb der Naturschutzgebiete entwickeln (s. Kulturgut tut Natur gut 1995).

Auch außerhalb der Schutzgebiete müßte behutsamer mit der historisch gewachsenen Kulturlandschaft umgegangen werden:
- Die konsequente Berücksichtigung von Kulturgütern in der UVP (§2, Abs. 2 UVPG),
- Die konsequente Bearbeitung des Abschnittes Kulturlandschaftsschutz und Naturerleben in den neuen Fachbeitrag Naturschutz und Landschaftspflege nach § 15a des LG NW,
- Berücksichtigung der Belange der historisch gewachsenen Kulturlandschaft auf Kommunalebene in der Flächennutzungs- und Bauleitplanung (erhaltende Dorferneuerung, Orts- und Stadtentwicklung).

Das Benennen von Prioritäten für den Schutz der verschiedenen Kulturlandschaftselemente, -strukturen und -bestandteile aufgrund ihrer Bewertung ist ein weiterer wichtiger Schritt. Um eine Übersicht zu den vorhandenen Kulturlandschaftselementen zu bekommen, ist die Liste dieser Elemente geordnet nach Funktionsbereichen, nach Form (Punkt-, linienförmigen und flächenhaften Elementen) sowie nach zusammenhängenden Kulturlandschaftsbestandteilen erarbeitet worden (s. Abschnitt 3.2). Es gibt eine Zahl von Elementen, die vergleichsweise wenig von der Denkmalpflege erfaßt werden, wie Haus- und Hofgärten, Ackerterrassen, Plaggenesche, Teiche, Wallhecken als Parzellenbegrenzung usw. Außerdem werden Strukturen wie gewachsene Ortsformen, Flurwegegefüge, Flurformen, Bewässerungs- und Entwässerungssysteme sowie tradierte Bewirtschaftungsformen (Niederwälder) kaum berücksichtigt. Letztere, anthropogen beeinflußte und gestaltete, naturnahe Strukturen wie Wälder und Heiden werden nur aufgrund ihrer ökologischen Bedeutung vom Arten- und Biotopschutz (Naturschutz) erfaßt. Sie sind vor allem unter einer kulturlandschaftlich orientierten Betrachtungsweise - auch in Natur- und Landschaftsschutzgebieten - in Wert zu setzen:
- Erhalt von einmaligen, intakten, kulturhistorischen Elementen (Punkte, Linien und Flächen), Strukturen und zusammenhängenden Flächen als Denkmäler bzw. geschützte Kulturlandschaftsbestandteile und flächige Kulturlandschaftsdenkmäler (größer als Denkmalbereiche), bei denen

auch nicht sichtbare überlieferte und praktizierte Verwaltungs- und Bewirtschaftungsstrukturen, sowie volkskundlich geprägte Traditionen und Bräuche berücksichtigt werden, weil sie den Erhaltungswert erhöhen. Die Pflege soll sich so weit wie möglich an traditionelle Nutzungen und Bewirtschaftungsformen anschließen. So sind Niederwälder langfristig nur aufgrund ihrer Umtriebszeit (15 bis 30 Jahre) durch Abholzung zu erhalten.

- Die Ausweisung von erlebbaren historischen Kulturlandschaftsbereichen und -bestandteilen mit Berücksichtigung der nicht sichtbaren überlieferten Verwaltungs- und Bewirtschaftungsformen als Kulturlandschaftsschutzgebiete, in denen eine beschränkte und behutsame Weiterentwicklung möglich ist.

- Die nicht mit einer Schutzform versehenen Gebiete - vor allem Ballungsräume - sollten nicht als völlig wertlos betrachtet werden, denn es gibt durchaus noch wertvolle Objekte, kleinräumige Strukturen und Flächen, die an sich erhaltungswürdig sein könnten. Hierfür könnte das Konzept "Naturschutz außerhalb der Schutzgebiete" und eine mehr auf die kulturlandschaftlichen Zusammenhänge und Entwicklungen orientierte Denkmalpflege sinnvoll angewandt werden.

4.2 Übereinstimmungen und Gegensätze zwischen den Zielen der Kulturlandschaftspflege und den Zielen des Biotop- und Artenschutzes (Naturschutz)

Eine Diskussion hierüber könnte aufgrund der extremen Fachpositionen sowohl seitens des Naturschutzes (Art- und Biotopschutz) als auch seitens der Kulturlandschafts- sowie der Denkmalpflege sehr kontrovers geführt werden. Festzuhalten ist, daß sie sich - sei es auch mit unterschiedlichen Zielen und Betrachtungsweisen - mit der *Kulturlandschaft* beschäftigen. Es wäre wünschenswert, wenn ihre Ziele sich gegenseitig ergänzen könnten. Daß es neben den Übereinstimmungen auch - meistens objektbezogene - Gegensätze gibt, ist verständlich und solche Gegensätze sind durchaus zu lösen. Im folgenden werden die Übereinstimmungen und die Gegensätze, die von dem Betrachtungsmaßstab, der naturräumlichen Ausstattung, der Landnutzung, dem Landschaftsbild und den gesetzlichen Verordnungen abhängen, aufgeführt.

Übereinstimmungen sind:
- Die Kulturlandschaftsentwicklung verzeichnete bis ca. 1890 einen zunehmenden Artenreichtum.
- In Naturschutzgebieten werden faktisch naturnahe und biotische Kulturlandschaftselemente (Hecken), -flächen (Obstwiesen, Niederwälder, Heiden als traditionelle Landnutzungsformen), und -strukturen unter ökologischen Gesichtspunkten geschützt. Die kulturhistorischen Belange haben lediglich einen sekundären Stellenwert.
- Bausubstanz, Landnutzung und Natur sind als Bestandteile der Kulturlandschaft untrennbar miteinander verbunden. Dies offenbart sich im Landschaftsbild. Hierbei spielen nicht nur Schutzzwecke (Schutzhecken), sondern auch dekorative sowie künstlerische Aspekte (Schönheit und Ästhetik) eine Rolle: z.B. was ist schöner, ein freistehendes Baudenkmal oder ein Denkmal im Grünen?
- Die Verbindung zwischen Natur- und Kulturlandschaftsschutz (Denkmalpflege, Freiflächen und gestaltete oder natürliche Wasserflächen als Bestandteil eines Baudenkmals sowie gestaltete Landschaftsteile wie Garten-, Friedhofs- oder Parkanlagen als Bestandteil eines Denkmals oder eigenständige denkmalwürdige Anlagen (§ 2, Abs. 2 DSchG)).
- § 2, Abs. 1, Nr. 13 des BNatSchG („Dies gilt auch für die Umgebung geschützter Denkmäler") ist ebenfalls als eine Verbindung zwischen Naturschutz und Denkmalpflege zu verstehen.
- Naturnahe Elemente haben oft bewußt gewollte, schützende Funktionen, wie Hecken und dichte Baumreihen z.B. die Bausubstanz schützen (Monschauer Heckenlandschaft). Die Lage von Kulturlandschaftselementen und -strukturen bezieht sich einerseits auf die von Menschen als günstig empfundenen Vorzüge der naturräumlichen Beschaffenheit (geschützte Lage, fruchtbare Böden, Lage an Flüssen oder bei Ressourcenvorkommen usw.) und andererseits hängen sie mit Schutzvorkehrungen (Hochwasserschutz) und Anpassungsmaßnahmen (Ackerterrassen an Steilhängen) zusammen.
- In Landschaftsschutzgebieten werden für die Ausweisung ebenfalls die Vielfalt, Eigenart und

Schönheit des (erlebbaren) Landschaftsbildes (§ 21, Abs. b LG NW) berücksichtigt. Das Landschaftsbild wird neben den Auswirkungen der Jahreszeiten und dem Wetter vor allem u.a. durch die Landnutzung, das Verhältnis Wald-Offenland, die Bebauungsdichte, die Siedlungsstruktur, das Gewerbe, die Morphologie und die Kammerung (Silhouetten) der Kulturlandschaft geprägt. Hier muß die Frage gestellt werden, was ist schön? Schönheit ist subjektiv und schwierig in Vorschriften zu erfassen. Schönheit wird manchmal von den jeweiligen Sachbearbeitern und/oder Gutachtern definiert, bei denen der ländliche Raum im Gegensatz zum Ballungsraum oder Industriegebiet meistens bevorzugt wird. Landschaftsschutzgebiete sind in Ballungsräumen rar und sehr kleinräumig.

- Für Naturparks sind die Vielfalt, Eigenart und Schönheit der (erlebbaren) Natur und Landschaft und die Erholung maßgebend (§ 44, Abs. 1). Sie umfassen meistens wertvolle historisch gewachsene (großräumige) Kulturlandschaften bzw. -einheiten, die vom Fremdenverkehr und von der Naherholung angenommen werden.
- Abs. 1, Nr. 13 des BNatSchG oder §2, Nr. 13 des LG NW ("...Dies gilt auch für die Umgebung geschützter Denkmäler ...) ist als eine Verbindung zwischen Naturschutz und Denkmalpflege zu sehen.
- Der Wegfall von tradierten Kulturlandschaftselementen wirkt sich auch auf die Flora und Fauna aus.

Die Gegensätze zwischen Naturschutz und Kulturlandschaftspflege (Denkmalpflege) beruhen vor allem auf den unterschiedlich gearteten „Materialien" der zu erhaltenden Objekte und sie treten hauptsächlich auf der örtlichen Ebene mit Kulturlandschaftselementen auf. Die abiotische Bausubstanz z.B. ist anders zu behandeln, zu pflegen und zu erhalten als „wachsende" oder „lebende" Biomasse.

Gegensätze sind:
- Bei Einzelobjekten treten bei Restaurierungs- und Bausicherungsmaßnahmen durch die Entfernung von Pflanzen und Bäumen Konflikte auf (z.B. bei der Jülicher Zitadelle). Durch die Entfernung der Vegetation werden die dort angesiedelten als ökologisch wertvoll betrachteten Pflanzen- und Tierpopulationen vernichtet.
- Die Pflege und Instandsetzung von funktionslosen Relikten wie Trockenmauern und Weinbergterrassen können negative Auswirkungen auf die dort angesiedelten Tier- und Pflanzengesellschaften haben.
- Aktive Renaturierungsmaßnahmen können sich negativ auf Kulturlandschaftselemente auswirken. Dies könnte z.B. in alten Industriegebieten zu tiefgreifenden Veränderungen von gewerblich und industriell geprägten Kulturlandschaftselementen führen. Bei Renaturierungen von Wasserläufen könnten alte Wassermühlenstandorte, Mühlenweiher und -gräben beschädigt oder sogar zerstört werden.

Maßnahmen zur Herbeiführung der Sukzession unter Ausklammerung aller menschlichen Aktivitäten (z.B. in Tälern) führen zur Zerstörung historisch gewachsener Einzelelemente und Strukturen und es entwickelt sich gegebenenfalls ein artenarmer und entsprechend tierarmer Zustand. Es wird eine Landschaftssituation unter direkter Ausklammerung aller menschlichen Aktivitäten und direkter Einflüsse herbeigeführt. Ein solcher Naturschutz ist kein Alibi, historisch gewachsene Kulturlandschaften zu zerstören. Dies gilt auch für Naturbau oder Naturgestaltung, wobei durch Eingriffe Kulturlandschaftselemente zerstört werden (z.B. grenzüberschreitendes Naturbauprojekt Gelderse Poort, das Teile des deutschen und niederländischen Niederrheins umfaßt).

4.3 Lösungsvorschläge für die Harmonisierung beider Schutzebenen

Im Bereich des Natur- und Landschaftsschutzes wäre eine integrative Betrachtungsweise, in der sowohl kulturhistorische als auch ökologische Belange gleichberechtigt vertreten sind, für die Harmonisierung beider Schutzebenen sinnvoll. Gerade die gegenseitige Unwissenheit hat zu Problemen und Konflikten geführt. Da Natur- und Landschaftsschutz sowie Denkmalschutz in der Kulturlandschaft stattfinden, könnte die kulturlandschaftliche Betrachtungsweise (als Vermittler) fungieren und Lösungen herbeiführen. Sonst würden - überspitzt ausgedrückt - z.B. Türme nur für den Erhalt von dort angesiedelten Fledermäusen als Mittel zum Zweck erhalten werden. Trotz des faktischen Schutzes des Turms würde der kulturhistorische Wert in diesem Fall nicht beachtet. Besser wäre eine Begründung, in der ökologische und kulturhistorische Aspekte gleichberechtigt Eingang finden. Der Turm als Denkmal ist in diesem Fall sowohl für Menschen als auch für Fledermäuse wertvoll. Mit einer integrativen Betrachtungsweise könnten, weil sie eng miteinander zusammenhängen, Erhaltungs- und Schutzbegründungen seitens des Naturschutzes und der Denkmalpflege besser aufeinander abgestimmt werden. Außerdem könnten hierdurch Erhaltungsbegründungen sogar verstärkt werden. Weitere Harmonisierungsvorschläge sind:

- In den Landschaftsbeiräten müssen "kulturhistorische" Sachverständige vertreten sein. Dies gilt auch für die Landschafts- und Denkmalbehörden.
- Die Erkenntnis, daß Zerfallstadien und nachfolgende Nutzungen ebenfalls Entwicklungsstadien eines Objekts (Ruine) oder größerer Flächen (aufgegebene Weinberge) darstellen.
- Bessere und fächerübergreifende Zusammenarbeit zwischen den Denkmal- und Landschaftsbehörden und Vertretern des Kulturlandschaftsschutzes,
- Gleichgewichtung der Interessen der Denkmalpflege und des Naturschutzes.
- Bei Restaurierungs- und Instandsetzungsarbeiten Belange des Naturschutzes berücksichtigen (Schlüpflöcher für Vögel, Fledermäuse usw.),
- Stärkere Orientierung der Denkmalpflege auf Flächen und räumliche Zusammenhänge unter Einbeziehung der Vegetation.
- Sukzessions- und Naturbaumaßnahmen können nur als Ausdruck neuer Landschaftsentwicklungsphasen in Rekultivierungsgebieten durchgeführt werden.

Pflegemaßnahmen werden in der Öffentlichkeit und in der Politik immer mit Kosten in Verbindung gebracht. Deswegen wird hier dafür plädiert, Konzepte zu entwickeln, in denen der Begriff „Pflegemaßnahmen" so viel wie möglich von den Begriffen „Nutzung" und „Bewirtschaftung" ersetzt wird. Anstatt von Kulturlandschaftspflege wäre besser von Kulturlandschaftsmanagement zu sprechen. Da besonders maschinelle Pflegemaßnahmen kostenintensiv sind, sollte im ländlichen Raum wenigstens versucht werden, kostenneutrale Lösungen herbeizuführen oder die Kosten so niedrig wie möglich zu halten. Hierbei könnte die Land- und Forstwirtschaft als immer noch größte Raumnutzerin, die in weiten Teilen des Landes die Kulturlandschaft prägt, eine bedeutende Rolle spielen. Wertvolle Grünlandflächen sind immer noch am besten mit Beweidung und einer jährlichen Mahd offen zu halten. Eine weitere Möglichkeit für Schutzgebiete ist, diese für rücksichtsvolle Formen der Naherholung und des Fremdenverkehrs zu öffnen, wie dies mit dem Vorschlag zur Einrichtung von Naturerlebnis- und Kulturlandschaftserlebnisgebieten im LaPro-Entwurf bereits vorgesehen ist.

Je nach Schutzformen sind unterschiedliche Gestaltungsmöglichkeiten denkbar, die von Konservierung und Instandsetzung über behutsam angepaßte Gestaltungsformen bis zur Entfernung nach Dokumentation variieren können. Die Nutzungs-, Bewirtschaftungs- und Pflegemaßnahmen sowie Entwicklungsmaßnahmen müssen hierauf abgestimmt werden. Für solche konkreten Schutz- und Nutzungskonzepte sind der Landschafts- und Bebauungsplan der Kommunalebene maßgebend, wie dies bereits für den Natur- und Landschaftsschutz der Fall ist. Dies gilt ebenfalls für kulturlandschaftspflegerische Maßnahmen wie:

- Abgestufte Unterschutzstellungen: Historische Kulturlandschaften, Kulturlandschaftsbestandteile, -schutzgebiete oder kulturhistorisch begründete Naturschutzgebiete, wertvolle Kulturlandschaften (wie LSG), Naturparks, in denen der kulturhistorische Aspekt genau so wie der ökologische Aspekt berücksichtigt wird.

- Beibehaltung der Nutzung z.B. der Landwirtschaft in den Mittelgebirgsräumen. Extensive Mastviehhaltung, ökologische Landbaukonzepte, Vermarktung von kräuterreichem Heu als Winterfutter für die auf intensive Viehhaltung orientierten Betriebe.
- Beibehaltung traditioneller Bewirtschaftungsformen (z.B. Niederwaldwirtschaft in Niederwäldern) für Brennholz, Grillkohle, Papierindustrie oder Heidebeweidung mit Schafen, die nur durch solche Nutzungen erhalten werden können.
- Sicherungs-, Instandsetzungsmaßnahmen und Restaurierung sowie Wiederaufbau von Denkmälern (mit Wiederbenutzung), Naturdenkmälern (Baumpflege) und geschützten Landschaftsbestandteilen.
- Nutzung von Baudenkmälern als Wohngebäude, für öffentliche Zwecke usw.

4.4 Die Modellgebiete

4.4.1 *Westfälisches Tiefland/Weserbergland: Wiehengebirge* (Abb. 37 a–d)

4.4.1.1 Einleitung

Das Untersuchungsgebiet gehört zu der Stadt Bad Oeynhausen (Südosten), der Stadt Minden, (Nordosten), der Gemeinde Hille (Nordwesten) und der Gemeinde Hülhorst (Westen) des Kreises Minden-Lübbecke. Das Modellgebiet gehört zu den Großlandschaften Westfälisches Tiefland (nördlicher Teil) und Weserbergland (südlicher Teil). Der nordöstliche Teil des Modellgebiets gehört zur Bastauniederung, die mit den Feuchtgebieten an der mittleren Weser, Mooren am Dümmer zur "wertvollen" Kulturlandschaft zusammengefaßt wurde.

4.4.1.2 Die naturräumlichen Rahmenbedingungen

Das Modellgebiet wird durch das Wiehengebirge, das eine Wasserscheide bildet, in zwei Bereiche geteilt. Das Wiehengebirge (Lübbecker Eggen, 532) ist ein relativ schmaler bewaldeter Gebirgsrücken bzw. ein Schichtkamm mit einem steilen Abfall nach Süden und einem flacheren Abfall nach Norden. Die höchsten Erhebungen liegen im Modellgebiet bei ca. 260 m ü. NN (266,2 m). Geologisch betrachtet besteht dieser Schichtkamm oder Egge aus Gesteinen des Juras (Handbuch der naturräumlichen Gliederung 1959, S. 791). Die ca. 100 bis 120 m aufragende, schmale Gebirgskette prägt das Landschaftsbild und bildet eine natürliche Barriere. An den engsten Stellen befanden sich bei Elfte und Bergkirchen zwei natürliche Durchlässe.

Das südlich anschließende Ravensberger Hügelland, das zur Ravensberger Mulde (531) gehört, besteht aus weichen Keuper- und Liasschichten, worauf die Endmoränen der Saale-Eiszeit abgelagert wurden, die wiederum weitgehend abgetragen sind. Hierauf wurde in der Weichsel-Eiszeit eine Lößlehmschicht mit einer Dicke von ca. 1 m abgelagert. Durch die Stauwirkung der Liastone ist diese Börde relativ feucht und wird von einem dichten Gewässernetz durchschnitten. Die Bäche oder Sieke verzweigen sich südlich zu größeren Bächen mit schmalen Auenflächen, die aus Quellen des Wiehengebirges entspringen. Die angrenzende südliche Börde ist als ein von ca. 60 m bis auf ca. 140 m ansteigendes Vorland des Wiehengebirges zu betrachten.

Nördlich des Wiehengebirges gibt es einen relativ schwach-welligen, schmalen Lößstreifen (Lübbecker Lößland, 533) mit Vorlandcharakter. Die Lößdecke ist ebenfalls relativ dünn und es dominieren Braunerdeböden. Das Gewässernetz ist dagegen weniger dicht.

Die durchschnittliche Jahrestemperatur schwankt je nach Höhenlage zwischen 8 und 8,5° C. Die durchschnittlichen Niederschlagsmengen liegen bei ca. 700 mm und bei ca. 800 mm im Wiehengebirge.

Dieses Gebiet gehört zu zwei potentiellen natürlichen Landschaften:
Die Bördenflächen beidseitig des Wiehengebirges zur Flattergras-Buchenwald-Landschaft und das Wiehengebirge zur Hainsimsen-Buchenwald-Landschaft (Abb. 3).

4.4.1.3 Skizzierung der Kulturlandschaftsentwicklung

Die Besiedlung setzte aufgrund der günstigen Bodenverhältnisse bereits in altsächsischer Zeit (8. bis 10. Jahrhundert) ein. Die ältesten Siedlungskerne waren kleine Hofgruppen (Drubbel), die aus 4 bis 10 vollbäuerlichen Höfen bestanden. Die Terrassenränder der Sieke waren die bevorzugten Niederlassungsstandorte der Drubbel und Einzelhöfe. Die Hofräume sind groß, unregelmäßig begrenzt, mit Gärten und Sulweiden und zum Hof gehörigen bäuerlichen Nutzwäldchen (MÜLLER-WILLE 1952). Die meisten Drubbel im Modellgebiet haben eine haufendorfähnliche Form. Die Abstände zwischen den Drubbeln sind vergleichsweise gering: ca. 2 bis 2,5 km. Diese relativ frühe dichte Besiedlung hängt mit der Tatsache zusammen, daß es sich hier aufgrund der fruchtbaren Böden um einen Gunstraum handelt (SCHÜTTLER 1986, S. 18).

Da die Höfe als ganzes an die jüngsten Söhne vererbt wurden (Jüngstenerbrecht), erwies sich die Hofstruktur der Vollerben im Gegensatz zu den Gebieten mit Realteilung als sehr stabil.

Die Höfe, die abseits von den Drubbeln lagen aber einem Drubbel zugeordnet waren, datieren aus der fränkischen Periode. Diese Meierhöfe hatten eine Art Überwachungsfunktion der altansässigen sächsischen Bevölkerung, die im mittelalterlichen, grundherrschaftlichen System eine wichtige Rolle spielten (SCHÜTTLER 1986, S. 22).

Das älteste Dauerackerland oder Esch (Eschland, Eschflur) lag nahe der Drubbel. Dieses mit Plaggen gedüngte Ackerland hatte eine Streifenparzellierung, die dem Gelände angepaßt war und deswegen eine leicht geschwungene Struktur aufwies (SCHÜTTLER 1986, S. 19). Trotz der Gemengelage der Parzellen gab es im Gegensatz zu den Dorfsiedlungen mit Gewannfluren keinen Flurzwang, weil die Parzellen ohne Überfahren der Nachbarparzellen zu erreichen waren. Nach der Ernte wurde das private Ackerland als gemeinnützige Stoppelweide genutzt.

Bei fortschreitender Besiedlung wurden die umliegenden Wälder gerodet und die Drubbel verloren mit ihren Ackerflächen allmählich ihren Inselcharakter. Die gemeinschaftlich genutzten Markwälder stellten wichtige Ressourcen (Bau- und Brennholz, Weide) für die Landwirtschaft dar.

Es sind nach SCHÜTTLER (1986, S. 22ff.) verschiedene Ausbauphasen zu erkennen:
1. Die Erbkötter (1000 bis ca. 1450). Die älteren Söhne der Erben, die mit Zustimmung ihrer Eltern auf der Hoffläche oder in direkter Nähe des Hofes ihre Behausungen bauten. Da sie keinen oder kaum einen Anteil an dem Altackerland hatten, kultivierten sie die an die Esch grenzenden Markflächen zu umwallten Kämpen.
2. Die Markkötter (1450-1650). Sie hatten keine Unterstützung und ihre Behausungen oder Kotten entstanden vereinzelt bzw. in kleinen Gruppen mit Kämpen weit entfernt in der Mark. Sie erhielten von den Erben nur geringe Nutzungsrechte an der Mark. Mehr Unterstützung erhielten sie von den Grundherren als Markenherren in Form von Nutzungsrechten. Diese teilweise nicht gestattete Besiedlung und zunehmende Waldnutzung führte zu Raubbau und Waldzerstörung mit Verheidung.
3. Die Heuerlinge (seit dem 16. Jahrhundert). Sie verfügten weder über Haus noch Land. Sie mieteten von den Vollbauern einen Heuerlingskotten und ein Feld für den eigenen Bedarf. Die Heuerlinge verdingten sich bei "ihrem Bauer" für die Miete. Mit dem Übergang von der Natural- zur Geldwirtschaft richteten die Vollbauern manchmal mehrere Heuerlingsstellen ein. So gab es z.B. 1744 in Unterlübbe 10 Heuerlinge, die in einem Gebäude "ihres Bauern" wohnten (Archäologie-Siedlungsgeschichte-Schulwesen 1989, S. 58). Da die Heuerlinge sich aufgrund des dortigen Flachsanbaus mit gewerblichem Spinnen beschäftigten, erwirtschafteten sie das benötigte Geld für die Abgaben der Vollbauern. Im 17. Jahrhundert nahm die Zahl der Heuerlinge, die mit ihren Kotten die vorhandene Siedlungsstruktur verdichteten, enorm zu und sie erreichten einen Anteil von ca. 60 % in der Bevölkerung. Auch nach 1700 nahm die Zahl der Heuerlinge weiter zu, wie für Unterlübbe belegt. So gab es 1894 in Unterlübbe 43 Heuerlingsfamilien gegenüber 11 Voll-, 14 Halbbauern und 38 Neubauern (Archäologie-Siedlungsgeschichte-Schulwesen 1989, S. 60).

Der vorhandene Wald wurde zunehmend zurückgedrängt und es verblieben Restwälder in einer offenen landwirtschaftlich von Siekauen geprägten Kulturlandschaft, die das Kartenbild der Uraufnahme von 1837 für das Modellgebiet zeigt. Die letzte Markenfläche befand sich in der Bastauniederung. Die Markenflächen wurden nach 1821 geteilt. Heideflächen sind auf der Uraufnahme von 1837 nicht eingetragen.

Die Siedlungsstruktur besteht nach der Uraufnahme von 1837 aus unregelmäßig gereihten Einzelhöfen, Drubbeln (Bauernschaften) und Dörfern. Es gab lediglich drei Kirchdörfer: Bergkirchen, Schnathorst und Volmerdingsen. Außer den Pässen ist das Wiehengebirge weitgehend unbesiedelt. Das Kirchdorf Bergkirchen liegt an einem Paß.

Die Siedlungsstruktur südlich des Wiehengebirges orientiert sich sehr deutlich am Gewässernetz, wodurch die gereihte Siedlungsstruktur außerhalb der Dörfer und Drubbel dominiert. Diese Struktur ist im nördlichen Teil ebenfalls erkennbar, obwohl sie hier vor allem am Fuße des Wiehengebirges mehr Ost-West orientiert ist, weil es dort eine fast durchgehende Straße gibt. Eine solche Straße fehlt am südlichen Rand des Gebirges.

Am Nordrand der Bauernschaft Haddenhausen befindet sich die einzige Schloßanlage des Modellgebiets: Haus Haddenhausen.

An den Sieken gab es 1837 bei Tengern an dem Schnathorster Bach eine Wassermühlenstraße mit vier Wassermühlen. Im gesamten Modellgebiet gab es 20 Wassermühlen.

Nordwestlich von Volmerdingsen sind auf der Karte von 1837 Mergelgruben für die Düngung der Ackerflächen eingetragen.

Das Hauptstraßennetz, aber auch Teile des gewachsenen ländlichen Wirtschaftswegenetzes ist durch die natürlichen Pässe und durch den Verlauf der Sieke südwest-nordost orientiert. Am Fuße des Wiehengebirges finden sich Hohlwege. Es gibt im Modellgebiet eine Kunststraße: die Ost-West orientierte Chaussee Minden-Lübbecke (heutige B 65).

Im Landnutzungsgefüge dominiert das Ackerland auf den fruchtbaren Lößböden. Die Sieke werden markiert von Gehölzreihen und kleineren Auenwäldchen. Die dominante Landnutzung ist Grünland. Die Sieke gliedern das hauptsächlich von Ackerland dominierte Landnutzungsgefüge, nördlich des Wiehengebirges ist dies weniger der Fall.

Das Wiehengebirge stellte die größte geschlossene Waldfläche mit Laubwald dar. Größere Teile dieser Wälder wurden als Niederwald bewirtschaftet, ansonsten befinden sich kleinere Waldflächen in den Niederungen und entlang der Sieken. Südwestlich von Haddenhausen befand sich der größte geschlossene Wald (Haddenhausener Holz) außerhalb des Wiehengebirges.

Im Nordosten des Modellgebietes liegt ein größeres Moor- und Bruchgebiet mit feuchtem Grünland, das zum nördlich gelegenen Moorgebiet (Bastauniederung) gehört.

Die Veränderungen der Kulturlandschaft in der *Periode 1837-1896* vollzogen sich vor allem im und in der Nähe des Wiehengebirges. Die größte Zunahme der Besiedlung konzentrierte sich in linearer Form außerhalb der Dörfer und Drubbel entlang den Verbindungsstraßen, dies gilt besonders für den Nordrand des Wiehengebirges entlang der Straßen zwischen Elfte und Lübbe, der Straße zwischen Schnathorst und Elfte. Innerhalb der alten Ortskerne und der Drubbel veränderte sich wenig.

Auffallend war - nach der Neuaufnahme von 1896 - die Errichtung von 7 Ziegeleien (2 bei Kümmerdingsen, 1 bei Tengern bzw. bei Schnathorst, 2 zwischen Volmerdingsen und Eidunghausen und 1 bei Dehne), die 1955 nicht mehr eingetragen sind. Außerdem sind an den Sieken 22 Wassermühlen und fünf Windmühlen in Betrieb. Schließlich wurde bei Wittekindshof, nördlich von Volmerdingsen am Fuß des Wiehengebirges, eine Blindenanstalt errichtet.

Legende der Karten 37a - 40a

Periode	Punkt-, Linienelemente und Flächen in:
ca. 1837/45	*Grün*
1842/45 - 1892/96	*Rot*
1892/96 - 1950/55	*Orange*
1950/55 - 1991/95	*Gelb*
Gewässer nach 1837/45 unverändert	*Blau*
Gewässer nach 1837/45 verändert	*Dunkelblau*

Legende der Karten 37b-40b

Flächen in:		Linien	
Laubwald	*Grün, leuchtend*	——	Straße, Weg
Mischwald	*Grün, blass*	++++++	Eisenbahntrasse
Nadelwald	*Türkis*	►►►►	Deich
Gerodeter Wald	*Hellgrau*	◆◆◆◆◆	Landwehr
Grünland	*Gelbgrün*	◆◆◆◆◆	Landwehrgraben
Ackerland	*Gelb*	——	Wallhecke
Heide/Moor	*Violett*	——	Hecke
Ehem. Moor	*Hellviolett*	·····	Baumreihe
Abgrabungsfläche/Steinbruch	*Dunkelgrau*	·:·:·:	Allee
Gewässer (Teich, Weiher)	*Blau*	——	Graben, Bach, Fluß
Siedlungsstruktur (hist. Stadt-, Orts-kern, Weiler und Bebauungsfläche)	*Rot*		

Legende der Karten 37c-40c

	Flächen in:
Niederwald	*Grün, leuchtend*
Laub- und Mischwald	*Grün*
Nadelwald	*Blaugrau*
Grünland	*Gelbgrün*
Ackerland	*Gelb*
Garten, Obstgarten, -wiese	*Braun*
Mischfläche	*Orange*
Heide/Moor	*Rotviolett*
Abgrabungsfläche/Steinbruch	*Graublau*
Gewässer	*Blau*
Kulturlandschaftselemente	*Rot*

Legende der Karten 37d-40d

	Bänder in:
Reste der offenen und extensiv genutzten Moore und Heiden	*Violett*
Bäuerlich geprägte Kulturlandschaftsbereiche	*Gelb*
Von Grünland geprägte Kulturlandschaftsbereiche (Auen, Brüche, Niederungsflächen)	*Gelbgrün*
Jüngere, von Rodung und Kultivierung geprägte Kulturlandschaftsbereiche bzw. -bestandteile	*Rotorange*
Von Laubwald geprägte Kulturlandschaftsbereiche bzw. -bestandteile (auch Niederwald)	*Grün, leuchtend*
Von Mischwald geprägte Kulturlandschaftsbereiche bzw. -bestandteile	*Türkis*
Von Nadelwald geprägte Kulturlandschaftsbereiche bzw. -bestandteile	*Blaugrün, dunkel*
Historische Orts- und Stadtkerne (Kulturlandschaftsbestandteile)	*Rot*
Von Talsperren geprägte Kulturlandschaftsbestandteile	*Blau*
Von Entwicklungsdynamik geprägte und stark umgeformte Kulturlandschaftsbereiche bzw. -bestandteile	*Graublau*

Kartengrundlagen:
Topographischen Karte 1:25 000 (Verkleinerungen),
Topographische Karte 1:100 000 (Vergrößerungen)

Maßstab: 1:50 000

Entwurf und Kartographie:
P. Burggraaff

Abb. 37 - 40:
*Darstellung auf der Grundlage der amtlichen topographischen Karten
des Landes NRW mit Genehmigung des Landesvermessungsamtes
NRW vom 14.03.2000, Az.: S985/2000*

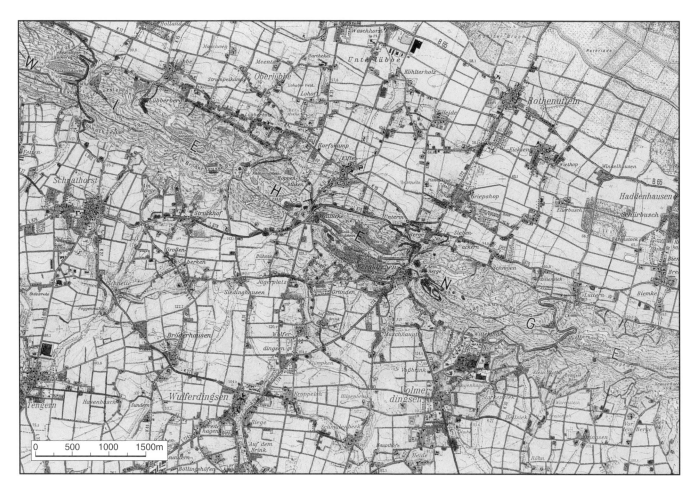

Abb. 37a und b: Westfälisches Tiefland/Weserbergland: Ausschnitt Wiehengebirge

a: Kulturlandschaftswandel, b: Historische (persistente) Kulturlandschaftselemente

163

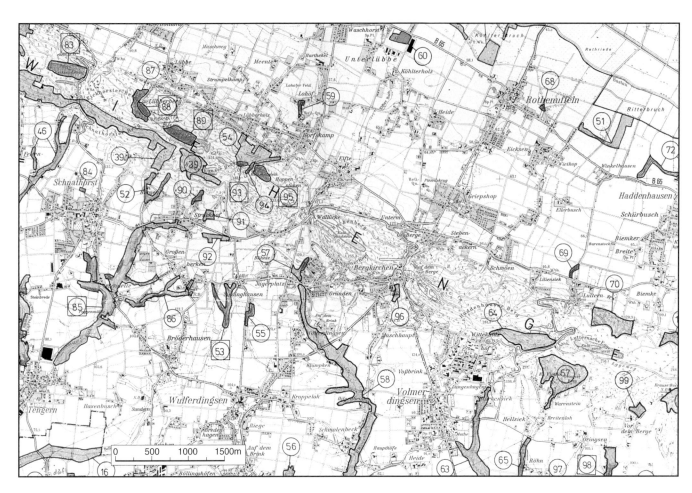

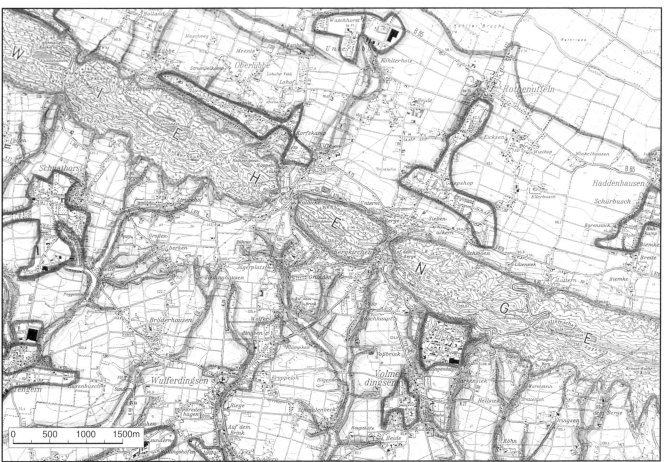

Abb. 37 c und d: Westfälisches Tiefland/Weserbergland: Ausschnitt Wiehengebirge

c: Biotopkataster, d: Kulturlandschaftsbestandteile und -bereiche

164

Auch im Bereich des Straßenbaus gab es Veränderungen. Nördlich von Schnathorst wurde eine neue Paßstraße gebaut und die alte Straße zwischen Bergkirchen und Berge wurde - wahrscheinlich der Kalksandsteingruben mit Serpentinen wegen - neugebaut. Schließlich wurden im alten Hauptstraßennetz neue Verbindungstrassen angelegt, wie z.B. westlich von Wulferdingsen, östlich von Struckhof. Teilweise waren diese Verbesserung und Begradigung der Trassen mit Brückenbau verbunden, wie z.B. östlich von Tengern.

Um 1880 wurde eine Bahnlinie von Löhne über Tengern und Schnathorst, mit einem Endpunkt in Wallücke südlich von Elte, an einem Paß im Wiehengebirge angelegt.

Im Wiehengebirge wurden die vorhandenen kleinen Gruben bei Bergkirchen flächenmäßig für die Kalksandsteingewinnung ausgebaut. An den Rändern wurden einige kleinere Waldflächen gerodet; die größte Rodung war die des Haddenhausener Holzes, der als Ackerland kultiviert wurde.

Teile des großen Bruchgebietes der Bastauniederung wurden mit geradlinigen Entwässerungsgräben entwässert und als Grünland genutzt, nachdem diese Markenfläche geteilt worden war.

Die Kulturlandschaftsveränderungen der *Periode 1896-1955* verteilen sich fast gleichmäßig über die besiedelten und nicht besiedelten Flächen. Bei den Dörfern und Bauernschaften (Drubbel) hat die Besiedlung stark zugenommen. Bei einigen Dörfern (Haddenhausen, Holsen, Schnathorst, Volmerdingsen) hatte die Siedlungsfläche sich bereits mit flächigen Neubaugebieten verdoppelt. Es entstanden auch neue Siedlungen wie Klein-Holland. Auch außerhalb der Dörfer und Bauernschaften nahm die Besiedlung in linearer Form zu. Auffallend ist, daß im Gegensatz zu südlichen Teilen des Ravensberger Landes kaum gewerbliche und industrielle Siedlungen vorhanden sind. Die ursprüngliche Blindenanstalt Wittekindshof wurde erweitert und in dieser Periode in eine Irrenanstalt umgewandelt.

Das gesamte Modellgebiet mit Ausnahme des Wiehengebirges und Teilen der Bastauniederung wurde in dieser Periode im Rahmen von Flurbereinigungen, die vor 1920 durchgeführt wurden (WEIß 1981), von einem geradlinigen und rechteckigen Wirtschaftswegenetz überzogen, wodurch das alte Landwegegefüge verschwand. Hierdurch hatte sich die Struktur dieses Gebietes wesentlich verändert.

Zwischen Klein Vlotho und Luttern wurde eine neue Paßstraße durch das Wiehengebirge – u.a. auch für die Erschließung neuer Kalksandsteingruben – angelegt. Die Bahnstrecke wurde in dieser Periode abgetragen.

Das Landnutzungsgefüge veränderte sich mit Ausnahme der Siedlungsflächen relativ wenig. Im Gebirge wurden die Kalksandsteingruben erweitert, der größte Teil der Bastauniederung mit geradlinigen Gräben entwässert und die dort mit Düngung entstandenen ertragreichen Wiesen von den Lößdörfern (Haddenhausen, Rothenufflen, Unter Lübbe) bewirtschaftet.

In der *Periode 1955-1991* konzentrierten sich die Veränderungen hauptsächlich im unmittelbaren Umfeld der Dörfer und Bauernschaften. Neben flächigen Neubaugebieten nimmt auch die gewerbliche und industrielle Siedlungserweiterung eine wichtige Stellung ein.

Außer in den Neubau- und Gewerbegebieten, im Wiehengebirge sowie in der Bastauniederung wurden vergleichsweise relativ wenig neue Straßen gebaut.

Im Gebirge expandierten die Kalksandsteingruben. Diese Expansion wurde vor allem durch die zugenommene Bautätigkeit verursacht. Einige Steinbrüche wurden rekultiviert. Trotz der Zunahme des Nadelbaumanteils blieb der Laubwald dominant.

Moor- und Schwefelbäder für den Kurbetrieb gibt es in Rothenuffeln und Oberlübbe.

4.4.1.4 Überlieferte historische Kulturlandschaftselemente und -strukturen

Punktelemente
Viele Einzelhöfe, Erb- und Markkotten sowie Heuerlingskotten, die in Fachwerk gebaut worden sind, sind durch Umbauten und Modernisierungen verändert worden. Ihre tradierten Standorte

sind erhalten. Die am besten erhaltenen Höfe und Kotten sind von der Denkmalpflege erfaßt worden.

Die evangelische Kirche von Oberlübbe wurde 1911/1912 im neoromanischen Jugendstil gebaut. In Oberlübbe befinden sich noch Relikte des Badebetriebes: ein ehemaliges Badehaus von 1898 und ein Hallenhaus von 1820, das für den Badebetrieb genutzt wurde. In Rothenuffeln steht noch ein Brunnenhaus, das 1766 gebaut wurde.

Vom tradierten Ackerland zeugen die Esche und die jüngeren Kämpe, die sich an den Dörfern, Drubbeln und Einzelhöfen anschließen.

Bei den Dörfern, Drubbeln und Höfen befinden sich noch Obstwiesen bzw. Obstgärten (Biotopnr. 97).

Zahlreiche - ebenfalls die ehemaligen - Gruben, Steinbrüche und Halden befinden sich im Wiehengebirge. Reste von Mergelgruben gibt es bei Voßbrink nördlich von Volmerdingsen auf der Börde.

Von den zahlreichen Wassermühlen, die auf der Ur- und Neuaufnahme eingetragen waren, sind nur zwei übriggeblieben. Die ehemaligen Standorte sind ebenfalls von Bedeutung, weil die zugehörigen Mühlenteiche und -gräben noch Relikte der Wassermühlen sind. Daneben gibt es noch zwei erkennbare Windmühlen, die an im Gelände günstigen Standorten stehen.

Die Ziegeleien, die vor 1896 entstanden sind, sind heute nicht mehr vorhanden. Die Standorte sind noch erkennbar an den Abgrabungsflächen.

Die zahlreichen kleinen Feldgehölze stellen die Reste der ehemaligen Wälder dar und waren als bäuerliche Nutzwäldchen (Niederwald) von Bedeutung (Biotopnr. 56).

Linienelemente

Die meisten überörtlichen Straßen folgen noch ihren ursprünglichen Trassen, obwohl ihr Aussehen als Folge des motorisierten Verkehrs angepaßt worden ist. Dies gilt nicht mehr für die alten Feldwege, die im Rahmen der Flurbereinigungen durch überwiegend geradlinige Landwirtschaftswege ersetzt worden sind.

Die ehemalige Bahnlinie (Löhne-Wallücke), die um 1880 angelegt wurde, verlief neben der heutigen L 773. Nördlich von Halsteren verließ sie diese Straße und folgte einem Feldweg, um nördlich von Tengern wiederum der heutigen L 803 bis Schnathorst zu folgen. Von Schnathorst folgte die Trasse der heutigen L 876 bis Wallücke. Auf der Karte von 1955 war die Trasse nicht mehr eingetragen.

Die meisten ursprünglich mäandrierenden Sieke sind seit 1837 bzw. 1896 begradigt worden.

Das Grünland, das sich in den Auen der Sieke findet, hat mit den Ufergehölzen vorwiegend eine lineare Struktur.

Flächen

Die Ortskerne und Drubbel sind wichtige Elemente der Siedlungsstruktur, ihr Aussehen hat sich vor allem durch die Veränderungen der letzten 50 Jahre durch flächige Neubau- und Gewerbegebiete verändert. Die Drubbel Halsteren und Grimminghausen sind mit ihrer zugehörigen Vegetation als Biotope (Nr. 19 und 24) zur Erhaltung eines Kulturlandschaftskomplexes erfaßt worden.

Die Ackerflächen bestehen aus größeren Plaggeneschen und jüngeren Kämpen und werden heute allerdings sehr intensiv genutzt. Trotzdem stellen diese Flächen durch die jahrhundertelange ständige Aufbringung von Plaggen Kulturlandschaftselemente dar. Diese älteste und zugleich intensivste Landnutzungsform stellt noch immer die größte Landnutzung dar.

Die Grünlandnutzung der Bastauniederung ist durch die Entwässerungsmaßnahmen des späten 19. und frühen 20. Jahrhunderts intensiviert worden. Teile werden ebenfalls als Ackerland genutzt.

Im Wiehengebirge befinden sich vor allem am Südhang noch Buchennieder- und teilweise Buchenmittelwälder (Biotopnr. 39, 54, 64, 67, 70, 74) in unterschiedlichen Erhaltungsstadien.

4.4.1.5 Übereinstimmungen und Gegensätze

Bei der Auswertung des Biotopkatasters für diesen Raum (s. Abb. 37 c) war es sehr auffällig, daß eine relativ große Zahl von Kulturlandschaftselementen trotz der ökologischen Betrachtungsweise angesprochen wurden (s. nachstehenden 'Auszug aus dem Biotopkataster'). Hiermit werden die engen und zusammenhängenden Beziehungen zwischen gebauten Objekten und der Vegetation berücksichtigt. Dies dokumentiert die Übereinstimmungen zwischen der Kulturlandschaftspflege und dem Arten- und Biotopschutz. Bemerkenswert ist, daß zwei sogenannte "dörfliche Kulturlandschaftskomplexe" - Halsteren und Grimminghausen - in Verbindung mit der zugehörigen Vegetation nach dem Biotopkataster als erhaltungswürdig eingestuft werden. Weiterhin wurde der Begriff Kulturlandschaft mehrmals angewandt. Dies bestätigt die Tatsache, daß eine zusammenhängende kulturhistorische und ökologische Betrachtung sehr bereichernd ist.

Eine weitere Gruppe von Kulturlandschaftselementen, die als Biotope erfaßt wurden, sind die Steinbrüche im Wiehengebirge. Hier ist vor allem die Rückeroberung durch die Natur die wichtigste Begründung (Sekundarbiotope).

Gegensätze zwischen der Kulturlandschaftspflege und dem Arten- und Biotopschutz gibt es bei dem Umgang mit dem Ackerland, das heute durch den Einsatz von Großmaschinen, durch die intensive Düngung und durch die Anwendung von Pestiziden für Ökologen einen negativen Ruf hat. Dies ist der Grund, daß die Ackerflächen, die immerhin die älteste tradierte intensivste Landnutzungsform darstellen, kaum ins Biotopkataster aufgenommen werden. Dies gilt für alle Modellgebiete, obwohl es durchaus Anknüpfungspunkte gibt. Dies betrifft vor allem die tradierten anthropogenen Plaggeneschböden, die entweder als größere Ackerkomplexe bei den Dörfern und Weilern oder als einzelne meistens hofgebundene Kämpe vorkommen. Da diese Esche und Kämpe bis ins 20. Jahrhundert von Wallhecken umgeben waren, gab es faktisch einen ökologisch wertvollen Ackerrandstreifen, so wie er heute in Ackerrandstreifenprogrammen wiederum propagiert wird. Diese Böden sind durch die jahrhundertewährende Düngung als wertvolle Kulturlandschaftselemente (anthropogene Böden) zu betrachten. Viele Plaggenesche sind durch Siedlungserweiterungen im ländlichen Raum bereits verschwunden. Daher wäre es sinnvoll, ähnlich wie in den Niederlanden (Provinz Drenthe) diese tradierten Ackerböden, die meistens unter der Plaggenschicht noch über archäologische Kulturschichten verfügen, mit einem Sonderprogramm zu erhalten. Von den für die neun Modellgebiete durchgesehenen Biotopkatasterblättern ist keine Ackerfläche als Biotop ausgewiesen worden, obwohl es sich um eine sehr alte Landnutzungsform handelt.

4.4.1.6 Kulturlandschaftsbestandteile und -bereiche sowie ihre Schutzwürdigkeit (Abb. 37 d)
(Grundlage: TK 25: 3718 Bad Oeynhausen, Kulturlandschaftswandelkarte, Karte der historischen Kulturlandschaftselemente und persistenten Landnutzungsformen sowie das Biotopkataster)

Bäuerlich geprägte Kulturlandschaftsbereiche (gelb)
Prägende Merkmale (Landschaftsbild):
- Gemischtes Siedlungsgefüge mit Dörfern, Drubbeln (Bauernschaften) und Einzelhöfen,
- Hallenhäuser (Fachwerk und rote Ziegel),
- die ursprüngliche Siedlungsstruktur mit den Höfen der Voll- und Halbbauern, der Erb- und Markkötter, sowie die Behausungen der Brinksitzer und Heuerlinge (Relikte der früheren landwirtschaftlichen Ständegesellschaft),
- dominante Ackerlandnutzung mit ortsnahen Eschen und angrenzenden Kämpen,
- überörtliches Straßengefüge mit den Alttrassen der Landstraßen und Chausseen,
- locker gereihte Straßensiedlungen zwischen den Ortschaften,
- geradliniges enges Feldwegegefüge als Ergebnis der Flurbereinigungen zwischen 1895 und 1950,
- wegebegleitende Baumreihen und Hecken,
- breite Pässe durch das Wiehengebirge bei Elfte und Bergkirchen,

- Reste von Mergelgruben, alten Ziegeleigruben, Wasser- und Windmühlenstandorte,
- offener Charakter mit Parklandschaftsstrukturen, die durch geschlossene und Einzelbesiedlung, Baumreihen, Restwäldchen (Feld- und Ufergehölze), Auenstrukturen mit Terrassenrändern geprägt sind.
- Das Wiehengebirge stellt eine optisch deutlich sichtbare Landschaftsgrenze dar.

Von Grünland geprägte Siekauen und Terrassenränder (wiesengrün)
Prägende Merkmale (Landschaftsbild):
- Bachquellen am Rande des Wiehengebirges mit den verzweigten Sieken,
- hauptsächlich Grünland mit Resten des Auenwaldes, Ufergehölzen, Baumgruppen, -reihen sowie Heckenreihen (Biotopkataster),
- Heckenreihen als Parzellengrenzen,
- die meisten Bäche sind begradigt,
- Relikte der Wassermühlen und zugehöriger Elemente (Mühlengräben und -teiche).

Das ehemalige Bruch- und Feuchtwiesengebiet (Bastauniederung) (wiesengrün)
Prägende Merkmale (Landschaftsbild):
- Im südlichen Teil am Rande des Lübbecker Lößvorlandes Heckenreihen,
- ausgedehnte Grünlandflächen mit vereinzelten größeren und kleineren Ackerflächen,
- Baumreihen an den Entwässerungsgräben und entlang den Wegen der Flurbereinigung,
- Hauptsächlich neues Wegegefüge nach 1950 entstanden.
- Seit 1837 nicht besiedelt.

Bewaldete Gebirgsrücken mit Kalksandsteinabbaugebieten (dunkelgrün)
Prägende Merkmale (Landschaftsbild):
- Deutlich sichtbarer bewaldeter Gebirgsrücken mit Erhebungen bis ca. 260 m,
- Hochwald mit Mittel- und Niederwäldern, der zum größten Teil aus Laubgehölzen (Buchen) besteht. Eingestreut finden sich über den gesamten Ausschnitt Nadelgehölze (ca. 30 % Fichten).
- Vereinzelte Fichtenaufforstungen nach 1955,
- großflächige (vor allem nach 1950) Kalksandsteingruben und aufgelassene Gruben,
- Hohlwege,
- rekultivierte Flächen der alten Gruben,
- die alten Straßen durch die natürlichen Durchlässe (Dören),
- Siekquellen.

Von Entwicklungsdynamik geprägte und stark überformte Kulturlandschaftsbereiche bzw. -bestandteile (grau)
Prägende Merkmale (Landschaftsbild):
- Relikte der Industrialisierungsphase seit ca. 1880 mit einer mittelständischen Struktur (nach MÜLLER-WILLE 1981, S. 108, Feinindustrie),
- nach 1950 entstandene, zahlreiche Gewerbe- und Neubaugebiete mit Kern der Vorkriegsperiode,
- keine zusammenhängenden historischen Elemente.

Besonders durch die Zersiedlung zwischen den Ortschaften und die flächigen Neubau- und Gewerbegebiete hat das Landschaftsbild sich stark verändert. Außerdem sind hierdurch die Übergangsbereiche zwischen Dorf und Flur erheblich reduziert worden. Vor allem diese wenigen Bereiche sollten erhalten bleiben. Durch die Siedlungserweiterung würden dort die ältesten Plaggenesche verschwinden. Solche tradierten Ackerflächen könnten als Kulturlandschaftselement seitens der Bodendenkmalpflege als Bodendenkmal ausgewiesen werden.

Schließlich ist die prägende und gliedernde Wirkung der verzweigten Sieken mit ihren schmalen Auen und Ufergehölzen, die als bedeutende gewerbliche Standorte für viele Wassermühlen waren, erhaltungswürdig.

Die Buchenniederwälder im Wiehengebirge können nur durch Niederwaldbewirtschaftung erhalten werden (Wald 2000).

Auszug aus dem Biotopkataster[7]

Nr.   Blatt 3718 Bad Oeynhausen (Abb. 37 c)

15   *Altes Feldgehölz östlich Huchzermeyer in der Kulturlandschaft* (0,5 ha, LSG, LB Vorschlag)

16   Bollbachtal, Erhalt und extensive Bewirtschaftung (16,3 ha, LSG, LB Vorschlag), Feldgehölz 20 %, Grünland 75 %, *Graben*, Kopfbäume

17   *Altes Feldgehölz mit Teich am Hilgenacker in der Kulturlandschaft* (0,9 ha, LSG)

18   Feldgehölz an der Huchzener Str. (0,5 ha)

19   Halsteren, *Erhalt eines dörflichen Kulturlandschaftskomplexes* (6,3 ha, LSG, LSG Vorschlag), *Kulturlandschaftsbestandteil: Gebäude, Garten, Teich*, Grünland 20 %, Baumgruppe, -reihe 10 %, Feldgehölz 40 %, *Hecke, Bachlauf*

24   *Grimminghausen, Erhalt eines dörflichen Kulturlandschaftskomplexes* (6,1 ha, LSG), Feldgehölze 35 %, *Obstgarten, -wiese* 18 %, Grünland 18 %, Ruine, Kleingewässer (Tümpel)

25   Wulferdingser Bach und Quelle, Bachniederung (3,1 ha, LSG), Feldgehölz 20 %, Grünland 75 %

30   Horst, Feldgehölz/Grünlandkomplex (2,8 ha, LSG), Feldgehölze, Laubwäldchen 60 %, Grünland 40%

39   *Durchwachsener Buchenniederwald* am Südhang des Wiehengebirges, Erhalt von Niederwaldbeständen, (83,5 ha, LSG), Buchenwald 64 %, Eichen-Buchenwald 8 %, Mischwald 8 %, Fichtenwald 10 % *(Niederwald)*

46   Ostsiek zwischen Schnathorst und Holsen (13 ha, LSG, LB Vorschlag), Bach mit starkem Gefälle, Grünlandbrache 43 %, Grünland 20 %, Gehölze, Gebüsch, (Kopf)baumreihen, Einzelbäume 26 %, Buchenwald 3 %, 2 Siekquellen, teilweise verrohrt

52   2 schmale Sieke NO Schnathorst (3,3 ha, LSG, LB Vorschlag), Buchenwald 20 %, Pappelwald 3 %, Gehölze 30 %, Grünland 38 %, Acker 6 %, *Teich*

53   Bachtälchen mit mäandrierendem Bach (Siek) S von Siedlungshausen (7,1 ha, LSG, NSG Vorschlag), Feldgehölz 48 %, Ufergehölz 10 %, Grünlandbrache 15 %, Grünland 20 %, Gebüsch, *2 Entenhäuschen*

54   Buchenwald, Saum und Grünland S von Lübberholz (10,7 ha, LSG), *Buchenniederwald* 50 %, Eichen-Buchenwald 10 %, Grünland 25 %, Acker 6 %, Baumgruppe, Einzelbaum, *Steinbruch*, Bach, *Halden, Obstwiesen (Niederwald)*

55   Feldgehölz (mit Siek) an Straße Siedlungshausen-Wulferdingsen (2,5 ha, LSG, LB Vorschlag), Feldgehölz 95 %, Quelle, Bach

56   Feldgehölz N von Sundern mit Bach (3,1 ha, LSG, LB Vorschlag), Feldgehölz, *Bauernwäldchen (Stangenholz)* 98 %, Bach, Graben

57   Quelle (Bach) mit Gehölz S Wallücke (3 ha, LSG, LB Vorschlag), Feldgehölz 50 %, Fettweide 48 %, Quelle, Bach *(Bauernwäldchen)*

58   Bachtal mit Grünland zwischen Jägerplatz und Hedingsen (38,5 ha, LSG, LB Vorschlag), Grünland 55 % (2 % Brache), Acker 5 %, Feldgehölz 20 %, Ufergehölz 10 %, Bach z.T. begradigt, Graben, 3 nicht mehr bewirtschaftete *Fischteiche* (6 x 4 m), (Kopf)baumreihen, Einzelbäume

59   Feldgehölz südlich von Lohof (1,7 ha, LB Vorschlag), Feldgehölz 59 %, Obstgarten, *Obstwiese* 40 %

60   Abgrabungsgewässer an der B 65, ehem. Sand- und Kiesabbaugebiet (3,8 ha, LSG), Sekundarbiotop

63   Bachlauf südlich von Starkensiek (20,7 ha, LSG), Fettweide und -wiese 75 %, Ufergehölz 17 %, Kopfbaumgruppe und -reihe 1%

64   Buchenniederwald auf dem Kamm und Südhängen des Wiehengebirges (12 ha, LSG), Buchenwald mit *Mittel- und Niederwald (ca. 100 bis 150 Jahre alt)* 80%, Nadelwald 20 %

---

[7] Kulturhistorische Aspekte sind kursiv hervorgehoben. Dies gilt für alle Auszüge des Biotopkatasters.

65	Bachtälchen südlich von Hellsiek (6 ha, LB Vorschlag), Feldgehölz 58 %, Naß- und Feuchtgrünland 38 %, *Kopfbaumgruppe* und -reihe 1%
66	Feldgehölz südwestlich von Oexen (1,8 ha, LSG), Feldgehölze 90 %, Fettwiese 10% (100 bis 120jährige Bäume)
67	*Buchenniederwald* mit Sieken östlich von Klein Vlotho (23,5 ha, LSG, Biotoptypen nach §20c BNatSchG), Buchenwald 85 %, Fettweide 9 %, Kopfbaumgruppe, -reihe 1% *(Niederwald)*
68	Feldgehölz östlich von Rothenufflen (1 ha, LSG), Feldgehölz 98 %
69	Bachtälchen nördlich von Luttern (1,5 ha, LSG, Biotoptypen nach §20c BNatSchG), Feldgehölz 98 %
70	Buchenwald südwestlich von Biemke (12,4 ha, LSG, Biotoptypen nach §20c BNatSchG), Buchenwald (teilw. *Niederwald)* 78 %, Nadelwald 20 %, 80 bis 120 Jahre alter Buchenwald, Einzelbäume 150 J.
71	Teich nordwestlich von Langenbrink (5,1 ha, LSG, Biotoptypen nach §20c BNatSchG), Sekundarbiotop in alter Abgrabung
72	Bachbegleitende Gehölze bei Haddenhausen (8,5 ha, LSG, teilweise ND), Feldgehölz 80 %, Ufergehölz 10 %, Baumgruppe, -reihe 2 %
73	*Aufgelassene Grabung* nördlich von Dehme (7,3 ha, LSG, Vorschlag Biotoptypen nach §20c BNatSchG), Sekundarbiotop
74	Buchenwald am Eidinghauser Berg (89 ha, LSG, Vorschlag Biotoptypen nach §20c BNatSchG), Buchenwald mit teilweise Niederwald 57 %, Nadelgehölzen 40 %, Quelle, Bach, *Teich* 3 %, *20-80jähriger Niederwald*
77	Tengerner Mühlenbach mit Nebentälern (50,1 ha, LSG, NSG Vorschlag), Grünland 62 %, Feucht- und Naßgrünland 8 %, Feldgehölz 10%, Baumgruppen, -reihen
80	Siek oberhalb von Magerholsen (1,5 ha, LB), fettes Grünland 97 %, *Kopfbaumreihe*, Baumreihe 2%
81	Siek südlich von Fettenholsen (2,6 ha, LSG, LB Vorschlag), Feldgehölz 15 %, Fettweide 80 %
82	Tal des Tengerner Mühlenbachs mit Mühlenbruch (14,5 ha, LSG, LB Vorschlag, Biotoptypen nach §20c BNatSchG), Feldgehölz 25 %, Grünland 64 %, Aufschüttung 1%
83/88/89	*Steinbrüche* im Wiehengebirge (insgesamt 19,2 ha, LSG, NSG Vorschlag), Sekundarbiotope in ehemaligen Steinbrüchen (Nr. 83 noch in Betrieb)
93/95	Quellwiese nördlich von Schnathorst (0,3 ha, LSG, LB Vorschlag, Biotoptypen nach §20c BNatSchG), Fettwiese 80 %, Feuchtwiese 19 %
84	Schnathorster Bach und Nebentäler (41,6 ha, LSG, NSG Vorschlag, Biotoptypen nach §20c BNatSchG), Feldgehölz 25 %, fettes Grünland 60 %, braches Grünland 5 %, (Kopf)Baumgruppen und -reihen 2 %
85	Siek zwischen Großenberken und Schnette (5,3 ha, LSG, LB Vorschlag, Biotoptypen nach §20c BNatSchG), Feldgehölz 35 %, fettes Grünland 58 %, braches Grünland 4 %, Baumreihe 1 %
86	Bachlauf und begleitende Wälder südwestlich von Lübbe (4 ha, LSG, LB Vorschlag, Biotoptypen nach §20c BNatSchG), Buchenwald 30 %, Buchenmischwald (Nadelgehölze) 3 %, bachbegleitender Erlen- und Eschenwald 60 %
87	Waldsiek bei Struckhof (1,3 ha, LSG, LB Vorschlag, Biotoptypen nach §20c BNatSchG), Laubwald (Buchen-, Erlen, Birken) 49 %, Nadelbaumwald 29 %, Fettweide 20 %
90	Naßweide und Erlengehölz nördlich Struckhof (1,1 ha, LSG, LB Vorschlag, Biotoptypen nach §20c BNatSchG), Feldgehölz 30 %, Fettweide 50 %, Feuchtweide 15 %, brachgefallenes Grünland 4 %
91	Heisterbusch und Siek bei Struckhof (2,2 ha, LB Vorschlag, Biotoptypen nach §20c BNatSchG), Feldgehölz 10 %, fettes Grünland 41 %, braches Grünland 30 %, Ackerland 15 %
92	Tal zwischen Broederhauser Berg und Elfter Kopf (0,6 ha, LSG, LB Vorschlag, Biotoptypen nach §20c BNatSchG), bachbegleitender Erlenwald 38 % und Eschenwald 60 %
94	Orchideenwiese südlich Bergkirchen (1,1 ha, LSG), Feuchtes Grünland 100 %
96	*Alter Obstgarten* bei Oexen (2,1 ha, LSG, LB Vorschlag), *Obstgarten, Obstwiese* 98 %
97	Oexer Bach (11,5 ha, LSG, NSG Vorschlag, Biotoptypen nach §20c BNatSchG), Fettweide 55 %, Feldgehölz 40 %, *Kopfbaumgruppe* und -reihe 1 %
98	

Biotopfläche und Naturschutzgebiete 1408,6 ha

4.4.2 *Westfälisches Tiefland/Westfälische Bucht: Oeding und Burlo*

4.4.2.1 Einleitung

Das Untersuchungsgebiet gehört zur Großlandschaft „*Westfälische Bucht*", aber nicht zur wertvollen Kulturlandschaft *"Moore und Feuchtwiesen des nordwestlichen Münsterlandes"*. Der größte (nördliche) Teil des Modellgebietes mit Oeding gehört zur Gemeinde Südlohn und der kleinere Südteil mit Groß-Burlo zur Stadt Borken.

4.4.2.2 Die naturräumlichen Rahmenbedingungen

Oeding liegt im südlichen Westmünsterland und hat einen Flachlandcharakter mit einer geringen Oberflächenenergie und einem hohen Grundwasserstand. Das Gebiet wird von Talungen, Ebenen, flachen Hügeln und Rücken durchschnitten. Der niedrigste Punkt liegt in der Nähe des Gutes Blankert mit weniger als 44 m und der höchste mit über 50 m bei Oeding (Schulze Hessing) und Burlo. Der Höhenrücken verläuft quer zur Hauptentwässerungsader, der Schlinge, die ein typisches Flachlandgewässer ist und das Gebiet in ost-westlicher Richtung durchfließt.

Das Untersuchungsgebiet liegt in der Oedinger Mulde, die sich zwischen dem Winterswijker im Norden und dem Gescher Sattel im Süden erstreckt. Der Untergrund besteht im wesentlichen aus z.T. sandigem Ton-, Mergelstein sowie aus Kalk- und Sandsteinen. Bei den Böden handelt es sich weitgehend um Pseudogleye und nährstoffarme Sandböden, auf die eine bis zu 1 m mächtige Schicht Plaggen aufgetragen wurde. Diese anthropogenen Böden werden als Plaggenesch (Nichternschen Esch) bezeichnet. Außerdem sind Podsole verbreitet. Kleine Flächen nehmen Parabraunerden und Rendzinen ein. Da der Untergrund teilweise schwer durchlässig ist, gibt es Staunässe. Bis nach 1850 bestand ein Großteil des Modellgebietes aus feuchtgründigem Bruchland (in Preußischer Neuaufnahme als „Moosbruch" bezeichnet).

Die durchschnittliche jährliche Niederschlagsmenge variiert zwischen 750 und 800 mm und die Durchschnittstemperatur liegt bei 9° C.

Der Raum gehört zu der potentiellen natürlichen Birken-Eichenwald- und Buchen-Eichen-Waldlandschaft (Abb. 3). Die Flora mit entsprechenden bodentypologischen und topoklimatischen Veränderungen wurde stark durch die Agrarnutzung anthropogen beeinflußt. Dies gilt ebenfalls für die Baumartenzusammensetzung.

4.4.2.3 Skizzierung der Kulturlandschaftsentwicklung

Die ältesten Spuren für eine Besiedlung des Untersuchungsgebietes finden sich in der Nähe des Hofes Upgang Sicking, wo 1888 und 1963 beim Neubau eines Hauses Urnen gefunden wurden. Diese Funde lassen ein eisenzeitliches Gräberfeld und eine dazugehörige Siedlung in der Nähe der mittelalterlichen Freiheit Oeding vermuten. Auf ein Gräberfeld scheint auch der Flurname „Karkhoff" der Fundstelle hinzuweisen. (SÖBBING 1989, S. XXII).

Oeding ist ein geplanter Flecken, der von Johann v. Gemen bei der 1371 wiederaufgebauten Burg angelegt wurde.

Ausgangspunkt des heutigen Siedlungsgefüges war aber der Hof Oeding, an dessen Stelle noch vor 1350 eine Burg errichtet wurde, die 1353 in Besitz des Fürstbistums Münster gelangte. In Anlehnung an die Burg entwickelte sich die „Freiheit" Oeding, die durch einen Graben umgeben war und direkt dem Burgherrn unterstand (SÖBBING 1989, S. XXII). Die Bebauung blieb bis Ende des 19. Jahrhunderts auf den mittelalterlichen Kern beschränkt.

Das Kloster Burlo entstand aus einer 1220 durch den Priester Siegfried errichteten, 1242 von Borken abgepfarrten Kapelle zunächst als Priorat der Wilhelmiten-Eremiten. 1448 wurde die Zisterzienser-Regel eingeführt. Kloster und Kirche wurden neu gebaut. Die kleinen Inseln mit den Zellen der Eremiten blieben teilweise bis ca. 1800 erhalten. Das Kloster wurde durch die Salmsche Regierung 1803 aufgehoben und seit 1921 wiederum als Kloster genutzt.

Die Bauernschaft Nichtern wurde erstmals 1197 urkundlich erwähnt. Sie entwickelte sich neben der Burg und Freiheit Oeding. Es war eine lockere Eschsiedlung mit Einzelhöfen mit unregelmäßig begrenzten blockigen Hofstellen, bei denen die Gebäude nicht aneinanderstoßen und die die Merkmale eines Drubbels aufweist (vgl. MÜLLER-WILLE 1981, S. 33). Zu ihr gehört eine Gemengeflur (Nichternsche Esch) mit schmaler langstreifiger Parzellierung, die sich größtenteils im Besitz der Altbauern, den sogenannten Voll- und Halberben, befindet (GLÄßER 1968, S. 23f.).

Die Nichternsche Esch liegt auf einer natürlichen Anhöhe mit relativ trockenen Böden, die sich aus der feuchteren Umgebung herausheben. Sie weist den charakteristischen Standort der Plaggenesche im Westmünsterland auf, die als Dauerackerland genutzt werden.

Häufig wurden auch die gehöftnahen blockstreifigen Parzellen durch Bodenauftrag mit Plaggen verändert. Derartige anthropogene Plaggeneschböden sind zahlreich im Untersuchungsgebiet vorhanden. Diese sogenannten Kämpe weisen aber nicht die charakteristische Parzellierung mit Langstreifen auf und es handelt sich um jüngeres Ackerland. Außerdem wurde zur Verbesserung der Bodenverhältnisse der obertägig anstehende Kalk- und Mergel abgebaut. Er wurde außerdem über die Gemeindegrenzen hinaus verkauft (SÖBBING 1989, S. XVII). Auf den Abbau weisen zahlreiche Flurnamen wie „Kalkkuulen" oder „Kalkbreeden" hin. Die noch in den Topographischen Karten von 1892 und 1950 zu erkennenden Gruben wurden inzwischen aber verfüllt und zeichnen sich im Gelände nicht mehr ab.

Die Struktur der Parzellen an den nördlichen und südlichen Rändern der Esch werden durch die jüngeren Erweiterungsflächen geprägt: schmale, z.T. blockartige Parzellen im rechten Winkel zur Hauptrichtung der Parzellen der Kernflur. Südlich der Schlinge wurde der Nichternsche Esch durch die in der Karte von 1590 als Looker Esch bezeichnete Fläche erweitert. Auch die Fläche, die heute als Süür Esch bezeichnet wird, ist in dieser Karte als Offenland dargestellt. Bei ihr handelt es sich ebenfalls um eine Plaggenesch, die sich wie die Looker Esch (heute Binnen Esch) 1826 größtenteils im Besitz der Höfe Schnelting, Böcker, Wenning, Hying und Lichtendahl befindet. Das Parzellengefüge ist hier aber durch Zusammenlegungen überformt worden.

Um die Eschen gruppieren sich die lockeren Siedlungen der Altbauernstellen in den Bauernschaften. In der Hausstättenschätzung des Kirchspiels Lohn aus dem Jahr 1659 werden die Höfe unterschiedlich nach Voll- und Halberben aufgelistet (Hausstättenverzeichnis des Kirchspiels Südlohn 1659; Gemeindearchiv Südlohn Bestand A, Nr. 93).

Innerhalb des Untersuchungsgebiets können die 1659 als Vollerben klassifizierten Schulze-Hessing (1221 urkundlich erwähnt)[8], Upgang Sicking und Schüring (1309 urkundlich erwähnt) zu den Altbauernstellen gezählt werden, bei denen Schulze-Hessing als Gräftenhof eine besondere Bedeutung besitzt. Als fester, mit einem Wassergraben befestigter Hof hebt er sich von den übrigen Höfen des Untersuchungsgebietes ab. Ein weiterer Gräftenhof war Terschluse, dessen Wassergraben sich aber nur in einem Teilabschnitt erhalten hat. Bis ins Mittelalter zurückreichen dürften auch die 1659 aufgezählten Halberben, die auf der Karte von 1590 dargestellt werden.

Die Gehöfte im Norden, Osten und Süden schließen mit ihren Gärten und Bauernwäldchen sowie den hofzugehörigen Kämpen direkt an die relativ trockenen Langstreifen der Plaggenesche an. Die als Kämpe mit Zaun oder bepflanztem Erdwall eingehegten blockförmigen Parzellen liegen auf den feuchteren Böden. Die für Kämpe typische Parzellenstruktur ist bis heute noch in den Karten zu erkennen. Ursprünglich gehörten die Kämpe zum Gemeinheitsland. Sie gingen seit dem 16. Jahrhundert in Privatbesitz über (SÖBBING 1989, S. XXIV).

Diese jüngere Kampzone befindet sich sowohl im Norden bei Schulze-Hessing als auch im Süden. Dabei könnte es sich bei den südlich der Schlinge gelegenen Höfen um eine jüngere Besiedlungsschicht handeln, da diese Höfe keinen Anteil an der Nichternschen Esch besitzen, sich aber den Looker und den Süür Esch teilen.

---

[8] Alle weiteren Nennungen der Jahreszahlen beruhen auf einer schriftlichen Mitteilung von Ulrich Söbbing.

Die Besiedlung durch Kötter und Brinksitzer in der Nähe der Markenflächen wurde verdichtet. Ihr nur wenige Morgen umfassendes, blockförmig gestaltetes Ackerland stößt direkt an den Hofraum an und reichte nur zur Deckung des Eigenbedarfes aus (GLÄßER 1968, S. 28ff.).

Die jüngste Siedlungsschicht besteht aus Leibzüchtern und Heuerlingen, die nur über Pachtland verfügten und ihre Behausungen nahe der Höfe der Voll- und Halberben errichteten. Leibzuchten sind in der Kampzone aber nicht erhalten.

Der Bereich westlich der Nichternschen Esch besitzt eine andere Struktur als die Kampzone, da die Gehöfte in einiger Entfernung der Plaggenesch liegen. Möglicherweise verhinderten die tiefgründigen grundwassernahen Pseudogleyböden eine intensivere Nutzung. Bis zum Ende des 19. Jahrhunderts nahmen der Oedinger Busch und der Moosbruchbereich weite Flächen ein. Die Parzellierung erfolgt in den für die feuchteren Böden charakteristischen Kämpen, es handelte sich aber weitgehend um Grün- und Waldland. In Hofnähe befinden sich außerdem Plaggeneschflächen, die in ihrer Ausdehnung der des Süür Esch vergleichbar sind. Sie dürften ebenfalls als Dauerackerland genutzt worden sein (vgl. SÖBBING 1989a, S. 48ff., 1989b, Flurkarten XIV-XIX).

Der Bereich von der Nordgrenze des alten Kulturlandes bis Schüring südlich der Schlinge befand sich 1826 weitgehend im Besitz von 5 Eigentümern, die auf ihrem Grundbesitz im 18. Jahrhundert Leibzuchten ansiedelten, die sich inzwischen anders als in der Kampzone zu kleinen Höfen entwickelten.

Südlich von Schüring, der einzigen Vollbauernstelle im Bereich zwischen niederländischer Grenze und der heutigen L 572, handelt es sich bei den Siedlungsstellen ausschließlich um Markenkötter, da sie in den genossenschaftlich genutzten Markenwäldern siedelten. Ihre Siedlungsstellen trugen wie die der Brinksitzer und Leibzuchten zu der fortschreitenden Verkleinerung dieses Gemeinheitslandes bei.

Am Pöppelsdiek finden sich die Kötter sowie Brinksitzer Leiting. Sie besitzen keinen Anteil an den Plaggeneschfluren, statt dessen wurde auch hier die Bodengüte einzelner Flächen, in der Regel in Gehöftnähe, durch den Auftrag von Plaggen verbessert. Eine weitere Siedlungsverdichtung erfolgte auch hier durch Leibzüchter.

Auch in diesem Gebiet hat sich die typische Parzellierung mit um die Hofanlage orientierten Kampflächen der Kötter und Brinksitzer erhalten. Auch die Besitzgrenze zwischen den Kämpen und dem Gemeinheitsland ist in der Parzellierung noch erkennbar. Die charakteristischen Wallhecken sind jedoch bis auf wenige Reste aus dem Landschaftsbild verschwunden.

Die meisten südlich der Schlinge gelegenen und 1826 bestehenden Siedlungsstellen orientierten sich am Pöppelsdiek bzw. an der Löker Straße, die hier auch den Grenzbereich zwischen intensiver genutzten Kampflächen und dem Gemeinheitsland darstellt, das sich südlich anschloß und bei dem es sich überwiegend um Heideflächen handelte. Dieser Bereich wurde zwar z.T. bereits im 18. Jahrhundert durch Bürger der mittelalterlichen Freiheit Oeding aufgeteilt. Der größte Teil wurde aber im Zuge der Markenteilungen gemäß den bestehenden Nutzungsverhältnissen an die Bauern verteilt.

Zusammenfassend wird das Siedlungsbild um 1842 einerseits durch die geschlossene Besiedlung der ehemaligen Freiheit Oeding als Pfarrort und die Einzelbesiedlung in Bauerschaften mit Namen, die auf "hook" enden, mit zwei Gräftenhöfen und einem Kloster und andererseits durch die seit dem Mittelalter entwickelte bäuerliche Ständegesellschaft mit Voll-, Halbbauern, Kötter und Brinksitzer und den landlosen Leibzüchtern und Heuerlingen geprägt. Die Bebauung an sich läßt nur noch in wenigen Ausnahmefällen historische Bausubstanz erkennen. In der Regel handelt es sich um nachkriegszeitliche Neubauten. Auch die gehöftnahen Nutz- und Obstgärten sind weitestgehend aus dem Landschaftsbild verschwunden.

Bei diesem Raum handelt es sich um einen landwirtschaftlich geprägten, aber erst seit dem 20. Jahrhundert intensiv genutzten Raum, wobei vor allem Brinksitzer und Leibzüchter auf einen Nebenerwerb angewiesen waren. Dabei spielte das Tuchgewerbe eine besondere Rolle, das im benachbarten Borken ein Zentrum hatte. So stehen der Flachsanbau, auf den Flurnamen wie „Flaschbree" hinweisen, und die Bleichen in Zusammenhang mit dem Tuchgewerbe. Außerdem führt die

Baumwollstraße durch das Untersuchungsgebiet. Diese alte Verbindung verläuft nördlich der Schlinge über den Nichternschen Esch und damit über die natürliche Anhöhe. Die Trasse nimmt damit den Verlauf über die relativ trockenen Böden. Charakteristisch für das Westmünsterland ist außerdem die in Richtung Niederlande führende Straße, die heutige L 558, die die Verbundenheit mit dem niederländischen Gebiet dokumentiert (MEISEL 1959, S. 821).

Das Raumgefüge des Untersuchungsgebietes wird nördlich der Schlinge durch ein wertvolles großflächiges Einzelelement, den Nichternschen Esch, und den bedeutenden historischen Kulturlandschaftsbestandteil um den Gräftenhof Schulze-Hessing, in den auch der ehemalige Gräftenhof einbezogen ist, geprägt. Südlich der Schlinge bestimmen die östlich der L 572 gelegenen, bedeutenden Altbauernstellen, die westlich gelegenen, ebenfalls historisch bedeutenden Kötter, Brinksitzer und Leibzuchten sowie das historische Straßennetz und die verschiedenen historischen Einzelobjekte die historische Struktur des Raumes.

Die *Periode 1843-1990* wird durch eine große Dynamik gekennzeichnet. Durch die Markenteilung nach 1821 wurden die Heideflächen allmählich parzelliert, mit Wegen erschlossen, aufgeforstet, entwässert und kultiviert. Dies gilt ebenfalls für das Burlo-Vardingholter Venn. Im Zeitraum 1842-1896 wurden nördlich des Klosters Burlo und nordwestlich von Oeding Heideflächen mit Kiefern aufgeforstet. Der Zeitraum 1896-1950 wird von großflächigen Kultivierungen mit Entwässerungsmaßnahmen geprägt (orange). Im Bereich des alten Kulturlandes (grün), das aus Grün- und Ackerland besteht, werden die Veränderungen vor allem durch die hauptsächlich linearen Siedlungserweiterungen von Oeding und beim Kloster Burlo und einige neue Straßen geprägt. Insgesamt sind historische Elemente und Strukturen der Kulturlandschaftsentwicklung aus allen Epochen erhalten geblieben.

Innerhalb der Ortsstruktur von Oeding zeichnet sich der alte Dorfkernbereich (zwischen Schlinge und der heutigen L 558) beiderseits der alten Verkehrsführung der heutigen L 572 mit seinem unregelmäßigen Grundriß ab. Eine erste Ausdehnung der Siedlung entlang der B 558 in östlicher Richtung ist zu diesem Zeitpunkt ebenfalls zu beobachten. Nach 1842, insbesondere in dem Zeitraum zwischen 1895 und 1950, dehnte sich Oeding dann schwerpunktmäßig in westlicher Richtung zur niederländischen Grenze entlang der L 588 aus.

Die flächenmäßig größte Ausdehnung erfuhr Oeding und Burlo nach 1950 mit großflächigen Neubaugebieten und gewerblichen Ansiedlungen im Norden und Osten von Oeding und an der Bahnlinie Borken–'s-Winterswijk. Die Neubaugebiete unterscheiden sich durch ihren regelmäßigen Grundriß von dem alten Ortskern. Ein weiteres Charakteristikum für die Siedlungsentwicklung der Nachkriegszeit ist die Anlage von Sportplätzen wie in der Nähe des Zollamtes und westlich von Burlo.

In der Siedlungsstruktur des Oedinger Umlandes ist eine Zweiteilung festzustellen. Das nördlich der L 558 gelegene Gebiet war bis in die Nachkriegszeit dünn besiedelt. Die Siedlungsplätze lagen an der niederländischen Grenze und am Oedinger Busch. Nach 1842 sind vereinzelt neue Höfe hinzugekommen. Die Intensivierung und Leistungsorientierung der Landwirtschaft wirkten sich besonders mit neuen Stallungen für die Mastbetriebe und modernisierten Nebengebäuden aus. Im Osten entstand ein Gewächshauskomplex (Westhof).

In diesem Modellgebiet wird die Siedlungsstruktur außer durch die alten Höfe mit neuer Bausubstanz und modernen Nebengebäuden auch durch die flächigen Neubaugebiete geprägt. Die für das Sandmünsterland typischen Feldställe fehlen hier weitgehend. In den Kultivierungsgebieten entstanden seit 1896 wenige neue Einzelhöfe, die sich hauptsächlich an der L 572 befinden. Dies wird durch die Tatsache erklärt, daß das meiste kultivierte Land den Höfen (Voll- und Halbbauern) des alten Kulturlandes zugeschlagen wurde.

Das Untersuchungsgebiet kann nach der Entwicklung der Flächennutzung in 5 Räume unterteilt werden:

1. Das alte Kulturland mit Einzelhöfen der Bauernschaften um Oeding und dem Kloster Burlo.

Diese Flächen werden seit dem Mittelalter kontinuierlich als Ackerland genutzt. Kultivierungen des 18. und frühen 19. Jahrhunderts befinden sich an den Rändern der ehemaligen Markenflächen.

2. Die Waldflächen. Hierbei handelt es sich einerseits um Waldflächen vor 1842 (die Restflächen des Oedinger Busches) und andererseits um die Kiefernwälder der Periode 1842-1896, die 1896 eine weitaus größere Verbreitung hatten.

3. Die neuen Kulturlandflächen nach 1896, die durch Rodung der Kiefernwälder und Melioration sowie Kultivierung der Heideflächen entstanden sind.

4. Das ehemalige Klostermoor, das nach 1896 erheblich verkleinert wurde und von dem noch ein kleiner Teil übriggeblieben ist.

5. Die neuen geschlossenen Siedlungsflächen bei Oeding und Burlo.

Im Untersuchungsgebiet verlaufen zwei überörtliche Verkehrsverbindungen, die heutigen L 558 und L 572, deren Trassen teilweise schon 1842 bestanden. Auch der Abschnitt der L 558 zwischen östlicher Grenze des Untersuchungsgebietes und dem Ortseingang Oeding wurde so datiert, obwohl die Trasse jünger ist. Sie liegt aber im Bereich der 1842 vorhandenen Wegeverbindungen. Bei der in nord-südlicher Richtung verlaufenden L 572 wurde nach 1950 zwischen Döbbelt und Oeding ein neuer Streckenabschnitt gebaut, der am Ortskern vorbeiführt und die direkte Verbindung zwischen dem nördlichen Teilstück herstellt. Auch das übrige Wegenetz bestand bereits 1842. In den späteren Zeitabschnitten erfuhr es durch die Neuanlage einiger Straßenverbindungen vor allem in den kultivierten Bereichen eine Verdichtung. Auf dem alten Kulturland wurden wenige neue Straßen gebaut. Außerdem ist die für die Nachkriegszeit typische Anpassung des Wegesystems (Begradigungen, Veränderungen der Kreuzungsbereiche) an den motorisierten Verkehr zu beobachten.

Um 1880 wurde die Bahnlinie zwischen Borken und 's-Winterswijk angelegt, die heute allerdings nicht mehr in Betrieb ist.

4.4.2.4 Überlieferte historische Kulturlandschaftselemente und -strukturen

Unter Einbeziehung der Kulturlandschaftswandelkarte, den landschaftsgeschichtlichen Erkenntnissen, der Bodenkarte sowie Geländebegehungen wurden die persistente Landnutzung und die überlieferten Elemente, Strukturen und Flächen erfaßt und kartiert.

Punktelemente

Die größte Gruppe dieser Einzelelemente bilden die Gehöfte. Es überwiegt bei den Hofgebäuden neue Bausubstanz nach 1945, aber ihre Standortkontinuität ist ein wichtiges prägendes räumliches Verteilungsmerkmal für das Landschaftsbild insbesondere durch die Verknüpfung mit den hofnahen Plaggeneschen und weiteren Elementen wie Bauernwäldchen, da diese historische Kulturlandschaftsbestandteile darstellen.

Es überwiegen Hofstandorte, die bereits seit 1600 nachgewiesen sind, weiterhin lassen sie sich in ihrer Stellung als Altbauernstellen (Voll- und Halbbauern), Kötter und Leibzuchthöfe differenzieren. Räumlich wirkte sich dieser Status mit unterschiedlichen Besitzgefügen und Anteilen an der Eschflur aus, bzw. durch die hofnahe Kampbewirtschaftung der niedriger gestellten Kötter, Brinksitzer und Leibzüchtigen, deutlich ablesbar an der Hofverteilung nördlich und südlich der Schlinge.

Ein Sonderstatus haben das Kloster Groß-Burlo (1220) und der Schulzen(Gräften)hof Hessing (1221). Das Umfeld des Klosters ist vor allem nach 1950 erheblich verändert worden, so daß die damalige ursprünglich isolierte Lage nicht mehr erkennbar ist.

Die Pfarrkirche von Oeding ist 1836 aus einer 1674 gegründeten Kapelle hervorgegangen. Die Burg Oeding, von der heute nur ein Turm und das Hauptgebäude stehen, wurde 1353 erwähnt und 1371 nach ihrer Zerstörung im Jahre 1366 aufgebaut. Die evangelische Kirche wurde im klassizistischen Stil 1825 gebaut (MÜHLEN 1966, S. 26).

Zu den Höfen müssen ebenfalls die zugehörigen Grünanlagen gerechnet werden, wie Einzelbäume, Strauchgruppen und Hecken. Die hausnahen Bauerngärten müssen ebenfalls hierzu gerechnet werden. Sie sind heute kaum noch erhalten und meist Zier- und kleinen Nutzgärten gewichen. Sie dienten der Obst- und Gemüseversorgung für den Eigenbedarf, wie z.B. nördlich des Hofes Heisterborg.

Bildstöcke und Wegekreuze befinden sich südlich der Burg Oeding an der zur L 572 führenden Wegverbindung. Dieses Kreuz wurde nach der Inschrift 1748 errichtet und besitzt aufgrund der Seltenheit im Untersuchungsgebiet einen hohen Wert. Das zweite Kreuz steht in der seitlichen Zufahrtsallee des Gräftenhofes Schulze-Hessing.

Ein nicht mehr vorhandenes Punktelement, das noch aus dem Flurnamen "Galgenbült" zu entnehmen ist, ist eine Hinrichtungsstätte, die auf einer Karte von 1602 mit Galgen eingetragen ist.

Linienelemente

Die meisten Wegetrassen waren 1842 vorhanden. Um Oeding und Burlo ist das historische Wegegefüge noch gut erhalten. Die kartierten Altwege markieren lediglich den Trassenverlauf unabhängig von der heutigen Physiognomie. So können diese Wege durchaus mit einer modernen Asphaltdecke versehen sein, entscheidend ist ihre historische Linienführung.

Neben diesen, meist heutigen verkehrstechnischen Anforderungen angepaßten Altwegeverläufen gibt es noch kleine Abschnitte mit erhaltenen baulichen Resten wie Dammaufschüttung, begleitenden Gräben oder die mit eigener Signatur ausgewiesenen Allee-Abschnitte mit Baumreihen. Hervorzuheben ist der zwischen dem Hof Neugrewe und der L 572 verlaufende Weg, der bereits 1842 in seiner jetzigen Wegführung vorhanden war. Das Profil deutet auf eine Dammschüttung hin, der typischen Bauweise der Kunststraßen seit dem 19. Jahrhundert. Begleitet wird dieser Weg abschnittsweise durch einen verflachten Graben und eine Baumreihe, so daß es sich um eine Allee handeln könnte, die neben ihrem hohen Seltenheitswert eine wichtige Landschaftswirkung auch durch den gekrümmten Verlauf hat. Parallel zu der neu angelegten asphaltierten Wegeverbindung zum Hof Lefting verläuft eine Allee mit beidseitigen Gräben, erkennbarer Dammaufschüttung, nicht asphaltierter Trasse und begleitender Grenzsteinreihe. Dieser Weg ist auf der Preußischen Uraufnahme verzeichnet und hat als Relikt des ehemaligen Verkehrsgefüges aufgrund seiner Seltenheit und Landschaftswirkung im Untersuchungsgebiet eine hohe Wertigkeit.

Die weitere Funktionszuweisung von Altwegen (Kirchwege, Viehtriften, Fuhrwege) ist nur durch aufwendige archivalische Studien möglich und nach den Erkenntnissen der historischen Wegeforschung für frühe Zeiten nur in Annäherung an heutige Verläufe übertragbar, da unbefestigte Wege ihren Verlauf verlagerten und die Darstellungen in alten Ansichten häufig nicht vermessen oder idealtypisch sind. Reste einer Viehtrift, über die das Vieh in die Allmende getrieben wurde, befinden sich im Norden des Modellgebietes (Biotop Nr. 15).

Im Oedinger Gebiet weisen Urkunden und Darstellungen auf Karten auf die Existenz von Landwehren hin, die sich im Gelände des Untersuchungsgebietes bis auf einen kleinen Abschnitt an der Grenze und ein Abschnitt nördlich des Klosters Burlo jedoch nicht mehr eindeutig abzeichnen (Söbbing und Föcking 1989, S. 213ff.; Wehling 1955, S. 67ff.). Der Abschnitt bei Burlo ist teilweise eine Doppelwallanlage mit einer Länge von ca. 480 m (zum Biotop Nr. 22).

Wichtige Elemente der bäuerlichen Kulturlandschaft sind die Wälle und Wallhecken mit meist dazugehörigen Gräben. Sie markieren Territorien- und Rechtsmarkierungen verschiedener Art wie Landwehren und Kampbegrenzungen. Insgesamt sind in den letzten 100 Jahren viele Wallhecken verschwunden. Die meisten Hecken und Wallhecken befinden sich in den Bereichen, die seit 1842 mit Kiefern aufgeforstet bzw. vor allem seit 1896 entwässert und kultiviert worden sind.

Baumreihen waren ebenfalls linear gliedernde Elemente in historischer Zeit. Von dem in der Preußischen Neuaufnahme noch erkennbaren verbundenen Wallheckensystem sind heute nur noch kleine unverbundene Abschnitte erhalten geblieben wie parallel zu der Wegverbindung zwischen dem Hof Neugrewe und der L 572 mit einem gut sichtbaren ca. 5 m breiten und ca. 1-1,5 m hohen Wall, der mit Bäumen bestanden ist. Die ehemalige Funktion ist aufgrund der abschnittsweisen Erhaltung nicht mehr gegeben, allerdings ist es ein gliederndes Element des ländlichen Raumes und von regionaltypischer Bedeutung. Die weiteren geringen Reste sind in der Karte eingetragen wie z.B. der hohe Wall im Oedinger Busch nordöstlich des Neubaugebietes mit einem weiteren Abschnitt in dem benachbarten Waldareal.

Die heute nicht mehr genutzte Bahnlinie Borken–'s-Winterswijk ist ein Relikt. Die Strecke wurde 1885 gebaut.

Die deutsch-niederländische Grenze ist sehr alt. Sie bildete im Mittelalter die Grenze zwischen der Grafschaft Geldern und dem Bistum Münster. Seit dem 19. Jahrhundert ist diese Grenze markiert mit Grenzsteinen. Das Zollhaus war auf der Uraufnahme von 1842 bereits eingetragen. Diese Grenze hatte sich seitdem nicht mehr verändert.

Das Netz mit den geradlinigen Entwässerungsgräben ist in der Kultivierungsphase 1896-1950 entstanden. Für eine landwirtschaftliche Nutzung als Grünland für die aufkommende Milchviehhaltung war die Entwässerung der ehemaligen Heideflächen erforderlich.

Flächenelemente
Der Grundriß des Ortskerns des 1371 angelegten Fleckens Oeding ist erhalten geblieben.

Die historischen Flächenelemente stellen die landschaftlich größte Gruppe dar. Auffällig sind die Eintragungen der Plaggenesche. Die Plaggen wurden zur Verbesserung der Bodenqualität aufgetragen und sind im Untersuchungsgebiet entweder zu einer großflächigen Eschflur mit erhaltener Langstreifenparzellierung zusammengefaßt oder kleinflächiger in Gehöftnähe aufgetragen worden. Dadurch ist eine Zweiteilung z.B. des Nichternschen Esch und der kleineren Kampbereiche möglich. In einigen Arealen konnte die charakteristische „uhrglasartige" Wölbung im Relief festgestellt werden (z.B. beim Hof Terbrack), andere Flächen sind in der heutigen intensiv bewirtschafteten Agrarlandschaft nicht mehr obertägig wahrnehmbar. Nach geographischer Konvention stellen diese anthropogen aufgetragenen Böden ein Kulturgut dar.

Beiderseits der L 572 erstreckt sich im nordwestlichen Untersuchungsgebiet der Nichternsche Esch, der bereits in der Karte von 1600 eingetragen ist und heute noch im Gelände als leichte Kuppe erkennbar ist. Er stellt die alte Kernflur einer vermuteten Drubbelsiedlung dar und hat aufgrund seines hohen Alters und noch erhaltenem Parzellengefüge sowie der Persistenz der großflächigen Ackerlandnutzung einen hohen landschaftlichen Wert. Ebenfalls ist der Looker Esch weiter südlich erhalten.

In der Darstellung von 1600 fällt neben der Eschflur auch der Waldanteil in Oeding auf, Reste hiervon sind die Areale, die als „Buschwald" kartiert sind wie z.B. der Meisbusch, der in dieser Ausdehnung bereits 1845 eingetragen ist, oder der nördlich Oedings gelegene Rest ehemals größerer Waldareale, die weiterhin noch Wallreste aufweisen.

Davon unterschieden sind die wesentlich kleineren Bauernwäldchen, die im mittelalterlichen Kampsystem eine wichtige Rolle für die Tiermast und Brennholzversorgung spielten und meist in unmittelbarer Nähe der Gehöfte liegen, meistens im Kreuzungsbereich hofnaher Wege. Ein gut erhaltenes Beispiel dreier erhaltener Bauernwäldchen, die zusammengefaßt werden können, liegt südlich des Hofes Terbrack. Sie gliedern die überwiegend offene Landschaft als streuende, obertägige Flächenelemente.

Das Klostermoor (Burlo-Vardingholter Venn) war für die Energieversorgung mit Torf von Bedeutung. Der größte Teil des Hochmoores, das abgetorft und teilweise entwässert und kultiviert wurde, ist erhalten. Spuren der Torfgewinnung sind noch in Form von Torfrippen vorhanden. Heute wird das Moor als Naturschutzgebiet ökologisch verwaltet.

4.4.2.5 Übereinstimmungen und Gegensätze

Konflikte zwischen der Kulturlandschaftspflege und dem Arten- und Biotopschutz (Naturschutz) sind hier kaum zu erwarten.

Auffallend ist jedoch, daß die Biotope und die Naturschutzgebiete sich mit Ausnahme des Oedinger Busches (Nr. 12) und drei kleinerer Biotope (20, 21, 24) auf Flächen beziehen, die sich nach 1842 als Folge von Aufforstungen, Entwässerungsmaßnahmen und Kultivierungen der ehemaligen Markenflächen tiefgreifend verändert haben. Hier handelt es sich um die Grünlandgebiete der jungen Kultivierungslandschaften.

Die ökologische Betrachtungsweise wird ebenfalls durch die Sekundärbiotope in alten Abgrabungen belegt, in denen sich die Natur wieder entwickelte. Das aus kulturhistorischer Sicht wertvolle alte Kulturland weist kaum Biotope auf. Hier sind wiederum die anthropogenen Plaggenesche zu erwähnen, die aufgrund der hauptsächlich ökologischen Betrachtungsweise nicht beachtet wurden, obwohl sie als tradierte Kulturlandschaftselemente einen hohen Wert besitzen und aufgrund ihrer Siedlungsnähe durch Überbauung sehr gefährdet sind.

Das Venn, das alte Kulturland mit den tradierten Hofstandorten und die noch überlieferten, mit Kiefern bewaldeten sowie die kultivierten ehemaligen Markenflächen repräsentieren das Sandmünsterland als Teil der Großlandschaft Westfälische Bucht. Alle diese Flächen stellen wichtige Phasen für die Entwicklung der heutigen Kulturlandschaft und des damit verbundenen Landschaftsbildes dar.

Aus der Sicht der Kulturlandschaftspflege ist das alte Kulturland schutzwürdig. Hier geht es in erster Linie nicht um Einzelobjekte und -strukturen, sondern um das Gesamte. In diesem Rahmen besitzen großflächige, historisch bedeutsame und gut erhaltene historische Kulturlandschaftselemente, die sich von historischen Kulturlandschaften oder Bestandteilen durch ihre Singularität unterscheiden, eine große Raumwirksamkeit.

4.4.2.6 Kulturlandschaftsbestandteile und -bereiche sowie ihre Schutzwürdigkeit
(Grundlage: TK 25: 4006 Oeding, Altkarten, Kulturlandschaftswandelkarte, Karte der historischen Landschaftselemente und persistenten Landnutzungsformen sowie das Biotopkataster)

Reste der offenen Hochmoorlandschaft
Prägende Merkmale (Landschaftsbild):
- Hoch- und Übergangsmoor Burlo Vardingholter Venn mit Spuren des Torfstichs für Energiezwecke,
- Birken-, Eichen-/Birken- und Birkenbruchwald (natürliche Sukzession),
- geringe Reste von Feuchtheide.

Bäuerlich geprägte Kulturlandschaftsbereiche
Prägende Merkmale (Landschaftsbild):
- Einzelhofgefüge der Bauernschaften (-"hook") mit Relikten der ehemaligen bäuerlichen Ständegesellschaft (Schulzen-, Gräftenhöfe, Höfe der Voll- und Halberben, Kötter- und Halbkötterhöfe und Heuerlingskotten,
- Hofvegetation,
- Ortskern des ehemaligen Fleckens Oeding,
- Kloster Groß-Burlo,
- Straßen- und Wegegefüge,
- Wallhecken, Hecken, Baumreihen,
- Plaggenesche und Kämpe,
- Nutzwäldchen (Feldgehölze) in Hofnähe (Niederwald),
- Oedinger Busch als Rest des ursprünglichen Laubwaldes.

Kiefernwälder auf ehemaligen Marken(Heide)flächen
Prägende Merkmale (Landschaftsbild):
- Überlieferte Kiefernaufforstungen auf Heideflächen,
- Systematisch angelegte Waldweiden,
- Wallhecken mit begleitenden Gräben.

Junge Kultivierungsflächen auf den ehemaligen Marken(Heide)flächen
Prägende Merkmale (Landschaftsbild):
- Abwechselnd Grün- und Ackerland auf ehemaligen Heide-, Moor- und Waldfächen,
- moderne geradlinig geprägte Parzellierungs- und Entwässerungs- sowie Wegegefüge,
- reihenförmige Anlage der wenigen Kultivierungshöfe,
- Hecken und Baumreihen mit vereinzelten Kopfweiden.

Von Entwicklungsdynamik geprägte und stark überformte Kulturlandschaftsbereiche bzw. -bestandteile
Prägende Merkmale (Landschaftsbild):
- Neubau- und Gewerbegebiete,
- moderne Agrarproduktionsstätten: Gärtnereien, mit Gewächshäusern und Großmastereien,
- Ausdruck der dynamischen Kulturlandschaftsentwicklung,
- Abgrabungsgebiete (Kies- und Sandgruben).

Auszug aus dem Biopkataster

Nr.   Blatt 4006 Oeding

4   Wald bei Hf. Langenbrink (4 ha, LSG), Buchen-Buchenmischwald 100 %

5   Grenzwald "Vennbülten" (18 ha, LB Vorschlag), Eichen-Eichenmischwald 99 %, *Graben* 1 % (begradigter Bachlauf)

7   Bietenschlatt und Galgenbülten (71 ha, LSG Vorschlag), Fettweide 66 %, Acker 20 %, Naß und Feuchtgrünland 5 %, Feldgehölz 5 %, *Hecke* 1 %, Einzelbaum 1 %, *Graben* 1 %, *Gebäude, Mauerwerk, Ruine* 1 % *(Galgenbülten)*

8   Teiche an der Straße Oeding-Groß-Burlo (0,5 ha, LB Vorschlag, Biotoptypen nach §20c BNatSchG), Fichtenwald 89 %, *Teich-20c* 10 %, stehendes Kleingewässer 1 % *(Fischteiche)*

9   *Vier Feldgehölze bei Hf. Iking* (11 ha, LSG Vorschlag), Eichen-Eichenmischwald 100 % (ein Feldgehölz befindet sich im Modellgebiet)

10   Waldkomplex in Hessing-Hook (35 ha, LSG, LB Vorschlag), Eichen-Eichenmischwald 70 %, Fichten-Fichtenmischwald 25 %, Pappel-Pappelmischwald 5 % *(typische Waldtypen für das Sandmünsterland)*

11   Galgenbülten-Bietenschlatt (72,5 ha, NSG Vorschlag), Fettweide 75 %, Acker 15 %, Feldgehölz 5 %, *Wallhecke* 2 %, Baumreihe 2 %, *Graben* 1 % (Entwässerungsgräben)

12   Eichen-Buchenaltbestand "Oedinger Busch" (20 ha, LB Vorschlag), Eichen-Eichenmischwald 60 %, Buchen-Buchenmischwald 40 %

14   Erlen-Birken-Kleingehölz Hessing Hook (2 ha, LB Vorschlag), Feldgehölz 100 % (Niederwald)

15   Eichen-Hainbuchenkleingehölze in Ebbinghook (8 ha, LSG, LB Vorschlag), Feldgehölz 100 % *(verfallenes Grabennetz und Rindertriftweg)*

16   Tümpel und *Teiche* nördlich Haus Büning (8 ha, LB Vorschlag), *Abgrabungsgewässer* 100 % (Sekundärbiotop)

18   Ufergehölz westlich Bauernhöfe Heling Hoelsker (1 ha, LB Vorschlag), Ufergehölz 100 %

19   Kleinweiher im Hessinghook (1 ha, LSG, LB Vorschlag), *Deponie, Aufschüttung* 40 %, Feuchtheide-20c 30 %, *stehendes Kleingewässer* 20 %, Gebüsch 10 %

20   Kleingewässer im Ebbinghook (0,3 ha, LB Vorschlag), *Teich* 100 %

21   Feuchtbiotop am Pingelerhook (1 ha, LB Vorschlag), Feldgehölz 50 %, *Wallhecke* 25 %, stehendes Kleingewässer 10 %, *Teich* 10 %, Baumgruppe und -reihe 5 % *(niederwaldartig genutzte Wallhecke und Erlengehölz)*

22 Gebiet um NSG "Entenschlatt" und "Burlo Vardingsholter Venn" (226 ha, LSG Vorschlag), Kiefernwald 25 %, Kiefernmischwald mit einheimischen Gehölzen 2 %, Eichenmischwald mit Nadelhölzern 5 %, Fettweide und -wiese 18 %, Acker 44 %, Schlagflur 1 %, Rain, Straßenrand 1 %, Hecke 1 %, *Wallhecke* 1 % (*waldreiche Acker-landschaft,* Reste ehemaliger Hochmoore)

23 Agrarlandschaft zwischen Staatsgrenze und Biotop Nr. 15 (69 ha, LSG Vorschlag), Acker 61 %, Fettweide und -wiese 26 %, Feldgehölz 5 %, Graben 1 %, Baumreihe 2 %, *Hecke* 2 %, *Wallhecke* (Überhälter) 1 %, Rain, Stra-ßenrand 1 % (reich strukturiert, *niederwaldartige Wallhecke*)

24 Feuchtgrünland in Oeding (1 ha, LB Vorschlag), Fettweide 70 %, Großeggenried 25 %, Baumgruppe 5 %

901 NSG Burlo-Vardingholter Venn (75,1 ha, NSG), Birkenbruchwald 30 %, Birkenwald 20 %, Eichen-Birkenwald 10 %, Zwergstrauch-Feuchtheide 3 %, Hoogmoor, Übergangsmoor 26 %, idem mit Regenerationsfläche außer-halb Torfstich 5 %, *Torfstich* 3 %, Kleinseggenried 2 %, Staugewässer 1 % (*weitgehend abgetorftes Hochmoor, Torfrippen*)

902 NSG Entenschlatt (6,3 ha, NSG), Erlenbruchwald 25 %, Weidenbruchwald 25 %, Eichen-Birkenwald 15 %, Bir-ken-Birkenmischwald 5 %, Kiefernwald 10 %, Hochmoor, Übergangsmoor 10 %, Röhricht 5 %, Heideweiher, Moorbänke 5 %

903 NSG Bietenschlatt (24 ha, NSG), Fettweide 65 %, Naß- und Feuchtgrünland 5 %, Acker 25 %, Hecke 2 %, Ein-zelbaum 1 %, *Graben* 1 %, *Gebäude, Mauerwerk, Ruine* 1 % (Reste eines *Heckengrünlandgebietes*)

Biotope und Naturschutzgebiete 626,7 ha

4.4.3 *Weserbergland: Lemgo und Umgebung*

4.4.3.1 Einleitung

Dieses Modellgebiet gehört zur Großlandschaft Weserbergland (Lipper Bergland) und zum Stadt-gebiet der alten Hansestadt Lemgo im Kreis Lippe.

4.4.3.2 Die naturräumlichen Rahmenbedingungen

Das Modellgebiet liegt im Lipper Bergland, das durch einen zerstückelten und unübersichtlich erscheinenden Aufbau charakterisiert werden kann. Der westliche Teil gehört zum Übergangsgebiet zum Ravensberger Land. Der Höhenunterschied variiert von 86 m ü. NN im Westen bis 349 m ü. NN in der Lemgoer Mark. Das Bergland besteht hauptsächlich aus Keuper mit flachgründigen, sandig-steinigen bzw. tonigen schweren Böden. Die Keupermergel werden von ausgedehnten Grundmorä-nenschichten der Saale-Eiszeit bedeckt. Auf die Eisbedeckung dieser Eiszeit weisen zahlreiche Find-linge ("Erratischer Block" bei Brake) hin (SCHLÜTTLER 1966, S. 292). Der westliche Teil nördlich der Bega ist ein welliges Lößhügelland. Der Löß fehlt dagegen weitgehend südlich der Bega.

Das Gebiet wird von der Bega (Nebenfluß Passade bei Voßheide) und der Ilse sowie einigen Bächen durchschnitten. Am Südhang der Lemgoer Mark gibt es bedingt durch die anwesenden geklüfteten Quarzite und Tonschichten viele Quellen, die durch schmale Kerbtäler Bäche speisen. Der durchschnittliche Niederschlag/a liegt zwischen 850 und 1100 mm. Die durchschnittliche Jahrestemperatur beträgt ca. 8° C.

Die ursprüngliche Vegetation, die heute fast weitgehend von einer menschgebundenen bzw. von einer auf Produktion orientierten Vegetation (Land- und Forstwirtschaft) verdrängt wurde, war die Hainsimsen-Buchenwald-Landschaft als potentielle natürliche Waldlandschaft (Abb. 3).

4.4.3.3 Skizzierung der Kulturlandschaftsentwicklung

In der Vor- und Frühgeschichte war dieser Raum besiedelt, so wurde bereits im Neolithikum auf den Lößböden Ackerbau betrieben. Die heutige Siedlungsstruktur entwickelte sich seit dem Frühmittelalter. Die Siedlungsstruktur um 1840 bestand aus Dorf- (Hörstmar und Brake) und weilerartigen Trubsiedlungen (Entrup), die seit dem Frühmittelalter entstanden sind, bzw. gereihten Siedlungen (Leese) und Einzelhöfen (Müller-Wille 1982, S. 102.). Auch in diesem Modellraum hat sich seit dem Spätmittelalter ebenfalls eine bäuerliche Ständegesellschaft mit Vollmeiern (Vollspänner), Halbmeiern (Halbspänner), Köttern und Kleinköttern (Handdienstler) entwickelt. Das Modellgebiet befindet sich im Übergangsgebiet zwischen Hof- und Drubbelsiedlung im Norden und Dorfsiedlung im Süden.

Die Weiler Wittighöferheide und Voßheide sind in die Frühneuzeit als Heidekultivierungen zu datieren. Die gereihten Einzelsiedlungen westlich und südlich von Lemgo sind jüngeren Datums (Frühneuzeit). Hierbei handelt es sich vor allem um die jüngeren Höfe der Kötter und Kleinkötter.

Die dominante Flurform ist die Blockflur und die hufenartige Kämpe als Produkt spätmittelalterlicher Rodungen (MÜLLER-WILLE 1981, S. 102).

Die Stadt Lemgo ist eine frühe Stadtgründung (1197) von Bernhard II. zur Lippe an einer Furth in der Bega und an einer Kreuzung von zwei Fernstraßen. In der Altstadt deutet das (planmäßige) lippische Dreistraßenschema mit drei leiterförmig verbundenen Längsstraßen, die in ein Stadttor münden, auf die planmäßige Anlage der Stadt. Um die Mitte des 13. Jahrhunderts wurde wegen des raschen Bevölkerungswachstums an der Südseite die Neustadt ebenfalls nach dem lippischen Dreistraßenschema errichtet. Im heutigen Stadtgrundriß ist dieses lippische Dreistraßenschema noch deutlich erkennbar. Beide Städte wurden bis 1365 getrennt verwaltet, wodurch sie als Doppelstädte zu verzeichnen sind (BRAND 1992, S. 4 ff.).

Die Kirchen der Altstadt (St. Nikolaus) und der Neustadt (St. Maria) waren ursprünglich Filialen der Pfarrkirche St. Johann - der Kirche der wüstgefallenen Vorgängersiedlung an der Bega - von der heute noch Reste am Friedhof westlich der Altstadt überliefert sind.

Trotz der Tatsache, daß der Landesherr nicht in Lemgo residierte, entwickelte Lemgo sich zur bedeutendsten und bevölkerungsreichsten Stadt von Lippe. Die Anlage einer herrschaftlichen Burg war der Bürgerschaft überlassen.

Lemgo trat im Spätmittelalter der Hanse (Kölner Quartier) bei und erkannte mit 24 anderen Städten 1294 Lübeck als Haupt der Hanse an. Die auf dem Tuch-, Garn und Leinwandhandel basierende Blüteperiode der Hansestadt Lemgo hatte sich im Stadtbild mit Fachwerk- (giebelständige Fachwerkhäuser) und Steinbauten aus der späteren Gothik und Renaissance niedergeschlagen, wie z.B. das prachtvolle Rathaus. Neben den beiden Kirchen war das religiöse Leben mit vier spätmittelalterlichen Klöstern, darunter ein Stift, vertreten. Das damalige soziale Netz bestand aus vier Armenstiftungen.

Durch die Pest und während des 30jährigen Krieges wurde Lemgo durch Kontributionen und Plünderungen der beiden Kriegsparteien schwer in Mitleidenschaft gezogen und die Einwohnerzahl sank von ca. 4650 1629 auf ca. 1500 im Jahre 1650. Im 18. Jahrhundert war Lemgo faktisch ein befestigter landwirtschaftlich geprägter Ort und in der ersten Hälfte des 19. Jahrhunderts setzte mit der Fürstin Pauline, die von den Lemgoer Bürgern auch als Bürgermeisterin gewählt wurde, ein bescheidener wirtschaftlicher Aufstieg ein. 1807 hatte Lemgo noch immer weniger Einwohner (3372) als 1629 (STOOB 1981).

Brake wurde 1306 erstmals erwähnt und fungierte bis ca. 1800 als Residenz der verschiedenen lippischen Fürsten und nach 1800 als Amtssitz und als Sitz des Kreises Lemgo bis 1975. Das Schloß wurde während der Soester Fehde 1447 zerstört. Der heutige Renaissancebau datiert auf die Jahre 1584-1602. Die Residenzfunktion wirkte sich auch auf das Dorf Brake mit der Ansiedlung von Hofdienern und Gewerbetreibenden sowie Handwerkern aus. 1811 wurde von Fürstin Pauline in Nebengebäuden des Schlosses eine Irrenanstalt eingerichtet, die 1951 geschlossen wurde.

Die Kulturlandschaftswandelkarte basiert für diesen Raum wegen des Fehlens der preußischen Uraufnahme auf der Lippischen Landesaufnahme von 1883.

Das Siedlungsbild von *1883* wurde sowohl von der Stadt Lemgo, den Dörfern Brake und Hörstmar als auch von kleinen Trupsiedlungen (Bentrup, Entrup), den beiden "Heideweilern" (Wittighöferheide, Voßheide) und größeren Einzelhöfen (z.B. Hasenbreide, Rieperturm, Wittigenhöfen) geprägt. Auffallend sind die zahlreichen kleinen Siedlungsstellen westlich und südwestlich von Lemgo.

Neben der landwirtschaftlich geprägten Bebauung waren um 1883 sechs Wassermühlen in Betrieb: bei Büllinghausen an der Bega, jeweils eine westlich und östlich von Leese, die Steinmühle an der Ilse, die Wassermühle von Schloß Brake an der Bega und die Eickernmühle an der Passade. Eine Windmühle befand sich auf einer Anhebung südlich des Hofes Stute an der heutigen K 33.

Direkt an den Zufahrtsstraßen von Lemgo ist bereits auf der Karte von 1883 linear geprägte Bebauung (Vorortbildung) eingetragen, die erst nach 1870 außerhalb der Stadtmauer entstanden ist (s. auch BRAND 1992, Beilage 4). Der Friedhof nördlich der Altstadt müßte ebenfalls um diese Zeit entstanden sein.

Das Hauptwegenetz war 1883 bereits gänzlich vorhanden. Die ältesten Straßen, die sich in Lemgo kreuzten, waren hanseatische (vorrangige) Fernwege und Verbindungswege (BRAND 1992, Beilage 2):
– Die vorrangige Fernstraße: Braunschweig-Hildesheim, Hameln-Lemgo-Herford-Osnabrück (B 66),
– Die bedeutende vorrangige Fernstraße: Frankfurt-Korbach-Driburg-Horn-Brake-Lemgo-Minden-Bremen (heutige L 958 nördlich von Lemgo, L 941 südlich von Brake), die vorrangige Fernstraße (Hellweg) Dortmund-Paderborn-Hameln-Braunschweig kreuzte in Horn die Fernstraße Frankfurt-Bremen und die Straße Dortmund-Paderborn-Höxter-Goslar in Driburg die Fernstraße Frankfurt-Bremen,
– Die Straße Kassel-Warburg-Brakel-Blomberg vereinigte sich in Brake mit der Fernstraße Frankfurt-Bremen (Teile der L 712),
– Ein nachgeordneter Verbindungsweg von Paderborn kommend schloß in Brake ebenfalls an die Fernstraße Frankfurt-Bremen an.

Seit dem Ende des 18. Jahrhunderts wurden die Hauptstraßen als Chausseen ausgebaut. 1800 war die heutige B 66 östlich von Lemgo und 1805 die Strecke Lemgo-Brake-Detmold (L 941) als Chaussee ausgebaut. Bis 1835 folgten die heutige B 238 nördlich von Lemgo und die heutige L 712. Der Ausbau der heutigen B 66 südlich Lemgo erfolgte nach 1835.

Durch die Lippische Seperationspolitik gegenüber Preußen wurde das Fürstentum Lippe relativ spät ans Eisenbahnnetz angeschlossen. Auf der Karte von 1883 ist zwar die Eisenbahntrasse eingetragen, aber es dauerte bis 1896 bevor sie betriebsfähig war.

Im Untersuchungsraum gibt es südlich der ansteigenden Lemgoer Mark und nördlich des Biesterberges noch Hohlwegabschnitte. Außerdem gab es ebenfalls spätmittelalterliche Landwehre mit Wällen und Gräben, von denen noch Abschnitte südlich des Biesterberges und im Grenzbereich des Lemgoer Waldes östlich von Lemgo überliefert sind.

Die dominierenden Landnutzungsformen waren Ackerbau und Wald. Die Auen entlang der Bega und Ilse sowie die schmaleren Auen der Bäche oder Sieke bestanden hauptsächlich aus Grünland mit Einzelbäumen, Sträuchern, Baumreihen und -gruppen sowie kleinflächigen Auenwäldchen.

Der Laubwaldanteil war bereits auf der Karte von 1883 durch die Aufforstung von Nadelgehölzen reduziert. Dieser Prozeß wird ebenfalls wie in anderen Regionen um 1850 eingesetzt haben.

Kleine Heideflächen befanden sich westlich des Biesterbergs und westlich der Lemgoer Mark bei Luherheide.

Die Kulturlandschaftsentwicklung zwischen *1883 und 1896* fällt wegen der Kürze dieses Zeitabschnitts bescheiden aus, außerhalb der Stadt Lemgo gab es kaum Veränderungen. Südlich und nördlich von Lemgo entstanden jeweils eine Ziegelei. Nordwestlich der Altstadt von Lemgo wurde eine Molkerei errichtet. Eine 1883 kartierte Siedlungsstelle am Westrand der Lemgoer Mark bekam die Bezeichnung "Schöne Aussicht" und südöstlich davon wurde ein Aussichtsturm errichtet, der als erste Erholungseinrichtung zu betrachten ist.

Die Windmühle westlich von Lemgo ist auf der Karte von 1896 nicht mehr eingetragen.

In der *Periode 1896-1953* nimmt der Kulturlandschaftswandel bereits in der unmittelbaren Umgebung von Lemgo und Brake sehr dynamische Züge an. Durch den relativ späten Eisenbahnanschluß von 1896 begann die industrielle Entwicklung (Wagenbau, Leder, mechanische Webereien, Möbel) Lemgos im Vergleich zu anderen benachbarten Städten, die bereits früher ans Eisenbahnnetz angeschlossen wurden, relativ spät.

Nach 1918 entstand westlich der Altstadt in Bahnhofsnähe ein geschlossenes Industriegebiet, das sich seitdem ständig erweitert hat (s. Kulturlandschaftswandelkarte). Zwischen Brake und Lemgo, östlich von Brake und westlich von Voßheide, siedelten sich vor allem nach 1950 industrielle und gewerbliche Betriebe an. Vor allem entstanden nach 1918 linienförmige und verstärkt nach 1939 flächige Neubaugebiete um Lemgo und Brake, die allmählich aneinander wuchsen. Nach 1945 mußten 6500 Vertriebene und Flüchtlinge untergebracht werden. In diesem Rahmen entstanden Schulen (Lemgo und Brake) und das Krankenhaus der Wolffschen Stiftung, das 1950 dem Kreis Lemgo übertragen wurde. Das Wasserwerk, die Gasanstalt und das Städtische Elektrizitätswerk wurde um die Jahrhundertwende bzw. 1911 errichtet. Außerdem gab es eine flächige Neusiedlung bei Hörstmar, Liemergrund, Luherheide und Stücken. Ein weiterer Siedlungsschwerpunkt waren die verstreuten nichtbäuerlichen Einfamilieneigenheime westlich von Lemgo (SCHÜTTLER 1966, S. 292).

Der Ausbau von lokalen Straßen im ländlichen Raum war für ein verbindendes Straßennetz erforderlich und hing ebenfalls mit der ländlichen Neusiedlung zusammen.

Begradigungen erfolgten in Abschnitten der Bega (westlich von Lemgo) und der Ilse. Sehr tiefgreifend war die Reduzierung der Auenflächen an den Flüssen und Bächen (Sieken) durch Umwandlung in Ackerflächen, wodurch die gliedernde Wirkung dieser Flächen mit den Bäumen, Sträuchern und Baumgruppen erheblich beeinträchtigt wurde. Kleinere Waldflächen wurden gerodet. Die restlichen Heideflächen wurden aufgeforstet, kultiviert sowie besiedelt. Die Heidefläche westlich des Biesterbergs wurde größtenteils mit Nadelgehölzen aufgeforstet und die Luherheide wurde kultiviert. Außerdem entstand dort ein Neubaugebiet für die Flüchtlinge. In der Lemgoer Mark nahm der Nadelwaldanteil durch neue Aufforstungen ständig zu.

Steinbrüche entstanden bei dem Biesterberg und in der Lemgoer Mark.

Die *Periode 1953-1991* wird von einem sehr dynamischen Wandel geprägt, der vor allem um Lemgo konzentriert ist. Lemgo und Brake sind schließlich zusammengewachsen. Die Altstadt von Lemgo grenzt nur über die Begaaue an den ländlichen Raum. Um Lemgo und Brake ist ein Kranz von flächigen Neubaugebieten entstanden. Auch bei den anderen Siedlungen haben sich die flächigen Neubaugebiete sehr stark erweitert. Im Vergleich zur vorherigen Periode hat die Besiedlung des ländlichen Raumes mit isolierten Einfamilienhäusern abgenommen. Der Schwerpunkt der industriellen und gewerblichen Entwicklung liegt westlich Lemgo entlang der Bega. Kleinere Konzentrationen befinden sich östlich von Brake, westlich von Voßheide und südlich von Wittighöferheide. Darüber hinaus wurden neue Schulen, Dienstleistungsunternehmen und Verwaltungseinrichtungen errichtet. Die Siedlungsfläche hat sich nahezu mehr als verdoppelt.

Für die stark zugenommene Bevölkerung wurde ein neuer großer Friedhof westlich der Landwehr an der Lemgoer Mark angelegt.

Der Straßenneubau ist, abgesehen von den Straßen in den Neubau- und Gewerbegebieten, relativ bescheiden. Nur wurde für die L 712 zwischen Wilhelmsburg und Voßheide eine neue Trasse gebaut.

Im Vergleich zu anderen Gebieten fehlen hier die Umgehungsstraßen. Die Eisenbahnstrecke wird heute nur noch für den Güterverkehr benutzt.

Was die Landnutzung anbelangt, sind die Veränderungen geringfügig ausgefallen. Die meisten Veränderungen werden durch die Waldartenveränderungen in der Lemgoer Mark und einiger kleinerer Waldareale verursacht, wo der Anteil der Nadelgehölze nochmals steigt. Der Nadelwaldanteil nimmt sogar durch Neuaufforstungen leicht zu, so daß der Nadelbaumanteil nun bei ca. 70 % liegt.

Zusammenfassend hat die nachvollzogene, über 100jährige Kulturlandschaftsentwicklung dieses Modellgebiet tiefgreifend verändert. Die Kulturlandschaftsbereiche, -bestandteile, -elemente, -strukturen sowie die tradierten Landnutzungsformen von 1840 (für diesen Raum erst seit 1883 genau nachvollziehbar), sind außer im Altstadtkern von Lemgo, im Ortskern von Brake und Hörstmar, nur noch im ländlichen Raum überliefert. Das unmittelbare Umland von Lemgo und Brake ist völlig umgestaltet und von neuen Kulturlandschaftselementen überlagert worden.

4.4.3.4 Überlieferte historische Kulturlandschaftselemente und -strukturen

Die Siedlungsstruktur ist geprägt von Höfen in kleinen Trupsiedlungen. Die weitere Einzelbebauung außerhalb der Ortskerne besteht aus Kotten und vor allem nach 1896 aus kleinen Einfamilienhäusern, Einzelhäusern westlich von Lemgo.

Schloß Brake hatte bis ca. 1800 eine Residenzfunktion und von 1815 bis 1975 war es Verwaltungssitz des Kreises Lemgo. Im Nebengebäude war von 1811 bis 1951 eine Irrenanstalt untergebracht.

Außer den beiden evangelischen Stadtkirchen von Lemgo und den Resten der St. Johannkirche am Rande der westlichen Altstadt, gibt es keine Kirchen in Hörstmar und Brake.

Der Friedhof nördlich von Lemgo war der erste Friedhof außerhalb des Altstadtkerns von Lemgo.

Frühe Elemente des Fremdenverkehrs entstanden am Westrand der Lemgoer Mark. Dort entstanden zwischen 1883 und 1896 ein Aussichtsturm sowie ein Wirtshaus. Auf der Karte von 1883 war bereits eine Hofanlage mit dem Namen "Schöne Aussicht" eingetragen.

Obwohl die Wassermühlen nicht mehr in Betrieb sind, sind die meisten noch erhalten: Die Wassermühle südlich von Leese, von Schloß Brake, die Steinmühle und die Eickernmühlen.

Von den Zwei Ziegeleien nördlich bzw. südlich (1955) von Lemgo war die nördlich gelegene 1953 nicht mehr in Betrieb und die am Südrand der Stadt hat den Betrieb zwischen 1953 und 1991 eingestellt, die Tonkuhlen dokumentieren noch den ehemaligen Standort.

Im südlichen Teil des Modellgebietes befinden sich Mergelkuhlen (Biotope Nr. 26, 35, 55, 59, 75).

In dem Bornsiekbach befinden sich zahlreiche gereihte Fischteiche mit einer Gesamtfläche von 6 ha. Ein weiterer Komplex von nicht mehr benutzten gereihten Fischteichen befindet sich südlich von Brake (Biotop Nr. 67 und 92).

Linienelemente
Von den Landwehren um Lemgo sind wenige Abschnitte erhalten. Ein Abschnitt der sogenannten "äußeren Landwehr" von Lemgo verläuft südlich des Biesterberges zur B 238. Zwei Abschnitte der sogenannten "inneren Landwehr" bilden heute noch die Grenze der Lemgoer Mark.

Hecken befinden sich nur noch in den Bachauen und nicht mehr in der Feldflur.

Die Trassen der meisten überörtlichen Straßen waren bereits auf der Karte von 1883 eingetragen, und gehörten zu den oben beschriebenen alten Handelsstraßen. Ihr Aussehen hat sich aufgrund des modernen Straßenverkehrs erheblich verändert. Im frühen 19. Jahrhundert wurden die wichtigsten überörtlichen Verbindungsstraßen als Chausseen ausgebaut.

Die Eisenbahnlinie von 1896 wird heute nur noch für den Güterverkehr genutzt.

Flächenelemente
Der Kern der Doppelstadt Lemgo wurde in das Programm der historischen Stadtkerne von 1985

aufgenommen. Der Straßengrundriß ist weitgehend erhalten geblieben. Außerdem hat das Stadtbild seinen historischen Charakter weitgehend beibehalten.

Die Ackerflächen weisen die größte Persistenz auf, aber durch den intensiven Ackerbau sind Hecken und kleinere Feldgehölze sowie Landwehrabschnitte verschwunden.

Das Grünland in den Bachauen wurde durch die Umstellung auf Ackerland ständig reduziert, so daß das Ackerland an manchen Stellen direkt an die Bäche grenzt.

Von den ursprünglichen Laubwäldern (Buchen) sind heute etwa 70 % in Nadelwald umgewandelt worden. Die Laubwälder der Lemgoer Mark sind heute als Biotope erfaßt worden (Nr. 64, 71).

4.4.3.5 Übereinstimmungen und Gegensätze

Die Biotope befinden sich ausschließlich in den Bachauen, in Wäldern, ehemaligen Mergel- und Tonkuhlen. Auch sind die Gewässer in Form von Teichen als Biotope erfaßt worden. Diese Flächen haben auch eine kulturhistorische Bedeutung und sind für ihre gliedernde Beeinflussung des Landschaftsbildes von Bedeutung. Biotop Nr. 65 bezieht sich eindeutig auf die angelegte Parkanlage des Schlosses Brake, außerdem sind zwei Mauern aufgrund ihrer Bedeutung für die Vegetation erfaßt worden (Nr. 45 und 58). Wichtig ist auch die Erfassung des Landwehrabschnittes südlich des Biesterberges. Dagegen wurden die Abschnitte der inneren Landwehr am Westrand der Lemgoer Mark nicht erfaßt. Diese Abschnitte weisen ebenfalls einen hohen kulturhistorischen Wert auf.

Die ältesten Nutzflächen - das Ackerland - sind aufgrund der intensiven "biotopfeindlichen" Nutzung nicht erfaßt worden.

Bei den als Biotope ausgewiesenen Waldarealen handelt es sich hauptsächlich um Laubwald (Buchenwaldbestände).

4.4.3.6 Kulturlandschaftsbestandteile und -bereiche sowie ihre Schutzwürdigkeit
(Grundlage: TK 25: 3918 Lemgo, Altkarten, Kulturlandschaftswandelkarte, Karte der historischen Landschaftselemente und persistenten Landnutzungsformen sowie das Biotopkataster)

Bäuerlich geprägte Kulturlandschaftsbereiche
Prägende Merkmale (Landschaftsbild):
- Gemischtes Siedlungsgefüge mit Dörfern, Trubsiedlungen (Bauernschaften) und Einzel-(Guts)höfen sowie die Einzelbesiedlung der Periode 1895-1950 westlich von Lemgo,
- Hallenhäuser (Fachwerk, rote Ziegel, rote Dächer),
- große Höfe, Erb- und Markkötter, Brinksitzer und Heuerlinge (Relikte der früheren landwirtschaftlichen Ständegesellschaft) mit der zugehörigen Hofvegetation,
- dominante Ackerlandnutzung auf den Lößböden,
- überörtliches Straßengefüge mit den Trassen der ehemaligen Landstraßen und Chausseen,
- geradliniges Feldwegegefüge mit erkennbarem Großgrundbesitz,
- wegbegleitende Baumreihen und Hecken,
- schmale Bachtäler und -läufe markiert von Baumreihen ohne begleitende Grünlandflächen und Talwäldchen (Buchen),
- weitgehend ohne größere Waldflächen,
- Reste von Mergelgruben,
- offener Charakter mit Parklandschaftsstrukturen, die durch geschlossene und Einzelbesiedlung, Baumreihen, Hecken (Landwehr), Obstwiesen, Restlaubwäldchen, Auenstrukturen mit Terrassenrändern geprägt sind.

Von Grünland geprägte Bachauen und Terrassenränder
Prägende Merkmale (Landschaftsbild):
- Von Baumreihen markierte Bachläufe,

- hauptsächlich Grünland mit Resten des Auenwaldes, Baumreihen sowie Heckenreihen (Biotopkataster) mit gliedernder Wirkung für das weitgehend offene von Ackerbau geprägte alte Kulturland,
- Heckenreihen als Parzellengrenzen,
- größere Abschnitte der Ilse und Bega sind naturnah und nicht begradigt worden,
- Wassermühlen und ehemalige Wassermühlenstandorte mit zugehörigen Elementen.

Stadtkern von Lemgo, Ortskern von Brake sowie Schloßanlage in der Begaaue als Kulturlandschaftsbestandteil
Prägende Merkmale (Landschaftsbild):
- Grundriß mit historischem Straßengefüge der Altstadt von Lemgo mit Alt- (von 1197) und Neustadt (von ca. 1250, in das Programm der historischen Stadtkerne aufgenommen, aber nach Stand 1.1.1995 kein Denkmalbereich),
- Ortskern Brake mit dem Schloß Brake und den zugehörigen Parkanlagen,
- Fachwerkhäuser mit Beschriftungen (Häuser erzählen ihre Geschichte),
- historische Grünflächen,
- hauptsächlich von roten Ziegeln geprägte Dachlandschaft in der Altstadt Lemgos.

Bewaldete Erhebungen der Lemgoer Mark
Prägende Merkmale (Landschaftsbild):
- Mischwald mit ca. 70 % Nadelbaumanteil (Steigung von ca. 175 m bis 348 m),
- bodenständige Laubwälder (Buchen),
- größere Fichtenaufforstungen zwischen 1850 und 1896, 1896 und 1953 sowie nach 1953
- rechteckiges Waldwegegefüge von vor 1883,
- kleinflächige Kalksandsteingruben und aufgelassene Gruben,
- der östliche Abschnitt der Lemgoer Mark wird von der inneren Landwehr begrenzt,
- Elemente des Fremdenverkehrs (Aussichtsturm, „Schöne Aussicht" und „Berglust").

Von Entwicklungsdynamik geprägte und stark überformte Kulturlandschaftsbereiche bzw. -bestandteile
Prägende Merkmale (Landschaftsbild):
- Relikte der späten Industrialisierungsphase seit ca. 1890 mit ausgeprägter Industrie- (an der Bega), Neubaugebieten sowie Versorgungseinrichtungen (Krankenhaus, Schulen, Fachhochschule),
- keine zusammenhängenden, historischen Elemente und Strukturen, sondern vorwiegend Elemente und Strukturen seit 1896.

Auszug aus dem Biotopkataster

Nr.	Blatt 3919 Lemgo
12	Bachlauf der Ilse zwischen Leese und Lieme mit uferbegleitendem Gehölzsaum (9 ha, LSG), relativ wenig angrenzendes Grünland (10 %), Bach begradigt
13	Bega (nicht naturnah) zwischen Lemgo und Lieme (16 ha, LSG), Ufergehölze sehr lückig bis fehlend
17	Waldstück SW von Hörstmar, naturnaher Laubwald (3,8 ha, LSG), Pappel-, Pappelmischwald 75 %, Buchen-, Buchenmischwald 25 %
19	Naturnahes Feldgehölz SW von Hörstmar (1,5 ha, LSG), Feldgehölz 100 % (Eichen-Hainbuchwald mit Stangenholz)
22	Linnebachtal (naturnahe Bachaue) N von Hörstmar (16,2 ha, LB Vorschlag), Laubwald 17 %, Hecke 5 %, Fettweide 60 %, Acker 15 %, Bach (Steilufer, Sand- und Kiesbänke), *Kopfbaumgruppe und -reihe*
23	Linnebach (naturnah) zwischen Hörstmar und Trophagen (11 ha, LSG Vorschlag), Erlen- 10 %, Buchen- 60 %, Pappelwald 15 %, Gebüsch 5 %, Bach (Steilufer, Sand- und Kiesbänke)
25	Hecke am Rande des Laubker Bachtales NO von Hörstmar (0,2 ha, LB Vorschlag), 3-4 m hohe *Hecke mit vor allem Weißdorn*
26	*Ehemalige Mergelkuhle* SO von Hörstmar (1,7 ha LB Vorschlag), Steinbruch 85 %, Feldgehölz 5 %, Gebüsch 10 % (Sekundärbiotop)

28 Feldgehölz (naturnaher Buchenwald) am Bienberg N von Leese (3,5 ha, LSG, LB Vorschlag), Buchenwald 100 %

30 Ilsetal (naturnaher Bachlauf) SO Leese (13,8 ha, LSG, LSG Vorschlag), Grünlandbrache 25 %, Acker 50 %, Ufergebüsch 8 %, *Halde* 12 %, Bach mäandrierend

34 Naturnahes Wäldchen mit Bachlauf und Quellbereich N von Leese (9 ha, LSG Vorschlag), Buchen-Buchenmischwald 72 %, Fichten-Fichtenmischwald 25 %

35 *Mergelkuhle* SO von Nr. 26 (0,4 ha, ND Vorschlag), aufgelassene *Steinmergelgrube* 100 %

36 Ilse zwischen Bedaerbruch und Leese (9 ha, LSG), Bach 70 %, Ufergehölz 19 % *(Fischteich)*

45 *Bruchsteinmauer* in Entrup als Lebensraum (LB Vorschlag), Mauerwerk 100 %

48 Radesiekbachtal östlich von Ilsebachtal (9 ha, LSG), *Hecke* 10 %, Feldgehölz 11 %, Fettweide 35 %, Acker 40 %

51 Feldgehölze auf dem Biesterberg *(Landwehr)* (1,7 ha, LSG, LB Vorschlag), ebenerdige Hecke 70 %, Feldgehölz 30 %

53 Abschnitt der Begaaue in Lemgo (8,5 ha, LSG Vorschlag), Fettwiese 75 %, Ufergehölz 10 % *(Parkartiger Charakter*, einige Mäander)

54 *Ehemalige Tonkuhle* in der Lemgoer Südstadt (2,2 ha, LB Vorschlag), Tonabgrabung 50 %, Gebüsch 50 % (Sekundärbiotop)

55 *Ehemalige Mergelkuhle* und Feldgehölze SO von Brake (1,7 ha LB Vorschlag), Grünlandbrache 80 %, *Steinbruch* 10 %, Gebüsch 7 %, *Hecke* 3 % (Sekundärbiotop)

57 Abschnitt Radesiekbach bei Luherheide (13,5 ha, LSG Vorschlag), Buchen-, Buchenmischwald 80 %, Grünlandbrache 10 %

58 *Bruchsteinmauer in Lemgo* als Lebensraum (ND Vorschlag), *Gebäude, Mauerwerk, Ruine* 100 % (Fels- und Mauerbewuchs)

59 *Ehemalige Mergelkuhle* SO von Brake (1,7 ha LB Vorschlag), Abgrabungsgewässer 40 %, Gebüsch 60 % (Sekundärbiotop)

64 Naturnahe Buchenwälder in der Lemgoer Mark (186 ha, LSG), Buchen- 93 %, Fichtenwald 5 %, Quelle 1 %, Bach 1%

65 Begaaue bei Schloß Brake, *extensiv gepflegter Park mit altem Baumbestand, Kultureinfluß in Strauchgruppe erkennbar* (5,1 ha, LSG Vorschlag), Fettweide 70 %, *Park* 18 %, Ufergehölz 9 %, *Gebäude, Mauerwerk, Ruine* 1 %, *Garten* 1 %, Fluß 1 %

67 Biotopkomplex (Auenwald) mit *Teichanlage* SW Stücken, nicht mehr genutzte Teichanlage (7 Teiche) (8,1 ha, LSG) Laubwald 45 %, Fichtenwald 5 % Grünland 28 %, stehendes Gewässer 10 %, Ödland 7 %, Gebüsch 5 %

69 *Försterteich* in der Lemgoer Mark (0,1 ha, LSG, LB Vorschlag), Naß- und Feuchtgrünland 30 %, Ufergehölz 10 %, Staugewässer 60 %

71 Artenreicher Hainsimsen-Buchenwald (100-200 Jahre alt), (13,5 ha, LSG, LB Vorschlag) Buchenwald 99 %, Quelle 1 %

72 Bega zwischen Bentrup und Brake (6 ha, LSG), Ufergehölz mit Weiden, Erlen und Pappeln 10 %, Fettweide 53 %, Acker 15 %, *Hecke* 2 %, Bach 20 % (mäandriert mit Schotterbänken)

73 Ruderalfläche am Felsenkeller N von Brake (1,5 ha (LSG, LB Vorschlag), Ruderalfläche (alte Kulturfläche) als Refugialbiotop, Gebüsch 20 %, Ödland 80 %

75 Bieberg (Keuperhügel) bei Lemgo (4,5 ha, LSG, LB Vorschlag), Grünland 45 %, *Obstgarten, -wiese* 40 %, Ödland 13 %, *Hecke* 1 %, *Steinbruch* 1 % (aufgelassene *Mergelgrube*)

76 Feldgehölz am Felsenkeller N von Brake (1,2 ha, LSG, LB Vorschlag), Laubwald (mit Stangenholz) 100 %, Steilkante

79 *(Heckenartiges)* Feldgehölz N von Strecken (0, 7 ha, LB Vorschlag), Feldgehölz 100 %

85 Wegböschung mit Baerlapp an einer Forststraße (0,1 ha, ND Vorschlag), *Rain, Straßenrand* 100 %

89 Gehölze am Thronsbach zwischen Lemgoer Mark und Bega (1,3 ha LSG, LB Vorschlag), Lückenloses Ufergehölz am Bach 65 %, Kopfbaumgruppe, -reihe 15 %, Bach 20 %

90 Begaaue zwischen Bentrup und Passademündung mit Auenwaldrelikten und ausgedehnten Feuchtlandbrachen (5,5 ha LSG, LB Vorschlag), Erlen-, Erlenmischwald 40 %, Grünlandbrache 50 %, mäandrierender Bach mit Steilufer 10 %

92 Unterlauf von mäandrierendem Bornsiekbach/Thronsbach in der Lemgoer Mark mit Auenwald und *Fischteichen* (6 ha, LSG), Erlen-, Erlenmischwald 35 %, Buchen-, Buchenmischwald 20 %, Gebüsch 15 %, Staugewässer 25 %, Bach 5 %

94 *Hecken* und Feldgehölze am Thron südlich Rieperturm (4 ha, LSG, LB Vorschlag), Buchen-, Buchenmischwald 35 %, 2 ebenerdige *Hecken* 15 %, Fettweide 50 %

Biotopfläche. 368 ha

4.4.4 Sauer- und Siegerland: Netphen und Umgebung (Abb. 38 a–d)

4.4.4.1 Einleitung

Das siegerländische Modellgebiet besteht aus dem nordwestlichen Teil der Gemeinde Netphen und den angrenzenden Teilen der Städte Kreuztal (Kredenbach) und Hilchenbach (Oechelhausen und Ruckerdorf) im Norden und der Stadt Siegen (Weidenau) im Südwesten. Das Modellgebiet gehört zur der Großlandschaft Sauer- und Siegerland und zur im LaPro ausgewiesenen wertvollen Kulturlandschaft „*Wälder und Bergwiesen im südlichen Siegerland*“.

4.4.4.2 Die naturräumlichen Rahmenbedingungen

Das Siegerland ist niedriger als das angrenzende Sauerland und erreicht im Durchschnitt Höhen von 350 bis 640 m ü. NN und bildet eine Gebirgskammer. Es handelt sich um ein aus Kämmen, Riedeln und Rücken aus unterdevonischen Schichten aufgebautes Bergland. Das Modellgebiet ist stark zertal und wird von vielen Kuppen geprägt. Die Eisenvorkommen oder Spateisengänge (Siegener Schichten) bildeten die Grundlage für das bis in der Vorgeschichte zurückreichende Bergbau- und Eisenverarbeitungsgewerbe. Durch die Luvlage zum Hochsauerland hat das Siegerland ein niederschlagsreiches Klima mit durchschnittlich 900-1300 mm Niederschlag/a. Wegen der tieferen Lage ist es mit einer Jahrestemperatur von 7,5 ° C wärmer als das angrenzende Hochsauerland.

Die vielen Quellbäche der Sieg haben sich mit hohem Gefälle 100 bis 200 m tief eingeschnitten und bilden z.T. schluchtartige Täler. Sie fließen in der Talweitung bei Netphen und bei Dreis-Tiefenbach zusammen. Dieses starke Gefälle der Gewässer war eine wichtige Energiequelle für die Eisenverarbeitung.

Das Siegerland wird zu der Hainsimsen-Buchenwald-Landschaft in den Mittelgebirgslagen über sauer verwitterndem Ausgangsgestein gerechnet. Die natürliche Vegetation wurde unterhalb von 300 m vor allem vom Eichenmischwald, oberhalb 300 m vom Rotbuchenwald, und in den Tälern vom Erlenauenwald geprägt.

4.4.4.3 Skizzierung der Kulturlandschaftsentwicklung

Aus der archäologischen Forschung (Beispiel Siedlungsplatz Netphen) ist bekannt, daß dieser Raum seit der Eisenzeit (800 v. Chr.) dauerhaft besiedelt ist. Das Siegerland bot mit seinen Raseneisenvorkommen, Wald- und Wasserreichtum sehr gute Voraussetzungen für die Eisenherstellung. Dies wird durch die Spuren von hunderten Rennfeueröfen mit zugehörigen temporären Siedlungen auf Wohnpodien (künstliche Verflachungen an den Hängen) in der Nähe von Bächen und Quellen belegt. Die Rennfeueröfen sind als kleine 'wandernde' Hochöfen zu betrachten. Nach Erschöpfung der Rasenerze wurde der Rennfeuerofen und die Siedlung aufgegeben und man fing an anderer Stelle von vorne an. Die dauerhafte Besiedlung dieser Epoche wurde durch die Gräberfelder belegt. Hier handelte es sich sehr wahrscheinlich um landwirtschaftlich geprägte Siedlungen mit vereinzelten Händlern.

Für das latènezeitliche Eisengewerbe sind aus dem Netphener Land über 500 Schmelzöfen und mehr als 150 Hüttenplätze bekannt.

Die Besiedlung setzte auf den Höhen und den oberen Hängen ein, weil die Bachtäler versumpft waren.

Die Alte Burg nördlich der Obernau-Talsperre auf einer Kuppe von 634 m ist eine latènezeitliche Fliehburg, die weit sichtbar war. Sie war von zwei Ringwällen umgeben (der äußere mit einer Länge von ca. 1100 und der innere von ca. 680 m). Für die Zeit um Christi Geburt war die Burg ein Kult-, Gerichts- und Verwaltungsbezirk (Geschichte des Netpherlandes 1967, S. 26).

Die Römer hatten das Siegerland nicht okkupiert und zwischen ca. 700 und 750 wurde das Siegerland fränkisch. Die Besiedlung wurde dichter und verbreitete sich auch in die Täler. Vor allem nach 900 wurden Weiler und Höfe an größeren Bächen und in Nebentälern gegründet (Geschichte des Netpherlandes 1967, S. 27).

Die Tradition von Bergbau, Eisenherstellung und -verarbeitung aufgrund des Eisen-, Wald- und Wasservorkommens hatte das Siegerland bis zum Zweiten Weltkrieg geprägt. Für die bergbauliche und gewerbliche Existenz waren die Landwirtschaft und eine kleine Handelsschicht wichtig.

Die heutigen Siedlungen haben ausnahmslos eine Tallage und schließen deswegen nicht an der eisenzeitlichen Besiedlung an. Die Siedlungen mit der Endung „dorf" entstanden um 800, die mit der Endung „hausen" um 900. Die Orte mit „bach" sind außer Dreisbach jünger und datieren aus der spätmittelalterlichen Rodungsphase. Tiefenbach ist erst nach 1450 mit der Gründung eines Eisenhammers entstanden. Die Ersterwähnungen von den Siedlungen im Modellgebiet liegen zwischen 1296 für Ober- und Niedernetphen und 1344 für Frohnhausen.

Die überörtlichen Verbindungen bestanden aus Fern- und Kohlenstraßen. Die Fernstraße Siegen-Paderborn verlief über Dreisbach, Herzhausen und Hilchenbach. Bei der Dreisbacher "Alte Burg" gabelt sich die Straße mit einer Ortsverbindung nach Netphen. Die Berleburgsche Kohlenstraße verband Winterberg und das Wittgensteiner Land mit Siegen und sie kam unterhalb von Sohlbach ins Bachtal und verlief dort über Afholderbach, Eschenbach nach Netphen und weiter über Dreisbach, Weidenau nach Siegen. Die Wittgensteinsche Kohlenstraße verlief von Netphen durch das Tal über Brauersdorf nach Erndtebrück.

Seit 1200 wurde die Wasserkraft für die Eisenverarbeitung eingesetzt. Es entstanden Blas- und Hammerhütten an den größeren Bächen (Geschichte des Netpherlandes 1967, S. 39). Hierdurch verlagerte sich die Eisenverhüttung und -verarbeitung in die Täler. Die sogenannten Waldschmiede gaben ihre Siedlungen auf, weil die Landwirtschaft ihnen keine ausreichende Ernährungsgrundlage bot. Für die Zeit um 1300 werden Wassermühlen in Dreisbach, Herzhausen, Netphen und Obernau erwähnt (Geschichte des Netpherlandes 1967, S. 163). Nach der Aufgabe des Mühlenbanns wurden die Mühlen in preußischer Zeit Staatsbesitz und verkauft. Die neuen Besitzer waren Genossenschaften, die sich Mühlengewerkschaften nannten. Die Mühlen mußten seitdem wirtschaftlich und mit Konkurrenz arbeiten (Geschichte des Netpherlandes 1967, S. 166).

Die Wiesenbewässerung war bereits 1533 bekannt. Eine Anordnung von 1563 enthält präzise Angaben über die Gräbenbreiten (Diche) bei den Wiesen (Bitze) von Oechelhausen und Ruckersfeld (Geschichte des Netpherlandes 1967, S. 131). Da die Haubergweide nach 1650 weiter beschränkt wurde, nahm die sogenannte Wiesenpflege an Bedeutung zu und die Wiesenbewässerungsanlagen wurden von den landesherrlichen Behörden geschaut. Die Wiesenordnung von 1790 bildete die Grundlage für die teilweise heute noch gültige Wiesenordnung von 1846, die die Bildung von Wiesengenossenschaften vorsah. Der Wiesenbau war sehr bedeutend für die Kleinbauern und hatte seit 1800 einen Anteil von ca. 40 % an der landwirtschaftlichen Nutzfläche und ca. 10 % an der Gesamtfläche. Die Wiesen waren von großer Bedeutung für die Heu- und Grummetgewinnung; 1 ha erbrachte ca. 59 Zentner Heu. Ihr Ernteertrag umfaßte fast 65 % des Gesamtertrages.

Der Wald hatte die Entwicklung dieser Siegerländer Kulturlandschaft sehr geprägt. Er bot der Bevölkerung Acker- und Weideflächen, er war Lieferant von Streu (Ginster und Heidekraut), Brenn-, Werk- und Bauholz und insbesondere von Kohlholz für das Eisengewerbe. Zwischen der alten Wald-, Feld- und Graswirtschaft und der straff organisierten Haubergwirtschaft gab es nach der Nutzung keine Unterschiede. Der ursprüngliche Hochwald wurde durch die Allmendnutzung allmählich in einen ungepflegten Niederwald umgewandelt. Durch die wegen der wachsenden Bevölkerung zunehmenden Rodungen und die unkontrollierte Nutzung der Wald(Hauberg)anteile wurde der

Zustand des Waldes zunehmend schlechter. Hauberge wurden urkundlich bereits 1423 erstmals erwähnt. Die Verschlechterung des Waldzustandes führte schließlich zum Mangel an für die Eisenverhüttung benötigter Holzkohle. Aus diesem Grund griff die nassauische Regierung 1533 und 1562 mit einer Holz- und Waldordnung ein, die mit der Einrichtung einer Art der Planwirtschaft zu vergleichen ist. Die Reihenfolge der Acker-, Streu-, Weide- und Waldnutzung wurde straff reglementiert. Die Umtriebszeit betrug 18 bis 22 Jahre. Die Weidenutzung wurde eingeschränkt. Erst im 6. Jahr des Zyklus wurde die Beweidung bis zum Abschlag erlaubt. Die Hauberge wurden in Schläge eingeteilt, so daß jedes Jahr ein Schlag abgeholzt werden konnte. Der Schlag wurde nach Zahl der Haubergenossen und unter Berücksichtigung ihrer Anteile in Losen (Stammjähnen) eingeteilt (KRAUS 1968, S. 48ff.). Alle Arbeiten im Hauberg wurden auf gemeinschaftlicher Grundlage organisiert und durchgeführt. Hierdurch wurde die notwendige Versorgung der Eisenverhüttung mit Holzkohlen gesichert. Für die Kohlenproduktion war die Birke sehr geeignet. Für einen Zentner Eisen waren 3,5 Zentner Holzkohle erforderlich, wofür wiederum 15 bis 17 Zentner Holz benötigt wurden. Nach einigen Reformen wurden die Hauberge vor 1718 genossenschaftlich zusammengelegt. Um 1750 begann eine Blüteperiode für die Haubergwirtschaft. In dieser Zeit nahm der Eichenschälwald für die Lohegewinnung allmählich an Bedeutung zu.

Die Reihenfolge der Acker-Weide-Waldwirtschaft im Hauberg bestand aus (POTT 1990, S. 5):
- Brandfeldbau,
- Roggen- oder Buchweizenanbau (1-2 Jahre),
- Ginsternutzung (ca. 6 Jahre),
- Waldweide (ca. 12 Jahre),
- Stockausschlagbetrieb,
- Eichenschälwaldbetrieb.

Um 1820 erreichten die Hauberge im Netphener Land einen Anteil von ca. 55 % an der Gesamtfläche und 75 % an der gesamten Waldfläche.

Das Kartenbild von *1840* stellt eine vom Wald dominierte Kulturlandschaft dar, in der sich das Grünland (Wiesen) und die Siedlungen mit dem umgebenden Ackerland der Klein- bzw. Zwergbauern in den Tälern an den unteren Talhängen befinden. Hierdurch orientiert sich das Wald-Offenlandverhältnis nach den Tälern mit den Siedlungen, Ackerflächen und Wiesen. Die Hänge und Kuppen sind aufgrund der Haubergwirtschaft mit Wald unterschiedlicher Wachstumsphasen bedeckt. Die Ackerflächen sind mit Ausnahme von Netphen vergleichsweise klein.

Bei den Waldflächen erreichen die Hauberge einen Anteil von über 80 %, nur im Bereich "Alte Burg" gibt es Hochwald des königlichen Forstes Hainchen. Aus der Uraufnahme und den späteren topographischen Karten geht nicht eindeutig hervor, wo die Hauberge sich befinden. Nach der "kulturgeographischen Karte" des Siegerlandes (KAYSER 1958) ist der Besitz der Haubergenossenschaften zu lokalisieren. Das Landschaftsbild wurde durch die unterschiedlichen Bewirtschaftungsphasen (18-22 Jahre Umtriebszeit) mit Roggenanbau, Streu-, Weidenutzung und die verschiedenen Wachstumsphasen des Niederwaldes geprägt.

Auffallend sind die breiten und wichtigen Wiesenflächen an der Sieg, die bei den anderen Bächen entsprechend schmaler sind. Die Täler sind durch Wege (Landstraßen) erschlossen. Eine Ausnahme bildet ein Abschnitt des Dreisbachtales zwischen Dreisbach und Eckmannshausen. Das Wegenetz umfaßt keine Chausseen, sondern nur Landstraßen und Feldwege mit Hohlwegeabschnitten in den höheren Lagen.

Die dominante Dorfform um 1840 ist das Haufen- und das lineare Straßendorf (Brauersdorf, Herzhausen, Unglinghausen). Die Bebauung befindet sich an den Straßen (Straßenkreuzungen und Ausfallwegen).

Im Modellgebiet sind zwei Eisen-, zwei Reckhammer, eine Eisenhütte und ein Wirtshaus (an der Sieg) außerhalb der Weiler und Dörfer verzeichnet. Es finden sich nach multitemporalem Kartenvergleich sechs Wassermühlen. Auf der Uraufnahme sind keine Bergwerke und Gruben eingetragen.

Wassermühlen	Uraufnahme	Neuaufnahme	TK 1952	heutige TK
Afholderbach	1842	1897	1952	1991*
Brauersdorf	1842	1897		
Eckmannshausen		1897		
Herzhausen	1842	1897	1952	1991*
Obernetphen	1842	1897	1952	
Niedernetphen	1842	1897	1952	
Dreisbach	1842			
Dreisbach		1897	1952	

* nicht mehr in Betrieb

Die Veränderungen des *Zeitraumes 1840-1895* sind gering, so daß die Einzelobjekte genau zu erfassen sind. Die wenigen neuen Siedlungen konzentrieren sich um Netphen und Dreis-Tiefenbach. Südlich von Herzhausen wurde außerhalb des Ortes eine Schule errichtet.

Von den Hämmern sind noch zwei in Betrieb (westlich von Tiefenbach und nördlich von Dreisbach). Von den sechs Wassermühlen wurde eine aufgegeben (Dreisbach) und zwei wurden neu errichtet (nördlich von Eckmannshausen und Dreisbach). Auf der Karte sind weiterhin 13 Steinbrüche verzeichnet, die für den örtlichen Hausbau von Bedeutung waren. Westlich von Netphen entstand eine Ziegelei mit zugehörigen Tongruben am Rande der Siegaue.

Nördlich von Beienbach sind zwei Bergwerke eingetragen, von denen die sogenannte Goldgrube in Betrieb ist und das andere Bergwerk bereits als aufgegeben dargestellt wurde. Die Konzession für die Goldgrube (Schellenberg) wurde am 4.6.1883 verliehen.

Die meisten neuen Wege befinden sich in den Wäldern. Der Dreisbacher Talabschnitt wurde mit einer neuen Straße erschlossen und nördlich von Afholderbach wurde eine Straße mit Serpentinen angelegt.

Bei den als nassen Wiesen dargestellten Grünlandflächen in den Fluß- und Bachauen handelt es sich um die genossenschaftlichen Wässerungswiesen.

Rodungen und Kultivierungen kommen aufgrund der straff organisierten Haubergbewirtschaftung kaum vor. Nur wenige Waldflächen sind in Nadelwälder umgewandelt worden. In dieser Periode verlor die Holzkohlenproduktion durch die zunehmende Anwendung von Koks zur Eisenverhüttung in Hochöfen jedoch an Bedeutung.

Für die *Periode 1895-1952* gilt weitgehend dasselbe. Die Neusiedlung (Gewerbe) konzentriert sich im Siegtal. Dort entstanden an der Sieg zwischen Netphen und Weidenau acht insbesondere eisenverarbeitende Fabriken. Dort verlief die 1906 eröffnete Kleinbahnstrecke Weidenau-Netphen-Deuz mit einer Haltestelle in Dreis-Tiefenbach und einem Bahnhof in Netphen. Bei dem alten Hammer von Dreis wurde eine Fabrik errichtet. Das Bergwerk Schellenberg (Goldgrube) blieb mit Unterbrechungen bis 1923 in Betrieb. 1955 wurde das Bergwerk als Wassergewinnungsanlage genutzt (Geschichte des Netpherlandes 1967, S. 352f.).

Die Zusammenlegungen oder Separationen, die für alle Orte außer Obernetphen zwischen 1899 und 1929 durchgeführt wurden, waren als Folge der zersplitternden Auswirkung der Realteilung und Flurzwang notwendig. Auf der topographischen Karte von 1953 sind für die Ackerfluren noch keine neuen Wirtschaftswege eingetragen, diese sind erst in der heutigen topographischen Karte eingetragen. Nur in den zusammengelegten Ackerfluren von Eckmannshausen, Oelgershausen und Oechelhausen sind die neuen Wegenetze kartiert worden. Auf der Luftbildkarte von 1938 sind die Unterschiede zwischen den nichtzusammengelegten und zusammengelegten Fluren nur an der Länge der Parzellen zu erkennen. Hier konnte die Parzellierung von Dreis-Tiefenbach mit denen der anderen zusammengelegten Gemarkungen verglichen werden. Hierbei stellte sich heraus, daß die Größe der neuen Parzellen aufgrund der Eigentumsverhältnisse und wegen des Einsatzes von Zugtieren (Kühe und Ochsen) relativ klein waren. Die zusammengelegten Parzellen waren breiter und gleich lang, aber kürzer als die nicht zusammengelegten Parzellen. Hier müßte der Flurbereinigungsvorgang, der im dortigen Raum als Separation bezeichnet wurde, hinterfragt werden.

Die verschiedenen Stadien wie Waldacker, Waldweide und die Wachstumsphasen des Niederwaldes der Hauberge sind auf dem Luftbild deutlich zu erkennen. Hierdurch wird die topographische Karte ergänzt, weil diese Phasen auf der TK sehr schwierig darzustellen sind.

Der *Zeitraum 1953-heute* wird von einer sehr dynamischen Entwicklung geprägt. Der Schwerpunkt der baulichen Erweiterungen befindet sich bei den Siedlungen in den Tal- und unteren Hanglagen, weil dort die einzigen Erweiterungsmöglichkeiten sind. Alle Siedlungen weisen mehr oder weniger große Neubaugebiete auf. Vor allem sind Netphen und Dreis-Tiefenbach sowie Weidenau so stark expandiert, daß sie fast aneinandergewachsen sind. Im Siegtal ist hierdurch zwischen Netphen und Weidenau eine dicht besiedelte Industriegasse entstanden, in der die eisenverarbeitende Industrie (ca. 53 % der Arbeitsplätze) dominiert. Östlich von Netphen entstand bis Brauersdorf ein geschlossenes Siedlungsband.

Der zweite Schwerpunkt der Veränderungen bezieht sich auf die Waldflächen, die eine enorme Wandlung verzeichnen, die aus Rodungen und Aufforstungen mit Nadelgehölzen besteht. Diese Veränderungen hängen eindeutig mit der allmählichen Aufgabe der traditionellen Haubergwirtschaft nach dem Zweiten Weltkrieg zusammen. Nach der kulturgeographischen Karte von KAYSER (1958) waren fast alle Waldflächen mit Ausnahme des Staatswaldes und weniger Gemeindeflächen im Besitz der Haubergengenossenschaften. Die Haubergengenossenschaften, die zwischen 200 und 1000 ha besaßen, suchten für ihre Flächen neue Ertragsmöglichkeiten und hier bot sich die Aufforstung mit Nadelgehölzen zunächst in den für die Haubergwirtschaft ungünstigen Lagen an. Bereits in den 60er Jahren waren ca. 50 % der Hauberge in Hochwald umgewandelt. Heute werden kaum noch Hauberge traditionell bewirtschaftet. Durch Rodungen wurde neues Kulturland - zum größten Teil Grünland - geschaffen. Wegen der Aufgabe der Haubergwirtschaft sind in den letzten Jahrzehnten bereits viele für die Hauberge typischen Niederwälder in Hochwald überführt worden. Aus der Karte des Biotopkatasters (5014 Hilchenbach, Stand 05/92) wird deutlich, wie weit der Anteil des Niederwaldes bereits zurückgegangen ist.

Im Wald wurde ebenfalls das vorhandene Wegenetz mit zahlreichen neuen Wegen verdichtet.

Die landwirtschaftlich genutzten Flure sind von geradlinigen Wirtschaftswegenetzen im Rahmen einer Zweitbereinigung durchzogen worden (WEIß 1992).

Durch den Bau der Obernautalsperre (86 ha und eine Speicherkapazität von 14,9 Mio. Kubikmeter) 1972 im Osten des Untersuchungsraumes wurde das Dorf Obernau umgesiedelt. Diese Talsperre gehört zum 45 ha großen Freizeitpark Netphen-Bauersdorf mit Sport- und Freizeitanlagen und 10 km Wanderweg. Er zählt jährlich ungefähr 1 Mio. Besucher.

Die heutige Landnutzung wird noch immer mit ca. 70 % vom Wald dominiert. Die Landwirtschaft ist mit 21 % vertreten. Die restlichen Flächen umfassen die bebauten und versiegelten Flächen sowie die Talsperre.

Die alten Gewerbeeinrichtungen wie Wassermühlen, Hammer und Bergwerke sind nicht mehr in Betrieb und zum größten Teil abgegangen.

4.4.4.4 Überlieferte historische Kulturlandschaftselemente und -strukturen

Viele *Punktelemente* sind gewerblicher Art, wie Steinbrüche, Bergwerke, Wassermühlen, Hämmer und Gerbereien. Aufgrund des Kartenvergleichs sind ebenfalls die ehemaligen Standorte zu lokalisieren. Südlich von Herzhausen und nördlich von Afholderbach befinden sich noch Wassermühlen, die allerdings nicht mehr in Betrieb sind. Dies gilt auch für die Hämmer als Relikte des alten Eisengewerbes. Entlang den Bächen finden sich auch Teiche, die für die Wassermühlen und Wässerungswiesen als Staugewässer fungierten. Südlich der Obernautalsperre befinden sich zwei ehemalige Bergwerke. Außerdem befinden sich - meistens in Ortsnähe - ehemalige Steinbrüche.

Außer der latènezeitlichen "Alte Burg" und eines mittelalterlichen Burgstandorts (Wallanlage als Kulturdenkmal geschützt) nördlich von Netphen gibt es keine Burgen. Die älteste, heute evangelische Kirche stand in Obernetphen und war die Kirche der Urpfarrei Obernetphen. Die St. Martinskirche wurde 1530 protestantisch. Nach 1651 wurde sie von beiden Kirchengemeinden genutzt bis 1894 eine neue katholische Kirche gebaut wurde.

Als *Linienelemente* waren die durchgehenden Straßen (B 65, L 728 und Kreisstraße) bereits auf der Karte von 1842 eingetragen. Trotz ihrer alten Trassenführung hat sich ihr Aussehen aufgrund der Anpassungen an den motorisierten Verkehr verändert. Auch im Wald finden sich noch zahlreiche Wege, die auf der Uraufnahme von 1842 bereits eingetragen waren. Die Wegenetze der landwirtschaftlichen Flure bei den Dörfern datieren hauptsächlich aus der Zeit nach 1953. Die Eisenbahn im Siegtal wird nur noch für den Güterverkehr benutzt.

Als wertvolle *Flächenelemente* sind die Niederwälder der ehemaligen Hauberge und die ehemaligen, zerfallenen Wässerungswiesen zu erwähnen. Beide stellen heute nur noch als Relikte die traditionellen Wirtschaftsformen des Siegerlandes dar. Die Fläche der Niederwälder hat aufgrund der Aufgabe der Haubergwirtschaft ständig abgenommen.

Die Dörfer haben als Folge der flächigen Neubaugebiete ihren Anschluß an die Landwirtschaftsflächen, die durch die Errichtung der gridartigen Wegenetze strukturell verändert wurden, verloren.

Auf der Karte der historischen Kulturlandschaftselemente und -strukturen sind zusätzlich die gerodeten Waldflächen und die hauptsächlich nach 1953 entstandenen Nadelwälder aufgenommen worden.

4.4.4.5 Übereinstimmungen und Gegensätze

In diesem Modellgebiet mit geschlossener Besiedlungsform werden die heutigen Erhaltungs- und damit verbundenen Pflegemaßnahmen der nicht besiedelten Flächen vom Arten- und Biotopschutz, Natur- und Landschaftsschutz wahrgenommen. Nach ökologischen Kriterien wurden für das Biotopkataster ebenfalls Kulturlandschaftselemente als schutzwürdige Biotope, Naturschutzgebiete und potentielle Naturschutzgebiete beschrieben und kartiert.

Die Biotope Nr. 24, 25, 32, 35, 51 (mit dem größten Umfang) und 99 beziehen sich auf die Niederwälder der Hauberge. Das Schutzziel ist ihre Erhaltung aufgrund einer LSG-Ausweisung. Sie werden vor allem von nicht bodenständigen Gehölzen (Fichte) und Wildverbiß der jungen Triebe bedroht, die zu einer Zergliederung führen. Die wichtigste Erhaltungsmaßnahme ist die Beibehaltung der Niederwaldwirtschaft. Biotop Nr. 35 wird außerdem als kulturhistorisch wertvoll bezeichnet.

Der Hochwald konzentriert sich in dem vorgesehenen Naturschutzgebiet "Alte Burg" (Nr. 124). Es handelt sich um einen Buchen- und Buchenmischwald. Die kulturhistorisch bedeutende Wallanlage wird erwähnt. Das Ziel ist Schutz und Erhalt von naturnahen und alten Laubwaldbeständen in einem auszuweisenden Naturschutzgebiet. Die zwei übrigen kleinen Hochwaldflächen (63 und 69) bestehen aus erhaltungswürdigen Eichen- und Eichenmischwaldbeständen, die nicht gefährdet sind.

Heute werden nur Abschnitte der Fluß- und Bachauen als ökologisch wertvoll betrachtet. Sie stehen teilweise unter Landschaftsschutz und sie werden durch Aufforstung bedroht. Ihre Schutzziele beziehen sich auf Offenhaltung und extensive Weidenutzung mit 3-4 jährlichem Mahdzyklus der Brachflächen. In der Siegaue westlich von Netphen befinden sich noch Reste der Wässerungsgräben und hier wird sogar Wiesenvernässung nach dem alten Rieselsystem vorgeschlagen.

In diesem Modellgebiet gibt es keine direkten Konflikte zwischen den Belangen des Naturschutzes und denen der Kulturlandschaftspflege. Dies wird durch obenstehende Ausführungen nach dem Biotopkataster bestätigt. Die traditionelle Einheit von Ackerflur, Auenwiesenflächen und ehe-

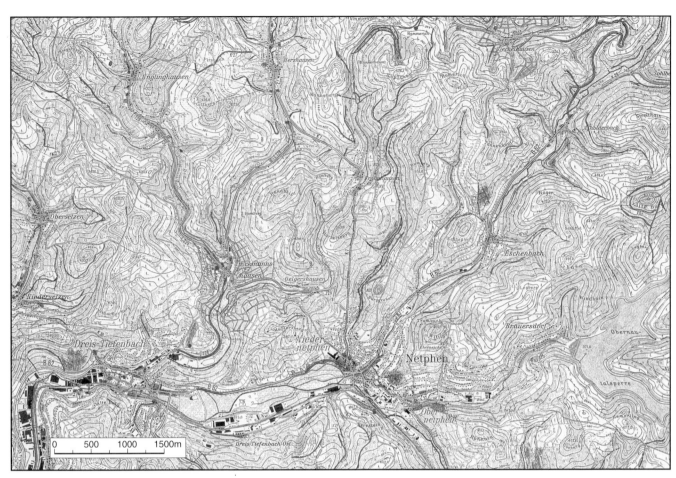

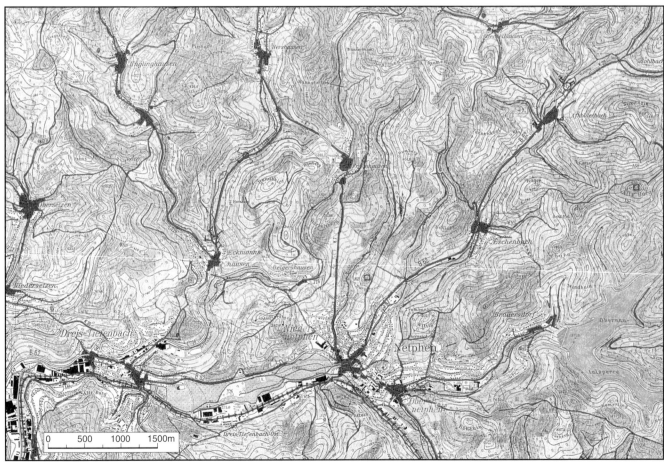

Abb. 38 a und b: Sauer- und Siegerland: Netphen und Umgebung

a: Kulturlandschaftswandel, b: Historische (persistente) Kulturlandschaftselemente

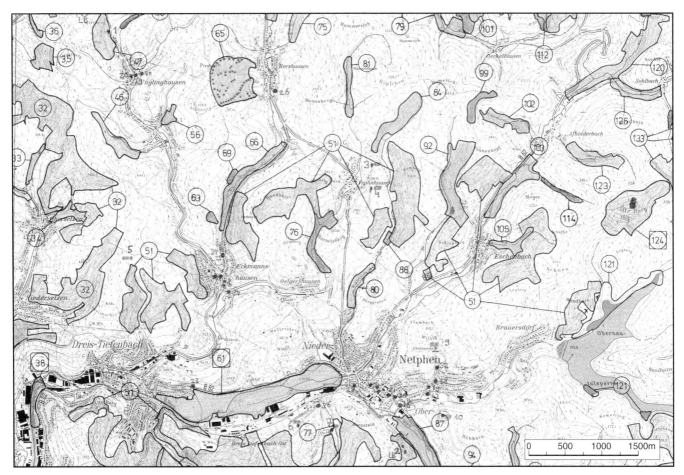

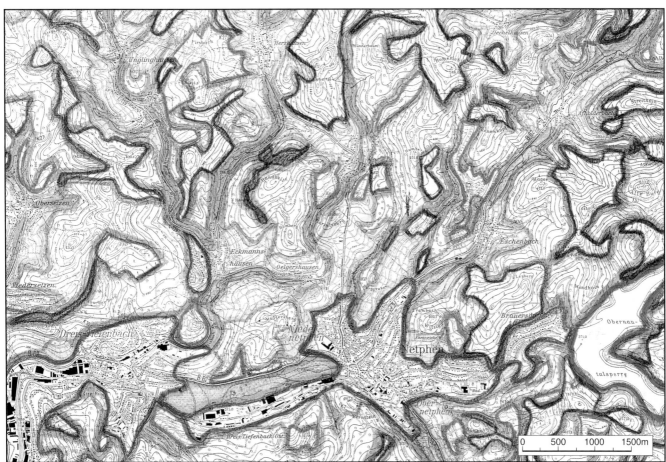

Abb. 38 c und d: Sauer- und Siegerland: Netphen und Umgebung

c: Biotopkataster, d: Kulturlandschaftsbestandteile und -bereiche

195

maligen Haubergen könnte nur durch die Zusammenarbeit von Naturschutz und Kulturlandschaftspflege erhalten werden. Sonst würden vor allem weitere erkennbare, restliche Niederwaldflächen in Hochwald überführt bzw. in Nadelwälder umgewandelt werden. Hierdurch hat sich bereits in den letzten 40 Jahren das traditionelle siegerländische Landschaftsbild erheblich verändert.

Um die Hauberge erhalten zu können, müßten mindestens alle 20 bis 25 Jahre die verbliebenen Niederwälder abgeholzt werden. Ohne diese Bewirtschaftungsform wird diese typische aus der Not geborene, auf Gemeinschaftssinn orientierte Bewirtschaftungsform endgültig verloren gehen. Die gerodeten Flächen könnten im Rahmen der Brache und Flächenstillegung eventuell wiederum in Laubwald (Birken und Eichen als traditionelle Baumarten für Hauberge) überführt werden.

4.4.4.6 Kulturlandschaftsbestandteile und -bereiche sowie ihre Schutzwürdigkeit (Abb. 38 d)
(Grundlage: TK 25: 5014 Hilchenbach, Altkarten, Kulturlandschaftswandelkarte, Karte der historischen Landschaftselemente und persistenten Landnutzungsformen sowie das Biotopkataster)

Die Gliederung basiert vor allem auf der Landnutzung, den Waldarten, den Rodungen, der Besiedlung und der Talsperre. Aufgrund der Landnutzung sind die Laubwälder als Relikte der Hauberge, Ackerfluren der Dörfer und das Grünland der Bachtäler als überlieferte Reste der Wässerungswiesen als Kulturlandschaftsbereiche bzw.-bestandteile ausgewiesen worden. Die jüngste Waldentwicklung und die damit zusammenhängenden Veränderungen werden durch die Nadelwaldbestände und die Rodungen dargestellt. Schließlich werden die tiefgreifenden Landschaftsveränderungen mit der starken Siedlungszunahme, Industrialisierung (Industriegasse) und die Obernautalsperre dargestellt.

Aus dieser Karte wird deutlich, welche Dynamik und Auswirkungen besonders die Entwicklung nach 1952 auf die bis dahin weitgehend persistente Kulturlandschaft hatte und wie der tradierte Kulturlandschaftsbestandteil Hauberg durch Aufforstungen mit Nadelgehölzen, Rodungen und Überführung in Hochwald zerstückelt wird. Dieser Prozeß wird sich ohne kulturlandschaftspflegerische Maßnahmen fortsetzen, da ausschließlich die Überführung in Hochwald im Vordergrund steht. Da die Hauberge noch immer im Eigentum der Haubergenossenschaften sind, wird eine ertragsbringende Waldwirtschaft betrieben, für die Nadelwald und Hochwald am besten geeignet sind und die Niederwälder weiter zurückgedrängt werden.

Die *Ackerfluren* sind im Rahmen von Erst- und Zweitzusammenlegungen (Separationen) mit neuen, geradlinigen Wirtschaftswegen erschlossen worden. Trotzdem prägen diese Ackerfluren noch immer das Landschaftsbild, obwohl der alte Übergang von Dorf auf Flur durch die Siedlungserweiterung (Neubaugebiete) beeinträchtigt wurde.

Das Grünland in den Fluß- und Bachauen mit den Relikten der Wässerungswiesen erfüllte eine wichtige Funktion für die siegerländische Landwirtschaft und ist als wichtiges Kulturlandschaftselement zu betrachten. Daher ist es sehr wichtig, diese Wiesenflächen und vor allem die im Biotopkataster ausgewiesenen Auenflächen mit einer jährlichen Mahd und extensiver Beweidung offen zu halten.

Im Biotopkataster sind die am besten erhaltenen *Haubergwälder* als wertvolle Biotope ausgewiesen. Hier soll wenigstens die Niederwaldwirtschaft mit einer Umtriebszeit von 20 bis 25 Jahren beibehalten werden. Es wäre für das tradierte Landschaftsbild wichtig, wenn die unterschiedlichen Wachstumsphasen erkennbar bleiben könnten. Eine Verarbeitung des Niederwaldholzes zu Holzkohlen (Grillkohlen) an einigen Meilerplätzen gibt es noch und sollte unbedingt beibehalten werden. Beispielhaft sei hier auf den Schutzwaldvertrag über den "Historischen Hauberg" zwischen der Landesforstverwaltung und der Waldgenossenschaft Fellinghausen (Kreuztal) von 1991 über die Wiederbelebung der Haubergwirtschaft hinzuweisen (Bilder aus dem Hauberg

1995).

Im Bereich der "Alten Burg" befindet sich ein tradierter Hochwald, der nach dem Biotopkataster als Naturschutzgebiet vorgeschlagen wird.

Die Nadelwaldflächen auf ehemaligen Haubergen sind die wichtigste ertragsbringende Nachfolgenutzung für die Haubergenossenschaften. Hierdurch sind im Gegensatz zu anderen Mittelgebirgsräumen aufgrund der straff organisierten Haubergbewirtschaftung erst nach 1952 größere Nadelwaldflächen entstanden. Diese Flächen dokumentieren die Suche nach neuen Ertragsmöglichkeiten für die ehemaligen Haubergflächen.

Ebenfalls sind Teile der Haubergsflächen als Grün- und Ackerland gerodet worden. Westlich von Herzhausen ist hier im Rahmen der Waldrodung ein strukturreicher Acker-Grünlandkomplex (Biotop Nr. 65) mit parklandschaftsähnlichem Charakter entstanden. Die Rodungsflächen belegen die Verstärkung der Landwirtschaft nach Aufgabe der Haubergwirtschaft.

Die dicht besiedelte Industriegasse entlang der Sieg (von Weidenau bis Brauersdorf) orientiert sich an den alten eisenverarbeitenden Gewerbestandorten mit Hämmern und Wassermühlen. Die Eisengewinnung und -verhüttung wurden hier schon vor dem Zweiten Weltkrieg aufgegeben. Durch die dynamische Entwicklung finden sich nur noch vereinzelt Zeugen der alten Bausubstanz in Form von Kirchen, Pfarrhäusern, Höfen (Fachwerk) und Wohngebäuden, die vor allem von der Denkmalpflege betreut werden. Die alten Ortskerne mit ihren Straßengefügen bilden mit der erhaltenen Bausubstanz die überlieferten Dorfstrukturen.

Der Wasserreichtum des Siegerlandes war die wichtigste Voraussetzung für die Anlage der *Obernau-Talsperre* 1972. Der Bau bedeutete einen tiefen Eingriff in die Landschaft und hat das Landschaftsbild erheblich verändert und deswegen wird die Talsperre und die Randfläche als gesonderter Kulturlandschaftsbestandteil dargestellt.

Bäuerlich geprägte Kulturlandschaftsbereiche (gelb)
Prägende Merkmale (Landschaftsbild):
- Geschlossenes Siedlungsgefüge mit Haufen- und mehrachsigen Straßendörfern an Straßenkreuzungen (keine Kirchdörfer) in den Tälern,
- die traditionellen Übergänge zwischen Dorf und Flur sind durch Neubaugebiete erheblich gestört,
- Bebauung: verschiedene Hausformen (Fachwerk auf Steinsockeln, hausnahe Vegetation), Bruch- und Natursteinhäuser, Schieferbedachungen und Schieferschutz der Mauern),
- Ackerlandnutzung an den unteren Talhängen und zusammengelegte Fluren mit geradlinigen Wegegefügen,
- Kammerung der Fluren mit Obstwiesen, Baumgruppen.

Von Tälern und Bachauen geprägte Kulturlandschaftsbereiche (wiesengrün)
Prägende Merkmale (Landschaftsbild):
- Hauptsächlich Grünland und Reste des Auenwaldes (Biotopkataster),
- Reste der Wiesenbewässerung an der Sieg (Siegwiesen),
- Talstraßen, die auf Fern- und überregionale Kohlenstraßen zurückgehen,
- waldbestockte Hänge (Hauberge),
- alte Mühlen- und Hämmerstandorte (an der Sieg, Breitenbach, Dreisbach, Netphen, Obernau und Unglinghausener Bach),
- alte Furten.

Von Laubwald (Hauberge) und Nadelwald geprägte Kulturlandschaftsbereiche (dunkelgrün = Nadelwald, hellgrün = Laubwald)
Prägende Merkmale (Landschaftsbild):
- Größere und kleinere Hochwald- (hauptsächlich Fichte) und Niederwaldbereiche in ehemaligen Haubergflächen wechseln sich ab und stellen die dynamische Entwicklung nach Aufgabe der

Haubergwirtschaft dar,
- Laubhochwald befindet sich um die keltische "Alte Burg" nördlich der Obernautalsperre,
- in den Wäldern befinden sich noch zahlreiche Relikte des vorgeschichtlichen Eisengewerbes (Rennfeueröfen), des Eisenbergbaus, der Holzkohlengewinnung (Meilerplätze),
- ehemalige Haubergflächen mit Niederwald,
- Waldstraßen (Kohlenstraßen) und Hohlwege.

Jüngere von Rodungen und Kultivierungen geprägte Kuturlandschaftsbestandteile mit kleinen Restwäldchen (orange)
Prägende Merkmale (Landschaftsbild):
- Vorwiegend Grünland,
- am Rande der landwirtschaftlich genutzten Gemarkungsflächen,
- mit Baum- und Heckreihen parklandschaftsähnlich gestaltet.

Von Entwicklungsdynamik geprägte und stark überformte Kulturlandschaftsbereiche bzw. -bestandteile (grau)
Prägende Merkmale (Landschaftsbild):
- Einzelne Relikte der Industrialisierungsphase 1870-1952,
- nach 1950 entstandene Neubau- und vor allem Gewerbegebiete (Industriegasse) an der Sieg, B 62 und der Eisenbahnlinie zwischen Netphen und Weidenau,
- östlich von Netphen ist ein angeschlossenes Siedlungsgebiet bis Brauersdorf entstanden (Umsiedlung Obernau für die Talsperre 1971),
- keine zusammenhängenden historischen Strukturen mit historischen Elementen aus den verschiedenen Phasen der Industrialisierung.

Von Talsperren geprägte Kulturlandschaft (blau)
Prägende Merkmale (Landschaftsbild):
- Obernautalsperre (1972) mit den zugehörigen Hanglagen und Infrastruktur sowie Erholungseinrichtungen.

Die enge Verbundenheit von Wald- und Landwirtschaft, Bergbau und Eisenverhüttung und -gewerbe und vor allem die Einführung der straff organisierten traditionellen Haubergwirtschaft hatten bis ca. 1950 eine stabilisierende Wirkung auf die Kulturlandschaftsentwicklung in diesem Modellgebiet. Besonders die nicht sichtbare Verwaltungsform der Hauberge hatte einen beharrenden Einfluß. Erst nachdem die Bedingungen für die funktionierende Haubergwirtschaft sich erheblich verschlechterten (Koks anstatt Holzkohle für die Eisenverhüttung) wurde sie allmählich aufgegeben. Hiermit wurde der Weg frei für eine dynamische Entwicklung, die sich nicht auf die besiedelten Bereiche beschränkte.

Um das Erbe dieser Verbundenheit der verschiedenen Landnutzungs- und Gewerbeformen sowie des damit zusammenhängenden Verwaltungssystems der Hauberggenossenschaften erhalten zu können, muß auf alte Bewirtschaftungsformen zurückgegriffen werden. Wenn die Niederwaldwirtschaft nicht mehr praktiziert wird, werden die restlichen Hauberge in absehbarer Zeit restlos verschwinden. Hier gibt es zwischen Kulturlandschaftspflege und Naturschutz überhaupt keine Konflikte. Allerdings müßte insbesondere der kulturhistorische Aspekt dieser Kulturlandschaft gleichberechtigt in die Erhaltungs- und Schutzbegründungen einfließen.

Die überlieferten Niederwaldbestände der Hauberge sollten zusammen mit Teilen der Ackerflur und Auenwiesen als zusammenhängende Naturschutzgebiete ausgewiesen werden. Ein Aufleben der arbeitsintensiven Haubergwirtschaft wird - abgesehen von dem Beispiel aus Fellinghausen (Bilder aus dem Hauberg 1995) - sehr schwierig und kostspielig sein. Die einzige Möglichkeit wäre die Holzproduktion mit der Niederwaldbewirtschaftung.

23   Feucht- und Magerwiesen an der Setze (9,4 ha, LB Vorschlag, Biotoptypen nach § 20c BNatSchG), Fettwiese 10 %, Naß- und Feuchtwiesen 51 %, Naß- und Feuchtweide 10 %, Magerwiese 20 %, *Teich* 2%

24   *Niederwaldreste* westlich von Obersetzen (22,7 ha, LSG Vorschlag), Birken-Eichenwald 90 % (*Niederwald*), Schlagflur 10 %

25   *Niederwälder* südlich Niedersetzen (24,6 ha, LSG Vorschlag), Birken-Eichenwald 100 % (*Niederwald*)

32   *Niederwaldkomplex* östlich Obersetzen-Niedersetzen (148,8 ha, LSG Vorschlag), Birken-Eichenwald 65 % (Niederwald), Eichenwald 15 %, Fichtenwald 12 %, Schlagflur 5 %, Oberlauf 1%

33   Feuchtwiesen nördlich von Obersetzen am Kuhställer Siefen (5,6 ha, LB Vorschlag, Biotoptypen nach § 20c BNatSchG), Naß- und Feuchtwiese 40 %, Glatthaferwiese 39 %, Magerweide 8 %, Fichtenwald 5 %, Bach 3 %, *Teich* 2 %

34   Feuchtwiesen-Grünlandkomplex östlich von Obersetzen am Folschert (5,5 ha, LB Vorschlag, Biotoptypen nach § 20c BNatSchG), Naß- und Feuchtwiese 10 %, Magerweide- und -wiese 42 %, Fettweide 27 %, *Nutzgarten* 5 %, Bach 3 %

35   *Niederwald* am Siegerberg (7,5 ha, LSG Vorschlag), Eichen-Birkenwald 100 % (*Niederwald*)

36   Südöstliches Seitental des Ferndorfbaches südlich Ferndorf (1,2 ha, LB Vorschlag, Biotoptypen nach § 20c BNatSchG), Glatthaferwiese 73 %, braches Naß- Feuchtgrünland, Ufergehölz 20 %

37   Südliches Seitental des Ferndorfbaches südlich Kredenbach (1,4 ha, LB Vorschlag, Biotoptypen nach § 20c BNatSchG), Glatthaferwiese 68 %, Ufergehölz 25 %, braches Naß- und Feuchtgrünland 3 %, Bach 1 %, Staugewässer 1 %

38   Auenwald im Siegtal östlich Weidenau (4 ha, NSG Vorschlag), Eichen-Eichmischwald 15 %, Erlen-Erlenmischwald 15 %, Eschen-Eschenmischwald 40 %, Weiden-Weidenmischwald 5 %, Pappel-Pappelmischwald 15 %, Fluß 4 %, stehendes Kleingewässer 1 %

46   Westliches Nebental des Unglinghauser Baches (2,2 ha, LSG), Fettweide und -wiese 70 %, Grünlandbrache 5 % Naß- und Feuchtgrünland 5 %, Acker 5 %, *Teich* 5 %, *Hecke* 5 %, Bach 2 %, Ufergehölz 3 %

47   Osthang des Kirrberges nördlich von Unglinghausen (6,3 ha, LSG), Fettweide und -wiese 90 %, Baumgruppe und -reihe 5 %, Acker 5 %

50   *Teiche* nördlich von Unglinghausen (1,8 ha, LSG, LB Vorschlag), Teich 80 %, Fettweide 20 % (*Feuerlöschteich, Fischteich*)

51   *Niederwälder* um Netphen (500 ha, LSG), Eichen-Eichenmischwald 80 %, Buchen-Buchenmischwald 20 % (*Niederwald*)

56   Weide bei Unglinghausen (3 ha, LSG), Fettweide 87 %, Baumgruppe und -reihe 5 %, Heide 3 %

61   Siegtal zwischen Dreis-Tiefenbach und Netphen (73 ha, NSG Vorschlag, Biotoptypen nach § 20c BNatSchG), Naß- und Feuchtwiese 85 %, Fettweide 3 %, Erlenwald 5 %, Fluß mit Kiesbänken 2 %, *Graben* 1 % (*Relikte des Rieselwiesensystems*)

63   Waldstück bei Eckmannshausen (1,6 ha, LSG), Eichen-Eichenmischwald 100 %

65   Pirsbach-Mulde bei Herzhausen (32,5 ha, LSG), Wirtschaftsgrünland und Brachen 85 %, *Allee* 5 %, Baumgruppe und -reihe 5 %, Acker 5 % (Parklandschaft)

66   Dreisbachtal zwischen Herzhausen und Eckmannshausen (17 ha, LSG, Biotoptypen nach § 20c BNatSchG), Fettwiesen und -weiden 56 %, Naß- und Feuchtgrünland 25 %, Grünlandbrache 10 %, *Hecke* 5 %, Ufergehölz 1 %, Bach 2 %

69   Waldstück im Dreisbachtal (1,5 ha, LSG), Eichen-Eichenmischwald 100 %

73   Dreisbachtal zwischen Gemeindegrenze und Herzhausen (33 ha, LSG, Biotoptypen nach § 20c BNatSchG), Naß- und Feuchtgrünland 45 %, Fettweide 40 %, Baumgruppe und -reihe 10 %, Hecke 2 %, Ufergehölz 2 %, Bach 1 % (*Parklandschaft*)

75   Dirlenbachtal (20 ha, LSG, Biotoptypen nach § 20c BNatSchG), Fettwiese und -weide 50 %, Naß- und Feuchtgrünland 25 %, Feldgehölz 10 %, Baumgruppe und -reihe 5 %, Acker 5 %, *Hecke* 2 %, Bach 2 %, *Gebäude, Mauerwerk, Ruine* 1%

76   Breitenbachtal (12,5 ha, LSG, Biotoptypen nach § 20c BNatSchG), Fettwiese und weide 80 %, Naß- und Feuchtgrünland 8 %, Feldgehölz 5 %, *Hecke* 5 %, Bach 2 % (*Strukturierung Gehölze und Hauberg ergeben einzigartiges Landschaftsbild*)

77   Mittlerer Abschnitt des Schmöllenbachtals (3,2 ha, LSG), Eichen-Eichenmischwald 75 % (*Niederwald*), Grün-

landbrache 25 %

79 Dreisbachtal (25,3 ha, LSG), Fettweide und -wiese 85 %, Allee (Linden) 5 %, *Hecke* 5 % Feldgehölz 5 % (*Das Talmuldendorf Rückersfeld hat mit seinem Baumbestand, Obstweiden ein noch intaktes Dorfbild*)

80 Mühlenbachtal nördlich von Netphen (6,5 ha, LSG, Biotoptypen nach § 20c BNatSchG), Fettweide 65 %, Grünlandbrache 13 %, Feldgehölz 15 %, Ufergehölz 5 %, Bach 2 %

81 Oberes Breitenbachtal (5 ha, LSG), Fettweide 95 %, Ufergehölz 3 %, *Hecke* 1 %, Bach 1 %

84 Talanfang des Mühlenbachtals (18,6 ha, LSG), Fettweide 95 %, Eichen-Eichenmischwald 4 %, *Hecke* 1 %

86 Wäldchen im Mühlenbachtal (1,1 ha, LSG, Biotoptypen nach § 20c BNatSchG), Erlen-Erlenmischwald 99 %, Bach 1 %

87 Siegtal oberhalb Netphen (19 ha, LSG), Fettwiese 90 %, Ufergehölz 5 %, *Hecke* 3 %, Fluß 2 %

88 *Niederwald* östlich von Rückersfeld (18 ha, LSG), Eichen-Eichenmischwald (*Niederwald*)

92 Oberes Leimbachtal (29 ha, LSG, Biotoptypen nach § 20c BNatSchG), Fettwiese 75 %, Grünlandbrache 10 %, Eichen-Eichenmischwald 6 %, Ufergehölz 3 %, *Teich* 2 %, Baumgruppe und -reihe 1 %, Gebüsch 1 % (*Landschaftsbild*)

94 Unterlauf des Beienbachtals (6,9 ha, LSG, Biotoptypen nach § 20c BNatSchG), Fettwiese 95 %, Ufergehölz 3 %, Quelle und Bach 2 %

99 *Niederwald* östlich des Homerich (3 ha, LSG), Eichen-Eichenmischwald 100 % (*Niederwald*)

101 Seitental westlich des Scheelberges (19 ha, LSG), Fettweide und -wiese 70 % (Einzelbäume), Magergrünland 10 %, Feldgehölz 5 %, Ufergehölz 5 %, Gebüsch 5 %, Bach 4 %, *Hohlweg* 1 %

102 Alterbachtal westlich von Afholderbach (11 ha, LSG), Buchen-Buchenmischwald 40 %, Naß- und Feuchtgrünland 25 %, Fettweide 20 %, Grünlandbrache 5 %, Ufergehölz 5 %, Baumgruppe und -reihe 3 %, Bach 2 %

103 Netphetal zwischen Afholderbach und Eschenbach (14,5 ha, LSG), Fettwiese und -weide 80 %, Naß- und Feuchtgrünland 14 %, Ufergehölz 3 %, *Hecke* 1 %, Bach 1 % (*kulturhistorisch wertvoll*)

104 Eichenwälder westlich des Scheelberges (2 ha, LSG), Eichen-Eichenmischwald 98 %, Bach 2 % (altes Laubholz)

105 Östliches Nebental der Netphe bei Eschenbach (6 ha, LSG), Fettwiese und -weide 85 %, Acker 5 %, Feldgehölz 5 %, Baumgruppe und -reihe 3 %, Bach 2 % (*typisches Siegerländer Landschaftsbild*)

108 Nördlicher Zufluß zum Beienbach (8,5 ha, LSG, Biotoptypen nach § 20c BNatSchG), Fettweide 90 %, Ufergehölz 5 %, Feldgehölz 3 %, Bach 2 %

109 *Niederwald* südlich des Scheelberges (7,5 ha, LSG), Eichen-Eichenmischwald 100 % (Niederwald)

112 Tal östlich Scheelberg (5,3 ha, LSG), Fettwiese und -weide 75 %, Naß- und Feuchtgrünland 5 %, Feldgehölz 10 %, Bach 10 % (*Niederwald*)

114 Zeppenbachtal südlich von Afholderbach (2,9 ha, LSG), Ahornwald 99 %, Bach 1 %

116 *Niederwald* östlich des Scheelberges (10 ha, LSG), Eichen-Eichenmischwald 100 % (*Niederwald mit allen Bewirtschaftungsstadien einer typischen Niederwaldbewirtschaftung*)

120 Netphetal nordwestlich von Afholderbach (41,6 ha, LSG), Fettwiese und -weide 75 %, Grünlandbrache 10 %, Feldgehölz 10 %, Ufergehölz 2 %, Bach 2 %, Baumgruppe und -reihe 1 % (*Landschaftsbild*)

121 Buchten und Uferbereiche der Obernautalsperre (29,5 ha, LSG), Ufergehölz 50 %, *Staugewässer* mit Sand- und Kiesbänken 50 %

123 Afferbachtal östlich von Afholderbach (10,1 ha, LSG, Biotoptypen nach § 20c BNatSchG), Fettwiese und -weide 65 %, Grünlandbrache 5 %, Erlen-Erlenmischwald 23 %, *Hecke* 5 %, Bach 2 % (*landschaftsbelebend*)

124 *Alte Burg* (41,5 ha, LSG, NSG Vorschlag), Buchen-Buchenmischwald (Hochwald) 99 % (Fels- und Mauerbewuchs), *Gebäude, Mauerwerk, Ruine* 1% (*besitzt mit alter Wallanlage kulturhistorische Bedeutung*)

126 Hohe Netphetal westlich von Sohlbach (14,2 ha, LSG, Biotoptypen nach § 20c BNatSchG), Fettwiese und -weide 70 %, Naß- und Feuchtgrünland 20 %, Grünlandbrache 5 %, *Hecke* 3 %, Bach 1 %, Baumgruppe und -reihe 1 % (*Tal bedeutungsvoll für Sohlbach*)

131 Afholderbacher *Weiher* (3 ha, LSG), Weiher 90 %, Gebüsch 10 % (*gestauter Weiher*)

133 Laubwald am Brentel (68 ha, LSG), Buchen-Buchenmischwald (Hochwald) 100 %

134 Sohlbachtal (1,1 ha, LSG, Biotoptypen nach § 20c BNatSchG), Eschen-Eschenmischwald, Bach 1 %

902 NSG Auenwald (14,2 ha, NSG, Biotoptypen nach § 20c BNatSchG), Fettweide 40 %, Eichen-Auenwald 20 %, bachbegleitender Erlenwald 20 %, Weiden-Auenwald 8 %, Gebüsch 5 %, Eichenwald 5 %, Fluß 2 % (*Reste Wiesenbewässerung*)

Biotope und Nauturschutzgebiete 1371,1 ha

4.4.5 Bergisches Land: Hückeswagen und Umgebung

4.4.5.1 Einleitung

Das Modellgebiet gehört zur Großlandschaft Bergisches Land und umfaßt das heutige Stadtgebiet von Hückeswagen. Kulturgeographisch gehört Hückeswagen zum Mittelbergischen, verwaltungsmäßig seit 1975 zum Oberbergischen Kreis. Im Mittelalter war die Stadt Mittelpunkt einer gleichnamigen Grafschaft bzw. seit 1350 des Amtes Hückeswagen, das von der Wupper bis an die kleine Dhünn reichte. Die Grenzen blieben bis ins 20. Jahrhundert weitgehend konstant. Bei der kommunalen Neugliederung 1975 mußte Hückeswagen aber ca. 1000 ha seiner Stadtfläche an Remscheid abtreten[9].

4.4.5.2 Die naturräumlichen Rahmenbedingungen

Das Modellgebiet liegt auf der leicht gewellten bergischen Hochfläche, die zum Rheinischen Schiefergebirge (Südergebirge) gehört, dessen Grundgestein aus Schiefer, Grauwacke, Quarziten, Sandstein und Kalkstein besteht. Hierdurch sind die lehmigen Böden durch Staunässe schwer und feucht. Im südlichen Teil des Modellgebietes wird das Relief bewegter mit ausgeprägten Bachtälern. Die zahlreichen Fließgewässer entspringen meist in flächigen Mulden und haben in ihrem Oberlauf breite und in ihrem Mittellauf tiefer eingeschnittene Täler. Der größte Fluß ist die Wupper.

Da das Bergische Land eine gestufte, nach Osten hin steigende Landschaft darstellt, gibt es hohe Jahresniederschläge je nach Lage von 1000 bis 1300 mm. Die durchschnittliche Jahrestemperatur liegt bei 7,5 ° C. Die Vegetationsperiode ist wegen des Auftretens von Nachtfrösten relativ kurz. Durch das naßkalte Klima, die Morphologie und die schweren Böden waren die Bedingungen für die Landwirtschaft nicht besonders gut. Die potentielle natürliche Waldlandschaft ist die Hainsimsen-Buchenwald-Landschaft.

Das Bergische Land ist reich an Erzlagerstätten mit Blei-, Zink- und Brauneisenvorkommen.

4.4.5.3 Skizzierung der Kulturlandschaftsentwicklung

Erläutert werden daher die raumprägenden historischen Strukturen, wobei ihre Genese und ihre Bedeutung, die sie für die Ausprägung der kulturlandschaftlichen Eigenart, Vielfalt und Schönheit des Untersuchungsgebietes haben, analysiert werden. Dabei wurden vor allem die landschaftsprägenden Strukturen (Siedlungsbild inkl. Gewerbe, land- und forstwirtschaftlich genutzte Flächen sowie Verkehrsnetz und die Gewässer) berücksichtigt, die sich anhand der Kulturlandschaft untersuchen lassen.

Neben den historischen Strukturen veranschaulicht eine Vielzahl unterschiedlicher Einzelelemente oder Bestandteile die historische Dimension der Kulturlandschaft.

Die Kulturlandschaftswandelkarte zeigt, daß sich *die Siedlungsstruktur* und das Siedlungsbild seit der ersten Hälfte des 19. Jahrhunderts mit wenigen Ausnahmen (Umgebung der Stadt Hückeswagen und neue Siedlungsschwerpunkte an den Hauptverkehrsstraßen) relativ wenig verändert hat. Die Veränderung der Siedlungsfläche in den Zeitschnitten ist zum einen mit der unterschiedlichen Darstellung in den verschiedenen Kartenquellen zu erklären. Zum anderen hat gerade bei den im Süden gelegenen Weilern (Bockhacken, Schückhausen und Wickesberg) eine flächenmäßige Ausdehnung stattgefunden. Den größten Zuwachs an bebauter Fläche weist Wiehagen auf, wo sich ausgehend von dem alten Siedlungsplatz beiderseits der 1771-76 gebauten Kunststraße eine zusammenhängende Bebauung entwickelte, die unmittelbar an die des alten Ortskernes von Hückeswagen anschließt. Kontinuierlich erweitert wurden auch die Siedlungsplätze, die nach 1840 entlang der

---

[9] Diese Ausführungen basieren auf einem historisch-geographischen Gutachten von CHR. WEISER, das in der Rheinischen Heimatpflege veröffentlicht wurde (1994, S. 241-256).

heutigen L 101 entstanden sind. Die beschriebene Siedlungsentwicklung ist charakteristisch für das gesamte Untersuchungsgebiet.

Das Siedlungsbild in Hückeswagen, das durch die Streulage der einzelnen Siedlungen gekennzeichnet ist, hat sich weitgehend bis zur ersten Hälfte des 19. Jahrhunderts ausgeprägt. Unter Berücksichtigung der historischen Entwicklung vor 1845 können vier Siedlungsgruppen unterschieden werden, die in unterschiedlicher Weise das Kulturlandschaftsbild prägen.

Die Stadt *Hückeswagen* an der Wupper verdankt ihr Entstehen einem fränkischen Salhof, der vermutlich an der Stelle der alten Burg und des heutigen Schlosses lag. 1189 wurde Hückeswagen als "Castrum" bezeugt. Die Siedlung entwickelte sich im Schutze der Burg als Sitz der Herrschaft Hückeswagen, die 1260 durch Verkauf an die Grafschaft Berg überging. Sie wurde 1260 als Freiheit (Minderstadt) mit Selbstverwaltung und Marktrecht bezeichnet. Mittelalterliche Eisengewinnung und -verarbeitung wurden nachgewiesen. Während des 30jährigen Krieges wurde die Stadt von durchziehenden Truppen teilweise zerstört und sie verarmte. 1726 waren 26 Eisenhammer und 30 Reckhammer in Betrieb, die in der französischen Periode zum Erliegen kamen. Nach 1750 gewann das Textilgewerbe an Bedeutung (23 Manufakturen um 1800), 1753 und 1760 erlebte die Stadt mehrere Brände. Nach 1760 wurde die Stadt ständig erweitert (WEISER 1994, S. 3f.).

Erst im 20. Jahrhundert gewann die Eisenindustrie neben der Textilindustrie an Bedeutung. Die Stadt wurde an das Eisenbahnnetz angeschlossen (1876) und in diesem Zusammenhang ist die Stadterweiterung der Periode 1844-1895 an beiden Seiten der Wupper zu sehen. In dieser Periode entstanden nach 1870 Frabrikantenhäuser mit Parks. In der Periode 1895-1950 entstanden neben gewerblich geprägten Erweiterungen vor allem an der Wupper flächige Neubaugebiete. 1853 erhielt die Stadt Stadtrechte. Nach 1950 entwickelte sich eine dicht besiedelte Achse entlang der Wupper (gewerblich/industriell), in die Wiehagen mit einbezogen ist.

Die überwiegende Zahl der Siedlungsplätze - vor allem Einzelhöfe und Kleinstweiler - hat meistens eine Hanglage in Quellnähe und sie liegen vorwiegend abseits der Hauptverkehrswege. Diese Siedlungen zeigen damit die Standortfaktoren, die für den mittelalterlichen Siedlungsvorgang im Bergischen Land charakteristisch sind. Obwohl die Mehrzahl dieser Siedlungen aufgrund der Quellen (BLANKERTZ 1932, S. 10f.) gesichert erst in das Spätmittelalter datiert werden können, dürften sie wesentlich älter sein. Auf eine frühere Besiedlung des Hückeswagener Gebietes weisen die Überreste der frühmittelalterlichen Eisengewinnung und die beiden Fluchtburgen mit sogenannten Ringwallanlagen, hin. Die Anlage auf dem Burgberg kann aufgrund archäologischer Funde in das 10./11. Jahrhundert datiert werden.

Die Besiedlung erfolgte durch *Einzelhöfe,* die meistens bei Quellmulden entstanden und die von ihren Wirtschaftsflächen umgeben waren sowie 1845 noch eine Waldrandlage aufweisen.

Im Verlauf des 18. Jahrhunderts entwickelten sich viele Einzelhöfe durch Teilung als Folge des seit dem 14. Jahrhundert vorherrschenden Realteilungserbrechtes zu Kleinstweilern (bis zu vier Gehöfte) bzw. zu Weilern (mehr als vier Gehöfte), die weiterhin als Höfe bezeichnet werden. Dieses charakteristische "Bergische" Siedlungsbild hat sich auch während der Industrialisierung und darüber hinaus erhalten, da ein Teil des Bevölkerungsüberschusses an die nahegelegenen Industriebezirke abgegeben wurde. Zwischen 1844 und 1895 werden vereinzelt noch Einzelhöfe errichtet, die vor allem im Nordosten (zwischen Linde und Henweg) und im Südwesten (südlich vom Scheidweg) liegen.

Ein weiteres historisches und heute noch erkennbares Merkmal der Höfe und Kleinstweiler ist ihr Grundriß, der durch eine Hang- oder Muldenlage geprägt wird. An sie passen sich die Gehöfte an, bei denen es sich um Gebäudegruppen mit einzelnen, locker aneinandergebauten Gebäuden und einem offenen Hofraum handelt.

Auch das vielfältig gestaltete Ortsbild ist historisch gewachsen. Ortsbildprägend ist die noch überwiegend historische Bausubstanz der Wohn- und Wirtschaftsgebäude mit der traditionellen

Fachwerkbauweise, häufig mit Bruchsteinsockel und einer teilweisen oder kompletten Verschieferung. Außerdem ist eine große Zahl von Wirtschaftsgebäuden in Holzbauweise erhalten geblieben.

Gliedernd und belebend wirken die zugehörigen hofnahen Grünelemente. Dazu zählen die Hausbäume, wobei es sich um eine Baumreihe mit meistens drei beschnittenen Bäumen handelt. Sie stehen vor der Hausfront und dienten in der Vergangenheit vermutlich als Regen- und Windschutz. Vielfach hatten sie einen rein dekorativen Charakter (z.B. in Steffenhagen) (WEISER 1994, S. 249-250).

Die Bauerngärten und Streuobstwiesen, die als ein funktionaler Teil des ländlichen Wirtschaftsraumes zu betrachten sind, beleben das Ortsbild oder stellen bei einer Randlage (Ortsrandbegrünung) den Übergang zwischen Siedlungs- und agrarem Wirtschaftsraum her. Dadurch werden harte Kontraste im Kulturlandschaftsbild vermieden, weil die Siedlungen durch die Ortsrandbegrünung in die Landschaft eingebunden sind.

Die gewerblichen *Wassermühlen* und -hämmer, deren Lage durch den Standortfaktor Wasser als Energieträger bestimmt wird, können ebenfalls als Siedlungen hervorgehoben werden, da sie heute, wie in der Vergangenheit, ebenfalls als Wohnplätze dienen, zu denen häufig auch landwirtschaftliche Nebengebäude gehörten.

Die Wassermühlen oder -hämmer entstanden mit Einführung der Wasserrädertechnik im frühen Hochmittelalter. Um die Wasserkraft nutzen zu können, wurden die Schmiedewerkstätten an die Bachläufe in den Tälern verlegt. Auch das Tuchgewerbe nutzte das Wasser als Energiequelle z.B. beim Walken der Tuche. Die erste bekannte Walkmühle stand 1484 am Wiebach.

Durch die Blüte des Hückeswagener Eisen- und Tuchgewerbes stieg die Zahl der Wasserhämmer und -mühlen im 18. Jahrhundert stark an. Während das Eisengewerbe schon Anfang des 19. Jahrhunderts eine Krise erlebte, führte die Industrialisierung und die damit verbundene Umstrukturierung des Tuchgewerbes im Verlauf des 19. Jahrhunderts zur Aufgabe der Gewerbebetriebe in den engen Tälern der Bachläufe, die außerdem meistens abseits der Hauptverkehrswege lagen. Bis heute ist nur eine geringe Zahl dieser ehemaligen Gewerbestandorte erhalten geblieben. An der Wupper mußte im Zuge der Industrialisierung ein Teil der modernen Produktionsstätten weichen, in denen verschiedene Arbeitsabläufe zusammengefaßt wurden. Weitere gingen beim Bau der Bever- (1896-1898) und der Wuppertalsperre verloren.

Merkmale der erhaltenen Standorte sind, wie bei den Höfen und Weilern, ihre historische Bausubstanz sowie die Mühlenteiche und -gräben, über die das Wasser der Bachläufe in die Teiche ab- bzw. zurückgeleitet wurde. Gebäude, Teich und Gräben bilden funktional eine Einheit, was bei den bisherigen Unterschutzstellungen als Bau- bzw. Bodendenkmal nicht beachtet wurde. So wurde z.B. bei der Purder Mühle das Mühlengebäude als Baudenkmal eingetragen, jedoch blieb der funktionslose aber gut erhaltene Teich unberücksichtigt. Beim Goldenbergshammer wurde dagegen der Obergraben und der Teich als Bodendenkmal ausgewiesen, aber das erhaltene Hammergebäude nicht als Baudenkmal ausgewiesen. Wasserhämmer und -mühlen sind schutzwürdige Kulturlandschaftsbestandteile, die als Kulturdenkmal mit ihren zugehörigen Obergräben, Teichen, Betriebsgebäuden sowie Untergräben zu erhalten und zu schützen sind (WEISER 1994, S. 251).

Seit dem 19. Jahrhundert stellen die neugebauten bzw. die zu Kunststraßen ausgebauten Verkehrswege die Leitlinie für die weitere Siedlungsentwicklung dar. Neben einzelnen Wohnplätzen entwickeln sich *Straßensiedlungen*, deren Bebauung sich entlang der Straße konzentriert. Sie haben einen linear geprägten Grundriß und die historische Bausubstanz ist nicht so dominant wie bei den Höfen und Weilern. Auch die Ortsrandbegrünung ist nicht so ausgeprägt.

Der Anteil des *Waldes* hat gegenüber dem Acker- und Grünland kontinuierlich abgenommen. Vorwiegend auf den Hochflächen wurde der Wald weitgehend gerodet. Zusammenhängende großflächige Waldbestände blieben in den Bachtälern (Purder Bach, Schneppendahler Bach,

Wiebach, Leiverbach und Beverbach) erhalten. Vereinzelt ist zwischen 1843 und 1990 eine bescheidene Waldzunahme zu verzeichnen, die die Waldverluste des gleichen Zeitraums aber nicht ausgleichen konnte. Insgesamt handelt es sich bei den heutigen Waldflächen um persistente Standorte.

Die Waldentwicklung ist die Fortsetzung des Rodungsprozesses, der mit der Besiedlung des Hückeswagener Gebietes eingesetzt haben dürfte. Mit der Besiedlung begann auch die waldwirtschaftliche Nutzung, und die bewirtschaftete Waldfläche stieg von rd. 1512 ha Ende des 17. Jahrhunderts auf rd. 2865 ha im Jahr 1854. Bei dem Waldbestand 1854 handelte es sich überwiegend um Niederwaldwirtschaft, die relativ ertragreich ist und wenig Pflege erfordert. Die Umtriebszeit variiert von 15-30 Jahren und die Regeneration erfolgt durch Stockausschlag der stehengebliebenen Stöcke.

Allerdings sind nicht alle Baumarten gleichermaßen zu einem kräftigen Stockausschlag fähig. Im Bergischen Land verdrängte die Eiche, bei der in der Vergangenheit besonders die Härte des Holzes geschätzt wurde, die durch die schweren, tonigen und sandig-lehmigen Böden begünstigten Buchenwaldungen. Der Anteil der Eiche lag in weiten Teilen des Bergischen Landes zeitweise bei 90 %, reduzierte sich aber inzwischen auf ca. 50 %.

Der Niederwald war eingebunden in die bäuerliche Wirtschaft (Brenn- und Gebrauchsholzgewinnung, Viehstreuentnahme, Viehweide), wurde aber mit der Holzkohlenherstellung auch gewerblich genutzt. Die Übernutzung der Niederwälder durch Beweidung, Laub- und Streugewinnung hatten zur Devastierung und Reduzierung des Holzbestandes geführt. Um deren Folgen (Bodenerosion und Überschwemmungen) zu beheben, wurde von dem preußischen Staat die Wiederaufforstung nach Gesichtspunkten der modernen, auf Holzproduktion basierenden Forstwirtschaft betrieben. Bevorzugt wurden schnellwachsende Nadelhölzer angepflanzt, zunächst Kiefern, deren Anpflanzung aber nicht die erhofften Ergebnisse erbrachte, später vorwiegend Fichten. Außerdem wurde die Niederwaldwirtschaft aus der Sicht der Forstwirtschaft als unökonomisch zurückgedrängt. Die Maßnahmen griffen in dem überwiegend bäuerlichen Eigenwald in Hückeswagen seit ca. 1850.

In Hückeswagen haben sich kaum Niederwälder erhalten. Der heutige Hochwald ist das Ergebnis der modernen forstwirtschaftlichen Regulierung des Waldes, da die alten Hochwaldbestände im letzten Jahrhundert bis auf wenige Ausnahmen in einzelnen Talungen aus dem Kulturlandschaftsbild verschwunden waren.

Die historische Waldentwicklung wird im Waldbild durch die persistenten Standorte und den Baumbestand (Eiche, Kiefern) dokumentiert. Die moderne forstwirtschaftliche Entwicklung führte zu Hochwäldern mit hohen Fichtenbaumanteilen, wobei die dominierenden Fichtenholzbestände gegenwärtig in die Diskussion geraten sind. An der unterschiedlichen Bestockung ist die kleinteilige Parzellierung als Folge des Realteilungserbrechtes auch im Wald abzulesen. In fiskalischem Besitz befanden sich Anfang des 19. Jahrhunderts auf heutigem Hückeswagener Gebiet nur die Landwehr (südlich Kirschsiepen und östlich Marke) sowie der Erlensterz westlich Hückeswagen.

In der weiteren forstwirtschaftlichen Entwicklung sollten die kleinteilige Parzellierung erhalten und der Laubholzbestand unter Berücksichtigung der Eiche gefördert werden. Eine Waldvermehrung durch Wiederaufforstung sollte sich an den historischen Waldflächen orientieren (vgl. Kulturlandschaftswandelkarte) und sollte an den persistenten Standorten ansetzen und kann an einzelnen Standorten schrittweise an die Siedlungen herangeführt werden. Diese Waldentwicklung verlief konform mit der historischen Entwicklung, wenn auch mit umgekehrten Vorzeichen. Durch Einfriedungen markierte Waldgrenzen sollten allerdings nicht überschritten werden (WEISER 1994, S 252).

Der Anteil des *Ackerlandes* ist bis ca. 1950 durch Rodungen stetig gestiegen. Allerdings wurde bis 1840/1844 auch siedlungsnahes Grünland in Ackerland umgewandelt. Diese Entwicklung steht in Zusammenhang mit der Umstrukturierung der Landwirtschaft, die um 1800 einsetzte. Sie war verbunden mit der Intensivierung der Viehwirtschaft und der Aufgabe der Drieschwirtschaft, einer Feld-Gras-Wechselwirtschaft, bei der das Ackerland vier Jahre als Grünland genutzt wurde. Abgelöst wurde sie durch eine freie Wechselwirtschaft mit einem vier- bis fünfjährigen Rhythmus bei der Fruchtfolge (Hackfrucht-Roggen-Klee-Hafer) unter Wegfall des Brachlandes.

Die Einführung der Fruchtfolgewirtschaft steht in Zusammenhang mit der Intensivierung der Viehwirtschaft, die sich mangels geeigneter Weideflächen auf die Stallfütterung und die Futterpflanzen stützte. Angebaut wurde Klee und als bevorzugte Hackfrucht die Kartoffel, die seit 1770 im Mittelbergischen heimisch ist und zunächst ausschließlich als Futterpflanze diente.

Mit der Umstrukturierung der Landwirtschaft nach 1850 wurde außerdem die auf die Deckung des Eigenbedarfs ausgerichtete Selbstversorgungswirtschaft allmählich abgelöst. Ein Absatzmarkt für die produzierten Überschüsse entwickelte sich in dem aufstrebenden Industriebezirk um Remscheid, Solingen und Wuppertal mit einer schnell wachsenden Bevölkerung. Um 1850 dürften, wie im benachbarten Wipperfürth, außer in der Viehwirtschaft auch im Ackerbau (Kartoffelanbau) Überschüsse erzielt worden sein.

In der Nachkriegszeit ist dann eine Umkehrung der Entwicklung des Ackerlandes zu beobachten. Infolge der weiteren Intensivierung der Milchviehwirtschaft und der europäischen Landwirtschaftspolitik der 60er und 70er Jahre wurde Ackerland in großem Umfang in Grünland umgewandelt. Der Großteil des 1990 noch vorhandenen Ackerlandes wird seit 1840/44 in dieser Weise bewirtschaftet. Seit 1840 persistente Standorte des Grünlandes finden sich vor allem in Talauen.

Dieser landwirtschaftliche Prozeß der Nachkriegszeit beeinflußt das Landschaftsbild aber nur eingeschränkt, da es sich sowohl bei dem Grünland als auch bei dem Ackerland um Offenland handelt, das, betrachtet man seine Gesamtentwicklung seit 1840/44, zugenommen hat. Die Zunahme in der Nachkriegszeit entspricht damit der historischen Entwicklung.

Eingebettet in dieses Offenland, dessen Anteil gegenüber dem Wald bis 1990 noch gestiegen ist, liegen die Siedlungsplätze, was ebenfalls der historischen Entwicklung entspricht. Allerdings ist die überlieferte Verteilung der Standorte verändert worden. In der Vergangenheit orientierten sich die Standorte stärker an den Bodenverhältnissen. Das Ackerland lag auf den flacheren und ebeneren Hangteilen, wo die natürliche Drainage für eine Entwässerung sorgte; das Grünland konzentrierte sich an den Quellmulden und Siefen sowie den nicht zu steilen, flachgründigeren Talhängen.

Gegliedert und belebt wird das Offenland durch Hecken, die als Einfriedungen oder zum Windschutz dienen, Zäune mit ihren Buckelrainen, die schon 1896 (Preußische Neuaufnahme) viele Parzellen begrenzen, und Kulturwechselstufen. Dabei handelt es sich um Geländestufen, die entstehen, wenn in hängigem Gelände nebeneinanderliegende Wirtschaftsflächen über einen längeren Zeitraum unterschiedlich bewirtschaftet werden. Sie zeigen damit Nutzungsgrenzen und den Verlauf ehemaliger Parzellengrenzen an.

Die Zahl dieser Elemente nimmt fortlaufend ab, so daß nicht allein der Schutz des Ist-Bestandes ausreicht, um das tradierte Kulturlandschaftsbild zu erhalten. Vielmehr ist die Landschaft mit diesen gliedernden und belebenden Elementen anzureichern, wobei aber nicht nur die Hecken gefördert werden sollten, sondern ebenso die Zäune.

Die Obstwiesen und Bauerngärten als Teil des ländlichen Wirtschaftsraumes dienten der Selbstversorgung und sie prägen durch ihre charakteristische Gestaltung in unverwechselbarer Weise das Kulturlandschaftsbild. Bei den Obstpflanzungen handelt es sich um Streuobstwiesen, auf denen die Hochstammobstbäume verstreut angepflanzt wurden. Hierdurch konnten sie in die bäuerliche Betriebsstruktur integriert werden, da sie die Viehweide oder die Mahd zuließen.

In den Bauerngärten wurden Heilpflanzen, Kräuter und Gemüse gezogen. Aber es gab auch Pflanzen und Sträucher mit dekorativem Charakter. Charakteristisch für die Bauerngärten ist die symmetrische Gliederung der Beete und die Einfriedung durch Hecken, seltener durch Mauern.

Die große Zahl der erhaltenen Streuobstwiesen und Bauerngärten ist eine charakteristische

Eigenart des Hückeswagener Kulturlandschaftsbildes, die in dieser Form nicht mehr häufig zu finden ist. Allerdings haben eine Vielzahl der Streuobstwiesen und Bauerngärten inzwischen ihre Funktion teilweise oder komplett verloren.

Um das überlieferte, bäuerliche Kulturlandschaftsbild zu erhalten, sollte der Erhalt dieser Elemente durch entsprechende Pflegemaßnahmen gesichert werden und die rezenten oder fossilen Relikte soweit möglich inwertgesetzt werden.

Die heutige Verteilung des Acker- und Grünlandes basiert auf der Entwicklung seit der ersten Hälfte des 19. Jahrhunderts mit der Herausbildung zusammenhängender Offenlandflächen. Dieser Landschaftscharakter sollte erhalten bleiben und nicht durch Aufforstung inmitten des Offenlandes beeinträchtigt werden. Dies gilt auch für die persistenten Standorte des Grünlandes in den Talauen, da sie schon charakteristisch für das Kulturlandschaftsbild in der Zeit vor 1840/44 waren.

Der Ausschnitt der Kulturlandschaftswandelkarte zeigt eine stetige Verdichtung des *Verkehrsnetzes,* die im gesamten Untersuchungsgebiet zu beobachten ist. Seit 1840/1844 stieg die Zahl sowohl der Hauptverkehrslinien, deren Alter teilweise bis ins Mittelalter zurückverfolgt werden kann, als auch die der Nebenstraßen fortlaufend.

Im Mittelalter verlief eine Nebenstrecke der mittelalterlichen Köln-Lennep-Schwelmer Handelsstraße über Hückeswagen. Sie zweigte in Wermelskirchen ab und führte über Radevormwald weiter ins märkische Gebiet. Sie war eine Höhenstraße, deren Trasse auf dem Streckenabschnitt von Dreibäumen bis hinter Scheideweg mit der heutigen L 101 übereingestimmt haben dürfte. Bis Hückeswagen hat die alte Wegverbindung ihre überregionale Bedeutung verloren und wird teilweise als Feldweg genutzt. Zwischen Hückeswagen und Radevormwald hat die heutige B 483 die Funktion der mittelalterlichen Handelsstraße übernommen. Die neue Trasse wurde im 19. Jahrhundert auf bereits vorhandene, aber ausgebaute Straßen verlegt. Nur der Abschnitt nördlich von Herweg wurde im 19. Jahrhundert neuangelegt.

Die Nebenstrecke der Kölner Handelsstraße traf in Hückeswagen auf die mittelalterliche Bergische Eisenstraße, die seit dem Mittelalter das Siegerland mit dem Gewerbegebiet um Remscheid und Solingen verband. Sie hat ebenfalls ihre Bedeutung als überregionale Straßenverbindung verloren und wird auf dem Streckenabschnitt zwischen Höhsiepen und Goldenbergshammer nicht mehr genutzt. Dort verläuft parallel zu der alten Trasse, die durch Hohlwege angezeigt wird, ein Feld- bzw. Waldweg. Ursache des Funktionsverlustes war die 1771-1776 gebaute Straße zwischen Hückeswagen und Bergisch Born. Die Verlängerung von Hückeswagen nach Wipperfürth konnte erst im 19. Jahrhundert realisiert werden. Sie hat heute ihre ursprüngliche Bedeutung zwischen Hückeswagen und Wiehagen durch den Ausbau einer Umgehungsstraße (B 237) verloren.

Von regionaler Bedeutung war die Wegverbindung, die von der Bergischen Eisenstraße abzweigte und über Dürhagen zu dem Gewerbestandort Kräwinklerbrücke im Wuppertal führte. Mit dem Bau der Wuppertalsperre hat diese Straße ihre alte Bedeutung verloren. Demgegenüber konnte die durch Ploennies (Teil 2, Kartenblätter 13 und 14) dokumentierte Straße (heutige K 5), die die Nebenstrecke der Kölner Handelsstraße bei der Westhofer Höhe kreuzt und nach Süden führt, ihre regionale Bedeutung erhalten. Sie wurde zur Kreisstraße ausgebaut.

Als neues Element des Verkehrsnetzes kam die Eisenbahn hinzu, die in den Jahren 1876 und 1877 erbaut wurde. Sie hat ihren Betrieb aber inzwischen eingestellt.

Bei den Straßen handelt es sich um

1. Wegverbindungen, die in der Vergangenheit ausschließlich als Nebenstraßen genutzt und teilweise in jüngerer Zeit zu Land- oder Kreisstraßen (z.B. L 68, K 49) ausgebaut wurden. Ihre Trassen sind überwiegend vor 1825 entstanden; ihre Datierung ist aber erst mit den Kartenaufnahmen des 19. Jahrhunderts (vgl. Kulturlandschaftswandelkarte) möglich.

2. Ortsverbindungen, die anhand der Kulturlandschaftswandelkarten datiert werden können. Zwar dürfte ein Teil dieser Straßen älter sein, allerdings haben sie nach 1825 starke Veränderungen erfahren, die auch auf moderne Straßenbaumaßnahmen zurückzuführen sind.

3. Feld-, Wald- und Fußwege, die komplett erst mit der Preußischen Neuaufnahme (Zeitschnitt 1896) erfaßt werden konnten. Das bestehende Netz hat sich weitgehend erst in der Zwischen- und Nachkriegszeit ausgebildet (Weiser 1994, S. 256).

Die historischen Formen der Wege veranschaulichen im Gelände heute nur noch Hohlwege, die z.B. in einem Abschnitt der Bergischen Eisenstraße zwischen Goldenbergshammer und Höhsiepen und bei Grüne Straße erhalten sind. Die übrigen historischen Trassen sind entsprechend den heutigen Erfordernissen ausgebaut und besitzen eine Asphaltdecke oder sind zumindest befestigt.

Die Weiterentwicklung des Verkehrsnetzes sollte unter Beibehaltung der ausgeprägten Gliederung des Verkehrsnetzes in Haupt- und Nebenstraßen erfolgen und sich an der Linienführung und Ausrichtung der Altwege orientieren. Durch eine entsprechende Nutzung sind die Abschnitte der Altwege zu erhalten, die heute teilweise oder komplett funktionslos geworden sind.

4.4.5.4 Überlieferte historische Kulturlandschaftselemente und -strukturen

Aus der Karte geht eindeutig hervor, daß die Siedlungsstruktur - ohne Beachtung des Aussehens der Höfe und Behausungen - im ländlichen Bereich von Hückeswagen gut überliefert ist. Dies gilt ebenfalls für das die Siedlungen verbindende Straßengefüge. Noch immer liegen die Kleinstweiler, Weiler und Einzelhöfe weitgehend abseits der Hauptstraßen an Nebenstraßen mit teilweise Hohlwegabschnitten. Diese komplexe Siedlungsstruktur mit den im Grünen eingebetteten Einzelhöfen, Kleinstweilern und Weilern aber ohne Kirchdörfer (-türme) mit ihren Fluren prägen das Landschaftsbild. Sie befinden sich inmitten oder nahe bei ihren agraren und teilweise gewerblichen Nutzflächen. Das Baumaterial wurde in lokalen Steingruben bzw. -brüchen gewonnen. Die Übergänge zwischen Siedlung und Flur werden markiert von Obstgärten und Obstwiesen.

Die Lage der tradierten - auf den Karten von 1844, 1895, 1950 und heute angegebenen Ackerflächen hat sich nicht verändert. Das tradierte Grünland befindet sich fast ausschließlich in den Fluß- und Bachauen.

Der Wald ist etwas differenzierter zu betrachten. Die ursprünglichen Laub- und Niederwaldflächen, die einer vielfältigen Nutzung unterlagen (Viehweide, Waldackerbau, Lohegewinnung) sind im Rahmen der modernen, auf schnelle Holzproduktion hin orientierten Forstwirtschaft seit ca. 1850, bis auf kleinere Flächen, reduziert worden. Die Waldflächen wurden deswegen gegliedert in Laubwald- mit vereinzelten Nadelbaumanteilen, Misch- und Nadelwald. Die ehemaligen Waldflächen wurden ebenfalls dargestellt.

Die Gewässerstruktur hat sich stark verändert. Viele Bäche und die Wupper sind begradigt worden und größere Talausschnitte der Bever und Wupper sind Talsperren geopfert worden. Anzumerken ist, daß die Talsperren ebenfalls zur Identität des Bergischen Landes beitragen. Vor allem die 100jährige Bevertalsperre ist heute als historisches Kulturlandschaftselement zu betrachten.

4.4.5.5 Übereinstimmungen und Gegensätze

Die Daten der Denkmalpflege beziehen sich - der seit 1983 geschützte historische Stadtkern von Hückeswagen bildet als Denkmalbereich eine Ausnahme - fast ausschließlich auf Einzelobjekte (Gebäude, Höfe, Wassermühlen und Hämmer) und wirken sich nur auf das Orts- und örtliche Landschaftsbild aus.

Die Daten des Biotopkatasters beziehen sich fast ausnahmslos auf die Fluß- und Bachauen bzw. Täler sowie die Laub- und Mischwaldbestände (s. Auszug aus dem Biotopkataster), die ebenfalls eine kulturhistorische Bedeutung haben, weil sie in der Vergangenheit eine wichtige Rolle im damaligen Landwirtschaftssystem gespielt haben. Dagegen wurde das tradierte, teilweise noch als Ackerland genutzte Kulturland in unmittelbarer Nähe der Weiler und Dörfer nicht erfaßt.

Durch die zunehmenden Flächenstillegungen wird sich das Landschaftsbild als Folge der natürlichen Sukzession allmählich verändern. Die geeigneteste Pflegemaßnahme wäre eine extensive Grünlandnutzung mit Beweidung und Mahd.

Als Kulturlandschaftselemente wurden zwei Hohlwegabschnitte (Nr. 4 und 20) aufgrund des Arten- und Biotopschutzes ebenfalls erfaßt. Hieraus kann geschlossen werden, daß kulturhistorisch bedeutende und überlieferte Elemente ebenfalls ökologisch als wertvoll betrachtet werden.

Im Rahmen des Mittelgebirgsprogramms werden weiterhin die kulturhistorischen Streuobstwiesen berücksichtigt.

4.4.5.6 Kulturlandschaftsbestandteile und -bereiche sowie ihre Schutzwürdigkeit
(Grundlage: TK 25: 4809 Remscheid und 4810 Wipperfürth, Altkarten, Kulturlandschaftswandelkarte, Karte der historischen Landschaftselemente und persistenten Landnutzungsformen sowie das Biotopkataster)

Bäuerlich geprägte Kulturlandschaftsbereiche
Prägende Merkmale (Landschaftsbild):
- Differenziertes Siedlungsgefüge mit geschlossenen Weilern mit mehr als vier Höfen (keine Kirchdörfer), Kleinweilern (2 bis 4 Höfe) und Einzelhöfen, die das Landschaftsbild sichtbar prägen (Panoramen),
- Bebauung: verschiedene Hausformen (Fachwerk auf Steinsockeln mit hausnahen dekorativen Schutzbäumen mit Schneitelung), Bruch- und Natursteinhäuser, Schieferbedachungen und Schieferschutz der Mauern, teilweise erhaltene Bauerngärten und hofnahe Obstgärten und -wiesen,
- hofangrenzende Ackerlandnutzung mit seit 1950 starker Vergrünlandung,
- Kammerung der Fluren mit Obstwiesen, Baumgruppen und Heckenreihen,
- Waldränder, Waldsäume.

Alter Stadtkern von Hückeswagen als Kulturlandschaftsbestandteil
Prägende Merkmale (Landschaftsbild):
- Der Stadtgrundriß als Denkmalbereich (1260 als Flecken erwähnt, 1853 Stadtrechte),
- mit Schiefer geschützte Fachwerkhäuser,
- klassizistische Häuser (um 1775),
- überliefertes Straßengefüge,
- Fabrikantenvillen mit Parks (2. Hälfte 19. Jh.),
- Schloß Hückeswagen (heutiges Rathaus) mit Schloßkapelle.

Von Mischwald geprägte Kulturlandschaftsbereiche
Prägende Merkmale (Landschaftsbild):
- Fast ausschließlich Hochwald, der mehr oder weniger dominant mit Laub- bzw. Nadelgehölzen durchsetzt ist (von Laub- bzw. Nadelholz geprägte Waldflächen),
- vereinzelte Fichtenaufforstungen nach 1955,
- kleine Steinbrüche.

Von Tälern und Bachauen geprägte Kulturlandschaftsbereiche
Prägende Merkmale (Landschaftsbild):
- Hauptsächlich Grünland und Reste des Auenwaldes (Biotopkataster) im südlichen Teil
- waldbestockte Hänge (Laub- und Mischwald),
- alte Wassermühlen- und Hämmerstandorte (Tuchfabriken an der Wupper und Bever) sowie den zugehörigen Relikten (Nebengebäude, Mühlengräben und -teiche),
- alte Furten.

Jüngere, von Rodungen und Kultivierungen geprägte Kulturlandschaftsbestandteile mit kleinen Restwäldchen seit ca. 1845

Prägende Merkmale (Landschaftsbild):

- ausschließlich Acker- und Grünland mit den restlichen Waldflächen,
- am Rande der alten landwirtschaftlich genutzten Gemarkungsflächen,
- vereinzelte jüngere Siedlungen (Scheideweg).

Von Entwicklungsdynamik geprägte und stark überformte Kulturlandschaftsbereiche bzw. -bestandteile

Prägende Merkmale (Landschaftsbild):

- Relikte der Industrialisierungsphase 1870-1920 (Fabrikantenhäuser),
- nach 1950 entstandene Neubau- und Gewerbegebiete an der Wupper, der B 237 und der Eisenbahnlinie (Hückeswagen-Wiehagen),
- keine zusammenhängenden historischen Strukturen mit historischen Elementen aus der Industrialisierungsphase.

Von Talsperren geprägte Kulturlandschaft

Prägende Merkmale (Landschaftsbild):

- Bevertalsperre (1896-1898) und Wuppertalsperre (1989) mit den zugehörigen Hanglagen und Infrastruktur sowie Erholungseinrichtungen an der Bevertalsperre.

Die historisch-geographische Kulturlandschaftsuntersuchung des Modellgebietes hat gezeigt, daß sich das Kulturlandschaftsbild von Hückeswagen in einem jahrhundertelangen Prozeß herausgebildet hat und durch die historische Dimension seiner Strukturen geprägt wird. Im Kulturlandschaftsbild selber spiegelt sich diese Geschichtlichkeit jedoch nur in einzelnen Bereichen wider. Ablesbar ist sie z.B. im Siedlungsbild, bei dem eine Vielzahl historischer Kulturlandschaftselemente und -bestandteile die historische Dimension sichtbar machen. Häufiger wurden die historischen Kulturlandschaftselemente und -bestandteile jedoch verändert und den modernen Gegebenheiten angepaßt. Dies trifft z.B. für das Verkehrsnetz zu.

Diese Werte können nur durch eine kulturhistorisch verträgliche Planung und durch ein Kulturlandschaftsmanagement erhalten bzw. beachtet werden. Dafür ist ein breiter Konsens zwischen Kulturlandschaftspflegern und Naturschützern auf der einen Seite und den „Planern" sowie der Bevölkerung auf der anderen Seite notwendig. Hierfür müssen die kulturhistorischen Belange auch von Naturschützern und Landschaftspflegern anerkannt werden, so daß die zukünftigen Nutzungen und Bewirtschaftungsformen kulturhistorisch verträglich gestaltet werden können. Hierfür müssen die Werte der historisch gewachsenen Kulturlandschaft erfaßt und kartiert werden.

Die verschiedenen Siedlungstypen veranschaulichen die historische Siedlungsentwicklung des Untersuchungsgebietes. Die charakteristische Eigenart der Typen muß bei der Planung der Siedlungsentwicklung aufgegriffen und weiterentwickelt werden. Dabei ist es notwendig, die Neubebauung an die vorhandene Bebauung anzupassen. Geschehen kann dies durch die Verwendung ortstypischer Baumaterialien, die Berücksichtigung der Maßstäblichkeit und das Aufgreifen tradierter Bauweisen und -formen.

Um die historisch gewachsene Siedlungsstruktur zu erhalten bzw. wiederzubeleben, sind die Einbindung der Siedlung in die Landschaft und Einfügung von ortstypischen Grünelementen in das Ortsbild zu fördern.

Diese charakteristische Eigenart des Kulturlandschaftsbildes im ländlichen Raum hat sich im Hückeswagener Gebiet vielerorts erhalten und sollte weiterentwickelt werden, indem die bestehenden Bauerngärten, Streuobstwiesen (Mittelgebirgsprogramm) und Hecken gepflegt bzw. ihre Neuanlage gefördert wird.

Auszug aus dem Biotopkataster

Nr.   Blatt 4809 Remscheid

1   Stoedter Bachtal (Kottberg) (14 ha, LSG), Eichen-, Eichenmischwald 80 %, Feuchtgrünland, Aue 13 %

2   Quellgebiet des Puderbaches (40 ha, LSG), Buchen-, Buchenmischwald 87 %, Bachaue und Bach mit Feucht-
     und Naßgrünland, Ufergehölze

4   *Hohlweg bei Goldenbergshammer* (0,5 ha, LSG, ND Vorschlag), *Reste mittelalterlicher Handelsweg* (alte
     Eisenstr.), 625 m lang und 2 m breit (Erhaltung kulturhistorisch wertvoller Landschaftsbestandteile)

7   Wuppertalhänge mit naturnahem Eichen-, Eichenmischwald 90 %, (86 ha, LSG), Buchen-, Buchenmischwald
     2 %, Fichten-, Fichtenmischwald 5 %, Quellwasseraustritte

8   *Mühlenbach* südlich Schneppenthal (7,5 ha LSG), Naß- und Feuchtgrünland 95 %

11   Hangwälder nördlich Niederdhünn (Heuberg) (30 ha, LSG), Buchen-, Buchenmischwald 84 %, Fichten-, Fich-
     tenmischwald 15 %, Bach, Wiesental (Talsohle) soll offen bleiben und wird als Weide genutzt

64   Dörpetal südöstlich von Lennep mit Nebentälern (70 ha, NSG Vorschlag), Fettweide 56 %, Feuchtgrünland 28 %,
     davon 10 % Brachland, Quelle, mäandrierender Bach

65   Purder Bachtal zwischen Großkatern und Purd (19,9 ha, LSG), Grünland 88 %, Ufergehölz 5 %, Gewässer (Bach,
     Graben, Quelle) 7 %

66   Talung der Großen Dhünn (76, 2 ha, LSG, NSG Vorschlag), Laubwald 10 %, Fichtenwald 3 %, Fettweide 68 %,
     Naß- und Feuchtgrünland 9 %

                                     Blatt 4810 Wipperfürth

16   Leiver Bachkomplex und Wald (75 ha, LSG Vorschlag), Buchen-, Buchenmischwald 51 %, Eichen-, Eichen-
     mischwald 10 %, Erlenwald 2 %, Fichten-, Fichtenmischwald 25 %, Naß- und Feuchtgrünland 5 %, Bach, Quel-
     le, Ufergehölz

17   Wiebach-Talhänge bei Ispingrade (60 ha, LSG), älterer Fichten-, Fichtenmischwald 50 %, Buchen-, Buchen-
     mischwald 28 %, Eichen-, Eichenmischwald 15 %, Bach, Sand- und Kiesbänke, Quellensiefen

18   Wiebach-Talsohle (6,5 ha, LSG, ND Vorschlag), Grünlandbrache 40 %, Fettweide 30 %, Laub(Erlen)wald 20 %,
     Bach (Sand- und Kiesbänke, Altarme und Tümpel), Quellsiefen

23   Vorbecken der Bevertalsperre (18 ha, LSG), Sekundärbiotop

51   Laubwald mit 2 Siefen bei Elbertzhagen (13,5 ha, LSG, NSG Vorschlag), Eichen-Buchenwald 60 %, Birkenwald
     10 %, Gebüsch 10 %, Naß- und Feuchtweide 16 %, *Teich*, mäandrierender Bach

54   Wuppertalung unterhalb von Ohl (95,8 ha, LSG, NSG Vorschlag), *prägendes und einmaliges Grünlandtal*, Grün-
     land 73 %, Laubwald 10 %, Gebüsch und Feld-, Ufergehölz 7%, Quelle, mäandrierender Bach 3 %, Steilufer

904 NSG-Beverteich (8,3 ha), Stillgewässer mit Verlandungsvegetation und angrenzendem Gebüsch-Feuchtwiesen-
     komplex

Biotope und Naturschutzgebiete 620,7 ha

4.4.6   *Kölner (Niederrheinische) Bucht: Holzweiler und Umgebung* (Abb. 39 a-d)

4.4.6.1. Einleitung

Dieser Untersuchungsraum befindet sich im Rheinischen Braunkohlengebiet (Garzweiler II) und
umfaßt Teile der Gemeinde Jüchen, Erkelenz und der Stadt Mönchengladbach.

4.4.6.2 Die naturräumlichen Rahmenbedingungen

Das Untersuchungsgebiet gehört zur fruchtbaren Jülicher Börde, die in die Erkelenzer Lößplatte
und Jackerather Lößschwelle unterteilt ist. Die Jülicher Börde mit der Titzer Platte liegt zwischen
der Rur und Erft. Diese Lößlandschaft ist schwach reliefiert, mit Schwankungen zwischen ca. 60-
100 m ü. NN, fällt allerdings in der Gesamtbreite von Südwesten bis Nordosten ab.

Die mächtigen Terrassenschotter von Maas und Rhein liegen auf tertiären Sedimenten. Entscheidender naturräumlicher Gunstfaktor im Untersuchungsgebiet ist der Löß. Sowohl Rohlöß als auch der verwitterte Lößlehm bedecken unterschiedlich mächtig die Hauptterrasse. In Holzweiler und Immerath beträgt die Lößschicht etwa 5-6 m, bei Holz bis 27 m und bei Wanlo bis 10 m. Zum Oberlauf der Niers hin wird die Lößdecke dünner, bis sie z.B. bei Haus Keyenberg lediglich 40 cm erreicht und damit Sand- und Kiesabbau ermöglicht. Auf der Lößdecke liegen Parabraunerden mit deutlich ausgeprägtem B-Horizont auf. Die für Ackerbau hervorragenden Bodenverhältnisse haben zu einer fast traditionell intensiven Ackerlandnutzung geführt.

Die durchschnittlichen jährlichen Niederschlagsmengen betragen ca. 600-650 mm. Die durchschnittliche Jahrestemperatur ist mit 9,5°C recht hoch und ist für die Landwirtschaft günstig. Die Hochflächen werden nur von kleinen Bächen durchschnitten. Im Untersuchungsgebiet liegen das Quellgebiet der Niers und die sogenannten kleinen „Fließe", die für den hydrologischen Haushalt eine wichtige Rolle spielen. Mittlerweile sind diese Kleingewässer kanalisiert; in vorgeschichtlicher Zeit ist von kleinen Bächen auszugehen. Die Wassereinspeisung erfolgt somit durch viele kleine Wasserläufe. Der „Köhmeberg" 120 m ü. NN bildet die Wasserscheide zwischen Rhein und Maas.

Im Oberlauf zwischen Kuckum und Rheydt hat sich die Niers bis zu 10 m tief in die obere Hauptterrasse eingeschnitten und mit mehreren Nebenbächen ein Sohlental geschaffen. Die Quelle lag bei den Weihern des Zourshofes (Wanlo) und den zahlreichen Fließen im Talgraben zwischen Unterwestrich/Kuckum und Wanlo. Infolge der Grundwasserabsenkung durch den Braunkohlenabbau sind die ursprünglichen Quellen mittlerweile versiegt.

In vegetationskundlicher Hinsicht gehört dieser Raum zur potentiellen natürlichen Waldlandschaft des Flattergras-Buchenwald-Typs, der für die Bördenlandschaften Nordrhein-Westfalens typisch ist.

4.4.6.3 Skizzierung der Kulturlandschaftsentwicklung

Da dieses Modellgebiet bereits früh besiedelt war, muß auf die Vorgeschichte eingegangen werden, weil es von dieser frühen Besiedlung ein reichhaltiges Bodenarchiv gibt. Im *Paläo- und Mesolithikum* gab es wandernde Jäger- und Sammlerkulturen, die höchstens temporär bewohnte Stätten hatten. Erst mit der allmählichen Introduzierung von Kulturpflanzen, der Domestizierung von Haustieren bei einer permanenten Siedlungsweise an bestimmten Orten trat eine anthropogene Landschaftsgestaltung auf, die sich allmählich seit dem Mesolithikum entwickelte und im Neolithikum mit Funden belegt wird (KLEEFELD 1988, S. 23-24).

Im 6. vorchristlichen Jahrtausend breitete sich in der europäischen Mittelgebirgszone zwischen den Karpaten und dem Rhein eine „bäuerlich" geprägte bandkeramische Kultur aus. Dieses bandkeramische Siedlungsmuster gab es wahrscheinlich auch im Bereich des Modellgebietes. Hierauf deuten die bisherigen Prospektionsergebnisse mit einer Vielzahl von Artefakten und Keramik und einzelne bandkeramische Gruben sowie Fundverdichtungen hin. Wichtig ist die Erkenntnis, daß die bandkeramische Besiedlung innerhalb von Siedlungskammern verlief und nicht ausschließlich linear entlang der Wasserläufe. Nach der Fundstellenliste der Datenbank des Rheinischen Amtes für Bodendenkmalpflege (Bonn) gibt es 46 bekannte neolithische Fundstellen. Eine gewisse Häufung befindet sich westlich und nordöstlich von Keyenberg, im Bereich der Autobahnanschlußstelle Titz-Jackerath und um Holz. Auffällig ist die Reihung einiger Fundstellen entlang Höhenlinien wie z.B. nördlich des Eggerather Hofes, nördlich der Autobahnanschlußstelle Titz, nordwestlich von Borschemich und südlich von Spenrath. Korreliert mit den Oberflächengewässern müssen insbesondere die Flächen beidseitig der Niers von Burg Zourshof in nördlicher Richtung, mit den Fundstellen bei Keyenberg als siedlungsgünstig angesehen werden. Sehr informativ für bandkeramische Besiedlung sind die Grabungsbefunde von 1991 des bandkeramischen Siedlungsplatzes Kückhoven mit dem bemerkenswerten Holzbrunnen (WEINER 1992, S. 30-33). Nach der dendrochronologischen Datierung entstand der erste Brunnenkasten um 5090 v. Chr. Danach scheinen die Siedler auch Siedlungsstellen abseits von permanenten Bachläufen gewählt und für die Wasserversorgung tiefe Brunnen ausgehoben zu haben.

Funde der *Bronzezeit* liegen aus dem Untersuchungsgebiet nicht vor. Aus den insgesamt 18 als allgemein *eisenzeitlich* angesprochenen Fundstellen kann kein übergeordnetes Siedlungsmuster abgeleitet werden. Auffällig erscheint die häufige Fundlage entlang von Höhenlinien wie z.B. die Reihung nordöstlich von Holzweiler. Die eisenzeitliche Präsenz im Untersuchungsgebiet ist durch die Fundstellen zumindest allgemein belegt. Es überwiegen Scherbenfunde, oft vergesellschaftet mit anderen Zeitstellungen.

Das Modellgebiet war in *römischer Zeit* dicht besiedelt mit einem differenzierten Siedlungssystem, bestehend aus einem Verkehrsnetz mit Wegeverbindungen unterschiedlicher Qualität, Benefiziarstationen, villae rusticae, kleinen Weilern, intensiv bewirtschafteten Ackerflächen und Kultstätten. Dadurch erhielt der Umfang der Landschaftsveränderungen eine andere Intensität als in den vorherigen Phasen. Mit der römischen Eroberung und gezielter Siedlungspolitik für verbündete Stämme wurden die Flächen auf der Lößbörde nach römischen Rechts- und Ordnungsvorstellungen erschlossen. In den fruchtbaren Lößbörden bestimmten die Einzelhöfe (villae rusticae) das Siedlungsbild. Baulich bestanden sie aus einem durch eine niedrige Mauer oder Hecke eingefaßten Anwesen mit „Herrenhaus", Wirtschaftshof, Gesindehäusern, Stallungen, Remisen, Schuppen, Speichern, Backöfen, Scheunen, manchmal auch Werkstätten und Schmelzöfen. Somit existierten differenzierte Gutskomplexe mit einer großen Bewirtschaftungsfläche, in der vermutlich der Ackerbau dominierte. Die Anlagen waren recht groß dimensioniert und überwiegend in Stein- und Fachwerkbauweise errichtet. Nach den vorliegenden Daten differierten die Betriebsgrößen regional und die villae rusticae lagen durchschnittlich 1 km voneinander entfernt. Verglichen mit den neuzeitlichen Betriebsgrößen in dieser Region handelte es sich durchaus bereits um Großhöfe, die eine dementsprechende Bewohnerzahl gehabt haben müssen.

Insgesamt ist die vorliegende römische Fundstellenverteilung im Untersuchungsgebiet bereits außerordentlich dicht. Es überwiegt das aufgelesene Keramikmaterial als indirekter, allgemeiner Siedlungsindikator, daneben bestehen eindeutige unmittelbare Siedlungsbefunde durch starke Fundkonzentrationen mit Ziegeln und Keramikverdichtungen, die in der Regel römische, untertägige bauliche Reste markieren.

Die *frühmittelalterliche fränkische Landnahme* im Raum der Civitas Aggripinensium setzte in der ersten Hälfte des 5. Jahrhunderts ein. Diese Landnahme ist als ein komplex verlaufender Akkulturationsprozeß zu verstehen. Es kommt zu Anpassungen der provinzialrömischen Bevölkerung, aber auch zur Übernahme provinzialrömischer Kultureinflüsse, allerdings siedlungsgeschichtlich bei einer Aufgabe der alten römischen Siedlungsplätze zugunsten neuer Siedlungsstandorte. Hierbei ist somit eine Diskontinuität im Siedlungsverhalten festzustellen. Auch wenn das 5. Jahrhundert militärisch sehr unruhig war, scheint der eigentliche Landnahmeprozeß unter Beibehaltung gewisser rechtlicher Strukturen erfolgt zu sein, denn römischer Staatsbesitz gelangte in die Hände fränkischer Teilkönige und später in das merowingische Königshaus.

Bevorzugt wurden bei der Standortwahl der fränkischen Höfe eher leichte Böden, die schweren Lößböden wurden eher gemieden. Die Franken betrieben intensive Viehhaltung, hierfür waren geeignete Weideflächen wichtiger als ertragreiche Ackerflächen. Ebenso ist eine permanente obertägige Wasserquelle, ein hochwassersicherer Standort des Hofes in Holzbauweise und die nahe dabei liegende Reihengräbersitte charakteristisch. Der sich in verschiedenen Phasen vollziehende Prozeß der fränkischen Landnahme variierte kleinregional mit Aufgabe der villae rusticae in der zweiten Hälfte des 5. Jahrhunderts und dem allgemeinen Rückgang der Siedlungsdichte und Bevölkerungszahl. Das archäologische Fundmaterial stammt überwiegend aus Nekropolen.

Historisch-geographisch läßt sich die fränkische Landnahme des 5.-9. Jahrhunderts im Untersuchungsgebiet lediglich nach dem typischen Besiedlungsschema komparativ rekonstruieren, es existieren kaum unmittelbare Relikte aus dieser Zeit. Der insbesondere in der älteren geographischen

Forschung als fränkische Landnahme etwas vereinfacht, schematisiert beschriebene Prozeß, ist nach neueren Erkenntnissen weitaus komplexer abgelaufen. Die Ortsnamenforschung hat die Endung -heim als häufige Namensbezeichnung fränkischer Höfe nachgewiesen (Hofnennungen der "Lex Salica"). Im Modellgebiet gibt es lediglich einen Ort mit dieser Endung: *Kuckum*, 1300 als „*Kucheym*" bezeichnet. Da die Standortwahl typisch für fränkische Siedlungen ist, erscheint eine Gründung aus dieser Zeitstellung sehr wahrscheinlich. Die Gründungen des 898 als „*Brismike*" bezeichneten Borschemich und 898 als „*cheyenburhc*" genannten Keyenberg liegen vermutlich ebenfalls in vorkarolingischer Zeit.

Aus dem Untersuchungsgebiet sind nur zwei merowingerzeitliche Fundstellen bekannt. Hierbei handelt es sich um aufgelesene Keramikscherben. Der Standort der Fundstelle südlich vom Wilderathshof bei Wanlo im Niersbereich ist durchaus als siedlungsgünstig für fränkische Besiedlung zu bewerten. Die vorhandene geringe Anzahl von Keramikscherben weist lediglich auf eine fränkische Anwesenheit hin, gibt allerdings keine verwertbaren siedlungshistorischen Hinweise.

In der *karolingischen Zeit* setzte eine intensive Rodungs- und Ausbauphase ein. Die Urbarmachung erfolgte zunächst vermutlich entlang der Wasserläufe wie der Niers. Während der Ausbauzeit des 9.-12. Jahrhunderts entstanden große Einzelhöfe, Hofverbände, aber auch Weiler wie z.B. das 898 erstmals genannte „*Holzweiler*". Seit dem 10. Jahrhundert begann die Urbarmachung mit Einzelhofsiedlungen, die die Namensendung *-reod* (=rode, rath) hatten wie z.B. „*Venirode*" (1197), „*Lutzelenrode*" (1169), „*Spenrode*" (1398). Zum Ende dieser Rodungsphase setzte namenskundlich die Bezeichnung Busch, Holz, Pesch oder Wald ein wie z.B. „*zum Holz*" (1339). Durch weitere Ansiedlung entstanden Waldhufensiedlungen, die die Bezeichnung des ältesten Hofes übernahmen. Damit sind neben den fünf ältesten karolingischen Gründungen vom 10.-13. Jahrhundert folgende Siedlungen entstanden: Berverath, Immerath, Holz, Lützerath, Otzenrath, Spenrath, Terheeg, Wockerath und Venrath. Im Spätmittelalter hatte sich die heute noch vorhandene Siedlungsstruktur mit Dörfern, Weilern, Gutshöfen und Burgen herausgebildet.

Im Gegensatz zu den älteren Zeitstufen existieren im Untersuchungsgebiet aus dem Mittelalter noch obertägige Befunde bzw. Gebäude. Herausragende mittelalterliche Kulturlandschaftselemente stellen die kartierten Herrensitze dar: Zourshof, Haus Keyenberg, Haus Paland, Eggerather Hof, Pescher Hof. Dies gilt auch für die eingetragenen Pfarrkirchen: St. Martinus, St. Lamberti und St. Cosmae und Damiani. Eine vergleichbare Wertigkeit als eindeutiges mittelalterliches Kulturlandschaftselement haben eine Motte und die Reste eines Grubenhauses mit früher Siegburger Keramik. Die Fundstellenkonzentration im Bereich Wanlo-Kuckum-Keyenberg, bestätigt die durch die historische Forschung belegte Besiedlung dieses Bereiches an der Niers.

Im Untersuchungsgebiet befinden sich archäologisch lediglich zwei *neuzeitliche Fundstellen:* der Hauerhof, der um 1820 im Urkataster als leicht trapezförmige Anlage mit Wassergraben eingezeichnet worden ist und die unterirdischen Fluchtgänge mit einer Inschrift aus dem Jahre 1676 im Lößboden auf dem Friedhofsgelände von Venrath. Diese Fluchtgänge führen bis unter den Dorfkern von Venrath. Vergleichbare hochmittelalterlich datierte Gangsysteme wurden bei Grabungen im Braunkohlengebiet bereits mehrfach archäologisch festgestellt und werden in der Literatur auch für Holzweiler beschrieben. Auch unterhalb von Otzenrath sind vermutlich Gangsysteme aus dem 17. Jahrhundert vorhanden. Anscheinend stellen unterirdische Fluchtstollensysteme in der Lößbörde ein häufiges Phänomen dar.

Der größte Teil des Untersuchungsgebiets war kontinuierlich seit *1800* hauptsächlich Ackerland und Grünland in den wenigen Auenflächen. Der naturräumliche Gunstfaktor - fruchtbare Böden - führte zu einer intensiven Kulturlandnutzung der Parabraunerden-Flächen. Dies hat sich in den letzten 200 Jahren nicht geändert. Die einzelnen Flurparzellen waren um 1800 wegen der Realteilung stark zersplittert, auch das Wegenetz mußte darauf Rücksicht nehmen. Alle Ortschaften im Untersuchungsgebiet bestanden bereits vor 1800, es überwogen Straßendörfer und Weiler. Die Hauptwegeverbindungen der Orte existierten ebenfalls bereits zu diesem Zeitpunkt.

Aus der *Periode 1845-1893* sind nur wenige Elemente (bzw. Standorte) in der heutigen Landschaft erhalten geblieben, was sich damit erklären läßt, daß nur wenige Elemente neu entstanden sind. Die alten Wege wurden unverändert weitergenutzt, lediglich bei Spenrath ist ein kleiner Abschnitt hinzugekommen. In den Randbereichen der Orte wurden einige Gebäude errichtet. In der zweiten Hälfte des 19. Jahrhunderts ist die im südwestlichen Kartenausschnitt neu hinzugekommene Nutzungserschließung und die Errichtung mehrerer Einzelgutshöfe als Folge einer Waldrodung auffällig. Ebenso ist die Eisenbahnlinie im Osten als wichtiges Verkehrselement hinzugekommen.

Aus dieser Periode datieren auch mehrere neue Bildstöcke. Unverändert war bis 1893 die extreme Flurzersplitterung (1865 Durchschnittsgröße der Parzellen 0,8-1,1 Morgen) und die unzureichende Wegeerschließung. Die bisher in den Ortskernen bei der Kirche liegenden Friedhöfe wurden an den Ortsrand bzw. außerhalb verlegt und stellen seitdem ein wachsendes Flächenelement dar.

Auffälligste Elemente der *Periode 1893-1934* sind die neuen geraden, rechtwinkligen Flurwege, die im Zuge der Flurbereinigungen entstanden sind. Erst ab 1900 setzten die ersten Zusammenlegungsverfahren gegen heftigen Widerstand der Bevölkerung ein. 1914 war die erste und 1927 die zweite Phase der Zusammenlegungen abgeschlossen. Ziele dieser Zusammenlegungen waren die Vergrößerung und Erschließung der Parzellen mit neuen Wirtschaftswegen. Hierdurch wurde das alte Straßen- und Wegegefüge, abgesehen von den alten Hauptstraßen, völlig umgestaltet. Dies bedeutete auch für die Kulturnutzung einen erheblichen Wandel zu einer intensiven Agrarnutzung, aber auch Nivellierung einer alten Kulturlandschaft. Hoch blieb der Anteil landwirtschaftlicher Nutzfläche mit ackerbaulichem Übergewicht, Grünland lag fast ausschließlich in der Nähe der Dörfer und der Auen.

Wenn auch die baulichen Veränderungen sich überwiegend in den alten Ortskernen abspielten, so sind in zwei Dörfern neue kleinere Flächenelemente hinzugekommen: südlich Otzenrath und Holzweiler. In Holzweiler entstanden kleinere Betriebe wie eine Seilerei, Landmaschinenfirma, Molkerei und Krautfabrik.

Die *Periode 1934-1990* weist die höchste Dynamik auf. So führte der Straßenbau zu großen neuen Verkehrsachsen wie der A 44, 46 und 61, L 19 oder L 277. Weitere Flurbereinigungsmaßnahmen vor und nach 1945 ließen ein dichtes regelmässiges Flurwegesystem mit geradlinigen Wirtschaftswegen entstehen. Die Außenbereiche der alten Ortskerne erlebten eine rege Bautätigkeit, insbesondere Wohnhäuser in neuen geplanten Wohngebieten. Die Gewässer wurden begradigt, so die Niers 1935 und andere Fließgewässer wie *„Kückhover Fließ"*, *„Wahnbuschgraben"* und *„Fließ"*. Lediglich die Gewässer an alten Herrensitzen blieben unverändert. In der Gemarkung sind größere Elemente neu entstanden, so Sportanlagen, Werk- und Gewerbegebäude, Kläranlagen, Pumpstationen und öffentliche Gebäude. Landschaftsverändernde Auswirkungen gehen auch von den drei Kiesgruben zwischen Holzweiler und Kückhoven aus.

4.4.6.4 Überlieferte historische Kulturlandschaftselemente und -strukturen

Punktelemente

Sie wurden unterteilt in Hof/Haus, Kirche/Kapelle, Burg/Schloß/Herrenhof, Windmühle, öffentliches Gebäude, Ziegelei, Fabrik, Wegkreuz/Fußfall/Bildstock/Gedenkstein, Brücke, archäologische Fundstelle nach Altkartenvergleich, Einzelbaum, Tümpel/Teich/Grabenrest und Friedhof. Unterschieden werden diese Relikte in ihrem Zustand als kaum verändert, verändert (bzw. Neubau) oder ehemaliger Standort. Die Differenzierung zwischen kaum verändert und verändert erfolgte nach historisch-geographischer Betrachtungsweise und nicht nach bauhistorischer Beurteilung. Entscheidend ist die Ablesbarkeit der Struktur z.B. in Form der Gebäudeorientierung oder des Gesamteindrucks und Ablesbarkeit der räumlichen Zusammenhänge. So können als kaum verändert beurteilte Hofanlagen bauliche Überprägungen in der Fassadengestaltung o.ä. erfahren haben. Deren Detailveränderungen spielen bei der Beurteilung eine untergeordnete Rolle, wenn das Gebäude als ganzes eine Einstufung als historisches Kulturlandschaftselement ermöglicht.

Es zeigte sich, daß die agrarisch intensiv genutzte Landschaft nur über wenige historische Punktelemente in der Flur verfügt, es überwiegen Bildstöcke mit Einzelbäumen und ehemalige Windmühlenstandorte, die allerdings in dieser "leeren" offenen Landschaft eine "große" Wirkung haben. Auffällig sind die eingetragenen Standorte vorhandener und ehemaliger Windmühlen: Nördlich von Terheeg, Kuckum, nördlich von Kuckum, Westricher Mühle, südlich Spenrath, östlich von Holzweiler, südöstlich von Holzweiler, südöstlich von Immerath. Herausragende regionalspezifische Elemente stellen die Wasserburgen und Großgehöfte dar, die Herrensitze im Untersuchungsgebiet. Anders stellt sich die Situation in und bei den Ortskernen dar, hier sind eine Fülle von Einzelgebäuden erhalten geblieben.

In der Gemarkung von Holzweiler ist der Flachsanbau und die anschließende Weiterverarbeitung zu Leinen und vor allem Seilen überliefert. Reste der Weiterverarbeitung hiervon sind noch im Gelände in Form von leichten Bodenvertiefungen erkennbar, die ehemaligen Flachsrösten wie in Holzweiler am Weg nach Keyenberg. Der Flachsanbau zur Leinengewinnung ist im Untersuchungsgebiet, das zum *Flachsland* bei Erkelenz gehörte, bereits in das 9. Jahrhundert datierbar und hat somit kontinuierlich 1000 Jahre bestanden. Belegt ist, daß die Flachsrösten in großer Zahl über Jahrhunderte hinweg ein regionaltypisches Element waren. Somit ist auch im Untersuchungsgebiet mit Mulden zu rechnen, die Reste der ehemaligen Flachsrösten darstellen. Weitere Flachsanbaugebiete und Flachsrösten bestanden in der Otzenrather Gemarkung. Die Flurbezeichnung *Babbelskuhl* weist auf eine Flachskuhle in Holz hin.

Der Anbau von Waid ist durch eine Zehnturkunde von 1452 (BLASEN 1981, S. 27) in Holzweiler nachweisbar. Die arbeitsintensive Sonderkultur diente zur Gewinnung von blauem Farbstoff, bis dieser durch die Einfuhr von indischem Indigo seit dem 16. Jahrhundert sich nicht mehr rentierte.

Diese Sonderkultur ist im Kontext der Leinen- und Tuchherstellung zu sehen. Die Verbreitung des Waidanbaus ist von IRSIGLER (1983, S. 190) kartographisch erfaßt worden mit drei Einträgen bei Kückhoven. Ebenso wie der Flachsanbau mit den Flachsrösten hat der Anbau von Waid Spuren in der Kulturlandschaft hinterlassen und zwar in Form von Mergelgruben. Die Mergelung ist ein indirekter Hinweis auf Waidanbau. Das für die Düngung benötigte Sedimentgestein besteht aus Ton und kohlensaurem Kalk und wurde im Schachtbau gewonnen, da es in den unteren Bodenschichten vorkam. Die Schächte sind später verstürzt und sind dann als sanfte Einmuldungen im Gelände sichtbar und in der Preußischen Neuaufnahme von 1895 anhand der Höhenlinien erkennbar, ebenso weisen Flurnamen darauf hin.

Linienelemente
Unter den Linienelementen wurden Fassadenensembles und -reihen, Wege, ehemalige Eisenbahntrassen, Pappel-Baumreihen, Gewässer bzw. ursprüngliche Gewässer zusammengefaßt. Augenfälligste Elemente sind die Fassadenensembles in den historischen Ortskernen. Für die Einstufung als Linienelement wurde ebenfalls der Gesamtcharakter einer Straßenzeile als Kriterium herangezogen. Überwiegt in einem Abschnitt die alte Bausubstanz, stellen Bauflucht, Proportionen und Dachlandschaft eine Einheit dar, so ist dieser Bauabschnitt als Linienelement eingetragen. Dadurch ist eine Beurteilung der erhaltenen Bebauungsstruktur möglich.

Weitere wichtige Linienelemente sind die historischen Wege. Hierbei ist nicht der Straßenbelag entscheidend, sondern der Trassenverlauf. Die wenigen Gewässer sind heute begradigt und dadurch erheblich verändert. Einige Gewässerabschnitte haben ihre ursprüngliche Form erhalten, auch wenn durch einzelne Wasserbaumaßnahmen (Uferbefestigung u.a.) in das Flußbett eingegriffen wurde. Im östlichen Untersuchungsgebiet verläuft eine ehemalige Eisenbahntrasse mit einer Verladebahnhof-Wüstung. Die Pappelreihen repräsentieren Reste ehemaliger Alleen und Wegeverbindungen.

In der spätmittelalterlichen Kulturlandschaft bestand ein System von verschiedenen Grenz- und Besitzbefestigungen in Form von Wällen und Gräben. Herausragend waren die Landwehren, wie die

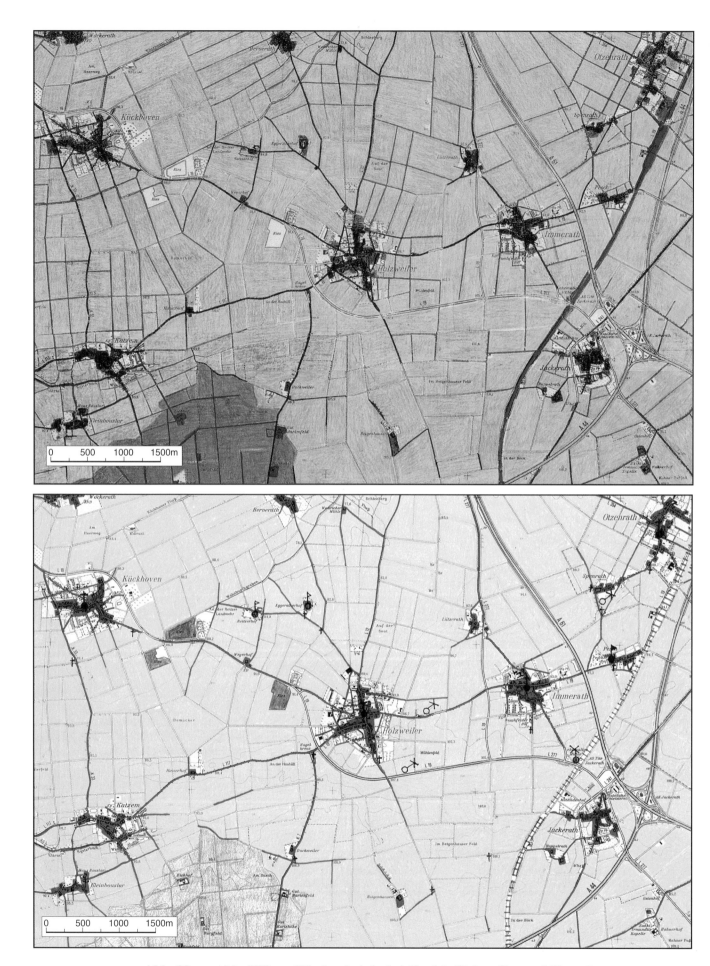

Abb. 39 a und b: Kölner (Niederrheinische) Bucht: Holzweiler und Umgebung

a: Kulturlandschaftswandel, b: Historische (persistente) Kulturlandschaftselemente

216

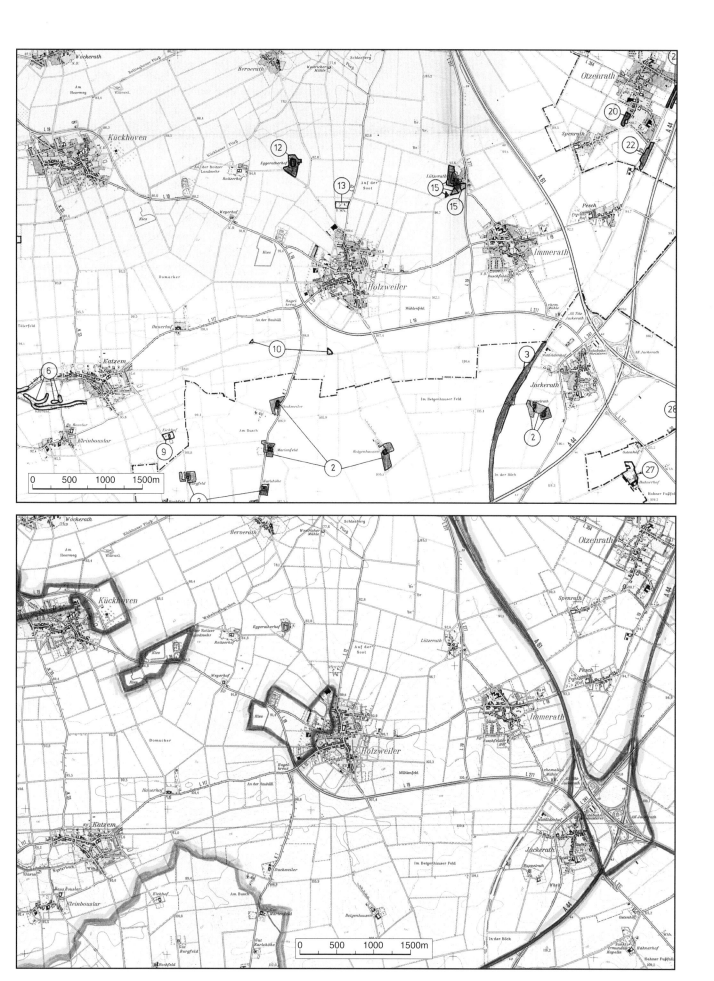

Abb. 39 c und d: Kölner (Niederrheinische) Bucht: Holzweiler und Umgebung

c: Biotopkataster, d: Kulturlandschaftsbestandteile und -bereiche

217

Holzweiler Landwehr. Die noch auf der Tranchot/v.Müffling-Karte erkennbare Landwehr wurde um 1550 errichtet. Sie hatte eine territorienmarkierende Grenzfunktion mit Durchlässen mit Schlagbäumen. Sie konnten keine dauerhaften fortifikatorischen Befestigungen sein. Die Jülicher Landwehr bei Holzweiler verlief zwischen den Orten Holzweiler und Kückhoven; sie bestand aus einem Wall mit Sperrpflanzen (Schwarz-, Weiß- und Schleedorn). 1837 wurde sie abgetragen und die Areale verkauft, wobei ein parallel verlaufender Feldweg die Bezeichnung „Landwehr" behielt.

Im Untersuchungsgebiet verläuft die römische Verbindung Köln-Kaster-Erkelenz-Wassenberg-Roermond, die noch im frühen 19. Jahrhundert benutzt wurde (HERBORN und KRINGS 1976, S. 22) und die in Teilabschnitten noch im heutigen Straßennetz vorhanden ist. Die Entstehung des „Heerweges" datiert vermutlich in mittelalterliche Zeit. Teile der Trasse sind westlich des Ortsausganges von Wockerath als heutige „Wockerather Straße", abschnittsweise als Hohlweg, unterbrochen von der Eisenbahntrasse und als heutige „Mühlenstraße" erhalten geblieben. Die zum Teil sehr lange genutzten Wege in der Lößbörde führten zum Entstehen von Hohlwegen, von denen in der südlichen Gemarkung von Holzweiler noch Reste erkennbar sind. Sie stellen in der heutigen Kulturlandschaft historische Linienelemente dar.

Ein wichtiger Straßentypus waren die Chausseen, die im 19. Jahrhundert weiter ausgebaut worden sind. 1865 wurde die Chaussee Erkelenz-Kückhoven-Holzweiler-Immerath bis Jackerath fertiggestellt, 1863-1869 erfolgte der Ausbau der Chaussee Rheydt-Wickrath-Wanlo-Keyenberg-Holzweiler und bereits 1857 der Ausbau der Wegeverbindung zwischen Keyenberg und Unterwestrich als weitere Chaussee. Die meisten Wege waren bis zu der Flurbereinigung als Wirtschaftswege zu bezeichnen. Im Laufe des 20. Jahrhunderts sind die meisten Wege nach der Flurbereinigung mit einigen Ausnahmen von neuen ersetzt worden. Hierdurch hat sich das alte Wegegefüge tiefgreifend verändert. Einige wenige Reststücke sind noch erhalten. Den Raum stark verändert haben die Bundesautobahnen A 44, 46 und 61, die das Gebiet heute begrenzen oder durchschneiden und in einigen Orten wie z.B. Holz eine bauliche Expansion nur in bestimmte Richtungen zulassen.

In der Reliktkartierung und auch im Biotopkataster sind die Reste der ehemaligen Eisenbahnlinie und damit zusammenhängender Baulichkeiten kartiert worden. Es handelt sich dabei um die 1860 eröffnete Strecke Gladbach-Rheydt-Odenkirchen, deren weiterer Ausbau über Hochneukirch-Otzenrath nach Jülich 1873 erfolgte, seitdem war Otzenrath an die Bahnlinie angebunden und verfügte über einen eigenen Bahnhof. 1909 erhielt auch Immerath einen Bahnhof. Die Bahnlinie ist 1979 stillgelegt worden, seitdem liegen die Gleise und das Bahnhofsgebäude Immerath brach, bzw. stellen eine Verkehrswüstung dar. Hier ist durch die Rückeroberung der Natur ein Biotop entstanden.

Flächenelemente

Zu den Flächenelementen im Untersuchungsgebiet gehören die historischen Ortskerne, Industriegelände, Waldrelikte und Pappelplantagen. Das Areal der historischen Ortskerne wurde nach Kartenvergleich und Besichtigung des begrenzenden Parzellen- und Wegegefüges kartiert. Damit ist eine parzellenscharfe Begrenzung des alten Ortskerns möglich. Neben der indirekten Ablesbarkeit des ehemaligen Siedlungsgefüges muß insbesondere in diesen Bereichen mit untertägigen Befunden gerechnet werden. Zerstörungsbereiche durch drei Kiesgruben liegen südöstlich von Kückhoven. Waldflächen, die als Waldrelikte anzusprechen sind, konnten nur sehr rudimentär festgestellt werden, es überwiegen Pappelplantagen.

Die Feldflur bildet die größte Fläche der historischen und heutigen Kulturlandschaft. Aufgrund der geringeren Bevölkerungsdichte in nachrömischer Zeit und dem Nachlassen der Notwendigkeit großer, intensiv genutzter Agrarflächen fielen die römischen Ackerflächen wüst und verwaldeten allmählich mit lichten Eichen- Hainbuchenwäldern. Präziser werden die Aussagen zum Verhältnis von Agrarflächen und Wald am Ende des 13. Jahrhunderts mit größeren Waldarealen im Südwesten der Gemarkung Holzweiler. Bis 1500 haben sich die Waldflächen verkleinert. Auf einen Waldstreifen deuten auch die im Untersuchungsgebiet gelegenen Orte mit der Endung -rath: Immerath, Spenrath, Otzenrath, Berverath oder weitere auf Wald hindeutende Bezeichnungen wie Pesch (ehemals Werresrath), Holz und Holzweiler hin. Im 18. Jahrhundert existieren nur noch kleine, lockere Baumgruppen bei den Höfen oder in den Auenbereichen. Das heutige Kulturlandschaftsbild ist bereits im Spätmittelalter entstanden.

4.4.6.5 Übereinstimmungen und Gegensätze

Obwohl in diesem Modellgebiet vergleichsweise wenig Biotope ausgewiesen sind, stehen sie fast ausnahmslos in Beziehung zu Kulturlandschaftselementen wie Einzelhöfen (Gutshöfe), Abgrabungen und einer ehemaligen Bahntrasse. Das größte flächige Biotop befindet sich in der Niersaue zwischen Keyenberg und Wanlo. Hierin sind ein Schloß, ein Gutshof, eine Wassermühle und das Kulturdenkmal Motte mit einbezogen worden. Bei den Einzelhöfen wurde die Hofvegetation aus ökologischer Sicht als sehr wertvoll eingestuft. Aus Sicht der Kulturlandschaftspflege sind Hof und Vegetation unzertrennbar miteinander verbunden.

Die großen intensiv bewirtschafteten Ackerfluren wurden nicht erfaßt, jedoch haben diese tradierten Ackerflächen ebenfalls einen Wert, weil sie eine fast über tausendjährige Ackernutzung aufweisen. Ein weiterer Aspekt zu ihrer Inwertsetzung ist, daß sie eine sogenannte "Hidden Landscape" mit einem reichhaltigen Bodenarchiv vor allem aus der Römerzeit darstellen, das durch den intensiven Ackerbau (Tiefpflügen) und Braunkohlenabbau stark gefährdet ist.

In diesem Modellgebiet gibt es keine weiteren Gegensätze zwischen den Interessen des Arten- und Biotopschutzes und denen der Kulturlandschaftspflege.

4.4.6.6 Kulturlandschaftsbestandteile und -bereiche sowie ihre Schutzwürdigkeit (Abb. 39 d)
(Grundlage: TK 25: 4904 Titz, Altkarten, Kulturlandschaftswandelkarte, Karte der historischen Landschaftselemente und persistenten Landnutzungsformen sowie das Biotopkataster)

Vom Ackerbau geprägte Kulturlandschaftsbereiche (gelb)
Prägende Merkmale (Landschaftsbild):
- Geschlossenes Siedlungsgefüge mit historischen Ortskernen der Kirchendörfer, Weiler und vereinzelten Gutshöfe mit hofnahen Weiden und Obstweiden,
- fränkische Hoftypen (dunkelbraune Ziegel) mit Innenhöfen,
- sehr offene Landwirtschaftsflächen mit intensiver Ackerlandnutzung,
- überörtliches tradiertes Straßengefüge,
- rechteckiges landwirtschaftliches Wegegefüge der Flurbereinigungen,
- Baumreihen und Alleen (vor allem nach 1950),
- von Einzelbäumen markierte Wegkreuze und Bildstöcke, die von weitem sichtbar sind,
- Burgen, Schlösser, Herrensitze mit der zugehörigen Vegetation.

Von der Niersaue geprägte Kulturlandschaftsbestandteile (wiesengrün)
Prägende Merkmale (Landschaftsbild):
- Niersquelle,
- hauptsächlich Grünland und Reste des Auenwaldes (Biotopkataster),
- Pappelwiesen und Heckenreihen als Parzellengrenzen,
- Entwässerungssystem,
- Wasserburgen und Schlösser (Zourshof, Schwalmerhaus, Wilderader Hof und Haus Keyenberg).

Jungere von Rodungen und Kultivierungen geprägte Kulturlandschaftsbereiche mit Gutshöfen (orange)
Prägende Merkmale (Landschaftsbild):
- Ausschließlich Ackerland,
- Einzelgutshöfe mit zugehöriger Hofvegetation,

- geradliniges Parzellierungs- und Wegegefüge.

*Von Entwicklungsdynamik geprägte und stark überformte Kulturlandschaftsbereiche bzw.
-bestandteile* (grau)
Prägende Merkmale (Landschaftsbild):
- Relikte der Industrialisierungsphase 1870-1920,
- nach 1895 entstandene Neubau- und Gewerbegebiete,
- keine zusammenhängenden historischen Elemente,
- Kiesabbaugebiete,
- Zerschnitten von Autobahnen und Autobahnkreuzen,
- Obstplantagen (Kückhoven).

Auszug aus dem Biotopkataster

Nr.	Blatt 4904 Titz (Abb. 39c)
2	*Hofvegetation* (27,3 ha, LB, Vorschlag), mehrere landwirtschaftliche Anwesen mit Weiden und Gehölzen: Huppelrath (SW von Jackerath), Bellingshausen, (Waldkultivierung der Periode 1842-1895: Dackweiler und alle Höfe dieser Kultivierung, Merkmale: umzäunte Obstweiden, Weiden als Windschutz, Plantanenallee (Marienfeld), Pappelreihen, Feldgehölz 10 %, Gebüsch 12 %, Hecke 8 %, Baumreihe 8 %, Allee 3 %, Fettweide (Obstwiesenreste) 40 %, Teich 2 %, Graben 2 %
3	*Stillgelegte Bahntrasse ohne Gleise und mit Bahnkörper westlich von Jackerath* (38,4 ha LB, Vorschlag), Gebüsch 50 %, Ruderalflur und Ödland 30 %, Bahnbüschung 10 %, stehendes Kleingewässer 1 %, Baumreihe 2 %
6	*Gehölzstreifen Bruchberg westlich von Katzem* (8 ha, LSG, LSG Vorschlag), Baumreihe 100 % (Bachtal mit Hangvegetation: Ulmen, Esche)
7	*Teiche nördlich von Mennekath* (0,5 ha, LB Vorschlag), Teich 95 %, Ufergehölz (als Viehtränke genutzt)
8	*Teich* (Wiesenweiher) *südlich von Mennekath* (0,5 ha, LB Vorschlag), Weiher 100 %
9	*Baumbestand um Gut Eichhof* (SÖ von Katzem) (1,5 ha, ND, LB Vorschlag), Fettweide 30 %, Gebäude, Mauerwerk, Ruine 20 %, Baumgruppe, -reihe 30 %, Allee 10 %, Hecke 5 %, stehendes Kleingewässer 5 %
10	Feldgehölze südlich von Holzweiler (als Reste in der ausgeräumten Kulturlandschaft) (1 ha, LB Vorschlag), Feldgehölz 100 % (heckenartige Gebüschstruktur)
11	*Baumbestand um den Zourshof* (1,7 ha, LB, NSG erloschen), Fettweide 35 %, Teich 25 %, Ufergehölz 25 %, Hecke 5 %, Gebäude, Mauerwerk, Ruine 10 % (Hofvegetation mit Teich)
12	*Baumbestand um den Eggenratherhof* (3 ha, LB, Vorschlag), Feldgehölz 100 % (Hofvegetation mit Blutbuchen, Feldulmen, Stieleichen und Pappel sowie heckenartige Strukturen)
13	Wasserwerk nördlich von Holzweiler (1,9 ha, LB Vorschlag), Feldgehölz 80 %, Obstgarten, -wiese 15 %, Ruderalflur 5 % (neues Biotop)
14	Niersaue zwischen Keyenberg und Wanlo und *umfaßt Wilderathshof und Schwalmerhaus* (32,3 ha, LSG, NSG erloschen), Fettweide 30 %, Eichen-, Eichenmischwald 25 %, Pappel-, Pappelmischwald 30 %, Acker 5 %, Hecke 1 % (Weißdornhecke 100 m), Ufergehölz 1 %, Teich 2 %, Bach 1 % (Pappelreihe, beeinträchtigt durch Braunkohlenabbau)
15	*Weilervegetation: Baumbestand Lützerath* (5 ha, LB Vorschlag), Obstgarten, -wiese 80 %, Feldgehölz 15 %, Baumgruppe, -reihe 5 %
18	*Teich* und Wäldchen NW von Otzenrath (2,5 ha, LSG Vorschlag), Feldgehölz 60 %, Teich 30 %, Hecke 5 %, Gebüsch 5 % (neues Biotop: Lößtälchen, Weißdornhecken, Pappelwäldchen, angepflanzte Bäume)
19	Wildpflaumenhecke NW von Holz (Hohlweg) (0,3 ha, LB Vorschlag), Hecke 100 % (Ulmen mit Stockausschlag)
20	Hofnahe Obstweide und *Teich* in Otzenrath (1 ha, LB Vorschlag), Fettweide 95 %, Teich 2 %, Hecke 3 %
21	Gartenland und Obstwiesen in Holz (2 ha, LSG Vorschlag), Fettweide 40 %, Obstgarten, -wiese 45 %, (Weißdorn)hecke 4 %, Baumgruppe, -reihe 10 %, Gebüsch 1 %
22	Stillgelegtes Bahngelände Otzenrath (2,5 ha, LSG Vorschlag), Ruderalflur, Ödland 20 %, Gleisanlage (Bahnhofsgelände) 45 %, Feldgehölz 40 %
23	*Bahndamm und Teich bei Otzenrath* (2,5 ha, LB Vorschlag), Gebüsch 79 %, Ruderalflur, Ödland 20 %, stehendes Kleingewässer 1 %
27	*Hahnerhof: Park und Gartenland* (3,2 ha, LB Vorschlag), Feldgehölz 43 %, Hecke 5 %, Fettweide 22 %, Teich 8 %, Garten 10 %, Graben 2 %, Obstgarten, -wiese 10 % (Hecken- und Baumreihen als Einfriedung, parkartige Gartenanlage)
29	Stehendes Abgrabungsgewässer östlich von Borschemich (0,75 ha, LB Vorschlag), Abgrabungsgewässer 90 %, Ufergehölz 10 %

Biotope 135,7 ha

4.4.7 Eifel: Monschau und Umgebung

4.4.7.1 Einleitung

Das Modellgebiet ist Teil der Großlandschaft „Eifel", sowie der wertvollen Kulturlandschaft Rureifel und nördliche Kalkeifel. Territorial gesehen gehört es zum Kreis Aachen-Land und zur Stadt Monschau.

4.4.7.2 Die naturräumlichen Rahmenbedingungen

Der größte Teil des Modellgebiets befindet sich in der Rureifel (282) und der westliche Rand gehört zum Hohen Venn. Morphologisch betrachtet, senkt sich das Venn-Plateau allmählich zu weiten und stark durch die Rur und ihren Nebenflüssen Breitenbach, Furhtbach, Hömerbach, Perlenbach und Laufenbach zertalten Hochflächen der nordwestlichen Hocheifel. Die durchschnittliche Höhe liegt auf den Hochflächen zwischen 520 in Hargard und 600 m ü. NN (Mützenich). Die Hochfläche fällt von Süden nach Norden ab. Im Rurtal variiert die Höhe zwischen 480 m bei Kalterherberg und 380 m östlich von Monschau. Außer diesen Talungen ist die Reliefierung dieses Mittelgebirgsraums relativ schwach ausgeprägt.

Diese Lage hat sich entsprechend auf das Klima ausgewirkt. Die durchschnittlichen jährlichen Niederschlagsmengen sind sehr hoch: bei Mützenich 1282 mm, Kalterherberg 1162 und Monschau im Tal 1122 mm. Dies gilt nicht für die Temperaturen. Die durchschnittliche Jahrestemperatur beträgt 7° und im Juli nur 15° C.

Der Untergrund besteht aus schwarzem Schiefer im Vennbereich, der zu tiefgründigen, schweren, staunassen Böden verwittert ist. Hierdurch sind die Böden (Pseudogleye und anmoorige bis Hochmoorböden) dort nährstoffarm und durch die Staunässe im Zusammenhang mit den hohen Niederschlägen für den Ackerbau schwierig zu bearbeiten. Die Böden (Braunerden) auf der Hochfläche sind etwas besser und stärker mit Steinen durchsetzt. Der unterdevonische Untergrund verzeichnet Einlagerungen von Sandstein und Grauwacke. Hierdurch ist die Vernässungsgefahr nicht so groß. Die Böden der Talhänge sind sehr steinig und die Böden der engen Talsohlen steinig und grobsandig (WINTER 1965, S. 14-16).

Der Raum gehört zu der potentiellen natürlichen Hainsimsen-Buchen (Rotbuchen)Waldlandschaft, die auf der Hochfläche dominiert. In den Tälern herrschte der Eichen-Hainbuchen-Wald vor. Die ursprüngliche Vegetation wurde durch die intensive jahrhundertelange Nutzung - vor allem der Wälder - tiefgreifend verändert.

4.4.7.3 Skizzierung der Kulturlandschaftsentwicklung

Obwohl die Eifel in vorhistorischer Zeit und Römerzeit besiedelt war, war das Modellgebiet aufgrund des rauhen feuchten Klimas, der Höhenlage und der Zertalung sowie auch der starken Bewaldung nur dünn besiedelt. In der Römerzeit war dieser Ungunstraum hauptsächlich ein Durchgangsgebiet. Eine Römerstraße verlief wahrscheinlich über Mützenich (Mutiniatum), aber Belege liegen nicht vor (PILGRAM 1958, S. 43). Eine römische Anwesenheit wird durch Funde und auch Siedlungsfunde belegt.

Die gleichen ungünstigen Bedingungen galten auch für die merowingische und karolingische Besiedlung. Die fränkische Landnahme (400 bis 800 n. Chr.) fehlt weitgehend und die für das heutige Landschaftsbild wichtige Entwicklung mit der hoch- und spätmittelalterlichen Rodungsperiode setzte relativ spät ein und dauerte bis zum 16. Jahrhundert (PILGRAM 1958, S. 45). Die dortigen Siedlungen werden erst seit dem 14. Jahrhundert erwähnt. Im Modellgebiet ist Mützenich der älteste Siedlungsstandort. Der keltisch-römische -nich-Name deutet auf ein altes "Mutiniacum", das wahrscheinlich ein Benifiziarier-Straßenposten an einer bedeutenden Straßenkreuzung war. Die obengenannte Römerstraße wurde von der sogenannten Kupferstraße gekreuzt. Mützenich wird als Dorf erst 1361 genannt, die Kirche wurde 1847 gebaut und 1856 zur Pfarrkirche erhoben.

Die Vorgängersiedlung der Stadt Monschau (Montjoie) wurde 1217 erwähnt. Die Burg bei Monschau wurde um 1150 im Zusammenhang mit der Umwandlung der älteren Burg Reichenstein (westlich von Kalterherberg) in ein Kloster errichtet. Unterhalb der Burg Monschau entwickelte sich die Siedlung, die 1342 befestigt war und 1366 als Stadt bezeichnet wurde. Die Burg wurde 1543 zerstört, wiederaufgebaut und 1689 gesprengt.

Um 1135 wurde die Burg Reichenstein in ein Doppelkloster der Prämonstratenser umgewandelt und um 1200 war es nur noch ein Nonnenkonvent, der 1487 aufgelöst wurde. Danach wurde der ehemalige Nonnenkonvent ein Priorat des Klosters Steinfeld. Nach der Säkularisierung wurde Reichenstein ein Gut. Auf der Tranchotkarte schloß sich westlich des Klosters ein Teich an.

Höfen verdankt seine Entstehung einer Einzelsiedlung von vier Höfen, die 1361 bzw. 1404 erwähnt wurden. 1697 wurde die Kirche gebaut, die 1701 zur Pfarrkirche erhoben wurde. Höfen entwickelte sich seitdem zu einem Straßendorf mit sogenannten Vennhäusern.

Kalterherberg entwickelte sich wahrscheinlich aus einem einsam gelegenen Gasthaus des Klosters Reichenstein erst seit dem 17. Jahrhundert. 1550 ist eine Lambertus-Kapelle belegt, die zur Kirche ausgebaut wurde, aber erst 1804 Pfarrechte erhielt.

Mützenich, Höfen und Kalterherberg entwickelten sich zu Rodungsinseln mit großen Fluren innerhalb des Waldes. Kalterherberg und Höfen wurden um 1800 nur durch die bewaldeten Hänge des Perlenbachtales voneinander getrennt. Mützenich und Monschau sowie Monschau und Höfen wurden durch schmale mit Wald bestockte Hänge des Rurtales voneinander getrennt.

Höfen und Kalterherberg weisen gereihte Strukturen auf. Vor allem die letztere Siedlung weist den deutlichen Grundriß einer Straßensiedlung auf, die bei Höfen allerdings weniger ausgeprägt ist und im nördlichen und südlichen Teil auch eine gestreute Struktur aufweist. Mützenich dagegen hat eine andere Struktur, die als eine locker bebaute, haufendorfähnliche Struktur zu bezeichnen ist.

Bei den ältesten Einzelsiedlungen handelte es sich um Höfe und Wassermühlen. In der Nähe des Klosters Reichenstein befand sich der Hof Bredtbaum, der nach 1800 wüst fiel. Der Ruitzhof datiert aus der Zeit vor 1800. Weitere Einzelhöfe waren nach der Tranchotkarte: Vennhof (südwestlich von Mützenich) und der Schreiberhof.

Am Perlenbach gab es im Modellgebiet zwei Wassermühlen: Die Höfener oder Perlenbachmühle und die Sägemühle Perlenau. Westlich Reichenstein gab es ebenfalls eine Wassermühle am Schwarz-Bach, sowie nördlich von Monschau die Blumenauer Mühle am Laufenbach.

Außerdem sind auf der Tranchotkarte drei Weiler oder Hofgruppen dargestellt: Eschweid südwestlich von Mützenich, Heidchen zwischen Höfen und Monschau, sowie Menzerath nordöstlich von Monschau.

Die Entwicklung der Stadt Monschau nahm erst im Spätmittelalter als Residenz der Herren von Monschau-Valkenburg und als Verwaltungssitz Gestalt an (PILGRAM 1958, 48). Die Stadt wurde Mittelpunkt des seit dem 16. Jahrhundert nach ihm genannten Landes.

Im 16. und 17. Jahrhundert erweiterte Monschau sich im Rurtal. Bis 1639 gehörte Monschau noch zur Pfarrei Konzen. Um 1650 setzte mit dem Bau der alten Pfarrkirche St. Mariä Geburt eine rege Bautätigkeit ein. Trotzdem blieb die Stadt eine relativ unbedeutende Ackerbürgerstadt. Auch die Gründung des Minoritenklosters mit Kirche setzte 1711 vergleichsweise spät ein. Das Kloster wurde 1802 säkularisiert. Danach wurde das Gebäude als Schule, Amtsgebäude und heute als Heimatmuseum genutzt. Die Kirche ist seit 1862 die Hauptpfarrkirche.

Erst im 18. Jahrhundert erlebte Monschau durch das Tuchgewerbe, das vor allem von zugewanderten protestantischen Familien eingeführt wurde, einen bemerkenswerten Aufstieg. Die günstigen Wasserverhältnisse stellten gute Standortbedingungen für das Tuchgewerbe dar, weil Wasser als Energiequelle und kalkfreies Wasser für das Produktionsverfahren ausreichend vorhanden war. Monschau war im 18. Jahrhundert als Tuchmacher-Stadt bekannt. Es erlebte eine Blüteperiode, die sich auch im Stadtbild mit großen hochgiebeligen und schieferbedeckten Tuchmacher- und Patrizierhäusern (das rote Haus vom Tuchhersteller Johann Heinrich Scheibler), der im klassizistischen Stil gebauten protestantischen Kirche und den Tuchherstellungsgebäuden mit Bleichwiesen an den Hängen in der unmittelbaren Stadtumgebung niedergeschlagen hat. Um 1790 hatte Monschau ca. 4000 Einwohner (um 1890 ca. 1800).

In der französischen Periode 1795-1813 setze durch ein Verbot der Tuchausfuhr, der Last hoher Kontributionen und der Veränderung der Mode nach der französischen Revolution ein Rückgang ein, von dem die Stadt sich nicht mehr erholt hatte. Sie verlor ihre Stadtrechte, die sie erst 1856 wieder erlangte.

Die Entwicklung im ländlichen Raum wurde neben der Landwirtschaft, die unter Beachtung der schlechten Klima- und Bodenverhältnisse und zusätzlich verstärkt durch die negativen Folgen der Realteilung wenig ertragreich war, von nebenerwerblichen Aktivitäten der Bevölkerung geprägt. Der Ackerbau war selbstversorgend. Trotz der Ungunst der Böden für Getreideanbau, wurden die meisten Flächen - auch die nicht permanent ackerbaulich genutzten Flächen (Schiffelland) - mit Getreide angebaut. Dies geschah in einer unregelmäßigen Feld-Gras-Wirtschaftsform in Dorfnähe und mit der Schiffellandwirtschaft (1-2 Jahre Getreideanbau und 20 bis 50 Jahre Brache) in den peripheren Fluren. Die Schiffelwirtschaft ist vermutlich aus der Rottwirtschaft hervorgegangen, bei der in einem 12-20jährigen Zyklus der Niederwald gehauen wurde und je nach Bodenbeschaffenheit 1 bis 3 Jahre Ackerbau betrieben wurde (WINTER 1965, S. 67). Erst im 19. Jahrhundert entwickelte sich eine regelmäßige Feld-Gras-Wirtschaft mit steigenden Grünlandjahren (PILGRAM 1958, S. 61). Im Rahmen der Feld-Gras-Wirtschaft wurde meistens 5-6 Jahre Getreide (Hafer) gesät und danach blieb das Land 6-9 Jahre "dreesch" liegen und "der Selbstberasung überlassen" (PILGRAM 1958, S. 93). Diese Wirtschaftsform wurde bis in die 60er Jahre beibehalten. Die Streugewinnung im Venn mußte im Rahmen der dortigen Aufforstungen allmählich aufgegeben werden.

Der dringend benötigte Nebenerwerb bestand aus Heimarbeit (Spinnereien). Durch den gewerblichen Aufstieg Monschaus nahm die Zahl der Menschen, die von dem Tuchgewerbe lebten, enorm zu. Als Beispiel sei genannt, daß 6000 Menschen in den Manufakturen und vor allem in Heimarbeit des bedeutendsten Monschauer Tuchherstellers Johann Heinrich Scheibler ihren Lebensunterhalt verdienten (PILGRAM 1958, S. 53). Bedingt durch die Heimarbeit und vor allem durch die Arbeit in den Manufakturen wurde zunehmend Ackerland in Grünland umgewandelt. Außerdem nahm im Rahmen der Monschauer Tuchherstellung auch die Torfgewinnung im Hohen Venn zu. In den Venndörfern standen Torfschuppen, die im Besitz der Tuchhersteller waren, denn der Torf war ein billig zu beschaffender Brennstoff in unmittelbarer Nähe.

Mit dem Niedergang der Tuchherstellung seit ca. 1800 setzte ein ständiger Abwanderungsprozeß ein.

Größere Waldareale befanden sich seit der karolingischen Periode im königlichen Eigentum. Das Waldgebiet nördlich Kalterherberg ist heute noch Staatsbesitz. In der Nähe der Dörfer befanden sich die Gemeindewälder, die eine wichtige Existenzgrundlage (Holznutzung, Streu- und Laubgewinnung sowie als zusätzliche Weideflächen) für die Bauern bildeten. In den landesherrlichen Wäldern wurden den Bauern gewisse Rechte zugestanden. Die Bauern hatten das Recht der Eichelmast und sie konnten gewisse Mengen an Brennholz und Zaunholz schlagen. In den landesherrlichen Wäldern war die Waldnutzung vielseitig: Holzgewinnung für die Holzkohlenproduktion des benachbarten Messing- (Vichtetal) und Eisengewerbes (Rur- und Kalltal), Waldbeweidung und die Waldbienenwirtschaft. In der zweiten Hälfte des 17. Jahrhunderts gab es bereits strenge Vorschriften über Holzarten, Waldaufwuchs, Maßnahmen bei Bränden usw. Hierzu wurde der Wald in Huten eingeteilt, die von Förstern verwaltet wurden (PILGRAM 1958, S. 60). Diese Maßnahmen waren vor allem notwendig um die Holzkohlenversorgung für das Messing- und das Eisengewerbe zu sichern. Durch die relativ kleinen Gemeindewälder war die Streunutzung im Venn konzentriert.

Nach PILGRAM (1958, S. 106) müßte es bereits vor 1795 Nadelbaumkulturen gegeben haben.

Erst in der französischen Periode verschlechterte sich der Zustand dieser Wälder drastisch. Die

223

Markenwälder verkamen durch Übernutzung im Laufe des 16. bis 18. Jahrhunderts zunehmend zu Ödlandflächen.

Um 1810 gab es für das Modellgebiet folgendes Landnutzungsgefüge:

In und in unmittelbarer Umgebung der Dörfer befanden sich die Grünlandflächen, mit daran grenzenden Acker- und Wechsel(Schiffel)landflächen, die wiederum von Wald- bzw. von Ödland begrenzt wurden (WINTER 1965, Karte II).

Die Auen der Flüsse und Bäche, die von Hangwäldern bzw. verkommenen ehemaligen Waldflächen (Ödland) an den Hängen flankiert wurden, bestanden aus Grünland.

Im Modellgebiet waren diese Landnutzungsformen (Grün-, Acker-/Wechsel-, Ödland und Wald) um 1810 nach WINTER (1965) etwa gleich stark vertreten.

Von den heutigen Hauptstraßen waren nur Trassenabschnitte der heutigen B 258 in Höfen und nördlich von Monschau vorhanden. Die Straße von Monschau nach Eupen verlief damals auch in Mützenich über eine andere Trasse, die im Straßengefüge von Mützenich noch erhalten ist. Die heutige Straße nach Eupen wurde als Chaussee zwischen 1810 und 1845 gebaut.

Die Kulturlandschaftsentwicklung von *ca. 1810 bis 1893* wirkte sich vor allem auf das Landnutzungsgefüge aus.

In Monschau und in Höfen, Kalterherberg und Mützenich nahm die Bebauung hauptsächlich linear zu, ohne die Siedlungsstruktur wesentlich zu beeinflussen. Die Erweiterungsmöglichkeiten des Gewerbes von Monschau im Rurtal waren sehr beschränkt, so daß die einzigen Expansionsmöglichkeiten die Hanglagen des Rurtales waren. Die Fabriken, die an einen wassernahen Standort an der Rur gebunden waren, konnten ihre Standorte nur flußauf- bzw. flußabwärts verlegen. Das Tuchgewerbe konnte sich auch in preußischer Zeit trotz eines kurzfristigen Aufschwungs aufgrund neuer Grenzen, Konkurrenz und einer anderen Zollpolitik nicht dauerhaft erholen. Außerdem wirkten die schlechten Verkehrsverbindungen sich zunehmend negativ aus. Hierdurch sank die Einwohnerzahl bis ca. 1890 auf 1800 Einwohner, also 2200 Einwohner weniger als um 1780 während der Blüteperiode des Tuchgewerbes.

Die Verkehrsverbindungen wurden mit dem Bau von neuen Trassenführungen der heutigen B 258 verbessert. Die heutige B 399 Malmedy-Kalterherberg-Monschau wurde neugebaut. Dies gilt auch für die Straße (L 214) zwischen Monschau und Eupen. Zwischen 1885 und 1887 wurde die sogenannte Vennbahn mit einem Bahnhof westlich von Kalterherberg im Rurtal und dem Bahnhof Monschau auf der Höhe zwischen Monschau und Mützenich angelegt.

Die (Rotbuchen)Schutzhecken sind nicht aus der Tranchotkarte zu entnehmen. Dagegen wurde das Grünland in und in Dorfnähe als hofnahe eingezäunte Weiden und Wiesen (Pesche) bezeichnet. Diese Einzäunungen mußten damals aus Hecken bestanden haben. In Kalterherberg gab es außer den Garten- und Obstgartenflächen kaum Äcker. In Mützenich und Höfen gab es mehr Ackerflächen. Die meisten Flurhecken, die die Monschauer Landschaft prägen, sind erst um 1800 entstanden.

Durch die vorherrschende Realteilung waren die Parzellen sehr zersplittert, es herrschte Flurzwang und die Anfahrtswege waren sehr lang. Hierdurch waren die bäuerlichen Betriebe relativ klein (Höfen 75 %, Kalterherberg 85 % und Mützenich 72 % unter 5 ha).

Das alte Waldwegenetz wurde im Rahmen der preußischen Forstwirtschaft in den königlichen Forsten durch ein neues rechteckiges bzw. quadratisches Wegenetz ersetzt. Diese Wege markieren die Jagen, mit denen der Forst eingeteilt wurde. Nur einige alte Waldwege sind geblieben.

Insbesondere die Landnutzungsveränderungen waren tiefgreifend. Der Anteil des Ödlands sank einerseits durch Kultivierungen und andererseits durch Aufforstungen. Bemerkenswert ist allerdings, daß nach der Karte von Winter (1965) auf der Grundlage der Neuaufnahme, nicht die Waldartenveränderung berücksichtigt wurde. Dies gilt ebenfalls für die Waldbewirtschaftungsformen Hoch- und Niederwald, die auf der Tranchotkarte nicht spezifiziert wurden. Seit ca. 1820 nahm im Rahmen der preußischen, auf Holzproduktion hin orientierten Forstwirtschaft durch Auf- und Neuaufforstungen der Nadelholzanteil stark zu. Bereits nach der Neuaufnahme von 1893 gab es außer dem Laubwald im Rurtal zwischen Reichenstein und Monschau fast ausschließlich Nadelwald. In Wirklichkeit betrug der Anteil der Nadelgehölze ca. 70 bis 80 %, die Buchen 10 bis 20 % und die Eichen mit Stockausschlägen (Niederwald) 5 bis 15 %.

Der Anteil der Grünlandflächen sank in den Dörfern und in der unmittelbaren Umgebung der Dörfer ebenfalls erheblich zugunsten des Ackerlandes.

Die Entwicklung der *Periode 1893-1955* wurde von politischen und militärischen Ereignissen in zwei Weltkriegen und Gebietsabtretungen an Belgien überschattet. Nach dem Ersten Weltkrieg wurden die Kreise Eupen und Malmedy an Belgien abgetreten. Hierdurch verlor dieser Raum mit dem Übergang der Vennbahn an Belgien Teile des Hinterlandes und 1921 die Anbindung ans Eisenbahnnetz. Auch nach dem Zweiten Weltkrieg gab es Gebietsabtretungen an Belgien, die die Gemarkungen Kalterherberg und Höfen betrafen.

Die Siedlungserweiterungen waren relativ bescheiden und waren vor allem in unmittelbarer Umgebung von Monschau konzentriert. In Kalterherberg wurde 1900 eine neue Kirche gebaut (Eifeldom). An den Hängen des Rurtales entstanden neue Häuser. Ein zweiter Schwerpunkt befand sich nördlich von Höfen an der 1955 in Bau befindlichen neuen Trasse der B 258 im Rahmen der Umgehungsstraße in Richtung des Perlenbachtales. Durch den aufkommenden Fremdenverkehr war die Verkehrsführung bereits 1955 durch die relativ schmalen Straßen von Monschau problematisch.

Der Perlenbach wurde in dieser Periode begradigt.

Die Landnutzung wurde weiter verändert. Die restlichen Ödlandflächen wurden kultiviert und aufgeforstet und sind weitgehend aus dem Landschaftsbild verschwunden. Die Feld-Gras-Wirtschaft wurde in dieser Periode noch weitgehend beibehalten. Die erste Flurbereinigung im Modellgebiet wurde kurz nach dem Zweiten Weltkrieg durchgeführt (WEIß 1992).

Die *Periode 1955-1992* weist auch in diesem Ungunstraum die meisten Veränderungen auf. Die Bebauung nahm in Monschau mit flächigen Neubaugebieten, Schulen und einem Krankenhaus vor allem am Westhang der Rur und der Vichte in nördlicher Richtung zu.

Die ursprünglichen Hausformen und Baumaterialien wurden durch An- und Umbauten sowie die Anwendung von neuen Baumaterialen (z.B. Fliesenschutz anstatt Schieferschutz) zurückgedrängt. Bei den Neubauten handelte es sich nicht mehr um die herkömmlichen Typen wie das Vennhaus und das neuere Eifelhaus, sondern in den letzten Jahrzehnten vor allem auch um Hausformen, die man heute überall antreffen kann. Außerdem sind außer der Perlenbachmühle die Wassermühlen verschwunden.

1956 wurde die Perlenbachtalsperre für die Wasserversorgung von Monschau angelegt und es wurden die Auenflächen am Oberlauf größtenteils mit Fichten aufgeforstet. Die Umgehungsstraße von Monschau wurde fertiggestellt und am Ende der 80er Jahre weiter ausgebaut.

Der Fremdenverkehr und die Naherholung erlebten einen starken Aufschwung, bei dem vor allem der gut erhaltene Stadtkern von Monschau und seine gut erhaltene Bausubstanz eine wichtige Rolle gespielt haben. Dies gilt auch für die einmalige Heckenlandschaft.

Nach 1955 wurden im Rahmen der Flurbereinigungen nach Kalterherberg die Gemarkungen von Mützenich und Höfen für die Verbesserung der Landwirtschaftsstruktur zusammengelegt und mit zahlreichen neuen Wirtschaftswegen erschlossen. Hierdurch wurden die langen Anfahrtswege erheblich reduziert. Ebenfalls wurden in den damaligen noch weitgehend offenen Acker-/Wechsellandfluren entlang dieser Wege neue Heckenreihen angelegt.

Eine weitere tiefgreifende Veränderung, die sich auch auf das Landschaftsbild ausgewirkt hatte, war die Aufgabe der Feld-Gras-Wirtschaft. Der Ackerbau ist heute fast vollständig im Modellgebiet dem Grünland gewichen. Dies wurde vor allem durch die festgelegten Milchpreise der damaligen Landwirtschaftspolitik der EG verursacht. Außerdem war die Viehhaltung in Nebenerwerb im Rahmen des Familienbetriebes besser mit einer Beschäftigung zu verbinden. Seit einigen Jahren befindet sich die Landwirtschaft auf dem Rückzug und es fallen zunehmend Flächen brach.

Die Waldentwicklung wurde auch in dieser Periode noch weitgehend von Nadelbaumkulturen dominiert und weist noch immer sehr hohe Nadelbaumanteile auf. Diese Dominanz hat eine sehr prägende Auswirkung auf das Landschaftsbild. In den letzten Jahrzehnten wurden im Rahmen des Naturschutzes auf ökologisch bedeutenden Flächen (Bachauen) 90 % der Fichtenbestände beseitigt (Naturschutz im Rheinland, S. 216).

4.4.7.4 Überlieferte historische Kulturlandschaftselemente und -strukturen

Unter Einbeziehung der Kulturlandschaftswandelkarte, der naturräumlichen Rahmenbedingungen, der landschaftsgeschichtlichen Erkenntnisse, sowie Geländebegehungen, wurden die persistente Landnutzung und die überlieferten Elemente, Strukturen und Flächen erfaßt und kartiert.

Zusammenfassend hat das Landschaftsbild sich seit 1810 als Folge der Landnutzungs- und Baumartenveränderungen erheblich verändert.

Punktelemente

Als Punktelemente sind die Burg, Gut Reichenstein, einige Einzelhöfe (Ruitzhof, Leykaul, Schreiberhof, Vennhof sowie die Hofgruppen Heidchen und Viehweide) und die Wassermühlen zu erwähnen. Die oben genannten Einzelhöfe sind auf der Tranchotkarte bereits eingetragen und im 17. und 18. Jahrhundert entstanden.

Die aus einer Ober- und Unterburg bestehende Burganlage bei Monschau von ca. 1150, die jahrhundertelang als Residenz und Verwaltungssitz fungierte, wurde 1543 erstmals zerstört und 1689 von französischen Truppen gesprengt

Das ehemalige Kloster Reichenstein wurde nach der Säkularisation von 1802 in ein landwirtschaftliches Gut umgewandelt.

An der Südseite Monschaus befinden sich noch Textilfabriken des späten 19. Jahrhunderts, die bereits seit Jahrzehnten außer Betrieb sind und die als Relikte des ehemaligen Tuchgewerbes des 19. Jahrhunderts von Monschau zu betrachten sind.

Von den vier Wassermühlen sind heute nur noch die Perlenbacher und Blumenauer Mühle erhalten.

Auf der Tranchotkarte sind drei Teichanlagen (zwei an der Rur bei Reichenstein und der Menzenrather Weiher), dargestellt, von denen zwei (Reichenstein und Menzenrather Weiher) heute noch vorhanden sind. Hier muß es sich sehr wahrscheinlich um Fischweiher gehandelt haben. Die Teichanlage südlich des Gutes Reichenstein ist auf der Karte von 1893 nicht mehr eingetragen.

Linienelemente

Die Alttrassen der Wege- und Straßen sind am besten in den Dörfern und in der Stadt Monschau erhalten. Ihr Aussehen hat sich jedoch verändert, weil sie den heutigen Anforderungen in Verkehr und Landwirtschaft angepaßt worden sind. Dies gilt auch für die ehemalige Chaussee Monschau-Eupen, die zwischen 1810 und 1845 angelegt wurde. Das Flur- und alte Waldwegenetz ist dagegen bis auf einige Wege von einem neuen Wegegefüge ersetzt worden. Das heutige Waldwegenetz entstand mit der Jageneinteilung der königlichen Forsten und bei Neuaufforstungen; dieses Wegenetz ist auf der Neuaufnahme von 1893 bereits eingetragen. Die neuen Landwirtschaftswege sind im Rahmen der Zusammenlegungen in der zweiten Hälfte der 50er und Anfang der 60er Jahre angelegt worden.

Die sogenannte Vennbahn wurde zwischen 1885-1887 für die damaligen Westkreise des deutschen Reiches angelegt und verband Aachen mit den drei Kreisstädten Eupen, Monschau und Malmedy. Sie war für diesen verkehrsungünstigen Raum die schnellste Verbindung zu den benachbarten Regionen und Aachen. Die Abtretung an Belgien nach dem Ersten Weltkrieg im Jahre 1921 bedeutete verkehrstechnisch einen Verlust. Seit 1990 wird diese stillgelegte Bahnstrecke als viel besuchte Museumsbahn genutzt.

Die Höckerlinien (Panzerabwehr) markieren heute noch den Verlauf des Westwalles, der seit 1937 als Verteidigungslinie u.a. mit Bunkeranlagen usw. errichtet wurde.

Linienförmige Heckenstrukturen, die besonders das Offenland des Modellgebietes prägen und gliedern, bestehen aus Rotbuchenhecken. Diese Flurhecken, von denen einige Stöcke ein Alter von ca. 250 Jahren aufweisen, sind wahrscheinlich erst um 1800 unter französischem Einfluß vermehrt in der Landschaft erschienen. Sie haben eine Höhe von 1,5 m und müssen nicht jährlich zurückgeschnitten werden. In den Heckenreihen befinden sich ebenfalls sogenannte "Durchwachser" (Überhälter). Die Flurhecken haben im Monschauer Land noch eine Gesamtlänge von ca. 460 km. Eingezäunt sind die Parzellen der Feld-Gras-Wirtschaft und die hofnahen Weiden und Wiesen (PILGRAM 1958, S. 101). Hierdurch wird das Monschauer Land bis zum heutigen Tag mit der Anwesenheit der Flur- und Hofhecken identifiziert. Im Rahmen der Pflege der Hecken wurde Brennholz und Reiser gewonnen.

Die schmalen Auenflächen im Südteil des Modellgebietes werden durch ihre Wirkung im Landschaftsbild als Linienelement aufgefaßt. Sie waren in der Vergangenheit für die Heugewinnung von Bedeutung. Teile der Auenflächen sind durch den Bau der Perlenbachsperre (1956) verloren gegangen und außerdem sind die Auen des Perlenbaches weitgehend aufgeforstet worden. Dies gilt ebenfalls für das Rurtal nördlich und vor allem südlich von Gut Reichenstein. Die Auenflächen des Laufen- und des Eschbaches sind durch die Erweiterung von Monschau verschwunden.

Flächenelemente

Die Siedlungsflächen von Kalterherberg, Höfen und Mützenich sind trotz der Nachkriegserweiterungen noch gut erkennbar. Dagegen ist das ursprüngliche Ortsbild mit der originären Bebauung in Form der Häuser und Eifelhäuser und die dazugehörigen Haushecken durch Umbau- und Modernisierungsmaßnahmen erheblich verändert worden. Die Ortsbild prägenden Haushecken bestehen hauptsächlich aus Rotbuchen, die gelegentlich mit Weißdorn und Hainbuchen durchsetzt sind. Die Höhe variiert zwischen 5 und 8 m. Um die Hecken so dicht wie möglich zu halten, müssen sie jährlich geschnitten und junge Triebe eingeflochten werden. Zur Zeit gibt es im Monschauer Land noch ca. 900 Haushecken mit einer Gesamtlänge von ca. 25 km.

Die Altstadt von Monschau, die im Zweiten Weltkrieg nicht zerstört wurde, wodurch die alte Bausubstanz gut erhalten ist, steht seit 1993 als Denkmalbereich unter Schutz und ist auch in das Programm der historischen Stadtkerne von Nordrhein-Westfalen aufgenommen worden (Historische Stadtkerne in Nordrhein-Westfalen 1989). Vor allem ist die barocke Tuchmacherstadt des 18. Jahrhunderts sowohl nach Grundriß, als auch nach ursprünglicher Bebauung weitgehend erhalten geblieben. Viele Hauswände sind noch mit Schiefer geschützt und die Dachlandschaft wird ebenfalls von Schiefer geprägt, der früher in benachbarten Gruben gewonnen wurde. Auffallend sind die Flaschenzüge an den Dachgiebeln, weil die Treppen meistens zu eng für den Lastentransport waren. Viele Häuser zeigen noch ihre Fachwerkfassaden. Die Blüteperiode der Stadt spiegelt sich noch gut erkennbar in den Häusern der Tuchhersteller wider. Der alte Grundriß wird vom relativ engen Rurtal geprägt

Der größte Teil des Modellgebietes wird von der momentanen Wald- und Grünlandnutzung geprägt. Die alte Vierteilung Wald, Öd- (Heide und Moor), Grün-, sowie Ackerland von damals ist einer Zweiteilung (Wald- und Grünland) gewichen. Die ältesten Grünlandflächen trifft man um die Dörfer und teilweise noch in den Auen an. Das Ackerland ist fast vollständig aus dem Landschaftsbild verschwunden. Dies gilt auch für die Ödland- und Moorflächen, die aufgeforstet bzw. kultiviert worden sind. Durch die vorherrschende Feld-Gras-Wirtschaft mit einer sich abwechselnden Acker- und Grünlandnutzung, war das Landschaftsbild differenzierter als das Bild, das die Tranchotkarte (1810), die Uraufnahme von 1845 und die Neuaufnahme (1893) vermitteln.

Die heutigen Waldflächen werden von Nadelgehölzen dominiert. Auch hier ist das Landschaftsbild differenzierter, als die heutige topographische Karte mit fast ausschließlich Nadelwaldsignaturen vermittelt. Die Laubwälder im Rurtal zwischen Reichenstein und Monschau, die vor allem an den südlichen Hängen der Rur aus Eichenschälwäldern für die Lohegewinnung bestanden, sind größtenteils verschwunden.

Durch die Nadelbaumaufforstungen, die Holznutzungswirtschaft und die maschinelle Waldarbeit sind bereits viele Spuren alter Nutzungs- und Bewirtschaftungsformen verschwunden. Trotzdem stellen diese Waldartenveränderungen und Aufforstungen eine wichtige Epoche für die Entwicklung des Modellgebietes dar.

4.4.7.5 Übereinstimmungen und Gegensätze

Im Modellgebiet, das zum Deutsch-Belgischen Naturpark gehört, befinden sich zwei Naturschutzgebiete: Gebirgsbach Rur von Gut Reichenstein bis Monschau (1967 mit 78,5 ha) und Perlen-Fuhrtsbach (1976 mit 155 ha). Diese Naturschutzgebiete werden ausschließlich ökologisch betrachtet, daneben gibt es noch einzelne Naturdenkmäler.

Bei der Gegenüberstellung der Kulturlandschaftspflege und des Naturschutzes außerhalb der Siedlungsflächen, können in diesem Gebiet gemeinschaftliche Ziele verfolgt werden. Hierzu gehört vor allem die Erhaltung der noch übriggebliebenen Laubwaldstandorte. Bei dem Arten- und Biotopschutz liegt das bisherige Augenmerk in diesem Modellgebiet auf den ökologisch bedeutenden Hanglagen (Schluchtwälder), auf den schmalen Auenflächen des Rurtals und auf den Bachtälern. Die Auenflächen, die ebenfalls als Grünland für die Heugewinnung eine kulturhistorische Bedeutung hatten, wurden als solche nicht erwähnt. Die Offenhaltung der Auenflächen ist sowohl aus kulturlandschaftspflegerischen als auch aus ökologischen Gründen zu erklären. Die kulturhistorisch sehr wertvollen Haus- und Flurhecken stehen nicht unter Schutz. Diese kulturhistorisch wertvollen Hecken sind unter dem Stichwort "Heckenlandschaft" ins Biotopkataster aufgenommen worden (Biotop Nr. 3 und 24). Ihre Erhaltung wird allerdings durch Förderprogramme unterstützt. Diese Flur- und Hofhecken drücken aus, wie der Mensch sein Hab und Gut in diesem naturräumlich bedingten Ungunstraum mit natürlichem Material geschützt hat.

Auch die ortsnahen Hausweiden und -wiesen dokumentieren noch die herkömmlichen Landbewirtschaftungsformen.

4.4.7.6 Kulturlandschaftsbestandteile und -bereiche sowie ihre Schutzwürdigkeit
(Grundlage: TK 25: 5403 Monschau, Altkarten, Kulturlandschaftswandelkarte, Karte der historischen Landschaftselemente und persistenten Landnutzungsformen sowie das Biotopkataster)

Bäuerlich geprägte Kulturlandschaftsbereiche
Prägende Merkmale (Landschaftsbild):
- Geschlossenes Siedlungsgefüge mit lockeren Haufen- (Mützenich) und Straßendörfern (Kaltherherberg und Höfen) mit Hofweiden,
- ursprüngliche Bebauung: das einstöckige Vennhaus mit tiefem Reetdach, häufig mit einer Bruchsteinmauer an der Schlechtwetterseite und das Eifelhaus sind noch vertreten, aber zurückgedrängt von neuen Hausformen der letzten 50 Jahre und Umbau bzw. Modernisierung der Altbausubstanz,
- Baumaterialien: Fachwerk auf Steinsockeln, Reet, Bruchstein und Schiefer,
- Schutzvorkehrungen der Höfe gegen das Klima mit Haushecken und Schiefer,
- Kammerung der Fluren mit Rotbuchenhecken und Heckenreihen (Bocagelandschaft), die in Siedlungsnähe zunehmend dichter werden,
- dominierende Grünlandnutzung seit 1955, nach Aufgabe des selbstversorgenden Ackerbaus.

Alter Stadtkern von Monschau als Kulturlandschaftsbestandteil
Prägende Merkmale (Landschaftsbild):
- Stadtgrundriß (1260 als Flecken erwähnt, 1366 und 1853 Stadtrechte) mit einer ausgeprägten Tallage,
- klassizistische Häuser (um 1775),
- Fabrikanten- und Gewerbehäuser (Das "Rote Haus"),
- Relikte des ehemaligen Textilgewerbes (Bleichwiesen mit Terrassen),
- Burgruine, die im deutlichen Zusammenhang mit der Stadtentwicklung zu sehen ist,
- die damalige Bedeutung der Rur als Energieträger und Nutzwasserlieferant für das Gewerbe und die Entwicklung der Stadt.

Von Nadelwald geprägte Kulturlandschaftsbereiche
Prägende Merkmale (Landschaftsbild):
- Fast ausschließlich Hochwald, der von Nadelgehölzen dominiert wird, mit nur wenig überlieferten Resten der ehemaligen Niederwälder,
- Fichtenhangwälder,
- Wegenetz und Jageneinteilung von ca. 1850.

Von Tälern und Bachauen geprägte Kulturlandschaftsbereiche
Prägende Merkmale (Landschaftsbild):
- Schmale Grünlandstreifen mit geringen Resten des Auenwaldes,
- waldbestockte Hänge,
- alte Mühlen- und Hämmerstandorte (Tuchfabriken an der Rur),
- alte Furten.

Jüngere von Rodungen und Kultivierungen geprägte Kulturlandschaftsbestandteile seit ca. 1845
Prägende Merkmale (Landschaftsbild):
- Ausschließlich Grünland,
- am Rande der landwirtschaftlich genutzten Gemarkungsflächen,
- Heckenreihen.

Von Entwicklungsdynamik geprägte und stark überformte Kulturlandschaftsbereiche bzw. -bestandteile
Prägende Merkmale (Landschaftsbild):
- Relikte der Industrialisierungsphase 1870-1920 (Fabrikgebäude mit Schornsteinen), nach 1950 entstandene Neubau- und Gewerbegebiete an der B 258 und entlang der Täler.

Von Talsperren geprägte Kulturlandschaft
Prägende Merkmale (Landschaftsbild):
- Perlenbachtalsperre (1956) mit den zugehörigen Hanglagen und Infrastruktur.

(Auszug aus dem Biotopkataster, Blatt 5403 Monschau, s.S. 230/231)

4.4.8   *Niederrhein/Rheinschiene: Viersen und Umgebung*

4.4.8.1 Einleitung

Das Untersuchungsgebiet umfaßt das südliche Stadtgebiet von Viersen und das angrenzende Gebiet von Mönchengladbach. Das Modellgebiet liegt auf der Grenze zwischen den Großlandschaften Niederrhein und Rheinschiene. Die Ausführungen beziehen sich teilweise auf das Gutachten, das für die Naturschutzgebietausweisung der "Bockerter Heide" erstellt wurde (BURGGRAAFF und KLEEFELD 1993).

1   Ermesbachtal bei Mützenich-Vennhof (18 ha, LSG, NSG Vorschlag, Biotoptypen nach §62 LG), verschiedenes Grünland 16 %, Heide 11 %, Eichen-Birkenwald 13 %, Birken-Bruchwald 16 %, Birkenwald 4 %, Fichtenwald 24 %, Baumgruppe 1 %, *Teich 1 % (Fischteich)*, Bachoberlauf 1 %, stehendes Kleingewässer 1 %, Ufergehölz 1 %, Felswand 1 %, Kleinseggenried 6 %, Hochmoor 1 %

2   Hohlenbruchsvenn (6,5 ha, NSG), Erlenwald 80 %, Fichtenwald 15 %, Acker 5 %

3   *Heckenlandschaft* um Mützenich (508,2 ha, LSG, Biotoptypen nach §62 LG), Fettweide 74 %, Fettwiese 1 %, Naß- und Feuchtweide 2 %, Magerweide 1 %, brachgefallenes Naß- und Feuchtgrünland 1 %, *Teich* 1 %, Bachoberlauf 1 %, Felswand 1 %, *Halde, Aufschüttung 1 %, Garten, Baumschule 1 %, Streuobstwiese 1 %, Hofplatz* 1 %. *Hecke* 1 % (Buchen), *Allee* 1 %, Gebüsch 2 %, Baumgruppe, -reihe 2 %, Einzelbaum 1 %, Laubwald 2 %, Nadelwald 4 %, Schlagflur 1 % *(Lesesteinwälle, Entwässerungsgräben), (kulturhistorisch wertvoll)*

4   Kirmessief östlich des Vennhofes (11,3 ha, LSG, Biotoptypen nach §62 LG), Birkenwald 30 %, Birkenbruchwald 7 %, Ahornmischwald 3 %, Fichtenwald 28 %, Gebüsch 10 %, Weiden-Ufergebüsch 3 %, Erlen-Ufergehölz 1 %, Magerweide 10 %, Bachoberlauf 3 %, *Steinbruch 2 %, Garten, Baumschule 3 %*

5   Klüserbachtal und Schwwarzbachtal westlich von Kalterherberg (9,7 ha, LSG, NSG Vorschlag, Biotoptypen nach §62 LG), Fichtenwald 44 %, *Hecke* 1 % (Weißdorn), Weiden-Ufergebüsch 1 %, Baumreihe 1 %, Fettweide 8 %, Naß- und Feuchtweide 10 %, Magerweide 14 %, brachgefallenes Naß- und Feuchtgrünland 16 %, stehendes Kleingewässer 1 % *(Teich)*, Bachoberlauf 1 %, *aufgelassener Steinbruch 1 %*

6   Dohmenhecke (1,1 ha, LSG, LB Vorschlag, Biotoptypen nach §62 LG), Baumgruppe 70 %, Naß- und Feuchtweide 25 %, Felswand 5 % *(Felsbereich als mittelalterlicher Steinbruch für Reichenstein)*

7   Oberes Rurtal bei Gut Reichenstein (37,8 ha, LSG, NSG Vorschlag, Biotoptypen nach §62 LG), Fichtenwald 64 %, Buchenwald 5 %, Weidenmischwald 5 %, Schlagflur 1 %, Ufergehölz 1 %, Baumreihe 3 %, Fettweide und -wiese, Naß- und Feuchtweide 2 %, Staugewässer 2 % *(Teich)*, Fluß 4 %, Felswand 2 %, *Hofplatz 3 %*

8   Teich bei Gut Reichenstein (1 ha, LSG, NSG Vorschlag, Biotoptypen nach §62 LG), *Teich* 90 % (mit kleiner Insel), Ufergehölz 10 %

9   Langenbruch nordwestlich Kalterherberg (12,1 ha, LSG, Biotoptypen nach §62 LG), Fettweide 84 %, Magerweide 6 %, Naß- und Feuchtweide 3 %, *Hecke* 3 %, Baumreihe, -gruppe 2 %, Fichtenwald 1 %, Bachoberlauf 1 %

11 Hanggrünland östlich der Rur bei Kalterherberg (5 ha, LSG, LB Vorschlag, Biotoptypen nach §62 LG), Fettweide 63 %, Magerweide 23 %, Naß- und Feuchtweide 1 %, Fichtenwald 7 %, *beschnittene Hecke* 2 %, Baumreihe, -gruppe 3 %, Quelle 1 % *(Abbau von Dachschiefer)*

12 Feuchtbrache an der Rur bei der Kläranlage Kalterherberg (2,3 ha, NSG Vorschlag, Biotoptypen nach §62 LG), Grünlandbrache 50 %, brachgefallenes Naß- und Feuchtgrünland 23 %, Fettweide 13 %, Baumreihe 5 %, Weide-Ufergebüsch 5 %, Fichtenwald 4 %

13 Haselbachtal nördlich von Kalterherberg (26,2 ha, LSG, Biotoptypen nach §62 LG), Fettweide 79 %, Naß- und Feuchtweide 2 %, Magerwiese 1 %, brachgefallenes Naß- und Feuchtgrünland 3 %, *Hecke* 1 %, Baumreihe, -gruppe 2 %, Gebüsch 3 %, Laubwald 5 %, Fichtenwald 2 %, stehendes Kleingewässer 1 % *(ehemaliger Teich)*, (Relikte *ehemaliger Quarzabbau in Form von Trockenrinnen*)

14 Breitenbachtal südwestlich Kalterherberg (15,2 ha, LSG, NSG Vorschlag, Biotoptypen nach §62 LG), Fettweide 78 %, Naß- und Feuchtweide 11 %, Magerweide 4 %, Fichtenwald 3 %, Gebüsch 1 %, Hecke 1 %, Baumreihe 1 %, Bachoberlauf 1 % *(begradigter Bach)*

15 Kleines Laufenbachtal bei Monschau (12,1 ha, LSG, NSG Vorschlag, Biotoptypen nach §62 LG), Fichtenwald 24 %, Fichtenmischwald 3 %, Weidenmischwald 6 %, Buchenwald 1 %, Gebüsch 6 %, Baumreihe 1 %, Röhrichtbestand 1 %, Fettweide 21 %, Naß- und Feuchtweide 13 %, Magerweide 17 %, brachgefallenes Naß- und Feuchtgrünland, stehendes Kleingewässer 1 %, Bachoberlauf 1 %

16 Wälder und Felsen am rechten Talhang des Perlenbach- und Rurtales (42,1 ha, LSG, Biotoptypen nach §62 LG), Fichtenwald 77 %, Fichtenmischwald 3 %, Roteichenwald 3 %, Roteichenmischwald 1 %, Buchenwald 2 %, Birken-Eichenwald 1 %, Birkenmischwald 1 %, Schlagflur 1 %, Baumgruppe, -reihe 1 %, Fettweide, -wiese 4 %, Naß- und Feuchtweide 2 %, Magerweide 1 %, Fluß 1 %, Felswand 1 %, *Sport- und Erholungsanlage 1 %*

17 Perlenbachtal zwischen oberem Ende der Talsperre und Dreistegen (45,4 ha, LSG, NSG Vorschlag, Biotoptypen nach §62 LG), *Park-, Grünanlage 2 %, Staumauer 1 %, Obstgarten, -wiese 1 %, Sport- und Erholungsanlage 4 %, industrielle Brachfläche 1 %, Höhlen und Stollen 1 % (Schieferstollen), Gebäude, Mauerwerk, Ruine 1 %, Staugewässer* 40 %, unterschiedliches Grünland 12 %, Fichtenwald 16 %, Eichen-Buchenwald 3 %, Gebüsch 4 %, Röhrichtbestand 1 %, Trockenheide 1 %, Schlagflur 1 % *(Aussichtspunkte, Heckenreste)*

18 *Aufgelassener Steinbruch* an der B 399 gegenüber Campingplatz Perlenau (1 ha, LSG, LB Vorschlag), *Steinbruch* 100 %

19 Feuerbach- und Laufenbachtal zwischen Konzen-Aderich und Blumenauer Mühle (64 ha, LSG, NSG Vorschlag, Biotoptypen nach §62 LG), verschiedenes Grünland 35 %, Laubwald 4 %, Fichtenwald 35 %, Fichtenmischwald 1 %, Gebüsch 5 %, Feuchtheide 3 %, *Teich* 1 % (Fischteich), stehendes Kleingewässer 1 %, *Graben* 1 %, *Hecke*

2 %, Schlagflur 1 %, Ufergehölz 1 %, *Gebäude, Mauerwerk, Ruine* 1 %, Felswand 1 %, Bachoberlauf 1 %, Quelle 1 %

20 Unterlauf des Schwangelbachs (22,3 ha, LSG, Biotoptypen nach §62 LG), Fettweide 73 %, Naß- und Feuchtheide 4 %, Baumreihe 3 % *(Hecken)*, Gebüsch 1 %, Buchenmischwald 2 %, Fichtenwald 5 %

22 Tal der Ruhr zwischen Monschau und Dedenborn (174,8 ha, LSG, Biotoptypen nach §62 LG), Fettweide 60 %, Naß- und Feuchtweide 3 %, Magerweide 2 %, Acker 2 %, Birken-Eichenwald 3 %, Ufergebüsch 1%, Ufergehölz 4 %, Fichtenwald 1 %, Bachoberlauf 1 %, natürliche Felswand, 1 %, *Hecke* 1 %, *Gebäude, Mauerwerk, Ruine* 1 %, Fluß 17 %, stehendes Kleingewässer 1 %, Bachoberlauf 1 %

24 *Heckenlandschaft* zwischen Imgenbroich und Menzerath (130,5 ha, LSG, Biotoptypen nach §62 LG), Fettweide 85 %, Fettwiese 1 %, Naß- und Feuchtgrünland 1 %, braches Grünland 2 %, Hecke 2 %, *Teich* 2 %, *Garten, Baumschule* 1 %, Gebüsch 1 %, Fichten-Fichtenmischwald 2 %, Baumreihe, -gruppe 2 %, *Stadt-, Schloßpark* 1 % *(kulturhistorisch wertvoll)*

25 Kluckbachtal und Vellingensief nordöstlich von Höfen (128,5 ha, LSG, NSG Vorschlag, Biotoptypen nach §62 LG), verschiedenes Grünland 63 %, brachgefallenes Grünland 2 %, *Garten, Baumschule* 1 %, Acker 1 %, *Obstgarten, -wiese* 1 %, Heide 3 %, Laubwald 11 %, Nadelwald 8 %, *Teich* 2 %, Quelle 1 %, Bachoberlauf 1 %, Felswand 1 % *(Fischteiche, Heckenreste)*

36 Vennhochfläche am Grenzübergang westlich von Mützenich (33,2 ha, LSG, NSG Vorschlag, Biotoptypen nach §62 LG), Fichtenwald 79 %, Buchenwald 1 %, verschiedenes Grünland 6 %, Gebüsch 5 %, Hochmoor 6 %, Kleinseggenried 6 %, Schlagflur 1 %

37 Quellbereiche der rechten Seitentäler des Perlenbaches südöstlich von Kalterherberg (8,3 ha, LSG, NSG Erweiterungsvorschlag, Biotoptypen nach §62 LG), Fichtenwald 55 %, Schlagflur 14 %, Quelle 2 %, Teich 1 %, stehendes Kleingewässer 1 %, Fettwiese 14 %, braches Naß- und Feuchtgrünland 5 %, Bachoberlauf 1 %

48 Hänge des Perlenbachtales zwischen Höfener Mühle und Perlenau (36,7 ha, LSG, Biotoptypen nach §62 LG), Fichtenwald 82 %, Eichen-Buchenwald 2 %, Schlagflur 1 %, Gebüsch 1 %, Baumreihe 1 %, Heide 1 %, Naß- und Feuchtweide 5 %, Magerweide 2 %, brachgefallenes Magergrünland 1 %, natürliche Felswand 1 %, *Steinbruch* 1 %, *Garten, Baumschule* 1 %

49 *Westwall* in der Umgebung von Konzen und Imgenbroich (3,2 ha, LSG, LB Vorschlag), Gebäude, Mauerwerk, Ruine 50 %, Fettweide 19 %, Baumgruppe, -reihe 16 %, Erlenwald 16 %, Fichtenwald 1 % *(Panzersperre, Höckerlinie)*

52 Römerbachtal und Klusenborn westlich von Höfen (18,8 ha, LSG, Biotoptypen nach §62 LG), Fettweide 49 %, Naß- und Feuchtweide 8 %, brachgefallenes Naß- und Feuchtgrünland 9 %, Fichtenwald 28 %, Ahornmischwald 1 %, *Hecke* 1 %, Großseggenried 1 %, Bachoberlauf 2 %

54 Ruraue "Alter Weyer" westlich von Kalterherberg (9,7 ha, LSG, NSG Vorschlag, Biotoptypen nach §62 LG), Fichten-Fichtenmischwald 39 %, Erlenmischwald 4 %, Gebüsch 1 %, Ufergehölz 1 %, Kleinseggenried 10 %, Fettwiese, -weide 18 %, Naß- und Feuchtweide 15 %, brachgefallenes Naß- und Feuchtgrünland 7 %, stehendes Kleingewässer 1 %, *Teich* 1 % (Fischteich), Fluß 3 %

55 Linke Seitentäler des Perlenbaches südöstlich Kalterherberg (65,6 ha, LSG, NSG Erweiterungsvorschlag, Biotoptypen nach §62 LG), Fichten-Nadelbaumwald 27 %, Birkenwald 2 %, Gebüsch 1 %, Hecke 1 %, Baumreihe 1 %, Fettwiese, -weide 56 %, Magerwiese, -weide 4 %, Naß- und Feuchtweide 1 %, brachgefallenes Grünland 3 %, Acker 1 %. *Teich* 1 %, Quelle 1 %, Bachoberlauf 1 % *(Fischteich)*

56 Seitental (Bauernsief) des Fuhrtsbachtales bei Alzen (3,7 ha, LSG, NSG Erweiterung, Biotoptypen nach §62 LG), Magerweide 41 %, Fettweide, -wiese 20 %, Naß- und Feuchtweide 9 %, brachgefallenes Naß- und Feuchtgrünland 5 %, Fichtenwald 20 %, Baumgruppe 2 %, Quelle 1 %, Bachoberlauf 2 %

57 Wald-Grünlandkomplex am rechten Rurtalhang östlich von Monschau (55,5 ha, LSG, NSG Vorschlag, Biotoptypen nach §62 LG), Laubwald 24 %, Fichtenwald 29 %, Schlagflur 3 %, Gebüsch 2 %, *Hecke* 1 %, Ufergebüsch 1 %, Baumreihe, -gruppe 2 %, verschiedenes Grünland 36 % (braches Grünland 6 %), Teich 1 %, Felswand 1 %

Waldgebiete an den Rurtalhängen zwischen Monschau und Widdau (119,9 ha, LSG, Biotoptypen nach §62 LG),
58 Fichtenwald 65 %, Fichtenmischwald 3 %, Kiefernmischwald 2 %, Lärchenmischwald 1 %, Laubwald 26 %, Schlagflur 1 %, Fettweide 1 %, Magerweide 1 % (im Westteil *Relikte vom Niederwald*)

61 Linkes Seitental im Unterlauf des Fuhrtsbachtales südlich von Alzen (7,4 ha, NSG Erweiterungsvorschlag, Biotoptypen nach §62 LG), Eichen-Buchenwald 25 %, Buchenwald 5 %, Fichten-Fichtenmischwald 30 %, Schlagflur 2 %, Naß- und Feuchtweide 14 %, Magerwiese, -weide 22 %, Teich 2 %, Quelle 1 %, Bachoberlauf 1 %, natürliche Felswand 1 % *(Fischteich)*

901 NSG-Gebirgsbach Rur zwischen Reichenstein und Dreistegen (78,5 ha, NSG, Biotoptypen nach §62 LG), Fichtenwald 64 %, Fichtenmischwald 1 %, Laubwald 10 %, Schlagflur 14 %, Fettwiese 14 %, Fluß 5 %

NSG Perlenbach-Fuhrtsbachtal (155,5 ha, NSG, Biotoptypen nach §62 LG), Laubwald 12 %, Nadelwald 28 %,
902 Schlagflur 7 %, Gebüsch 3 %, Ufergehölz 1 %, Baumgruppe, -reihe 1 %, Hochmoor 1 %, Kleinseggenried 8 %, Großseggenried 3 %, verschiedenes Grünland 25 % (inkl. Brache), stehendes Kleingewässer 1 %, *Teich* 1 %, Quelle 1 %, *Steinbruch* 1 %, Acker 1 %, *Hofplatz* 1 % (Feuerlöschteiche)

Biotope und Naturschutzgebiete 1973,6 ha

4.4.8.2 Die naturräumlichen Rahmenbedingungen

Nach der „Naturräumlichen Gliederung Deutschlands" gehört das Modellgebiet zur Großeinheit "Niederrheinisches Tiefland" (Nr. 57), zur Haupteinheit "Schwalm-Nette-Platte" (571) und schließlich zur Untereinheit "Mönchengladbach-Rheindahlener Lehmebene" (571.2). Die letztgenannte Ebene umfaßt die östliche Randzone der Rhein-Maas-Hauptterrassenebene, die relativ steil zum östlich gelegenen Nierstal hin abfällt.

Das Untersuchungsgebiet hat überwiegend milde, schneearme Winter und recht niederschlagsreiche Sommer, der durchschnittliche Jahresniederschlag beträgt 680 mm. Damit ist eine ausreichende Niederschlagsmenge für die Vegetation vorhanden. Die mittlere Jahrestemperatur beträgt 9,8° C und die Temperatur in der Periode April-September 14,8° C.

Entscheidend für die Reliefgestaltung ist die Entstehung der Hauptterrasse durch Ablagerungen des Alt-Rheins und der Alt-Maas mit Kiesen und Sanden. Die Hauptterrasse verläuft zwischen den Süchtelner Höhen und dem Westrand des Grenzwaldes. Nördlich der Achse Viersen-Dülken-Amen-Elmbt erreicht sie 40-60 m, in den Süchtelner Höhen 82-87 m und südlich davon 60-80 m über NN. Auf den erhöhten, stehengebliebenen Horsten wurden insbesondere an den Rändern die Kiese und Sande abgetragen, so daß schluffiges und sandiges Material des Tertiärs an die Oberfläche gelangt ist, insbesondere als Formsandgruben.

Entscheidend für die Bodenverhältnisse waren die Ablagerungen von Sanden. Insbesondere während des letzten Glazials (Weichseleiszeit) lagerte der Wind auswehbare Bestandteile des trockengefallenen Maastales in einem östlichen Gürtel und kleinen Tälern von Schwalm, Nette und Niers ab. Dieser Vorgang verlief in drei Ablagerungsphasen, die sich in unterschiedlicher Mächtigkeit im Bodenprofil niederschlugen:
1. Gröberer Sand bis westlich des Grenzwaldes,
2. Sandlöß bis Hinbeck-Lobberich-Amern-Waldniel,
3. Löß östlich der vorgenannten Achse bis Krefeld.

Nach der Bodenkarte kommen hauptsächlich feinsandige bis lehmige Braunerden, pseudovergleyte Braunerden und Pseudogleye vor. Die beiden letztgenannten Böden stellen staufeuchte Böden mit mittlerer Nährstoffversorgung und ebenso als mittel einzustufender Wiesenkapazität dar (s. Karte Ökologische Raumeinheiten des ökologischen Fachbeitrages zum Landschaftsplan Nr. 7 vom April 1988). Dies wird auch durch die niedrigeren Bonitätswerte im Bereich der "Bockerter Heide" belegt.

Schließlich gehört das Modellgebiet der potentiellen natürlichen Waldlandschaft Flattergras-Buchenwald-Landschaft an (Abb. 3).

4.4.8.3 Skizzierung der Kulturlandschaftsentwicklung

Erste Funde der menschlichen Anwesenheit stammen aus dem jüngeren Neolithikum, insbesondere der *Michelsberger Kultur* (3600-2700 v. Chr.): drei Fundplätze mit Steingeräten der Michelsberger Kultur (Archäologie in Viersen, S. 20). Die Fundplätze liegen entlang der Niers auf donkenartigen Erhebungen und erhöhten Terrassenkanten. Am zahlreichsten sind die Funde des Spätneolithikums (Rheinische Becherkultur) ab 2400 v. Chr., dokumentiert mit über 10 Oberflächenplätzen und hunderten Fundstücken. Das bevorzugte Besiedlungsareal dieser Kultur waren die höheren Standorte beidseitig der Niers, damit ist ein Bezug zu diesem Wasserlauf gegeben.

Erst aus der *Hallstattzeit*, der älteren Eisenzeit, sind drei Siedlungs- und drei Grabfunde bekannt: ein Grab mit hallstattzeitlicher Urne, Spinnwirtel und Lanzenspitze, ist in Bockert gefunden worden.

Mit der Eroberung und Eingliederung des linken Niederrheins in das *Imperium Romanum* von 51. v. Chr., setzte auch im Modellgebiet eine intensive Kultivierung ein, insbesondere mit *villae rusticae.* Neben den römischen Städten (*Coloniae* oder *Munizipien*), *vici* (Weilern), *Benfiziar-stationen* (Straßenstationen) und Legionslagern mit Zivilsiedlungen, bildeten die römischen Land-villen die Grundlage für die Agrarversorgung der Provinz. Aus dem Viersener Gebiet sind zahlreiche römische Funde bekannt, wie eine römische Straße, die die Maastal-Straße mit dem Niersübergang in Rheydt-Mülfort verband. Diese Römerstraße verlief durch Viersener Stadtgebiet in der Nähe der Bockerter Heide weiter westlich der Süchtelner Höhen und bog bei Dülken südöstlich ab. Der Nach-weis dieses römischen Verkehrsweges ist allerdings nur indirekt durch wegebegleitende Grabfunde sowie der Reihung der villae rusticae erschlossen worden (Archäologie in Viersen, S. 27). Verschie-dene oberflächliche römische Fundkonzentrationen lassen noch bisher nicht untersuchte *villae rusti-cae* vermuten, ausgegraben wurde lediglich ein Teil einer *villa rustica* in Oberrahser. Insgesamt weist die römische Epoche eine im Vergleich zur vorhergehenden Entwicklung große Dynamik der Landschaftsveränderung auf.

Eine genaue Rekonstruktion in frühmittelalterlicher Zeit ist nicht möglich. Hinweise über das Siedlungssystem gibt MACKES (1956, S. 55-69), worin Einzelhöfe, die von Wald-, Busch-, Bruch- und Ödland umgeben waren, insbesondere in den bewaldeten westlichen Höhenzügen in Hoser, Bockert und Beberich entstanden. In der merowingischen Kolonisierungsphase wurden s. E. zuerst die Flächen auf den niedrigen Höhen besiedelt. In der karolingischen Zeit (9. Jh.) setzten die Rodun-gen der erhöhten Wälder, der Bruchwälder und der Sumpfflächen ein.

Während der Ausbauzeit des 9.-12. Jahrhunderts entstanden im Bereich Viersen Einzelhöfe. Sie erhielten die Namen der ältesten Ausgangshöfe und waren vermutlich in Organisationsformen zusammengefaßt, die die Vorläufer der späteren Vrogen darstellen.

Die hochmittelalterlichen Rodungshöfe waren frei vererbbar und somit Allodialbesitz mit gemeinsam genutzten Weidearealen, der jahrhundertelang erhalten blieb.

In den spätmittelalterlichen Quellen (s. BURGGRAAFF und KLEEFELD 1993, S. 63f.) des Stadt-archivs Viersen werden bereits viele Einzelhöfe erwähnt, wie z.B. die Ortschaft Bockert nach dem Hof „Buchot" (1250) und später „Bocholt" (1388), Hoser als „Holthusen" (1381) und Beberich als „Beekebrucke" (1250) genannt. Dies gilt auch für die anderen Vrogen. Daraus läßt sich eine bereits dichte Besiedlung in der zweiten Hälfte des 14. Jahrhunderts ableiten. In der Vroge Beberich sind mindestens 25 Höfe ins Spätmittelalter zu datieren.

Jedenfalls setzte seitdem die Teilung der alten Hufen ein und es tauchen Hofnamen mit der Endung *-hus* in Verbindung mit einem Vor- oder Familiennamen auf, die eine jüngere Phase kenn-zeichnen, die nicht mehr der Rodungsphase angehört. Damit setzte auch eine intensivere Landnut-zung ein, die auch die Allmenden wie die Bockerter Heide betraf.

Wichtig sind die Berechnungen von NORRENBERG (1886) zur Anzahl der Höfe um 1400 im Vier-sener Gebiet. Er geht davon aus, daß die Hofzahl um 1800 mit ca. 300 Höfen in etwa gleich groß war wie um 1400. Allerdings gab es 1800 850 Hausbesitzer. Diesen Unterschied führt er auf Hoftei-lungen zurück, die im Kataster von 1809 ersichtlich sind.

Die Anwesenheit von Hecken und Wällen wurde bereits vor 1600 belegt (NORRENBERG 1886). Sie stellten damals landschaftsprägende Linienelemente dar und die Höfe waren meistens mit Wall-hecken und Wallgräben umgeben. Die Orte waren ebenfalls von großen Wallhecken und Gräben umgeben gewesen und an den Straßenausgängen gab es Tore. Ebenso soll es wegebegleitende und markierende Hecken gegeben haben. Dieses Wall- und Heckensystem ist nach Norrenberg (1886) auch in der Feldgemarkung gesichert, da einzelne Hufe oder Felder sowie Kämpe damit umgeben gewesen waren. Die Ortschaften - in Viersen seit 1408 als Vrogen bezeichnet - verfügten ursprüng-lich über gemeinsame Wiesen oder Benden, die erst in der ersten Hälfte des 19. Jahrhunderts all-mählich in Privateigentum parzelliert wurden. In der Herrlichkeit Viersen gab es 8 Vrogen: Bockert-Hoser, Dorf, Rintgen, Rahser, Beberich, Hamm, Heimer, und Ummer.

Die Vrogenerben verfügten über Nutzungsrechte an der gemeinen Allmende („*Busch, Bende*" und „*gemeint*"). Bei den Allmenden handelt es sich um gemeinnützige Flächen, die hier unter Auf-sicht des Grundherren als Wald- oder Holzgraf von der Vroge verwaltet wurden. Das Stift St. Gereon aus Köln wurde 1408 als Holzgraf genannt. Die Allmenden umfaßten das gesamte nicht landwirtschaftlich genutzte Land (Wälder, Heide, Moore, Brüche). Sie spielten im damaligen Agrarsystem eine wichtige Rolle als landwirtschaftliche Ergänzungsflächen (Beweidung, Schweinemast, Lieferant von Plaggen, Laub, Streu, Brenn- und Bauholz, Wildfrüchte).

Im Gegensatz zu anderen Regionen, wo die Allmenden erst nach dem preußischen Gesetz von 1821 geteilt wurden, wurden die Allmenden hier früher geteilt, wie die Teilung des Gemeindewaldes im benachbarten Mönchengladbacher Gebiet von 1243, die urkundlich belegt ist. MACKES nimmt an, daß die Allmende in Viersen ebenfalls um diese Zeit geteilt wurde, obwohl schriftliche Belege fehlen. Eine frühere Teilung wird durch die Parzellierung nach der Urkatasterkarte von 1812 bestätigt, auf der deutlich sichtbar ist, daß die unterschiedlichen Parzellen das Produkt einer längeren Entwicklung waren. Aus dem Bannbuch von 1596 (NORRENBERG 1886) geht ebenfalls hervor, daß der Wald um 1600 bereits geteilt war. Die auf der Urkatasterkarte von 1812 eingetragenen Wälle markierten die Parzellengrenzen.

Nach MACKES gab es Wüstungserscheinungen der Höfe, zwischen der inneren und äußeren Viersener Landwehr, im 14. und 15. Jahrhundert. Dazwischen habe sich eine unbebaute Zone mit Ausnahme von Bötzlöhe und den Nover- und Tempelshöfen entwickelt.

Bei der Betrachtung der Rechtsvorschriften um 1600 lassen sich ältere Rechte zum Hof- und Hausbau sowie der genossenschaftlichen Nutzung der Gemarkung erkennen. Das Bannbuch unterscheidet zwischen Haus und Hof und dokumentiert deren Grenzen auf dem Kamp oder in der Dorfanlage. Die zahlreichen Heckenwege entlang der Gebäude markierten private bzw. gemeinschaftliche Besitzflächen und Bautätigkeiten auf diesen Grenzmarkierungen und mußten nach vorheriger Genehmigung in das Bannbuch eingetragen werden.

Allerdings haben Kriege, Plünderungen und Pestepidemien zu befristeten und auch permanenten Hofwüstungen geführt. Hinweise hierfür gibt es u.a. für den Bereich zwischen der inneren und der äußeren Landwehr. So verließen viele Viersener Bewohner 1645 ihre Heimat (LOHMANN 1913, S. 144). Auch nach 1648 blieben die Zeiten durch Kriege unruhig. 1794 wurde auch der Viersener Raum von den Franzosen besetzt und das alte Rechts- und Lehnssystem durch den code civil ersetzt.

1706 wurde im Rahmen einer Steuerreform das steuerpflichtige Land in Meetbüchern ohne Karten präzise erfaßt, in denen die Häuser und Höfe mit zugehörigem Grundeigentum eingetragen wurden. Durch die Weiterführung dieser Quelle bis 1819 ist eine Übertragung dieser Daten auf die Urkatasterkarten von 1812 möglich.

Für die Entwicklung der Kulturlandschaft nach 1809 konnte aufgrund des französischen Urkatasters von 1812 die Landnutzung sowie die Waldnutzung nach Nutzungs- und Bewirtschaftungsform präzisiert werden. So deutete die Bezeichnung Schlagholz eindeutig auf eine Nieder- und Mittelwaldwirtschaft hin.

Das Siedlungsbild *um 1840* wird besonders von größeren Ortschaften (wie Altviersen, Bockert, Hoser, Hamm, Rahser, Ober-, und Unterbeberich) und Hofgruppen oder Weilern (Ompert, Bötzlöhe, Rasseln, Kühlenhof) geprägt. Die Noverhöfe und Tempelshöfe sind als geteilte Einzelhofsiedlungen zu betrachten. In den größeren Ortschaften gab es, abgesehen von der St.-Helena-Kapelle des 17. Jahrhunderts in Helenabrunn, keine Kirchen, weil sie zur Pfarrei Viersen (St. Remigius) gehörten. Die Bebauung bestand zum größten Teil aus Höfen, Katen und Handwerkerwohnungen (Leinenweber).

In Hoser, Oberbeberich und Ummer sind die Höfe und Häuser um einen unregelmäßigen bis rechteckigen Dorfplatz (Anger) gruppiert, der ebenfalls bebaut ist. Sie ähneln mehr dem Typ von Haufendörfern. In Bockert, Heimer und Ummer gibt es eine mehr oder weniger reihenförmige Bebauung um den dreieckigen Driesch und lineare Strukturen an den Ausfallstraßen. Innerhalb der Ortschaften Ober- und Unterbeberich sowie im angrenzenden Hamm gab es jeweils zwei Wassermühlen (SOMMER 1991, S. 222f.). Diese Wassermühlen verfügten über Mühlenteiche und Mühlengräben. In Bockert (1825), Oberbeberich (1843) und Hoser (1833) befanden sich Schulen. Die Ziegeleien datieren aus dem Zeitraum 1806-1845 und befanden sich östlich von Oberbeberich und bei Dülken und Mönchengladbach.

Die Orientierung des Straßen- und Wegenetzes hing noch mit der früheren Vrogeneinteilung zusammen. Die einzelnen Vrogen verfügten über Viehtriften, die in der Bockerter Heide (Bockert-Bockerter Heide, Beberich-Bebericher Heide und Ummer-Biseheide) erhalten sind.

Die Fuhrwege (Hof-Acker), Leichwege (zum Kirchhof) sowie die Kirchwege zur Pfarrkirche St. Remigius in Viersen hatten eine funktionale Orientierung. Diese Straßen wurden in der französischen Periode in Kommunalwege überführt.

Die Straßen (vor 1800 nur die alte Heerstraße) sind besonders durch ihren Belag (z.B. Kies, Lava oder Pflaster) als angelegte Objekte zu betrachten. Die Heerstraße (heutige B 56) verlief von Mönchengladbach über die Viersener Landwehr entlang Ompert, Ummer, östlich von Unterbeberich und Rintgen nach Viersen. Südlich der äußeren Viersener Landwehr verlief auf Gladbacher Gebiet eine andere Heerstraße - der sogenannte Franzosenweg.

Aus der Fortschreibung des Urkatasters von 1812 geht hervor, daß viele Wege verschmälert und die Streifen den angrenzenden Parzellen hinzugefügt wurden. Die alte Heerstraße (heutige B56) ist nun als Chaussee dargestellt.

Besonders im Waldgebiet verliefen zahlreiche Wälle und Gräben, die Wege und Parzellengrenzen markierten. Außerdem gab es im Wald noch Teilstücke der inneren Landwehr, die südlich von Bokkert in Richtung von Buelkes Hütte verlief (Urkataster von 1812, Sektion H: Bockerter Busch). Schließlich markierten einige dieser Wälle mit zugehörigen Gräben die sogenannten Buchen- und Eichenkampe, die für die Bucheckern- bzw. die Eichelmast genutzt wurden, und Viehtriften.

Bei den Flächen dominieren das Ackerland und der Wald. Das Ackerland grenzt an die Ortschaften und Höfe. Ausnahmen bilden einige kleinere Ackerkomplexe im Westen, die direkt an die äußere Landwehr grenzen. Die größten geschlossenen Waldgebiete befinden sich im Landwehrbereich. Daneben gibt es auf den Ackerflächen zwischen den Ortschaften und Hofgruppen kleinere inselartige Wäldchen oder sogenannte „*Peschen*", die als bäuerliche Nutzwäldchen (Niederwaldwirtschaft) fungierten.

Der *Zeitraum 1812-1892* wird gekennzeichnet von vielen Veränderungen, die unmittelbar mit der Expansion von Viersen zusammenhingen. Aufgrund dieser Expansion wurde Viersen in der rheinischen Städteordnung von 1856 als Stadt erfaßt. Außerdem wuchs Viersen mit den Ortschaften Rintgen und Nopdorf zusammen. In den meisten Ortschaften verdichtete die Bebauung sich allmählich. Hier handelt es sich vor allem um Textilarbeiterbehausungen. Östlich von Hoser wurde an der alten Heerstraße in Eisenbahnnähe die Viersener Aktien-Spinnerei und Weberei mit Arbeiterbehausungen in der direkten Umgebung des Werkes errichtet. Die Zahl der Wassermühlen am Hammer Bach wurde um zwei reduziert. Auch die Ziegeleien, die zwischen 1805/06 und 1844 errichtet wurden, sind abgegangen. Im östlichen Teil von Bockert wurde 1891 die St. Peter-Kirche mit Friedhof (1893) gebaut und 1895 zur Pfarrkirche erhoben (BÜSCHGES 1991, S. 14ff.).

Die Eisenbahnstrecke Mönchengladbach-Krefeld (Trasse der heutigen L116) wurde Ende 1851 in Betrieb genommen (HÖPFNER 1986, S. 57). Die Strecke Neuß-Viersen-Dülken-Venlo wurde 1878 in der Niersniederung fertiggestellt; in dieser Periode wurden viele Wege befestigt und ausgebaut.

Auffällig sind die seit dieser Periode auftretenden Kultivierungen und kleinräumigen Rodungen, hauptsächlich am Rand des geschlossenen Waldgebietes und der kleinen Nutzwäldchen.

Die baulichen Veränderungen konzentrierten sich zwischen *1895 und 1950* überwiegend in den dichter besiedelten alten Ortskernen. Durch die Auswirkung der expandierenden Industrialisierung sind besonders in Viersen und in den Ortschaften (Hoser, Bockert und Beberich) kleinere Neubaugebiete hinzugekommen. Die Erweiterungen von Mönchengladbach rückten mit einem großen Friedhof und Siedlungen in nördlicher Richtung vor. Im Bereich des heutigen NSG Bockerter Heide wurde die Tierkörperverwertungsanstalt Kühleheide und das Wirtshaus Waldfrieden errichtet.

Daß die Luft im Viersener Raum als gesund bewertet wurde, wurde durch den Bau einer Lungenheilstätte vor 1914, südlich von Helenabrunn östlich der heutigen B56 auf Gladbacher Gebiet, belegt. Ebenfalls wurden Sport- und Spielplätze in den Ortschaften angelegt.

Die 1851 in Betrieb genommene Eisenbahnlinie wurde zwischen Bettrath und Viersen abgetragen und durch eine Straße (heutige L116) ersetzt. Zwischen 1899 und 1904 wurde die sogenannte Vierstädtebahn (Dülken, Viersen, Süchteln und Mönchengladbach) angelegt. Die Trasse nach Mönchengladbach verlief über die alte Heerstraße (heutige B56). Außerdem hatte man die Straßen den Anforderungen des aufkommenden motorisierten Verkehrs angepaßt. Weiterhin wurden infrastrukturelle Erneuerungen wie Wasserwerke und -leitungen, Transformatorhäuschen sowie Elektrizitäts- und Telefonleitungen angelegt.

An beiden Seiten der äußeren Landwehr sind größere Waldflächen in Ackerland umgewandelt worden, wodurch der Wald stark zerstückelt wurde.

In dem *Zeitraum 1950-heute,* der die höchste Veränderungsdynamik aufweist, ist eine rege Bautätigkeit zu belegen. Besonders in Viersen, Mönchengladbach und um die Ortschaften (Bockert, Ober- und Unterbeberich, Hamm, Heimer, Helenabrunn und Ummer) entstanden neue Wohngebiete. Zwischen Ober- und Unterbeberich wurde in den 50er Jahren eine neue Siedlung errichtet. An der Südseite von Viersen entwickelte sich ein Industriegürtel

In dieser Periode gibt es eine starke Zunahme infrastruktureller Elemente wie Sportanlagen, Kläranlagen, Pumpstationen, Hochspannungsleitungen, Tankstellen usw. Landschaftsverändernde Auswirkungen gehen auch von den Kiesgruben, die allerdings noch keine größere Ausdehnung erreicht haben, aus.

In der Landwirtschaft wurden viele Höfe aufgrund verbesserter technischer Möglichkeiten und Rationalisierung modernisiert. Diese Modernisierung schlug sich baulich besonders in neuen Stall- und Siloanlagen sowie in Gewächshäusern nieder.

So führte der Straßenbau zu großen neuen Verkehrsachsen wie die BAB52 (1974), 61 (1974) und die ausgebaute B56. Außerdem wurden für die die Autobahn kreuzenden Straßen Brücken gebaut. Die vorhandenen Straßen wurden nach modernen verkehrstechnischen Gesichtspunkten ausgebaut. Nördlich von Bockert entstand eine neue Umgehungsstraße.

Die auffälligste und eingreifenste strukturelle Veränderung stellt das neue Parzellierungsgefüge und das damit zusammenhängende Wegenetz der seit 1970 in Ausführung befindlichen Flurbereinigung dar. Ziele solcher Zusammenlegungen waren die Verbesserung der auf Großmaschinen eingestellten Agrarstruktur. Hierdurch wurde das alte historisch gewachsene Straßen- und Wegegefüge, abgesehen von den alten Hauptstraßen und einigen Teilstücken, völlig neu gestaltet und umorientiert. Ebenfalls wurden für Entwässerungszwecke neue Gewässerläufe in Form von Gräben angelegt. Diese Maßnahmen führten zu einer erheblich intensivierten Agrarnutzung, aber andererseits eben zu einer drastischen Nivellierung einer alten Kulturlandschaft. Hoch blieb der Anteil landwirtschaftlicher Nutzfläche mit ackerbaulichem Übergewicht.

Im Rahmen der Zusammenlegung wurden einige ältere Waldflächen für die Strukturverbesserung der Parzellierung gerodet. Nördlich von Rasseln ist vor einigen Jahren eine größere Obstplantage entstanden.

4.4.8.4 Überlieferte historische Kulturlandschaftselemente und -strukturen

Punktelemente

Die meisten Höfe, die aus dem Spätmittelalter datieren, haben heute durch Um- und Neubauten ein neues Gesicht bekommen. Wertvoll zu betrachten sind die tradierten Hofstandorte in den Ortskernen und Weilern oder noch kleineren Hofgruppen, die aus Hofteilungen entstanden sind.

Die Wassermühlen an dem Hammer Bach, das einzige Gewässer in diesem Modellgebiet, sind bis auf eine (westlich von Hamm) durch die Siedlungserweiterungen verschwunden. Übriggeblieben

236

sind noch einige Mühlenteiche.

In den Flachsrösten wurde der Flachs nach der Ernte etwa zwei Wochen lang für die Gewinnung der Fasern gewässert. Es war eine Art Gärung, bei der durch Einweichen im Wasser die die einzelnen Fasern verbindenden Bestandteile zersetzt wurden. Notwendig waren eine permanente Wasserquelle oder Böden mit Staunässe. Bei den Quellen wurden in der Nähe viereckige, etwa 2 m tiefe Gruben mit einer durchschnittlichen Größe von 3 x 5 m angelegt, deren Wände und Böden durch Lehmauftrag wasserundurchlässig gemacht wurden. Danach wurde der Flachs sechs Wochen getrocknet und dann durch das sogenannte „Schwingen" gereinigt und weiterverarbeitet.

In der Bockerter Heide befinden sich 14 Flachsrösten. Wegen der starken Geruchsentwicklung bei der Rotte wurden sie möglichst weit entfernt von den Höfen in Bereichen mit Staunässe an den Waldrändern angelegt. Die Datierung der Flachsrösten läßt sich mit der Tatsache verbinden, daß in Viersen 1580 etwa 800 „Leinwandgetaue" (Webstühle) in Betrieb waren. Nach 1945 wurden die Rösten nach der Aufgabe des Flachsanbaus nicht mehr genutzt.

Wegen ihrer landeskundlichen Bedeutung ist es wichtig, daß die Flachsrösten erhalten werden. Sie sind, abgesehen von ihrer natürlichen Verlandung, durch maschinelle Waldarbeit gefährdet.

Die Einzelstellungen und Geschützstände wurden unter Nutzung des Landwehrwalles vom Herbst 1944 bis Februar 1945 für die „Heimatverteidigung" geschanzt. Diese Relikte der jüngsten Geschichte, wozu auch einige Bombenkrater gehören, sind ebenfalls erhaltungswürdig, so daß ihre Erkennbarkeit zu handhaben ist.

Der Wilden Mispel (*Mespilus germanica*), die an verschiedenen Stellen auf Wällen, an der Landwehr und an Waldrändern vorkommt, wird als Bestandteil des Wappens der Stadt Viersen und des Herzogtums Geldern eine symbolische Bedeutung beigemessen. Die Bäume haben eine Stockform. Sie sind als Natur- und Kulturdenkmale zu schützen und zu pflegen.

Die Überhälter befinden sich an verschiedenen Stellen, vereinzelt oder in kleinen Gruppen in den Niederwäldern. Diese hochstämmigen Rotbuchen und Eichen weisen mit über 100 Jahren ein beträchtliches Alter auf. Wo mehrere fruchttragende Hochstammbäume in Gruppen vorkommen, handelt es sich um die Reste der sogenannten Eichen- und Rotbuchenkämpe. Außerdem waren diese Hochstammbäume besonders für die Bauholzversorgung von Bedeutung. Die Überhälter müssen geschützt und forstwirtschaftlich gepflegt werden.

Linienelemente

Im Viersener Raum bestand ein System von Grenz- und Vrogenmarkierungen in Form von Landwehren. Die sogenannte innere Landwehr, von der ein Teilabschnitt westlich von Hoser erhalten ist, wurde 1359 erstmals erwähnt. Sie umfaßte nicht wie die äußere Landwehr das gesamte Viersener Gebiet, sondern nur den bis zum 14./15. Jahrhundert besiedelten Teil. Bereits vor 1812 war die innere Landwehr, abgesehen von einigen Reststücken (westlich von Hoser), abgegangen.

Die äußere Landwehr wurde zwischen 1420 und 1424 angelegt und markierte die Grenze zwischen den Herzogtümern Geldern und Jülich. Sie war durch einen heute noch teilweise erhaltenen Querwall mit der inneren Landwehr verbunden.

Bepflanzt war der Wall ursprünglich mit einer großen Zahl von verschiedenen dornigen Sperrpflanzen und knorrigen Buchenstöcken als Gerüstbäumen, die ein Hindernis darstellten. Die Undurchlässigkeit des dornigen Landwehrbewuchses erforderte eine angepaßte Unterhaltung.

Nachdem sie seit 1704 funktionslos war, wurde sie in Parzellen eingeteilt, als Niederwald bewirtschaftet und von neuen Verkehrsverbindungen durchschnitten. Wo der Wall an Ackerland grenzte, verschwand sie. Im Untersuchungsgebiet sind noch 4 km Landwehr erhalten. Wo die Autobahn A61 die Landwehr kreuzt ist sie auf Gladbacher Gebiet bastionsartig mit mehreren parallel verlaufenden Wällen und Gräben verbreitert.

Heute besteht die Landwehr aus einem Wall, zwei teilweise verlandeten Gräben und noch geringen Resten der für Landwehren typischen Vegetation, wie einige markante alte Stockrotbuchen als Gerüstbäume und Kopfbuchen als Markierungsbäume. Vereinzelt kommen noch ursprüngliches

Schwarz- und Weißdorn- sowie Buchengebüsch vor.

Das spätmittelalterlich/frühneuzeitliche Wall- und Grabensystem ist nur noch im Wald erhalten. Es stellt Teile der alten Waldparzellierung, der Einfriedung der alten Eichen- und Buchenkämpe sowie der Viehtriften dar. Durch die Flurbereinigung, die auch den Wald betraf, sind in der Feldflur viele Wälle zerstört und haben im Wald ihre Funktion als Parzellen- bzw. alte Nutzungsgrenzen verloren. Heute sind sie durch die maschinellen Waldarbeiten besonders gefährdet. Dies gilt auch für die Vegetation auf den Wällen, die entlang der Viehtriften bzw. als Einfriedung der Kampen besonders dicht war.

Ihr Erhaltungsgrad ist unterschiedlich. Viele Wälle sind mit Stockbuchen bepflanzt, die die ursprüngliche Vegetation noch dokumentieren. Diese Relikte stellen wichtige landschaftlich prägende Strukturelemente dar.

Von den im Viersener Bannbuch unterschiedenen vier Wegetypen: Fuhr(Voer)wege (8 Fuß breit), Leich- oder Nachbarwege (6 Fuß breit), Kirchwege (3,5 Fuß breit) und Viehtriften (2 Ruthen breit) - nach 1800 Feldwege -, kommen nur Fuhrwege und Viehtriften im Wald vor. Die von Wallhecken markierten Viehtriften der Vrogen Hoser-Bockert, Beberich und Ummer hatten eine Breite von 2 Ruthen. Die meisten Feldwege sind, abgesehen von einigen Abschnitten, verschwunden.

Die überlieferten Wege sind nur trassenmäßig erhalten. Dies gilt auch für die alte Heerstraße, deren Trasse sich nicht verändert hat.

Nach 1800 existierten noch drei Wegekategorien: Heer- und Landstraßen sowie Feldwege. Hierdurch haben Fuhrwege und Viehtriften ihre Funktion als reglementierte Nutzwege der Vrogen verloren. Faktisch wurden sie dennoch bis ins 20. Jahrhundert benutzt. Durch die Flurbereinigung sind die meisten alten Wege von neuen ersetzt worden. Die meisten funktionslosen Wegerelikte, die überwiegend gesichert aus der Frühneuzeit stammen, befinden sich im Wald.

Flächenelemente

Im Modellgebiet gibt es, seit den Rodungen und Kultivierungen nach 1850, kein größeres geschlossenes Waldgebiet entlang der äußeren Landwehr mehr. Hierdurch ist eine kleinräumige Waldstruktur mit großem Abwechslungsreichtum entstanden. Die Waldareale liegen im Gemenge mit Acker- und Grünland. Im Viersener Stadtgebiet reduzierte sich die Waldfläche von 1410 ha im Jahre 1820 auf 672 ha 1980. Die dominante Baumart ist die Rotbuche, die in verschiedenen Bewirtschaftungsformen als Hoch-, Stock- oder Kopfbaum vorkommt, aus der sich die als wertvoll eingestuften, regionalspezifisch überlieferten Rotbuchen-Niederwälder zusammensetzen.

Es ist bemerkenswert, welche Auswirkungen die anthropogenen Aktivitäten seit 1810 auf das Aussehen des Ökosystems Wald gehabt haben. Aufgrund des nachgewiesenen Alters und heutigen Aussehens sind folgende Waldareale unterschieden:
1. Wald mit gut erkennbaren Niederwaldstrukturen,
2. Wald mit nur vereinzelten Niederwaldstrukturen (heute hauptsächlich Eichen/Birken),
3. ehemaliger Niederwald mit einem als Folge der spontanen Waldentwicklung entstandenen Eichen-/Birkenbestand,
4. wiederaufgeforstete, zuvor gerodete Niederwaldflächen (Buchen, Eichen),
5. Nadelbaumaufforstungen auf zuvor gerodeten Niederwaldflächen bzw. in alten Niederwaldarealen und
6. junge Laubholzaufforstungen auf ehemaligen Agrarflächen.

Dominante Kennzeichen der unter 1. und 2. genannten Waldflächen sind die ehemaligen Rotbuchenstöcke mit mächtigen Ausschlägen. Die Gefährdung dieser Bestände liegt in der Bruchgefahr, weil diese Flächen nicht mehr als Niederwald bewirtschaftet werden. Der Hochwald ist nur durch Überhälter vertreten. Bei der Niederwaldnutzung wurden die Bäume auf den Stock gesetzt. Dies bedeutete, daß die Austriebe alle 15 bis 20 Jahren abgeholzt wurden.

Typisch sind Stockbaumgruppen, die über Zweige miteinander verbunden sind. Sie sind das Produkt des sogenannten „Lemmens". Hierbei wurde ein fingerdicker Zweig an der Berührungsstelle auf dem Boden mit einem Rasenstück bedeckt und das freie Ende nach oben gebogen, so daß ein neuer Stamm heranwuchs. Diese Technik ist bereits in einem Holzweistum für den Süchtelner Erbenbusch des Klosters St. Pantaleon in Köln von 1763 belegt. Heute wird das Lemmen, abgesehen von einigen Experimenten, kaum noch praktiziert.

Für die ehemaligen Niederwaldflächen, die nach ihrem Kahlschlag nach dem Zweiten Weltkrieg eine spontane Waldentwicklung aufgewiesen haben, gilt im Prinzip dasselbe. Sie führte zu der heutigen Dominanz von Birken und Eichen mit vereinzelten verstreuten Buchen, die etwa 40 bis 50 Jahre alt sind.

Daneben gibt es jüngere Aufforstungen von Eichen und Buchen auf Niederwaldrodungen des späten 19. und 20. Jahrhunderts. Sie sind besonders für die Wiederbelebung des Niederwaldes geeignet, weil das „Auf den Stock setzen" bei jungen Rotbuchen mehr Erfolg verspricht als bei alten Stöcken. Diese auf den Stock gesetzten Areale sollten sich aus technischen, aber auch aus didaktischen Gründen (landeskundlicher Waldlehrpfad) in Wegnähe befinden.

Die Fichten und Lärchen, die in kleineren Gruppen bzw. Schonungen seit den sechziger Jahren vorkommen, sollen allmählich durch lokale Baumarten, wie Rotbuche, ersetzt werden.

Die im Rahmen der Flurbereinigung unter anderem mit Pappeln aufgeforsteten waldnahen Ackerflächen, könnten nach deren Nutzung mit für die Bockerter Heide typischen Rotbuchen und Eichen aufgeforstet werden.

Diese mit Wällen und dichten Hecken eingefriedeten ehemaligen *Waldkämpe*, sind noch an vereinzelten und gruppenweise vorkommenden fruchttragenden Hochstammbuchen und -eichen zu erkennen. Hierin wurde im Herbst, wenn die Eicheln und Bucheckern abgefallen waren, eine festgelegte Zahl von Schweinen eingetrieben. Ihr Alter reicht bis ins Spätmittelalter zurück, was durch Erwähnungen und Reglementierungen bezüglich der Schweinemast belegt ist. Heute besteht die Waldvegetation innerhalb der ehemaligen Kampen meist aus Eichen und Birken.

Die inselartigen bäuerlichen Nutzwäldchen oder *Pesche* in der Feldflur, stellen heute noch reliktartig Niederwaldwirtschaftsformen dar, die an den nicht mehr bewirtschafteten Stöcken deutlich zu erkennen sind. Sie gehen nach dem Bannbuch bis ins Spätmittelalter zurück.

Innerhalb dieser kleineren Mischlaubwäldchen gibt es Übergänge von Birken-Eichen- zu Buchen-Eichenwäldern. Vereinzelt finden sich einige Fichten und Kiefern. Die Pesche nordöstlich von Bötzlöhe stellen noch eindrucksvolle Rotbuchenniederwaldbestände mit vereinzelten Stieleichen dar.

Das *Ackerland* war von altersher die älteste intensivste Landnutzungsform seit dem Hochmittelalter. Seit 1850 nahmen die Ackerflächen besonders auf Kosten des Waldes zu. Bis ca. 1850 wurden die Ackerflächen im Rahmen der Dreifelderwirtschaft und nach 1850 im Rahmen der Fruchtfolgewirtschaft bewirtschaftet. Heute werden diese Flächen intensiv bewirtschaftet. Durch Tiefpflügen wird das Bodenarchiv weiter zerstört werden.

Im Urkataster gab es relativ wenig *Weiden und Wiesen*. Das älteste Grünland sind die "Rollebenden". Erst nach der Teilung der Gemeinschaftsweiden an der Niers um die Mitte des 19. Jahrhunderts wurde privat genutztes Grünland erforderlich. Das meiste Grünland ist als Folge der Waldrodungen nach 1880 entstanden. Diese Flächen waren wegen Staunässe als Ackerland nicht geeignet.

Die *Heideflächen* waren wegen ihrer Weidenutzung wichtig und seit 1800 ist ihr Umfang fast auf Null reduziert.

4.4.8.5 Übereinstimmungen und Gegensätze

In Teilen dieses Modellgebiets wird im 1995 landeskundlich ausgewiesenen Naturschutzgebiet "Bockerter Heide" Kulturlandschaftspflege durchgeführt. Im Vorfeld der Ausweisung hat sich hier herausgestellt, daß Kulturlandschaftspflege und Naturschutz sowie Kulturhistorie und Ökologie sehr gut harmonierten. Von den Flachsrösten wird die am besten überlieferte, westlich der Tierkörperverwertungsanstalt "Kühleheide", rekonstruiert. Die übrigen müssen für ihre Erkennbarkeit ausgehoben werden. Für einige Flachsrösten, die sich in einem schlechten Erhaltungszustand befinden und in denen sich wertvolle Feuchtbiotope entwickelt haben, ist Biotopschutz und -entwicklung vorgesehen.

Bei den heute noch überlieferten Abschnitten der Landwehr hat die Erhaltung die höchste Priorität. Hierzu muß der Landwehrverlauf noch in die Denkmalliste eingetragen werden. Dort, wo die Landwehr abgegangen und nicht mehr erkennbar ist, wurde für das NSG "Bockerter Heide" eine optische Markierung des Verlaufs durch eine Heckenreihe mit landwehrtypischen Gehölzen empfohlen. An Stellen, wo der Wallkörper und der Graben punktuell beeinträchtigt bzw. zerstört worden sind, sind Ausbesserungen durchzuführen.

Im Bereich der Vegetation wäre es aus didaktischen Überlegungen sinnvoll, für einen Abschnitt eine Rückführung zur ehemaligen dichten Weiß- und Schwarzdornvegetation vorzunehmen. Für die übrigen Abschnitte ist die allmähliche Entfernung der ortsfremden Flora vorgesehen. Hierbei sollen vor allem dornige Pflanzen verwendet werden, so daß der Wall besser gegen schädliche Aktivitäten wie Geländeradfahren geschützt werden kann. Im östlichen Abschnitt der Landwehr, wo der Buchenbestand weitgehend verschwunden ist, sollen wiederum Rotbuchen als Gerüstbäume angepflanzt werden. Mit diesen Maßnahmen soll die linienförmige, gestufte Gehölzstruktur mit Gerüstbäumen und Sträuchern besser lesbar gemacht werden.

Die Wälle und Gräben im Wald müßten zusätzlich als Bodendenkmal in die Denkmalliste Viersens eingetragen werden.

Der Verlauf von schlecht erkennbaren Wegen ist in Form von bandartigen Bepflanzungen zu markieren. Dagegen müssen die erkennbaren Wege ausschließlich für Wanderer freigehalten werden. Bei den Viehtriften ist die Wiederherrichtung anzustreben. Hierbei ist besonders die ursprüngliche Breite von 2 Ruthen oder 24 Fuß (etwa 8 m) und die markierende Heckenreihe zu beachten.

Für die Niederwaldflächen ist das obere Ziel die Erhaltung durch Niederwaldbewirtschaftung. Für viele ältere Stöcke ist dies dringend erforderlich, weil sonst die mächtigen Ausschläge abzubrechen drohen. Zunächst müssen hier die dicksten Äste der lebensfähigsten Stöcke entfernt werden und die jüngeren erhalten bleiben, um weiter wachsen zu können. Bei etwa gleich alten und dicken Ästen würde der Stock bei zunehmendem Alter nach der Abholzung vermutlich absterben. Diese Stöcke können nur noch mit dem Durchwachsen von ein bis zwei Haupttrieben in Hochwaldwirtschaft überführt werden.

Als letzte Möglichkeit können alte Stöcke durch Stimulierung des Wurzelaustriebes mit anschließendem Lemmen erhalten und so traditionell verjüngt werden. So wird die für den Viersener Raum altbewährte Technik des Lemmens ebenfalls erhalten. Im Rahmen der erforderlichen Anpflanzungen sollten Rotbuchen verwendet werden. In einzelnen Bereichen sind für Dokumentationszwecke exemplarisch Rotbuchen auf den Stock zu setzen.

Ein Waldkamp wird für die herbstliche Schweinemast rekonstruiert. Im Frühjahr und Sommer ist eine Nutzung durch Rindvieh möglich. Solange die neuen Wallhecken noch zu jung sind, wird der Kamp zunächst durch einen provisorischen Zaun eingefriedet. Die Eichen- und Buchenbestände müssen so gepflegt werden, daß sie optimal fruchttragend sind.

In Rahmen der Naturschutzgebietsausweisung der "Bockerter Heide" wurde für die beiden ältesten Ackerkomplexe "In den Linden" und "hinter dem Bockerter Busch" eine Wiedereinführung der nach heutiger Sicht extensiven und ökologischen Dreifelderwirtschaft bzw. die alte Fruchtfolgewirtschaft von ca. 1860 empfohlen. Wünschenswert ist im Rahmen eines dreijährigen Zyklus ein Zurückgreifen auf alte Anbaupflanzen wie Flachs. Der Flachs könnte in der benachbarten Flachsröste gerottet werden, so daß die Techniken des Flachsanbaus und des Rottens bewahrt bleiben. Im Brachejahr ist eine Beweidung mit Schafen vorgesehen.

Die meisten relativ jungen Grünlandflächen sollten im NSG "Bockerter Heide" extensiv, ohne Kunstdüngung genutzt werden. Außerdem ist ein größerer Artenreichtum der Vegetationsschicht anzustreben. Hierzu ist ein einmaliges Mähen nach der Brutzeit der Wiesenvögel erforderlich.

Die Rückführung der Agrarflächen zur Heide im Bereich des Bockerter Busches und der Bebericher Heide im NSG "Bockerter Heide", ist nur schrittweise möglich. Als erstes ist eine Brachelegung erforderlich, um eine Bodenregeneration zu erreichen. Dann sollten diese Flächen unter Beobachtung sich selbst überlassen werden, wobei eine zu starke spontane Waldentwicklung verhindert werden muß. Da die Heide eine Vegetationseinheit darstellt, die einer ständigen Nutzung bedarf, ist in einer dritten Phase eine extensive Weidenutzung durch Schafe einzuführen und beizubehalten.

In Abgrenzung zu der Idealvorstellung einer Callunaheide (Lüneburger Heide) ist eine heterogene Pflanzenstruktur mit Kräutern, Gräsern, Einzelsträuchern, Strauchgruppen, Einzelbäumen und Baumgruppen nach den regionalen naturräumlichen Voraussetzungen wünschenswert, die sich an dem früheren Erscheinungsbild der Viersener Heiden orientiert.

4.4.8.6 Kulturlandschaftsbestandteile und -bereiche sowie ihre Schutzwürdigkeit
(Grundlage: TK 25: 4704 Viersen, Altkarten, Kulturlandschaftswandelkarte, Karte der historischen Landschaftselemente und persistenten Landnutzungsformen sowie das Biotopkataster)

Vom Ackerbau geprägte Kulturlandschaftsbereiche
Prägende Merkmale (Landschaftsbild):
- Geschlossenes Siedlungsgefüge mit reihenförmigen Ortskernen, Weilern und kleinen Hofgruppen (2 bis 4 Höfe),
- die Gehöfte und ältere Häuser werden vor allem durch dunkelbraune Ziegel geprägt,
- dominante, tradierte, intensive Ackerlandnutzung,
- überörtliches, tradiertes Straßengefüge (rechteckige Wegestrukturen gehen auf Zusammenlegungen zurück),
- Baumreihen (Landwehrabschnitte),
- zahlreiche kleinere Sand- und Kiesgruben, die teilweise rekultiviert worden sind,
- vereinzelte Feldgehölze, die die alten Peschen (bäuerliche Nutzwäldchen) markieren.

Von der Niersaue geprägter Kulturlandschaftsbestandteil
Prägende Merkmale (Landschaftsbild):
- Hauptsächlich Grünland der "Niersbende",
- Entwässerungssystem (Landwehrgraben).

Stadtkern von Viersen als Kulturlandschaftsbestandteil
- Stadtgrundriß geprägt von der ersten Industrialisierungsphase (1853 Stadtrechte),
- Textilindustrie und gründerzeitliche Bauten,
- Fabrikantenvillen mit Parks (2. Hälfte 19. Jh.).

Von Buchenniederwäldern mit Rodungs- und Kultivierungsflächen geprägte Kulturlandschaftsbereiche
Prägende Merkmale (Landschaftsbild):
- im nördlichen Bereich abwechselnd Wald- und Ackerland und im südlichen Abschnitt Wald-, Acker- und Grünland,
- in den Restwäldern befinden sich noch zahlreiche Wälle, Wallhecken, Landwehrabschnitte, Flachskuhlen,
- überlieferte Niederwaldabschnitte, Stockbuchenkränze, Überhälter, eingestreute Fichtenbestände und spontan entwickelte Birken-Eichenwälder,
- geradliniges Waldwegegefüge (Zusammenlegung).

241

Von Entwicklungsdynamik geprägte und stark überformte Kulturlandschaftsbereiche bzw. -bestandteile

Prägende Merkmale (Landschaftsbild):

- Relikte der Industrialisierungsphase 1870-1920 (Textil),
- nach 1845 entstandene Neubau- und Gewerbegebiete mit einer Konzentration der Industrialisierungsphase in Viersen,
- keine zusammenhängenden historischen Elemente,
- Kiesabbaugebiete,
- Zerschnitten von Autobahnen und Autobahnkreuzen.

Zusammenfassend stellen größere Teile dieses Modellgebiets, die eng miteinander zusammenhängen, landeskundlich einen überregional herausragenden Zustand dar. Das wichtigste Ziel ist, diese Elemente und Strukturen, die bereits durch die Auswirkungen der Flurbereinigung, der Landwirtschaft und der modernen Forstwirtschaft beeinträchtigt worden sind, durch geeignete Pflege- und Bewirtschaftungsmaßnahmen zu erhalten. Nur so könnte diese regionalspezifische Struktur für die Zukunft gesichert werden.

Die *kulturhistorische Begründung* ist für Teile des Modellgebietes mit der landeskundlichen Ausweisung des NSG "Bockerter Heide" im Rahmen des Landschaftsplanes Nr. 7 „Bockerter Heide" des Kreises Viersen aufgenommen worden. Dies gilt auch für die Vorschläge und Empfehlungen der Gutachter für die kulturlandschaftliche Entwicklungs-, Pflege- und Erschließungsmaßnahmen nach § 26 LG NW für das NSG „Bockerter Heide" (BURGGRAAFF und KLEEFELD 1993, 1994). Diese kulturhistorisch geprägten Maßnahmen sind:

5.14	Pflege von Feldhecken
5.15	Pflege von Kopfbäumen
5.21	Entwicklung von Heideflächen
5.22	Entwicklung von Buchenniederwäldern
5.23	Wiederherstellung abgegangener Wegetrassen
5.24	Wiederherstellung einer Flachsröste
5.25	Wiederherstellung von Landwehrhecken
5.26	Wiederherstellung der Dreifelderwirtschaft
5.27	Wiederherstellung von Viehtriften
5.28	Wiederherstellung historischer Wegetrassen
5.29	Entwicklung von Kopfbaumreihen
5.30	Wiederherstellung und Nutzung von Schweinekämpen (Schweinemast)
5.31	Wiedereinführung althergebrachter Grünlandbewirtschaftung
5.32	Entwicklung von Eichen-Buchenwäldern
5.33	Wiedereinführung althergebrachter Fruchtfolgewirtschaft

Die Offenlage des Landschaftsplanentwurfes, der auch das geplante NSG „Bockerter Heide" enthielt, erfolgte vom 6.9. bis 8.10.1993. Die vorgebrachten Bedenken der 147 Bürger und 29 Träger öffentlicher Belange sowie Behörden führten zu 60 Änderungen des Landschaftsplanentwurfes. Das NSG „Bockerter Heide" war nicht von Änderungen betroffen. Am 9.6.1994 faßte der Kreistag den Satzungsbeschluß. Der Landschaftsplan Nr. 7 wurde am 3.2.1995 durch die Bezirksregierung Düsseldorf genehmigt und erlangte am 3.3.1995 Rechtskraft.

Das NSG "Bockerter Heide" ist ein gelungenes Beispiel für eine integrative Betrachtung der kulturhistorischen und ökologischen Belange, die hier sehr eng miteinander zusammenhängen. Das Interessante dieses Projektes war, daß nicht nur die Kulturlandschaftsentwicklung erarbeitet und die Relikte erfaßt und bewertet wurden, sondern der Erhalt, einige Rekonstruktionsmaßnahmen, die Pflege und vor allem auch die Nutzung bzw. Bewirtschaftung der Kulturlandschaftselemente und -strukturen sowie Kulturlandschaftsbestandteilen von den Unteren Landschaftsbehörden eine hohe Bedeutung beigemessen wurden. Dies galt auch für die Begrenzung des Naturschutzgebietes.

Auszug aus dem Biotopkataster

Nr.	Blatt 4704 Viersen

1 In den Planckeneschen bei Wey (NW Rasseln) (28 ha, LSG), Eichen- und Laubwald *(Niederwälder, Mittelwald)* 65 %, Feldgehölz 20 %, Pappelwald 10 %

2 An der Viersener Landwehr (7 ha, LSG), Eichen-Birken 60 %, Buchen-Eichenwald 40 % *(ehemaliger Niederwald),*

3 Wald-Grünlandkomplex Großheide (47 ha, LSG), Eichen-Birkenwald 44 % (Niederwald), Acker 15 %, Fettweide 30 %, Baumreihe, Einzelbaum, *Gebäude, Mauerwerk, Ruine* 1 %

37 Laubmischwaldbestände bei Bergerstraße (3,2 ha LSG, LSG Vorschlag), Feldgehölz 100 % mit *Niederwald und Überhältern*

40 Mehrere kleine Waldstücke südlich des Weges Ransberg-Hoser (10 ha, LSG), Tümpel *(Flachsrösten)*, Feldgehölze 98 %

41 Grünland-Feldgehölzkomplex zwischen Ransberg und Hoser (25 ha, LSG), Feldgehölze 69 %, Fettweide 30 %, *Wall ist die Landwehr mit Graben, Überhälter*

42 Landwehr westlich von Viersen *(Äußere und Innere Landwehr)* (4,3 ha LSG, LB Vorschlag), Wallhecke 99 % mit Laubgehölzen wie Buche, Stieleiche, Eberesche, Linde, Weißdorn *(Überhälter,* Strauch- und zweite Baumschicht *Niederwald)*

43 Bockerter Heide (54 ha, seit 1995 NSG), Feldgehölz 20 %, Birken-Eichenwald 50 %, Buchen-Eichenwald 10 % (mit *Überhältern und Niederwald)*, Birkenwald 15 % *(Wallsysteme ehemaliger Parzellierung und Flachskuhlen)*

44 Waldbestand am Wasserwerk Viersen (3,5 ha, LSG) strukturreiche Feldgehölze in der Agrarlandschaft, Feldgehölze 100 %

47 *Landwehr* südlich von Helenabrunn (7,5 ha, LSG/NSG, LB Vorschlag), Feldgehölz 100 % mit u.a. Buchen und Stieleichen (keine dornigen Pflanzen)

48 Feldgehölze *(Pesche)* in der Ackerflur südlich von Beberich (6,5 ha, LSG, seit 1995 NSG, LB Vorschlag), Feldgehölze 100 %, *(Niederwald, Überhälter)*

49 *Flachskuhlen* in der Bockerter Heide (1,2 ha, seit 1995 NSG), Eichenwald 70 %, Naß- und Feuchtwiese 10 %, stehendes Kleingewässer 20 %

51 Brachgelände bei Hoser (4,3 ha, LSG, LB Vorschlag), Sekundärbiotop (Abgrabungs- und Aufschüttungsgelände), Gebüsch 50 %, Straußgrasrasen 30 %, Heide 10 %, Rain 10 %

54 Feldgehölze südlich von Viersen im Siedlungsbereich (17,5 ha, LSG, GLB Vorschlag), Feldgehölze 98 %, Stockausschläge *(Niederwald)*

55 Buchenniederwaldbestände bei Ompert (13,5 ha, seit 1995 NSG), Feldgehölz 100 % mit Buchen, Stieleichen *(Überhälter und Niederwald)*

905 NSG-Bistheide (28 ha), Flachskuhlen, extensiv genutzte Feuchtwiesen, *Niederwald*, Fettweide 45 %, Feuchtheide 14 %, Laubwald/Feldgehölze 28 %, Acker 10 %

906 NSG-Großheide (23 ha), Eichen-Birkenwald 54 %, Buchenwald 7 %, Fettweide 26 %, Acker 6 % *(Niederwald)*

Biotope und Naturschutzgebiete 283,5 ha

4.4.9 *Niederrhein: Emmerich und Umgebung* (Abb. 40 a-d)

4.4.9.1 Einleitung

Der rechtsrheinische Teil dieses Modellgebiets gehört zur Stadt Emmerich und der linksrheinische gehört den Städten Kalkar und Kleve an. Das Modellgebiet gehört zur Großlandschaft Niederrhein und außerdem zu der ausgewiesenen „wertvollen Kulturlandschaft" *Feuchtgebiet Unterer Niederrhein.*

4.4.9.2 Die naturräumlichen Rahmenbedingungen[10]

Die Rheinniederungen (Niederterrasse und Aue) lassen sich morphologisch relativ schwach

---

[10] Diese Ausführungen basieren auf dem Beitrag von R. GERLACH im Projekt zur Kulturlandschaftsgenese am Unteren Niederrhein. In: Kulturlandschaft und Bodendenkmalpflege am Unteren Niederrhein. Köln 1993, S. 57-66

unterscheiden. Die Niederterrasse wurde am Ende der Weichsel-Eiszeit (vor ca. 70.000-10.000 Jahren) angeschüttet. Der verzweigte Rhein floß mit ständig wechselnden Armen in einem Tundragebiet. Durch die Frostverwitterung gab es eine enorme Schuttmenge, welche der Fluß nur in den sommerlichen Tauperioden transportieren konnte. Danach blieb das zu Sand und Kies abgerollte Material liegen. Der Rhein schotterte so breitflächig und vertikal in die Höhe wachsend die Niederterrasse auf.

Im Untersuchungsraum befinden sich nur bei Emmerich Reste der Niederterrasse, während die übrigen Niederterrassenbereiche durch den holozänen Rheinfluß abgetragen wurden.

Im *Holozän* vor 10.000 Jahren kehrte die Vegetation durch das wärmere Klima zurück. Die Wasserführung des Rheins wurde ausgeglichener, da die großen Schwankungen zwischen winterlicher Trockenheit und sommerlichen Taufluten endeten. Der Rhein wurde hierdurch ein mäandrierender Fluß, dessen Ufer durch den Bewuchs stabilisiert wurden. Beschränkt auf ein vergleichsweise schmales Bett schnitt der Rhein sich in den Niederterrassenkörper ein und schuf so das ca. 2 m tiefere Niveau der Aue. Aus- und umgestaltet wurde die Aue durch die Mäandrierung des Rheins, denn unter natürlichen Bedingungen verlagert ein mäandrierender Fluß beständig sein Bett. Seine Bögen wandern flußab und bei einem bestimmten Reifegrad brechen die Schlingen an der engsten Stelle durch; zurück bleiben die charakteristischen Altarme. Bei dieser Mäandrierung nimmt der Fluß an seinem steilen Prallhang (Außenufer des gekrümmten Laufes) Gesteinsmaterial auf und lagert es an seinem Gleithang (Innenufer des gekrümmten Laufes) wieder ab, wodurch Sand und Kies beständig umgelagert werden. Im Laufe des Holozäns kam es mehrmals zu Perioden verstärkter Umlagerungsaktivitäten. So sind auch die Auen aus kleinen, flächigen Terrassenkörpern aufgebaut.

Erst im 19. Jahrhundert beendete die Begradigung und Befestigung des Rheins die natürliche Umlagerungsdynamik. Eingeengt in ein künstliches Bett kann sich der Strom nunmehr nur noch in die Tiefe einschneiden.

Diese Landschaft gehört zur unteren Rheinniederung (577) und nach der Karte potentielle natürliche Waldlandschaften (Abb. 3) zur Stromtal-Landschaft (Auenwälder). Die durchschnittliche Jahrestemperatur liegt um 9° C und der mittlere Niederschlag liegt bei 680 mm pro Jahr.

4.4.9.3 Skizzierung der Kulturlandschaftsentwicklung

Das Modellgebiet war bereits zur *Römerzeit* besiedelt, obwohl das rechtsrheinische Gebiet nicht mehr zum römischen Kaiserreich gehörte (ca. 40 einheimische Fundstellen des 2./3. und 19 des 4./5. Jahrhunderts).

Die durch die Karolinger initiierte Christianisierung ist für die Siedlungsgeschichte wichtig. Nach der anglo-irischen Missionierung erfolgten zahlreiche Kirchengründungen. So wurde der Vorgängerbau der ursprünglichen Emmericher Martinskirche (heute Aldegundis-Kirche) von dem Missionar Willibrord (Erzbischof von Utrecht) 673 gegründet und um 700 geweiht (GOEBEL 1938). Seit dem Hochmittelalter gab es in Praest, Dornick, Millingen und Bienen Pfarrkirchen.

Emmerich liegt auf Resten der Niederterrasse und wurde 828 erstmals erwähnt. Die vorstädtische Siedlung entstand bei der St.-Aldegundis-Kirche. Im mittleren und nördlichen Stadtgebiet gab es hochwasserfreie Anhöhen, die bereits im 9./10. Jahrhundert besiedelt waren. Diese Siedlungen bildeten den ältesten Siedlungskern von Emmerich. Um 1050 wurde die neue Martinskirche an der Westseite der Stadt beim Geistmarkt gebaut (BUENDGENS 1986, S. 6). Das Patrozinium der alten Martinskirche wurde in St. Aldegundis verändert. Auch das Kapitelstift St. Martin zog 1051 in die neue Kirche um (FLINTROP 1991, 16).

Emmerich erhielt 1233 Stadtrechte und wurde 1237 mit Wall (Großer und Kleiner Wall) und Graben befestigt. Die Stadtmauer und Tore wurden zwischen 1337 und 1400 aus Ziegelstein errichtet. Die Rheinseite wurde nach 1398 befestigt. Graf Johann von Kleve ließ als Pfandherr zwischen 1355 und 1360 eine Burg bauen (EVERS 1977, 62-65), die 1438 umgebaut wurde. Erst 1402 wurde die Stadt endgültig an Kleve abgetreten. Außerdem gab es weitere Adelssitze in der Stadt. Die Zahl der neuen Klostergründungen nach 1350 ist bemerkenswert. Diese Klöster - außer des Stiftes, das sich mit dem Schulwesen befaßte - waren besonders im sozialen Bereich tätig.

Emmerich entwickelte sich zu einer blühenden Handelsstadt und trat der Hanse bei. Durch die Verlegung des Schmithausener Zolles 1318 wegen des veränderten Rheinlaufs in die Stadt (STRAßER 1992, S. 9), wurde die Bedeutung zusätzlich verstärkt. Unter der klevischen Herrschaft erlebte Emmerich eine wirtschaftliche Blüteperiode.

Die Stadt wurde 1374, 1432 und 1458 von schweren Hochwassern, Pestepidemien und einem Großbrand 1439 getroffen. Die Fehden und Kriegswirren des 16. Jahrhunderts führten zum Rückgang der Bevölkerung und Beeinträchtigung des Handels und Verkehrs.

Emmerich wurde seit 1600 abwechselnd von niederländischen, spanischen und deutschen Truppen besetzt und geplündert. Durch die Anwesenheit von niederländischen Besatzungstruppen blieb die Stadt von den verheerenden Auswirkungen des 30jährigen Krieges (1618-1648) verschont. Die Stadt erreichte sogar einen gewissen Wohlstand. Die niederländische Besatzung hatte sich auf das Stadtbild mit Bauten im Stil der Holländischen Renaissance ausgewirkt (KEYSER 1956, S. 144). 1614 wurde die Stadt nach der sogenannten älteren niederländischen Manier befestigt (DÜFFEL 1955, S. 96). Hierzu gehört auch die Oranienschanze auf der linken Rheinseite, die 1665 geschliffen und kurz danach bis auf einige Reste vom Rhein abgetragen wurde (DEBIEL 1962, S. 48). Die protestantische Kirche wurde nach dem Beispiel der Amsterdamer Oosterkerk von 1688 bis 1715 am Geistmarkt gebaut. Außerdem wurde 1678 eine Mennoniten- und 1715 eine Hugenottenkirche errichtet.

Der bis 1790 anhaltende Niedergang von Emmerich begann mit der Eroberung 1672 durch französische Truppen, die 1674 bei ihrem Abzug die Stadt brandschatzten und einen Teil der Festungsanlagen schleiften (DEBIEL 1962, S. 51). Die Stadtmauer diente lediglich noch als Akzisegrenze. Der Niedergang wird durch die sinkenden Einwohnerzahlen deutlich: 5660 Einwohner 1722 und 3321 Einwohner 1780. Erst nach 1780 setzte ein langsamer Anstieg ein; 1795 gab es 3746 Einwohner (KEYSER 1956a, S. 144-145).

Nach 1700 entwickelte Emmerich sich zur Grenzstadt mit dem fiskalischen (Zoll)Hafen. 1677 wurde ein neuer Hafen beim Wassertor gebaut.

Nachdem die Wirtschaft sich nach 1780 langsam erholte, kamen viele Immigranten und Flüchtlinge in die Stadt. Um 1800 gab es in der Stadt allerdings 400 Beschäftigte, die in 38 Manufakturbetrieben arbeiteten (Textilgewerbe, Gerbereien, Wachsbleiche, Essigbrauerei und Seifensiederei). Außerdem waren in unmittelbarer Stadtnähe drei Ölwindmühlen in Betrieb.

Die Klöster und das Stift wurden 1811 säkularisiert und einige Klöster wurden abgerissen. 1832 wurde das mit dem Stift verbundene Gymnasium als staatliche Schule wieder eröffnet, 1846 wurde das Willibrord-Hospital errichtet (DEBIEL 1962, S. 68-70).

Aufgrund des preußischen Zollgesetzes von 1818 wurde die Stadt Zollgrenzort und die Handelsfreiheit auf dem Rhein wiederhergestellt. Der Handel konnte sich wieder frei entfalten. Hierzu trugen besonders die Aufhebung der Rhein- und Innenzölle sowie die Ein- und Ausfuhrverbote bei (KEYSER 1956a, S. 144-145).

Auf dem Land wurden in der karolingischen Ausbauphase des 8./9. Jahrhunderts größere Flächen kultiviert. Orts- und Flurnamen weisen auf eine rege Siedlungtätigkeit hin. Die Dörfer Bienen, Dornick, Klein Netterden, Millingen, Praest, Speelberg und Vrasselt entstanden aus den karolingischen Höfen. Die Dörfer Bienen, Dornick und Millingen waren um 1300 Kirchdörfer. Durch die Rheinlaufveränderungen wurden die Pfarrechte der abgetragenen Siedlung Sulen 1501 auf Praest übertragen (STRAßER 1992, S. 12).

Nach der Besiedlung der hochwasserfreien Uferwälle und Donken in der holozänen Rheinebene wurden künstliche hochwasserfreie Standorte oder Wurten errichtet. Die ersten Deiche wurden so angelegt, daß sie das Hochwasser über die alten Rinnen und tiefer gelegenen Mulden stromabwärts in den Fluß leiten konnten (RENES und VAN DE VEN, 1989, S. 196). Einen flächigen Schutz boten die Ringdeiche der Siedlungen und Sommerdeiche der Rheininseln (Warden). Bei diesem inselorientierten Deichsystem blieben die alten Stromrinnen offen, so daß das Hochwasser hierüber stromabwärts fließen konnte. Sie datieren teilweise noch vor 1150. So bestand in Emmerich zunächst ein Ringdeich (Kaßstraße).

Nach 1350 wurde auf Initiative des Landesherrn Graf Adolf I. von Kleve ein zusammenhängendes Banndeichsystem geschaffen. Dies war kein neuer Deich, sondern die vorhandenen Polderdeiche wurden erhöht und durch Querdeiche miteinander verbunden. Mit diesem sogenannten Banndeich wurde das natürliche Winterbett mit den Rinnen zwischen den Rheininseln (Warden) erheblich eingeengt. Dies führte zu mehr Deichbrüchen und löste eine Phase der ständigen Deicherhöhungen aus. Eine weitere Folge war, daß in den nur mit Sommerdeichen geschützten Gebieten (Grietherbusch) bei Überschwemmungen die Hochwasserstände sich erhöhten und die Schäden zunahmen. Deswegen mußten dort die ursprünglich winterhochwasserfreien Höfe auf den Uferwällen mit Wurten gegen das Winterhochwasser geschützt werden.

Spuren von Deichbrüchen sind heute an dem kurvenreichen Verlauf der Deiche und den tief erodierten Kolken noch deutlich zu erkennen. Nach einem Durchbruch wurde der Deich ringförmig entweder hinter bzw. vor der Bruchstelle wegen der Tiefe der entstandenen erodierten Kolke wiederhergerichtet. Für die Unterhaltung der Banndeiche wurden Deichschaue gegründet. Nur das vom Wasser bedrohte Land mußte in Form von Abgaben für den Deichunterhalt aufkommen.

Trotz des Deichbaus und anderer Wasserbaumaßnahmen gelang es nicht, den Rheinlauf zu fixieren. So wurde die Entwicklung der Kulturlandschaft stark durch die damaligen aktiven Strombahnen (Grietherbuscher Rheinschlinge) und die von ihnen ausgehenden Erosions- und Sedimentationsprozesse geprägt.

Durch die ständige Mäandrierung des Rheins und die anthropogenen Eingriffe wurden Siedlungen zurückverlegt und zerstört (z.B. Sulen) und auf den angelandeten Flächen neue Siedlungen errichtet, wie Grietherbusch (seit ca. 1450 besiedelt), Emmericher Eyland (seit dem 16. Jh.) und Grietherort (seit ca. 1820 besiedelt).

Nach 1250 wurde aufgrund der zunehmenden Bevölkerung mit großflächigen Kultivierungen (Binnenkolonisation) der Bruchgebiete begonnen. Die Hetter (Emmericher Bruch) wurde 1339 nach holländischem Beispiel entwässert und kultiviert. Das Entwässerungsnetz mit geradlinigen Gräben ist heute noch sehr gut erkennbar. Das meiste Land dieser Kultivierung wurde den Höfen der benachbarten Siedlungen des alten Kulturlandes zugeschlagen (BECKER 1992, S. 192). Dies erklärt die Entstehung relativ weniger neuer Siedlungsstellen in der Hetter.

Um die geschlossenen Siedlungen und Einzelhöfe auf den Uferwällen befand sich das Kulturland (Acker und Weide). Das zunächst nicht parzellierte gemeinschaftlich als Allmende genutzte Weideland befand sich in den Bruchgebieten, Mulden und Niederungen.

Nach der Durchsetzung der Dreifelderwirtschaft (800-1200), die abgesehen von dem Landesausbau im 13. und 14. Jahrhundert kaum Erweiterungsmöglichkeiten bot, war die Fruchtfolge und die Brache je nach Bodenqualität in 3-5 Jahreszyklen festgelegt (IRSIGLER 1983, S. 173).

Neben dem Schutz der Einwohner vor den Naturgewalten, war die Abwehr von Gefahren sozialen und politischen Unfriedens eine Hauptaufgabe des spätmittelalterlichen Territorialstaates. Neben den Burgen und festen Häusern wurden zahlreiche Landwehren als markierende und sichernde Anlagen an Grenzen von Herrschaften und Stadtfeldmarken errichtet. Bei Praest liegt die Burgwüstung Offenberg von ca. 1450. Die Wasserburg Hueth von 1361 ist als Barockanlage erhalten. Das Tillhaus wurde 1473 auf der neuen Rheininsel Grietherbusch errichtet. Das Haus Reckenburg wurde ca. 1700 westlich von Praest errichtet.

Die Landwehren entstanden im 14. und 15. Jahrhundert und markierten Grenzen. Sie bestanden aus (mehreren) Wällen und Gräben. In Kriegszeiten boten sie kaum ein Hindernis. In diesem Niederungsraum waren die Landwehren als Landgräben wasserführend und fungierten auch als Vorfluter und Entwässerungsgräben (WEGENER 1991b). Die begleitenden Wälle waren mit undurchlässigen dornigen Hecken, Sperrpflanzen und Gerüstbäumen bepflanzt. An den Öffnungen gab es Schlagbäume und Wachttürme, an denen der Verkehr kontrolliert und Zoll erhoben wurde. Die

Landwehren, die wegen der Undurchlässigkeit des Bewuchses eine spezielle Pflege erforderten, mußten von den anliegenden Bewohnern unterhalten werden (BURGGRAAFF und KLEEFELD 1994, S. 15-16).

Hier gibt es im Gegensatz zu anderen Regionen nur wasserführende Landwehrgräben ohne die ursprünglich begleitenden Wälle: die Löwenberger und Tote Landwehr östlich von Emmerich. Die tote Landwehr mündet an der heutigen Landesgrenze in die Hetterlandwehr. Weitere Landwehrgräben im östlichen Modellgebiet markieren die Grenzen von Ämtern und kleinen Herrschaften.

Die wichtigsten ländlichen Gewerbestätten waren Windmühlen und Feldbrandöfen. Die Ziegeleien waren von lokaler Bedeutung und ihre semipermanenten Standorte hingen eng mit den Baustellen in Stadtnähe zusammen.

Das frühe *19. Jahrhundert* stand im Zeichen des Übergangs von der kollektiv geprägten feudalen Agrarverfassung, zur individuell organisierten auf Ertragsmaximierung hin orientierten Landwirtschaft. Wichtig war auch die Einführung von genossenschaftlich organisierten Spar- und Darlehnskassen, Produktionsstätten wie Molkereien und Verkaufszentren. Hiermit wurde eine durch die Landwirte selbst verwaltete marktwirtschaftliche Struktur (Kreditwesen, Produktionsstätten sowie Vermarktung) geschaffen.

Eindeutig positiv wirkte sich die Verkehrserschließung auf die Landwirtschaft aus, die Verbindungen mit den etwas weiter entfernt gelegenen Industriezentren an Rhein und Ruhr wurden verkürzt. Mit den steigenden Preisen begannen sich Intensivierung und Spezialisierung der Landwirtschaft zu rentieren. Der Weg für eine grundlegende Verbesserung der Betriebsstrukturen, der Arbeitsorganisation und der Bewirtschaftungsmethoden wurde durch Bodenordnungsmaßnahmen möglich. 1825 konnte das Problem der Verwertung der schnell verderblichen Ware „Milch", durch die Käseherstellung nach holländischem Vorbild zum Teil gelöst werden. Den größten Anstieg erlebte der Milchviehbestand zwischen 1878 und 1896: er konnte auf der Grundlage einer stark verbesserten Fütterung durch das Aufkommen der Margarineindustrie um 30 % erhöht werden (MATENAAR 1966, S. 87 und 91-93).

Weitaus wichtiger als das landwirtschaftliche Bildungswesen war die Schaffung genossenschaftlicher Vereinigungen. Ihre Gründung war in einer Zeit, in der die Koordinierung von Einkauf und Absatz nicht nur äußerst wichtig wurde, sondern auch gegenseitige Hilfe verlangte, immer mehr zu einer wirtschaftlichen Notwendigkeit geworden. Da letzteres insbesondere für die Milchwirtschaft galt, entstanden für die Milchverwertung und den Milchabsatz bis zum Ende des 19. Jahrhunderts Genossenschaftsmolkereien.

Der bis zur Jahrhundertwende von der Bauernschaft erworbene bescheidene Wohlstand führte vorübergehend zu einer regen Bautätigkeit. Dies gilt auch für die Windmühlen, in denen vor allem landwirtschaftliche Erzeugnisse weiterverarbeitet wurden. Sie wurden im Laufe des 19. Jahrhunderts modernisiert. Außerdem wurden zusätzlich neue Steinwindmühlen errichtet, wie die Windmühle zwischen Praest und Bienen an der heutigen B8.

Das ländliche Gewerbe wurde weiter vom standortgebundenen Mühlengewerbe dominiert. Das Ziegeleigewerbe hatte zunächst noch eine lokale Orientierung.

Durch den französischen Chausseebau angeregt und durch die Einführung der preußischen Schnellpost bedingt, erfuhr das Straßennetz seit 1800 eine weitere Verdichtung: Neben dem chausseeartigen Ausbau der Bezirksstraße Kleve-Emmerich entstanden vor allem in der Rheinniederung zahlreiche neue Straßen und Wege. Sie hatten allerdings nur lokale Bedeutung (GORISSEN 1977, S. 85f.). Zwischen Praest und Bienen wurde im frühen 19. Jahrhundert die heutige Trasse der B8 als Chaussee angelegt.

Eine weitere Verbesserung war die Anbindung an das Ruhrgebiet, mit der zwischen 1852 und 1856 erbauten Bahnstrecke Oberhausen-Emmerich-Arnheim. Mit der Errichtung dieser Strecke bzw. der Bahnhöfe stand die Anlage zahlreicher Ziegeleien zwischen Emmerich und Vrasselt in ursächlichem Zusammenhang.

Bis 1860 war von einer Industrialisierung kaum etwas zu spüren. Der dann einsetzende Strukturwandel lief im Gegensatz zu anderen Gebieten schleppender ab und war durch ein langsames, aber stetiges Wachstum der gewerblich-industriellen Wirtschaft gekennzeichnet. Die grundlegende Voraussetzung hierfür bildete die nach 1850 beginnende Verkehrserschließung.

Die bereits vorhandenen gewerblichen Handwerksaktivitäten wurden besonders nach dem Bau der Eisenbahnstrecken auf eine industrielle Grundlage gestellt. Die Anfänge der Industrie hängen eng mit der Landwirtschaft zusammen.

In Emmerich setzte nach 1860 als Folge des Anschlusses ans Eisenbahnnetz mit dem Bahnhof ein starker wirtschaftliche Aufschwung ein und es ließen sich industrielle Betriebe nieder. Dieser Aufschwung konzentrierte sich zunächst auf die Verarbeitung der landwirtschaftlichen Erzeugnisse (Tabak, Milch für Käse). Vor allem expandierte das Tabakgewerbe; es gab um 1860 bereits 16 Tabakbetriebe. 1869 22 mit 331 Beschäftigten. Bis 1879 wurde auch ausländischer Tabak verarbeitet. Trotz der Zollerhöhung von 1879 und einer Steuererhöhung auf inländischen Tabak sank die Produktion nicht. 1908 gab es zwar weniger Betriebe (13) aber 413 Beschäftigte (PELZER 1986, S. 521-522). Wegen des Wachstums und der steigenden Einwohnerzahlen mußten die Industriebetriebe sich außerhalb des Stadtgebietes niederlassen, wie z.B. das Guanowerk, das 1865 bis 1908 vor dem Steintor entstand. Weiterhin wurden 1868 die Emmericher Maschinenfabrik und die Eisengießerei außerhalb der Stadt gebaut. Nach 1860 wurden in unmittelbarer Nähe der Stadt auch Ziegeleien gegründet.

Durch die zunehmende Größe der Schiffe war der alte Hafen östlich des Wassertors zu klein geworden und so wurde der neue Hafen 1886 fertiggestellt und 1906 der städtische Industriehafen gegraben (EVERS 1977, S. 77).

Durch diese Entwicklungen wurde die Stadt nach 1826 entfestigt und die Stadttore abgebrochen. Nach 1875 wurden Teile der Stadtmauer abgerissen und es dauerte schließlich noch bis 1939 bis die ganze Stadtmauer niedergelegt wurde. Durch die zunehmenden Einwohnerzahlen verdichtete sich die Bebauung zunächst in der Stadt, aber um 1860 nimmt im Zuge der Industrialisierung die Wohnbebauung außerhalb des Altstadtgebietes, im Bereich des Bahnhofes und an den Ausfallstraßen, rasch zu.

Im ländlichen Raum hatte die Siedlungstätigkeit bis 1895 nur einen geringen Umfang. Sie konzentrierte sich vor allem um Emmerich und in der Nähe der Bahnlinie.

Der Hochwasserschutz und das durch die Inselbeseitigung entstandene durchgehende Mittelhochwasserbett kam der Schiffbarkeit zugute. Hierdurch konnten die bestehenden Treidelpfade durchgehend angelegt werden. Damals wurden viele Schiffe besonders noch stromaufwärts getreidelt. Außerdem wurden bedingt durch die Anlandung der Inseln neue Wege gebaut, die die alten Inseln miteinander verbanden, die allerdings von lokaler Natur sind.

1819 wurde die Grietherorter Rheinwindung durch einen Kanal begradigt. Hierzu wurde unmittelbar östlich des Grietherorther Stranges auf einer Länge von 2636 Metern ein 19 Meter breiter Kanal ausgehoben, der sich infolge der fluviatilen Erosion zunehmend verbreiterte. Um zu verhindern, daß sich bei neuerlichen Überschwemmungen ein Ausufern der Wassermassen über das rechte Ufer wiederholte, wurde hier ein niedriger Leitdeich angelegt. Hierdurch hatte der Rhein seinen heutigen Lauf bekommen. Auf Grietherort gab es seit 1830 vier Höfe.

Die Schiffahrtsverhältnisse auf dem Rhein zu verbessern erwies sich zunächst als mühevolles wie kostspieliges Unterfangen, weil durch die fehlende Pflege und Unterhaltung der Uferdeckwerke während der französischen Besatzung und der schweren Eisgänge von 1802/03 und 1809 sehr große Schäden entstanden waren (SPIES 1938, S. 225). Deshalb mußten sich die preußischen Wasserbaubehörden bis 1850 fast ausschließlich auf den Ausbau der Treidelpfade und den Uferschutz beschränken.

Größere Neubauten erfolgten zwischen Grieth und Emmerich erst im Zuge einer von 1888 bis 1890 unterhalb von Rees ausgeführten Nachregulierung. Diese Maßnahme war Teil der systematischen Rheinregulierung, die der 1851 eingerichteten Rheinstrom-Bauverwaltung als Hauptaufgabe übertragen worden war. In Anbetracht der, durch den wirtschaftlichen Aufstieg des Ruhrgebietes und den Aufschwung der Rotterdamer Häfen bedingten Zunahme des Dampfschiffverkehrs und der

Erhöhung der Tragfähigkeit der Transportmittel, strebte man auch eine Austiefung der nutzbaren Fahrrinne an. Da die Vereinheitlichung der Flußbreite bei gleichzeitiger Entfernung der Sandbänke unabdingbar war, wurden zwischen Grietherort und der ostsüdöstlich von Emmerich auflandenden Palmerswarder Welle bzw. Grieth und dem Emmericher Eyland die beiden Rheinufer mit insgesamt 50 Buhnen verbaut. Die damit verbundenen Ausbaggerungsarbeiten vor Dornick und die Verlängerung bereits vorhandener älterer Buhnen hatten zum Ergebnis, daß das Strombett zwischen der unteren Mündung des Griether Kanals und dem unteren Ende der Palmerswarder Welle auf die angestrebte Normalbreite von 300 Metern reduziert werden konnte (JASMUND 1901, S. 2, S. 16f, S. 24 und S. 222-238; SPIES 1938, S. 225).

Durch die, vor allem im Zusammenhang mit der zunehmenden Verdichtung der Wohnbebauung in den Städten und durch die Errichtung von Industrieanlagen erhöhte Nachfrage nach Baumaterialien, expandierte seit 1880 die Ziegelindustrie stark. Statt der früheren Feldbrandziegeleien, die nur im Sommer in Betrieb waren, siedelten sich um Emmerich große Ringofenziegeleien an, in denen die Ziegelsteinproduktion ganzjährig und aufgrund des Maschineneinsatzes erheblich schneller erfolgte. Da es nun nicht mehr genügte, den für die Ziegelsteinherstellung erforderlichen Rohstoff den oberen Bodenschichten zu entnehmen, entstanden in der Rheinniederung beträchtliche Geländevertiefungen, die als Teiche und kleine Seen oder trockene Hohlformen teilweise bis heute erhalten sind; einige davon werden noch als Sekundärbiotope geschützt. Gleiches trifft auch auf die damals ausgebeuteten Kies- und Sandgruben zu (Biotopkataster 4103/4104).

Auch in der *Periode 1895-1951* konzentrierten sich die meisten Veränderungen um Emmerich. Emmerich profitierte vom Wachstum der Bevölkerung und der Zunahme industrieller Arbeitsplätze. Während sich die Industrieanlagen in der Nähe der Bahnhöfe konzentrierten, wurde seit den 1930er Jahren in den Flächen zwischen den Zufahrtsstraßen die Wohnbebauung in unmittelbarer Nähe der Altstadt weiter verdichtet. In Emmerich wuchs die Bevölkerung in etwa dem gleichen Zeitraum von ca. 8.000 auf 14.500 Einwohner. Ein Bevölkerungswachstum verzeichneten auch die benachbarten Ortschaften.

Die Industriestruktur hat sich in der ersten Hälfte des 20. Jahrhunderts wenig geändert. Die Leitfunktion übernahmen immer stärker die großen Unternehmen der Nahrungs- und Genußmittelindustrie, die bis in die 1930er Jahre expandierten.

Weniger günstig war die Entwicklung für die in Emmerich konzentrierte Tabak- und Zigarrenindustrie. Von den 1901 noch bestehenden Zigrarrenfabriken haben nur wenige die Inflation und Wirtschaftskrise, Krieg und Währungsreform überlebt.

Den tiefsten Einschnitt in der gewerblich-industriellen Entwicklung des Raumes verursachte die Zerstörung von Fabriken und Wohngebäuden in den letzten Monaten des Zweiten Weltkrieges. Emmerich wurde zu mehr als 90 % zerstört. Der Wiederaufbau der älteren Bausubstanz beschränkte sich nur auf historisch wertvolle, denkmalgeschützte Gebäude. Nur das Straßengefüge und die Unterkellerungen wurden teilweise beibehalten. Hierdurch sind im Vergleich mit anderen Städten relativ wenige alte Gebäude übriggeblieben, weil die meisten Häuser und Höfe neu aufgebaut wurden.

Den tiefgreifenden Strukturwandel verdeutlicht nicht zuletzt die Entwicklung im Ziegeleigewerbe: In der Aufschwungphase bis 1930 und dann erneut beim Wiederaufbau nach 1945 wuchs die Zahl der Betriebe oder es wurden Anlagen vergrößert.

Durch die Kriegszerstörungen nahm der Wiederaufbau eine wichtige Stellung ein. Die Verkehrserschließung hat sich also auf die Siedlungsstruktur und auf den Standort der gewerblichen und industriellen Betriebe ausgewirkt. Die Siedlungsverdichtung war in der Nähe von Emmerich und Ortschaften mit Eisenbahnanschluß konzentriert. Außerdem hatten viele Landarbeiter in die örtliche Industrie gewechselt oder pendelten. Sie übten die Landwirtschaft nur für den Eigenbedarf oder im Nebenerwerb aus.

Im ländlichen Raum weist die allgemeine Siedlungsentwicklung bis zum Zweiten Weltkrieg bzw. bis 1960 kaum tiefgreifende Veränderungen auf. Eine langsame, aber stetige Verdichtung der Wohnbebauung gab es in den stadtnahen Dörfern und Weilern, vor allem um das Verwaltungs- bzw. Gewerbe- und Industriezentrum Emmerich. Zur Ortskernbildung kam es im Emmericher Eyland. In einigen stadtfernen, verkehrsmäßig unzureichend erschlossenen Gebieten ist sogar, bedingt durch die weitere Reduzierung des Arbeitskräftebestandes in der Landwirtschaft, ein gewisser Rückgang der Siedlungen zu beobachten.

Bei Vrasselt entstanden neue kompakte Siedlungen. Vor allem nach 1945 wurden wegen des großen Flüchtlingsstromes weitere Siedlungen bei Praest gebaut.

Trotz der nach 1895 spürbar werdenden gewerblichen und industriellen Verdichtungsvorgänge blieb das Modellgebiet bis 1951 ein stark landwirtschaftlich geprägter Raum. Noch 1950 lag die Zahl der Erwerbstätigen in der Land- und Forstwirtschaft mit ca. 17 % erheblich über dem Landes- und Bundesdurchschnitt (7,3 bzw. 14,7%).

Die bereits in der zweiten Hälfte des 19. Jahrhunderts vom Eisenbahn- und Straßenbau ausgehenden Impulse für die Siedlungs- und Kulturlandschaftsentwicklung verstärkten sich im 20. Jahrhundert. Die weitere Verdichtung und Raumerschließung durch schienengebundene Verkehrsträger erfolgte im Rahmen des Kleinbahn- und Straßenbahnbaus. Seit 1915 wurde die Kleinbahnstrecke Wesel-Rees-Emmerich (entlang der heutigen B8) gebaut; der Betrieb konnte wegen kriegsbedingter Verzögerungen aber erst 1921 aufgenommen werden (HÖPFNER 1986, S. 94-95). Der Verbesserung des Personenverkehrs im Raum Emmerich diente das 1910-20 erstellte Straßenbahnnetz, das aus kleinbahnartigen Verbindungen zum Rhein (Emmericher Fähre, 1911) und der Straßenbahnverbindung (ca. 1900) Emmerich-'s-Heerenberg (Grenze) bestand.

Mangelnde Rentabilität und die Bevorzugung des aufkommenden motorisierten Straßenverkehrs führten aber nach dem ersten Viertel des Jahrhunderts zu Streckenstillegungen und Gleisabbau, ein Trend, der bis zur Gegenwart angehalten hat. Ausbau und Modernisierung (Elektrifizierung) blieben nur auf die Fernverbindungen beschränkt. 1950 wurde die Kleinbahnstrecke Emmerich-Rees stillgelegt. Auch das von Emmerich ausgehende Straßenbahnnetz wurde nach 1945 abgebaut.

Auf die vielen neuen infrastrukturellen Elemente, die in dieser Periode geschaffen wurden und zumindest partiell das Siedlungs- und Landschaftsbild veränderten – Wasser- und Pumpwerke, Umspannwerke, Hochspannungsleitungen, Sportplätze, Freizeit- und Erholungseinrichtungen u.a.m. –, kann hier nur summarisch hingewiesen werden.

Die *Periode 1951-1991* ist gekennzeichnet durch eine ungewöhnliche, bis heute andauernde Dynamik und Intensität. Die Veränderungen betreffen nahezu alle Elemente der Kulturlandschaft, bedingt durch die weitere Reduzierung des Arbeitskräftebestandes in der Landwirtschaft. Zahlreiche ältere Strukturen sind inzwischen verschwunden oder nur noch als denkmalgeschützte Reste in der Landschaft erkennbar. Entscheidende Anstöße gaben seit dem 19., verstärkt aber erst in diesem Jahrhundert, die Verbesserungen der Verkehrsinfrastruktur, die Industrialisierung, verbunden mit Bevölkerungswachstum und entsprechender Siedlungsausweitung, die zunehmende Einbindung des Raumes in überregionale und grenzüberschreitende Wirtschaftsverflechtungen, sowie die Prosperität und europäische Integration.

Nichtsdestoweniger vollzog sich eine umfassende Modernisierung der Landwirtschaft. Insbesondere nach dem Zweiten Weltkrieg wurden umfangreiche Zusammenlegungs- und Flurbereinigungsverfahren mit neuem Wegegefüge und Aussiedlung von Höfen durchgeführt (vgl. WEIß 1992). Vor allem bei Vrasselt, Praest und Dornick wurde, abgesehen von den überörtlichen Verbindungswegen, das historische Straßen- und Wegenetz weitgehend beseitigt und durch neue Trassen ersetzt.

Die Verbesserungen im Straßenbau bezogen sich, abgesehen von den Maßnahmen im Rahmen der Bodenordnungsverfahren, zunächst vor allem auf den Ausbau und die Begradigung der Hauptverkehrsachsen, um diese an die rasche Zunahme des motorisierten Verkehrs anzupassen. Der Bau der Rheinbrücke in Emmerich 1965 beseitigte die seit langem als Belastung empfundene Abschnürung vom rechten Rheinufer und schuf die Verbindung zur neuen Autobahn Oberhausen-Arnheim (A3) und den übrigen Fernstraßen rechts des Rheins. Über die Altrheinarme wurden Brücken gebaut.

Die regionale Verkehrsführung wurde in den letzten beiden Jahrzehnten durch den Bau von Umgehungsstraßen den gewachsenen Anforderungen bzw. Belastungen angepaßt .

Dies wirkte sich besonders nach 1960 mit der Anlage von neuen Wohngebieten aus.

Trotz der umfangreichen Strombaumaßnahmen des 19. Jahrhunderts konnte die Hochwassergefahr am unteren Niederrhein zunächst nicht gebannt werden. Vor allem das Hochwasser von 1925/1926 mit dem bisher höchsten Wasserstand hatte verheerende Folgen. Besonders betroffen waren, durch die Zerstörung von Gebäuden und die Versandung des Ackerlandes, die nur durch Sommerdeiche geschützten Gebiete. Mit dem Deichneubau zwischen Grieth und Griethausen 1962-65 versuchte man die Hochwassergefahr zu bannen. Die Deichhöhe liegt heute 1 m über dem Hochwassermaximum von 1926, das im Frühjahr 1995 fast übertroffen wurde. Nur die Warden Salmorth, Grietherort und Grietherbusch liegen heute noch innerhalb des Winterhochwasserbettes. Das eingeebnete und entsiedelte Deichvorland wird als Sommerweide genutzt. Die meisten der mittlerweile funktionslosen Sommerdeiche wurden nach 1966 abgetragen, die letzten Abschnitte stehen heute unter Denkmalschutz.

Der Aufwärtstrend in der Ziegelherstellung hielt nur bis 1960 an; bis zur Mitte der 70er Jahre wurden am linken Rheinufer die meisten Ziegeleien stillgelegt und viele Anlagen abgerissen. Nur zwischen Vrasselt und Emmerich gibt es noch produzierende Betriebe.

Als in hohem Maße landschaftszerstörender Eingriff erweisen sich seit 1945 die Kies- und Sandabgrabungen in den Auen. Hier sind zunächst relativ kleine Baggerseen entstanden.

Der größte Teil der Ausweitung der Siedlungs- auf Kosten der Landwirtschaftsflächen erfolgte nach dem Zweiten Weltkrieg bzw. nach 1960.

Stark ausgeprägt war der Verdichtungsprozeß in Emmerich mit Hüthum und Borghees. Um die Altstadt von Emmerich legte sich ein fast geschlossener Ring von neuen Wohn- und Gewerbegebieten, vor allem nach der Überwindung der Strukturkrise der Industrie in den 1960er und 1970er Jahren.

4.4.9.4 Überlieferte historische Kulturlandschaftselemente und -strukturen

Die zugehörige Karte stellt die persistente Landnutzung und die überlieferten Elemente, Strukturen und Flächen dar. In Emmerich und direkter Umgebung beschränken die überlieferten Elemente sich aufgrund der dynamischen Entwicklung hauptsächlich auf historische Straßenführungen und Einzelobjekte. In der Altstadt von Emmerich und den Ortskernen der Dörfer sind der historische Stadt- bzw. Ortsgrundriß, die Kirchen und einige historische Bauten erhalten. Das gleiche gilt mehr oder weniger für das unmittelbare Umfeld der historischen Ortskerne, in denen lediglich einige Objekte wie Haus Reckenburg und Schloß Hueth als Baudenkmal geschützt sind.

Strukturell gut erhalten sind die Hetter in Holland, das Gebiet nördlich von Millingen sowie Grietherbusch und Grietherort. Dies gilt ebenfalls für die Landnutzung. Durch diesen strukturellen Erhalt und Beibehaltung der seit 1730 tradierten Landnutzung weisen diese Bereiche einen hohen Wert auf.

Der hauptsächlich als Ackerland genutzte Uferwall zwischen Emmerich und Millingen weist ebenfalls überlieferte Strukturen und Landnutzungen auf. Bei der Ackernutzung muß angemerkt werden, daß diese sich sehr intensiviert. Außerdem sind durch die Flurbereinigung Anfang der 70er Jahre das alte Wirtschaftswegenetz und die ursprüngliche Parzellierung verschwunden.

Die überlieferten Siedlungsstandorte, die außerhalb der Ortskerne hauptsächlich aus Einzelhöfen bestehen, sind nach ihren seit ca. 1730 kartographisch erfaßbaren Standorten erfaßt. Hier ist vorwiegend die tradierte teilweise spätmittelalterliche Siedlungsstruktur aufgrund der überlieferten Standorte wertvoll, weil viele Höfe durch An-, Um- und Neubauten verändert wurden.

Der Einfluß des Rheins in den vergangenen Jahrhunderten spiegelt sich in zahlreichen Altläufen und Rinnen, sowie im Hochwasserschutz mit Wurten, Rheininseln, Bann- und Sommerdeichen, Entwässerungsgräben, Vorflutern, sowie Kolken der Deichdurchbrüche noch gut erkennbar im Landschaftsbild wider. Sie dokumentieren, wie der Mensch mit dem Fluß gelebt hat, sich gegen das Hochwasser geschützt und letztendlich den Fluß gebändigt hat.

Auch der landesherrliche Einfluß ist im Gelände noch gut erkennbar. Landwehren weisen heute noch auf alte, tradierte Grenzen der ehemaligen Territorien hin. Dies gilt ebenfalls für die Lage der Wasserburgen und Schlösser.

4.4.9.5 Übereinstimmungen und Gegensätze

Nach Durchsicht des Biotopkatasters hat sich herausgestellt, daß die meisten überlieferten historischen Kulturlandschaftsbereiche sowohl aus kulturhistorischen als auch aus ökologischen Gründen als sehr wertvoll betrachtet werden. Die ausgewiesenen Naturschutzgebiete decken sich weitgehend mit den Flächen, wo die historische Kulturlandschaft am besten überliefert ist. Auch für dieses Modellgebiet ist es wiederum auffällig, daß das alte Kulturland auf dem Uferwall die wenigsten Biotope aufweist. Dies hängt wiederum mit dem Problem zusammen, daß die intensiv genutzten Ackerflächen aus der Sicht des Arten- und Biotopschutzes als nicht wertvoll betrachtet werden.

Besonders auffallend ist, daß die Relikte der historischen Parkanlagen (Alleen, Gräben usw.) von Schloß Hueth in den alten historischen Grenzen als Biotop erfaßt worden sind. Dies gilt u.a. auch für die wenigen Wäldchen, die als bäuerliche Nutzwälder von Bedeutung waren.

Das Deichvorland an der Südseite des Rheins ist aus kulturhistorischer Sicht nicht als wertvoll zu betrachten, weil dort im Rahmen des Deichneubaus und der Flurbereinigung dieser Raum leergeräumt und planiert wurde.

In diesem Modellgebiet ist die Entwicklung der Kulturlandschaft im Landschaftsbild deutlich nachvollziehbar. Dies gilt besonders für das Leben an einem Fluß, der Wohlstand aber auch Zerstörung und Not brachte. Die Höfe strahlen noch teilweise den Wohlstand der Jahrhundertwende aus.

Aber auch in Bereichen mit geringen überlieferten Strukturen ist die vor allem dynamische, städtische Kulturlandschaftsentwicklung mit fast komplett versiegelten Flächen an Straßenführungen, der Eisenbahnlinie und Einzelobjekten nachvollziehbar.

Aufgrund der Kulturlandschaftsentwicklung erfolgte eine Unterteilung in Kulturlandschaftsbereiche und -bestandteile, in der diese Bereiche stichwortartig erläutert werden und sie vor allem auf der Ebene der Landschafts- und Flächennutzungsplanung eine Leitlinie darstellen:

4.4.9.6 Kulturlandschaftsbestandteile und -bereiche sowie ihre Schutzwürdigkeit (Abb. 40d)
(Grundlage: TK 25: 4103 Emmerich und 4104 Isselburg, Altkarten, Kulturlandschaftswandelkarte, Karte der historischen Landschaftselemente und persistente Landnutzungsformen sowie das Biotopkataster)

Spuren der extensiv genutzten Kulturlandschaft (violett)
Prägende Merkmale (Landschaftsbild):
* Alter Laub- und jüngerer Mischwald mit Kiefern (19./20 Jh.) auf der ehemaligen, als Allmende genutzten Heide.

Bäuerlich geprägte Kulturlandschaftsbereiche (gelb)
Prägende Merkmale (Landschaftsbild):
* Spätmittelalterliches Einzelhofgefüge, Ortskerne Vrasselt, Dornick, Praest, Bienen und Millingen mit ihren Kirchen,
* historisch überliefertes Straßennetz und ein durch die Flurbereinigung verändertes Wirtschaftswegegefüge,
* in der Nutzung tradierte Altackerflächen, bei Millingen mit feingegliedertem Parzellierungsgefüge,
* Burgen, Schlösser, Herrensitze (Hueth, Offenberg und Reckenburg) mit Resten ihrer Parks und Gärten,
* Landwehrgräben,
* Bann- und Polderdeiche.

252

Altstadtkern Emmerich als Kulturlandschaftsbestandteil (rot)
Prägende Merkmale (Stadtbild):

- Drei prägende Kirchen,
- spätmittelalterlicher Stadtgrundriß und Straßengefüge,
- wenig alte Bausubstanz, Nachkriegsbauten durch Zerstörung 1945,
- Rheinpromenade und Hafen.

Von der spätmittelalterlichen Kolonisation und Entwässerung geprägte Kulturlandschafts-bereiche (grün)
Prägende Merkmale (Landschaftsbild):

- Hauptsächlich traditionelles Grünland seit 1730 nachgewiesen,
- Streifenparzellierung mit Entwässerungsgräben und Heckenreihen als Parzellengrenzen,
- Kopfweiden, Kopfweidenreihen, Kopfeichen (Allee) und Pappelreihen,
- Entwässerungssystem mit wegebegleitenden Gräben,
- von geradlinigen Strukturen geprägtes Wegegefüge der spätmittelalterlichen Kultivierung,
- Landwehrgräben,
- Hecken, Baumreihen und Alleen,
- die locker besiedelte Streusiedlung Millingerbruch,
- alte, meistens wasserführende Tonabgrabungsflächen (Tümpel) als Biotope.

Bäuerlich geprägte, jüngere Kulturlandschaftsbereiche auf den Rheininseln (orange)
Prägende Merkmale (Landschaftsbild):

- Abwechselnd Grün- (Mulden und entlang alter Rinnen) und Ackerland auf Uferwällen,
- moderne Parzellierung und Wegegefüge (Flurbereinigung),
- tradierte Einzelhöfe auf Wurten (bis 1969 außerhalb des Banndeiches),
- wenige Reste der Sommerdeiche,
- von den Rheinlaufveränderungen geprägte Morphologie (Uferwälle, Mulden, Gleit- und Prall-hänge, wasserführende und trockene Rinnen).

Von Auen geprägte Kulturlandschaftsbereiche außerhalb des Bann- und Sommerdeiches (grün)
Prägende Merkmale (Landschaftsbild):

- Rhein und Altrheinläufe mit den siedlungsfreien Auenflächen,
- die Rheininsel Grietherbusch und Grietherort mit den Einzelhöfen auf hochwasserfreien Wurten,
- kaum besiedelt und sehr wenige Wege,
- wasserführende und trockene Rinnen, Uferwälle, Mulden,
- Überschwemmungsfläche bei Hochwasser,
- fast ausschließlich Grünlandnutzung,
- Deichkolke als Spuren früherer Deichdurchbrüche.

Von Entwicklungsdynamik geprägte und stark überformte Kulturlandschaftsbereiche bzw. -bestandteile (grau)
Prägende Merkmale (Landschaftsbild):

- Relikte der älteren Industrialisierungsphase 1870-1950,
- nach 1895 entstandene Neubau- und Gewerbegebiete (moderne städtische Kulturlandschaft),
- keine zusammenhängenden historischen Elemente,
- Spuren der Ziegelherstellung,
- Eisenbahnlinie mit Abzweigungen,
- Rheinbrücke von Emmerich,
- Abgrabungsgebiete für Ziegelherstellung südlich der Eisenbahnlinie westlich von Vrasselt mit Ziegeleikonzentration.

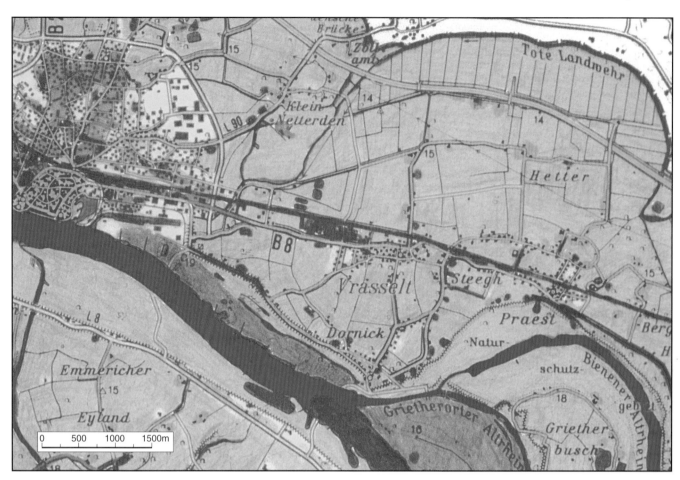

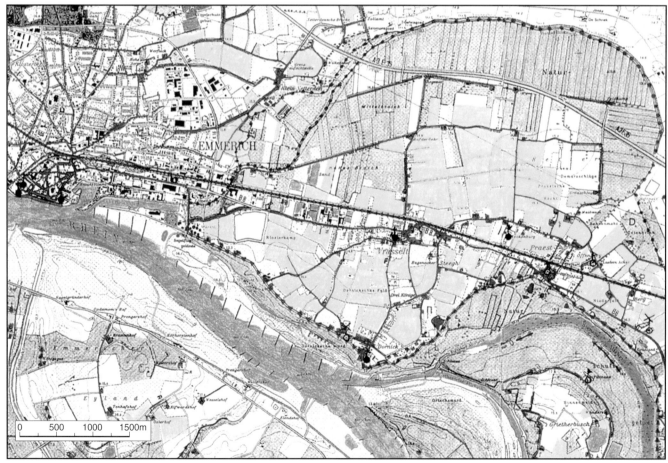

Abb. 40 a und b: Niederrhein: Emmerich und Umgebung

a: Kulturlandschaftswandel, b: Historische (persistente) Kulturlandschaftselemente

254

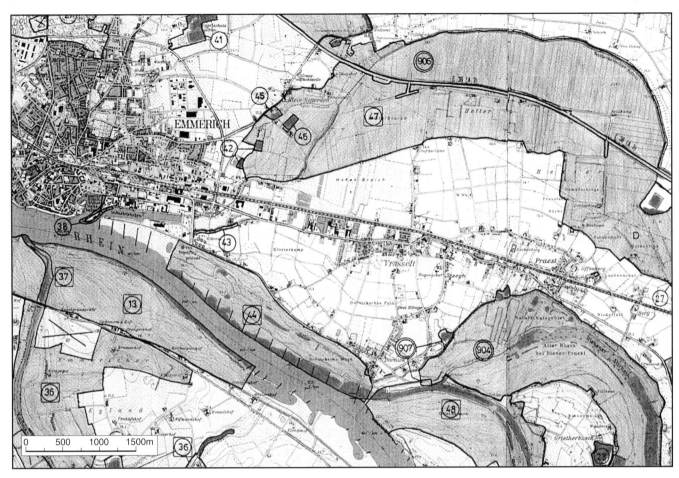

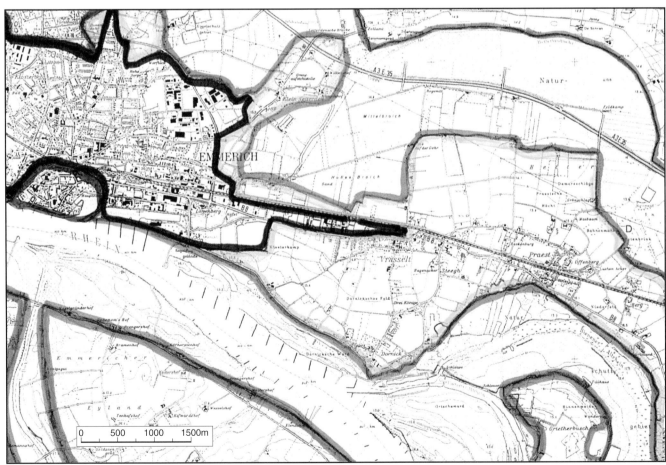

Abb. 40 c und d: Niederrhein: Emmerich und Umgebung

c: Biotopkataster, d: Kulturlandschaftsbestandteile und -bereiche

255

13   Deichvorland gegenüber Emmerich (318 ha, LSG, NSG Vorschlag), Fettweide 89 %, *Kopfbaumgruppe, -reihe* 1 %, *Hecke* 1 %, Pappelwald 1 %, *Damm, Deich* 1 %, Fluß 5 %, Ufergehölz 1 %.(Durch den Deichbau (1967) ist diese Fläche abgegraben)

27   Borgheeser Wälder (östlicher Teil) (146,5 ha LSG, LSG und ND Vorschlag), Kiefern- und Kiefernmischwald 50 %, Laubwald 33 %, *Allee* 1 %, *Teich* 1 %, *Gebäude, Mauerwerk, Ruine* 1 %, trockene Heide 1 %, Grünland 5 %, *Rain* 1 %, Schlagflur 3 %

36   Kalflack (486 ha, LSG, NSG Vorschlag), Fettweide 71 %, Acker 10 %, Altwasser 8 %, *Deich* 1 %, *Obstgarten* 1 %, Kopfbaumgruppe, -reihe 1 %, Ufergehölz 2 %, Naßgrünland 1 %, Gebüsch 1 % (Landschaftsbereich mit unterschiedlichen Vegetations-, Landnutzungsformen und Einzelhöfen)

37   Kalflack nördlich Deich (6,8 ha, LSG, NSG Vorschlag), Fettweide 34 %, Naß- und Feuchtgrünland 30 %, Altwasser 30 %, *Deich* 1 %, Feldgehölz 1 %, Gebüsch 1 %, *Hecke* 1 %, Baumgruppe, -reihe 1 %, Großseggenried 1 %

39   Alte Auskiesung am Eylandgraben (5,4 ha, LSG Vorschlag), Gewässer 80 %, Baumgruppe, -reihe 10 %, Lockergesteinabgrabung 9 %, *Gebäude, Mauerwerk, Ruine* 1 % (Sekundärbiotop)

40   Hetter nördlich Netterdensche Brücke (470,4 ha, LSG Vorschlag), Acker 57 %, Fettweide 30 %, *Steinbruch* 4 %, *Kanal* 1 %, *Graben* 1 %, Baumgruppe, -reihe 3 %, Naß- und Feuchtgrünland 1 % (Landschaftsbereich mit unterschiedlichen Vegetationstypen und Einzelhöfen)

41   *(Ton)abgrabung* bei Kordewerk (17,2 ha, LSG Vorschlag), Gewässer 71 %, Ufergehölz 10 %, Laubwald 15 %, Magergrünland 4 % (Sekundärbiotop)

42   *Tonabgrabungsteiche* östlich von Emmerich (1,7 ha, LB Vorschlag), *Abgrabungsgewässer* 50 %, Gebüsch 25 %, Ufergehölz 10 %, Baumgruppe, -reihe 10 %, *Lockergesteinabgrabung* 5 % (Sekundärbiotop)

43   Pappelallee Alte Reeser Straße (0,5 ha, LB Vorschlag), teilweise abgeholzt und von Roßkastanie ersetzt

44   Rheinuferbereich zwischen Emmerich und Dornick (170 ha, NSG Vorschlag), Fettweide, -wiese 60 %, Fluß 20 %, Naß-Feuchtgrünland 4 %, Acker 4 %, stehendes Kleingewässer 5 %, Ufergehölz 2 % (*Kolke*, Stockweiden (Mäandrierung Rhein), Baumgruppen und -reihen, altes „reliefreiches" Deichvorland)

45   *Tonabgrabungsteich* SW Klein Netterden (1,8 ha, LB Vorschlag), Abgrabungsgewässer 60 %, Acker 30 %, Feldgehölz 10 % (Sekundärbiotop)

46   *Tonabgrabungsteich* S Klein Netterden (2,5 ha, LB Vorschlag), Abgrabungsgewässer 75 %, Feldgehölz 20 %, Ufergehölz 5 % (Sekundärbiotop)

47   Ornithologisches Großbiotop Hetter südlich der Autobahn (890 ha, LSG, NSG), Fettweide 55 %, Acker 25 %, Gebäude, Mauerwerk, Ruine (Einzelhöfe) 5 %, Gebüsch 5 %, *Hecke* 5 %, Baumgruppe, -reihe (Kopfweiden) 5 % (*Entwässerungsgräben, Landwehrgraben*)

48   Überschwemmungswiesen Grietherorter Altrhein (190 ha, NSG Vorschlag), Fettweide 65 %, Altwasser 15 %, *Gebäude, Mauerwerk, Ruine* 5 %, Kopfbaumgruppe, -reihe 5 % stehendes Kleingewässer 5 %

904   NSG Alter Rhein bei Bienen und Praest (339,2 ha), Fett- und Magergrünland 60 %, Abgrabungsgewässer 5 %, Weidenauenwald 5 %, Acker 3 %, stehendes Gewässer 2 %, Altwasser 20 %, Gebüsch 1 %, *Hecke* 1 %, Kopfbaumgruppe 1 %, Baumgruppe, -reihe 1 % in (Überschwemmungsbereich, ungestört erhaltener Altrhein)

903/906   NSG-Hetter und Millingerbruch (658 ha), Fettweide 55 %, Acker 15 % Gebüsch 5 %, Kopfbaumgruppe, -reihe 5 %, Baumgruppe, -reihe 5 %, stehendes Kleingewässer 5 %, Graben 5 % (*spätmittelalterliche Kultivierungsfläche mit Streifenflur*)

906   NSG-Erweiterung Alter Rhein bei Praest (292,7 ha), *Deichkolke, Siedlungsland* Grietherbusch, Gebiet zwischen Bienen und Millinger Meer,

Blatt 4104 Isselburg

21   s. Nr. 48 (4103)

23   Kiesgrube Grietherbusch (7,5 ha, LSG), Abgrabungsgewässer 85 %, Gebüsch 5 %, Fettweide 10 % (Sekundärbiotop)

25   Mettmeer (13 ha, LSG, NSG Vorschlag), Acker 50 %, *Abgrabungsgewässer* 23 %, *Weiher* 15 %, Röhrichtbestand 5 %, Ufergehölz 5 %, Baumreihe 1 %, *Hecke* 1 % (Sekundärbiotop)

26   *Schloß Hueth und Lindenallee* (28,2 ha, ND Vorschlag), *Kulturlandschaftsbestandteil: Schloß* 5 %, *Schloßgraben* 5 %, *Rosskastanienallee* 10 %, *Kopfbaumgruppe, -reihe* 5 %, *Weiher* 5 %, *Obstgarten, -wiese* 5 %, *Fettweide* 60 %, *ehemaliger Parkwald*

27   Misteln auf alten Pappeln bei Holländerdeich (ND Vorschlag), Baumgruppe, -reihe 100 % (*Pappelreihe* mit Misteln)

28   *Kopfeichenreihe* nördlich des Pahlenhofs (ND Vorschlag), Kopfbaumreihe 50 %, Baumreihe 50 % (zweireihige Kopfeichen)

30   Altholzbestand Bungerstein (7,2 ha, LSG), Eichen-, Eichenmischwald 95 %, stehendes Kleingewässer 5 % (Altholzbestände, Tümpel)

Biotope und Naturschutzgebiete 4051,6 ha

4.5 Zusammenfassung

Nach der Durchsicht des Biotopkatasters der neun Modellgebiete kann aus der Sicht des Kulturlandschaftsschutzes bzw. der Kulturlandschaftspflege über die Biotoperfassung folgendes angemerkt werden:

- Die flächigen Biotope beziehen sich vorwiegend auf die Laubwald-, Heide- und Moor-, Grünland- sowie auf Fluß-, Bachtäler und Auenflächen.
- Das über Jahrhunderte hinweg tradierte Ackerland und insbesondere die kulturhistorisch bedeutsamen und anthropogenen Plaggenesche und Kämpe wurden überhaupt nicht berücksichtigt und erfaßt. Das Ackerland wird nur innerhalb der oben genannten Biotope beachtet.
- Die meisten Kleingewässer werden nur aufgrund ökologischer Gründe erfaßt. Hierunter befinden sich zahlreiche Kulturlandschaftselemente wie Mühlen-, Fisch- und Stauteiche, kleinere Abgrabungsseen der Kies- und Tongewinnung, Flachskuhlen sowie die Kolke der Deichdurchbrüche. Dies gilt auch für die kleineren Talsperren und Bereiche der größeren Talsperren im Mittelgebirgsraum.
- Gebaute Objekte (Gebäude, Mauerwerk, Ruine) werden bis auf wenige Ausnahmen (z.B. Blatt 3718, Nr. 19 und 24) nur als Mittel zum Zweck für die als ökologisch wertvoll betrachtete Vegetation miterfaßt.
- Obstwiesen und Obstgärten, Hecken, Wallhecken, Landwehre usw. werden vorwiegend als Biotope erfaßt.
- Hofvegetation (Hofbepflanzung, Hecken, Bäume, Sträucher, hofnahe Obstgärten, Gärten sowie parkähnliche und Parkanlagen) wurden nicht einheitlich erfaßt (z.B. auf Blatt 4904 Titz: dort wurden erstaunlich viele hofzugehörige Vegetationsanlagen und die Ortsrandvegetation des Weilers Lützerath erfaßt).
- Viele - meistens stillgelegte - Gruben und Steinbrüche werden aufgrund ihrer Überlassung an die Natur (natürliche Sukzession) als Sekundärbiotope erfaßt.
- Stillgelegte Eisenbahntrassen werden aufgrund der natürlichen Sukzession erfaßt.

Bei der Durchsicht wurde ebenfalls festgestellt, daß mit der kulturhistorischen Bedeutung der erfaßten Objekte im Biotopkataster sehr unterschiedlich umgegangen wurde. Manchmal wird die kulturhistorische Bedeutung nicht erwähnt: eine Landwehr wird nur als Wallhecke angedeutet. Bei einigen der ausgewerteten Kartenblätter des Biotopkatasters wurden kulturhistorische Bedeutungen berücksichtigt und erwähnt. Darüber hinaus wurden einige Kulturlandschaftselemente als Biotope ausgewiesen (Blatt 3718-19, -24) und als Schutzziel die Erhaltung eines Kulturlandschaftskomplexes formuliert.

Bei der Bearbeitung der Modellgebiete hat sich ebenfalls herausgestellt, daß ein großer Teil der Naturdenkmäler ebenfalls in Form von Hohlwegen, Hecken, Einzelbäumen usw. Kulturlandschaftselemente sind, die meistens aufgrund ihrer ökologischen Werte unter Schutz gestellt worden sind. In vielen Fällen wurde die kulturhistorische Bedeutung in die Schutzbegründung, die auch im Landschaftsgesetz (im §22, Abs. a) vorgesehen ist, aufgenommen.

Denkmäler

Außer den wenigen Denkmalbereichen, die sich ausschließlich auf die besiedelten Bereiche (Orts- und Stadtkerne sowie Siedlungen) beziehen, werden im dünnbesiedelten, ländlichen Raum im Rahmen der Baudenkmalpflege nur bauliche Objekte geschützt. Bei den Bodendenkmälern ist die Situation anders. Neben den Fundstellen gibt es eine ganze Reihe von sichtbaren Objekten (Kulturlandschaftselemente), die nach dem Gesetz nur als Einzelobjekte geschützt werden können. Hier handelt es sich vorwiegend u.a. um Elemente wie Grabhügel, Ringwallanlagen, Wüstungen, "celtic fields", alte Wegtrassen, Landwehr, Deiche, Wurten, Befestigungsanlagen, Schützengräben, Höckerlinien des Westwalles usw.

Die ausgewählten Modellgebiete sind als sogenannte "Blicke in die Tiefe" oder als "Tiefborungen" für die Großlandschaften zu betrachten. Hier konnten die Kulturlandschaftsstrukturen detaillierter erarbeitet werden. Außerdem hat sich bei der Bearbeitung herausgestellt, daß alle Modellgebiete durchaus die Merkmale der Großlandschaften vertreten.

5. DETAILLIERTER VORSCHLAG FÜR DIE SYSTEMATISCHE LANDESWEITE KARTIERUNG, BEWERTUNG UND DARSTELLUNG DER KULTURLANDSCHAFTEN UND KULTURLANDSCHAFTSELEMENTE IN NORDRHEIN-WESTFALEN

Da es für Nordrhein-Westfalen kein flächendeckendes, mit einem Geographischen Informationssystem unterstütztes Kulturlandschaftskataster gibt, wäre es wünschenswert, wenn ein solches Kataster - etwa ähnlich wie das Biotopkataster der LÖBF - aufgebaut werden könnte. Hierbei müßte allerdings beachtet werden, daß es hier um weitaus mehr Kulturlandschaftselemente (Punkte, Linien und Flächen), -strukturen und -bestandteile als im Biotopkataster geht. Während der Bearbeitung des Gutachtens ist von R. Plöger in enger Absprache mit dem Verfasser ein GIS-Konzept erstellt worden, das dem Gutachten als Beitrag beigefügt wird. So konnte aufgrund der Erfahrungen dieses Gutachtens und der gutachterlichen Erfahrungen des Seminars für Historische Geographie und des damit verbundenen Büros für historische Stadt- und Landschaftsforschung ein Konzept für eine Datenbank erstellt werden.

Als erster Schritt müßten landesweit die historisch gewachsenen Kulturlandschaftseinheiten (LEP und GEP), als zweiter die Kulturlandschaftsbereiche (GEP und LP, mit Wandelkarten und großflächigen Reliktkarten oder Karten mit persistenten Flächen und Strukturen) und als dritter Schritt die Kulturlandschaftsbestandteile und -elemente (LP und BP) flächig erfaßt, kartiert und bewertet werden. Bei dieser Bestandserhebung ist in der ersten Phase vor allem ein flächenmäßiger Ansatz erforderlich.

Aufgrund der Tatsache, daß die GIS-Systeme nicht auf die Erfassung von kulturhistorischen Daten orientiert sind und diese Daten digitalisiert bzw. eingegeben werden müssen, ist für die Erfassung der Kulturlandschaftsbestandteile und -elemente ein Datenaustausch und Datenvergleich der vorhanden Denkmaldatenbestände (Denkmale, Denkmalbereiche), des Biotopkatasters (Naturdenkmäler, geschützte Landschaftsbestandteile, Natur- und Landschaftsschutzgebiete) erforderlich. Hiermit können die Elemente und Strukturen, die in bereits vorhandenen kartographisch unterstützten Datenbanken (Biotopkataster) oder in - in Aufbau befindenen - Datensystemen (Daten der Bau- und Bodendenkmalpflege) vorhanden sind, berücksichtigt werden. Allerdings wäre hier ein pragmatisches Vorgehen erforderlich.

Ähnlich wie im Rahmen des Gutachtens mit den EDV-Daten des Biotopkatasters bereits geschehen, sollten für die Daten der Fundstellendatenbank des RAB (Bonn) und die zukünftige Datenbank des WAB (Münster) sowie die EDV-Datenbestände der beiden Denkmalämter (Brauweiler und Münster) geeignete Schnittstellen mit anderen GIS geschaffen werden, so daß ein In- und Export der Daten möglich wird. Außerdem ist es wichtig, daß die Daten der Bodendenkmal- und Denkmalämter kartographisch in verschiedenen Maßstäben darstellbar sind.

Verbindungen und Schnittstellen mit sogenannten „benachbarten" Datenbanken bzw. GIS (s. Beitrag Plöger in diesem Band) sind wichtig und vermeiden Doppelarbeit:
- Wasserschutzgebiete des Landesamtes
- Bodeninformationssystem (Bodenzentrum)
- GeoShopkataster des Geologischen Landesamtes
- In der Fundstellendatenbank der Bodendenkmalpflege (Bodendenkmäler) gibt es aufgrund der Fundsituation Übergangsbereiche mit den geologischen und ökologischen Daten des geologischen Landesamtes (GeoShopkataster) und der LÖBF (Biotopkataster).

- Die Daten der Denkmalämter müssen abgeglichen werden können.
- Bei der Fortschreibung und Ergänzung des Biotopkatasters sollten noch mehr als bisher kulturhistorische Aspekte berücksichtigt werden, weil die weitaus meisten Objekte, Strukturen und Flächen neben ihren "ökologischen" Werten ebenfalls "kulturhistorische" Werte haben, weil sie anthropogenen Ursprungs bzw. anthropogen beeinflußt worden sind. Die älteren Daten des Biotopkatasters könnten allmählich im Rahmen der Fortschreibung damit ergänzt werden.

Eine Erfassung von bereits erstellten historisch-geographischen (kulturhistorischen) Gutachten und wissenschaftlichen auf die Kulturlandschaftsentwicklung hin orientierten Arbeiten macht die Digitalisierung der zugehörigen Karten erforderlich. Wissenschaftliche, jedoch nicht unmittelbar anwendungsbezogene Arbeiten, können durchaus miterfaßt werden.

Es ist in der ersten Phase sinnvoll, vorrangig Gebiete zu bearbeiten, die bisher noch keinen Schutzstatus haben bzw. einer Eingriffsbeschränkung unterlegen sind.

In einem solchen GIS sollten historisch bedeutsame Kulturlandschaften und deren Bestandteile sowie Elemente und Relikte Eingang finden, wie
- Kultur- und Naturdenkmale, wenn sie einen kulturhistorischen (landeskundlich) oder naturhistorischen Hintergrund haben,
- Denkmalbereiche (Datenaustausch),
- historische Freiraumelemente, wie z.B. historische Gärten und Landnutzungsgefüge,
- archäologisch und paläontologisch bedeutsame Flächen (Datenaustausch),
- historische Landnutzungs- und Bewirtschaftungsformen,
- traditionelle Sicht- und Wegebeziehungen,
- historische Orts- und Stadtkerne,
- sonstige kulturhistorisch und/oder heimatkundlich bedeutsame Bereiche, Orte und Objekte mit deren Aufbewahrungsorten und
- persistente Standorte unabhängig vom heutigen Landschaftsbild, wenn sie eine Region charakterisieren (Siedlungsstruktur, Nutzungsgefüge).

Außerdem sollten die kulturhistorischen Aspekte einer Landschaft insbesondere in Zusammenhang mit den folgenden Teilaspekten behandelt werden:
Übergeordnetes Kulturlandschaftskataster, Inhalte und Aufgabe:
- Denkmalpflegerische Wertigkeit von Landschaftselementen (Denkmaldatenbestände),
- ökologische Wertigkeit von historischen Landschaftsteilen (Biotopkataster),
- Eigenart, Vielfalt und Schönheit (Landschaftsbild),
- Bedeutung für die regionale Identität und Orientierung (Heimat),
- Bedeutung für Freizeit und Erholung,
- geeignete Bewirtschaftung und Nutzungen (Pflege oder besser „cultural landscape management"),
- Charakterisierung als Aktiv- oder Passivraum,
- übergeordnetes tradiertes Raumgefüge (Offen-/Waldlandverteilung, gekammert usw.).

Die verschiedenen Kartierungen sind in Kapitel 4 für die Modellgebiete bereits durchgeführt worden. Hierbei sind ebenfalls deutlich Unterschiede zwischen den verschiedenen Großlandschaften deutlich geworden, die eine unterschiedliche Zahl und verschiedenartige Formen von Kulturlandschaftselementen, Relikten, Strukturen und Kulturlandschaftsbestandteilen aufweisen.
Im Rahmen der seitens der Angewandten Historischen Geographie angewandten, bereits in der Praxis bewährten Kartierungen, ist als erster Schritt eine flächendeckende Kulturlandschaftswandelkartierung (s. Abb. 37a-40a für die Modellgebiete) im Maßstab 1:25.000 zu erstellen. Dieser Maßstab korrespondiert mit der vorliegenden landesweiten Biotopkartierung im Maßstab 1:25.000

und den vorgesehenen Kartierungen für die neuen Fachbeiträge für die Landschaftspläne nach der Gesetzveränderung des LG NW vom 14.8.1994 (§ 15a, Naturschutz und Landschaftspflege, Kulturlandschaftsschutz und Naturerleben). Die teilweise vorliegende Kartierung im Maßstab 1:100.000 ist für diese Ebene zu allgemein und sie gibt insbesondere über die Waldartenveränderungen keine Auskünfte. Mit dieser Methode könnte die Entwicklung der Kulturlandschaft flächendeckend für Nordrhein-Westfalen mit Ausnahme von Lippe (seit ca. 1880) seit ca. 1840 mit den Perioden 1840-1895, 1895-1950 und 1950-heute chronologisch dargestellt werden. Aufgrund der seit einigen Jahren praktizierten digitalen Bearbeitung der topographischen Karten könnte für die Zukunft in gewissen Abständen die Wandelkarte durch den Vergleich mit älteren digitalen Daten fortgeschrieben werden.

Als zweiter Schritt ist eine GIS-unterstützte flächige Reliktkartierung vorgesehen, in der vor allem die persistenten Strukturen und Flächen (historische Kulturlandschaftsstrukturen und Landnutzungen) berücksichtigt werden (s. Modellgebiete). Diese Kartierungen mit ihren Beschreibungen bilden ein auf Karten bezogenes Kulturlandschaftskataster. Hierzu sind Geländearbeit, Erfassung, Kartierung, Beschreibung, Bewertung sowie vor allem Digitalisierung und Eingabe der Daten in ein GIS, Vernetzung verschiedener Datensysteme für den Austausch von Daten usw. sehr wichtig. Die amtlichen Topographischen Karten enthalten lediglich 40 % des obertägigen Gesamtbestandes und lassen weiterhin eine historische oder funktionale Zuweisung nicht zu. Überhaupt nicht erfaßt ist das historische Gefügemuster unabhängig von der historischen Substanz (Wald-Offenlandverteilung, Entwicklung der Verkehrswege, Nutzungssysteme, Siedlungsmuster usw.). Hierdurch werden diese Arbeiten noch umfangreicher sein als die des Biotopkatasters. Um eine Schätzung der Bearbeitungsdauer und der Kosten zu ermitteln, schlagen wir eine Pilotstudie vor, bezogen auf ein Kartenblatt der TK25, von einem noch nicht intensiv historisch-geographisch untersuchten Gebiet. Diese Studie beinhaltet die Kulturlandschaftswandelkarte, die Reliktkartierung, die Vernetzung der Datenbestände, die Digitalisierung und Eingabe der kulturhistorischen Daten ins GIS (kartographisch unterstütze Datenbank). So könnte die Bearbeitungszeitdauer, die für die Kostenermittlung (Hochrechnung) wichtig ist, konkret festgestellt werden.

Eine alternative Lösung wäre die landesweite, flächendeckende Kulturlandschaftswandelkartierung (1:25.000). Bei dem Aufbau des Kulturlandschaftskatasters sollte man sich an das Biotopkataster für die dünn besiedelten Flächen (Landschaftsplanung) und an die Daten der Denkmalpflege für die dicht besiedelten Flächen (Bebauungs- und Flächennutzungspläne) orientieren. Dies bedeutet allerdings, daß bei der Fortschreibung des Biotopkatasters konsequent historisch-geographische Aspekte aufgenommen werden müßten, die bereits in den letzten Jahren teilweise berücksichtigt werden. Viele im Biotopkataster unter hauptsächlich ökologischen Gesichtspunkten erfaßte Punkt-, Linien- und Flächenelemente haben ebenfalls eine kulturhistorische Bedeutung bzw. einen Hintergrund. In der LÖBF ist seit einiger Zeit ein Beauftragter (Herr Bierschenk) für das Kulturlandschaftskataster zuständig.

In den hauptsächlich archäologisch, kunst- und bauhistorisch geprägten Denkmaldatenbeständen sollten vor allem flächige und zusammenhängende Kulturlandschaftsstrukturen und -bereiche mehr Beachtung finden. Ein Teil dieser Daten beruht auf den erfaßten Gebäuden, die gesetzlich durch die Eintragung in die Denkmalliste unter Denkmalschutz gestellt worden sind und ein anderer Teil bezieht sich auf die Denkmalinventarisationen, in denen auch Daten über Bauten erfaßten worden sind, die als nicht denkmalwürdig, sondern nur als erhaltungswürdig oder noch niedriger eingestuft worden sind.

Aufgrund der Kulturlandschaftswandelkarte und der Daten des Biotopkatasters sowie des Denkmalbestandes werden kartographisch Kulturlandschaftsbereiche und -bestandteile flächendeckend erarbeitet und stichwortartig beschrieben. Hierbei werden ebenfalls die bereits vorliegenden Untersuchungsergebnisse berücksichtigt und eingearbeitet.

Die Bodendenkmalpflege nimmt diesbezüglich eine Sonderstellung ein, weil ihr Erfassungsraum sowohl die dicht besiedelten als auch die dünn und nicht besiedelten Räume umfaßt.

Auch die nicht erfaßten Kulturlandschaftselemente wie Flurformen, alte Ackerkomplexe, Terrassen, Flurwegesysteme, Wüstungen, Bewässerungs- und Entwässerungssysteme usw. müßten erfaßt werden.

Für die Bewertung und Darstellung der Kulturlandschaften und Kulturlandschaftselemente ist auf Kapitel 3.4 (Leitbilder der Großlandschaften) und 4. (Modellgebiete) zu verweisen.

Die Bewertungskriterien werden raumbezogen entsprechend der Bearbeitungsebene generalisiert erstellt. Die Bewertungskriterien haben keine numerische Bedeutung, sondern sind deskriptiv.

Betrachtungsebene	Maßnahmen
Großlandschaften, Großräumige Kulturlandschaften	Leitbildähnlich (generalisiert) mit übergeordneten Entwicklungsleitfaden
Kulturlandschaftseinheiten	idem mit Entwicklungszielen
Kulturlandschaftsbereiche	deskriptiv, Formulierung von Leitzielen mit konkreten Entwicklungszielen (erhalten, pflegen und behutsam weiterentwickeln, neugestalten)
Kulturlandschaftsbestandteile	deskriptiv, Formulierung von Qualitätszielen mit konkreten Entwicklungszielen (erhalten, pflegen und behutsam weiterentwickeln, neugestalten)
Kulturlandschaftselemente	quantitativ und qualitativ mit konkreten Entscheidungen zu Erhalt, Veränderung, Zerstörung

Das Arbeitsprogramm beruht auf den bisherigen Erfahrungen mit bereits durchgeführten Projekten und auf der Bearbeitung der Modellgebiete. Hier gibt es verschiedene Möglichkeiten. Zwischen dem vom Seminar benutzten Datensystem und dem der LÖBF gab es bereits gegenseitigen Datenaustausch (Karten: Die Kulturlandschaft um 1820, um 1950 und 1990 für den LaPro-Entwurf und Biotope und Naturschutzgebiete für das Seminar).
- Aufbau der kulturhistorischen GIS-Datenbank (s. Beitrag von R. Plöger in diesem Band),
- Erstellung einer flächendeckenden Kulturlandschaftswandelkartierung, bei der die bisher erstellten Karten berücksichtigt werden,
- Geländearbeit, Literatur-, Daten und (vereinzelt) Quellenstudium,
- Erstellung von Reliktkartierungen und Beschreibung sowie Erläuterung der Relikte sowie
- Digitalisierung der Reliktkarten und Eingabe der Reliktdaten ins GIS.

Für die Kostenermittlung sind zwei Modelle vorstellbar. Das erste Modell ist die Einstellung von Vertretern der Angewandten Historischen Geographie als wissenschaftliche Bearbeiter, die diese Aufgabe innerhalb eines bestimmten Zeitrahmens übernehmen (Ministerium, LÖBF oder Universität). Dann können die Arbeitskosten für diese Periode genau errechnet werden und im Rahmen der Amtshilfe Materialien zur Verfügung gestellt werden. Weiterhin müssen für die Bearbeiter für diese Aufgabe entsprechende Arbeitsplätze (Rechner, Scanner, kartographisches Material) eingerichtet werden.

Die zweite Möglichkeit ist die freiberufliche Vergabe (Büros oder Institute).

6. MÖGLICHKEITEN EINER KULTURLANDSCHAFTSPFLEGE IN NORDRHEIN-WESTFALEN

Der Naturschutz und die Denkmalpflege sind institutionell als Träger öffentlicher Belange gesetzlich verankert. Der Kulturlandschaftsschutz, obwohl er ebenfalls gesetzlich verankert ist, hat dagegen bisher keine institutionelle Grundlage und wird nicht offiziell als ein Anliegen von öffentlichem Interesse bezeichnet. Er wird, wenn überhaupt, meistens je nach Einstellung des betreffenden Bearbeiters vom Naturschutz und der Denkmalpflege mehr oder minder intensiv mitberücksichtigt. Für die landesweite Kulturlandschaftspflege in Nordrhein-Westfalen wäre ihre Anerkennung und Institutionalisierung eine wichtige Voraussetzung. In dem Landesentwicklungsplan und im Landschaftsprogramm, in den Gebietsentwicklungsplänen und in den Landschaftsplänen müssen diese Belange entsprechend festgeschrieben werden.

Die zukünftige Gestaltung der Kulturlandschaft wird durch gesellschaftliche, wirtschaftliche, umweltpolitische, demographische, ökologische, agrarische und kulturelle Faktoren bestimmt, deren Priorität durch politische Entscheidungen festgelegt wird. Die heutige Raumordnungspolitik wird von zunehmendem Druck auf die Landschaft mit entsprechenden Raumansprüchen geprägt. Diese Ansprüche beziehen sich einerseits auf die Bereitstellung von weiteren Wirtschafts-, Siedlungs- und infrastrukturellen Flächen und andererseits von Schutzflächen (Natur- und Landschaftsschutzgebieten, Naturparks, vernetzten Biotopen) und die Berücksichtigung des archäologischen und kulturellen Erbes sowie die für die Erholung und den Fremdenverkehr geeigneten Flächen. Hier gibt es zwei kontroverse Entwicklungstendenzen, die erste besteht aus einem zunehmenden Nutzungsdruck vor allem in Aktivräumen (Ballungsräumen) und die zweite aus einem zunehmenden flächigen Erhaltungsanspruch aufgrund des Natur- und Landschaftsschutzes sowie des Arten- und Biotopschutzes in Passivräumen (ländlichen Räumen).

Eine Konservierung der gesamten Kulturlandschaft wegen der 7.000jährigen Entwicklungstradition ist nicht zulässig. Die Entwicklung darf andererseits jedoch nicht mit großflächigen Zerstörungen gleichgesetzt werden, die vor allem nach 1945 aufgetreten sind. Es geht eigentlich darum, daß die Spuren der Vergangenheit nicht ausgelöscht, sondern bei der Weiterentwicklung Beachtung finden. Dies bedeutet, daß bei Abwägungen der verschiedenen Interessen die Belange des kulturellen Erbes und der historisch gewachsenen Kulturlandschaft gleichberechtigt berücksichtigt werden. Nur in Ausnahmefällen, bei denen es sich um einmalige und sehr gut erhaltene Elemente, Strukturen und Komplexe handelt, ist Konservierung (aus der Nutzung nehmen) oder eine sehr eingeschränkte Weiterentwicklung (Pflege, angepaßte Bewirtschaftung und Nutzung) angedacht.

Wichtig hierbei ist die zunächst neutrale Beschäftigung mit der Kulturlandschaft als Ganzem, die Beurteilung des Gesamtwertes und die Weiterentwicklung auf Grundlage des Vorhandenen, wobei überall Einzelwerte vorhanden sind. Nicht nur in romantischen "schönen" Park-, Gartenlandschaften und bäuerlich geprägten Landschaften (des 19. Jahrhunderts), sondern auch in "häßlichen" industriell und von Ressourcengewinnung geprägten Landschaften. In Bereichen mit Planungsdruck ist ein Abwägen und die Bestimmung der Empfindlichkeit des kulturellen Erbes der Kulturlandschaft bei Eingriffen im Rahmen der Umweltverträglichkeitsprüfung vonnöten.

Der Betrachtungsmaßstab (Raumordnungs- und Planungsebenen) muß bezüglich der Kulturlandschaftspflege berücksichtigt werden. Nach der heutigen Praxis und trotz des § 2, Nr. 13 des LG beruht die Kulturlandschaftspflege faktisch auf der Einsicht des Ministeriums und der Landschaftsbehörden sowie dem Wohlwollen der jeweiligen Sachbearbeiter. Parallel zu den einzelnen Ebenen der Kulturlandschaftseinteilung ergeben sich folgende Aufgaben

für die *großräumigen Kulturlandschaften und Großlandschaften:*
- Gleichstellung der Belange historisch gewachsener Kulturlandschaft mit anderen Belangen in

Raumordnung und Planung und insbesondere mit dem Naturschutz und der Landschaftspflege,

- Empfehlungen bezüglich eines behutsameren Umgangs mit der historisch gewachsenen Kulturlandschaft,
- Aufgrund der Leitbilder der großräumigen Kulturlandschaften und Großlandschaften sollten das übergeordnete Landschaftsbild und die Identität erkennbar bleiben.

für die *Kulturlandschaftseinheiten:*
- Ausweisung von „Kulturlandschaftlich wertvollen Parks" und die Berücksichtigung des kulturgeschichtlichen Aspekts in bestehende Naturparks (die 14 wertvollen Kulturlandschaften nach „Natur 2000" und dem LaPro-Entwurf).

für die *Kulturlandschaftsbereiche:*
- Konsequentere Anwendung der landeskundlichen Begründungsmöglichkeit (§ 20, Abs. b des LG NW) von großflächigen Naturschutz- (Kulturlandschaftsschutzgebieten),
- Berücksichtigung kulturhistorischer oder landeskundlicher Aspekte (Vielfalt, Eigenart und Schönheit des Landschaftsbildes, § 21, Abs. 2 LG NW) in der Ausweisung von Landschaftsschutzgebieten, auch in Zusammenhang mit Abs. 3,
- Beachtung von nicht sichtbaren Bewirtschaftungsformen und tradierten, heute noch funktionierenden Verwaltungsformen und Bräuchen,
- bei Entscheidungen zugunsten der landschaftlichen Veränderungen, die gegebenenfalls auch zur Überformung des historisch Gewachsenen führen, müssen vor allem die UVP-Richtlinien bezüglich des kulturellen Erbes (nicht nur eingetragene Denkmäler, sondern auch historische Kulturlandschaftsbestandteile und -bereiche) konsequent eingehalten werden,
- bei tiefgreifenden Zerstörungen wie z.B. als Folge des Braunkohlentagebaus, muß die vorhandene Kulturlandschaft dokumentiert werden.

für die *Kulturlandschaftsbestandteile:*
- Einrichtung von landeskundlich (kulturhistorisch) begründeten „Naturschutzgebieten", die faktisch als Kulturlandschaftsschutzgebiete zu betrachten sind (hierin sind Aspekte des Naturschutzes und der Denkmalpflege aus kulturlandschaftlicher Sicht zu betrachten),
- Unterschutzstellung herausragender Kulturlandschaftselemente, -strukturen und -komplexe unter Denkmalschutz (flächenmäßig erweiterte Denkmalbereiche),
- Berücksichtigung von nicht sichtbaren traditionellen Bewirtschaftungsformen und tradierten Verwaltungsformen (s. oben),
- UVP-Studien (s. oben),
- Dokumentation (s. oben).

für die *Kulturlandschaftselemente, -relikte:*
- Denkmalschutz (Bau- und Bodendenkmäler, Ensembles),
- Naturschutz (Naturdenkmäler und geschützte Landschaftsbestandteile),
- Objekte, die nicht von der Denkmalpflege und von dem Naturschutz erfaßt werden (Plaggenesche, Flurformen, Wiesenbewässerungs- und -entwässerungssysteme, Köhlerplätze).

Hierbei zeigen sich in der momentanen Praxis erhebliche Defizite. Zunächst sind die Daten nicht ausreichend erfaßt (s. Abschnitt 5).

Sowohl die in der Vergangenheit entstandenen Kulturlandschaftselemente als auch das gewachsene Gesamtgefüge sind heute stark gefährdet. Während früher zu den vorhandenen, auch damals bereits vorgefundenen historischen Kulturlandschaftsbestandteilen neue hinzukamen und darauf aufbauten, werden diese heute zunehmend ersetzt und entfernt, ja zum Teil wird die Geschichtlichkeit von Landschaften und damit deren Identität ausgelöscht.

Bei dem viel genannten Begriff „Kulturlandschaftspflege" geht es eigentlich um „Kulturland-schaftsbewirtschaftung und -nutzung". Der Begriff „Pflege", obwohl die eigentliche Bedeutung sich auf die möglichst lange Gewährleistung der Funktionen und der Lebensdauer eines Objektes bezieht, wird aufgrund der Erfahrungen durch die maschinellen Pflegemaßnahmen im Rahmen des Natur-sowie des Arten- und Biotopschutzes in der Öffentlichkeit meistens mit Kosten in Verbindung gebracht. Deswegen hat "Pflege" besonders in Zeiten von leeren Haushaltskassen eine negative Bedeutung bekommen, weil dieser vermeintlich keine konkret ausweisbare Erträge gegenüberste-hen. Es geht nicht um Mehrkosten, Planungsverzögerung und Verhinderung neuer und notwendiger Entwicklungen, sondern um einen verantwortungsvollen und behutsamen Umgang mit der histo-risch gewachsenen Kulturlandschaft. Hierfür ist es erforderlich, daß die Belange der historisch gewachsenen Kulturlandschaft rechtzeitig im Planungsprozeß gleichberechtigt mit anderen Belan-gen berücksichtigt werden. So können nachträgliche Einsprüche und damit verbundene langjährige teure Gerichtsverfahren vermieden werden.

Der Begriff der Pflege bedeutet in diesem Zusammenhang die Berücksichtigung historischer Kul-turlandschaftsbestandteile bei der Planung, im Naturschutz, der Landes- und Denkmalpflege. Hier-bei gibt es Defizite bei dem Wissen um das kulturelle Erbe in der heutigen Landschaft. Kulturland-schaftspflege ist entscheidend für die Beibehaltung der Lebensqualität der Menschen, deren regiona-ler Identität, der Bewahrung des touristischen Potentials und für die Erklärung der ökologischen Zusammenhänge in der Wechselwirkung Mensch-Natur (Umweltgeschichte) auch in der heutigen Umweltschutzdiskussion z.B. bei den neuartigen Waldschäden.

Als Gesamtaufgabe der Kulturlandschaftspflege sind nach Herausarbeiten der Kulturlandschafts-entwicklung der Einzelräume Vorschläge zu machen für:
- Erhalt und Schutz (eventuell Rekonstruktion, Restaurierung),
- stärkere Einbindung der Land- und Forstwirtschaft im Kulturlandschaftsmanagement,
- Pflege in Form angepaßter Nutzung, Bewirtschaftung und Vermarktung und
- Weiterentwicklung, die besser als bisher in die vorhandenen Strukturen eingebettet wird.

Subjektiv beurteilte wertvolle, weniger und nicht wertvolle Landschaften können hierbei nicht nebeneinander gestellt werden, denn auch stark historisch geschädigte Landschaften enthalten Werte für die einheimische Bevölkerung. Deshalb variiert die „Bewertung" nach den regionalen Gegebenheiten unabhängig von den Leitbildern romantischer und schöner Landschaften.

Nach Untersuchung der gesamten Kulturlandschaft muß auch der Gesamtwert bestimmt werden und danach die Abwägung über den weiteren Umgang erfolgen.

Die Zerstörung des kulturellen Erbes in der Landschaft schreitet momentan sehr rasch voran. Täglich gehen herausragende historische Relikte der Kulturlandschaft verloren, Archäologen z.B. schätzen etwa 90 % der archäologischen untertägigen Substanz als undokumentiert verlorengehend ein; detaillierte Daten über Verluste historischer Kulturlandschaften und deren -bestandteile liegen nicht vor, lediglich durch Altkartenvergleich ablesbare Tendenzen großflächiger zeitgenössischer Überformung mit teilweise völliger Nivellierung und historischer Ausräumung der Landschaft.

Neben der zunehmenden Bebauung der Landschaft wirkt sich aber auch z.B. die Extensivierung und die Aufgabe der Landwirtschaft unverträglich für die historische Kulturlandschaft aus, da ein Konzept zur Nachfolgenutzung unter Berücksichtigung des regionaltypischen Charakters nicht erkennbar ist. So werden die Mittelgebirgsräume ihr Landschaftsbild mit Feldern, Waldarealen und Siedlungen in Streulage verlieren. In den Außenbereichen der ländlichen, aber auch städtischen Siedlungen führt das „Auseinanderfließen" mit Wohnvororten ohne gewachsenes Gefüge zu nicht mehr erkennbaren Übergängen bis zu Verdichtungen mit ehemals benachbarten Ortschaften.

Die Kulturlandschaftspflege sollte von den heute geltenden gesetzlichen Grundlagen (BNatSchG, LG NW, DSchG, ROG, UVPG) ausgehen. Hierbei sollte die Umsetzung des Grundsatzes in § 2, Nr.

13 des LG NW „Historische Kulturlandschaften sind zu erhalten..." mit Durchführungsbestimmungen konkret ausgefüllt und mit der Anweisung von zuständigen Behörden vollzogen werden. Außerdem sollte Kulturlandschaftspflege wie Natur- und Denkmalschutz ins Planungsinstrumentarium Eingang finden (Landschaftsprogramm, Landesentwicklungsplan, Gebietsentwicklungs- und Landschaftspläne, usw.).

Wo die Kulturlandschaftspflege untergebracht werden soll, wird unterschiedlich eingeschätzt. WÖBSE (1991) sieht den Naturschutz als geeignete Instanz an, dagegen betrachtet HÖNES (1991) die Kulturlandschaftspflege mehr als Aufgabe der Denkmalpflege. Für beide Auffassungen gibt es durchaus verständliche Argumente. Wichtig ist, daß hierbei die Verbundenheit und der Zusammenhang zwischen naturnahen und gebauten Elementen und Strukturen (ein freistehender Hof oder ein Hof im Grünen) die Grundlage ist. Diese Verbundenheit wurde in den Anfangsphasen des Denkmal- und Naturschutzes bereits anerkannt. In Kreisen des Naturschutzes sollte der kulturlandschaftliche Aspekt auch als Begründungsargument mehr in den Vordergrund gerückt werden, weil man sich unter ökologischem Gesichtspunkt mit der *Kultur*landschaft beschäftigt und viele schützenswürdige Objekte (Bäume, Heckenreihen usw.) Flächen (Heide, Wälder, Moore) anthropogenen Ursprungs sind bzw. stark anthropogen überformt worden sind. Hier gibt es seit einigen Jahren ein Umdenken, so daß nach 1989 sowohl in Denkmalschutz- als auch in Naturschutzkreisen die ganzheitliche Betrachtung der Kulturlandschaft zunehmend Beachtung findet (BRINK und WÖBSE 1989) und bereits teilweise umgesetzt wird.

Um ein flächendeckendes Konzept für die Kulturlandschaftspflege entwickeln zu können, ist ein Bestand von Daten über die (historisch gewachsene) Kulturlandschaft erforderlich (s. Kapitel 5 und den folgenden Beitrag von R. Plöger).

7. SCHLUSSBEMERKUNG

Im Zuge der rasanten Entwicklungen nach dem Zweiten Weltkrieg hat die historisch gewachsene Kulturlandschaft erheblich gelitten. Heute werden ständig wertvolle Kulturlandschaftsbereiche und -bestandteile durch die Siedlungserweiterungen, Ausräumung der Agrarfluren, Versiegelungen, Straßenbau, Ressourcengewinnung (Braunkohlentagebau und Kies- und Sandgewinnung) usw. tiefgreifend verändert, überformt oder beseitigt. Oftmals geschah dies, weil in der Planungsphase kaum Informationen und Wertbestimmungen über die historisch gewachsene Kulturlandschaften vorlagen. Trotz der Aufnahme des §2, 1, Nr. 13 im BNatSchG 1980 hat es noch über 10 Jahre gedauert, bis die Belange der Kulturlandschaft in wenigen Landschaftsplänen und als Kulturgüter in UVP's eingebracht wurden (BOESLER 1996; KLEEFELD und WEISER 1994).

Die historisch gewachsene Kulturlandschaft mit ihren Elementen und Strukturen ist, als wichtige Hinterlassenschaft unserer Geschichte, als Grundlage unserer Identität und somit als Teil der Umwelt zu betrachten. Sie ist die Lebenswurzel unserer Entwicklung und ist deswegen für das Wohlbefinden des Menschen (Wohnen, Erholung und Fremdenverkehr) als "volkswirtschaftliches" Gut zu betrachten, womit man besonnen und behutsam umzugehen hat.

Das eigentliche Ziel dieses Projektes war nicht nur in erster Linie die Bearbeitung der Kulturlandschaftsentwicklung, der Kartierungs- und Bewertungsmethoden, der Leitbilder und Leitziele für die unterschiedlichen Betrachtungsebenen, sondern die Entwicklung von Konzepten für eine Kulturlandschaftspflege auf verschiedenen Planungsebenen. Deswegen war die Mitarbeit am LaPro-Entwurf und die Beteiligung am nicht öffentlichen Anhörungsverfahren bereits ein konkreter Beitrag zur Kulturlandschaftspflege im Sinne vom Kulturlandschaftsmanagement in Nordrhein-Westfalen, wodurch erarbeitete Ergebnisse bereits Eingang gefunden haben. Dies gilt auch für die genannten Pilotprojekte, die eindeutig als Beiträge zum Kulturlandschaftsmanagement zu bezeichnen sind.

Die Hauptverantwortung für den Umgang mit dem "volkwirtschaftlichen Gut" historisch gewachsener Kulturlandschaften liegt letztendlich in der Politik. Um die Politik zu sensibilisieren und um eine gesellschaftliche Akzeptanz herbeizuführen ist Öffentlichkeitsarbeit von sehr großer Bedeutung. Hierbei wäre darüber hinaus zu wünschen, daß im Schulunterricht die regionale Identität (Heimat) und die Kulturlandschaft der Wohnumgebung noch mehr Beachtung finden.

8. LITERATURVERZEICHNIS

8.1 Allgemeine Literatur

Abel, W.: Die Wüstungen des Ausgehenden Mittelalters. 3. Aufl. Stuttgart 1976 (Quellen und Forschungen zur Agrargeschichte, 1).

Aerni, K.: Ziele und Ergebnisse des Inventars historischer Verkehrswege in der Schweiz (IVS). In: Siedlungsforschung. Archäologie-Geschichte-Geographie 11, 1993, S. 313-334.

Bachmann, H.: Zur Methodik der Auswertung der Siedlungs- und Flurkarten für die siedlungsgeschichtliche Forschung. In: Zeitschrift für Agrargeschichte und Agrarsoziologie 8, 1960, S. 1-13.

Beiträge zu Natur- und Heimatschutz. Referatensammlung aus verschiedenen ANL-Veranstaltungen. Laufen 1992 (Laufener Seminarbeiträge 4/92).

Boldt, H.; Hüttenberger, P.; Molitor, H.; Petzina, D. (Hrsg.): Der Rhein. Mythos und Realität eines europäischen Stromes. Köln 1988.

Borger, G.J.; Vesters, P.H.C.: Culturhistorie in het Groene Hart. Een overzicht en een waarderingskaart. Amsterdam 1996.

Born, M.: Die Entwicklung der deutschen Agrarlandschaft. 2. unveränderte Aufl. Darmstadt 1989 (Erträge der Forschung, 29).

Born, M.: Geographie der ländlichen Siedlungen. Die Genese der Siedlungsformen in Mitteleuropa, 1. Stuttgart 1977 (Teubner Studienbücher).

Born, K.M.: Raumwirksames Handeln von Verwaltungen, Vereinen und Landschaftsarchitekten zur Erhaltung der Historischen Kulturlandschaft und ihrer Einzelelemente. Eine vergleichende Untersuchung in den nordöstlichen USA (New England) und der Bundesrepublik Deutschland. Frankfurt/M. 1996 (Diss. Univ. Göttingen).

Brink, A.; Wöbse, H.H.: Die Erhaltung historischer Kulturlandschaften in der Bundesrepublik Deutschland. Untersuchung zur Bedeutung und Handhabung von Paragraph 2 Grundsatz des Bundesnaturschutzgesetzes. Untersuchung im Auftrag des Bundesministers für Umwelt, Naturschutz und Reaktorsicherheit ausgeführt vom Institut für Landschaftspflege und Naturschutz der Universität Hannover. Hannover 1989.

Bundesnaturschutzgesetz. Bonn 1987.

Bundesnaturschutzgesetz. Entwurf eines Gesetzes. Bonn 1996 (Stand: 08.05.1996).

Burggraaff, P.: Die Angewandte Historische Geographie in den Niederlanden. Eine etablierte Fachdisziplin. In: Kulturlandschaft. Zeitschrift für Angewandte Historische Geographie 1, 1991, S. 10-13.

Burggraaff, P.: Der Begriff "Kulturlandschaft" und die Aufgaben der "Kulturlandschaftspflege" aus der Sicht der Angewandten Historischen Geographie. In: Natur und Landschaftskunde 32, 1996, S. 10-12.

Burggraaff, P.; Egli, H.-R.: Eine neue historisch-geographische Landesaufnahme der Niederlande. In: Siedlungsforschung. Archäologie-Geschichte-Geographie 2, 1984, S. 283-293.

Denecke, D.: Historische Geographie und räumliche Planung. Mitteilungen der Geographischen Gesellschaft in Hamburg 75, 1985, S. 3-55

Denecke, D.: Historische Geographie - Kulturlandschaftsgenetische, anwendungsorientierte und angewandte Forschung: Gedanken zur Entwicklung und zum Stand der Diskussion. In: Berichte zur deutschen Landeskunde 68, 1994, S. 431-444.

Denkmalschutz und Denkmalpflege in Nordrhein-Westfalen. Bericht 1980-1990. Bonn 1991.

Denkschrift für die Errichtung eines Archivs und Museums zur Geschichte des Naturschutzes in Deutschland auf der Vorburg von Schloß Drachenburg im Siebengebirge. Bonn-Oberkassel 1995.

Dorste, B. von; Plachter, H.; Rössler, M. (Hrsg.): Cultural landscapes of universal value. Components of a global strategy. Jena u.a. o.J.

Erbguth, W.; Schink, A.: Gesetz über die Umweltverträglichkeitsprüfung. Kommentar. München 1992.

Die **Erhaltung historischer Weinbergslagen an der Ahr.** Expertengespräch. Mainz 1993 (Nachrichten aus der Landeskulturverwaltung, Jahrgang 12, 11. Sonderheft).

Fehn, K.: Stand und Aufgaben der Historischen Geographie. In: Blätter für deutsche Landesgeschichte 111, 1975, S. 31-53.

Fehn, K.: Überlegungen zur Standortbestimmung der Angewandten Historischen Geographie in der Bundesrepublik Deutschland. In: Siedlungsforschung. Archäologie-Geschichte-Geographie 4, 1986, S. 215-224.

Fehn, K.: Ein Anwalt für die gesamte Kulturlandschaft. Die Historische Geographie gibt Entscheidungshilfen. In: General Anzeiger, 26. September 1991, S. 31.

Fehn, K.: Möglichkeiten und Probleme eines ganzheitlichen kulturhistorisch-ökologischen Umweltschutzes. In: Verantwortung für die Zukunft. Klima- und Umweltforschung an der Universität Bonn. Bonn 1991, S. 320-321.

Fehn, K.: Kulturlandschaftspflege und Geographische Landeskunde. Symposium 26./27. November 1993 in Bonn. In: Berichte zur deutschen Landeskunde 68, 1994, S. 423-430.

Fehn, K.: Die Bedeutung neuzeitlicher Bodendenkmäler für Schutz, Pflege und erhaltende Entwicklung der historischen Kulturlandschaft. In: Ausgrabungen und Funde 40, 1995, S. 46-52.

Fehn, K.; Burggraaff, P.: Literaturauswahl 1982-1990. In: Kulturlandschaft. Zeitschrift für Angewandte Historische Geographie 1, 1991, S. 54-62.

Fink, M.H.; Grünweis, F.M.; Wrbka, T.: Kartierung ausgewählter Kulturlandschaften Österreichs. Wien 1989.

Firbas, F.: Waldgeschichte Mitteleuropas. Jena 1962.

Freilandmuseen - Kulturlandschaft - Naturschutz - am Beispiel des Oberpfälzer Freilandmuseum. Laufen/ Salzach 1993. 82 S. (Laufener Seminarbeiträge, 5/92).

Gassner, E.: Das Recht der Landschaft: Gesamtdarstellung für Bund und Länder. Radebeul 1995.

Graafen, R.: Der Umfang des Schutzes von historischen Kulturlandschaften in deutschen Rechtsvorschriften. In: Kulturlandschaft. Zeitschrift für Angewandte Historische Geographie, 1, 1991, S. 6-13.

Graafen, R.: Rechtsvorschriften zum Kulturlandschaftsschutz. In: Kulturlandschaft. Zeitschrift für Angewandte Historische Geographie, 1, 1991, S. 41-47.

Graafen, R.: Staatliche Einwirkungsmöglichkeiten zum Kulturlandschaftsschutz. In: Berichte zur deutschen Landeskunde 68, 1994, S. 459-462.

Gunzelmann, T.: Die Erhaltung der historischen Kulturlandschaft. Angewandte Geographie des ländlichen Raumes mit Beispielen aus Franken. Bamberg 1987 (Bamberger Wirtschaftsgeographische Arbeiten, 4).

Haartsen, A.J.; Klerk, A.P. de; Vervloet, J.A.J.: Levend verleden. Een verkenning van de cultuurhistorische betekenis van het Nederlandse landschap. 's-Gravenhage 1989 (Ministerie van Landbouw en Visserij).

Hildebrandt, H.: Mainzer Thesen zur erhaltenden Kulturlandschaftspflege im ländlichen Raum. In: Berichte zur deutschen Landeskunde 68, 1994, S. 477-482.

Hönes, E.-R.: Der neue Grundsatz des § 2, Abs. 1, Nr. 13 Bundesnaturschutzgesetz. In: Natur und Landschaft 57, 1982, S. 207-211.

Hönes, E.-R.: Zur Schutzkategorie „historische Kulturlandschaft". In: Natur und Landschaft 66, 1991, S. 87-90.

Hottes, K.H.; Meynen, E.; Otremba, E.: Wirtschaftliche Gliederungen der BRD. Bonn 1969 (Forschungen zur deutschen Landeskunde, 193).

Jäger, H.: Entwicklungsprobleme europäischer Kulturlandschaften. Eine Einführung. Darmstadt 1987.

Jedicke, L.; Jedicke, E.: Farbatlas Landschaften und Biotope Deutschlands. Stuttgart 1992.

Jeschke, H.P.: Austrian cultural landscape: methodological aspects for an inventory. In: Dorste, B. von; Plachter, H.; Rössler, M. (Hrsg.): Cultural landscapes of universal value. Components of a global strategy. Jena u.a. o.J., S. 324-332.

Köbler, G.: Historisches Lexikon der deutschen Länder. Die deutschen Territorien vom Mittelalter bis zur Gegenwart. 2. Aufl. München 1990.

Krause, Chr. L.; Klöppel, D.: Landschaftsbild in der Eingriffsregelung. Hinweise zur Berücksichtigung von Landschaftsbildelementen. Ergebnisse aus dem F + E-Vorhaben 808 01 139 des Bundesamtes für Naturschutz. Bonn-Bad Godesberg 1996 (Angewandte Landschaftsökologie, 8).

Krings, W.: Forschungsschwerpunkte und Zukunftsaufgaben der Historischen Geographie: Industrie und Landwirtschaft. In: Erdkunde 36, 1982, S. 109-113

Kulturgut tut Natur gut. Kampagne zum Schutz von Kultur- und Naturerbe. Ein Beitrag zum europäischen Naturschutzjahr 1995. Hrsg. von Eurregio Natur e.V., Bearb. von E. Hoplitscheck. Essen 1995.

Kulturgüter in der Umweltverträglichkeitsprüfung (UVP). Bericht des Arbeitskreises „Kulturelles Erbe in der UVP". Köln (1995) (Kulturlandschaft. Zeitschrift für Angewandte Historische Geographie 4, 1994, H. 2, Sonderheft).

Kulturstraßen, Kulturparks: Von der Aufarbeitung unserer Kulturlandschaft. Hrsg. von der niederösterreichschen Landesregierung. Wien o.J. (Denkmalpflege in Österreich, 13)

Küster, H.: Geschichte der Landschaft in Mitteleuropa. Von der Eiszeit bis zur Gegenwart. München 1995.

Landschaftsplanung und Fremdenverkehrsplanung. Erprobungs- und Entwicklungsvorhaben. Abschlußbericht. Bonn-Bad Godesberg 1994 (Angewandte Landschaftsökologie, 1).

Naturparke als Instrument von Naturschutz und Landschaftspflege. Forschungsvorhaben im Auftrag des Bundesministeriums für Umwelt, Naturschutz und Reaktorsicherheit - Abschlußbericht. Berlin o.J.

Nitz, H.-J.: Historisch-genetische Siedlungsforschung. Genese und Typen ländlicher Siedlungen und Flurformen. Darmstadt 1974 (Wege der Forschung, CCC).

Plädoyer für Umwelt und Kulturlandschaft. Umwelt, Landschaft, Denkmal. Hrsg. Deutscher Heimatbund. Bonn 1994.

Pott, R.: Farbatlas Waldlandschaften. Stuttgart 1993.

Pott, R.: Die Pflanzengesellschaften Deutschlands. 2. Aufl. Stuttgart 1995.

Radkau, J.; Schäfer, I.: Holz. Ein Naturstoff in der Technikgeschichte. Reinbek 1987.

Der Raum Dortmund - Entwicklung, Strukturen und Planung im östlichen Ruhrgebiet. Jahrestagung der Geographischen Kommission. Münster 1988 (Spieker. Landeskundliche Beiträge und Berichte, 32).

Renes, J.: Historische landschapselementen. Wageningen 1992 (Staringcentrum, rapport, 201).

Sante, G.W. (Hrsg.): Geschichte der deutschen Länder. Territorien-Ploetz. 1. Bd.: Die Territorien bis zum Ende des alten Reiches. 2. Bd.: Die deutschen Länder vom Wiener Kongreß bis zur Gegenwart. Würzburg 1981.

Schenk, W.: Planerische Auswertung und Bewertung von Kulturlandschaften im südlichen Deutschland durch Historische Geographen im Rahmen der Denkmalpflege. In: Berichte zur deutschen Landeskunde, 68, 1994, S. 463-475

Schlüter, O.: Die Siedlungsräume Mitteleuropas in frühgeschichtlicher Zeit. Erstes Heft: Einführung in die Methodik der Altlandschaftsforschung. Remagen 1952 (Forschungen zur deutschen Landeskunde, 63).

Schöller, P.: Die deutschen Städte. Wiesbaden 1967 (Erdkundliches Wissen, 17).

Trier, J.: Holz. Etymologien aus dem Niederwald. Münster/Köln 1952 (Münstersche Forschungen, 6).

Vision Landschaft 2020. Von der historischen Kulturlandschaft zur Landschaft von Morgen. Seminar 3.-5. Mai 1995 in Eching bei München. Laufen 1995 (Laufener Seminarbeiträge, 4/95).

Vervloet, J.A.J.: Zum Stand der Angewandten Historischen Geographie in den Niederlanden. In: Berichte zur deutschen Landeskunde 68, 1994, S. 445-458.

Waldlandschaftspflege. Hinweise und Empfehlungen für Gestaltung und Pflege des Waldes in der Landschaft. 2. durchgesehene und erweiterte Aufl. Stuttgart 1994.

Wald- oder Weideland. Zur Naturgeschichte Mitteleuropas. Symposium 24.-26. Juni 1991 Augsburg. Laufen 1992 (Laufener Seminarbeiträge, 2/92).

Weber, H. (Bearb.): Historische Kulturlandschaften. Köln 1992 (Dokumentation Natur und Landschaft, N.F. 32).

Wichtige Umweltgesetze für die Wirtschaft. 4. erw. Aufl. Berlin 1993.

Wöbse, H.H.: Kulturlandschaftsschutzgebiet - eine neue Schutzkategorie bei der Novellierung des Bundesnaturschutzgesetzes. In: Natur und Landschaft 66, 1991, S. 400-402.

Wöbse, H.H.: Schutz historischer Kulturlandschaften. Hannover 1994 (Beiträge zur räumlichen Planung. Schriftenreihe des Fachbereichs Landschaftsarchitektur und Umweltentwicklung der Universität Hannover, 37).

Wobst, A.: Der Markwald. Geschichte, Rechtsverhältnisse, wirtschaftliche und soziale Bedeutung der deutschrechtlichen Gemeinschaftswaldungen in der Bundesrepublik Deutschland. Stuttgart 1971 (Forschungen zur Agrargeschichte, 25).

Zielonkowski, W.; Preiß, H.; Heringer, J.: Natur und Landschaft im Wandel. Laufen 1986 (Anhang zu Berichte der Akademie für Naturschutz und Landschaftspflege, 10/1986).

8.2 Literatur zu Nordrhein-Westfalen

Aachen und benachbarte Gebiete: Ein geographischer Exkursionsführer. Aachen 1976. (Aachener Geographische Arbeiten, 8)

Adam, K.; Nohl, W.; Valentin, W. (Bearbb.): Naturschutz und Landschaftspflege in Nordrhein-Westfalen. Bewertungsgrundlagen für Kompensationsmaßnahmen bei Eingriffen in die Landschaft. Hrsg. vom Ministerium für Umwelt, Raumordnung und Landwirtschaft des Landes Nordrhein-Westfalen. Köln 1986.

Adelmann, G.: Der gewerblich-industrielle Zustand der Rheinprovinz im Jahre 1836. Amtliche Übersichten. Bonn 1967.

Aktuelle Fragen der Landesentwicklung in Nordrhein-Westfalen. Hannover 1994. 155 S. (Forschungs- und Sitzungsberichte, 194).

Ant, H.: Dokumente zur Geschichte der Wallhecken des Münsterlandes. In: Natur- und Landschaftskunde 20, S. 33-36

Arbeitsgemeinschaft Rolf Spörhase, Dietrich und Ingeborg Wulff: Ruhrgebiet 1840 - 1930 - 1970. Stuttgart 1976.

Archäologie, Siedlungsgeschichte, Schulwesen. Beiträge zur Ortsgeschichte. Hille 1989.Müller-Wille, W.: Westfalen. Landschaftliche Ordnung und Bindung eines Landes. 2 Aufl. Münster 1981.

Asbrand, A.: Keine Zukunft für die Bauern in Oeding? In: Landwirtschaftliches Wochenblatt Westfalen-Lippe 147, 1990, 39, S. 26-27.

Attermeyer, A. (Hrsg.): Rund ums Rheinland durch neun Kulturlandschaften. Eine Veröffentlichung des Landschaftverbandes Rheinland, Umweltamt Köln 1996.

Aymans, G.: Die handschriftliche Karte als Quelle geographischer Studien. In: Landkarten als Geschichtsquellen. Köln 1985 (Archivberatungsstelle Rheinland, Archivheft, 16), S. 21-46.

Aymans, G.: Historische Karte und Kartenwerke aus der Sicht eines Geographen. In: Auswertung und

Erschließung historischer Landkarten. Köln 1988 (Archivberatungsstelle Rheinland, Archivheft, 16), S. 203-221.

Bartel, J.: Hecken, Windschutzanlagen und Flurholzanbau am Hohen Venn in der Nordeifel und in der Jülicher Börde: Eine Untersuchung über die Stellung von Baum und Strauch in der Agrarlandschaft. Köln 1963 (Diss.).

Bartels, W. u.a. (Red.): Landschaft ohne Grenzen - Eifel - Ardennen: Geschichte, Kultur, Radtouren, Wanderungen. Köln 1993, 350 S.

Bauer, E.; Salewski, S.: Recht der Landschaft und des Naturschutzes in Nordrhein-Westfalen. Vorschriftensammlung mit einer monographischen Einführung. 2. neubearb. Aufl. Köln 1987 (Kommunale Schriften für Nordrhein-Westfalen, 29).

Bauer, H. J.: Die ökologische Raumgliederung als Grundlage der Landschaftsplanung. In: Landestagungen der LÖLF NW, 1978.

Baumann, W.; Schulzke, H.: Der Landschaftsplan als politisches Instrument. In: LÖLF-Mitteilungen 1994, 1, S. 20-24.

Becker, H.: Siedlungsgenetische Untersuchungen im südlichen Bergischen Land: Die Gestaltung ländlicher Siedlungsformen der vorindustriellen Zeit durch Sozialverfassung und Naturraumgefüge. Köln 1980 (Diss.).

Becker, G.; Mayr, A.; Temlitz, K. (Hrsg.): Sauerland - Siegerland - Wittgensteiner Land. Jahrestagung der Geographischen Kommission in Olpe. Münster 1989 (Spieker. Landeskundliche Beiträge und Berichte, 33).

Becker, N.: Das Land am Unteren Niederrhein. Untersuchungen zur Verfassungs-, Wirtschafts- und Sozialgeschichte des ländlichen Raumes vom hohen Mittelalter bis zur frühen Neuzeit (1100-1600). Bonn 1992 (Rheinisches Archiv, 128).

Bendermacher, J.: Dorfformen in Rheinland, Auszüge aus den Kurzinventaren rheinischer Dörfer 1948-1969. Köln 1971.

Bergmann, R.: Wüstungsforschung in Westfalen-Lippe als Aufgabenbereich der Bodendenkmalpflege. In: Kulturlandschaft, 1, 1991, S. 109-111.

Bertelsmeier, E.; Müller-Wille, W.: Landeskundlich-statistische Kreisbeschreibung in Westfalen. Münster 1950 (Spieker. Landeskundliche Beiträge und Berichte, 1).

Beseler, H.: Emmerich. Neuß 1958 (Rheinische Kunststätten, NF 1958, 2).

Beyer, L.: Die südöstlichen Baumberge. Exkursionsführer. Münster 1973.

Beyer, B. (Red.): Bodendenkmalpflege in Altstädten. Köln 1992 (Materialien zur Bodendenkmalpflege im Rheinland, 1)

Beyerhaus, E.: Der Rhein von Straßburg bis zur holländischen Grenze in technischer und wirtschaftlicher Beziehung. Koblenz 1902.

Bilder aus dem Hauberg. Naturschutz außerhalb von Schutzgebieten. Hrsg. von der Landesforstverwaltung. Düsseldorf 1995 (Heft 1 der Schriftenreihe der Landesforstverwaltung Nordrhein-Westfalen).

Birkenhauer, J.: Die Besiedlung des Mittelbergischen. In: Zeitschrift des Bergischen Geschichtsvereins 84 (1968/69), S. 29-48.

Blaesen, P.: Holzweiler. Ein Beitrag zur Geschichte bis Anfang des 19. Jahrhunderts. Mönchengladbach 1981 (Schriftenreihe der Stadt Erkelenz 5).

Blankertz, W.: Hückeswagener Bauernhöfe und Bauern in alter Zeit. Hückeswagen 1932.

Böckenhüser, M.: Leitkonzept zur ökologisch-orientierten Waldwirtschaft mit Beispielen für Entwicklungsplanungen in Westfalen-Lippe. Münster 1992 (Westfälisches Amt für Landespflege, 5).

Bockholt, W.; Weber, P. (Hrsg.): Gräftenhöfe im Münsterland: Eine ländliche Siedlungsform im Wandel, dargestellt an acht ausgewählten Beispielen. Warendorf 1988.

Boesler, D.: Die Kulturgüter als Bestandteil der Umweltverträglichkeitsprüfung. Denkmalschutz und Planung am Beispiel der projektierten Ortsumgehung Winnekendonk/Niederrhein. Köln 1996 (Beiträge zur Landesentwicklung, 52).

Bohling, G.: Die Rindviehwirtschaft in den Agrarlandschaften des nördlichen Rheinlandes. Bonn 1959 (Arbeiten zur rheinischen Landeskunde, 14).

Brand, F.: Lemgo. Alte Hansestadt und modernes Mittelzentrum. Entwicklung - Analysen - Perspektiven. Münster 1992 (Westfälische Geographische Studien, 45).

Braun, F.J.; Dahm-Arens, H.; Bolsenkötter, H.: Übersichtskarte von Nordrhein-Westfalen 1:100.000. Erläuterungen zu Blatt C4302 Bocholt. A. Geologische Karte, B. Bodenkarte, C. Hydrologische Karte. Krefeld 1968.

Brinkmann, M. (Bearb.); Müller-Miny, H. (Hrsg.): Der Oberbergische Kreis: Regierungsbezirk Köln. Bonn 1965. - 414 S., 1 Beil. (Die Landkreise in Nordrhein-Westfalen Reihe A: Nordrhein, 6).

Brückenschlag am Niederrhein. Düsseldorf 1965 (Niederrheinisches Jahrbuch, 9).

Buendgens, W.: St. Martini Emmerich. Stuttgart 1962.

Bund Deutscher Architekten (Hrsg.): Architektur im Ruhrgebiet: Essen. Essen 1983, 105 S.

Bunzel-Drüke, M.; Drüke, J.; Vierhaus, H.: Wald, Mensch und Megafauna. Gedanken zur holozänen Naturlandschaft in Westfalen. In: LÖBF-Mitteilugen 1995, 4, S. 43-51.

Burggraaff, P.: Die Bedeutung alter Karten im Tätigkeitsbereich der Angewandten Historischen Geographie. In: Auswertung und Erschließung historischer Landkarten. Köln 1988 (Archivberatungsstelle Rheinland, Archivheft 18), S. 175-202.

Burggraaff, P.: Kulturlandschaftswandel am unteren Niederrhein seit 1150. Karte IV.7.1: Kulturlandschaftswandel am unteren Niederrhein 1150-1730, Karte IV.7.2: Kulturlandschaftswandel am unteren Niederrhein 1730-1984. Köln 1992 (Geschichtlicher Atlas der Rheinlande).

Burggraaff, P.: Möglichkeiten und Arbeitsergebnisse der Historischen Geographie im Projekt „Kulturlandschaftsgenese am Unteren Niederrhein". In: Kulturlandschaft und Bodendenkmalpflege am Unteren Niederrhein. Bonn 1993, S. 39-46, Abb. S. 71-77.

Burggraaff, P.: Die Kulturlandschaft Eifel anno 2010, eine Anregung zur Diskussion. In: Kulturlandschaft. Zeitschrift für Angewandte Historische Geographie 5, 1995 S. 20-22.

Burggraaff, P.: Zur Rolle der Kulturlandschaft in der Naturschutzpolitik des Landes Nordrhein-Westfalen. In: Kulturlandschaft. Zeitschrift für Angewandte Historische Geographie 5, S. 86-89.

Burggraaff, P.; Kleefeld, K.-D.: Kulturhistorische Ausweisung und Maßnahmenkatalog des NSG „Bockerter Heide" (Stadt Viersen). In: Kulturlandschaft. Zeitschrift für Angewandte Historische Geographie 3, 1993, S. 28-34.

Burggraaff, P.; Kleefeld, K.-D.: Naturschutzgebietsausweisung und Kulturlandschaftspflegemaßnahmen am Beispiel der „Bockerter Heide" (Stadt Viersen). Eine neue Aufgabe der Angewandten Historischen Geographie. In: Rheinische Heimatpflege, 1994, H. 1, S. 7-22.

Burggraaff, P.; Kleefeld, K.-D.: Denkmalpflege und Naturschutz am Beispiel der „Bockerter Heide" (Kreis Viersen). In: Archäologie im Rheinland 1993, Köln 1994, S. 201-204.

Burrichter, E.: Baumformen als Relikte ehemaliger Extensivwirtschaft in Nordwestdeutschland. In: Erträge geographisch-landeskundlicher Forschung in Westfalen. Münster 1986, S.157-171. (Westfälische Geographische Studien, 42)

Burrichter, J.P.: Baumformen als Relikte ehemaliger Extensivwirtschaft in Nordwestdeutschland. In: Drosera, 1984 (1), S. 1-8.

Burrichter, J.P.; Pott, R.: Verbreitung und Geschichte der Schneitelwirtschaft mit ihren Zeugnissen. In: Tuexenia 3, 1983, S. 443-453.

Butz, O.: Die Landwirtschaft des Kreises Rees am Niederrhein, unter besonderer Berücksichtigung der natürlichen, wirtschaftlichen und sozialen Verhältnisse. Halle 1905.

Clemen, P.: Die Kunstdenkmäler der Rheinprovinz. 2. Band, 1: Die Kunstdenkmäler des Kreises Rees. Düsseldorf 1892.

Cordes, G.: Zechenstillegungen im Ruhrgebiet (1900-1968): Die Folgenutzung auf ehemaligen Bergbau-Betriebsflächen. Essen 1972 (Schriftenreihe Siedlungsverband Ruhrkohlenbezirk, 34)

Cuypers, W.: Emmerich. Düsseldorf 1991.

Debiel, G.: Emmerichs Weg durch die Jahrhunderte. Eine kleine Chronik der Stadt. Emmerich 1962.

Dederich, A.: Annalen der Stadt Emmerich, Nachdruck der Originalausgabe von 1867 mit Anhang. Düsseldorf 1971.

(Georg) Dehio Handbuch der deutschen Kunstdenkmäler. Nordrhein-Westfalen. 1. Band: Rheinland (bearb. von Ruth Schmitz-Ehmke). Darmstadt 1967.

Dege, W.: Het Roergebied. Bussem 1974

Denkmalschutz und Denkmalpflege in Nordrhein-Westfalen. Bericht 1980-1990. Bonn 1991.

Denkschrift für die Errichtung eines Archivs und Museums zur Geschichte des Naturschutzes in Deutschland auf der Vorburg von Schloß Drachenburg im Siebengebirge. Bonn-Oberkassel 1995.

Deutsch-Niederländisches Landschaftsentwicklungsprojekt „De Gelderse Poort" - Machbarkeitsstudie für das deutsche Teilgebiet. Kleve und Nettetal 1994.

Dircksen, R.: Weser- und Wiehengebirge. Münster 1939 (Landschaftsführer des Westfälischen Heimatbundes, 2).

Ditt, H.: Agrarräumliche Gliederung Westfalens 1956. Struktur und Wandel westfälischer Agrarlandschaften. Münster 1966 (Veröffentlichungen der Historischen Kommission des Provinzialinstituts für westfälische Landes- und Volkskunde, 13).

Ditt, H.: Zur agrarsozialen Struktur Westfalens im Industriezeitalter. In: Heyer, R.; Hommel, M. (Hrsg.): Stadt und Kulturraum: Peter Schöller zum Gedenken. Paderborn 1989, S. 195-215.

Ditt, H.: Naturräume und Kulturlandschaften Westfalens. In: Der Raum Westfalen, Bd. VI, 2. Münster 1996, S. 1-326.

Ditt, H.; Schöller, P.: Die Entwicklung des Eisenbahnnetzes in Nordwestdeutschland. In: Westfälische Forschungen 8, 1955, S. 150-180.

Doepner: Niederwaldumwandlung im Siegerland. In: Allgemeine Forstzeitschrift 12, 1957, S. 587-593.

Doering-Manteuffel, S.: Die Eifel. Geschichte einer Landschaft. Frankfurt a.M./New York 1995.

Dittmaier, H.: Rheinische Flurnamen. Bonn 1963.

Driesch, U. von der: Historisch-geographische Inventarisierung von persistenten Kulturlandschaftselementen des ländlichen Raumes als Beitrag zur erhaltenden Planung. Bonn 1988 (Diss.).

Düffel, J.: Zur Geschichte der Stadt Emmerich und ihrer nächsten Umgebung. Emmerich 1955.

Düsterloh, D.: Bergbau, Bergwerkswüstung und Siedlungsentwicklung im südlichen Ruhrgebiet. In: Berichte zur deutschen Landeskunde 51, 1977, S. 275-293.

Düsterloh, D. (Leit.): Paderborn - vom Werden und Wachsen unserer Stadt: Materialien, Unterrichtsentwürfe, Arbeitsmittel. Paderborn 1991 (Paderborner Geographische Studien, 3).

Die Eifel. Zum 100jährigen Jubiläum des Eifelvereins 1888-1988. 2. durchgesehene Aufl. Trier 1989.

Eitzen, G.: Alte Hausgefüge im Kreis Borken. In: Heimatkalender Landkreis Borken 1955, S. 48-51.

Eiynck, A.: Ein spätmittelalterlicher Fachwerkspeicher aus dem Westmünsterland für das Freilichtmuseum Detmold. In: Unsere Heimat (Borken) 1984, S. 136-138.

Emmerich, Stadt am Rhein. Emmerich 1972.

Emmerich, Wie es war - wie es ist. Emmerich 1983.

Emmerich im Zweiten Weltkrieg. Emmerich 1989.

Engelbrecht, J.: Landesgeschichte Nordrhein-Westfalen. Stuttgart 1994 (Uni-Taschenbücher, 1827).

Engels, W.: Mittelalterliche Verkehrswege und neuzeitlicher Straßenbau im Remscheider Gebiet und Umgebung. Remscheid 1939.

Erdmann, C.: Aachen im Jahre 1812: Wirtschafts- und sozialräumliche Differenzierung einer frühindustriellen Stadt. Stuttgart 1986. (Erdkundliches Wissen, 78).

Erträge geographisch-landeskundlicher Forschung in Westfalen. Festschrift 50 Jahre Geographische Kommission für Westfalen. Münster 1986 (Westfälische Geographische Studien, 42).

Essen Geographische Gesellschaft für das Ruhrgebiet (Hrsg.): Essen im 19. und 20. Jahrhundert: Karten und Interpretationen zur Entwicklung einer Stadtlandschaft. Essen 1990. (Essener Geographische Arbeiten, Sonderband 2).

Evers, H.: Straßen in Emmerich. Geschichtsbild der Straßen einer alten Stadt am Niederrhein. Köln 1977.

Fabricius, W.: Erläuterungen zum geschichtlichen Atlas der Rheinprovinz. Band 1 und 2. Bonn 1909.

Faust, A. (Red.): Nordrhein-Westfalen. Landesgeschichte im Lexikon. Düsseldorf 1993 (Veröffentlichungen der staatlichen Archive des Landes Nordrhein-Westfalen, Reihe C: Quellen und Forschungen, 31).

Fehn, K.: Stand und Aufgaben der Historischen Geographie. In: Blätter für deutsche Landesgeschichte 111, 1975, S. 31-53.

Fehn, K.: Kulturlandschaftspflege im Rheinland. Ein Aufgabengebiet der Angewandten Historischen Geographie. In: Rheinische Heimatpflege 30, 1993, S. 276-286.

Fehn, K.: Die Angewandte Historische Geographie: integrierendes Bindeglied zwischen kulturhistorischer Denkmal- und ökologischer Landschaftspflege. In: Kulturlandschaft und Bodendenkmalpflege am unteren Niederrhein. Köln 1993, S. 130-133.

Fehn, K.; Burggraaff, P.: Die Kulturlandschaftsentwicklung der Euregio Maas-Rhein vom Ende der Stauferzeit bis zur Gegenwart im Spiegel der Denkmalpflege. In: Kunst und Altertum am Rhein. Spurensicherung. Archäologische Denkmalpflege in der Euregio Maas-Rhein. Mainz 1992, S. 145-181.

Fehn, K.; Burggraaff, P.: Der Fachbeitrag der Angewandten Historischen Geographie zur Kulturlandschaftspflege. Grundsätzliche Überlegungen anläßlich der Übertragung eines Fachgutachtens zur Kulturlandschaftspflege an das Seminar für Historische Geographie der Universität Bonn durch das Umweltministerium von Nordrhein-Westfalen. In: Kulturlandschaft. Zeitschrift für Angewandte Historische Geographie 3, 1993, S. 8-13.

Fehn, K., Schenk, W.: Das historisch-geographische Kulturlandschaftskataster - eine Aufgabe der geographischen Landeskunde. Ein Vorschlag insbesondere aus der Sicht der Historischen Geographie in Nordrhein-Westfalen. In: Berichte zur deutschen Landeskunde 67, 1993, S. 479-488.

Finkeldey, H.: Die waldgeschichtliche Entwicklung der Wälder im Bergischen Land. In: Romerike Berge 6 (1956/57), S. 52-60.

Flink, K.: Die rheinischen Städte des Erzbistums Köln und ihre Privilegien. In: Kurköln. Land unter dem Krummstab. Kevelaer 1985, S. 145-170.

Flink, K.: Die niederrheinische Stadt des Spätmittelalters als Forschungsaufgabe. Kleve 1987.

Flintrop, H.: Der romanische Gründungsbau des St.-Martini-Stiftes zu Emmerich. Emmerich 1991.

Flosdorf, W.: Von Industrie und Kleingewerbe. Monschau 1935.

Föcking, C.; Söbbing, U.: Mühlenstreit in Südlohn vor 150 Jahren. In: Unsere Heimat (Borken) 1986, S. 218-220.

Forstlicher Fachbeitrag zum Landschaftsplan Bockerter Heide, Kreis Viersen. Stand Januar 1987, hrsg. von der Höheren Forstbehörde Rheinland, bearb. von B. Lufen. o.O. 1987.

Frechen, K.: Bildstöcke und Wegekreuze in der Gemeinde Südlohn restauriert. In: Unsere Heimat 1983, S. 187-189.

Freisberg, F.; Hövelmann, E.: Praest und Vrasselt. Schwestergemeinden an der großen Straße. In: Heimatkalender des Kreises Rees, 1955, S. 51-59.

Fuchs, G.: Ravensberger Land und Senne. Festschrift zum 44. Deutschen Geographentag in Münster 1983: Exkursionen und angrenzende Regionen. Paderborn 1983.

Galen, H. (Hrsg.): Geschichte der Stadt Münster. Münster 1989. - 292 S.

Gebietsentwicklungsplan Regierungsbezirk Arnsberg. Teilabschnitt Oberbereich Dortmund -östlicher Teil - (Kreis Soest und Hochsauerlandkreis) - Entwurf. Arnsberg 1991.

Gember, B. van: Bauernwald - woher kamst du? Bauernwald - wohin gehst du? In: Jahrbuch des Kreises Borken 1993, S. 161f.

Geologie am Niederrhein. Hrsg. vom Geologischen Landesamt Nordrhein-Westfalen. 4 neubearb. Aufl. Krefeld 1988.

Geldern-Crispendorf von, G. (Bearb.): Der Landkreis Paderborn: Regierungsbezirk Detmold. Münster/Köln 1953 (Die Landkreise in Nordrhein-Westfalen Reihe B: Westfalen, 1).

Gerlach, R.: Der natürliche Grund der Kulturlandschaft oder Wie alt ist die Aue. Bonn. In: Kulturlandschaft und Bodendenkmalpflege am Unteren Niederrhein. Köln 1993, S. 57-66.

Gesetz zur Änderung des Landesforstgesetzes, des Gemeinschaftswaldgesetzes und des Landschaftsgesetzes vom 2.5.1995. In: Gesetz- und Verordnungsblatt für das Land Nordrhein-Westfalen, Nr. 39 vom 29. Mai 1995, S. 382-384.

Gläßer, E.: Der Dülmener Raum: Neuere Untersuchungen zur Frage des ländlichen Siedlungs- und Wirtschaftswesens im Sand- und Lehm-Münsterland in der Auseinandersetzung mit dem Naturraumgeschehen. Bad Godesberg 1968. (Forschungen zur deutschen Landeskunde, 176).

Gläßer, E.: Ländliche Siedlung und Wirtschaft des Kreises Coesfeld in Vergangenheit und Gegenwart. Dülmen 171. (Beiträge zur Landes und Volkskunde des Kreises Coesfeld, 12)

Gläßer, E.: West- und Kern-Münsterland. Exkursionsführer. Münster 1973.

Gläßer, E.: Struktur und neuzeitliche Entwicklung der linksrheinischen Bördensiedlungen im Tagebaubereich Hambach unter besonderer Berücksichtigung der Ortschaft Lich-Steinstrass. Köln 1978. (Kölner Forschungen zur Wirtschafts- und Sozialgeographie, 25).

Gläßer, E.; Vossen, K.; Woitschützke, C.P. (Hrsg.): Nordrhein-Westfalen. Stuttgart 1987 (Länderprofile).

Goebel, F.: Alte Wasserburgen im Reeser und Emmericher Gebiet. In: Beiträge zur Geschichte der Stadt Emmerich, 3 (1986), S. 17-28.

Gorissen, F.: Rhenus bicornis. In: Niederrheinisches Jahrbuch, 9 (1965), S. 79-164.

Grabski, U.: Landschaft und Flurbereinigung. Kriterien für die Neuordnung des ländlichen Raumes aus Sicht der Kulturlandschaftspflege. Münster 1985a (Schriftenreihe des Bundesministers für Ernährung, Landwirtschaft und Forsten, Reihe B: Flurbereinigung, 76).

Grabski, U.: Die Eschlagen im Raum Rhede/Westmünsterland - eine landespflegerische Sicht. In: Natur- und Landschaftskunde 21, 1985b, 278 S.

Grätz, R.; Lange, H.; Beu, H. (Hrsg.): Denkmalschutz und Denkmalpflege. 10 Jahre Denkmalschutzgesetz. Köln 1991.

Grundlagen zum Landschaftsrahmenplan Naturpark Bergisches Land. Bonn 1981 (Beiträge zur Landesentwicklung, 37, Bd. 2).

Hahn, H.; Zorn, W.; Jansen, H. (Mitarb.); Krings, W. (Mitarb.): Historische Wirtschaftskarte der Rheinlande um 1820. Bonn 1973 (Arbeiten zur rheinische Landeskunde, 37 = Rheinisches Archiv, 87).

Handbuch der historischen Stätten Deutschlands III: Nordrhein-Westfalen. 2. neubearb. Aufl. Stuttgart 1970.

Hake, D.: Landschaftsplanung im Rheinland. In: LÖLF-Mitteilungen 1994, 1, S. 25-27.

Handbuch der naturräumlichen Gliederung Deutschlands. 4. und 5. Lieferung. Remagen 1957, 6. Lieferung. Remagen 1959.

Hansmann, W. (Red.): Bewahren für die Zukunft. 100 Jahre Rheinisches Amt für Denkmalpflege. Pulheim 1993.

Harleß, W.: Beiträge zur Kenntnis der Vergangenheit des Bergischen Landes in Skizzen zur Geschichte von Amt und Freiheit Hückeswagen. Düsseldorf 1890.

Hempel, L.: Tilken und Sieke. In: Erdkunde VIII, 1953, S. 198-202.

Henkel, G.: Kulturdenkmäler der Flur im Raum Westfalen. In: Natur- und Landschaftskunde in Westfalen 14, 1978, S. 17-26.

Henkel, G.: Der ländliche Raum. Gegenwart und Wandlungsprozesse in Deutschland seit dem 19. Jahrhundert. Stuttgart 1993 (Teubner-Studienbücher, Geographie).

Henkel, G.: Die Entwicklung der historischen Kleinstädte des Paderborner Landes im 19. und 20. Jahrhundert. Anmerkungen der Angewandten Historischen Geographie zu Stadterhaltung und Denkmalpflege. In: Siedlungsforschung. Archäologie-Geschichte-Geographie 11, 1993, S. 237-258.

Herborn, W.; Krings, W.: Kulturlandschaft und Wirtschaft im Erkelenzer Raum. Eine historisch-geographische Studie. In: Studien zur Geschichte der Stadt Erkelenz vom Mittelalter bis zur frühen Neuzeit Erkelenz 1976 (Schriftenreihe der Stadt Erkelenz, 1).

Heresbach, K.: Rei Rusticae Libri Quattuor, 1570 Buch I. Hrsg. von W. Abel und H. Dreitzel. Meisenheim 1971.

Hermann, W.: Die alten Zechen an der Ruhr. 3. völl. überarb. Aufl. Königstein/Ts. 1990 (Die blauen Bücher).

Hermes, K.; Müller-Miny, H. (Hrsg.): Der Rheinisch-Bergische Kreis: Regierungsbezirk Köln. Bonn 1974 (Die Landkreise in Nordrhein-Westfalen Reihe A: Nordrhein, 8).

Heselhaus, A.: Die Borkener Stadtlandwehr. Unsere Heimat 1958.

Heselhaus, A.: Vor- und Frühzeit: Der Kreis Borken. Stuttgart 1974.

Heselhaus, A.: Bodenforschung im Kreise Borken. Borken 1974.

Hesmer, H.: Wald und Forstwirtschaft in Nordrhein-Westfalen: Bedingtheiten - Geschichte - Zustand. Hannover 1958.

Heusch-Altenstein, A: Beitrag zur Erhaltung und Pflege historisch geprägter Kulturlandschaften: Pilotprokekt Bedburg-Hau/Niederrhein. Köln 1992.

Heyen, F.-J.; Janssen, W. (Red.): Zeugnisse Rheinischer Geschichte. Urkunden, Akten und Bilder aus der Geschichte der Rheinlande. Eine Festschrift zum 150. Jahrestag der Einrichtung der staatlichen Archive in Düsseldorf und Koblenz. Neuß 1982 (Rheinischer Verein für Denkmalpflege und Landschaftsschutz, Jahrbuch 1982/83).

Hild, J.: Gewässer im Kreis Borken. In: Unsere Heimat. Jahrbuch des Kreises Borken 1972, S. 68-75.

Hinsken, B.: Unsere Landwehren. Ramsdorf 1906 (Beiträge zur Heimatkunde des Kreises Borken H.2, H.3, H.5, H.6.).

Historische Ortskerne in Nordrhein-Westfalen. Eine Dokumentation. Hrsg. von der Arbeitsgemeinschaft Historische Ortskerne in Nordrhein-Westfalen. Herdecke/Bedburg 1992.

Historische Stadtkerne in Nordrhein-Westfalen. Eine Dokumentation. Hrsg. von der Arbeitsgemeinschaft Historische Stadtkerne in Nordrhein-Westfalen. Herdecke/Soest 1989.

Hömberg, P.R.: Zur vor- und frühgeschichtlichen Forschung des westfälischen Mittelgebirges. In: Kölner Jahrbuch für Vor- und Frühgeschichte 23, 1990, S. 635-641.

Höpfner, H.-P.: Eisenbahnen. Ihre Geschichte am Niederrhein. Köln 1986.

Horn, H.G. (Hrsg.): Die Römer in Nordrhein-Westfalen. Stuttgart 1987.

Horn, H.G.; Hellenkemper, H., Koschik, H.; Trier, B. (Hrsg.): Archäologie in Nordrhein-Westfalen. Geschichte im Herzen Europas. Mainz 1990 (Schriften zur Bodendenkmalpflege in Nordrhein-Westfalen, 1).

Horn, H.G.; Kier, H.; Kunow, J.; Trier, B.: Archäologie und Recht. Was ist ein Bodendenkmal? Mainz 1991 (Schriften zur Bodendenkmalpflege in Nordrhein-Westfalen, 2).

Horn, H.G.; Hellenkemper, H., Koschik, H.; Trier, B. (Hrsg.): Ein Land macht Geschichte. Archäologie in Nordrhein-Westfalen. Köln 1995 (Schriften zur Bodendenkmalpflege in Nordrhein-Westfalen, 3).

Hottes, K.H.: Die zentralen Orte des Bergischen Landes. Remagen 1954 (Forschungen zur deutschen Landeskunde, 69).

Hottes, K.H. (Hrsg.): Köln und sein Umland. Köln 1989

Hübner-Misiak, Th.; Michels, C.; Pardey, A.; Schulte, G.; Tara, K.; Thimm, S.: Aktueller Stand der NRW-Naturschutzprogramme. In: LÖLF-Mitteilungen 1994, 1, S. 28-34.

Hückeswagen. 100 Jahre Stadt / Bearb. v. W. Rees. Hückeswagen o.J.

900 Jahre **Hückeswagen 1085-1985**. Hückeswagen 1984 (Sammelband mit mehreren Aufsätzen).

Huybers, W.: Hoffnung wuchs aus den Ruinen. 1945-1948 Überleben am Niederrhein. Die im Krieg total zerstörte Stadt Emmerich im Kampf ums Dasein. Emmerich 1989.

Industriegeschichte an Emscher und Ruhr. Dokumentation des Geschichtswettbewerbes der Internationalen Bauausstellung Emscher Park in Zusammenarbeit mit der Nordrhein-Westfalen-Stiftung. Gelsenkirchen 1991.

Instruction wornach die Holzkultur in den Königl. Preußischen Forsten betrieben werden soll. Berlin 1814.

Irsigler, F.: Die Gestaltung der Kulturlandschaft am Niederrhein unter dem Einfluß städtischer Wirtschaft. In: Kellenbenz, H. (Hrsg.): Wirtschaftsentwicklung und Umweltbeeinflussung (14.-20. Jahrhundert). Wiesbaden 1983, S. 173-195.

Janssen, W.: Studien zur Wüstungsfrage im fränkischen Altsiedelland zwischen Rhein, Mosel und Eifelnordrand. 2 Bde. Bonn 1975 (Beihefte der Bonner Jahrbücher, 35).

Jasmund, R.: Der Rheinstrom und seine wichtigsten Nebenflüsse. 1889.

Jasmund, R.: Die Arbeiten der Rheinstromverwaltung 1851-1900. Denkschrift anlässlich des 50jährigen Bestehens der Rheinstrombauverwaltung und Bericht über die Verwendung der seit 1880 zur Regulierung des Rheinstromes bewilligten ausserordentlichen Geldmittel. Berlin 1901.

Jödicke, R.: Aufgaben des Artenschutzes am Beispiel des Kreises Viersen. In: Der Niederrhein, 50, 1983, S. 13-26.

Johanek, P.; Stöwer, H. (Hrsg.): 800 Jahre Lemgo: Aspekte der Stadtgeschichte. Lemgo 1990.

Junker, P. (Bearb.): Der Landkreis Grevenbroich: Regierungsbezirk Düsseldorf. Bonn 1963. (Die Landkreise in Nordrhein-Westfalen Reihe A: Nordrhein, 5).

Kauder, M.; Weber, D.; Weinforth, F. (Bearb.): Die rheinische Stadt. Lebensraum im Wandel der Jahrhunderte. Kleve 1988 (Veröffentlichungen der staatlichen Archive des Landes Nordrhein-Westfalen, Reihe G: Lehr- und Arbeitsmaterialien, 1).

Kaufmann, O.: Zustand und Nutzung der oberbergischen Wälder im 19. Jahrhundert. In: Rheinische Heimatpflege 1973 H. 2, S. 131-142.

Keller, R.: Eifel - Börde - Ville: Landschaftskunde des Kreises Euskirchen. Euskirchen 1964 (Veröffentlichungen des Vereins der Geschichts- und Heimatfreunde des Kreises Euskirchen e.V. A-Reihe, 9)

Keyser, E. (Hrsg.): Rheinisches Städtebuch. Stuttgart 1956a (Deutsches Städtebuch, 3).

Keyser, E. (Hrsg.): Westfälisches Städtebuch. Stuttgart 1956b (Deutsches Städtebuch, 4).

Kiekebusch, J.: Die vor- und frühgeschichtliche Landesaufnahme im Kreis Rees. In: Rheinisches Jahrbuch, 1 (1956), S. 111ff.

Kisker, U.; Schäfer, D.; Schwann, H.: Vorläufiger Maßnahmenplan Zweckverbandsgebiet Naturpark Kottenforst-Ville. Köln 1985 (Beiträge zur Landesentwicklung, 42).

Kistemann, E.: Denkmäler des Erzbergbaus und ihre Berücksichtigung in der Planung im Bergischen Blei-Zink-Erzbezirk. In: Berichte zur deutschen Landeskunde 65, 1991, S. 441-460.

Kleefeld, K.-D.; Wegener, W.: Kulturlandschaftsanalyse des zukünftigen Braunkohlenabbaugebietes Garzweiler II. In:Archäologie im Rheinland 1992, Köln 1993, S. 178-179.

Kleefeld, K.-D.; Burggraaff, P.: Archäologische Bestandserhebung mittelalterlicher Ortskern Emmerich. Teil I: Text. Bonn 1992 (Gutachten).

Kleefeld, K.-D.: Historisch-geographische Landesaufnahme und Darstellung der Kulturlandschaftsgenese des zukünftigen Braunkohlenabbaugebietes Garzweiler II. Bonn 1994, 315 S. (Diss. Universität Bonn).

Kleefeld, K.-D.: Archäologische Fundstellen und historische Kulturlandschaftselemente im Landschaftsplanungsgebiet Xanten. Bonn 1995 (Gutachten).

Kleefeld, K.-D.; Burggraaff, P.: Historisch-geographische Landesaufnahme des zukünftigen Braunkohlenreviers Garzweiler II. In: Rheinische Heimatpflege 31, 1994, S. 161-177.

Kleipass, H.: Die Entwicklung der Rheinschiffahrt. In: Kalender für das Klever Land 1979, S. 56-58.

Klostermann, J.: Das Quartär der niederrheinischen Bucht. Krefeld 1992.

Klostermann, J.; Kronsbein, S.; Rehbein, H. (Hrsg.): Natur und Landschaft am Niederrhein - Naturwissenschaftliche Beiträge. Festschrift zum 80. Geburtstag von Dr. Hans-Wilhelm Quizow. Krefeld 1991 (Niederrheinische Landeskunde. Schriften zur Natur und Geschichte des Niederrheins, X).

Knoll, G.M.: Der Niederrhein. Landschaft, Geschichte und Kultur am unteren Niederrhein. Köln 1990 (DuMont Kunst-Reiseführer).

Knoll, G.M.: Aachen und das Dreiländereck. Fahrten rund um die Karlstadt und ins Maasland nach Lüttich und Maastricht. Köln 1993 (DuMont Kunst-Reiseführer).

Köhler, H. (Bearb.): Der Landkreis Bergheim (Erft): Regierungsbezirk Köln. Ratingen 1954 (Die Landkreise in Nordrhein-Westfalen Reihe A: Nordrhein, 2).

Köhne, R.: Naturpark Homert/Ost. Ein Landschaftsführer durch das Homert-Bergland. Fredeburg o.J.

Körner, H.Th.: Dokumentation der zur Zeit im Hochsauerlandkreis festgesetzten Naturschutzgebiete. Meschede 1991 (Untere Landschaftsbehörde Hochsauerlandkreis).

Koschik, H.: Vor der archäologischen Wüste. Bodendenkmalpflege in der Kulturlandschaft des rheinischen Braunkohlenreviers. In: Kölner Jahrbuch für Vor- und Frühgeschichte 23, 1990, S. 635-641.

Koschik, H. (Hrsg.): Situation und Perspektiven archäologischer Denkmalpflege in Brandenburg und Nordrhein-Westfalen. Köln 1995 (Materialien zur Denkmalpflege im Rheinland, 4).

Kraus, Th.: Das Siegerland. Ein Industriegebiet im rheinischen Schiefergebirge. 2. Aufl. Bad Godesberg 1968 (Forschungen zur deutschen Landeskunde, 28).

Krings, W.: Wertung und Umwertung von Allmenden im Rhein-Maas-Gebiet vom Spätmittelalter bis zur Mitte des 19. Jahrhunderts. Assen 1976 (Maaslandse Monografieen, 20).

Kulturlandschaft und Bodendenkmalpflege am unteren Niederrhein. Köln 1993 (Materialien zur Denkmalpflege im Rheinland, 2).

Kulturlandschaftspflege in Nordrhein-Westfalen. Beispiele aus der Arbeit der Landschaftsverbände. Münster 1995 (Beiträge zur Landespflege, 10).

Kulturlandschaftspflege im Rheinland. Symposion am 23. und 24. Oktober 1990 in Krefeld-Linn. Tagungsbericht. Köln 1991 (Beiträge Zur Landesentwicklung, 46)

Kulturlandschaftspflege im Rheinland. Naturparke und Kulturlandschaftspflege. Symposion am 29. und 30. Oktober 1992 in Hennef/Sieg. Köln 1993.

Kulturlandschaftspflege im Rheinland. Kulturlandschaftliche Untersuchung "Hückeswagen". Werkstattbericht 1994. Köln 1996 (Beiträge zur Landesentwicklung, 51).

Kunow, J.: Strukturen im Raum: Geographische Gesetzmäßigkeiten und archäologische Befunde aus Niedergermanien. In: Archäologische Korrespondenzblatt 19, 1989, S. 377-390.

Künster, K.; Schneider, S. (Bearb.): Der Siegkreis: Regierungsbezirk Köln. Bonn 1959 (Die Landkreise in Nordrhein-Westfalen Reihe A: Nordrhein, 4).

Künster, K. (Bearb.): Der Landkreis Düren: Regierungsbezirk Aachen. Bonn 1967 (Die Landkreise in Nordrhein-Westfalen Reihe A: Nordrhein, 7).

Lambers, H.; Schulte-Derne, F.: Das Ruhrgebiet in der Geschichte von 1815 bis 1914. Begleittexte zur historischen Wandkarte "Das Ruhrgebiet in der Geschichte von 1815 bis zum Ersten Weltkrieg". Essen o.J.

Landesentwicklungsplan Nordrhein-Westfalen (LEP NRW). Landesentwicklungsprogramm - Landesplanungsgesetz. Hrsg. vom Ministerium für Umwelt, Raumordnung und Landwirtschaft des Landes Nordrhein-Westfalen. Düsseldorf 1995.

Landesforstgesetz. Hrsg. vom Minister für Umwelt, Raumordnung und Landwirtschaft des Landes Nordrhein-Westfalen. Düsseldorf 1989.

Landschaftsführer des Westfälischen Heimatbundes. 3 Hefte, Bielefeld 1937 bis 1948, seit Heft 4, Münster 1973ff.

Landschaftsgesetz. Hrsg. vom Minister für Umwelt, Raumordnung und Landwirtschaft des Landes Nordrhein-Westfalen. Düsseldorf 1995.

Landschaftsplan Kreis Viersen. Landschaftsplan Nr. 7 „Bockerter Heide". 1. Textliche Darstellungen und Festsetzungen. 2. Erläuterungsbericht zu textlichen Darstellungen und Festsetzungen. Stand: 15.06.1992. Viersen 1994.

Landschaftsplanung und Fremdenverkehrsplanung. Erprobungs- und Entwicklungsvorhaben. Abschlußbericht. Bonn-Bad Godesberg 1994 (Angewandte Landschaftsökologie, 1).

Landschaftsprogramm Nordrhein-Westfalen (Lapro NRW). Entwurf (Stand März 1995). o.O.

Landschaftsrahmenplan Naturpark Bergisches Land. Bonn 1981 (Beiträge zur Landesentwicklung, 37, Bd. 1).

Landwirtschaftlicher Fachbeitrag zum Landschaftsplan Kreis Viersen - Bockerter Heide, bearb. von der Landwirtschaftskammer Rheinland, Bonn 1989.

Laubwald und Niederwald. Siegen 1985 (Wilhelm-Münker-Stiftung, 10).

Lemmerz, F.: Die Städte des Herzogtums Kleve und ihre Beziehungen zum ländlichen Raum im 18. Jahrhundert (1713-1806). Bonn 1994 (Arbeiten zur rheinischen Landeskunde, 63).

Liesen, B.: Zur Klostergeschichte Emmerichs bei Beginn des XVI. Jahrhunderts. Emmerich 1891.

Der Kreis **Lippe** I: Einführende Aufsätze, II: Objektbeschreibungen. Stuttgart 1985 (Führer zu archäologischen Denkmälern in Deutschland, 10 und 11).

Luley, H.; Wegener, W. (Hrsg.): Archäologische Denkmäler in den Wäldern des Rheinlandes. Bonn 1995 (Materialien zur Bodendenkmalpflege im Rheinland, 5).

Mackes, K.L. (Hrsg.): Aus der Vor-, Früh- und Siedlungsgeschichte der Stadt Viersen, Viersen 1956.

Mackes, K.L.: Erkelenzer Börde und Niersquellengebiet. Ein Beitrag zur Geschichte der ehemaligen Dörfer und Gemeinden Immerath, Pesch, Lützerath, Keyenberg, Berverath, Borschemich, Holz, Otzenrath, Spenrath, Westrich, Wanlo, Kaulhausen, Kuckum und Venrath. Mönchengladbach 1985.

Mainzer, U. (Hrsg.): Denkmalbereiche im Rheinland. Landschaftsverband Rheinland. Köln 1996 (Rheinisches Amt für Denkmalpflege, Arbeitsheft, 49).

Mangold, J.: Leben im Monschauer Land. Wohnen und Wirtschaften im Spiegel von Inventarverzeichnissen des 19. Jahrhunderts. Köln 1992 (Werken und Wohnen. Volkskundliche Untersuchungen im Rheinland, 20).

Naturschutz im Rheinland. Neuß o.J. (Rheinischer Verein für Denkmalpflege und Landschaftsschutz, Jahrbuch 1989-1991).

Mayr, A.: Kleinstädte in Ostwestfalen-Lippe. Studien zu ihrer Entwicklung im 19. und 20. Jahrhundert, ihrer Funktion und ihrer landesplanerischen Stellung. In: Siedlungsforschung. Archäologie-Geschichte-Geographie 11, 1993, S. 259-291.

Mayr, A.; Temlitz, K. (Hrsg.): Südost-Westfalen. Potentiale und Planungsprobleme einer Wachstumsregion. Jahrestagung der Geographischen Kommission in Paderborn. Münster 1991. Münster 1995 (Spieker. Landeskundliche Beiträge und Berichte, 35).

Mayr, A.; Temlitz, K. (Hrsg.): Münsterland und angrenzende Gebiete. Jahrestagung der Geographischen Kommission in Münster. Münster 1993 (Spieker. Landeskundliche Beiträge und Berichte, 36).

Mayr, A.; Temlitz, K. (Hrsg.): Bielefeld und Nordost-Westfalen. Entwicklung, Strukturen und Planung im Unteren Weserbergland. Jahrestagung der Geographischen Kommission in Bielefeld 1995. Münster 1995 (Spieker. Landeskundliche Beiträge und Berichte, 37).

Maßnahmenplan Naturpark Bergisches Land. Handlungsempfehlungen. Bonn 1992 (Beiträge zur Landesentwicklung, 48).

Meisel (Bearb.): Handbuch der naturräumlichen Gliederung Deutschlands. Remagen 1959.

Memmesheimer, P.A.; Upmeier, D.; Schönstein, H.D.: Denkmalrecht in Nordrhein-Westfalen. Kommentar. 2. neubearb. Aufl. Köln 1989 (Kommunale Schriften für Nordrhein-Westfalen, 46).

Ministerium für Umwelt, Raumordnung und Landwirtschaft des Landes Nordrhein-Westfalen (Hrsg.):
- Bodenschutz in Nordrhein-Westfalen. 2. überarb. Aufl. Düsseldorf 1991.
- Dorferneuerung in Nordrhein-Westfalen. 4. Aufl. Düsseldorf 1991.

- Gewässerschutz in Nordrhein-Westfalen. Überarb. Neuaufl. Düsseldorf 1991.
- Das Feuchtwiesen-Schutzprogramm Nordrhein-Westfalen. Düsseldorf 1989.
- Talsperren in Nordrhein-Westfalen. Düsseldorf 1992.
- Der Landschaftsplan in Nordrhein-Westfalen. Düsseldorf 1992.
- Kulturlandschaftsprogramm Nordrhein-Westfalen. Düsseldorf 1994.
- Das Mittelgebirgsprogramm Nordrhein-Westfalen. Düsseldorf 1989.
- Natur 2000 in Nordrhein-Westfalen. Düsseldorf 1990, 2. überarb. Aufl. März 1994.
- Naturnahe Wege im ländlichen Raum. Düsseldorf 1992.
- Naturschutz und Jagd. Vereinbarung zwischen MURL und den Verbänden. Düsseldorf 1992.
- „Unser Dorf soll schöner werden". Düsseldorf 1990.
- Schützt die Waldränder. Düsseldorf 1991.

Mühlen, F.: Landkreis Ahaus. Land an der Grenze. Münster 1966.

Müller-Wille, W.: Langstreifenflur und Drubbel. Ein Beitrag zur Siedlungsgeographie Westgermaniens. In: Deutsches Archiv für Landes- u. Volksforschung 8, 1944, S. 9-44 und in: Historisch-genetische Siedlungsforschung, Wege der Forschung, CCC. Darmstadt 1976, S. 247-314.

Müller-Wille, W. (Bearb.): Der Landkreis Münster: Regierungsbezirk Münster. Münster/Köln 1955 (Die Landkreise in Nordrhein-Westfalen Reihe B: Westfalen, 2).

Müller-Wille, M.: Westfalen. Landschaftliche Ordnung und Bindung eines Landes, 2. Aufl. 1952. Münster 1981 (unveränderte Nachdruck der 2. Aufl.).

Münster, Westliches Münsterland, Tecklenburg: Teil I: Einführende Aufsätze. Teil II: Exkursionen Mainz 1980/81 (Führer zu vor- und frühgeschichtlichen Denkmälern, 45 und 46).

Naturschutzprogramm. NRW 2000. Forderungen an die Politiker von heute und morgen. Wesel 1990.

Naturschutz im Rheinland. Neuß (1993) (Rheinischer Verein für Denkmalpflege und Landschaftsschutz, Jahrbuch 1989-1991).

Die Naturschutzgebiete Westfalens und des früheren Regierungsbezirks Osnabrück. Münster 1982.

Naturschutzprogramm Aachener Revier. Düsseldorf 1992.

Naturschutzprogramm Ruhrgebiet. Dokumentation einer Zwischenbilanz - Stand: September 1989. Ein Programm des Ministeriums für Umwelt, Raumordnung und Landwirtschaft des Landes Nordrhein-Westfalen in Zusammenarbeit mit dem Kommunalverband Ruhrgebiet zur ökologischen Erneuerung der Industrieregion Ruhrgebiet. Düsseldorf/Essen 1989.

Neiss, T.: Kulturlandschaftspflege im landesweiten Biotopverbund - Naturschutz in Nordrhein-Westfalen. In: LÖLF-Mitteilungen 1994, 1, S. 12-15.

Neuß, E.: Monschau. Köln 1991 (Rheinischer Städteatlas, Lfg. X).

Niemeier, G.: Fragen der Flur- und Siedlungsformenforschung im Westmünsterland. In: Westfälische Forschungen 1, 1938, S. 124-142.

Niesert, J.: Das Recht des Hofes zu Loen. Nachdruck der Ausgabe von 1818. Stadtlohn 1985.

Niessen, J. (Bearb.): Geschichtlicher Handatlas der deutschen Länder am Rhein. Köln 1950.

Nordöstliches Eifelvorland, Euskirchen, Zülpich, Bad Münstereifel, Blankenheim: Teil I: Einführende Aufsätze. Teil II: Exkursionen. Mainz 1974 (Führer zu vor- und frühgeschichtlichen Denkmälern, 25 und 26).

Ökologischer Fachbeitrag zum Landschaftsplan Nr. 7 „Obere Nette/Bockerter Heide" des Kreises Viersen, hrsg. von der Landesanstalt für Ökologie, Landschaftsentwicklung und Forstplanung Nordrhein-Westfalen, bearb. von L. Ochat-Frankl, Band 2, Anhang: Katasterblätter der schutzwürdige Biotope, Recklinghausen 1988.

Overbeck, H.: Das Werden der Aachener Kulturlandschaft: Beiträge zu einer kulturmorphogenetischen Betrachtung der Landschaft um Aachen. Aachen 1928 (Aachener Beiträge zur Heimatkunde, 4).

Paderborner Hochfläche, Paderborn, Büren, Salzkotten. Mainz 1971 (Führer zu vor- und frühgeschichtlichen Denkmälern, 20).

Paffen, K.H.: Heidevegetation und Ödlandwirtschaft der Eifel. Bonn 1940 (Beiträge zur Landeskunde der Rheinlande 3. Reihe, 3).

Paffen, K.: Natur- und Kulturlandschaft am deutschen Niederrhein. In: Berichte zur deutschen Landeskunde 20, 1958, S. 177-226.

Paffen, K.: Die naturräumlichen Einheiten auf Blatt 108/109 Düsseldorf-Erkelenz. Bad Godesberg 1983.

Pelzer, C.: Studien zur topographisch- und bevölkerungsgeschichtlichen Entwicklung der Stadt Emmerich. In: Annalen des Historischen Vereins Niederrhein 1948, H. 146/147.

Pelzer, C.: Geschichte der Stadt Emmerich im 19. Jahrhundert mit einem Abriß der älteren Stadtgeschichte. Emmerich 1985.

Pelzer, C.: Die Hausnamen in Emmerich. In: Beiträge zur Geschichte der Stadt Emmerich, 9 (1990), S. 2-56.

Petri, F.: Die Holländersiedlungen am klevischen Niederrhein und ihr Platz in der Geschichte der niederländisch-niederrheinischen Kulturbeziehungen. In: Festschrift Matthias Zender. Studien zu Volkskultur, Sprache und Landesgeschichte. Bonn 1972, S. 1117-1129.

Petri, F.: Zur Erforschung der bergischen Siedlungsgeschichte. In: Romerike Berge 1 (1950), S. 145-150.

Petri, F.; Droege, G. (Hrsg.): Rheinische Geschichte in drei Bänden. Düsseldorf. Band 1: Altertum und Mittelalter, Teilband 1: Altertum (1978), Teilband 2: Frühes Mittelalter (1980), Teilband 3: Hohes Mittelalter 1983. Band 2: Neuzeit (3. Aufl. 1980. Band 3: Wirtschaft und Kultur im 19. und 20. Jahrhundert (1979). Bild- und Dokumentationsband (1978).

Pilgram, H.: Das Monschauer Land. Agrarhistorische Untersuchung einer Heckenlandschaft mit Nutzflächenkartierungen 1821 und 1951. Bonn 1951 (masch. schr. Manuskript).

Pilgram, H. (Bearb.): Der Landkreis Monschau: Regierungsbezirk Aachen. Bonn 1958 (Die Landkreise in Nordrhein-Westfalen Reihe A: Nordrhein, 3).

Pott, R.: Historische Waldnutzungen Nordwestdeutschlands. In: Heimat in Westfalen 3, 1990, S. 1-9.

Pott, R.: Extensiv genutzte Wälder in Nordrhein-Westfalen und ihre Schutzwürdigkeit. In: Düsseldorfer Geobotanisches Kolloquium, 7, 1991, S. 59-82.

Pott, R.: Entwicklung der Kulturlandschaft Nordwestdeutschlands unter dem Einfluß des Menschen. In: UNI HANNOVER. Zeitschrift der Universität Hannover 19, 1992, S. 3-48.

Pott, R.: Geschichte der Wälder des westfälischen Berglandes unter Einfluß des Menschen. In: Forstarchiv 63, 1992, S. 171-182.

Precht von Taboritzki, B.: Die Denkmallandschaften. Ensemble, schützenswerte Gesamtheit, Denkmalumgebung. Landschaftsverband Rheinland. Köln 1996 (Rheinisches Amt für Denkmalpflege, Arbeitsheft, 47).

Der Raum Dortmund - Entwicklung, Strukturen und Planung im östlichen Ruhrgebiet. Jahrestagung der Geographischen Kommission 1985. Münster 1988 (Spieker. Landeskundliche Beiträge und Berichte, 32).

Reiners, H.: Agrarstruktur und Korbweidenwirtschaft in der Rur-Wurm-Niederung. Bad Godesberg 1961 (Forschungen zur deutschen Landeskunde, 129).

Remmel, F.: Die Industrialisierung im Oberbergischen Land als Thema der Angewandten Historischen Geographie. In: Rheinische Heimatpflege 31, 1994, S. 82-94.

Remmen, Th. v.: Die Geburtsstunde der Rheininsel Grietherort vor 100 Jahren. In: Auslese Heimatkalender Kreis Moers 1941-45, S. 329.

Rengerink, H.O.; Quadflieg-Stroink, B.: Archäologische Prospektion im zukünftigen Braunkohlentagebau Garzweiler II. In: Archäologie im Rheinland. Köln 1994, S. 196-199.

Renn, H.: Die Eifel. Wanderung durch 2000 Jahre Geschichte, Wirtschaft und Kultrur. 2. Aufl. Trier 1995.

Restorff, F. von: Topographisch-statistische Beschreibung der königlich-preussischen Rheinprovinzen. Berlin 1830.

Rheinische Kunststätten. Neuß (bisher 402 Hefte erschienen).

Rheinische Landschaften. Neuß (bisher 43 Hefte erschienen).

Rheinisches Heim Bonn. Ein halbes Jahrhundert. Bonn 1966.

Rheinisches Landesmuseum Bonn (Hrsg.): Ausgrabungen im Rheinland ´77, ´79, ´81/82, ´83/84, ´85/86. Bonn 1978-87. (Das Rhenische Landesmuseum).

Riepenhausen, H.: Die bäuerliche Siedlung des Ravensberger Landes bis 1770. Münster 1938 (Nachdruck 1986). (Siedlung und Landschaft in Westfalen, 19).

Ringleb, A. (Bearb.): Der Landkreis Brilon: Regierungsbezirk Arnsberg. Münster/Köln 1957 (Die Landkreise in Nordrhein-Westfalen Reihe B: Westfalen, 3).

Römhild, G.: Alte und neue Leitvorstellungen unter dem genossenschaftlichen Waldbau im Siegerland in historisch-genetischer und forstgeographischer Sicht unter besonderer Brücksichtigung der Wald- und Haubergsgenossenschaft Wilmsdorf. In: Festschrift für H. Kellersohn zum 65. Geburtstag. Berlin 1987. S. 191-225.

Rote Liste der Pflanzengesellschaften in Nordrhein-Westfalen. Recklinghausen 1995 (LÖBF. Schriftenreihe, 5).

Rotthaue, H. (genannt Löns): Sechs Gemeinden und ein Amt, die Chronik des Amtes Vrasselt. Emmerich 1969.

Roweck, H.: Landschaftsentwicklung über Leitbilder? Kritische Gedanken zur Suche nach Leitbildern für die Kulturlandschaft von morgen. In: LÖBF-Nachrichten 1995, 4, S. 25-34.

Ruland, J. (Red.): Erhalten und Gestalten. 75 Jahre Rheinischer Verein für Denkmalpflege und Landschaftsschutz. Neuß 1981 (Rheinischer Verein für Denkmalpflege und Landschaftsschutz, Jahrbuch 1981).

Rund ums Rheinland. Durch neun Kulturlandschaften. Köln 1996 (Dumont, Radwandern, 12).

Salber, D.: Das Aachener Revier: 150 Jahre Steinkohlenbergbau an Wurm und Inde. Aachen 1987.

Schauplätze der Vergangenheit: Reise in die Geschichte Nordrhein-Westfalens. 2. Aufl., Dortmund 1989.

Schirmer, W. (Hrsg.): Rheingeschichte zwischen Mosel und Maas. Hannover 1990 (deuqua-Führer, 1).

Schmidt, A.: Vom Reichnaturschutzgesetz zu "Natur 2000 in NRW". Die Entwicklung der Instrumente des Naturschutzes in NRW. In: LÖLF-Mitteilungen 1994, 1, 2S. 16-17-19.

Schumacher, W.: Offenhaltung der Kulturlandschaft?. Naturschutzziele, Strategien, Perpektiven. In: LÖBF-Mitteilungen 1995, 4, S. 52-61.

Schüttler, A. (Bearb.): Der Landkreis Düsseldorf-Mettmann: Regierungsbezirk Düsseldorf. Ratingen 1952 (Die Landkreise in Nordrhein-Westfalen Reihe A: Nordrhein, 1).

Schüttler, A.: Das Bergische Land. In: Berichte zur deutschen Landeskunde 17, 1956, S. 1-26.

Schüttler, A.: Ravensberger Land - Minder Land - Lipper Land, Die Lübbecker Egge und ihr nördliches Vorland. In: Topographischer Atlas Nordrhein-Westfalen. Bad Godesberg 1969.

Schüttler, A.: Das Ravensberger Land. Münster 1986 (Landschaftsführer des Westfälischen Heimatbundes, 12).

Schüttler, A.: Die Steinheimer Börde. Münster 1990 (Landschaftsführer des Westfälischen Heimatbundes, 13)

Schwaar, J.: Kulturlandschaften Nordwestdeutschlands und der Eifel in der Vergangenheit, Gegenwart und Zukunft. In: Zeitschrift für Kulturtechnik und Flurbereieinigung 13, 1972, S. 257-271.

Schwerz, J.N.: Beschreibung der Landwirtschaft in Westfalen und Rheinpreussen. Mit einem Anhang über den Weinbau in Rheinpreussen. 2 Teile. Stuttgart 1836. Nachdruck Bonn o.J.

Schwind, W.: Der Eifelwald im Wandel der Jahrhunderte ausgehend von Untersuchungen in der Vulkaneifel. Düren 1984.

Schyma, A.: Stadt Königswinter. Köln 1992 (Denkmaltopographie Bundesrepublik Deutschland, Denkmäler im Rheinland, 23.5).

Siegerland zwischen gestern und morgen. Siegen 1965.

Siegmund, F.: Fränkische Funde vom deutschen Niederrhein und der nördlichen Kölner Bucht. Köln 1989 (Diss. Univ. Köln).

Siekmann, U.: Naturparkplanung aus dem Sauerland. Arnsberg 1992 (Westfälisches Amt für Landespflege, 4).

Siepe: Archivalische Nachrichten über die Borkener Stadtlandwehr. In: Münsterländer Heimatkalender, Ausgabe für den Kreis Borken 1941, S. 138ff.

Simons, A.: Bronze- und eisenzeitliche Besiedlung in den Rheinischen Lößbörden. Archäologische Siedlungsmuster im Braunkohlengebiet. Oxford 1989 (BAR International Series, 676).

Söbbing, U.: Die Flurnamen der Gemeinde Südlohn: Atlas und Namenregister. Borken 1989.

Söbbing, U.: Die Flurnamen der Gemeinde Südlohn: Das preußische Grundsteuerkataster von 1826 (Text und Karten). Vreden/Südlohn 1991.

Söbbing, U.; Föcking, C.: Landwehren in Südlohn und Oeding. In: Unsere Heimat (Borken) 1989, S. 213-215.

Söbbing, U.: Südlohner Höfe und Familien in Flurnamen. In: Unsere Heimat (Borken) 1990, S. 128-130.

Söbbing, U.: Das kommunale Archivwesen in Stadtlohn und Südlohn. In: Unsere Heimat (Borken) 1991, S. 62-63.

Sommer, S.: Mühlen am Niederrhein. Die Wind- und Wassermühlen des linken Niederrheins im Zeitalter der Industrialisierung (1814-1914). Köln 1991 (Werken und Wohnen. Volkskundliche Untersuchungen im Rheinland, 19).

Sonntag, J.-H.: Ein Verzeichnis der eigenhörigen Höfe in den Kirchspielen Stadtlohn und Südlohn aus dem Jahre 1614. In: Unsere Heimat (Borken) 1987, S. 209-211.

Spies, W.: Der Unterlauf des Rheinstromes zu Friedrichs des Großen Zeiten. In: Die Heimat, 17 (1938), S. 215-226.

Spreitzer, H.: Die Pässe und Durchbruchstäler der Weserkette und des Wiehengebirges. In: Wirtschaftsgeographie des deutschen Westens 5, Berlin 1939, S. 9-71.

Stadt und Dorf im Kreis Lippe in Landesforschung, Landespflege und Landschaftsplanung. Vorträge auf der Jahrestagung der Geographischen Kommission in Lemgo 1980. Münster 1981 (Spieker, 28).

Städte und Gemeinden in Westfalen. Band 1. Der Kreis Steinfurt. Band II. Der Kreis Siegen-Wittgenstein. Münster 1994ff.

Stampfuss, R.: Vor- und Frühgeschichte des unteren Niederrheins. In: Niederrheinisches Jahrbuch 9 (1966), S. 39ff.

Steinberg, H.G.: Sozialräumliche Gliederung und Gliederung des Ruhrgebiets. Bad Godesberg 1967 (= Forschungen zur deutschen Landeskunde, 166).

Steinberg, H.G.: Das Ruhrgebiet im 19. und 20. Jahrhundert. Ein Verdichtungsraum im Wandel. Münster 1985 (Siedlung und Landschaft in Westfalen, 16).

Steinberg, H.G.: Menschen und Land in Nordrhein-Westfalen. Eine kulturgeographische Landeskunde. Köln 1994 (Schriften zur politischen Landeskunde Nordrhein-Westfalens, 8).

Steinberg, H.G.: Brüche in der Kulturlandschaftsentwicklung des Ruhrgebietes. In: Siedlungsforschung 13, 1995, S. 129-146.

Sternschulte, A.: Bauerngärten im Kernmünsterland und im Oberwälder Land/Krs. Höxter. In: Vegetationsgeographische Studien in Nordrhein-Westfalen - Wald- und Siedlungsentwicklung - Bauerngärten - Spontane Flora. Münster 1985, S. 39-106 (Siedlung und Landschaft in Westfalen, 17).

Stevens, U.: Kulturlandschaft und Denkmalpflege. In: Denkmalpflege im Rheinland 9, 1992, H. 4, S. 145-150.

Stichmann, W.: Heidelandschaften: Zeugen jahrhundertelanger Waldverwüstung. In: Naturkunde in Westfalen 1, 1965, S. 19-25.

Stichmann, W.: Die Wahrung von Eigenart und Vielfalt heimischer Landschaften in ökologischer, historischer und ästhetischer Sicht. In: Natur und Landschaftskunde in Westfalen 14, 1978, S. 1-2.

Stichmann, W.: Wege zum Schutz und zur Entfaltung der Eigenart und Vielfalt der freien Landschaft in Westfalen.. In: Natur und Landschaftskunde in Westfalen 14, 1978, S. 23-32.

Stievermann, D.: Die Geschichte einer sauerländischen Stadt von den Anfängen bis zur Gegenwart. Neuenrade 1990, 390 S.

Strasser, R.: Die Veränderungen des Rheinstromes in Historischer Zeit: Bd. 1: Zwischen Wupper- und Düsselmündung. Düsseldorf 1992 (Publikationen der Gesellschaft für Rheinische Geschichtskunde, 68).

Teepe-Wurmbach, A.: Das Bauernhaus des Siegerlandes. Sobernheim 1988. (Beiträge zur Hausforschung, 7).

Terhalle, H.: 175 Jahre preußische Landkreise. Die historische Entwicklung des Kreises Borken. In: Unsere Heimat. Jahrbuch des Kreises Borken 1991, S. 6ff.

Teuteberg, H.-J. (Hrsg.): Westfalens Wirtschaft am Beginn des "Maschinenzeitalters". Dortmund (Untersuchungen zur Wirtschafts-, Sozial- und Technikgeschichte, 6)

Tiborski, K.: Künstliche Wasserstraßen in Westfalen. In: Kulturlandschaft; 1 1991, H.2/3, S. 107-108.

Tischler, F.: Funde und Ausgrabungsergebnisse am rechten Niederrhein. In: Niederrheinisches Jahrbuch 6 (1961), S. 22ff.

Uhlig, H.: Revier über Grenzen: Das Aachen-Limburg-Kempen-Kohlefeld. In: Berichte zur deutschen Landeskunde 23, 1959, S. 255-278.

Uslar, R. von: Zur geschichtlichen Besiedlung des Niederrheins. In: Niederrheinisches Jahrbuch 3 (1951), S. 54ff.

Verbücheln, G.; Schneider, K.: Rezente Zeugnisse historischer Waldwirtschaftsweisen am Niederrhein unter besonderer Berücksichtigung acidophiler Buchenniederwälder. In: Forstwisenschaftliches Centralblatt 109, 1990, S. 296-308.

Vogt, H.: Niederrheinischer Windmühlenführer. 2. Aufl. Krefeld 1991.

Vollmer, G.: Die Stadtentstehung am unteren Niederrhein. Eine Untersuchung zum Privileg der Reeser Kaufleute von 1142. Bonn 1952 (Rheinisches Archiv, 41).

Voppel, G.: Die Aachener Bergbau- und Industrielandschaft. Wiesbaden 1965. (Forschungen zur Wirtschafts- und Sozialgeographie, 3)

Vorläufiger Maßnahmenplan Zweckverbandsgebiet Naturpark Kottenforst-Ville. Bonn 1985 (Beiträge zur Landesentwicklung, 42).

Voss, K.L.: Die Vor- und Frühgeschichte des Kreises Ahaus. Münster 1967 (Bodenaltertümer Westfalens; X).

Voßnack, J.; Czarnowsky, O.V.: Der Kreis Lennep. Topographisch, statistisch, geschichtlich dargestellt. Remscheid 1854.

Wagner, E. (Bearb.): Der Landkreis Altena: Regierungsbezirk Arnsberg. Münster/Köln 1962 (Die Landkreise in Nordrhein-Westfalen Reihe B: Westfalen, 4).

Die Wahner Heide. Eine rheinische Landschaft im Spannungsfeld der Interessen. Hrsg. vom Interkommunalen Arbeitskreis Wahner Heide. Köln 1989.

Wald 2000. Gesamtkonzept für eine ökologische Waldbewirtschaftung des Staatswaldes in Nordrhein-Westfalen. 2. überarb. Aufl. o.O. 1991.

Waldflächenentwicklung im Rheinland 1820-1980: Teilbereich Rhein-Sieg-Kreis/Stadt Bonn. Teilbereich Stadt/Kreis Aachen/Kreis Düren. Teilbereich Städte Krefeld und Mönchengladbach, Kreise Viersen und Heinsberg. Teilbereich Kreis Euskirchen. Hrsg. von der Höheren Forstbehörde Rheinland. Bonn 1984ff.

Wald im Ballungsraum. Beiträge und Materialien zur Informationsveranstaltung am 07.10.1992. Essen 1993.

Warthuysen, H.: Emmerich. In: Jahrbuch Kreis Rees 1974, S. 17-31.

Weerth, K.: Westfälische Landwehren. Münster 1938 (Westfälische Forschungen, 1).

Wegener, W.: Die Löwenberger Landwehr bei Emmerich. Ein Beitrag zur Entstehung und Funktion von Landwehren bzw. Landwehrgräben am Niederrhein. In: Kalender für das Klever Land 1992, S. 147-149.

Wehling, F.: Die Landwehr um Borken. In: Heimatkalender Landkreis Borken 1955, S. 67-69.

Weiner, J.: Der früheste Nachweis der Blockbauweise. Zum Stand der Ausgrabung des bandkeramischen Holzbrunnens. In: Archäologie im Rheinland 1991. Köln 1992, S. 30-33.

Weinheimer, J.; Lowinski, H. (Bearb.): Die Entwicklung der räumlichen Ordnung Nordrhein-Westfalens. Beiträge zur Raumforschung und Landesplanung in Nordrhein-Westfalen. 1. Folge: Grundzüge der räumlichen Entwicklung in Nordrhein-Westfalen von 1871 bis 1963. Düsseldorf 1965 (Schriftenreihe des Ministers für Landesplanung, Wohnungsbau und öffentliche Arbeiten des Landes Nordrhein-Westfalen, 21).

Weiser, Chr.: Die historisch-geographische Untersuchung Hückeswagen. Der Beitrag der Angewandten Historischen Geographie in der Planung. In: Rheinische Heimatpflege 31, 1994, S. 241-256.

Weiser, Chr.: Kulturlandschaftlicher Beitrag Hückeswagen. In: Kulturlandschaftspflege im Rheinland. Werkstattbericht. Köln 1996, S. 13-53.

Wenzel, I.: Ödlandentstehung und Wiederaufforstung in der Zentraleifel. Bonn 1962. (Arbeiten zur Rheinischen Landeskunde, 18).

Wessels, G.: Erhaltung historischer Kulturlandschaft am Beispiel der Landwehren in Viersen. Diplomarbeit Universität Hannover, Institut für Landschaftspflege und Naturschutz (Diplomarbeit), Viersen 1992 (im Stadtarchiv Viersen).

Westfalen in Profilen: ein geographisch-landeskundlicher Exkursionsführer. Münster 1985 (Landschaftsführer des Westfälischen Heimatbundes 10).

Westfälisches Museum für Archäologie (Bearb.): Der Kreis Siegen-Wittgenstein. Stuttgart 1993 (Führer zu archäologischen Denkmälern in Deutschland, 25)

Westfälische Skizzen. Portrait eines Landes in Skizzen und Bildern. Münster 1967.

Der Landkreis Wiedenbrück: Regierungsbezirk Detmold. Münster/Köln 1969 (Die Landkreise in Nordrhein-Westfalen Reihe B: Westfalen, 5).

Winter, H.: Die Entwicklung der Landwirtschaft und Kulturlandschaft des Monschauer Landes unter besonderer Berücksichtigung der Rodungen. Bad Godesberg 1965 (Forschungen zur deutschen Landeskunde, 147).

Wisplinghoff, E.: Zur Lage der Landwirtschaft und der bäuerlichen Bevölkerung im Klever Land während des späten Mittelalters. In: Ennen, E.; Flink, K. (Hrsg.): Soziale und wirtschaftliche Bindungen am Niederrhein. Kleve 1981, S. 37-54.

Wittig, R.: Westfälische Wallhecken. In: Natur- und Landschaftskunde in Westfalen 15, 1979, S. 1-9.

Wittig, R.: Schutzwürdige Wälder in Nordrhein-Westfalen. Frankfurt 1991 (Schriftenreihe Geobotanische Kolloquien, 7)

Wulf, A.: Neue Wege im Naturschutz. Das Ganze vor seinen Teilen sehen. In: LÖBF-Nachrichten 1995, 4, S. 35-42.

Zimmermann, J.: Landschaft verwandelt, mißhandelt. Mensch und Umwelt in nordrheinischen Ballungszentren. Neuß 1982 (Rheinischer Verein für Denkmalpflege und Landschaftsschutz, Jahrbuch 1980).

Zippelius, A.: Das Bauernhaus am unteren deutschen Niederrhein. Wuppertal 1957.

8.3 Übersicht der erstellten Gutachten

Burggraaff, P.: Das alte Forsthaus in Bongard am Barsberg und zur umliegenden Kulturlandschaft - Ortsgemeinde Bongard, Verbandsgemeinde Kelberg. Historisch-geographisches Gutachten im Auftrag der Bürgerinitiative für den Erhalt des alten Forsthauses in Bongard. Bonn 1992 (Gutachten).

Burggraaff, P.: Die Angewandte Historische Geographie in den Niederlanden. Eine etablierte Fachdisziplin. In: Kulturlandschaft. Zeitschrift für Angewandte Historische Geographie 1, 1991, S. 10-13.

Burggraaff, P.: Historisch-geographisches Gutachten zum Interessentenforst Samerott und zur angrenzenden Kulturlandschaft - Samtgemeinde Schüttorf - im Auftrag der Bürgerinitiative gegen Autobahnbau östlich von Schüttorf e.V. Bonn 1992.

Burggraaff, P.; Kleefeld, K.-D.: Historisch-geographisches Gutachten zur Ausweisung des NSG „Bockerter Heide" (LP, Nr. 7) aufgrund landeskundlicher bzw. kulturhistorischer Gründe. Bonn 1993, und planerischem Festsetzungsverfahren des Amtes für Umwelt und Landschaftsplanung des Kreises Viersen (bearb. von Herrn W. Thyßen).

Burggraaff, P.; Kleefeld, K.-D.: Historisch-geographische Stellungnahme zur Bewertung der Bedeutsamkeit historischer Kulturlandschaften im Regierungsbezirk Düsseldorf. Kurzbeschreibung und Begründung der markierten Bereiche. Bonn 1996.

Haffke, J.: Weinbauterrassen als Kulturlandschaftsdenkmal. Weinbaulandschaft und Weinbaugeschichte im Ahrgebiet. Bonn 1992 (Gutachten).

Kleefeld, K.-D.: Archäologische Fundstellen und historische Kulturlandschaftselemente im Landschaftsplanungsgebiet Xanten. Bonn 1995 (Gutachten).

Kleefeld, K.-D.: Kulturlandschaftspflege. Erhaltung von historischer Kulturlandschaft als Aufgabe von Naturschutz und Landschaftspflege - Konzeptentwurf für eine Wanderausstellung. Endbericht. Bonn 1995 (Gutachten).

Kleefeld, K.-D.: Kulturlandschaftspflege. Erhaltung von historischer Kulturlandschaft als Aufgabe von Naturschutz und Landschaftspflege - Konzeptentwurf für eine Wanderausstellung. Endbericht. Bonn 1995 (Gutachten).

Kleefeld, K.-D.; Burggraaff, P.: Archäologische Bestandserhebung mittelalterlicher Ortskern Emmerich. Teil I: Text. Bonn 1992 (Gutachten).

Kleefeld, K.-D.; Burggraaff, P. (Mitarb.): Kulturlandschaftsanalyse Garzweiler II. Bonn 1992 (Gutachten)

Kleefeld, K.-D.; Burggraaff, P.: Historisch-geographisches Gutachten Kulturlandschaftserlebnisgebiet „Dingdener Heide". Endbericht 31. Mai 1995. Bonn 1995.

Kleefeld, K.-D.; Burggraaff, P. (Mitarb.): Kulturhistorische Landschaftsanalyse der Kreise Kleve und Wesel. Gutachten für die Erstellung des Fachbeitrages des Naturschutzes und der Landespflege nach § 15 Landschaftsgesetz Nordrhein-Westfalen, Abschnitt Kulturlandschaftsschutz. Bonn 1995.

Kleefeld, K.-D.; Burggraaff, P.; Schürmann, W.: Konzeptentwurf zum „Waldökologiezentrum Bongard". Bonn 1994.

Kleefeld, K.-D.; Klack, J.: Historisch-geographische Kulturlandschaftsanalyse Kottenforst-Ville - Möglichkeiten der touristischen Nutzung. Bonn 1995.

Kleefeld, K.-D.; Weiser, Chr.: Kulturlandschaftsgutachten zu „Kultur- und sonstige Sachgüter". Umweltverträglichkeitsstudie L 558, Ortsumgehung Oeding mit einem Kataster der Kultur- und sonstigen Sachgüter. Bonn 1994 (Gutachten).

9. KARTENVERZEICHNIS

Alexander Länderkarte. Nordrhein-Westfalen. Stuttgart 1978.

Effertz, P.: Die Kartenaufnahme der Rheinlande durch Tranchot im Spannungsfeld zwischen wissenschaftlichen und politischen Interessen. In: Rheinische Vierteljahrsblätter 54, 1990, S. 211-239.

Geologisches Landesamt (Hrsg.): Bodenkarte von Nordrhein-Westfalen 1:50.000. Krefeld. Geologische Karte, Bodenkarte und Hydrologische Karte von Nordrhein-Westfalen 1:100.000 mit Erläuterungsheften. Krefeld 1968ff.

Hauptstaatsarchiv Düsseldorf (Hrsg.): Karte des Rheins von Duisburg bis Arnheim aus dem Jahre 1713 von Johann Bucker (mit Erl. von E. Wisplinghoff). Düsseldorf 1984.

Hostert, W.: Historische Landkarten: Das Land an der Ruhr, Lenne, Hönne und Volme auf historischen Karten aus der Sammlung des Museums der Stadt Lüdenscheid. Ausstellungskatalog. Altena 1982 (Veröffentlichungen des Heimatbundes Märkischer Kreis).

Junk, K.H. (Bearb.); Kessemeier, S. (Bearb.): Westfalen in Landkarten: Druckkartographie 1780-1860. Münster 1986.

Kleinn, Hans: Nordwestdeutschland in der exakten Kartographie der letzten 250 Jahre. In: Westfälische Forschungen 17, 1964, S. 28-82; 18, 1965, S. 43-75.

Kleinn, Hans: Die preußische Uraufnahme der Meßtischblätter in Westfalen und den Rheinlanden. In: Westfalen und Niederdeutschland. Band II: Beiträge zur allgemeinen Landesforschung. Münster 1977 (Spieker, 25), S. 325-356.

Komp, K. (Hrsg.): Kartographie im Nordwesten: Festschrift des Ortsvereins Münster der Deutschen Gesellschaft für Kartographie zum 25 jährigen Bestehen. Münster 1986.

Krauß, Georg: Die amtlich topographischen Kartenwerke in Nordrhein-Westfalen. Ihre Entstehung, Bearbeitung und Aussage. In: Nachrichten aus dem öffentlichen Vermessungsdienst des Landes Nordrhein-Westfalen, 3, 1970, S. 45-73.

Landesanstalt für Ökologie, Landschaftsentwicklung und Forstplanung (Hrsg.):

- Biotopkataster NRW (Auswertung des LINFOS NRW). Recklinghausen.
- Forstliche Übersichtskarte Nordrhein-Westfalen 1:250.000. Recklinghausen.
- Karte des Biotopverbundes in den Großlandschaften nach Natur 2000, M. 1:200.000
- Karte der geowissenschaftlichen Schutzwürdigen Gebiete M. 1:200.000 und M. 1:500.000, Stand 1.7.1994.
- Kartierung der Naturschutzgebiete (Biotopkataster NRW-LINFOS) der 5 Regierungsbezirke: Arnsberg Detmold, Düsseldorf, Köln und Münster, M. 1:200.000, Stand: Januar 1993.
- Waldfunktionskarte Nordrhein-Westfalen 1:50.000. Waldflächen mit hervorgehobenen Schutz- und Erholungsfunktionen sowie Flächen mit besonderer Zweckbestimmung 1974-1979. Recklinghausen.

Landesvermessungsamt NRW (Bonn-Bad Godesberg) (Hrsg.):

- Carte topographique des pays compris entre la France, les Pays-Bas et le Rhine (Reduktion der Kartenaufnahme von Tranchot auf 1:100.000) herausgegeben von „Dépot de la Guerre". Paris 1840. Bl. 1: Nimègue, 2: Venloo, Bl. 3: Juliers, Bl. 4: Cologne, Bl. 5: Aix-la-Chapelle u. Bl. 6: Coblentz. Bonn-Bad Godesberg und Koblenz 1987.
- Erläuterungen zu den Musterblättern für die topographischen Arbeiten des königlich Preußischen Generalstabes. Nebst drei Musterblättern und einem Schriftmesser. Berlin 1818.
- Karte des Deutschen Reiches 1:100.000 (1868-1903) - Generalstabskarte. Die Rheinprovinz und die Provinz Westfalen wurden überwiegend aus den Kartenblättern der Neuaufnahme im Maßstab 1:25.000 verkleinert und generalisiert.
- Kartenaufnahme der Rheinlande durch Tranchot (1801-1814) und v. Müffling (1814-1828) im Originalmaßstab 1:20.000. Mehrfarbig nachgedruckt im reduzierten Maßstab 1:25.000.
- Karte vom Fürstentum Lippe 1:80.000 (1887). Bonn-Bad Godesberg 1982.
- Karte von Nordwestdeutschland 1:86.400 von v. Lecoq (1797-1813). Die Blätter VIII-XX (Nordrhein-Westfalen).
- Karte von Rheinland und Westfalen 1:80.000 (1837-1855) - Generalstabskarte. Nachdruck. Bonn-Bad Godesberg 1964.
- Naturpark- und Gebietswanderkarten/Naturparke. Naturparke in Nordrhein-Westfalen, M. 1:500.000. 4. Aufl. Bonn-Bad Godesberg 1990.
- Organisationen in Nordrhein-Westfalen, die befugt sind, Wanderwege zu Markieren, M. 1:500.000. 2. Aufl. Bonn-Bad Godesberg 1989.
- Preußische Generalstabskarte 1:86.400, halbe Gradierung (1816-1847). Reduktion der Kartenaufnahme von Tranchot (1801-1813) und v. Müffling (1816-1828) vom Aufnahmemaßstab 1:10.000 in den Maßstab 1:86.400. Bonn- Bad Godesberg 1985.
- Preußische Kartenaufnahme 1:25.000 - Uraufnahme - des preußischen Topographischen Bureaus. Aufnahme Provinz Westfalen (1836-1842) und Provinz Rheinland (1842-1850). Teilweise mehrfarbig nachgedruckt.
- Preußische Kartenaufnahme 1:25.000 - Neuaufnahme - der Königlichen preußischen Landesaufnahme. Aufnahme Provinz Westfalen 1891-1912 und Provinz Rheinland 1893-1901.
- Regierungsbezirkskarte 1:200.000. Arnsberg, Detmold, Düsseldorf, Köln und Münster.
- Regionalkarte 1:100.000. 7 Kartenblätter: Kölner Bucht und Ruhreifel, Lipper und Paderborner Land, Mindener und Ravensburger Land, Münsterland, Niederrheinisches Tiefland, Rheinisch-Westfälisches Industriegebiet und Sauerland.
- Topographische Aufnahme 1:25.000 des Reichsamts für Landesaufnahme (Reproduktionen).

- Topographische Karte 1:25.000. Die neuesten Ausgaben. Alle Blätter von NRW.
- Topographische Karte 1:100.000. Die neuesten Ausgaben. Alle Blätter (29) von NRW, *vervielfältigt mit Genehmigung des Landesvermessungsamtes Nordrhein-Westfalen vom 22.4.1993, Nr. 182/93.*
- Topographische Karte 1:25.000 (Luftbildkarte). Bonn-Bad Godesberg 1986ff.
- Luftbildkarte 1:25.000. Aufnahme September 1934. Hersteller: Hansa Luftbild G.m.b.H. Photo. Bonn-Bad Godesberg (Reproduktionen).
- Übersichtskarte des Fürstentums Lippe 1:25.000 (1881-1883) in 6 Blätter. Bonn-Bad Godesberg 1983.
- Übersichtskarte des Fürstentums Lippe 1:100.000 (1883). Bonn-Bad Godesberg 1983.
- Verwaltungs- und Übersichtskarten Nordrhein-Westfalen 1:500.000: Übersichtskarte, Verwaltungskarte, Verwaltungsgrenzenkarte, Straßenkarte, Orohydrographische Ausgabe u. Satellitenbildkarte.

Die Landnutzungskarte Nordrhein 1:100.000. Blatt 1: Köln-Bonn. Aufgenommen von W. Herzog in den Jahren 1957-1959, erläutert von W. Herzog und C. Troll. Bonn 1968 (Arbeiten zur Rheinischen Landeskunde, 28).

Leser, Hartmut; Klink, Hans-Jürgen (Hrsg.): Handbuch und Kartieranleitung. Geoökologische Karte 1:25.000 (KA GÖK 25). Trier 1988 (Forschungen zur deutschen Landeskunde, 228).

Müller-Miny, Heinrich: Geographisch-landeskundliche Erläuterungen zur Tranchot-v. Müfflingschen Kartenaufnahme der Rheinlande 1801-1828 - mit Bezug auf die heutigen Blätter der topographischen Karte 1:25.000. In: Nachrichten aus dem öffentlichen Vermessungsdienst des Landes Nordrhein-Westfalen, 10, 1977, S. 83-114.

Schlüter, O.: Karte der Siedlungsräume Mitteleuropas in vor- und frühgeschichtlicher Zeit im Maßstab 1:1.500.000 auf der Grundlage der Situations- und Schriftplatte aus Stielers Handatlas (9. Aufl. J. Perthes, Gotha 1905). Hamburg u.a. o.J.

Stadtarchiv Emmerich: Wiebeking (1796). Hydrographische- und militärische Karte von dem Niederrhein von Lintz bis unter Arnheim, 1:28.000, 10 Blätter.

Wrede, G.: Die westfälischen Länder im Jahre 1801. Politische Gliederung. Übersichtskarte 1:500.000. Münster 1953 (Veröffentlichungen der Historischen Kommission des Provinzialinstituts für Westfälische Landes- und Volkskunde).

Zögner, Lothar: Bibliographie zur Geschichte der deutschen Kartographie. München u.a. 1984.

Die einschlägigen Blätter der Karte des Deutschen Reiches 1:100.000 mit Aufnahmejahr
(hg. vom Landesvermessungsamt NRW)

259: Diepholz unbekannt (hg. 1901)
260: Nienburg 1897
281: Bentheim 1895
282: Rheine 1895
283: Osnabrück 1895
284: Lübbecke 1896
285: Minden 1896
304: Vreden 1895
305: Ahaus 1895
306: Burgsteinfurt 1895
307: Iburg 1895
308: Bielefeld 1895 u. 1896, einz. Nachtr. 1903
309: Lemgo 1896
327: Cleve 1892/95
328: Bocholt 1895
329: Koesfeld 1892 u. 1895
330: Münster 1892 u. 1895
331: Warendorf 1895
332: Gütersloh 1892/95
333: Detmold 1896
334: Höxter 1896
352: Geldern 1892
353: Wesel 1892
354: Recklinghausen 1892, einzelne Nachträge 1896
355: Dortmund 1892
356: Soest 1895
357: Paderborn 1894/95
358: Brakel 1896

359: Uslar 1896
377: Kaldenkirchen 1892
378: Krefeld 1892
379: Elberfeld 1892
380: Iserlohn 1892
381: Arnsberg 1894
382: Brilon 1898
383: Arolsen 1880
402: Erkelenz 1892/93
403: Düsseldorf 1892 u. 1893
404: Solingen 1892 u. 1893
405: Lüdenscheid 1892 u. 1894
406: Attendorn 1894
407: Berleburg 1906
428: Aachen 1893
429: Düren 1893, einzelne Nachträge 1898
430: Köln 1893
431: Waldbröl 1894
432: Siegen 1897
433: Marburg 1906
455: Eupen 1893
456: Euskirchen unbekannt (hg. 1897)
457: Bonn 1893, einzelne Nachträge 1897
458: Altenkirchen 1871/74, einzelne Nachträge 1892
459: Dillenburg 1868 (hess. Teil), einz. Nachtr. 1892
480: Malmedy 1893
481: Hillesheim 1893
482: Mayen 1893

Topographische Karte 1:100.000: Erste Ausgaben nach dem heutigen Blattschnitt der TK 100
(hg. vom Landesvermessungsamt NRW)

C3906: Gronau: Ausgabe 1959, Berichtigungsstand 1953-1955

C3910: Rheine: Ausgabe 1959, Berichtigungsstand 1953-1955

C3914: Bielefeld: Ausgabe 1959, Berichtigungsstand 1953-1955

C3918: Minden: Ausgabe 1959, Berichtigungsstand 1953-1955

C4302: Bocholt: Ausgabe 1959, Berichtigungsstand 1954-1955

C4306: Recklinghausen: Ausgabe 1959, Berichtigungsstand 1953-1955

C4310: Münster: Ausgabe 1958, Berichtigungsstand 1948-1957

C4314: Gütersloh: Ausgabe 1959, Berichtigungsstand 1953-1955

C4318: Paderborn: Ausgabe 1953, Berichtigungsstand 1946-1952

C4702: Krefeld: Ausgabe 1959, Berichtigungsstand 1953-1957

C4706: Düsseldorf/Essen: Ausgabe 1954, Berichtigungsstand

C4710: Dortmund: Ausgabe 1959, Berichtigungsstand 1953-1957, Nachträge 1958

C4714: Soest (Arnsberg): Ausgabe 1959, Berichtigungsstand 1950-1957

C4718: Korbach: Ausgabe 1959, Berichtigungsstand 1953-1956

C5102: Mönchengladbach: Ausgabe 1960, Berichtigungsstand 1953-1959

C5106: Köln: Ausgabe 1957, Berichtigungsstand 1953-1955

C5110: Gummersbach: Ausgabe 1959, Berichtigungsstand 1953-1955

C5114: Siegen: Ausgabe 1959, Berichtigungsstand 1953-1957

C5502: Aachen: Ausgabe 1955, Berichtigungsstand unbekannt

C5506: Bonn: Ausgabe 1959, Berichtigungsstand 1953-1956

Topographische Karte 1:100.000: Jüngste benutzte Ausgaben
(hg. vom Landesvermessungsamt NRW)

C3510: Quakenbrück (N): Ausgabe 1990, Ber. 1987, letzte Nachträge 1988

C3514: Diepholz (N): Ausgabe 1989, Ber. 1986, letzte Nachträge 1987

C3518: Nienburg (N): 5. Aufl. 1991, umfassende Aktualisierung 1989, einzelne Ergänzungen 1990

C3906: Gronau: 2. Aufl. 1988, Ber. 1987

C3910: Rheine: 5. Aufl. 1993, umfassende Aktualisierung 1991

C3914: Bielefeld: 2. Aufl. 1988, Ber. 1986/87, einzelne Nachtr. 1987

C3918: Minden: 5. Aufl. 1992, umfassende Aktualisierung 1990

C4302: Bocholt: 5. Aufl. 1989, Ber. 1988

C4306: Recklinghausen: 6. Aufl. 1990, Ber. 1988, einzelne Nachträge 1989

C4310: Münster: 2. Aufl. 1987, Ber. 1986

C4314: Gütersloh: 6. Aufl. 1988, Ber. 1986

C4318: Paderborn: 6. Aufl. 1992, umfassende Aktualisierung 1990

C4322: Holzminden: 4. Aufl. 1992, umfassende Aktualisierung 1989, einzelne Ergänzungen 1990

C4702: Krefeld: 4. Aufl. 1989, Ber. 1988

C4706: Düsseldorf/Essen: 8. Aufl. 1990, Ber. 1988, einzelne Nachträge 1989

C4710: Dortmund: 7. Aufl. 1989, Ber. 1987, redaktionelle Änderungen 1988

C4714: Arnsberg: 5. Aufl. 1989, Ber. 1987, redaktionelle Änderungen 1988

C4718: Korbach (Hs): 2. Aufl. 1991, umfassende Aktualisierung 1985, einzelne Ergänzungen 1991

C5102: Mönchengladbach: 8. Aufl. 1991, umfassende Aktualisierung (NRW) 1989, Ergänzungen NL 1985

C5106: Köln: 8. Aufl. 1990, umfassende Aktualisierung 1989

C5110: Gummersbach: 5. Aufl. 1992, umfassende Aktualisierung 1990

C5114: Siegen: 3. Aufl. 1992, umfassende Aktualisierung 1990

C5118: Marburg (Hs): Ausgabe 1978, Fortführungsstand 1976

C5502: Aachen: 6. Aufl. 1991, umfassende Aktualisierung 1989

C5506: Bonn: 7. Aufl. 1991, umfassende Aktualisierung 1989

C5510: Neuwied (RhP): Ausgabe 1991, Ber. 1985, einzelne Nachträge 1989

C5514: Wetzlar (Hs): Ausgabe 1983, Fortführungsstand 1979

C5902: Prüm (RhP): Ausgabe 1991, Ber. 1986-1988, einzelne Nachträge 1990

C5906: Mayen (RhP): Ausgabe 1990, Ber. 1986-1988

Alle Blätter (29) von NRW, vervielfältigt mit Genehmigung des Landesvermessungsamtes Nordrhein-Westfalen vom 22.4.1993, Nr. 182/93 (Kartengrundlagen der Kulturlandschaftswandelkarten). (Hs) = Karten aus dem Arbeitsgebiet des Hessischen Landesvermessungsamtes (Wiesbaden), (N) = Karten aus dem Arbeitsgebiet des Niedersächsischen Landesverwaltungsamtes - Landesvermessung (Hannover), (RhP) = Karten aus dem Arbeitsgebiet des Landesvermessungsamtes Rheinland-Pfalz (Koblenz).

Topographischen Karten 1:25.000 für die Modellgebiete
(hg. vom Landesvermessungsamt NRW)

Luftbildkarte 1:25.000: Die Blätter 3718 Bad Oeynhausen, 3919 Lemgo, 4006 Oeding, 4103 Emmerich, 4104 Isselburg, 4704 Viersen, 4809 Remscheid, 4810 Wipperfürth, 4904 Titz, 5014 Hilchenbach, 5403 Monschau. Bonn-Bad Godesberg

Topographische Aufnahme 1:25.000 (Uraufnahme) des preußischen Topographischen Bureaus (1836-1850): Die Blätter 3718 Bad Oeynhausen, 3919 Lemgo, 4006 Oeding, 4103 Emmerich, 4104 Isselburg, 4704 Viersen, 4809 Remscheid, 4810 Wipperfürth, 4904 Titz, 5014 Hilchenbach, 5403 Monschau. Bonn-Bad Godesberg

Topographische Aufnahme 1:25.000 (Neuaufnahme) der Königlichen preußischen Landesaufnahme (1891-1912),. Reproduktion: Die Blätter 3718 Bad Oeynhausen, 3919 Lemgo, 4006 Oeding, 4103 Emmerich, 4104 Isselburg, 4704 Viersen, 4809 Remscheid, 4810 Wipperfürth, 4904 Titz, 5014 Hilchenbach, 5403 Monschau. Bonn-Bad Godesberg. Bonn-Bad Godesberg

Topographische Aufnahme 1:25.000 (1950-1953), Reproduktion: Die Blätter 3718 Bad Oeynhausen, 3919 Lemgo, 4006 Oeding, 4103 Emmerich, 4104 Isselburg, 4704 Viersen, 4809 Remscheid, 4810 Wipperfürth, 4904 Titz, 5014 Hilchenbach, 5403 Monschau. Bonn-Bad Godesberg. Bonn-Bad Godesberg

Topographische Karte 1:25.000 (1991-1995). Die Blätter 3718 Bad Oeynhausen, 3919 Lemgo, 4006 Oeding, 4103 Emmerich, 4104 Isselburg, 4704 Viersen, 4809 Remscheid, 4810 Wipperfürth, 4904 Titz, 5014 Hilchenbach, 5403 Monschau. Bonn-Bad Godesberg. Bonn-Bad Godesberg

Atlanten

Administrativ-Statistischer Atlas vom Preußischen Staate 1828. Neudruck, Berlin 1990

Deutscher Städteatlas. Dortmund 1973ff.

Geographisch-landeskundlicher Atlas von Westfalen. Münster 1985ff.

Geschichtlicher Atlas der Rheinlande. Köln 1983ff.

- Karte IV.4: Busch, U. u.a.: Bodennutzung um 1820 und 1980 (1985)
- Karte IV.6: Gläßer, E. u.a. Siedlungsformen 1950 (1989)
- Karte IV.7: Burggraaff, P.: Kulturlandschaftswandel am Unteren Niederrhein seit 1150 (1992)
- Karte IV.8.1.-8.3: Dukwitz, G. u.a.: Kulturlandschaftswandel Ruhrgebiet 1850 bis 1990 (1996)
- Karte VI.1: Ennen, E.: Rheinisches Städtewesen bis 1250 (1982)
- Karte VII.4: Weiß, E.: Ländliche Bodenordnung (1992)

Muuß, U.; Schüttler, A.: Luftbildatlas Nordrhein-Westfalen. Eine Landeskunde in 80 farbigen Luftaufnahmen. Neumünster 1969.

Rheinische Städteatlas. Köln 1971ff.

Satellitenbild Atlas Nordrhein-Westfalen. Berlin u.a. 1994

Euregio Maas-Rhein Regionalatlas. Aachen 1988 (17 Blätter).

Topographischer Atlas von Nordrhein-Westfalen. 138 Kartenausschnitte ausgewählt und geographisch erläutert (Leitung: A. Schüttler). 2. Auflage, Bonn 1969

Westfälischer Städteatlas. Münster 1975ff.

Deutscher Planungsatlas. Band I: Nordrhein-Westfalen (Red. H. Reiners). Hannover 1982, mit folgenden Blättern:

- Karte 2.14: Naturräumliche Gliederung, M. 1:500.000 (Bearb. M. Bürgerner und E. Meynen). 1976
- Karte 6.02: Talsperren, Übersicht, M. 1:500.000. 1982
- Karte 6.02: Talsperren, Funktionselemente, M. 1:500.000. 1982

- Karte 6.06: Natürlichen Grundlagen für die Entwicklung der Landwirtschaft, M. 1:500.000 (Bearb. E. Otremba). 1977

- Karte 6.13: Flurbereinigung (Bearb. E. Weiß). 1981

- Karte 6.14: Waldverbreitung, M. 1:500.000 (Bearb. LÖLF). 1981

- Karte 6.15: Waldbesitzarten, (M. 1:500.000 (Bearb. LÖLF). 1982

- Karte 7.01: Verkehrsbedienung und -erschließung durch Eisenbahnen, M. 1:500.000 (Bearb. K. Roehl). 1981

- Karte 7.04: Entwicklung des Eisenbahnnetzes, M. 1.000.000 (Bearb. K. Roehl). 1979

- Karte 7.05: Bundesfernstraßennetzes, M. 1.500.000

- Karte 8.01: Naturschutzgebiete, Landschaftsschutzgebiete, Naturparke, M. 1:500.000 (Bearb. H.J. Bauer). 1980

- Karte 8.02: Ökologische Raumgliederung (Bearb. H.J. Bauer), Blatt I: Rheinschiene, M. 1:200.000, Blatt II: Ostwestfalen-Lippe, M. 1:200.000

- Die Bevölkerungsentwicklung in den Gemeinden 1837-1970 nach Entwicklungsverlaufsklassen, M. 1:500.000 (Bearb. D. Bartels und G. Deiters). 1974

- Bevölkerungsentwicklung im Ruhrgebiet 1843-1961, M. 1:433.000 (Bearb. H.G. Steinberg). 1977

- Gemeindegrenzen 1961, M. 1:500.000 (Bearb. Landesplanungsbehörde). 1971

- Gemeindegrenzen 1970, M. 1:500.000 (Bearb. Landesplanungsbehörde). 1972

- Territorien und Verwaltungsräume 1789, 1819, 1887, 1933, M. 1:500.000 (Bearb. A.H. von Wallthor). 1980

- Staats- und Verwaltungsgliederung 1946/1947, M. 1:500.000 (Bearb. A.H. von Wallthor). 1980

- Landesentwicklungsplanung 1. Landesentwicklungsplan I/II - Raum- und Siedlungsstruktur - vom 1.5.1979 (MBI. NW.S.1080). 1982

- Landesentwicklungsplanung 2. Landesentwicklungsplan IV. 1982

- Landwirtschaftlichen Bodennutzungssysteme in den Gemeinden 1971, M. 1:500.000 (Bearb. B. von Deenen). 1979

- Landwirtschaftliche Betriebssysteme in den Gemeinden 1971, M. 1:500.000 (Bearb. B. von Deenen). 1978

- Wasserstraßen und Häfen II, M. 1:500.000 (Bearb. F.W. Achilles). 1978

- Vegetation, M. 1:500.000 (Bearb. Bundesanstalt für Vegetationskunde, Naturschutz und Landschaftspflege (Bonn-Bad Godesberg, W. Trautmann unter Mitarb. v. E. Burrichter). 1972

- Durchschnittliche tägliche Verkehrsmenge 1975, M. 1:500.000. 1980

- Lagerstätten I, Steine und Erden, M. 1:500.000 (Bearb. GLA, Krefeld). 1973

- Lagerstätten II, Kohlen, Erdöl und -gas, Salze, Erze und Minerale, M. 1:500.000 (Bearb. GLA, Krefeld). 1973

- Entwicklung des rheinischen Braunkohlenbergbaus I, M. 1:100.000 (Bearb. H. Reiners). [1970]

- Entwicklung des rheinischen Braunkohlenbergbaus II - Wiedernutzbarmachung von Bergbauflächen -, M. 1:100.000 (Bearb. H. Reiners). [1974-1976]

- Entwicklung des rheinischen Braunkohlenbergbaus III - Feldesbesitz und planerische Gliederung, Umsiedlung, Grundwasser, Flächenbilanz -, M. 1:200.000 (Bearb. H. Reiners). 1977

- Entwicklung des rheinischen Braunkohlenbergbaus IV - Kohlenwirtschaft, Abraumwirtschaft, Energiewirtschaft, Struktur und Entwicklung -, M. 1:200.000 (Bearb. H. Reiners). 1977

- Kohlenwirtschaft I in den nordrhein-westfälischen Steinkohlenrevieren, M. 1:200.000 (Bearb. K.-H. Hottes und J.-C. Marandon). 1977

- Kohlenwirtschaft II in den nordrhein-westfälischen Steinkohlenrevieren, M. 1:200.000 (Bearb. K.-H. Hottes und J.-C. Marandon). 1977

- Verlagerte und neuerrichtete Industrie 1955-1967, M. 1:500.000, (Bearb. F.J. Hessing). 1977

Konzeptionelle Überlegungen für ein GIS-Kulturlandschaftskataster NRW und Erläuterungen zu mit Atlas*GIS durchgeführten Bearbeitungen

Beitrag zum Fachgutachten Kulturlandschaftspflege in Nordrhein-Westfalen

(Bonn im November 1996)

von Rolf Plöger

Inhaltsverzeichnis

1. EINLEITUNG

Im vorstehenden Fachgutachten wird der Aufbau eines *Kulturlandschaftskatasters* für Nordrhein-Westfalen empfohlen (Gutachten Abschnitt 5.1). Es wird vorgeschlagen, für ein solches Kulturlandschaftskataster grundsätzlich den Einsatz von Mitteln zur Datenverarbeitung vorzusehen und das Kataster in vorhandene Systemumgebungen zu integrieren, denn in NRW werden bereits im Ministerium und bei Landesdienststellen moderne Informations- und Kommunikationstechniken eingesetzt und zahlreiche rechnergestützte Anwendungen betrieben. Es sollte für das Kulturlandschaftskataster eine Datenbank aufgebaut werden, in welcher entsprechende Daten erfaßt, systematisiert, aufbereitet und regelmäßig aktualisiert und fortgeschrieben werden können. Die Datenbank sollte in ein geeignetes Informationssystem integriert werden, um die Fachdaten mit Informationen zur Kulturlandschaft effektiv erschließen und für Aufgaben zur Kulturlandschaftspflege auf allen relevanten Arbeits- und Entscheidungsebenen nutzbar machen zu können, und um weiteren Analysen sowie Planungszwecken und einer Koordination zwischen Landesbehörden und ggfs. Dritten zu dienen. Eine digitale Datenhaltung bei einer datenführenden Dienststelle (Betreiber) ermöglicht dezentrale Zugriffe durch andere Landesbehörden und ein Zusammenfügen und Abgleichen mit anderen vorhandenen Daten für Planungsaufgaben und Entscheidungshilfen.

Dienststellen des Landes NRW mit dem Landesamt für Datenverarbeitung und Statistik als zentraler Service betreiben bereits in unterschiedlichen Ausbaustufen rechnergestützte Informationssysteme und können untereinander Daten austauschen. In diesem Zusammenhang sind insbesondere zu nennen:

Das *Daten- und Informationssystem* DIM des Ministeriums für Umwelt, Raumordnung und Landwirtschaft (MURL) zur Unterstützung der Entscheidungsfindung im Umweltbereich.

Das *Automatisierte Raumordnungskataster* AROK bei den Regierungspräsidenten für Regional- und Landesplanungen.

Das *Landschafts-Informationssystem* LINFOS mit u.a. dem *Biotopkataster* bei der Landesanstalt für Ökologie, Bodenordnung und Forsten / Landesamt für Agrarordnung (LÖBF).

Die Fach-Datenbanken bei den Ämtern für Bodendenkmalpflege und Denkmalpflege der beiden Landschaftsverbände und beim Stadtkonservatoramt der Stadt Köln.

Das *GeoSchob-Kataster* des Geologischen Landesamtes (GLA).

Das *Bodeninformationssystem* BIS des Bodenschutzzentrums (BSZ).

Das *Gewässerüberwachungssystem* GÜS des Landesamtes für Wasser und Abfall.

Diese Fach-Informationssysteme bzw. Fach-Datenbanken sind auf eine raumbezogene Datenhaltung mit i.d.R. koordinatengenauen Ortsangaben ausgerichtet wie sie grundsätzlich auch für ein Kulturlandschaftskataster zu fordern ist. Die für die Erfassung, Verwaltung, Bearbeitung und Präsentation raumbezogener Daten genutzten Systeme werden i.a. als **Geographische Informationssysteme (GIS)** bezeichnet, die - je nach Ausstattungsgrad - auch über Programmfunktionen für raumbezogene Analysen verfügen. Bei Behörden in NRW wird als Landesstandard für graphisch-interaktives Arbeiten mit digitalen geographischen Daten ein sog. *Graphisch-interaktiver Arbeitsplatz* **GIAP** eingesetzt; die Ausstattung der einzelnen Landesdienststellen ist unterschiedlich weit fortgeschritten. Ein vergleichbarer Arbeitsplatz wird auch beim Kommunalverband Ruhrgebiet für die dortige *Flächennutzungskartierung* eingesetzt. Des weiteren ist auf den Aufbau des *Amtlich Topographisch-Kartographischen Informationssystems* ATKIS und der *Automatisierten Liegenschaftskarte* ALK beim Landesvermessungsamt in Bad Godesberg hinzuweisen, aus deren digitalen Datenmodellen anderen Landesbehörden erforderliche topographische Daten zur Verfügung gestellt werden.

Es wird zusammenfassend davon ausgegangen, daß für den Aufbau eines GIS-gestützten Kulturlandschaftskatasters bei einer Landesbehörde grundlegende EDV-Ausstattungen (Hardware, Software, Know-How) vorhanden sind. Die Einrichtung eines Kulturlandschaftskatasters erfordert eine Bereitstellung von zusätzlichem Speicherplatz sowie Installation einer Datenbank und Definition von Schnittstellen in vorhandener Softwareumgebung. Für dafür erforderlich werdende Erweiterungen vorhandener Rechner- und Speicherkapazitäten (Hardware) und ggfs. weitere Bedienerplätze sowie für entsprechende Kostenabschätzungen müssen weitere Überlegungen anschließen, die hier nicht geleistet werden können.

Wissenschaftliche Institute und freie Planungsbüros arbeiten im allgemeinen mit auf dem Markt verfügbaren Geographischen Informationssystemen (Arc/Info, MapInfo, Atlas*GIS etc.), denen i.d.R. ein anderes Konzept bei der Datenmodellierung (Ebenenprinzip) als für GIAP realisiert (objektorientiert) zugrunde liegt. Für einen Datenaustausch zwischen solchen marktgängigen GIS stehen im allgemeinen geeignete Konvertierungsprogramme der Hersteller zur Verfügung, hingegen erfordert der Datenaustausch mit GIAP oder ATKIS (EDBS-Schnittstelle) spezielle und auch aufwendigere Schnittstellenprogramme, die nicht immer frei verfügbar und auch relativ kostenträchtig sind.

Das Seminar für Historische Geographie der Universität Bonn hat das Programmsystem Atlas*GIS des US-Herstellers Strategic Mapping Inc. erworben (Vertrieb durch Fa. Geospace Bonn und Jena), um in praktischen Arbeiten Erkenntnisse und Erfahrungen bei der systematischen Inventarisierung von Kulturlandschaftselementen und -bereichen sowie der GIS-gestützten Auswertung und Erarbeitung thematischer Karten zu gewinnen. Die Entscheidung für das Produkt Atlas*GIS wurde - neben der Forderung nach Funktionalität für die Aufgabenstellung - im wesentlichen durch folgende Aspekte bestimmt:
- Die Software muß auf der vorhanden PC-Ausstattung (486er, DOS, Windows) lauffähig sein.
- Das Programm wird auch vom benachbarten Geographischen Institut eingesetzt, dortige Erfahrungen konnten weitergegeben, Hilfstellung erforderlichenfalls gewährleistet werden.
- Die Kosten sind tragbar.
- Firmenseitige Betreuung vor Ort und ausreichende Gewähr für Weiterentwicklungen entsprechend dem Fortschritt von GIS-Techniken sind zu erwarten.

Das Produkt Atlas*GIS wurde inzwischen von der US-Firma ESRI, Hersteller von Arc/Info und ArcView, aufgekauft und soll zukünftig in Verbindung mit der Arc/Info-Familie weiterentwickelt werden.

Weiterentwicklung und Preisgestaltung von GIS-Produkten ist ein dynamischer und vom Marktverhalten bestimmter Prozeß. Kapazitäts- und Leistungssteigerungen auf dem PC-Hardwaresektor führen parallel zu Weiterentwicklungen von Software mit leistungsfähigeren und erweiterten Funktionsbereichen. Die Softwarekosten für GIS-Produkte für einen PC-Arbeitsplatz können beispielhaft größenordnungsmäßig wie folgt beziffert werden (Auskunft Geospace v. Nov. 1996):

ArcView	3.000,— DM
ATKIS-Reader für ArcView	2.500,— DM
Atlas*GIS	1.700,— DM
ATKIS-EDBS Schnittstellenprogramm	5.000,— DM
Atlas-Regional/32 o. -Umwelt/32	10.900,— DM

Hinzu kommen ggfs. Kosten für kleinere Zusatzprogrammmodule, die im Einzelfall benötigt werden könnten (z.B. Import/Export, Programmiertools). Für Mehrfachlizenzen bieten die Hersteller i.a. verhandlungsfähige Rabattierungen an, insbesondere für Forschung und Lehre an Universitäten.

2. GIS-KULTURLANDSCHAFTSKATASTER

2.1 Überblick

In einem GIS-gestützten Kulturlandschaftskataster NRW (GIS-Kulturlandschaftskataster) sollten Daten in Bezug auf die heutige Kulturlandschaft erfaßt werden. Nach dem Fachgutachten sind folgende Informationensanteile zu berücksichtigen:

1. **Kulturlandschaftsbereiche, -bestandteile und -elemente** der heutigen Kulturlandschaft: Sie sind flächendeckend zu erfassen und darzustellen. Der Datenbestand soll die Darstellung des Kulturlandschaftswandels (Kulturlandschaftswandelkarte) und von persistenten Elementen und Strukturen sowie Relikten ermöglichen (Gutachten Abschnitte 1.3, 3.2.2, 4.1.1). Diese Erfassung ist als Inventarisation einzustufen und stellt eine wesentliche Grundlagenarbeit für das Kulturlandschaftskataster dar.

2. **Kulturlandschaftseinheiten und großräumige Kulturlandschaften**: Dieses sind Gebiete (Raumeinheiten), die als Ergebnisse von Bewertungsverfahren und Analysen ausgegliedert werden (Gutachten Abschnitte 1.3, 3.).

3. **Schutzgebiete und zu schützende Kulturlandschaftselemente**: Sie sind das Ergebnis planerischer und gesetzgeberischer Verfahren (Gutachten Abschnitt 1.3).

4. **Ergänzende Kartierungen**: Von anderen Institutionen erarbeitete, importierte und ggfs. aufbereitete Ergebnisse, die für Aufgaben zur Kulturlandschaftspflege, Planungen und Entscheidungsunterstützung wesentliche Informationen darstellen, z.B. Naturräumliche Gliederungen (Gutachten Abschnitt 1.1) oder Stadien der Kulturlandschaftsentwicklung in Nordrhein-Westfalen um 900, 1820, 1950 und 1990 (Gutachten Abschnitt 2.5).

5. **Fremddaten**: Aus anderen Fach-Informationssystemen und Fach-Datenbanken von Landesbehörden importierte Daten (z.B. Biotopkataster, GeoSchob-Kataster, Daten der Denkmalpflege), soweit sie für Bewertungsaufgaben, Planungen und Entscheidungsunterstützung notwendig sind (Gutachten Abschnitt 1.5).

6. **Verwaltungseinheiten**: Grenzen des Landes NRW, von Regierungsbezirken, Kreisen, kreisfreien Städten und Gemeinden, Grenzen von Besitzparzellen. Ggfs. weitere Einheiten.

In einem GIS werden Objekte der realen Welt (Kulturlandschaftselemente) und der abstrakten Raumordnung (Grenzen von Kulturlandschaften, Raumeinheiten, Schutzgebieten etc.) in einem Modell abgebildet und als „Geo-Objekte" (engl.: *features*) bezeichnet. Prinzipiell ist es möglich, ein GIS als Rastermodell oder Vektormodell oder sogar hybrides Modell aufzubauen. Das dem GIAP und auch Atlas*GIS zugrunde gelegte Modell ist vektororientiert. Es wird daher des weiteren von einem Vektormodell ausgegangen, das Punkte und durch Punktfolgen gebildete Polygone kennt. Die Verbindung zwischen 2 Punkten stellt einen Vektor dar. In einem GIS werden prinzipiell 3 Typen von Geo-Objekten definiert:
- Punktelemente: durch ein Punkt-Koordinatenpaar bestimmt,
- Linienelemente: durch einen Polygonzug mit Anfangs- und Endpunkt bestimmt,
- Flächenelemente: durch einen geschlossenen Polygonzug als von diesem umrandete Fläche bestimmt.

Die mit einem Geo-Objekt verbundenen Informationen sind als Daten in der GIS-Datenbank gespeichert, wobei man prinzipiell unterscheiden kann:
- *Geometriedaten*: Metrik (Projektion, Lage, Form) und Topologie (Nachbarschaftsbeziehungen).
- *Attributdaten*: In großer Vielfalt und Tiefe alle Sachdaten wie Eigenschaften, Merkmale, Werte, Hinweise, Bezeichnungen usw., die anwendungsorientiert ein Objekt beschreiben.

Für ein flächendeckendes Kulturlandschaftskataster NRW ist eine entsprechende Datenbank aufzubauen und in ein GIS zu integrieren. Konzeptionelle Überlegungen können vom Biotopkataster der LÖBF ausgehen: Dort sind die erfaßten Geometrien Flächen, und es sind nur zwei Typen erfaßt, nämlich Biotope und Schutzgebiete (Geo-Objekte). In einem GIS-Kulturlandschaftskataster kommen gegenüber dem Biotopkataster die Geometrien von Punkt- und Linienelementen hinzu, grundsätzlich ergeben sich aber daraus keine neuen Anforderungen an GIS-Fähigkeiten. Jedoch sind in einem Kulturlandschaftskataster in größerer Vielfalt nach Funktionsbereichen geordnete Kulturlandschaftselemente, -bereiche und -bestandteile, des weiteren Kulturlandschaften und -landschaftsein-heiten zu speichern und zu unterscheiden. Außerdem wird bei einer flächendeckenden Erfassung von einer erheblich größeren Anzahl von Geo-Objekten und damit mehr Speicherplatzbedarf ausge-gangen werden müssen.

Die Erfassung und Speicherung von Attributdaten im Kulturlandschaftskataster muß von anwen-dungsorientierten Aufgaben und Fragestellungen zur Kulturlandschaftspflege ausgehen. Spezifika-tion und Umfang der den Geo-Objekten unter Beachtung von GIS-Fähigkeiten zur Daten-manipulation und -bearbeitung zugeordneten Attributdaten bestimmen die Möglichkeiten für Auswertungen und Darstellungen, z.B. für die geforderte Darstellung von Kulturlandschaftswandel (Kulturlandschaftswandelkarte), persistenten Elementen und Strukturen sowie Relikten.

Die im Biotopkataster jedem Flächenelement vielfältig zugeordneten fachspezifischen und anwendungsorientierten Sachdaten und Beschreibungen sind in Attribut-Dateien mit alphanu-merischen Datenfeldern (verschieden für Biotope und Naturschutzgebiete) unterschiedlicher Länge gespeichert und können in diesem Zusammenhang prinzipiell wie folgt typisiert werden:
- Daten zur Identifikation und Lage wie: Objekt-Identifizierungsangaben, Kartenblatt und Gauß-Krüger-Koordinaten, Ortsangaben und zugehörige Verwaltungseinheiten.
- Daten zur Verwaltung und Organisation wie: Zuständigkeit für Bearbeitung, Termin-, Verfahrens- und Planungsangaben, organisatorische Hinweise.
- Semantische Daten: Deskriptive Objektbeschreibungen, Schutzziele und -einstufungen, umfang-reichere Angaben zur Artenvielfalt und Gefährdung bei Biotopen.

Im Biotopkataster sind o.a. Daten zur Identifikation und Lage sowie zur Verwaltung und Organi-sation auf Behördenaufgaben hin ausgerichtet, sollen auch von einem Bildschirmarbeitsplatz außer-halb eines GIAP-Bedienplatzes sowie als auf Papier ausgedruckte Dokumentation und Arbeitsgrund-lage genutzt werden können. Entsprechende Daten können grundsätzlich in gleichartiger Form (Datenfeldtyp, -bezeichnung, -inhalt, -länge) in einem Kulturlandschaftskataster aufgenommen wer-den, dieses wäre behördenseitig zu klären und zu entscheiden. Aus historisch-geographischer Sicht werden solche Attributdaten - bis auf Schlüsselfelder zur Identifizierung sowie Namensfelder (Objekt-Bezeichnung) - in einem GIS i.d.R. nicht benötigt. Weiter betrachtet werden daher des wei-teren nur *semantische Daten*, wie sie sich aus dem vorliegenden Gutachten ergeben.

2.2 Kulturlandschaftsbereiche, -bestandteile und -elemente

2.2.1   Geometrien

Auf der untersten Erfassungsebene und abhängig vom Kartierungsmaßstab (Kartenvorlagen und -ausdrucke) werden als kleinste Geometrien **Kulturlandschaftselemente** als Flächen-, Linien- und Punktelemente erfaßt. Da je nach Bearbeitungsmaßstab und Fragestellung (kleinere) Flächen als Punkt- oder Flächenelemente erfaßt werden können, sind für entsprechende Kulturlandschaftsele-mente ggfs. zwei getrennte Geo-Objekte zu erfassen (z.B. Bergbaubetrieb als „Zechenfläche" und als „Standort-Punkt"). Bezogen auf analoge Kartenvorlagen (z.B. beim Digitalisieren) und Karten-ausdrucke ist der Bearbeitungsmaßstab 1:25.000 und größer; im GIS sind die Geometrien jedoch maßstabsunabhängig gespeichert. Der gewählte Bearbeitungsmaßstab bezieht sich daher im GIS auf Lagegenauigkeit und Generalisierungsmaß der erfaßten Geometrien.

Kulturlandschaftsbereiche sind Flächenelemente einer nächst höheren Ordnungsstufe als die Kulturlandschaftselemente. Im Idealfall umschließt ein Kulturlandschaftsbereich mehrere räumlich und funktional zusammenhängende flächenhafte Kulturlandschaftselemente und wird dann durch Verbinden der Teilflächen bzw. deren äußerste Umrandung gebildet (Beispiel: Industriegebiet umfaßt Zechen- und Hüttenanlagen, Halden- und Freiflächen). Die Zugehörigkeit von flächenhaften Kulturlandschaftselementen zu einem übergeordneten Kulturlandschaftsbereich kann auch über Attributdaten definiert werden. In anderen Fällen bedarf es aufgrund der Fragestellung und Bewertung keiner weiteren flächigen Unterteilung des Kulturlandschaftsbereiches; der betreffende Bereich wird für sich als Geo-Objekt erfaßt (Beispiele: historischer Stadtkern, Wohngebiet, Waldgebiet). Bei flächendeckender Erfassung berühren sich Kulturlandschaftsbereiche an gemeinsamen Grenzen und füllen das Landesgebiet NRW vollständig aus. Punktelemente liegen immer innerhalb von Kulturlandschaftsbereichen bzw. flächenhaften Kulturlandschaftselementen, Linienelemente überlagern Flächenelemente oder folgen deren Grenzen.

Kulturlandschaftsbestandteile sind Strukturen, die durch funktional zusammenhängende Kulturlandschaftselemente (Flächen-, Linien- oder Punktelemente) gebildet werden. Kulturlandschaftsbestandteile werden nicht als eigenständige Geo-Objekte erfaßt, sondern es ist ausreichend, die betreffenden Kulturlandschaftselemente zu erfassen und ihre Strukturzugehörigkeit über Attributdaten zu definieren und zu kennzeichnen (siehe nachfolgend).

2.2.2   Attributdaten

2.2.2.1 Datenfeld für Strukturen

Funktional zusammenhängende Kulturlandschaftselemente (Flächen-, Linien- oder Punktelemente) werden dadurch als zu einer Struktur gehörend gekennzeichnet, daß in einem entsprechenden Datenfeld geeignete Angaben gemacht werden. Dieses könnten deskriptive Bezeichnungen oder auch geeignete Codierungen sein.

Beispiel für einen möglichen Datenfeldeintrag: GB-Aj
-   GB = alphanumerische Codierung einer Struktur im Funktionsbereich Bergbau (G = Gewerbe, Industrie; B = Bergbau),
-   A = Struktur A, weitere Bergbau-Strukturen im Alphabet fortlaufend,
-   j = 1, 2, ..., n ist die fortlaufende Numerierung der Elemente.

Für jedes zur Struktur A gehörende Element wird im entsprechenden Datenfeld die Angabe GB-A, gefolgt von einer fortlaufenden Nummer, gespeichert.

2.2.2.2 Datenfelder Zeit, Funktion und Form

Ausgehend vom funktionalen und prozeßorientierten Systemzusammenhang einer Kulturlandschaft sind Zeitstellung (historische Dimension) und Funktion (Nutzung) sowie Erscheinungsbild (Form und Aussehen) die wesentlichsten Merkmale von Kulturlandschaftselementen und -bereichen (Gutachten Abschnitt 1.1). Diese drei Merkmale sind als Attributdaten in eigenen Datenfeldern für jedes Geo-Objekt (Kulturlandschaftsbereiche und -elemente) zu speichern, um eine Auswahl (Datenbankabfrage) für entsprechende Darstellungen von Kulturlandschaftswandel, persistenten Elementen und Strukturen sowie Relikten zu ermöglichen (Gutachten Abschnitt 2.2, 4.1.1):
•   ZEIT: Die Zeitstellung (kurz: ZEIT) könnte durch Angabe von Zeitperioden oder Jahreszahlen erfaßt werden.
•   FUNKTION und FORM: Erfaßt werden Funktionen und Nutzungen (kurz: FUNKTION) sowie Erscheinungsbild bzw. äußere Form und Aussehen (kurz: FORM). Eine Zusammenstellung von nach Funktionsbereichen geordneten Funktionen findet sich im Gutachten Abschnitt 3.2.2. Eine solche Zusammenstellung ist zu vervollständigen und für Datenbankanwendungen als verbindliche Grundlage zu vereinbaren.

In einem GIS-Kulturlandschaftskataster werden in der Gegenwart vorhandene Kulturlandschaftselemente und -bereiche erfaßt, d.h. die Angaben zu FUNKTION und FORM müssen in Relation zur historischen Entwicklung (ZEIT) erfaßt werden: Eine Funktion kann über betrachtete Zeit-perioden hin bis heute gleich geblieben sein (persistente Elemente), gewechselt haben oder auch ganz oder teilweise verloren gegangen sein (Relikte). Die FORM kann sich bei gleich gebliebener Funktion geändert haben (Beispiel: Ein Wohngebiet wird nach Kriegszerstörungen mit modernen Bauten und neuer Infrastruktur aufgebaut) oder sich bei einem Funktionswechsel auch nicht geändert haben (Beispiel: Ein Industriebau des 19. Jh. wird heute als Kulturzentrum genutzt). Es sind daher in einem entsprechenden Datenfeld die ZEIT, in weiteren Feldern FUNKTION und FORM zu speichern, die zu genau dieser Zeitstellung Kulturlandschaftsbereichen und -elementen zugeordnet werden.

Für Datenbankmanipulationen sind deskriptive, alphanumerische Angaben in Datenfeldern ungeeignet. Es wird daher eine weitergehende hierarchische Strukturierung und eine numerische Codierung für die Datenspeicherung von FUNKTION und FORM vorgeschlagen. Für interne Bearbeitungen wurde eine entsprechende Syntax erarbeitet und angewandt (s. nachfolgend Abschnitt 3.).

Diese Erfassung von Attributdaten ZEIT, FUNKTION und FORM bedeutet für die Geometrie betreffender Geo-Objekte:
- *Punktelemente*: Kein Einfluß auf die Geometrie, Darstellung Geo-Objekt (in Karten) attributbe-stimmt durch Punktsymbol unterschieden nach Typ, Größe, Farbe.
- *Linienelemente und Flächenelemente*: Sie sind zu erfassen als Geo-Objekte kleinster definier-barer Geometrie mit homogenen Attributen, d.h. über alle erfaßten Zeitstellungen hinweg betref-fen Wechsel bzw. Veränderungen von FUNKTION und FORM genau diese Geometrie. Beispiel Linienelement: Zerlegen einer Eisenbahnlinie in Teilstrecken mit jeweils nur für diese zutreffen-den Daten für Zeiten wie Inbetriebnahme, Stillegung, Nutzung als Industriebahn, Ausbau für öffentlichen Nahverkehr etc.. Beispiel Flächenelement: Aufteilen eines Industriegebietes in Flächenanteile mit jeweils nur für diese zutreffenden Daten für Zeiten wie Inbetriebnahme, Ge-bietserweiterung, Umnutzungen etc. Die Darstellung der Geo-Objekte in Karten kann dann attri-butbestimmt durch Farbgebung und Signaturen erfolgen.

Die im Gutachten verfolgte Vorgehensweise der Auswertung von Kartenquellen bestimmter Zeitschnitte bedeutet, daß zunächst nur bezogen auf die ZEIT der Kartenausgabe (Berichtigungsstand) Daten erfaßt und gespeichert werden. Bei Punktelementen wird man jedoch auch ohne Auswirkungen auf ihre Geometrie die tatsächlichen, quellenmäßig belegten Zeitpunkte (Jahre) für Ersterfassung (Erbau-ung, Inbetriebnahme usw.) sowie Erfassung von Veränderungen (Außerbetriebnahme, Umnutzung, Abriß usw.) zuordnen und nachtragen können. Dieses wird i.a. auch noch für Linienelemente gelten, soweit entsprechende Teilstrecken abgesteckt werden können. Bei Flächenelementen hingegen können in der Regel nur die Zeitschnitte der ausgewerteten analogen Kartenvorlagen angegeben werden. Zwischen-zeitliche Veränderungen von Flächennutzungen sind nicht ohne weiteres faßbar und aus historisch-geo-graphischer Sicht auch nur dann von Bedeutung und ggfs. aus zusätzlichen Quellen zu erfassen, wenn sie prägend und nachhaltig auf die Kulturlandschaftsentwicklung eingewirkt haben.

Die Erfassung von Kulturlandschaftsbereichen und -elementen mit zugehörigen Daten für ZEIT, FUNKTION und FORM ermöglicht charakteristische Abfragen bzw. Darstellungen (Ausgabe: Karten, Listen) wie:
- Kulturlandschaftswandelkarte,
- Darstellung von Relikten und persistenten Elementen,
  Darstellung ausgewählter Kulturlandschaftsbereiche oder -elemente.

Abhängig von einer Differenzierung der Daten zur Zeitstellung könnten die Datenfelder ZEIT, FUNKTION/FORM „aufgesplittet" und dadurch Auswertungs- und Darstellungsmöglichkeiten über Datenbankabfragen erweitert werden. Es ist aus Anwendersicht zu klären und zu entscheiden, in welchem Umfang ein GIS-Kulturlandschaftskataster auch als Informationssystem Auswertungen nach verschiedensten Merkmalen ermöglichen und auf Fragestellungen flexibel reagieren soll. Nachfolgende Alternativen sollen beispielhaft mögliche Ansätze verdeutlichen:

Alternative A:
Es werden nur ausgewählte, definierte Zeitschnitte betrachtet, z.B. die im Gutachten betrachteten Zeitschnitte 1840, 1900, 1955 und 1990. Es werden die beiden Datenfelder ZEIT und FUNKTION eingerichtet:

Typ	Objekt-Bezeichnung	ZEIT	FUNKTION	Beschreibung
P	Malakow-Turm	1900	53123 1	Malakow-Turm Zeche Carl, Altenessen: 1856-61 erbaut; nach Zechenstillegung seit 1977 unter Denkmalschutz stehend
P	Villa Hügel	1900	13110 2	1869/72 erbaut, seit 1953 Kultur- und Ausstellungszentrum
L	Werksbahn Stolberg	1900	22131 2	Trasse ehem. Werksbahn von 1887 zum Münsterbusch, heute Wanderweg Atsch-Hamm
L	Autobahn	1955	21110 0	Trasse A 555 Köln-Bonn, seit 1936
F	Stadtkern Essen	1840	12210 3	Mittelalterlicher Stadtkern
F	Zeche Zollverein	1955	53120 2 turzentrum	Zeche Zollverein XII, Essen: 1928 Inbetriebnahme, 1986 stillgelegt, heute teilweise Kul
F	Kolonie Zollverein	1900	12240 0	Kolonie Zollverein III, Essen, Arbeitersiedlung, erbaut 1883/84.
F	Deininghausen	1990	12230 0	Castrop-Rauxel-Deininghausen, Großwohn-Anlage, 1960 -1970 erbaut
F	Die Haard	1840	32000 0	seit um 1800 bewaldeter Teil
F	Ackerland	1955	31100 0	ehem. Bergwerksgelände (1794-1901), Flurbereinigungen 1953
F	Braunkohletagebau	1990	53210 0	Tagebau Hambach, Aufschlußbeginn 1978

Anmerkung: In den hier aufgeführten Beispielen werden für die FUNKTION 5-stellige Codierungen verwendet, die aus einem vom Verfasser für interne Bearbeitungen erarbeiteten „Funktionen-Katalog" entnommen sind:

FUNKTION	Bedeutung:	FUNKTION	Bedeutung:
12210	historischer Stadtkern	22131	Industrie-, Werksbahn
12230	Wohnviertel, Wohnsiedlung	31000	Landwirtschaft
12240	Arbeiter-, Werkssiedlung	31100	Ackerland
13110	Villa, repräsentativer Wohnbau	32000	Waldgebiet
14210	Kulturzentrum	53120	Zeche
21110	Autobahn	53123	Förderturm
21190	Weg	53210	Braunkohlenabbau, Tagebau

Die FORM ist an 6. Stelle im Feld FUNKTION codiert:
0 = persistentes Element (seit ZEIT)
1 = Relikt: ohne Funktion, FORM unverändert oder noch wesentlich erhalten
2 = Relikt: neue Funktion, FORM unverändert oder noch wesentlich erhalten
3 = alte Funktion, aber FORM geändert

Die Jahreszahl im Feld ZEIT bezeichnet das Endjahr der vorausgehenden Zeitperiode, in welcher das betreffende und heute in der Kulturlandschaft vorhandene Element erstmals zu erfassen ist; alternativ könnte eine Periodenbezeichnung angegeben werden. Die codierte FUNKTION gibt bei Relikten die ursprüngliche Funktion an. Die beiden Felder ZEIT und FUNKTION stehen für Datenbankabfragen und dadurch für mit GIS-Funktionen automatisch erstellbare thematische Karten zur Verfügung. Thematische Angaben zur Zeitstellung können dabei nur auf Zeitperioden bezogen werden. Weitere Angaben können informativ dem Text-Datenfeld BESCHREIBUNG entnommen werden, wie das tatsächliche Jahr einer Inbetriebnahme, Erbauung, Funktionsänderung usw., bei Relikten deren gegenwärtige Nutzung oder bedeutende frühere Nutzungen.

Alternative B:
Bei weitergehender Differenzierung der Zeitstellung können auch entsprechend differenzierte Datenbankabfragen und Darstellungen erreicht werden. Eine Datenspeicherung von ZEIT und FUNKTION/FORM zum jeweiligen tatsächlichen Zeitpunkt (Jahr) der Ersterfassung und des danach faßbaren Funktionswandels bzw. der Veränderung des Erscheinungsbildes ermöglicht dynamische Datenbankabfragen, z.B.: Inbetriebnahme und Stillegung einer Zeche, die danach erfolgte Einrichtung eines Kulturzentrums. Die Tabelle aus Alternative A könnte wie folgt erweitert werden (Feld BESCHREIBUNG ausgelassen):

Objekt-Bezeichnung	ALZT	ALFN	Z1ZT	Z1FN	Z2ZT	Z2FN
P-Malakow-Turm	1861	53123 0	1977	53123 1		
P-Villa Hügel	1872	13110 0	1953	14210 2		
L-Autobahn	1936	21110 0				
L-Werksbahn Stolberg	1887	22131 0	1980	22131 1	1985	21190 0
F-Stadtkern Essen	1800	12210 0	1945	12210 3		
F-Zeche Zollverein	1928	53120 0	1986	14210 2		
F-Kolonie Zollverein	1884	12240 0				
F-Deininghausen	1970	12230 0				
F-Die Haard	1800	32000 0				
F-Ackerland	1901	31100 0	1953	31100 3		
F-Braunkohlenabbau	1978	53210 0				

Bemerkung: Die Zeche Zollverein ist hier als Punktelement erfaßt, da mit der Stillegung ein Wechsel von Flächennutzungen verbunden war, der im Beispiel nicht erfaßt wird.

Für die Datenfelder ZEIT und FUNKTION/FORM werden paarweise Felder für die „älteste Zeit" der Ersterfassung (ALZT/ALFN) und für nachfolgende Zwischenzeiten (Z1ZT/Z1FN usw.) zur fortlaufenden Erfassung von Zeitpunkt (Jahr) und Wandel bzw. Veränderung von FUNKTION und FORM eingerichtet. Die ZEIT-Angaben beziehen sich in dieser Tabelle im Gegensatz zur Alternative A auf den Beginn einer Zeitperiode. Die FORM muß im Datenfeld ALFN zwingend „Null" codiert werden. Die Alternative B bietet folgende Vorteile bzw. Erweiterungen:
- Für die Darstellung des Kulturlandschaftswandels können beliebige Zeitschnitte gewählt werden.
- Das tatsächliche Jahr einer Inbetriebnahme, Erbauung, Funktionsänderung usw. wird erfaßt und darstellbar.
- Bei Relikten ist deren gegenwärtige Nutzung abrufbar.
Nachteilig ist, daß eine größere Anzahl Datenfelder benötigt wird und damit der Aufwand für Datenpflegemaßnahmen steigt.

Alternative C:
In einem Kulturlandschaftskataster werden i.d.R. keine verschwundenen Kulturlandschaftsbereiche und -elemente erfaßt. Dennoch könnte es im Einzelfall für das Erkennen und Bewerten von Strukturen und weiteren Zusammenhängen von Interesse sein, auch verschwundene Elemente oder frühere Flächennutzungen über die Datenfelder ZEIT und FUNKTION/FORM zu erfassen. Bei wissenschaftlichen Arbeiten zur Genese einer Kulturlandschaft ist die Erfassung vergangener Zustände

unerläßlich.

Das o.a. Beispiel der Industriebahn in Stolberg verdeutlicht den weiteren Ansatz: Die Stillegung der Bahn im Jahr 1980 wird mit FORM=1 codiert (6. Stelle im Feld Z1FN), Abriß der Anlagen und Einrichtung als Wanderweg im Jahr 1985 werden durch neue Codierung im Feld Z2FN angegeben. Der heutige Wanderweg kann durch Datenbankabfrage unmittelbar als Relikt der ehemaligen Werksbahntrasse erkannt und dargestellt werden.

Ehemalige Funktionen und Nutzungen bereits gespeicherter und bis zur Gegenwart geführter Geometrien können so mit den Datenfeldern nach Alternative B erfaßt werden. Für Kulturlandschaftsbereiche trifft das grundsätzlich zu, denn diese werden flächendeckend erfaßt und überdecken als Flächenelemente mosaikartig das gesamte Landesgebiet NRW (beachten: Erfassen kleinster definierbarer Geometrien mit homogenen Attributen, siehe Seite 307). In diesem Sinne gibt es im GIS keine „weißen Gebiete" oder „verschwundenen Flächen", sondern nur Flächennutzungsänderungen.

Für Linien- und Punktelemente gilt diese Aussage nicht: Im o.a. Beispiel „Werksbahn Stolberg" wurde als heutiges Kulturlandschaftselement der Wanderweg als Linienelement erfaßt, und Angaben zum Vorläufer Werksbahn wurden gespeichert, um den „Verursacher" der Trasse im Hinblick auf die Struktur zu erfassen. Verschwundene Eisenbahntrassen, die sich heute nicht mehr als Relikte an vorhandenen Linienelementen in der Kulturlandschaft festmachen lassen (im GIS: nicht bis in die Gegenwart fortgeführte Geometrien), würden nicht erfaßt.

Für die Erfassung in der Kulturlandschaft verschwundener Punkt- und Linienelemente wird daher ein weiteres Datenfeldpaar JUZT/JUFN für die „jüngste Zeit" eingeführt, um die Zeitstellung des Verschwindens (Abbruch, Abriß) zu erfassen. Flächenelemente wären nur insoweit einzubeziehen, wie im GIS für diese keine Geometrien bis zur Gegenwart fortgeführt werden. Das könnte z.B. bei bestimmten thematischen Sachverhalten der Fall sein, wo einzelne flächenhafte Kulturlandschaftselemente darzustellen sind, ohne eine flächendeckende Erfassung anzustreben. Die Tabelle aus Alternative B könnte wie folgt erweitert werden:

Objekt-Bezeichnung	ALZT	ALFN	Z1ZT	Z1FN	Z2ZT	Z2FN	JUZT	JUFN
P-Malakow-Turm	1861	53123 0	1977	53123 1	1995	53123 1		
P-Villa Hügel	1872	13110 0	1953	14210 2	1995	14210 2		
P-Ehem. Bergwerk	1794	53120 0	1901	53120 0				
L-Autobahn	1936	21110 0	1995	21110 0				
L-Werksbahn Stolberg	1887	22131 0	1980	22131 1	1985	21190 0	1995	21190 0
L-Zechenbahn	1881	22131 0	1894	22131 0				
F-Stadtkern Essen	1800	12210 0	1945	12210 3	1995	12210 3		
F-Zeche Zollverein	1928	53120 0	1986	14210 2	1995	14210 2		
F-Kolonie Zollverein	1884	12240 0	1995	12240 0				
F-Deininghausen	1800	31000 0	1970	12230 0	1995	12230 0		
F-Die Haard	1800	32000 0	1995	32000 0				
F-Ackerland	1794	53120 0	1901	31100 0	1955	31100 3	1995	31100 3
F-Braunkohlenabbau	1978	53210 0	1995	53210 0				

Bemerkung: Bei einem Wechsel einer Flächennutzung wird die neue FUNKTION mit FORM „Null" codiert (Beispiel: Ackerland wird Wohnsiedlung).

In dieser Tabelle ist z.B. abrufbar, daß das „Ackerland" ein ehemaliges Bergwerksgelände umfaßt, für Strukturanalysen eine wichtige Feststellung. Der Standort dieses ehemaligen Bergwerkes ist nochmals als Punktelement erfaßt.

Im Datenfeld JUZT ist das Jahr des Verschwindens eines Kulturlandschaftselementes oder die Jahreszahl für die Gegenwart gespeichert (1995, Jahr der letzten Bearbeitung). Dieses Datum wäre im Rahmen der Datenpflege bzw. bei zukünftigen Bearbeitungen fortzuschreiben. Das Datenfeld JUZT markiert im Gegensatz zu den vorangehenden ZEIT-Feldern das Ende einer Periode. Daher ist der Datenfeldinhalt JUFN identisch mit dem zuletzt davor belegten Datenfeld ZxFN bzw. ALFN. Um redundante Datenhaltungen zu vermeiden, könnte daher das Feld JUFN weggelassen oder für Belegungen „automatisch" an das zuletzt belegte Feld gekoppelt werden.

2.2.2.3 Weitere Datenfelder

Bezüglich weiterer Datenfelder werden nur allgemeine Überlegungen angesprochen, soweit sie aus dem vorliegenden Gutachten zu folgern sind. Dies betrifft in erster Linie Angaben, die Bewertungen von Kulturlandschaftsbereichen und ihrer Bestandteile und Elemente aufgrund beschreibender und wertender Aussagen ermöglichen sollen (Gutachten Abschnitt 4.1.2).
Auf der Sachebene sind einzuordnen:
1. Angaben zum historischen Wert - Zeugniswert: Zeitstellungen werden bereits durch das Datenfeld ZEIT (Jahreszahl) erfaßt.
2. Angaben zum Erhaltungswert: Betroffen ist die funktionale Dimension. In codierter Form werden Angaben zur Funktion und Nutzung sowie zum Erscheinungsbild bzw. zu Form und Aussehen im Datenfeld FUNKTION erfaßt.
Die Datenfelder ZEIT und FUNKTION/FORM (siehe vorstehenden Abschnitt) ermöglichen über Datenbankabfragen Auswertungen für Bewertungen. Weiterhin erforderlich werdende Angaben zum historischen Wert und zum Erhaltungswert sollten in entsprechenden zusätzlichen Text-Datenfeldern gespeichert werden.
Auf der Sachebene sind im Rahmen einer Inventarisation desweiteren Angaben zu erfassen zum
3. Seltenheitswert und
4. Wert der räumlichen Zusammenhänge und Beziehungen.
Entsprechende Angaben können ebenfalls in Text-Datenfeldern einer Datenbank gespeichert werden. Räumliche Zusammenhänge bezüglich Strukturen werden auch in einem entsprechenden Datenfeld „Struktur" erfaßt (siehe Abschnitt 1.21.1). Zu überlegen wäre, inwieweit geeignete numerische oder codierte Werte verwendet werden sollten, um diesbezügliche Datenbankabfragen zu erleichtern. Außerdem könnten hier GIS-Funktionen für raumbezogene Analysen genutzt und deren Ergebnisse festgehalten und berücksichtigt werden (z.B. zum Seltenheitswert: Wieviel Elemente bestimmter Funktion befinden sich in einem definierten Raum im Vergleich zu einem anderen Raum? Zum räumlichen Zusammenhang: Welche Arbeitersiedlungen befinden sich im Umkreis einer Zeche?).
Auf der Wertebene nach Abschnitt 4.1.2 des Gutachtens wären Angaben einzustufen zum
6. künstlerischen Wert,
7. regionaltypischen Wert (Identität),
8. Wert der sensoriellen Dimensionen (Eigenart, Vielfalt und Schönheit),
9. Ausstrahlungswert oder -effekt,
10. Nutzungswert und
11. historisch-geographischen Wert.

Die Angaben auf der Wertebene sind das Ergebnis von Analysen und Bewertungen und können in Textform in entsprechenden Datenfeldern einer Datenbank gespeichert werden. GIS-Analysefunktionen sind hier nicht oder nicht ohne weitere Spezifizierung anwendbar. So ist es z.B. denkbar, quantifizierbare Größen (Zahlenwerte) und Gewichtungen einzuführen und durch numerische Verfahren optimierte Ergebnisse zu berechnen. Solchen Vorgehensweisen sind jedoch sehr sorgfältige Analysen und Spezifizierungen zugrunde zu legen, sie werden hier nicht weiter verfolgt. In diesem Zusammenhang sei aber auf ein Gutachten zu den Möglichkeiten der Erfassung von Kulturlandschaftselementen verwiesen, daß im Auftrag des Bundesministers für Umwelt, Naturschutz und Reaktorsicherheit an der Universität Saarbrücken unter Leitung von Prof. Quasten erarbeitet wurde.

Schließlich ist auch der in Abschnitt 4.1.2 des Gutachtens aufgeführte

12. Schutzstatus

ein Ergebnis umfangreicher Planung und Gesetzgebung und in geeigneter Weise als Text oder in codierter Form in einem Datenfeld zu speichern. Schutzgebiete sind Flächenelemente, die im GIS durch Verbinden (Zusammenfügen) definierter Kulturlandschaftsbereiche und/oder -elemente (Flächen) definiert und dargestellt werden können oder gesondert ausgewiesen werden müssen. Für zu schützende Objekte, die im GIS als Linien- und Punktelemente definiert sind, sind keine neuen Geometrien zu erfassen, sie werden durch Eintrag im betreffenden Datenfeld ausgewiesen. Real sind Linien- und Punktelemente natürlich auch Flächen, es ist daher eine Frage des Bearbeitungs- maßstabes und der sich z.B. aus besitzrechtlichen Betrachtungen ergebenden Notwendigkeit, solche Kulturlandschaftselemente (zusätzlich auch) flächenmäßig zu erfassen.

In diesem Zusammenhang sind auch Ergebnisse von Bewertungen, Planungen und Entscheidun- gen zu betrachten und zu erfassen:
- zum „Pflegen" und „Behutsamen Weiterentwickeln" (Gutachten Abschnitt 1.3),
- zu konkreten Entwicklungs-, Bewirtschaftungs-, Pflege- und Nutzungsvorschlägen (Gutachten Abschnitt 1.3) sowie
- zu Erhalt, Veränderung oder Zerstörung von Kulturlandschaftselementen (Gutachten Abschnitt 5.3).

Zusammenfassend ergibt sich für die Erfassung der in diesem Abschnitt angesprochenen semanti- schen Daten (Ziffern 1-12) von Kulturlandschaftsbereichen und -elementen in einem GIS- Kulturlandschaftskataster:

Alle Angaben sind grundsätzlich in einer Datenbank speicherbar, aufgrund bisheriger Betrach- tungen zunächst in Textform. Text-Datenfelder sind mit Datenbankfunktionen (Datenmanipulatio- nen, Datenbankabfragen) nur bedingt auswertbar, sie haben vornehmlich deskriptiven und informa- tiven Charakter. Hinzu kommt, daß die Feldlänge (Anzahl Zeichen) von Text-Datenfeldern ggfs. datenbankspezifisch begrenzt ist (in Atlas*GIS z.B. auf nur 254 Zeichen).

Es muß weiteren Überlegungen und Abstimmungen mit dem Nutzer überlassen bleiben, in welchem Umfang die hier angesprochenen Daten in einem GIS-Kulturlandschaftskataster NRW aufgenommen werden sollen. Im Vergleich zum bestehenden Biotopkataster LÖBF sind für die Daten zu ZEIT, FUNKTION und FORM Datenfelder für Datenbankabfragen und Darstellung the- matischer Sachverhalte einzurichten, wie sie im Biotopkataster nicht gegeben, aber für ein Kulturlandschaftskataster aus hiesiger Sicht wesentlich sind. Alle anderen semantischen Daten kön- nen in Textform in spezifischen Datenfeldern oder Textdateien gespeichert werden, wie sie ver- gleichbar im Biotopkataster - mit dortigem spezifischem Inhalt - gegeben sind.

Auf der Ebene des Kulturlandschaftsinventars ist auch ein Datenaustausch mit o.a. Fach- Informationssystemen und Fach-Datenbanken zu ermöglichen, um Daten zu überlagern, abzuglei- chen und zusammenzubringen und schließlich durch Berücksichtigung aller verfügbaren Daten eine Gesamtbewertung zu gewährleisten.

2.3 Kulturlandschaftseinheiten und großräumige Kulturlandschaften

2.3.1 Geometrien

Kulturlandschaftseinheiten und großräumige Kulturlandschaften werden in einem GIS-Kultur- landschaftskataster als Flächenelemente erfaßt. Ziel ist nicht eine flächendeckende Inventarisierung, sondern eine Darstellung von Ergebnissen umfassender Bewertungsverfahren und Analysen für ver- gleichende und typisierende Betrachtungen, für Planungszwecke und Entscheidungsvorbereitungen. Der Bearbeitungsmaßstab (analoge Kartenvorlagen und -ausdrucke) ist 1:100.000 / 1:50.000.

Eine folgerichtige Vorgehensweise zur Darstellung von Kulturlandschaftseinheiten in GIS wäre die Zusammenfassung (Verbinden) von zuzuordnenden Kulturlandschaftsbereichen und flächenhaften Kulturlandschaftselementen (bottom-up). In einem GIS stehen dafür geeignete Funktionen zur Verfügung. Eine Kulturlandschaftseinheit ist dann durch die äußere Umrandung aller eingeschlossenen Kulturlandschaftsbereiche und -elemente definiert. Analog werden großräumige Kulturlandschaften durch Zusammenfassung von Kulturlandschaftseinheiten gebildet. Im GIS ergibt sich damit eine hierarchische Strukturierung von Flächenelementen:
- Landesgebiet NRW,
- großräumige Kulturlandschaften,
- Kulturlandschaftseinheiten,
- Kulturlandschaftsbereiche,
- flächenhafte Kulturlandschaftselemente.

Hinzu kommen Schutzgebiete, deren Grenzverlauf i.d.R. den Grenzen eingeschlossener Flächenelemente folgen sollte. Diese Ordnungsstruktur kann in einem GIS - je nach Ausstattungsgrad mit entsprechenden Funktionen - genutzt werden, um raumbezogene Analysen zu unterstützen, z.B. die Ermittlung von definierten Punkt-, Linien- und Flächeneelementen innerhalb einer Bezugsfläche, Berechnung und Vergleich von Flächengrößen, Datenaggregationen usw.

Eine solchermaßen flächendeckende GIS-Erfassung für das Landesgebiet NRW liegt nicht vor. Andererseits wurden im Rahmen des Fachgutachtens großräumige Kulturlandschaften ausgegliedert, die in einem GIS-Kulturlandschaftskataster zu übernehmen sind. In zukünftigen Bearbeitungen könnten dann weitere Untergliederungen erfolgen (top-down) bzw. umgekehrt von Kulturlandschaftseinheiten ausgehend die höheren Ordnungseinheiten begründet und bestimmt werden. Mit fortschreitender Erkenntnis würden ggfs. die Grenzverläufe der bisher definierten großräumigen Kulturlandschaften angepaßt werden (Datenpflegeaufgaben).

2.3.2 Attributdaten

Für ausgewiesene großräumige Kulturlandschaften und Kulturlandschaftseinheiten sind zu erfassen:

Zeitstellung: Die Ausdehnung (Geometrie) bezieht sich auf einen bestimmten Zeitschnitt, im vorliegenden Gutachten auf das Jahr 1990 (Kulturlandschaft um 1990). Zukünftige Entwicklungen der Kulturlandschaft könnten zu neuen räumlichen Einteilungen führen, die dann in periodischen Zeitabständen erfaßt werden sollten.

Beschreibung: Beschreibungen von Kulturlandschaften, Begründungen zur Ausgliederung und Entwicklungsziele sind im vorliegenden Gutachten für die großräumigen Kulturlandschaften im einzelnen ausgeführt worden (Gutachten Abschnitte 2 u. 3). Untergliederungen in einzelne Datenfelder sind denkbar und möglich, z.B.:
- Übersicht und zusammenfassende Beschreibung,
- Zeitperioden: Beschreibung von Situation und Entwicklung (Gutachten Abschnitt 3),
- Kriterien zur Ausgliederung (Gutachten Abschnitt 2.5): visuelle und erlebbare Dimension (Landschaftsbild), historische Dimension (Kulturlandschaftsentwicklung), funktionale Dimension, verbindende und trennende Dimension, emotionale (ästhetische) Dimension (identitätsbildend).
- Zuordnung zu primären, sekundären, tertiären Landschaften (Gutachten Abschnitt 2.5),
- Schutz- und Entwicklungsziele: Leitbilder, Leitlinien, Kulturlandschaftsqualitätsziele (Gutachten Abschnitt 3.4).

Zusammenfassend:

Attributdaten für großräumige Kulturlandschaften und Kulturlandschaftseinheiten sind in einem GIS-Kulturlandschaftskataster aufgrund ihres beschreibenden Charakters vornehmlich in Textform zu speichern. Es bedarf weiterer Überlegungen, orientiert an behördlichen Aufgaben zur Planung und Entscheidungsfindung, in welchem Umfang Textanteile in einzelnen Datenfeldern erfaßt und sogar - falls sinnvoll - für zweckmäßige Datenmanipulationen codiert werden.

2.4 Ergänzende Kartierungen

Weitere Kartierungen (Geometrien und Attributdaten) sollten in einem GIS-Kulturlandschaftskataster aufgenommen werden, wenn sie wesentliche zusätzliche Informationen für Aufgaben zur Kulturlandschaftspflege enthalten und nicht über einem Datenverbund mit anderen Systemen verfügbar sind. So könnten z.B. in einem bestimmten Zusammenhang Übersichtskarten und thematische Karten, die auch von dritter Seite erarbeitet werden, für vergleichende Betrachtungen Karten hinterlegt werden, die aus Daten des Kulturlandschaftskatasters zusammengestellt werden. Aus dem vorliegenden Gutachten sind zu nennen (Gutachten Abschnitt 2.3):
- Territorialentwicklung bis 1789,
- Entwicklung der Städte (Stadterhebungen),
- Entwicklung des Verkehrsnetzes,
- Waldentwicklung,
- von Flurbereinigungen betroffene und freie Gebiete,
- Agrargliederung,
- Verbreitung von Siedlungsformen,
- Gewerbe- und Bergbaustandorte,
- naturräumliche Gliederung (Gutachten Abschnitt 2.5) sowie
- geologische, bodenkundliche, mineralogische, geomorphologische und klimatologische Befunde (Gutachten Abschnitt 2.5).

2.5 Datenerfassung und Datenaustausch

In diesem Zusammenhang ist erneut auf einen Datenaustausch mit anderen Landesdienststellen zu verweisen, in deren Verantwortung als Betreiber von Fach-Informationssystemen und Fach-Datenbanken die Datenhaltung und -bearbeitung auch für Aufgaben zur Kulturlandschaftspflege zu nutzender Datenbestände liegt. Hier ist zu bedenken, daß zukünftig durch weiteren Ausbau der Vernetzung der Systeme der gegenseitige Datenzugriff verbessert werden wird und redundante Datenhaltungen vermieden werden.

Das *Amtliche Topographisch-Kartographische Informationssystem* ATKIS hält topographische Informationen als digitale Daten erstmals für die heutige Situation und fortschreibend in der Zukunft bereit und bietet die Daten über Schnittstellen an (gegen Kostenerstattung). ATKIS-Daten können als Basis für den Aufbau eines GIS-Kulturlandschaftskataster NRW vorteilhaft genutzt und viele Objekt-Geometrien unmittelbar als Kulturlandschaftselemente gegenwärtiger Zeitstellung übernommen werden. Für vergangene Zeitschnitte sind jedoch analoge Kartenquellen auszuwerten und entsprechend zu digitalisieren.

Für großmaßstäbige Erfassungen gegenwärtiger Kulturlandschaftselemente können Daten der *Automatisierten Liegenschaftskarte* ALK mit flurstücksbezogenen Angaben wie Nutzung, Bodenschätzung usw. oder der *Flächennutzungskatalog des Kommunalverbandes Ruhrgebiet* ausgewertet und ggfs. übernommen werden. Vielfach ist eine direkte Übernahme dortiger Geometrien jedoch nicht sinnvoll, da die betreffenden Elemente als Kulturlandschaftselemente aus historisch-geographischer Sicht anders gruppiert oder typisiert werden. Im Flächennutzungskatalog KVR gibt es z.B. nur Flächenelemente, d.h. aus historisch-geographischer Sicht verbindende Linienelemente wie Straßen, Eisenbahnlinien, Flüsse usw. werden nur als Flächen erfaßt. Eine Aufbereitung von Daten für eine Übernahme in das GIS-Kulturlandschaftskataster wird daher erforderlich.

Der Arbeitsaufwand für das manuelle Digitalisieren analoger Kartenvorlagen ist erheblich. Nach den Erfahrungen des Verfassers ist für eine flächendeckende Digitalisierung eines einzelnen Blattes TK25 für historisch-geographische Fragestellungen auf der Bearbeitungsebene 1:25.000 (abhängig von Forderungen an Detaillierungsgrad und Lagegenauigkeit) ein Arbeitsaufwand zwischen 1 und 3 Mann-Monaten anzusetzen (erfahrener und geübter Bearbeiter). Hinzu kommen Erfassungsarbeiten aufgrund weiterer Quellenauswertungen und aus Landesaufnahmen.

Es wird daher empfohlen, untersuchen zu lassen, ob Auswertungen gerasterter (eingescannter) analoger Kartenvorlagen (beim Landesvermessungsamt verfügbar bzw. herstellbar) und deren Umwandlung in Vektordaten für ein GIS-Kulturlandschaftskataster (im GIAP) Vorteile erbringen können. M.E. sind die dafür erforderlichen aufwendigen Programmsysteme noch weiter zu entwickeln, und rechnerseitig werden leistungsfähigere Systeme mit größeren Speicherkapazitäten als ein heutiger Personalcomputer (PC) benötigt.

Flächendeckende Rasterdaten analoger Kartenvorlagen können aber im vektoriellen Kulturlandschaftskataster auch als Hintergrundkarten eine zusätzliche Informationsquelle sein, zum besseren Verständnis beitragen und vergleichende Betrachtungen ermöglichen. Zukünftig aufgenommene und aufbereitete gerasterte Fernerkundungsdaten (Luftbilder, Satellitenaufnahmen) könnten Darstellungen im GIS-Kulturlandschaftskataster hinterlegt werden, um den Entwicklungsfortgang in der Kulturlandschaft zu erkennen und mit früheren Planungsvorgaben zu vergleichen.

Die Technik ermöglicht es bereits heute, zeitversetzte Satellitenbilder und Orthophotos (Luftbilder) bezüglich Flächennutzungsänderungen (z.B. Bebauung, Wald, Grünland, Ackerland, Gewässer) automatisch auszuwerten. Für die zukünftige Fortführung eines GIS-Kulturlandschaftskatasters sollten dahingehend die weitere technische Entwicklung und ihre Nutzungsmöglichkeiten beachtet und geprüft werden.

Im Verlaufe der Arbeiten zum Fachgutachten wurden testweise mit Atlas*GIS erarbeitete digitale Karten an die LÖBF übermittelt; die Daten konnten dort mit softwaretechnischen Hilfsmitteln erfolgreich nach GIAP übernommen werden (Stadien der Kulturlandschaftsentwicklung in NRW um 1810/40, 1950 und 1990, nur Geometriedaten). Inzwischen steht beim MURL, Referat VI A2 ein Schnittstellenprogramm für den Datenaustausch zwischen Atlas*GIS und GIAP zur Verfügung. Damit wurden auszugsweise Daten aus dem Biotopkataster der LÖBF (Geometrie- und Attributdaten) bearbeitet und an das Seminar für Historische Geographie übermittelt und hier erfolgreich nach Atlas*GIS übernommen. Umgekehrt wurden Test-Daten aus Atlas*GIS an MURL, Referat VI A2 übermittelt, um auch den Datenaustausch von Atlas*GIS nach GIAP praktisch auszutesten; Ergebnisse stehen noch aus. Randprobleme betreffen noch die Verfügbarkeit geeigneter Datenträger für den Datentransport: Bedingt durch vorhandene Hardwareausstattungen mußten vom Format unterschiedliche Kassettenbänder und bzgl. ihrer Speicherkapazität ungeeignete Disketten verwendet werden. Dadurch bedingter zusätzlicher Aufwand sollte beim Datenaustausch größerer Datenmengen durch Anpassung der Hardwareschnittstellen vermieden werden. Längerfristig ist ein Datenaustausch über Anschluß an im Aufbau befindliche Datennetze anzustreben.

In einem anderen Zusammenhang wurden dem Seminar für Historische Geographie Daten aus dem Flächennutzungskatalog des Kommunalverbandes Ruhrgebiet in Essen zur Verfügung gestellt. Der Datenaustausch erfolgte in diesem Falle über das Arc/Info-Format; der Datenimport nach Atlas*GIS war problemlos durchführbar.

Es kann festgehalten werden, daß der im Rahmen von Projekten erforderlich werdende Datenaustausch zwischen wissenschaftlichen Instituten (marktgängige GIS) und Landesdienststellen (GIAP) technisch ohne größeren Aufwand möglich ist. Hingegen ist eine andere Frage, ob die thematische Datenaufbereitung (Kartendarstellung) zwischen unterschiedlichen GIS mit den verfügbaren Schnittstellenprogrammen konvertiert werden kann. Dazu bzgl. Atlas*GIS folgender Hinweis: Die diesem Fachgutachten und Beitrag beigefügten GIS-Karten sind bis auf wenige Ausnahmen thematisch durch Datenbankabfragen aufbereitet worden, die zugehörigen „Karteninformationen" werden in Atlas*GIS in einer gesonderten Datei gespeichert (Auswahl der Elemente/Datensätze, Darstellung von Farbgebungen und Signaturen, Legende, Beschriftungen). Diese thematischen Karten können in einem anderen GIS wie z.B. GIAP nur dann dargestellt werden, wenn mit Konvertierung der Datenbestände (Geometrie- und Attributdaten) auch zusätzlich die „Karteninformationen" (Projektdatei, s. Abschnitt 3.1) vollständig übernommen werden und somit dort verfügbar sind, oder wenn die vom Atlas*GIS-Anwender benutzten Auswahlkriterien und kartographischen Darstellungen im einzelnen bekannt sind und mit dortigen Funktionen nachvollzogen werden können. Davon kann aber im allgemeinen nicht ausgegangen werden, da unterschiedliche Datenmodellierungen und Programmstrukturen zu jeweils systemeigenen Mechanismen bei Datenbankabfragen und Darstellungen führen.

Dies bedeutet, daß nach einem Datenaustausch z.B. von Atlas*GIS nach GIAP die in Atlas*GIS erstellten Karten nach Konvertierung der Datenbestände (Geometrie- und Attributdaten) in GIAP mit dortigen Datenbank-Abfragemechanismen und Funktionen neu aufbereitet werden müssen. Daraus folgt, daß für einen Datenaustausch von den beteiligten Partnern festgelegt werden muß, nach welchen Kriterien auszutauschende Geometrie- und Attributdaten aufzubereiten sind. Bei der Übernahme von Atlas*GIS-Datenbeständen des Seminars für Historische Geographie der Universität Bonn in ein GIAP-Arbeitsplatz bei einer Landesbehörde wäre daher zusätzlicher Aufwand für die Datenaufbereitung zu berücksichtigen. Folgende Hinweise sollen diesen Umstand verdeutlichen:
- Die Datenbestände aus dem Biotop-Kataster der LÖBF wurden in getrennten Dateien für Biotope und Naturschutzgebiete übermittelt und konnten somit in Atlas*GIS eindeutig unterschieden und angesprochen werden (nur Flächenelemente).
- Die Flächenelemente aus dem Flächennutzungskatalog des Kommunalverbandes Ruhrgebiet konnten in Atlas*GIS (wie in GIAP) dadurch unterschieden und ausgewählt werden, daß durch nur einen Code in einem zugeordneten Attributdatenfeld eine Identifizierung gegeben ist.
- In Atlas*GIS (Seminar für Historische Geographie Bonn) werden die Geometriedaten von Flächen-, Linien- und Punktelementen je nach Raum, Bearbeitungsebene oder Thematik in einer einzigen Datei zusammenfaßt und durch Verteilung auf unterschiedliche Ebenen und über Attributdaten (ZEIT, FUNKTION, FORM) identifiziert und angesprochen. Gegenüber den beiden vorgenannten Beispielen sind 3 Typen von Geo-Objekten und mehrere Attributdaten für eine Identifizierung und Ansprache zu berücksichtigen. Bei einer Übernahme nach GIAP wäre daher eine Aufbereitung zu bedenken in der Weise, daß die Geometriedaten nach thematischen Gesichtspunkten so auf Dateien und Ebenen verteilt werden, daß für einen GIAP-Arbeitsplatz geforderte (Karten-) Darstellungen mit den dortigen Funktionen eindeutig möglich sind.

3. BEARBEITUNGEN IN ATLAS*GIS

3.1 Überblick über Atlas*GIS

Atlas*GIS dient der Analyse und der graphischen Darstellung von Sachdaten mit Hilfe der thematischen Kartographie. Es ist ein vektororientiertes Geographisches Informationssystem und arbeitet nach dem Ebenenprinzip: Geo-Objekte werden in Geodateien gespeichert (Geometriedaten) und innerhalb einer Datei nach thematischen Gesichtspunkten - getrennt für Punkt-, Linien- und Flächenelemente - in einzelnen Ebenen abgelegt. Zugeordnete Attributdaten werden in dBASE-kompatiblen relationalen Attributdateien (Tabellen, DBF-Format) gespeichert und über ein Schlüsselfeld den betreffenden Geo-Objekten zugeordnet. Die Auswahl von Ebenen, die Reihenfolge ihrer Über-lagerungen und die thematisch gewählten Farbgebungen und Signaturen für die Geo-Objekte jeder Ebene bestimmen das jeweils dargestellte Kartenbild (Vergleich: Folienüberlagerung analoger Karten), das um Titel, Legende und ggfs. Beschriftungen vervollständigt wird. In Abhängigkeit aus-gewählter Attributdaten oder -relationen kann die graphische Darstellung (Farbgebung, Signatur) von Geo-Objekten in einer Ebene gesteuert werden (thematische Karte). Alle für ein Kartenbild eingestellten Parameter werden in einer Projektdatei gespeichert und somit unter Atlas*GIS dauer-haft festgehalten.

In der älteren DOS-Version von Atlas*GIS können nur jeweils eine Geodatei und eine zugeord-nete Attributdatei gleichzeitig geöffnet werden. Alle für eine Bearbeitung und für ein Kartenbild benötigten Daten müssen daher zusammen in diesen beiden Dateien verfügbar sein. Der neueren WINDOWS-Version, die zukünftig allein weiter entwickelt werden soll, liegt ein geändertes Dateienkonzept zugrunde: Eine Attributdatei bzw. Tabelle wird einer einzelnen Ebene zugeordnet, es können gleichzeitig mehrere Geodateien und für jede Ebene einer Geodatei eine Tabelle geöffnet werden. Somit können Anwenderdaten nach projektorientierten und thematischen Gesichtspunkten und nach zweckmäßigem Bedarf auf mehrere Dateien verteilt werden. Die Dateigrößen können im Umfang besser der Leistungsfähigkeit eines Personalcomputers (PC) angepaßt werden, allerdings steigt mit der Anzahl von Dateien der Datenverwaltungsaufwand.
Weitere Anmerkungen in Strichworten:
- Kartenprojektionen: Gauß-Krüger, Lambert, Mercator u.a.,
- Datenerfassung: Digitalisieren analoger Kartenvorlagen auf Digitalisiertablett, alternativ auf dem Bildschirm vor eingescannter Kartenvorlage (Zusatzmodul erforderlich),
- Attributdaten: Bearbeitung und Auswertung mit üblichen Tabellenfunktionen (dBASE-Funktio-nen, SQL-Modus); WINDOWS-Version: Berichte, Listen z.Zt. über andere Datenbankpro-gramme wie ACCESS,
- Geometriedaten: Abfrage räumlicher Lagebeziehungen; Bildung von Distanzringen, Korridoren; Verschneidung sich überlagernder Flächen; Distanzberechnungen,
- Kartenausdrucke: Abhängig von verfügbarem Drucker, Plotter,
- Datenaustausch: Import/Export-Modul für marktgängige Datenformate,
- Zusatzmodul Skript: Programmiertools Visual Basic und C++.

3.2 Digitalisieren von Geometrien

Die Erfassung von Geometrien erfolgte durch Digitalisieren analoger Kartenvorlagen. Zwei Methoden stehen dem Seminar für Historische Geographie unter Atlas*GIS zur Verfügung:
- Digitalisieren von Karten auf einem Digitalisiertablett (Digitizer),
- Einscannen von Karten und Digitalisieren auf dem Bildschirm vor hinterlegter Rasterkarte.

Die Lagegenauigkeit bei Gauß-Krüger-Projektionen in Atlas*GIS liegt bei 1 m. Für historisch-geographische Anwendungen sind m.E. Bearbeitungsmaßstäbe nach oben bis 1:5.000, nach unten bis 1:2.000.000 noch vertretbar. Bedingt durch die vorhandene technische Ausstattung muß beim manuellen Digitalisieren auf dem Digitalisiertablett mit einer Abgreifgenauigkeit von +/- 1 mm gerechnet werden. Bei einer TK 25 ergibt das einen Fehlerbereich von +/– 25 m, bei einer TK 100 von +/– 100 m. Bei thematischen Karten steht die korrekte Erfassung der relativen Lagegenauigkeit der Geo-Objekte im Vordergrund, Digitalisierungenauigkeiten dieser Größenordnung sind daher tragbar. Grundsätzlich wurde aber angestrebt, beim Digitalisieren von großmaßstäbigeren Karten auszugehen. Andererseits werden beim Digitalisieren großmaßstäbigerer Vorlagen die Stützpunkte der Polygone (Koordinatenpunkte) durch den Erfasser dichter gesetzt. Bei kleinmaßstäbigeren Bear-beitungen und Ausdrucken sind daher ggfs. Generalisierungen angebracht; Atlas*GIS bietet dafür eine Funktion an.

Bei manueller Digitalisierung ein und desselben Kartenelementes durch verschiedene Personen oder zeitversetzter Neuerfassung werden die Polygonstützpunkte praktisch nie deckungsgleich abgegriffen. Beim Digitalisieren müssen deshalb gemeinsame Stützpunkte durch entsprechende GIS-Funktionen eindeutig definiert werden, z.B. unerläßlich bei gemeinsamen Grenzverläufen.

Beim Import von Fremddaten oder Export eigener Daten in andere Systeme ist aus den genannten Gründen zu beachten:

- Lagegenauigkeit: Erfassungsmaßstab und Generalisierungsgrad.
- Die Lage von Polygonstützpunkten identischer Elemente eigener Erfassung und von Fremddaten ist ungleich, bei notwendigen Überlagerungen sind deshalb Nachbearbeitungen unumgänglich.

Aus historisch-geographischer Sicht werden Verkehrswege, Wasserläufe, Begrenzungen usw. als Linienelemente eingestuft. In diesem Sinne wurden solche Kulturlandschaftselemente auch als Linien im GIS erfaßt, d.h. ihr real vorhandener Flächenanteil verteilt sich bei flächendeckender Erfassung auf die angrenzenden Flächen. Eine Straße z.B. wird im GIS als Linie erfaßt, die real vorhandene Straßenfläche steckt in den beidseitig angrenzenden Flächen. Das ist zu beachten, wenn im GIS errechnete Flächengrößen für weitere Auswertungen verwendet werden. Andererseits ist zu bedenken und zu entscheiden, für welchen Bearbeitungsmaßstab oder für welche thematische Fragestellung auch linienhafte Kulturlandschaftselemente im GIS als Flächen zu erfassen sind, z.B. breite Flüsse (Rhein), Gleisanlagen in Bahnhofsbereichen, Autobahnen.

Beim Digitalisieren und Bearbeiten sehr großer oder mit „Inseln" durchsetzter Flächenelemente (z.B. Siedlungsfläche um einen Stadtkern mit Industrie- und Bergbaugebieten usw. als Inseln, große Wasserflächen wie Flußgebiet „Rhein") können als Flächenbegrenzungen Polygone mit sehr vielen Stützpunkten entstehen. Da in Atlas*GIS die Begrenzung auf 4000 Stützpunkte pro Polygon beachtet werden muß, sind entsprechend große Flächen durch einen „Schnitt" zweckmäßig unterteilt worden, d.h. real zusammenhängende Flächen setzen sich dann aus zwei oder mehr Teilflächen zusammen, die im GIS jeweils als eigenständiges Geo-Objekt gespeichert sind. Im Kartenausdruck kann ein solcher Schnitt unterdrückt werden, nach einem Datenaustausch ist in einem anderen GIS der „Schnitt" – falls erforderlich – mit dortigen Funktionen zurückzunehmen.

Für Digitalisierungen benutzte Karten:

- Im Projekt verwendete ältere und neuere Ausgaben der topographischen Kartenwerke (TK 25, 50, 100), Übersichtskarte NRW (ÜK 500), preußische Neuaufnahme der TK 25 und preußische Uraufnahme, Karten von Tranchot und v. Müffling (Ausgaben des Landesvermessungsamtes),
- thematische Karten aus dem Geschichtlichen Atlas der Rheinlande und aus dem Planungsatlas NRW und
- thematische Karten aus Monographien.

Das Digitalisieren von amtlichen topographischen Karten unterliegt nutzungsrechtlichen Bestimmungen des Landesvermessungsamtes; es werden ggfs. auch (erhebliche) Entgelte verlangt. Für historisch-geographische Erfassungen und Auswertungen in GIS werden den analogen Kartenvorlagen nur ausgewählte, objektbezogene geotopographische Informationen entnommen, gegenüber der Vorlage ist die Generalisierung erheblich. Nach einem unverbindlichen, informativen Gespräch mit einem zuständigen Bearbeiter im Landesvermessungsamt Bonn-Bad Godesberg geht der Verfasser davon aus, daß institutsintern entsprechende Digitalisierungen durchgeführt werden können, ohne daß es einer zusätzlichen Vereinbarung bedarf. Klärungsbedarf und formale Regelung bestehen aber noch für Veröffentlichungen der erarbeiteten und ausgedruckten thematischen Karten, die unter diesem Vorbehalt auch diesem Gutachten beigefügt sind. Dies gilt darüber hinaus insbesondere für eine Weitergabe digitaler Datenbestände. In diesem Zusammenhang ist auf den Aufsatz von K. Tönnessen, *„Copyright" an Karten und Daten - eine Positionsbestimmung*, in Kartographische Nachrichten 2/1995, 57ff. hinzuweisen.

3.3 Durchgeführte Erfassungen und Bearbeitungen

Aus Gründen des erforderlichen Zeitaufwandes war es nicht möglich, Untersuchungsgebiete vollständig und in aller Tiefe im GIS zu erfassen und zu bearbeiten. Zielsetzung war vielmehr, Methoden für den Einsatz von GIS für historisch-geographische Aufgabenstellungen und für Aufgaben zur Kulturlandschaftspflege zu entwickeln und praktisch anzuwenden. Es wurde auch Wert darauf gelegt, verschiedene Maßstabebenen zu bearbeiten, um die im Gutachten angesprochenen Planungsebenen abzudecken.

Manuelles Digitalisieren von analogen Kartenvorlagen ist mit einem erheblichen Zeitaufwand verbunden, insbesondere wenn flächendeckende Erfassungen erforderlich werden. Für den gegenwärtigen Zeitschnitt könnte auf vorhandene digitale Daten z.B. aus ATKIS zurückgegriffen werden; aus Kostengründen (Entgelt für Erwerb, Kosten für Schnittstellenprogramm und Datenkonvertierung) standen solche Daten jedoch hier nicht zur Verfügung. Für ältere topographische Kartenausgaben und Altkarten existieren dagegen keine digitalen (Vektor-) Daten, so daß hier manuelles Digitalisieren unerläßlich ist.

Für den Ausdruck erarbeiteter Karten stand dem Seminar für Historische Geographie nur ein älterer Farb-Tintenstrahldrucker für DIN A4-Blätter zur Verfügung. Aufgrund des relativ geringen Auflösungsvermögens, der begrenzten Farbauswahl und der durch die Blattgröße DIN A4 bedingten Maßstabsbegrenzung mußten die einzelnen Kartenausdrucke bzgl. des thematischen Inhalts auf einen sinnvollen Umfang begrenzt werden, damit die Karten für einen Betrachter noch lesbar bleiben. Mit leistungsfähigeren Ausgabegeräten (z.B. Plotter bis DIN A0) könnten aus dem vorhandenen Datenbestand auch großformatige Karten mit stärker differenzierendem Inhalt oder erweiterter Thematik erstellt werden. Desweiteren sind kartographische Verbesserungen möglich, die aus Aufwandsgründen offen blieben.

3.3.1 Modellgebiet Monschau

Die GIS-Bearbeitung für das Modellgebiet Monschau soll zeigen, wie eine Erfassung von Kulturlandschaftselementen in einem ländlichen Raum durchgeführt werden kann und welche Auswertungen möglich werden. Aus Aufwandsgründen konnten nur 2 Zeitschnitte bearbeitet werden. Quellen waren die Topographische Karte 1:25.000, Blatt Nr. 5403, Ausgabe 1990 und die Königl. Preußische Landesaufnahme 1893, Blatt 3151, herausgegeben 1895 (Neuaufnahme, entspricht Blattschnitt 5403). Der bisher nur aus diesen beiden Kartenquellen erfaßte Datenbestand sollte durch Auswertung weiterer Quellen und Landesaufnahmen ergänzt und erweitert werden.
Punktelemente:

Bis auf das Stadtgebiet Monschau wurden aus Aufwandsgründen Gebäude jeder Art als Punktelemente erfaßt. Des weiteren wurden teilweise die Standorte von sonstigen bedeutenden Objekten (Wegekreuze, Naturdenkmäler, Bunkerrelikte u.a.) erfaßt, soweit sie aus den Kartenquellen ablesbar waren.

Linienelemente:

Flüsse und Bäche sowie alle Verkehrswege (Straßen, Wege, Eisenbahn) wurden als Linienelemente erfaßt.

Als Flächenelemente wurden erfaßt:
- Siedlungsflächen im Stadtgebiet Monschau, Gutshoffläche Reichenstein,
- Grünflächen, Sportplätze, Friedhöfe,
- Gewerbegebiete, Verkehrsflächen (Parkplätze, Lagerplätze),

311

- Waldgebiete, Gehölze,
- landwirtschaftliche Nutzflächen (Ackerland), Wiesen und Weiden,
- Moor- und Heideflächen,
- Gewässer (Teiche, Talsperre), Wasseraufbereitungsflächen (Kläranlagen, Wassergewinnung).

In einer ersten Karte „Monschau, Kulturlandschaften um 1990" wurden das Stadtgebiet und der Gutsbereich Reichenstein als Flächenelemente ohne weitere Differenzierung dargestellt. Alle anderen Gebäudestandorte jeder Art sind als Punktelemente dargestellt: Entsprechend dem Kartenmaßstab wurde die Signaturgröße so gewählt, daß dem Betrachter ein typisches Bild der Siedlungsform vermittelt wird (Straßendorf, Streusiedlung, Einzelgebäude). Gartenflächen wurden nicht berücksichtigt.

Bei entsprechender Datenerfassung kann auch erreicht werden, daß Gebäude verschiedener Grundfläche (z.B. Einfamilienhaus, großer Hof, Fabrik) mit unterschiedlicher Signaturgröße dargestellt werden. Des weiteren gibt der vorliegende Datenbestand es auch her, einzelne Gebäude entsprechend ihrer Funktion, z.B. als Kirche, ehemalige Mühle, Hofanlage u.a., durch geeignete Signaturen gesondert auszuweisen. Aufgrund des Kartenmaßstabes wurde darauf in dieser Karte zugunsten der Wahrung einer gewissen Übersichtlichkeit verzichtet.

Gewerbegebiete und Verkehrs- bzw. Lagerflächen finden sich an der südlichen Stadtgrenze von Monschau bzw. im Bereich der Bahnhöfe und fallen aufgrund des Maßstabes im Kartenbild nicht ins Auge. Friedhöfe und größere Sportplatzanlagen sind durch Farbgebung und Signatur herausgehoben, aufgrund des Kartenmaßstabes jedoch ebenfalls nicht ins Auge fallend.

Waldflächen sind differenziert nach Laub-, Nadel- und Mischwald sowie einzelnen Gehölzen dargestellt. Es dominiert Nadelwald, vereinzelt sind Laub- und Mischwälder vorhanden. Schmale Auenflächen entlang der Fluß- und Bachtäler und offene Waldparzellen sind als Wiesen ausgewiesen. Moor- und Heideflächen finden sich (fast) nur noch auf belgischem Staatsgebiet.

Die offene Landschaft ist einheitlich als Wiese/Weide-Fläche dargestellt, entsprechend der dominierenden Grünlandnutzung. Nach der TK25 sind um 1990 noch Restflächen einer Ackerlandnutzung östlich und südlich von Höfen vorhanden.

Vom Verkehrswegenetz sind in dieser Karte nur die Trassen der Hauptverbindungsstraßen ohne weitere Differenzierung und die Eisenbahntrasse der Vennbahn ausgewiesen.

Die Perlenbach-Talsperre, die Teiche an der Rur bei Gut Reichenstein und westlich Kalterherberg sowie bei Menzerath (Menzerather Weiher) sind im Kartenbild erkennbar, kleinere Mühlenteiche z.B. bei der Perlenbacher Mühle oder Klärteiche aufgrund des Kartenmaßstabes nicht identifizierbar.

Insgesamt gesehen kann das aus der GIS-Datenbank abgerufene Kartenbild eine Beschreibung der Kulturlandschaft verdeutlichen helfen, wie sie in Gutachten Abschnitt 4.4.7.3 vorgenommen wurde.

Die für die zweite Karte (Zeitschnitt 1895) aus der GIS-Datenbank abgerufenen Daten entsprechen bis auf die Zeitstellung denen der Karte 1 für den Zeitschnitt 1990. Des weiteren wurden ausgewählte, im Gutachten Abschnitt 4.4.7.4 angesprochene Punktelemente (Standorte von Kirchen, Burg Monschau, Hofanlagen und Mühlen) durch gesonderte Signaturen hervorgehoben, um für dieses Beispiel ergänzend die Möglichkeiten von GIS-Datenbankabfragen zu demonstrieren. Zusätzlich wurden beispielhaft Beschriftungen aufgenommen, die bei allen Karten weggelassen wurden.

Ein optischer Vergleich der Karten 1 und 2 (Karte 3 = Abb. 1) macht die Veränderungen zwischen 1895 und 1990 deutlich, insbesondere die Umwandlung von Ödland (Moor, Heide) in Wald und die nach Aufgabe des selbstversorgenden Ackerbaus heute dominierende Grünlandnutzung. Diese Veränderungen können aus der GIS-Datenbank abgerufen und im Kartenbild dargestellt werden:
Flächenelemente:
Flächenelemente, die nach den in der GIS-Datenbank erfaßten Daten zwischen den beiden

Zeitschnitten 1895 und 1990 keine Nutzungsänderung erfahren haben, sind in Farbgebungen wie auf der Karte 1 (Situation 1990) ausgewiesen. Alle von einer Nutzungsänderung betroffenen Flächenelemente sind farblich hellblau dargestellt.

Linienelemente:

Dargestellt sind die Veränderungen im Straßen-Wege-Netz, und zwar nur der Sachverhalt, ob eine 1990 existierende Trasse bereits vor 1895 bestand (rote Linien) oder erst danach entstanden ist (schwarze Linien). Im Gegensatz zu den beiden vorausgegangenen Karten wurden alle erfaßten Trassen berücksichtigt; aus Gründen der Lesbarkeit wurde jedoch darauf verzichtet, im einzelnen auch die Einstufung einer Trasse z.B. als Hauptverbindungsstraße, Nebenstraße oder Weg zu berücksichtigen. Erläuterungen finden sich im Gutachten Abschnitt 4.4.7.4.

Punktelemente:

Erfaßt wurden alle in Karte 1 (Situation 1990) dargestellten Gebäude, in der Karte 3 (= Abb. 1) unterschieden nach der Zeitstellung „vor 1895 errichtet" (rot) und „nach 1895 errichtet" (schwarz), um die Siedlungsausdehungen und -verdichtungen zu veranschaulichen.

Aus einer vierten Karte „Monschau, Wandel Waldflächen zwischen 1893 und 1990" kann der Kulturlandschaftswandel durch differenzierende Datenbankabfragen weiter „aufgeschlüsselt" werden. Die Karte verdeutlicht dieses am Beispiel der Waldflächen.

Flächenelemente:

Bis auf die Waldflächen und die wenigen um 1990 bei Höfen vorhandenen Ackerflächen wurden für alle Flächenelemente die Nutzungen für 1990 ausgewiesen mit Farbgebungen wie in Karte 1. Landwirtschaftliche Nutzflächen und Auewiesen (Ackerland, Wiesen, Weiden) wurden in einheitlicher Farbgebung hellgrün dargestellt. Für die Waldflächen wurden durch eine Datenbankabfrage unterschieden: Wald seit 1893 (Zeitstellung preuß. Landesaufnahme) bis in die Gegenwart (grün), Waldaufforstungen nach 1893 oder Veränderung der Waldart, z.B. Laub- in Nadelwald (grün mit Schraffur) und 1893 bestehender Wald, verschwunden bis 1990 (hellblau). Die erfaßten Daten würden es auch ermöglichen, die durch Waldartenveränderungen betroffenen Flächen herauszustellen.

Die Linien- und Punktelemente blieben gegenüber Karte 3 (= Abb. 1) unverändert.

Als weiteres Beispiel zum Kulturlandschaftswandel wurde in einer Karte 5 der Zuwachs an Waldflächen zwischen 1893 und 1990 dargestellt; gegenüber Karte 4 jedoch ohne die Veränderungen der Waldart und die Waldverluste.

Eine weitere (sechste) Karte „Monschau, Biotope und Naturschutzgebiete: zwischen 1893 und 1990 verschwundene Heide- und Moorflächen" (= Abb. 2) erfaßt als weiteres Beispiel bzgl. des Kulturlandschaftswandels den durch Datenbankabfrage ermittelten Verlust von Heide- und Moorflächen. Zusätzlich sind der Karte die aus dem Biotopkataster der LÖBF durch Datenaustausch übermittelten Schutzgebiete und die nach der TK25 auf belgischem Staatsgebiet eingerichteten Naturschutzgebiete überlagert.

Ein optischer Vergleich von Karte 6 (= Abb. 2) und Karte 3 (= Abb. 1) läßt erkennen, daß die Schutzgebiete auch weitgehend seit 1895 in der Nutzung unveränderte Flächen bzw. kultivierte Heide- oder Moorflächen erfassen. Eine Überlagerung der Schutzgebiete auch in Abb. 1 könnte dieses im einzelnen aufzeigen.

3.4 Ausgliederung von Kulturlandschaftseinheiten und -landschaften

Im Fachgutachten wird eine Kulturlandschaftsgliederung beschrieben, in der auf einer unteren Ebene kleinregionale Strukturen Kulturlandschaftsbereiche bilden. Zusammenhängende Kultur-

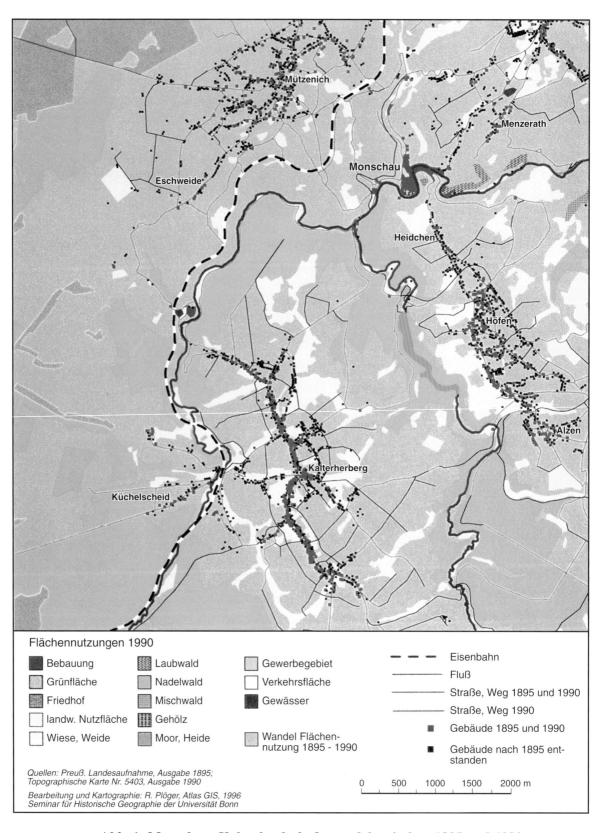

Flächennutzungen 1990

■ Bebauung	▦ Laubwald	▨ Gewerbegebiet
▤ Grünfläche	▦ Nadelwald	☐ Verkehrsfläche
▦ Friedhof	▦ Mischwald	■ Gewässer
☐ landw. Nutzfläche	▦ Gehölz	
☐ Wiese, Weide	▨ Moor, Heide	▨ Wandel Flächen- nutzung 1895 - 1990

— — — Eisenbahn
———— Fluß
———— Straße, Weg 1895 und 1990
———— Straße, Weg 1990
■ Gebäude 1895 und 1990
■ Gebäude nach 1895 ent-
standen

Quellen: Preuß. Landesaufnahme, Ausgabe 1895;
Topographische Karte Nr. 5403, Ausgabe 1990

Bearbeitung und Kartographie: R. Plöger, Atlas GIS, 1996
Seminar für Historische Geographie der Universität Bonn

0   500   1000   1500   2000 m

Abb. 1: Monschau: Kulturlandschaftswandel zwischen 1895 und 1990

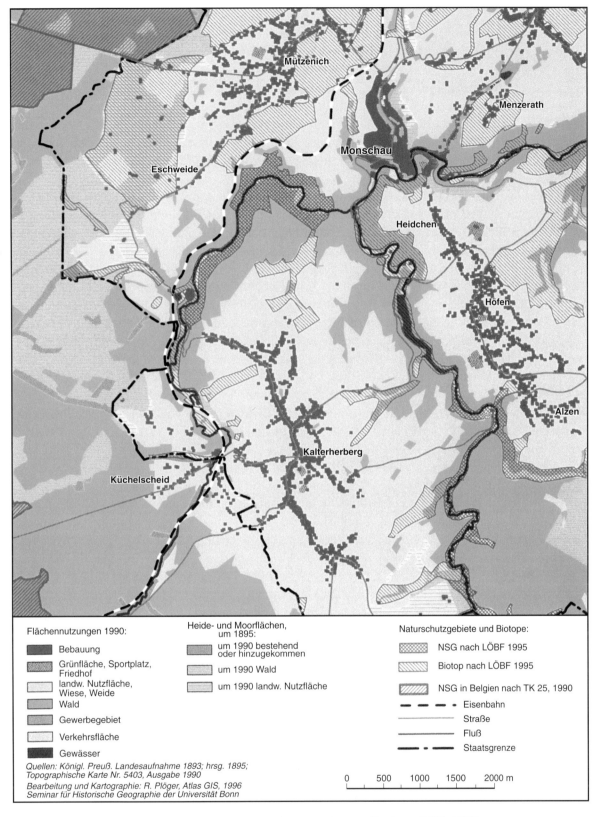

Abb. 2: Monschau: Heide- und Moorflächen 1895-1990

sowie Biotope und Naturschutzgebiete 1990/95

The map contains the following labels:

Mützenich, Menzerath, Monschau, Eschweide, Heidchen, Höfen, Alzen, Kalterherberg, Küchelscheid

Legend:

Flächennutzungen 1990:
- Bebauung
- Grünfläche, Sportplatz, Friedhof
- landw. Nutzfläche, Wiese, Weide
- Wald
- Gewerbegebiet
- Verkehrsfläche
- Gewässer

Heide- und Moorflächen, um 1895:
- um 1990 bestehend oder hinzugekommen
- um 1990 Wald
- um 1990 landw. Nutzfläche

Naturschutzgebiete und Biotope:
- NSG nach LÖBF 1995
- Biotop nach LÖBF 1995
- NSG in Belgien nach TK 25, 1990
- Eisenbahn
- Straße
- Fluß
- Staatsgrenze

Quellen: Königl. Preuß. Landesaufnahme 1893; hrsg. 1895;
Topographische Karte Nr. 5403, Ausgabe 1990

Bearbeitung und Kartographie: R. Plöger, Atlas GIS, 1996
Seminar für Historische Geographie der Universität Bonn

0   500   1000   1500   2000 m

315

landschaftsbereiche wiederum bilden Kulturlandschaftseinheiten, die geprägt sind von dominierenden, meist miteinander zusammenhängenden Nutzungen und funktionalen Aktivitäten, verbunden mit der naturräumlichen Beschaffenheit. Auf oberster Ordnungsstufe werden Kulturlandschaften durch zusammengehörige Merkmale aufgrund von Landschaftsbild, Landschaftsstrukturen und -substanz als voneinander abgrenzbare größere Raumeinheiten zusammengefaßt.

Im folgenden soll beispielhaft gezeigt werden, wie diese Gliederungsstruktur mit GIS-Unterstützung für ein Kulturlandschaftskataster bearbeitet werden kann. Ausgangsbasis der Betrachtungen sind Daten im Raum östlich von Essen, die vom Verfasser in einem anderen Zusammenhang erfaßt wurden, vgl. Abb. 3 „Kulturlandschaftliche Struktur im Raum Essen um 1939".

Die Bearbeitung auf der Bearbeitungsebene 1:25.000 für den Zeitschnitt 1939 hatte zum Ziel, im Untersuchungsgebiet in historisch-geographischer Sicht zu Untersuchungen der Entwicklung in einem durch Industrie geprägten Ballungsraum beizutragen. Die von der Industrie (vorwiegend Zechenbetriebe) genutzten Flächen sind in der Karte ausgewiesen (blaugrau). Die sonstigen durch Bebauung (hellrot) genutzten Siedlungsflächen, einschließlich Einzelgehöfte mit Gärten, sind bis auf größere Freiflächen wie Parks, Sportplätze und Friedhöfe (hellgrün) nicht weiter differenziert, lediglich der Altstadtkern der Stadt Essen ist herausgehoben (rot). Die kleinräumigen Kulturlandschaftselemente wie Friedhöfe und Sportplätze sind von Bedeutung, weil ihre erstmalige Anlage in charakteristischer Weise mit dem Siedlungsausbau während der Industrialisierung einhergeht. Landwirtschaftlich genutzte Flächen (gelb) sind außer Wiesen/Weiden und Busch-/Ödland zusammengefaßt dargestellt. Letztere sind neben Teichen und kleineren Gehölzflächen im Zusammenhang mit landwirtschaftlichen Nutzungen oder als Reste der offenen Naturlandschaft zu bewerten. Größere Waldflächen sind in der Abb. 3 ausgewiesen. Wasserflächen (blau) von Ruhr und Rhein-Herne-Kanal und Teiche sind als Flächenelemente, der kanalisierte Emscherverlauf als Linienelement erfaßt. Die Eisenbahnstrecken sind als Linienelemente nach der Zeitstellung ihrer Inbetriebnahme „vor 1894" (rot) und „zwischen 1894 und 1939" (schwarz) unterschieden.

Vor dem Zweiten Weltkrieg war das Eisenbahnnetz im Raum Essen erheblich dichter als heute, zahlreiche inzwischen verschwundene Industriebahnen und Güterverkehrsstrecken durchzogen die Landschaft. Nach dem Kartenbild wird deutlich, daß die Lage von Industrie-/Zechenbetrieben zum Verkehrsnetz hin ausgerichtet ist und die Betriebe größtenteils Eisenbahnanschluß besitzen.

H.-W. WEHLING hat in seiner Arbeit *Die Siedlungsentwicklung der Stadt Essen* (1987) Siedlungsbereiche wie Zechenkolonien, Arbeiter- und Genossenschaftssiedlungen u.a., die in der Industrialisierungsphase entstanden sind und sich bis heute im Siedlungsgefüge erhalten haben oder deren Strukturen noch wesentlich erkennbar sind, als schutzwürdige „historische Siedlungsbereiche" beschrieben. Soweit sie im Untersuchungsraum liegen, sind sie vom Verfasser in einer weiteren Karte der Situation von 1939 überlagert worden. Letztere Karte veranschaulicht die Nachbarschaft von Industrie-/Zechenbetrieb und Wohnsiedlung.

Darüber hinaus wurden die durch Datenaustausch aus dem Biotopkataster der LÖBF übermittelten Naturschutzgebiete und Biotope in einer zusätzlichen Karte die Situation von 1939 überlagernd dargestellt. Es zeigt sich, daß diese Flächen Kulturlandschaftsbestandteile umfassen, die zum Zeitschnitt 1939 als landwirtschaftliche Nutzflächen, Waldflächen, Flächen mit Buschwerk, Ödland oder bergbauliche Aufschüttungsflächen ausgewiesen sind.

Die im Untersuchungsraum auf der Bearbeitungsebene 1:25.000 im GIS flächendeckend erfaßten und in den drei letztgenannten Karten dargestellten Flächenelemente können je nach Auffassung des Betrachters als Kulturlandschaftsbereiche (z.B. zusammenhängende Bebauungsflächen) oder flächenhafte Kulturlandschaftselemente (z.B. Friedhof, Wiese) eingeordnet werden. Darauf kommt

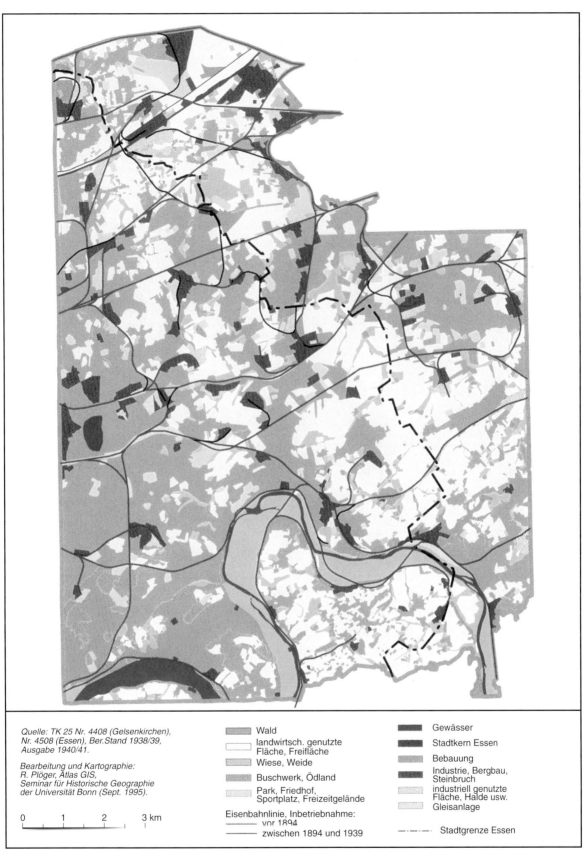

Quelle: TK 25 Nr. 4408 (Gelsenkirchen),
Nr. 4508 (Essen), Ber.Stand 1938/39,
Ausgabe 1940/41.

Bearbeitung und Kartographie:
R. Plöger, Atlas GIS,
Seminar für Historische Geographie
der Universität Bonn (Sept. 1995).

0   1   2   3 km

Wald

landwirtsch. genutzte
Fläche, Freifläche

Wiese, Weide

Buschwerk, Ödland

Park, Friedhof,
Sportplatz, Freizeitgelände

Eisenbahnlinie, Inbetriebnahme:
— vor 1894
— zwischen 1894 und 1939

Gewässer

Stadtkern Essen

Bebauung

Industrie, Bergbau,
Steinbruch

industriell genutzte
Fläche, Halde usw.
Gleisanlage

— · — · — Stadtgrenze Essen

Abb. 3: Kulturlandschaftliche Struktur im Raum Essen um 1939

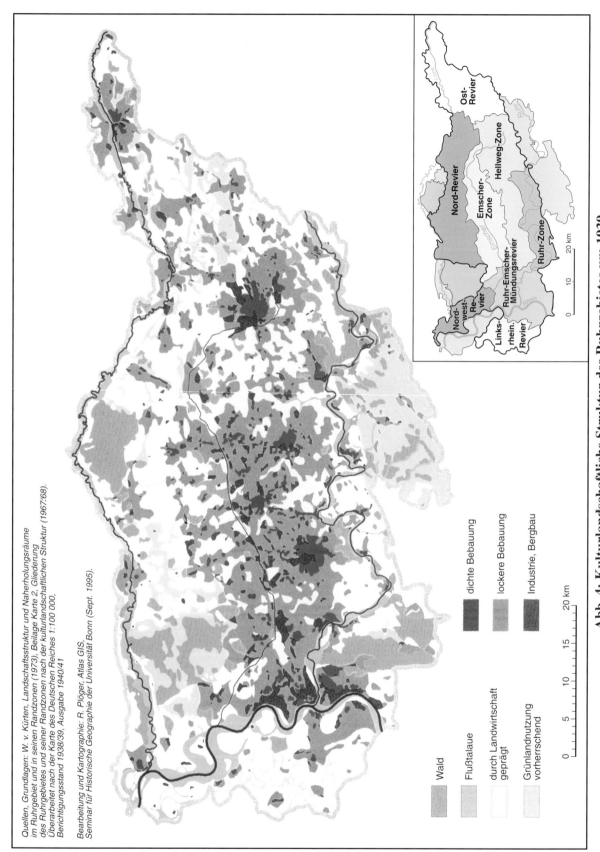

Quellen, Grundlagen: W. v. Kürten, Landschaftsstruktur und Naherholungsräume
im Ruhrgebiet und in seinen Randzonen (1973), Beilage Karte 2, Gliederung
des Ruhrgebietes und seiner Randzonen nach der kulturlandschaftlichen Struktur (1967/68).
Überarbeitet nach der Karte des Deutschen Reiches 1:100 000,
Berichtigungsstand 1938/39, Ausgabe 1940/41

Bearbeitung und Kartographie: R. Plöger, Atlas GIS,
Seminar für Historische Geographie der Universität Bonn (Sept. 1995).

Wald

Flußtalaue

durch Landwirtschaft
geprägt

Grünlandnutzung
vorherrschend

dichte Bebauung

lockere Bebauung

Industrie, Bergbau

Abb. 4: Kulturlandschaftliche Struktur des Ruhrgebietes um 1939

(Nebenkarte: Kulturlandschaftszonen des Ruhrgebietes nach W. v. KÜRTEN, 1973)

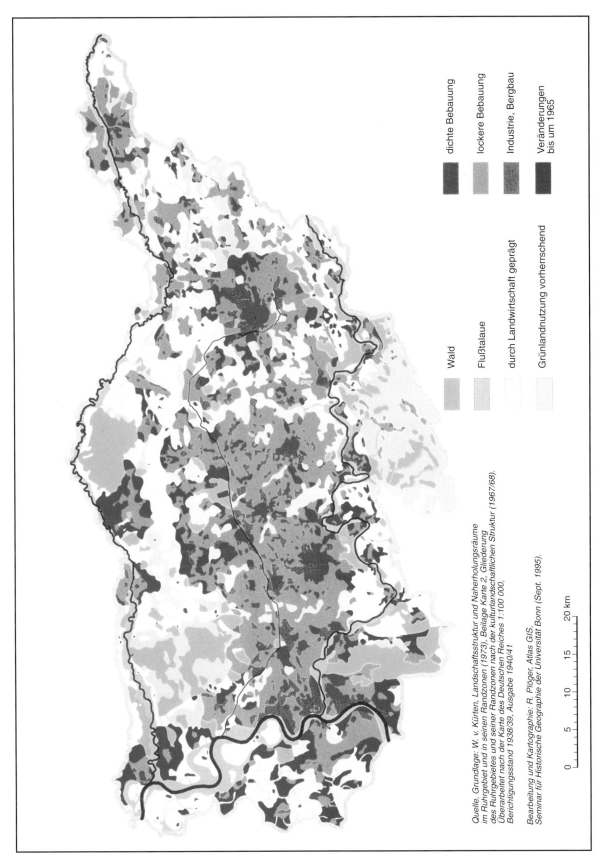

dichte Bebauung

lockere Bebauung

Industrie, Bergbau

Veränderungen
bis um 1965

Wald

Flußtalaue

durch Landwirtschaft geprägt

Grünlandnutzung vorherrschend

Quelle, Grundlage: W. v. Kürten, Landschaftsstruktur und Naherholungsräume
im Ruhrgebiet und in seinen Randzonen (1973), Beilage Karte 2. Gliederung
des Ruhrgebietes und seiner Randzonen nach der kulturlandschaftlichen Struktur (1967/68).
Überarbeitet nach der Karte des Deutschen Reiches 1:100 000,
Berichtigungsstand 1938/39, Ausgabe 1940/41

Bearbeitung und Kartographie: R. Plöger, Atlas GIS,
Seminar für Historische Geographie der Universität Bonn (Sept. 1995).

0   5   10   15   20 km

Abb. 5: Kulturlandschaftliche Struktur des Ruhrgebietes um 1939 und Veränderungen bis um 1965

es jedoch für die folgenden Betrachtungen nicht an. Vielmehr ist von Bedeutung, daß die erfaßten GIS-Flächenelemente lückenlos und mosaikartig das Untersuchungsgebiet abdecken.

Weitergehende Betrachtungen sollen nun über eine räumliche Gliederungsstruktur zur Ausgliederung von Kulturlandschaftseinheiten und -landschaften führen. Im dargestellten Untersuchungsgebiet im Raum Essen können aufgrund umfassenderer und hier nicht weiter ausgeführter Auswertungen und Bewertungen, zu denen auch Betrachtungen wie in den Beispielen der vorgenannten Karten gehören, Komplexe von zusammenhängenden, nach Nutzung und Funktionsbereichen miteinander räumlich verbundenen Kulturlandschaftsbestandteilen als *Kulturlandschaftsbereiche* zusammengefaßt werden. Das durch Landwirtschaft und Reste der offenen Naturlandschaft geprägte Gebiet „Leithe Sevinghausen" im Raum Essen ist ein solches Beispiel: Eine vom Verfasser erstellte Karte weist für den Zeitschnitt 1939 durch eine rot umrandete Fläche diesen Kulturlandschaftsbereich aus, der mit Hilfe von GIS-Funktionen aus dem Datenbestand zusammengelegt wurde und daher exakt dem Grenzverlauf erfaßter Flächenelemente folgt. GIS-Funktionen können genutzt werden, topologische Beziehungen zwischen einem so zusammengelegten Kulturlandschaftsbereich und zugehörigen Kulturlandschaftselementen zu bearbeiten. Mit GIS-Funktionen könnte ggfs. auch der Grenzverlauf für Darstellungen im kleineren Maßstab nach vorzugebenden Kriterien (Polygon-Krümmung) generalisiert werden.

W. v. Kürten hat in seiner Monographie *Landschaftsstruktur und Naherholungsräume im Ruhrgebiet und in seinen Randzonen* (1973) dieses Gebiet für den Zeitschnitt um 1967/68 als eine Struktureinheit ausgewiesen (7. Ordnung nach seiner Gliederung). Nach seiner Bewertung gehört das in der Karte „Leithe Sevinghausen" abgegrenzte Gebiet zu den „übrigen größeren Freiflächen im Kernraum (Ruhrgebiet); größtenteils landwirtschaftlich genutzt, vielfach von Gehölzen und Baumgruppen durchsetzt; mit verstreut liegenden oder zu lockeren Gruppen vereinigten landwirtschaftl. Betrieben; z.T. mit kleinen Komplexen nichtlandwirtschaftl. Bebauung; z.T. auch Parkanlagen."

Entsprechende Zusammenlegungen und Abgrenzungen müßten für den gesamten Untersuchungsraum durchgeführt werden, Kulturlandschaftsbereiche wiederum zu Kulturlandschaftseinheiten auf höherer Ebene zusammengefaßt werden. W. v. Kürten hat diesen Ansatz in seiner Arbeit für das Ruhrgebiet verfolgt (vgl. Abb. 4 „Kulturlandschaftliche Struktur des Ruhrgebietes um 1939"). Diese Abbildung basiert auf der Karte *Gliederung des Ruhrgebietes und seiner Randzonen nach der kulturlandschaftlichen Struktur* (1967/68) von W. v. Kürten. Die von ihm als kleinste Flächeneinheiten definierten Komplexe wurden digitalisiert und dann durch generalisierende Gruppierungen (über Attributwerte) die in der Karte dargestellte kulturlandschaftliche Struktur des Ruhrgebietes herausgearbeitet. Zusätzlich führten Vergleiche mit den letzten Vorkriegsausgaben der Karte des Deutschen Reiches 1:100.00 von 1938/39 zu Überarbeitungen der von Kürten'schen Ergebnisse und im Resultat zu der Karte (= Abb. 4) für den Zeitschnitt um 1939. Die in der Karte dargestellten Flächenelemente (Wald, Flußtalaue, durch Landwirtschaft geprägt, Grünlandnutzung vorherrschend, dichte Bebauung, lockere Bebauung, Industrie/Bergbau) können als Kulturlandschaftsbereiche eingestuft werden.

Die Abbildung 5 weist die seit 1939 erfaßten Veränderungen gegenüber den Darstellungen von W. v. Kürten aus. Weitere Zusammenfassungen auf der Grundlage der zitierten Arbeit von W. v. Kürten führen auf höherer Gliederungsebene zu den von v. Kürten abgegrenzten Kulturlandschaftszonen des Ruhrgebietes, die im Sinne der Ausführungen im Fachgutachten als *Kulturlandschaftseinheiten* einzustufen sind. Das abgegrenzte und im engeren Sinne nach v. Kürten so bezeichnete „Ruhrgebiet" (schwarze Umrandung in Abb. 5) wäre dann ein Teilgebiet der großräumigen Kulturlandschaft „Rheinschiene, Ruhrgebiet, Aachener Revier und Städteband Bielefeld-Minden", wie sie im Fachgutachten im Abschnitt 3.1.10 beschrieben ist.

Zusammenfassend wird festgehalten:

Für eine flächendeckende Erfassung von Kulturlandschaftsbereichen sowie die Ermittlung von Kulturlandschaftseinheiten und großräumigen Kulturlandschaften in einem GIS-Kulturlandschaftskataster kann folgender bottom-up-Ansatz zugrunde gelegt werden:

1. Schritt: Erfassung von Kulturlandschaftselementen und -bereichen sowie Definition von Kulturlandschaftsbestandteilen (Strukturen) auf der Bearbeitungsebene 1:25.000.
2. Schritt: Zusammenfassung (Verbinden) von Kulturlandschaftsbereichen zu Kulturlandschaftseinheiten aufgrund von Analysen und Bewertungen der im 1. Schritt erarbeiteten Ergebnisse und Darstellungen sowie ergänzenden Betrachtungen auf der Bearbeitungsebene 1:100.000.
3. Schritt: Zusammenfassung von Kulturlandschaftseinheiten zu großräumigen Kulturlandschaften aufgrund von Analysen und Bewertungen der im 2. Schritt erarbeiteten Ergebnisse und Darstellungen sowie ergänzenden Betrachtungen auf der Bearbeitungsebene 1:500.000.

Dieses schrittweise Zusammenfassen von Flächenelementen im GIS entspricht einer logischen Strukturierung in 3 Ordnungsstufen, wobei idealerweise die Flächenelemente der höheren Ordnungsstufe jeweils durch die äußere Umrandung zugehöriger Flächenelemente der nächst niederen Ordnungsstufe gebildet werden. Die so definierten Flächengrenzen (Umrandungen) ermöglichen eindeutige raumbezogene Analyse mit Hilfe von GIS-Funktionen, z.B. eine vergleichende Betrachtung der Anzahl von in verschiedenen Räumen (Flächenelemente) vorhandenen Kulturlandschaftselementen eines bestimmten Typus.

3.5 Zu einzelnen thematischen Karten

Ergänzende Erläuterungen zu einzelnen, dem Fachgutachten beigefügten GIS-Karten (Abbildungen 1-35):

Verwaltungsgrenzen:

Für Abgrenzungen von Untersuchungsgebieten, auf Verwaltungseinheiten bezogene Auswertungen oder zur Orientierung in thematischen Karten werden Grenzen von Verwaltungseinheiten benötigt. Im GIS werden die Flächen der umschlossenen Verwaltungseinheiten erfaßt. Dem Seminar für Historische Geographie stehen für das Landesgebiet NRW folgende Daten zur Verfügung:

- Mit Atlas*GIS vom Hersteller gelieferte NUTS-Daten (Landesgebiet, Regierungsbezirke, Kreise und kreisfreie Städte): Nomenclature of Territorial Units for Statistics, Daten vom Statistical Office of the European Communities. Die Grenzverläufe (Polygone) sind sehr stark generalisiert und daher nur für Maßstäbe kleiner 1:1.000.000 zu empfehlen.
- Erwerb von der Firma Geospace digitalisierter Gemeindegrenzen NRW, Erfassungsgenauigkeit 1:200.000. Durch entsprechende Flächenzusammenschlüsse ergeben sich Kreisgebiete, Regierungsbezirke und das Landesgebiet.

  Anwendungsbeispiel: Digitale statistische Daten zum Denkmalschutz NRW (Ministerium für Stadtentwicklung und Verkehr NRW, Stand 31.12.1994) wurden im GIS den Gemeindegebieten (Geometrien) zugeordnet und Sachverhalte zum Denkmalbestand in NRW über Attributdaten in thematischen Karten veranschaulicht.

Gewässer:

Die Gewässer (Flüsse, Seen, Talsperren) wurden aus topographischen Karten im Maßstab 1:25.000 (teilweise 1:100.000) digitalisiert. Für größere Bearbeitungsmaßstäbe waren Flüsse auch als Flächenelemente zu erfassen (Rhein ab 1:100.000, andere ab 1:25.000 in Modellgebieten). Für kleinmaßstäbigere Kartenausdrucke sind ggfs. Generalisierungen angebracht.

Naturräumliche Gliederung:

Die naturräumliche Gliederung von NRW wurde nach einer Karte von M. BÜRGERNER und E.

MEYNEN im Planungsatlas NRW (1976) erfaßt. Bisher wurden nur die Geometrien für Großeinheiten und teilweise für Haupteinheiten erfaßt.

Städte:

Erfaßt wurde der Rechtsstatus („Rechtspersönlichkeit") einer städtischen Siedlung, nämlich die Zeitstellung der Verleihung von Stadtrechten an einen Ort sowie ggfs. die Zeitstellung des Verlustes dieses Stadtrechts oder Eingemeindungen und Zusammenlegungen. Die betreffenden Städte in NRW wurden als Punktelemente erfaßt (etwa historischer Ortsmittelpunkt). Die Ausdehnungen von Siedlungsfläche oder Stadtgebiet waren in diesem Zusammenhang nicht von Interesse. Für einzelne Städte ist der Datenbestand noch zu überprüfen und zu ergänzen. Für weitergehende Bearbeitungen wurden Angaben zu Eingemeindungen oder Zusammenlegungen erfaßt. Die Datenerfassungen dafür sind noch nicht abgeschlossen. Ausgewertet wurden:

a) einschlägige Literatur:
- Deutsches Städtebuch, Teil Rheinland, 1956
- F. Siefert, Das Lexikon der deutschen Städte und Gemeinden, 1973
- Geschichtlicher Handatlas von Westfalen
- C. Haase, Die Entstehung der westfälischen Städte, 1984
- Nordrhein-Westfalen im Lexikon, 1993
- J. Engelbrecht, Landesgeschichte NRW, 1994

b) Quellen:
- Statistisches Bundesamt Wiesbaden, Amtliches Gemeindeverzeichnis für die Bundesrepublik Deutschland, Ausgabe 1971
- Statistisches Bundesamt Wiesbaden, Historisches Gemeindeverzeichnis für die Bundesrepublik Deutschland, 1983 (für Zeitraum 1970 - 1982)
- Statistisches Jahrbuch Nordrhein-Westfalen 1968 und 1991.

Verkehrswege:

Erfaßt wurden:
- Autobahnen in NRW als Linienelemente (Trassenführung), Zeitstellung der Inbetriebnahme (Quelle: TK 100) und
- Eisenbahnlinien in NRW als Linienelemente (Trassenführung), Zeitstellung von Inbetriebnahme und Stillegungen. Nicht erfaßt wurden Nebenstrecken und Industriebahnen von nur lokaler Bedeutung (Quelle: Topographisches Kartenwerk und Planungsatlas NRW)

Bergbau:

Die Abbaugebiete und Lagerstätten für Steinkohle, Braunkohle, Erze, Salze und Minerale sowie die Abbaustätten für Steine und Erden wurden aus dem Planungsatlas NRW erfaßt. Durch Gruppierungen (über Attributdaten) wurde in den ausgedruckten Karten gegenüber der im Planungsatlas dargestellten Differenzierung eine Generalisierung erreicht.

Herrschaftsgebiete 1789:

Die Digitalisierung der Herrschaftsgebiete von 1789 wurde aus dem Planungsatlas NRW (1973) und dem Geschichtlichen Atlas der Rheinlande (1982: F. IRSIGLER, Karte V/1) durchgeführt.

Anwendungsbeispiel: Durch Übereinanderlegen mit modernen Verwaltungsgrenzen kann im GIS die Ermittlung von persistenten Grenzverläufen unterstützt werden. Ungenaugkeiten beim Digitalisieren und die ausgewerteten Erfassungsquellen lassen aber keine Schlußfolgerung auf übereinstimmenden Grenzverlauf zu, sondern ermöglichen nur die Feststellung eines „ungefähr" gleichen Verlaufes und können dann Anlaß zu weiteren gezielten Untersuchungen sein. Sicherere Anhaltspunkte ergeben sich bei Grenzverläufen parallel zu Flußläufen.

Geographische Kommission für Westfalen

Landschaftsverband
Westfalen-Lippe

Veröffentlichungen - Lieferbare Titel

WESTFÄLISCHE GEOGRAPHISCHE STUDIEN

25. **Oldenburg und der Nordwesten**. Deutscher Schulgeographentag 1970.
Vorträge, Exkursionen, Berichte. 1971 — 15,00 DM

26. **Bahrenberg, G.**: Auftreten und Zugrichtung von Tiefdruckgebieten in Mitteleuropa. 1973 — 12,50 DM

33. **Festschrift für Wilhelm Müller-Wille**: Mensch und Erde. Mit 22 Beiträgen. 1976 — 20,00 DM

35. **Jäger, H.**: Zur Erforschung der mittelalterlichen Kulturlandschaft. **Müller-Wille, W.**: Gedanken zur Bonitierung und Tragfähigkeit der Erde. **Brand, Fr.**: Geosophische Aspekte und Perspektiven zum Thema Mensch - Erde - Kosmos. 1978 — 15,00 DM

36. **Quartärgeologie, Vorgeschichte und Verkehrswasserbau in Westfalen.** 46. Tagung der AG Nordwestdeutscher Geologen in Münster 1979. Mit 19 Beiträgen. 1980 — 17,50 DM

37. **Westfalen - Nordwestdeutschland - Nordseesektor.** W. Müller-Wille zum 75. Geburtstag. Mit 29 Beiträgen. 1981 — 20,00 DM

38. **Komp, Kl. U.**: Die Seehäfenstädte im Weser-Jade-Raum. 1982 — 9,00 DM

39. **Müller-Wille, W.**: Probleme und Ergebnisse geographischer Landesforschung und Länderkunde. Gesammelte Beiträge 1936 - 1979. Erster Teil. 1983 — 15,00 DM

40. **Müller-Wille, W.**: Probleme und Ergebnisse geographischer Landesforschung und Länderkunde. Gesammelte Beiträge 1936 - 1979. Zweiter Teil. 1983 — 15,00 DM

41. **Kundenverhalten im System konkurrierender Zentren.** Fallstudien aus dem Großraum Bremen, dem nördlichen Ruhrgebiet und Lipperland. Mit Beiträgen von **H. Heineberg, N. de Lange** und **W. Meschede**. 1985 — 25,00 DM

42. **Mayr, A., Kl. Temlitz** (Hg.): Erträge geographisch-landeskundlicher Forschung in Westfalen. Festschrift 50 Jahre Geographische Kommission für Westfalen. Mit 34 Beiträgen. 1986 — 48,00 DM

44. **Allnoch, N.**: Windkraftnutzung im nordwestdeutschen Binnenland - Ein System zur Standortbewertung für Windkraftanlagen. 1992 — 29,80 DM

45. **Brand, Fr.**: Lemgo. Alte Hansestadt und modernes Mittelzentrum: Entwicklung, Analysen, Perspektiven. 1992 — 38,00 DM

46. **Mayr, A., F.-C. Schultze-Rhonhof, Kl. Temlitz** (Hg.): Münster und seine Partnerstädte. York, Orléans, Kristiansand, Monastir, Rishon le Zion, Beaugency, Fresno, Rjasan, Lublin, Mühlhausen i. Thüringen. 2., erw. u. aktualisierte Auflage. 1993 — 49,80 DM

47. **Heineberg, H., Kl. Temlitz** (Hg.): Nachhaltige Raumentwicklung im Sauerland? Landschaftswandel, Wirtschaftsentwicklung, Nutzungskonflikte. Jahrestagung der Geogr. Kommission 1997. Mit 13 Beiträgen. 1998 — 24,00 DM

48. **Heineberg, H., Kl. Temlitz** (Hg.): Münsterland-Osnabrücker Land/Emsland-Twente. Entwicklungspotentiale und grenzübergreifende Kooperation in europäischer Perspektive. Jahrestagung der Geogr. Kommission 1998. Mit 19 Beiträgen. 1998 — 28,00 DM

49. **Geisler, J.**: Innovative Unternehmen im Münsterland. Empirische Erhebung des Innovationsverhaltens und der Nutzung technologieorientierter Infrastruktur zu Beginn der 1990er Jahre. 1999 — 14,00 DM

SPIEKER - LANDESKUNDLICHE BEITRÄGE UND BERICHTE (1950–1995)

10. **Böttcher, G.**: Die agrargeographische Struktur Westfalens 1818 - 1950. 1959 — 6,00 DM

13. **Schäfer, P.**: Die wirtschaftsgeographische Struktur des Sintfeldes. **Engelhardt, H.G.S.**: Die Hecke im nordwestl. Südergebirge. 1964 — 7,00 DM

14. **Müller-Wille, W.**: Bodenplastik und Naturräume Westfalens. Textband und Kartenband. 1966 — 14,00 DM

17. **Poeschel, H.-Cl.**: Alte Fernstraßen in der mittleren Westfälischen Bucht. 1968 — 8,00 DM

18. **Ludwig, K.-H.**: Die Hellwegsiedlungen am Ostrande Dortmunds. 1970 — 6,50 DM

19. **Windhorst, H.-W.**: Der Stemweder Berg. 1971 — 6,50 DM

20. **Franke, G.**: Bewegung, Schichtung und Gefüge der Bevölkerung im Landkreis Minden. 1972 — 7,50 DM

21. **Hofmann, M.**: Ökotope und ihre Stellung in der Agrarlandschaft. **Werner, J.** und **J. Schweter**: Hydrogeographische Untersuchungen im Einzugsgebiet der Stever. 1973 — 12,50 DM

23. **Ittermann, R.**: Ländliche Versorgungsbereiche und zentrale Orte im hessisch-westfälischen Grenzgebiet. 1975 — 10,00 DM

25. **Westfalen und Niederdeutschland.** Festschrift 40 Jahre Geographische Kommission für Westfalen. 2 Bände mit zus. 28 Beiträgen. 1977
    I: Beiträge zur speziellen Landesforschung — 15,00 DM
    II: Beiträge zur allgemeinen Landesforschung — 15,00 DM

26. **Der Hochsauerlandkreis im Wandel der Ansprüche.** Jahrestagung der Geogr. Kommission in Meschede 1978. Mit 10 Beiträgen. 1979 — 12,50 DM

28. **Stadt und Dorf im Kreis Lippe in Landesforschung, Landespflege und Landesplanung.** Jahrestagung der Geogr. Kommission in Lemgo 1980. Mit 6 Beiträgen. 1981 — 10,00 DM

29. **Becks, Fr.**: Die räumliche Differenzierung der Landwirtschaft in der Westfälischen Bucht. 1983 — 10,00 DM

30. **Westmünsterland - Ostniederlande.** Entwicklung und Stellung eines Grenzraumes. Jahrestagung der Geogr. Kommission in Vreden 1983. Mit 6 Beiträgen. 1984 — 30,00 DM

31. **Westbeld, H.**: Kleinwasserkraftwerke im Gebiet der oberen Ems. Nutzung einer vernachlässigten Energiequelle. 1986 — 20,00 DM

32. **Der Raum Dortmund** - Entwicklung, Strukturen und Planung im östlichen Ruhrgebiet. Jahrestagung der Geogr. Kommission 1985. Mit 8 Beiträgen. 1988 — 28,00 DM

33. **Becker, G., A. Mayr, Kl. Temlitz** (Hg.): Sauerland - Siegerland - Wittgensteiner Land. Jahrestagung der Geogr. Kommission in Olpe 1989. Mit 24 Beiträgen. 1989 — 38,00 DM

34. **Mayr, A., Kl. Temlitz** (Hg.): Südoldenburg-Emsland - Ein ländlicher Raum im Strukturwandel. Jahrestagung der Geogr. Kommission in Vechta 1987. Mit 8 Beiträgen. 1991 — 22,00 DM

35. **Mayr, A., Kl. Temlitz** (Hg.): Südost-Westfalen - Potentiale und Planungsprobleme einer Wachstumsregion. Jahrestagung der Geographischen Kommission in Paderborn 1991. Mit 28 Beiträgen. 1991 — 45,00 DM

36. **Mayr, A., Kl. Temlitz** (Hg.): Münsterland und angrenzende Gebiete. Jahrestagung der Geographischen Kommission in Münster 1993. Mit 30 Beiträgen. 1993 — 45,00 DM

37. **Mayr, A., Kl. Temlitz** (Hg.): Bielefeld und Nordost-Westfalen - Entwicklung, Strukturen und Planungen im Unteren Weserbergland. Jahrestagung der Geographischen Kommission in Bielefeld 1995. Mit 33 Beiträgen. 1995 — 45,00 DM

SIEDLUNG UND LANDSCHAFT IN WESTFALEN

6. **Brand, Fr.**: Zur Genese der ländlich-agraren Siedlungen im lippischen Osning-Vorland. 1976 — 11,00 DM

8. **Burrichter, E.**: Die potentielle natürliche Vegetation in der Westfälischen Bucht. 1973. Nachdruck 1991, 2. Nachdruck 1993. Mit Kartenbeilage — 35,00 DM

9. **Temlitz, Kl.**: Aaseestadt und Neu-Coerde. Bildstrukturen neuer Wohnsiedlungen und ihre Bewertung. 1975 — 12,50 DM

11. **Walter, H.-H.**: Padberg. Struktur und Stellung einer Berg-siedlung in Grenzlage. 1979 — 25,00 DM

12. **Flurbereinigung und Kulturlandschaftsentwicklung.** Tagung des Verbandes deutscher Hochschulgeographen. Mit 5 Beiträgen. 1979 — 8,50 DM

14. **Bertelsmeier, E.**: Bäuerliche Siedlung und Wirtschaft im Delbrücker Land. 1942. Nachdruck 1982 — 7,50 DM

15. **Nolting, M.**: Der öffentliche Personennahverkehr im nordwestdeutschen Küstenland. 1983 — 11,00 DM

16. **Steinberg, H. G.**: Das Ruhrgebiet im 19. und 20. Jahrhundert - Ein Verdichtungsraum im Wandel. 1985 — 30,00 DM

17. **Vegetationsgeographische Studien in Nordrhein-Westfalen.** Wald- und Siedlungsentwicklung - Bauerngärten - Spontane Flora. Von **R. Pott, A. Sternschulte, R. Wittig** u. **E. Rückert**. 1985 — 22,00 DM

18. **Siekmann, M.**: Die Struktur der Stadt Münster am Ausgang des 18. Jahrhunderts - Ein Beitrag zur historisch-topologischen Stadtforschung. 1989 — 48,00 DM

19. **Riepenhausen, H.**: Die bäuerliche Siedlung des Ravensberger Landes bis 1770. 1938. Mit einem Nachtrag von **A. Schüttler**: Das Ravensberger Land 1770 - 1986. Nachdruck 1986 — 24,00 DM

20. **Junk, H.-K., Kl. Temlitz** (Hg.): Beiträge zur Kartographie in Nordwestdeutschland - Die Karte als Arbeits- und Forschungsmittel in verschiedenen Berufsfeldern. 1991 — 42,00 DM

21. **Wiegelmann-Uhlig, E.**: Berufspendler in Westfalen 1930-1970. Ein Beitrag zur regionalen Mobilität. 1994 — 35,00 DM

22. **Becks, Fr., L. Beyer, K. Engelhard, K.-H. Otto**: Westfalen im Geographieunterricht an Beispielen

der Themenkreise Moor, Landwirtschaft und Naherholung aus dem Geographisch-landeskundlichen Atlas von Westfalen. Mit zahlreichen Arbeitstransparenten und Materialien. 1995   48,80 DM

23. **Mayr, A., Kl. Temlitz (Hg.)**: 60 Jahre Geographische Kommission für Westfalen - Entwicklung, Leistung, Mitglieder, Literaturdokumentation. 1996   35,00 DM

24. **Schlusemann, R.**: Ein GIS-gestütztes Verfahren zur Flächenausweisung für Windkraftanlagen. 1997   20,00 DM

25. **Stockmann, Cl., A. Stockmann**: Die Saline „Gottesgabe" in Rheine - Ein Beitrag zur Salzgewinnung und Salzvermaktung in Westfalen. 1998   28,00 DM

26. **Hübschen, Chr.**: Aufgegebene Eisenbahntrassen in Westfalen - Heutige Nutzung und Möglichkeiten neuer Inwertsetzung. 1999   28,00 DM

27. **Burggraaff, P.**: Fachgutachten zur Kulturlandschaftspflege in Nordrhein-Westfalen. - Im Auftrag des Ministeriums für Umwelt, Raumordnung und Landwirtschaft des Landes Nordrhein-Westfalen. Mit einem Beitrag zum GIS-Kulturlandschaftskataster von R. Plöger. 2000   45,00 DM

28. **Harteisen. U.**: Die Senne - Eine historisch-ökologische Landschaftsanalyse als Planungsinstrument im Naturschutz. Im Druck   32,00 DM

29. **Pollmann, W.**: Die Buchenwälder im westlichen Weserbergland (Osnabrücker Berg- und Hügelland/ Teutoburger Wald). Im Druck

DIE LANDKREISE IN WESTFALEN (1953 - 1969)

1. Der Landkreis **Paderborn**. Von G. v. Geldern-Chrispendorf. 1953   11,00 DM
2. Der Landkreis **Münster**. Von W. Müller-Wille, E. Bertelsmeier, H. Fr. Gorki, H. Müller. 1955   14,00 DM
3. Der Landkreis **Brilon**. Von A. Ringleb. 1957   14,00 DM
4. Der Landkreis **Altena**. Von E. Wagner. 1962   14,00 DM
5. Der Landkreis **Wiedenbrück**. Von W. Herbort, W. Lenz, I. Heiland, G. Willner. 1969   14,00 DM

STÄDTE UND GEMEINDEN IN WESTFALEN

1. **Der Kreis Steinfurt**. Mit Graphiken, Fotos und 2 thematischen Karten pro Stadt- bzw. Gemeindebeschreibung. Hg. von A. Mayr, D. Stonjek, Kl. Temlitz. 1994   vergriffen

2. **Der Kreis Siegen-Wittgenstein**. Mit Graphiken, Fotos und 2 thematischen Karten pro Stadt- bzw. Gemeindebeschreibung. Hg. von H. Eichenauer, A. Mayr, Kl. Temlitz. 1995   vergriffen

3. **Der Kreis Höxter**. Mit Graphiken, Fotos und 2 thematischen Karten pro Stadtbeschreibung. Hg. von A. Mayr, A. Schüttler, Kl. Temlitz. 1996   42,80 DM

4. **Der Kreis Paderborn**. Mit Graphiken, Fotos und 2 thematischen Karten pro Stadtbeschreibung. Hg. von H. Heineberg, G. Henkel, M. Hofmann u. Kl. Temlitz. 1997   44,80 DM

5. **Der Kreis Olpe**. Mit Graphiken, Fotos und 2 thematischen Karten pro Stadtbeschreibung. Hg. von G. Becker, H. Heineberg, Kl. Temlitz u. P. Weber. 1998   44,80 DM

6. **Der Hochsauerlandkreis**. Mit Graphiken, Fotos und mind. 2 thematischen Karten pro Stadtbeschreibung. Hg. von H. Heineberg, R. Köhne, H. Richard u. Kl. Temlitz. 1999   44,80 DM

GEOGRAPHISCH-LANDESKUNDLICHER ATLAS VON WESTFALEN (ab 1985)

Atlasredaktion/Wissenschaftliche und kartographische Betreuung: J. Werner, Kl. Temlitz, E. Bertelsmeier, H. Fr. Gorki, H. Heineberg, A. Mayr, H. Pape, H. Pohlmann

Vorgesehen sind ca. 100 Doppelblätter aus 10 Themenbereichen mit Begleittexten. Je Doppelblatt: 5-8 Karten, z.T. erweitert um Farbbilder, Graphiken u.a.m.

Einzelpreis je Doppelblatt u. Begleittext 19,80 DM; für Seminare u. Schulklassen 5,00 DM (ab 7. Lieferung 24,00 DM bzw. 7,50 DM)

1. Lieferung 1985, 4 Doppelblätter u. Begleittexte: 46,40 DM

1. **Relief** (Themenbereich: Landesnatur). Von W. Müller-Wille (Entwurf) u. E. Th. Seraphim (Text)

2. **Spät- und nacheiszeitliche Ablagerungen/Vegetationsentwicklung** (Themenbereich: Landesnatur). Von E. Th. Seraphim u. E. Kramm (Entwurf u. Text)

3. **Florenelemente** (Themenbereich: Landesnatur). Von Fr. Runge (Entwurf u. Text)

4. **Fremdenverkehr - Angebotsstruktur** (Themenbereich: Fremdenverkehr u. Erholung). Von P. Schnell (Entwurf u. Text)

2. Lieferung 1986, 5 Doppelblätter u. Begleittexte: 58,00 DM

1. **Begriff und Raum** (Themenbereich: "Westfalen - Begriff und Raum"). Von W. Müller-Wille, Kl. Temlitz, W. Winkelmann u. G. Müller (Entwurf); W. Kohl u. G. Müller (Text)

2. **Niederschläge in raum-zeitlicher Verteilung** (Themenbereich: Landesnatur). Von E. Müller-Temme (Entwurf u. Text) u. W. Müller-Wille (Entwurf)

3. **Pflanzenwachstum und Klimafaktoren** (Themenbereich: Landesnatur). Von Fr. Ringleb u. J. Werner (Entwurf u. Text); P. Hofste (Entwurf)

4. **Verbreitung wildlebender Tierarten** (Themenbereich: Landesnatur). Von R. Feldmann, W. Stichmann u. M. Berger (Entwurf u. Text); W. Grooten (Entwurf)

5. **Fremdenverkehr - Nachfragestruktur** (Themenbereich: Fremdenverkehr u. Erholung). Von P. Schnell (Entwurf u. Text)

6. **Verwaltungsgrenzen** 1985 (Transparentfolie)

3. Lieferung 1987, 4 Doppelblätter u. Begleittexte: 46,40 DM

1. **Lagerstätten/Gesteinsarten/Karst** (Themenbereich: Landesnatur). Von H. Reiners, H. Furch, E. Th. Seraphim, W. Feige u. Kl. Temlitz (Entwurf u. Text)

2. **Waldverbreitung und Waldschäden** (Themenbereich: Landesnatur). Von W. Grooten (Entwurf u. Text)

3. **Elektrizität - Versorgung und Verbrauch** (Themenbereich: Gewerbliche Wirtschaft). Von D. Filthaut u. J. Werner (Entwurf u. Text)

4. **Wandern/Naherholung und Kurzzeittourismus** (Themenbereich: Fremdenverkehr u. Erholung). Von A. Freund (Entwurf u. Text)

4. Lieferung 1988/89, 4 Doppelblätter u. Begleittexte: 46,40 DM

1. **Potentielle natürliche Vegetation** (Themenbereich: Landesnatur). Von E. Burrichter, R. Pott u. H. Furch (Entwurf u. Text)

2. **Ländliche Bodenordnung I: Gemeinheitsteilungen und Zusammenlegungen 1820 - 1920** (Themenbereich: Land- und Forstwirtschaft). Von E. Weiß (Entwurf u. Text)

3. **Ländliche Bodenordnung II: Umlegungen und Flurbereinigungen 1920 - 1987** (Themenbereich: Land- und Forstwirtschaft). Von E. Weiß (Entwurf u. Text)

4. **Eisenbahnen - Netzentwicklung und Personenverkehr** (Themenbereich: Verkehr). Von H. Ditt, P. Schöller (Entwurf) u. H. Kreft-Kettermann (Entwurf u. Text)

5. Lieferung 1990, 5 Doppelblätter u. Begleittexte: 58,00 DM

1. **Bevölkerungsdichte der Gemeinden 1871 - 1987 und Veränderung 1818 - 1987** (Themenbereich: Bevölkerung). Von H. Fr. Gorki (Entwurf u. Text)

2. **Bevölkerungsdichte der Kreise 1871 - 1987 und Veränderung 1818 - 1987** (Themenbereich: Bevölkerung). Von H. Fr. Gorki (Entwurf u. Text)

3. **Staatliche und kommunale Verwaltungsgliederung** (Themenbereich: Administration und Planung). Von A. Mayr (Entwurf u. Text)

4. **Behörden und Zuständigkeitsbereiche I 1967 und 1990** (Themenbereich: Administration und Planung). Von H. Kreft-Kettermann (Entwurf u. Text)

5. **Behörden und Zuständigkeitsbereiche II 1967 und 1990** (Themenbereich: Administration und Planung). Von H. Kreft-Kettermann (Entwurf u. Text)

6. Lieferung 1991, 5 Doppelblätter u. Begleittexte: 58,00 DM

1. **Westfalen im Satellitenbild** (Themenbereich: Westfalen). Von Kl. U. Komp (Entwurf u. Text)

2. **Geologie und Paläogeographie** (Themenbereich: Landesnatur). Von Kl. Temlitz (Entwurf u. Text)

3. **Geomorphologie und Naturräume** (Themenbereich: Landesnatur). Von E. Th. Seraphim (Entwurf u. Text)

4. **Nahrungs- und Genußmittelindustrie** (Themenbereich: Gewerbliche Wirtschaft). Von A. Beierle (Entwurf) u. J. Niggemann (Entwurf u. Text)

5. **Abfallwirtschaft** (Themenbereich: Gewerbliche Wirtschaft). Von A. Wirth (Entwurf u. Text)

7. Lieferung 1993/94, 5 Doppelblätter u. Begleittexte: 108,00 DM

1. **Fläche, Rechts- und Verwaltungsstellung der Städte im 19. u. 20. Jahrhundert**
    (Themenbereich: Siedlung). Von H. Fr. Gorki (Entwurf u. Text)

2. **Umweltbelastung und Umweltschutz in Städten** (Themenbereich: Siedlung).
    Von U. Peyrer (Entwurf u. Text)

3. **Agrarstruktur** (Themenbereich: Land- und Forstwirtschaft). Von Fr. Becks (Entwurf u. Text)

4. **Eisenbahnen II - Güterverkehr** (Themenbereich: Verkehr). Von H. Kreft-Kettermann u. C. Hübschen
    (Entwurf u. Text)

5. **Luftverkehr und Flugplätze** (Themenbereich: Verkehr). Von A. Mayr u. Fr. Buchenberger (Entwurf u. Text)

6. **Landschaftsverband Westfalen-Lippe: Regionale Repräsentanz und Raumwirksamkeit**
    (Themenbereich: Administration und Planung). Von A. Mayr u. J. Kleine-Schulte (Entwurf u. Text)

8. Lieferung 1996, 4 Doppelblätter u. Begleittexte: 72,00 DM

1. **Die niederdeutschen Mundarten** (Themenbereich: Kultur und Bildung).
    Von H. Taubken, R. Damme, J. Goossens u. G. Müller (Entwurf u. Text)

2. **Museen** (Themenbereich: Kultur und Bildung). Von M. Walz (Entwurf u. Text)

3. **Tageszeitungen und Rundfunk** (Themenbereich: Kultur und Bildung). Von B. Kringe (Entwurf u. Text)

4. **Baumarten, Waldbesitzer und Hochwild** (Themenbereich: Land- und Forstwirtschaft).
    Von K. Offenberg u. R. Köhne (Entwurf u. Text)

9. Lieferung 1997, 5 Doppelblätter u. Begleittexte: 90,00 DM

1. **Landschaften und Landschaftsnamen** (Themenbereich: „Westfalen - Begriff und Raum").
    Von H. Liedtke (Entwurf u. Text)

2. **Böden** (Themenbereich: Landesnatur). Von H.-U. Schütz (Entwurf u. Text)

3. **Bevölkerungsentwicklung der Städte 1818-1995** (Themenbereich: Bevölkerung).
    Von H. Fr. Gorki (Entwurf u. Text)

4. **Vertriebene, Deutsche aus der SBZ/DDR und Ausländer** (Themenbereich: Bevölkerung).
    Von Cl. Averbeck (Entwurf u. Text)

5. **Produzierendes Gewerbe um 1850** (Themenbereich. Gewerbliche Wirtschaft).
    Von D. Düsterloh (Entwurf u. Text)